SPSS

R

Python

SPSS, R, Python을 활용한

Kaggle 데이터 전략 실무 연습

김광용 | 정성원 | 이성택 | 이재모 | 임은택

도서출판 청람

| 머리말 |

2018년 정보화진흥원의 보고서에서는 데이터 수집, 저장, 가공, 분석 및 활용하는 과정에서 데이터를 활용함으로써 기업의 새로운 시장 확보, 새로운 고객 확보, 기업 내·외부 프로세스 최적화와 공공에서의 사회적 서비스 비용 감소, 시민 맞춤형 공공 서비스 개발 등 사회 전반에 걸친 분야에 영향을 미칠 것으로 보았다.

기존 경제 시스템을 주도하던 자원은 점차 고갈되고 거래를 통해 부가가치를 창출하는 과정에서 점차 소진되는 특성을 가지고 있는 것과 달리, 4차 산업혁명의 핵심 자원인 데이터는 수집을 통한 생산 이후에도 고갈의 염려 없이 생산이 가능할 뿐만 아니라 데이터의 거래, 데이터를 활용한 부가가치를 창출하는 과정에서 소진의 염려가 없이 지속적으로 사용할 수 있다는 장점을 가지고 있다. 그렇기 때문에 자원의 보유(데이터의 수집과 저장)도 중요하지만 더 중요한 것은 보유한 데이터를 활용하여 새로운 기술과 서비스, 창의적 비즈니스 모델을 창출해낼 수 있는 전략적인 경험과 창의적 사고 능력이 중요해진 것이다.

데이터를 이용하여 혁신적인 가치를 창출하는 데이터 과학자는 4차 산업혁명의 중요한 인력으로 평가받고 있다. 이러한 데이터 과학자가 보유해야 하는 역량에는 조금씩 차이가 존재할 수 있겠지만 데이터 수집 및 관리와 같은 컴퓨팅 능력, 통계 및 데이터 분석 알고리즘 이해 및 시각화와 같은 데이터 분석 능력, 데이터를 활용하고자 하는 분야의 도메인 지식이 필요하며, 기업에서는 또한 이러한 능력을 갖춘 인재를 영입하기 위해 많은 비용을 사용하고 있다. 이러한 분위기 속에서 시중의 많은 데이터 분석과 데이터 과학에 대한 교재는 주로 데이터 분석 코드와 알고리즘에 관한 책을 쏟아내고 있다.

그러나 이러한 변화에도 불구하고 21년 정보통신정책연구원이 국내의 152개의 기업을 대상으로 AI 수요에 대한 설문조사를 한 결과, 기업은 사업 구체화, 문제정의, AI에 대한 이해, 도메인과 AI 기술의 결합, 모델 고도화를 위한 인재의 부족으로 인해 AI 도입을 꺼릴 뿐만 아니라 도입 후에도 많은 어려움을 겪고 있다는 결과를 보여주고 있다. 이에 대한 대응으로 클릭만으로 머신러닝(Machine Learning: ML) 모델을 활용하여 분석이 가능한 Auto ML 서비스뿐만 아니라, AI 기술을 기반으로 데이터의 수집과 관리, 운영 및 활용을 원활하게 할 수 있는 데이터플랫폼 서비스들이 등장함으로써 점차 범용적인 데이터 분석과 AI 모델의 활용이 가능할 것으로 예상하고 있다.

따라서 향후 비즈니스 환경에서 점차 보편적인 데이터 분석이 가능해진다면 도메인 지식과 전략적으로 데이터를 바라볼 수 있는 창의적인 사고를 바탕으로 문제를 정의하고 해결해가는 과정에 대해 이해하고 연습할 필요가 있다. 그러나 앞서 말한 것과 같이 시중의 많은 교재들은 데이터 분석을 위한 코드에 집중하고 있다. 본 교재에서는 코딩에 대하여 데이터 분석을 하는 첫 페이지에 QR코드를 통해서 R 또는 Python을 활용하여 교재의 분석내용을 구현한 코드를 제공하긴 하지만 데이터 분석을 위한 코딩에 대해서는 이야기하지 않는다. 가장 중요한 것은 데이터가 주어졌을 때 어떻게 문제를 정의하고, 문제를 해결하기 위한 과정을 연습해보고 경험을 하는 것이라고 보기 때문이다.

본 교재에서는 데이터 분석 경험이 많지 않은 독자들을 대상으로 R 또는 Python이 아닌 통계분석 소프트웨어인 SPSS를 활용하여 분석을 실시한다. SPSS는 클릭을 통해 빈도분석, 통계적 검증을 위한 t검정, 교차분석, 상관분석, 회귀분석뿐만 아니라 의사결정나무, 단층 신경망 등의 ML 기법까지 사용 가능하기 때문에 코딩을 사용한 데이터 분석이 낯선 학생들에게 가장 적합한 툴이라고 판단하였다.

데이터 분석을 위해서는 어떻게 문제를 정의하고, 문제를 해결하기 위해 어떠한 데이터를 수집하고 사용해야 할지 판단하는 것이 시작점이지만, 교재를 통해 데이터 수집까지 다루기엔 한계가 있기 때문에 본 교재에서는 Kaggle이라는 빅데이터 분석 커뮤니티에서 공개된 데이터를 활용한다. 2장에서는 Kaggle에서 공개된 데이터를 통해 어떻게 문제에 접근하고 분석이 가능한지 예제를 보여줌으로써 교재의 방향성을 설명하고자 하였다. 3~6장까지는 이진분류, 연속변수 예측, 현황분석, 이상탐지라는 큰 주제하에서 Kaggle에서 수집한 데이터를 분석 목적에 맞춰 분리하여 비슷한 문제를 해결하기 위해 어떻게 데이터를 바라보았는지, 어떤 분석을 사용하고 어떻게 결론을 내리고 있는지 보여주고자 하였다.

본 교재를 활용하여 코딩에 대하여 겁내지 않고 자신의 경영학적 또는 다양한 도메인 지식을 활용하여 문제를 파악하고, 문제를 해결하기 위해 데이터를 어떻게 분석하고 결론을 내는지에 대한 체험하는 과정을 통하여, 데이터 활용에 대한 전략적 사고와 창의적 사고 능력을 겸비한 많은 인재들이 양성될 수 있기를 희망한다.

저자 일동

|차례|

Chapter 3 Kaggle 데이터를 활용한 이진 분류 예측

Chapter 6

Kaggle 데이터를 활용한 이상탐지

Chapter 1

데이터 과학과 Kaggle 활용

1.1 데이터 과학과 왜 Kaggle인가?

전 세계의 기업들이 인공지능과 데이터 관리 및 분석 기술의 발전으로 경영과 비즈니스 환경 변화에 대해 감지하고 활용하기 시작하였으며 이를 통해 가치를 창출하고 있는 중이다. 빅데이터와 인공지능을 세계에서 가장 잘 사용하고 있는 거대 공룡 기업 중 하나인 아마존은 온라인 서점을 시작하였지만 불확실한 시장 상황에서 빠르게 경쟁력을 확보하기 위하여 지속적이고 적극적으로 빅데이터를 도입하였다. 뿐만 아니라 데이터 분석을 통한 인사이트와 전략들을 활발하게 실무에 적용함으로써 기업 혁신을 가져왔다. 이러한 혁신은 아마존이 온라인 서점 사업을 넘어 온라인 시장을 지배하였고 이제는 오프라인의 시장을 지배해나가도 있다. 아마존의 전 데이터마이닝 디렉터였던 로니 코하비(Ronny Kohavi)는 2004년 이메트릭스 서밋(eMetrics Summit)에서 "Data is king at Amazon"이라는 표현을 사용하였다. 이는 아마존이 데이터를 활용하는 것이 얼마나 중요하게 생각하고 있는지를 보여주는 것이다.

기업뿐만 아니라 국가적 차원에서도 데이터 과학을 육성하고자 노력 중이다. 미국의 경우 과학, 기술, 공학, 수학(STEM) 교육에 장기간 집중 투자를 통해 교육과 산업이 연결되어 선순환할 수 있는 인프라를 만들기 위해 노력하고 있으며 정부 차원에서 대학이 데이터 과학 전공과 부전공 프로그램을 개발하여 전공과 무관하게 데이터 과학에 대한 기초적인 이해를 돕고 산학과 타 대학과의 데이터 과학 교육 프로그램과 데이터가 공유 및 공동 연구될 수 있도록 하는 장려책들이 만들어지고 있다. 중국 또한 유사하게 거점 대학들을 통한 학제간의 협력 구조를 통해 2020년까지 대학 교육 프로그램을 완성하고 2025년까지 가시적인 성과를 도출하고자 노력하고 있다.

데이터 과학자는 데이터 수집으로부터 시각화 및 분석까지 과학적인 방법을 이용하여 데이터를 통해 인사이트를 도출하고 가치를 만들어내는 과학자들을 의미하며 하버드 비즈니스 리뷰 및 맥킨지(2011.5) 등에서 21세기에 앞으로 필요하고 각광받을 직업군으로 뽑았다. 데이터 과학은 융합적인 성격이 강한 분야이기 때문에 여러 분야의 지식을 가지고 있어야 하는 직업군 중의 하나이다.

데이터 교육 전문 사이트인 DDS(Discover Data Science)에서 소개한 데이터 과학자가 되는 안내서를 살펴보면 데이터 과학자는 데이터에 대해서 설명할 수 있는 정보들에 대한 이해가 필요하며 이를 위해서는 데이터베이스와 데이터 관리에 대해서 알고 있어야 할 뿐만 아니라 데이터를 통해 작성된 모델은 현재와 미래를 설명할 수 있는 근삿값이기 때문에 수학적인 미세 조정이 필요하며 마지막으로 시각화와 분석 결과를 통해 나온 결과를 해석할 수 있는 능력까지 필요하다고 하였다. 데이터 수집, 관리, 분석 및 활용에 대하여 심층적으로 바라볼 수 있어야 하는 직업이라는 것을 알 수 있다.

이를 위해서 데이터 과학자에게 필요한 역량은 선형 대수학, 미적분과 확률, 통계, 기계학습, 데이터 수집, 데이터 정리 및 관리, 데이터 시각화 및 보고, 비정형 데이터 기술, 비즈니스적 해석 능력 등을 필요로 한다고 하였다.

표 1-1 데이터 과학자가 필요한 능력(Discover Data Science)

수학	선형 대수학, 미적분 및 확률
통계	현상에 대해 검증
모델링	예측 및 분류
데이터 수집	정형, 비정형
데이터 정리 및 관리	데이터를 저장하고 관리뿐만 아니라 변형
데이터 시각화	데이터가 내포한 정보에 대한 쉬운 이해
보고 및 활용	분석 결과를 통해 공유하고 협력 및 현실에 대응

출처: Discover Data Science 홈페이지

이를 크게 3가지 요소로 본다면 ① 데이터 수집 및 저장, ② 데이터 분석 및 시각화, ③ 도메일 활용으로 볼 수 있으며 아래 [그림 1-1]과 같이 볼 수 있을 것이다.

그림 1-1 데이터 과학 3요소

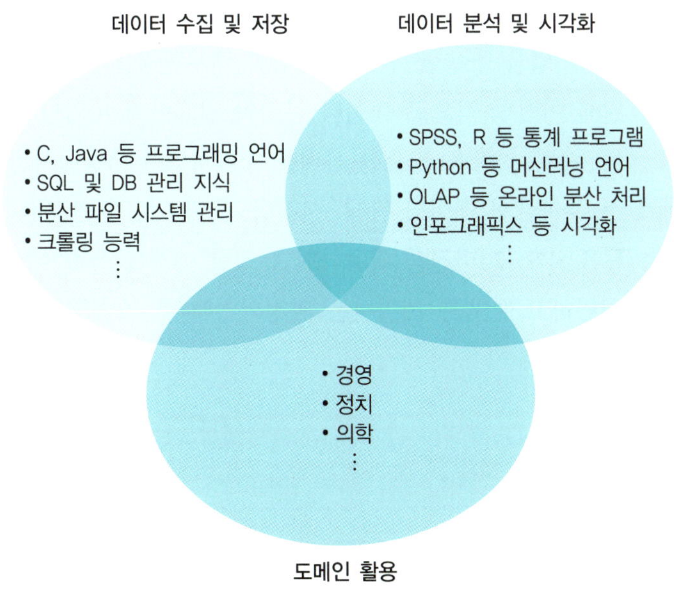

3개의 영역의 역량을 부분별로 개발하는 것도 중요한 요소이지만 데이터 과학자가 되기 위한 훈련의 과정 중 실제로 직면해 있는 문제를 위해 자신이 배운 것을 활용하는 능력은 필수적일 것이다. 일례로 미국의 퍼듀대학은 Integrative Data Science Initiative(IDSI) 프로그램을 통해 전공과 상관없이 대학 내의 모든 학생들이 데이터 과학을 경험할 수 있도록 적극적으로 데이터 과학을 학교에 도입하면서 프로그램의 맨 마지막 단계에 실시되는 데이터 과학 캡스톤(CS490) 수업에 대해 "단순히 기법과 학습 경험에 그치지 않고 자신이 배운 것을 활용하여 문제를 탐색하고 해결하는 프로젝트"라고 소개하고 있다.

이러한 분위기에서 우리 주변에 데이터 기법에 대해 공부할 수 있는 웹사이트뿐만 아니라 데이터셋을 활용할 수 있는 웹사이트 등이 존재하지만 Kaggle은 데이터 과학자를 위한 데이터 분석 경쟁, 데이터셋뿐만 아니라 데이터 분석에 대한 토론과 학습 그리고 취업까지 연계할 수 있는 데이터 과학자를 위한 전문 커뮤니티이다.

시중에는 이미 R, Python 등의 코드를 통해 데이터 분석을 연습할 수 있는 교재들이 이미 많이 존재하기 때문에 이 교재에서는 Kaggle에서 제공되고 있는 데이터셋을 활용하여 비즈니스 관점의 목적을 세우고, 데이터 분석을 바라볼 수 있는 연습을 할 수 있는 방법을 연습하고자 하였다. 다양하게 제공하는 것을 넘어서 다른 분석자들이 어떻게 분석하였는지 공유를 통해 데이터 분석을 접하는 사람에게 다양한 학습방법과 기회를 제공할 수 있는 Kaggle에 대해서 더욱 자세히 알아보고 Kaggle에서 제공하고 있는 데이터셋을 이용하여 비즈니스 관점으로 실제 실습을 해보았다.

1장에서는 Kaggle을 어떻게 사용할 수 있는지 살펴보고 2장에서는 실제 캐글의 데이터를 이용하여 한 기업을 가정한 후 외부환경과 내부환경을 조사하고 기업이 필요한 전략 도출을 위해 어떤 목적으로 데이터 분석이 필요한지 파악한 후 실제 데이터 분석을 하였고 이를 통해 전략을 도출한 사례를 소개하였다. 3장에서는 마케팅, 이상탐지, 수요 예측 등 분야에서 데이터 탐색, 시각화, 회귀분석, 군집분석, 예측 모델 구축을 통한 예측 등을 SPSS 26버전을 활용하여 분석한 예제를 통해 데이터 분야에 맞는 분석 목적을 설립하고 문제를 해결하는 과정의 예시를 소개할 것이다.

1.2 빅데이터 전문가들의 플랫폼, Kaggle 탐색

기업이 가지고 있는 문제를 빅데이터 경진대회의 형태로 해결하는 경연 플랫폼 Kaggle은 2010년 앤서니 골드블룸(Anthony Goldbloom)과 벤 해머(Ben Hammer)가 설립한 기업과 데이터 과학자들을 연결하는 플랫폼으로, 기업이나 개인이 가지고 있는 데이터들을 공유하고 많은 데이터 분석자들이 이 데이터들을 이용해 자신이 분석한 과정과 결과를 공유를 통해 서로 발전할 수 있는 구조를 가지고 있다. 이러한 특성으로 많은 데이터 분석가들이 Kaggle을 이용하고 있고 2017년 구글 인수 당시 약 10만 명이 사용 중이라고 알려졌었다. Kaggle은 단순히 데이터와 분석 방법을 공유하는 커뮤니티를 넘어서 기업이 데이터 과학자를 채용할 수 있는 공간으로 확대되고 있는 상황이다.

| 그림 1-2 | Kaggle 메인 페이지 화면

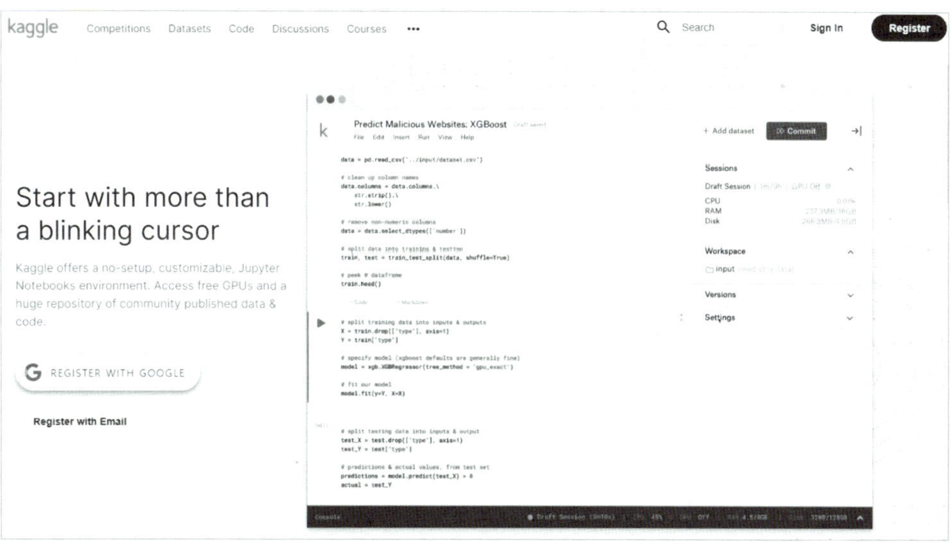

출처: Kaggle 홈페이지

위 [그림 1-2]는 Kaggle의 메인 홈페이지(www.kaggle.com)로 접속하면 가장 먼저 만나게 되는 첫 화면이다. Kaggle을 통해 활용할 수 있는 기본적인 메뉴들은 화면 상단 왼쪽부터 Competitions/Datasets/Code/Discussion/Courses을 확인할 수 있다. 앞으로 이 메뉴들을 소개하고 어떻게 활용할 수 있는지 이야기할 것이다.

1.2.1 Competition

Competitions는 Kaggle의 가장 기본적인 컨셉이 되는 경연의 공간으로 기업이 상금을 걸기도 하고 Kaggle이 이용자들을 위한 도전과제를 주고 이를 해결하도록 하는 공간이다.

Kaggle Competition을 활용한 사례 중 유명한 사례는 GE의 사례가 있다(https://www.kaggle.com/c/flight).

2012년 11월 말부터 2013년 3월까지 진행된 이 Competition은 GE가 국제 항공기들의 효율적인 운영을 위하여 도착시간을 보다 정확하게 예측할 수 있는 방법을 찾고자 진행하였다. GE는 Kaggle을 통하여 기업이 보유하고 있던 항공 날씨 데이터, 항공기 위치, 비행 시간, 연료 소비량이 담긴 빅데이터를 제공하였으며 전 세계의 173개의 팀이 참가하여 예측 모델을 개발하고 GE는 참가 팀들의 예측오차를 기준으로 평가하여 수상을 진행하였다.

가장 적은 오차를 통한 예측력을 보인 팀은 게이트와 활주로 도착에 대하여 4.2분과 3.2분의 오차로 가장 적은 오차를 보였다. 이것은 산업 표준 추정치보다 45% 향상된 예측력을 보이고 있다고 GE는 평가하였다. 1위 팀은 100,000달러를 상금으로 받았으며 Kaggle에서 수상을 통해 명예를 얻을 수 있었다.

그림 1-3 GE Flight Quest 사례

출처: Kaggle 홈페이지

이러한 Competition에 참가하는 것은 어려운 일이 아니다. Kaggle 메인 페이지에서 Competition에 접속하면 [그림 1-4]와 같이 현재 활성화된 Competition들을 볼 수 있다.

그림 1-4 활성화되어 있는 Competition

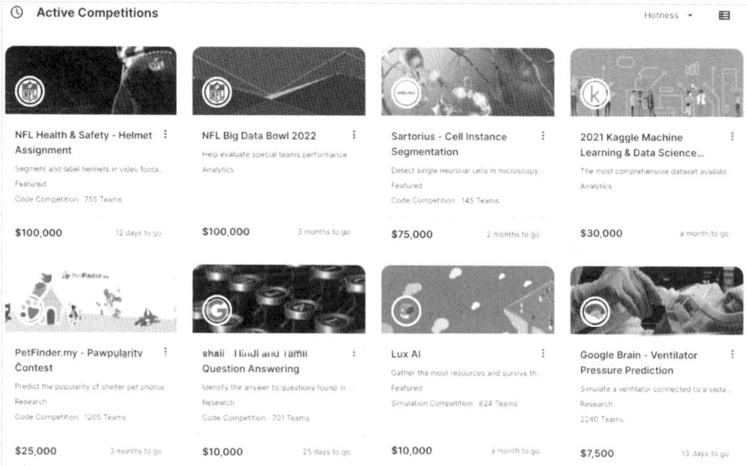

특정 Competition에 접속하면 Competition에 대한 개요는 Overview를 확인할 수 있으며, Overview에서는 Description(기업과 대회에 대한 설명), Evaluation(어떤 방법으로 평가하는지), Timeline(제출 기한), Prizes(몇 등까지 얼마의 상금이 있는지) 등을 확인할 수 있다.

만약 자신이 이 Competition에 참가할 의향이 있다면 오른쪽 상단의 Join Competition을 클릭하여 참여할 수 있다.

그림 1-5 NFL halmet assignment competition

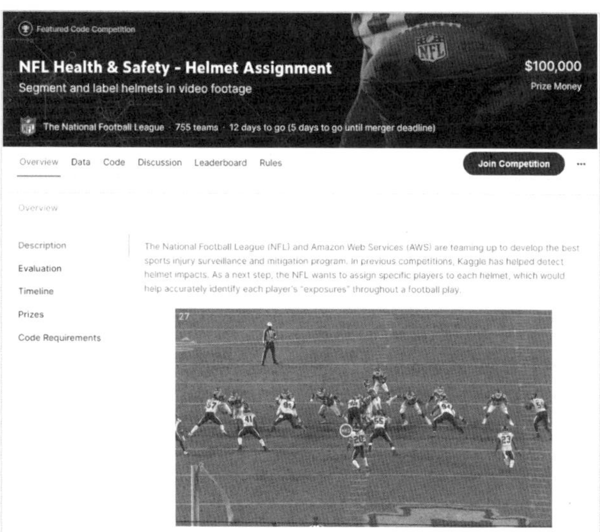

Overview를 통해 대회에 대한 전반적인 내용과 참여 방법을 알아봤다면, 그 다음 그림은 Overview 옆에 있는 Data 메뉴를 선택하였을 때의 페이지 화면으로 데이터 페이지를 통해서 데이터에 대한 출처와 설명을 확인할 수 있으며 Data Source에 있는 데이터를 클릭하면 데이터를 다운로드받아 분석을 시작할 수 있다. Data Source 옆의 Columns는 데이터셋에 어떤 항목들로 구성되어 있는지를 확인해 볼 수 있다.

그림 1-6 NFL Helmet assignment 데이터 화면

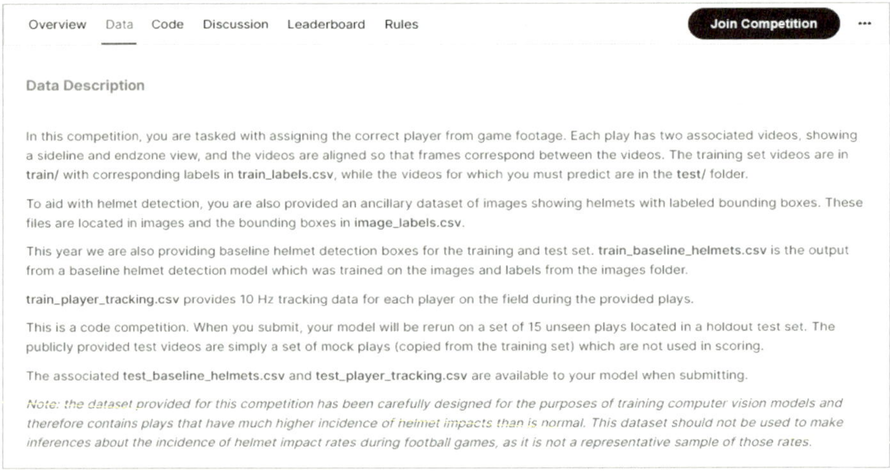

단순히 데이터를 주고 분석된 과정과 결론을 기업에게 제출하는 것이 아닌 서로의 분석을 공유할 수 있으며 이것을 가능하게 하는 공간을 Code라고 부른다. Data 메뉴 옆에 Code를 클릭하면 같은 데이터를 이용하여 다양한 분석을 한 사람들의 분석 과정과 결과를 공유할 수 있다.

Kaggle을 통해 Competition의 데이터 분석 경쟁뿐만 아니라 Code라는 공간을 통해 데이터에 대한 서로 간의 분석 방법을 공유하고 의논이 가능한 것이다. Code는 오픈 데이터 분석 일지로 이러한 특성은 참가자들에게 새로운 아이디어를 제시하고 Competition에 대해서 겁내고 있는 초보자들에게는 분석 과정을 지켜보면서 학습할 수 있는 공간으로서 역할을 할 수 있는 것이다.

Code는 Kaggle 활용에 있어 매우 중요한 기능 중 하나로 바로 다음 Code에 대하여 말해보고자 한다.

그림 1-7 NFL Helmet Assignment Code 화면

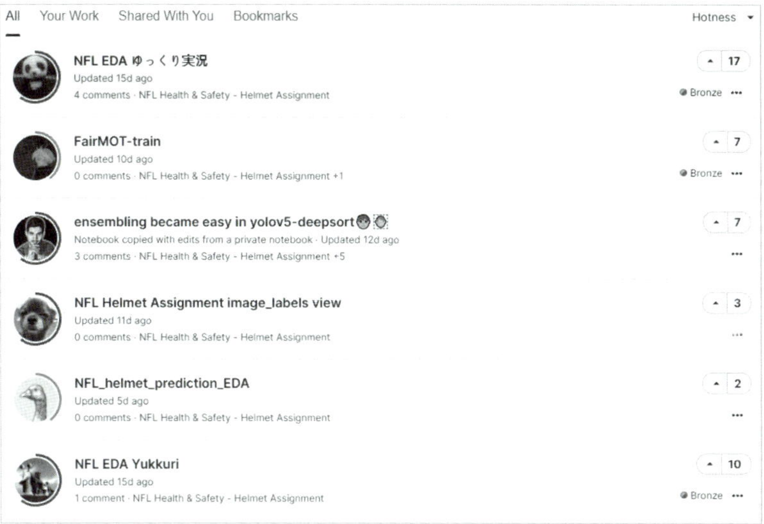

1.2.2 Code

Code는 공개된 데이터 분석 일지로 Competition/Datasets 메뉴에서도 해당 데이터를 활용한 분석자들의 Code에 접속할 수도 있고 다음 그림과 같이 메인 페이지 상난의 Code를 선택하여 데이터에 구애되지 않고 내가 원하는 종류를 찾아볼 수도 있다.

그림 1-8 Kaggle Code 화면

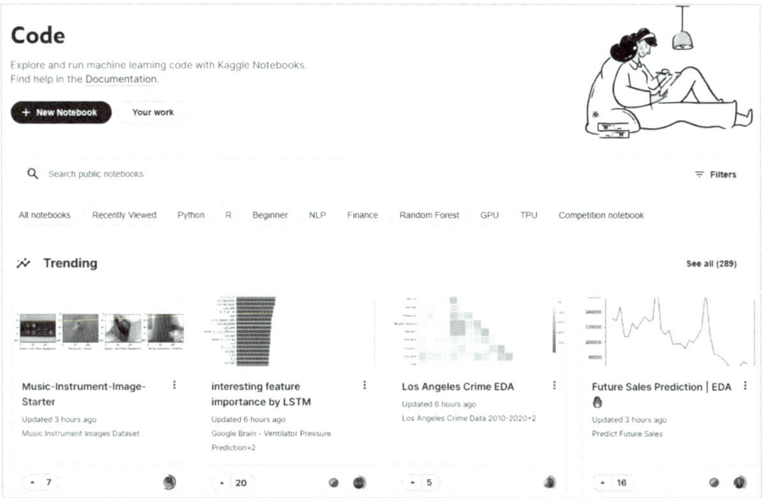

[그림 1-8]은 메인 페이지를 통해 Codes에 접속하였을 때의 페이지이며 키워드 등의 검색을 통해 자신이 찾고자 하는 Code를 찾아볼 수 있으며 오른편의 Filter를 통해 언어(R 또는 Python)들의 Tag 검색이 가능하다. 상단의 New Notebook을 클릭하면 자신의 Code를 작성 또한 가능하다.

Code에 있는 Notebook 중 한 곳을 접속하여 살펴보도록 하자.

[그림 1-9]는 Music-Instrument-Image-Starter라는 Code에 접속 시의 페이지이다(https://www.kaggle.com/lasaljaywardena/music-instrument-image-starter).

Notebook에서는 작성자가 작성한 코드와 설명 등을 확인할 수 있으며 Data에서는 작성자가 사용한 데이터를 확인하여 간편하게 데이터에서 데이터 분석 과정, 분석 결과를 파악하기 쉽다. Comments에서는 Code에 대한 개선 방향, 질문 등이 이루어지면서 자유로운 토론이 가능하다.

그림 1-9 Code에서 Notebook 접속 시 화면

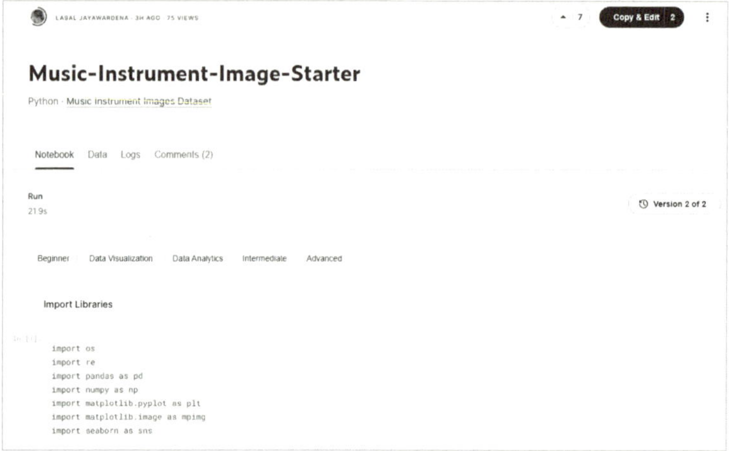

1.2.3 Discussion

Discussion은 데이터 분석에 있어서 함께 의논하고 어려움을 해결해나갈 수 있는 공간이다. [그림 1-10]은 메인 페이지에서 Discussion에 접속하면 나타나는 페이지이다. 특히 초보자를 위한 게시물들이 모여 있는 Getting Started를 이용하여 데이터 분석과 Kaggle을 처음 이용하는 사람들이 이용할 수 있다. Competition 혹은 Datasets을 통해서도 그 데이터와 Competition에 해당하는 Discussion에도 접속할 수 있다. 아래의 그림은 Competition을 살펴보기 위해 살펴봤던 Two Sigma의 Competition 중 Discussion 메뉴에 접속하였을 때의 화면이다.

▌**그림 1-10** ▌Kaggle 메인 페이지를 통해 Discussion에 접속

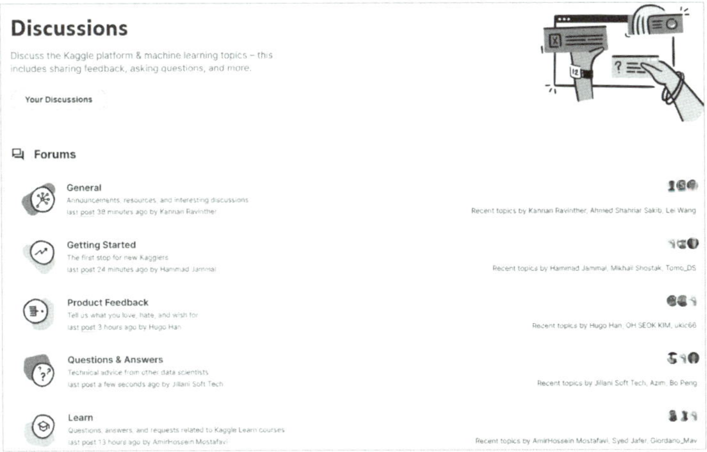

Competition이나 Dataset을 이용하면서 더 궁금한 점이 생긴다면 [그림 1-11]과 같이 Discussion을 이용하여 궁금증을 해소할 수 있을 것이다.

▌**그림 1-11** ▌Kaggle Discussion

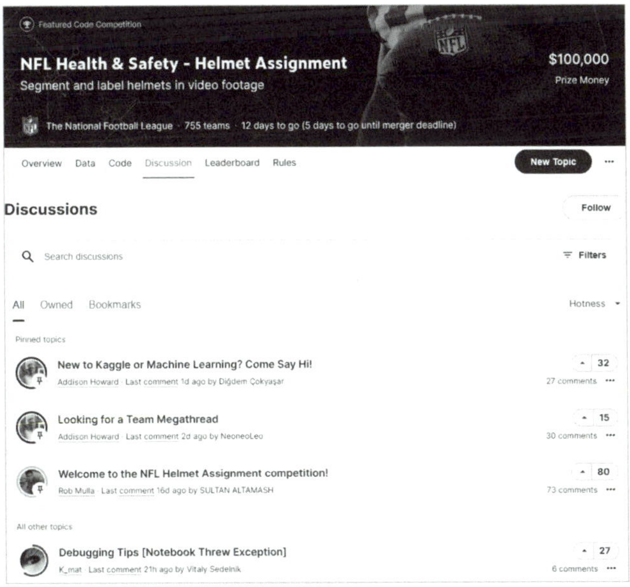

1.2.4 Datasets

Kaggle에서는 Competition을 통해 기업이 제공하는 데이터뿐만 아니라 Datasets을 통해 Kaggle 이용자들이 자신이 가지고 있는 데이터 파일을 공유할 수 있다. Kaggle의 Datasets에서는 CSV 형식뿐만 아니라 JSON, SQLite 등 형식의 에너지, 커머스, 마케팅, 의료, 이미지 등 다양한 분야의 데이터 파일을 찾아 데이터 분석이 가능할 뿐만 아니라 선택한 데이터셋을 분석한 다른 사람들의 결과를 확인할 수 있어 참고하기에도 유용하다.

그림 1-12 Kaggle 메인 페이지를 통해 Datasets 메뉴에 접속한 화면

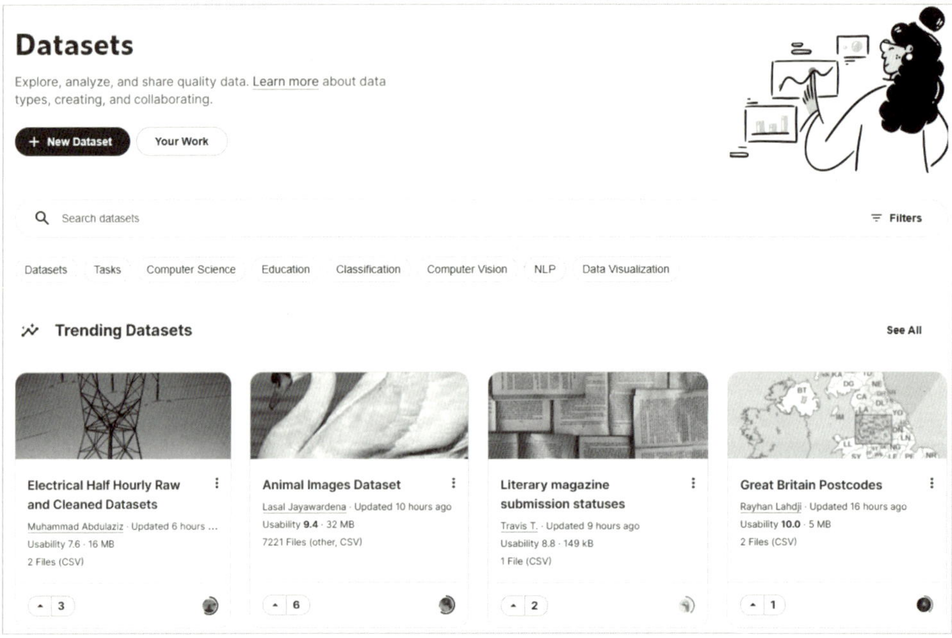

위 그림은 메인 페이지의 Datasets 메뉴를 선택하여 접속하는 페이지로 영국의 시간 단위 전력 사용 데이터인 Electrical Hourly Raw and Cleaned Datasets, Animal Images Dataset 등이 Trending Datasets으로 사람들이 활용 중이라는 것을 확인할 수 있다.

그림 1-13 Trending Dataset인 전력 사용 데이터 페이지

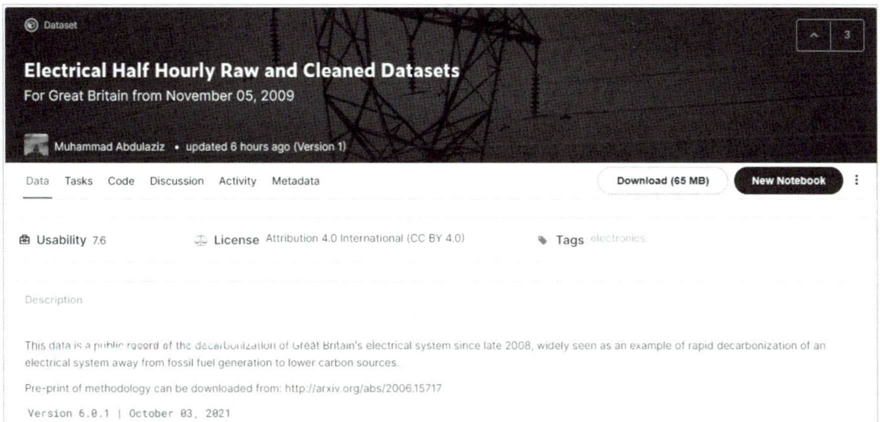

Dataset에서 상단의 Metadata를 클릭하여 데이터셋의 출처와 라이센스를 확인할 수 있다. 데이터의 다운로드 없이 데이터 설명 페이지를 하단으로 내리면 데이터에 대한 행과 열에 대한 정보를 확인함으로써 데이터를 다운로드하지 않고도 확인할 수 있다. Codes는 이 데이터셋을 활용하여 분석한 Code를 살펴볼 수 있을 것이다.

1.2.5 Courses

그림 1-14 Kaggle Course 페이지 화면

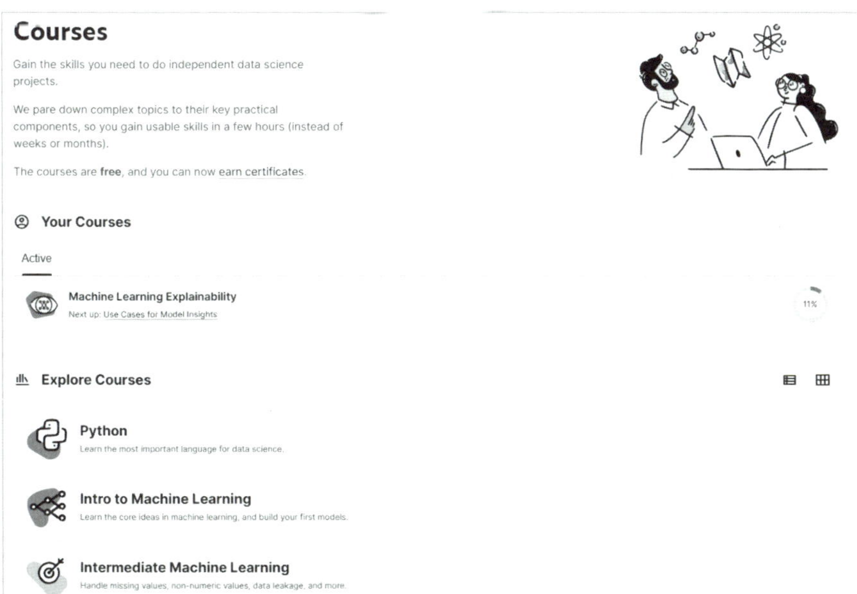

메인 페이지를 통해 Courses 메뉴를 클릭하여 접속하면 위 그림과 같은 창을 볼 수 있을 것이다. 자신이 학습하기 원하는 강의를 클릭하여 선택하면 동영상 강의와 실제로 코딩 연습을 할 수 있는 실전 연습을 통해 기초 실력을 쌓을 수 있는 공간으로 Python, Machine Learning, Deep Learning, Data Visualization, Feature Engineering, Geospatial Analysis, NLP(Natural Language Processing) 등 다양한 주제로 데이터 분석 연습이 가능하다.

Courses은 Kaggle이 단순히 기업들과 데이터 과학자들을 연결하는 공간일 뿐만 아니라 데이터 분석에 발을 들이기 시작한 초보자들을 위한 데이터 과학자를 꿈꾸는 사람들을 위한 공간으로 데이터 분석 초보 단계에서 상급자의 단계에 아우러 다양한 분야의 데이터 분석이 가능하며 토론할 수 있는 플랫폼이다.

Chapter 2

Kaggle (telco churn data) 활용 실습 사례

2.1 데이터 분석 프로세스

데이터 분석의 프로세스는 분석 목적과 데이터의 성격에 따라 차이가 존재하지만 보편적으로 데이터 분석을 위해서 우선적으로 현재 존재하고 있는 문제를 정의하고 데이터 분석의 목적을 정한 뒤, 목적을 달성하기 위한 분석 요건(기술, 저장 기술 등), 수행 계획을 세워 데이터를 수집한다. 수집된 데이터는 더 좋은 분석 결과 도출을 위해 전처리 과정과 기초통계, 분포, 상관관계 파악 등의 분석과 데이터 시각화를 통해 데이터 탐색을 진행한다. 그 후 분석 목적에 맞춰 통계적인 인과관계 파악 또는 예측 모델링을 통해 데이터 분석을 실시한 후 최종적으로 정의하였던 문제를 해결하기 위한 의사결정에 적용하는 프로세스를 가지고 있다.

본 교재에서 또한 3장에서 6장까지 11개의 데이터를 실습하는 과정에서 수집된 Kaggle 데이터 목적에 맞춰 차이가 존재하겠지만 살펴본 프로세스의 흐름을 따라간다.

그림 2-1 데이터 분석 실습 프로세스

목적 정의	→	데이터 수집	→	데이터 탐색	→	데이터 분석	→	적용
문제 파악		분석 요건 설정		데이터 전처리		통계적 분석		전략 도출
목적 정의		수행 방안 설계		탐색적 분석 및 시각화		예측 모델링		실제 적용
		데이터 수집						

분석 실습에 앞서 분석에 대한 목적을 정의내리기 위하여 현실의 문제를 파악하고 문제를 해결하기 위한 목적을 정의내려야 한다. 이때의 문제를 어떻게 정의내리느냐에 따라 목적이 달라지면서 같은 데이터라도 완전히 다른 분석 과정과 분석 결과가 나올 수 있다.

그 다음으로는 목적에 맞는 데이터를 수집하기에 앞서 현재 데이터를 수집할 수 있는 범위와 경제적·시간적 여건을 파악하여 수행 방안을 설계한 뒤 목적에 맞는 데이터를 수집한다. 이번 교재에서는 비즈니스 문제에 있어 데이터 분석의 활용에 초점을 두었기 때문에 데이터 수집을 다루지 않고 이미 수집되어 있는 공개된 데이터셋을 활용하였다.

세 번째로는 데이터 전처리 단계로 수집된 데이터를 분석에 앞서 데이터의 특성을 파악하고 분석 목적과 방법에 따라 정제 및 변환하는 단계이다. 기초통계 및 시각화 등을 통해 데이터를 탐색하고 결측치 및 이상값 등의 노이즈를 제거하거나 데이터 형태나 범위 등을 변환하는 작업들이 이에 속한다.

그 전 단계까지의 과정을 통해 이해된 현상을 통계적으로 검증하고 예측하는 단계로 분석 목적에 맞는 알고리즘을 선택해야 한다. 현상의 원인을 찾기 위한 분석을 위해 회귀분석을 선택할 수 있으며 과거 축적되어 있는 데이터를 기반으로 미래의 예측을 위한 예측 모델을 신경망 모델, 트리 기법 등을 이용해 구축할 수도 있다. 예측 모델의 학습의 과정과 평가의 단계에서 학습 데이터 세트와 평가 데이터 세트로 나누어 예측 정확도 등을 산출하여 모델의 정확도를 평가한다. 학습 데이터와 평가 데이터를 분배하는 샘플링의 과정에서 50%:50%로 분류하는 샘플링과 70%:30%의 비율로 샘플링하는 등의 방법이 있다. 이때 구축된 예측 모델의 성능을 측정하는 방법에는 대표적으로 ROC Curve, 혼동 행렬(Confusion Matrix) 등이 있으며 실습 교재에서는 혼동 행렬(Confusion Matrix)에 대해서 설명하고 넘어가고자 한다.

혼동 행렬(Confusion Matrix)은 예측 모델을 통해 분류한 예측값과 분류값을 교차표로 정리한 행렬로, 예측값과 실제값의 일치 빈도를 통해 예측 모델의 예측 정확도를 평가 가능하다.

마지막으로는 분석된 결과를 기반으로 비즈니스 문제를 해결하기 위한 기존에는 발견하지 못했거나 검증되지 못했던 의미에 대하여 적용하는 단계이다.

표 2-1 예측 모델 이진 분류 결과 교차표

	예측된 Postive	예측된 Negative
실제 Positive	TP(True Positive)	FN(False Negative)
실제 Negative	FP(False Positive)	TN(True Negative)

| 표 2-2 | 예측 모델 성능 지표

성능 지표	설명	계산
정확도 (Accuracy)	실제 분류를 정확하게 예측한 비율	$\frac{TP+TN}{TP+TN+FP+FN}$
오차비율 (Error Rate)	1-정확도	$1-Accuracy$
민감도 (Recall)	실제 P를 P로 예측한 비율	$\frac{TP}{TP+FN}$
특이도 (Specificity)	실제 N을 N으로 예측한 비율	$\frac{TN}{TN+FP}$
거짓긍정률 (FP Rate)	1-특이도	$1-Specificity$
정밀도 (Precision)	P로 예측한 것 중 실제 P인 비율	$\frac{TP}{TP+FP}$
(F1-score)	정밀도와 민감도를 합한 평가지표	$2\times\frac{Precision\times Recall}{Precision+Recall}$

2.2 Kaggle 데이터를 중심으로 상황 가정과 외 · 내부 환경 분석

이 절에서는 Kaggle의 데이터를 이용하여 Kaggle이 단순히 데이터 분석 연습을 위한 커뮤니티뿐만 아니라 경영 전략의 관점에서 Kaggle의 데이터를 어떻게 활용할 수 있는지 살펴보고자 한다

사용된 데이터는 IBM에서 제공하는 예제 데이터셋으로 통신사 7,044명의 고객 데이터가 고객 ID, 성별, 결혼 여부, 모바일 서비스, 유선 서비스 가입 유무와 부가 서비스 가입 여부, 결제 방법 등 21가지의 열(Column)을 가지고 있는 데이터셋이다.

본 실습은 2018년에 Kaggle 데이터 분석을 활용한 경영학과 수업에서 제작된 자료로 당시의 국내 통신사 기업 중 LG U+를 가정하여 LG U+의 외부환경과 내부환경을 조사를 통해서 기업의 SWOT을 그림과 같이 도출하였다. 그림과 같은 흐름으로 데이터 분석을 통한 경영 전략 도출을 실습하여 보았다.

▌그림 2-2 ▌Kaggle을 활용한 경영 전략 관점에서의 데이터 분석 과정

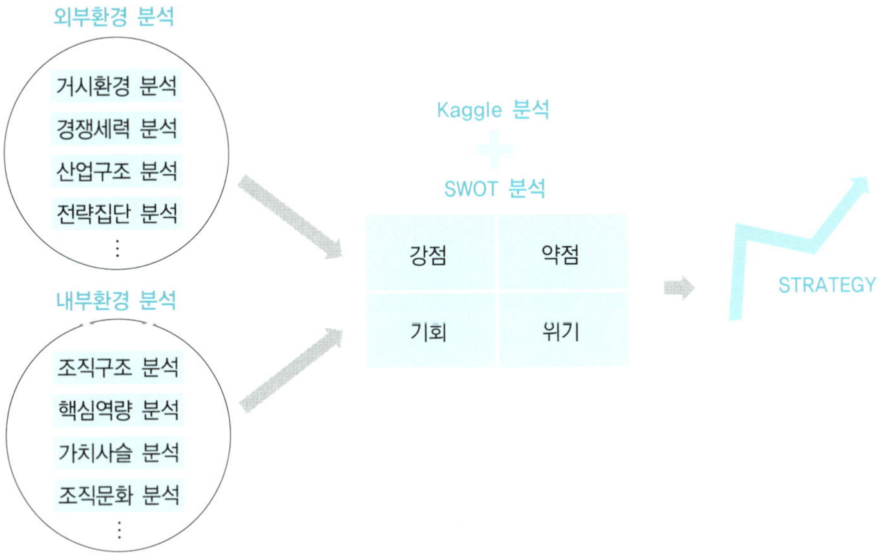

▌그림 2-3 ▌고객 이탈 데이터 실습 SWOT와 데이터 분석 목적

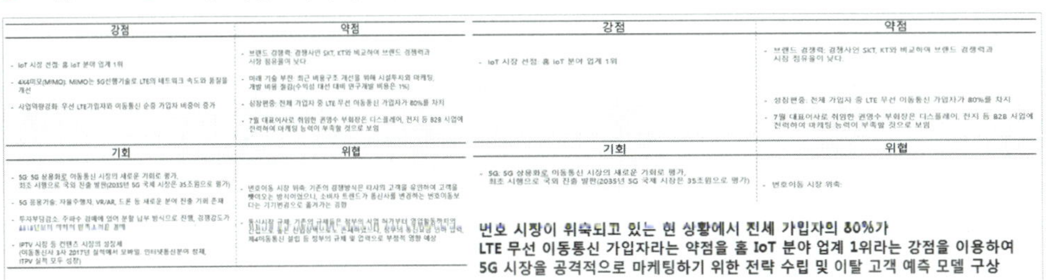

이 중에서 모바일 통신 시장의 포화와 MVNO(알뜰폰) 활성화로 번호이동 시장이 위축되고 있는 위협적인 상황을 타개하기 위해 새로운 시장을 빠르게 선점해야 하는 상황이지만 경쟁사인 SKT와 KT에 비해 상대적으로 약한 브랜드 경쟁력과 시장점유율을 가지고 있다는 약점을 극복하기 위해 강점인 홈 IoT 분야 업계 1위라는 점과 5G 시장이 상용화되면서 새로운 시장을 창출할 수 있다는 기회를 이용하여 마케팅 전략을 도출하고 고객 이탈을 막고자 데이터 분석을 실시한다는 목적을 잡고 시각화가 뛰어난 R을 이용하여 탐색적 분석을 실시하였으며 Python을 이용하여 예측 모델을 개발하고 평가하였다.

2.3 데이터 탐색을 위한 기초통계 및 시각화

분석에 앞서 빈도분석 및 시각화를 통해 데이터셋에 속해 있는 변수를 살펴보고 구조화하였다. 그 이유는 데이터셋 안의 열(Column)에서 종속적인 관계를 가진 열들이 존재하고 공통적인 성격을 가진 열들끼리 카테고리화시킬 수 있을 것이라는 판단에서였다. 다음 그림은 데이터셋을 구조화한 것이다.

데이터는 크게 5가지의 카테고리로 분류하였으며 기업의 핵심적인 비즈니스 모델인 통신 서비스와 인터넷 서비스 가입을 중심으로 개인 정보가 있는 고객 데이터, 가입 정보 데이터, 고객성과 데이터로 구분하였다.

그림 2-4 고객 이탈 데이터 실습 변수들을 카테고리화

<table>
<tr><td colspan="2">〈고객 데이터〉 성별, 노령, 결혼 여부, 자녀 유무</td><td></td><td></td></tr>
<tr><td>〈통신 서비스 정보〉
통신 서비스 여부

(부가 서비스)
멀티 회선 여부</td><td>〈인터넷 서비스 데이터〉
인터넷 서비스 가입 유형

(부가 서비스)
온라인 보안 서비스
온라인 백업 서비스
기기 보호 서비스
스트리밍 TV
스트리밍 무비</td><td>〈가입 데이터〉

계약 유형
페이퍼빌링</td><td>〈고객성과 데이터〉

이탈 여부
가입기간
월평균 지불 비용</td></tr>
</table>

그 후 고객의 세분화된 특성을 이해하지 못한다면 데이터 분석 후 전략 도출에 있어서 오류가 있을 수 있기 때문에 고객을 세분화하고자 R 프로그램을 이용해 핵심 비즈니스를 기준으로 고객들이 가입하여 있는 서비스별로 시각화를 통해 집단별로 세분화하여 다음 그림과 같이 정리하였다.

그림 2-5 고객 이탈 데이터 실습 고객 세분화

<table>
<tr><td>Only 통신
(1,520)
유지: 1,407명(92.56%) vs 이탈: 113명(7.43%)</td><td>Only 인터넷
(680)
유지: 510명(75%) vs 이탈: 170명(25%)</td></tr>
<tr><td colspan="2">통신 with 인터넷
(5,512)</td></tr>
<tr><td>DSL
(2,416)
유지: 1,957명(81%) vs 이탈: 459명(19%)</td><td>Fiber
(3,096)
유지: 1,799명(58.10%) vs 이탈: 1,297명(41.90%)</td></tr>
</table>

그 다음은 데이터에 대한 전체적인 아이디어를 얻기 위해서 4개의 세분화된 고객별로 탐색 분석을 실시하였다. 아래 그림에 나타나는 예시는 4개의 세부화된 고객 집단 중 오직 통신 서비스만을 가입한 고객들의 특징을 파악한 것이다.

예시로 오직 통신 서비스 가입 고객의 이탈 여부에 따른 두 집단에 대하여 가입 유형, 지불 방식, 평균 지불액, 가입기간의 차이에 대한 시각화와 더불어 교차분석과 t-검정을 실시한 결과를 [그림 2-6]에서 확인할 수 있다.

그림 2-6 고객 이탈 데이터 실습 탐색적 분석 시각화와 통계적 검정: 오직 통신 서비스 가입 고객 집단

가입 유형별 이탈 여부

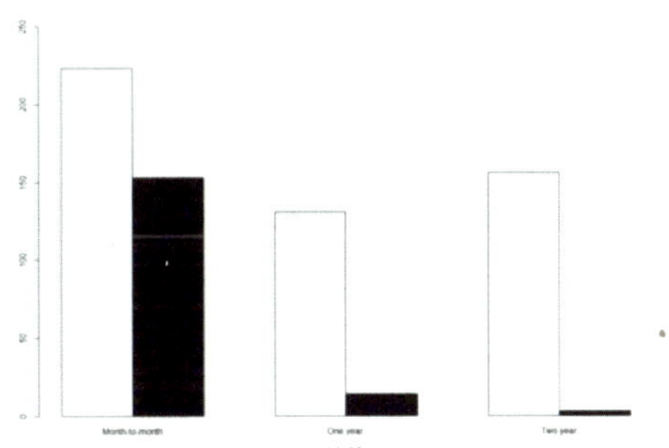

	Month to Month	One Year	Two Year	Sum
No	425	354	628	1407
Yes	99	9	5	113
Sum	524	363	633	1520

Pearson's Chi-squared test
data: YPNI$Churn and YPNI$Contract
X-squared = 153.54, df=2, p-value < 2.2e-16

지불 유형별 이탈 여부

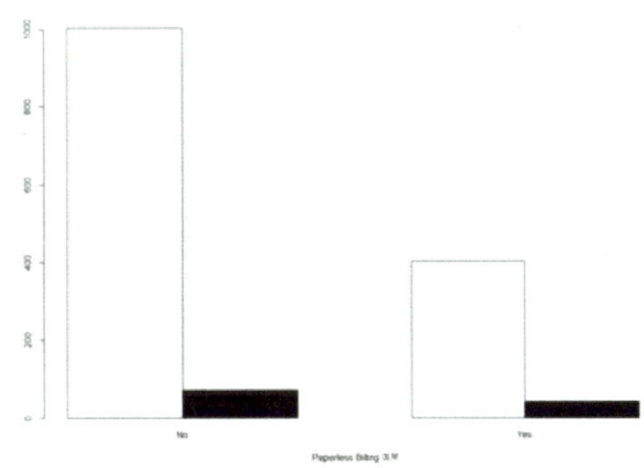

	No	Yes	Sum
No	1004	403	1407
Yes	71	42	113
Sum	1075	445	1520

Pearson's Chi-squared test
data: YPNI$Churn and YPNI$PaperlessBilling
X-squared = 3.2718, df=1, p-value < 0.07048

이탈 여부에 따른 평균 지불액 차이

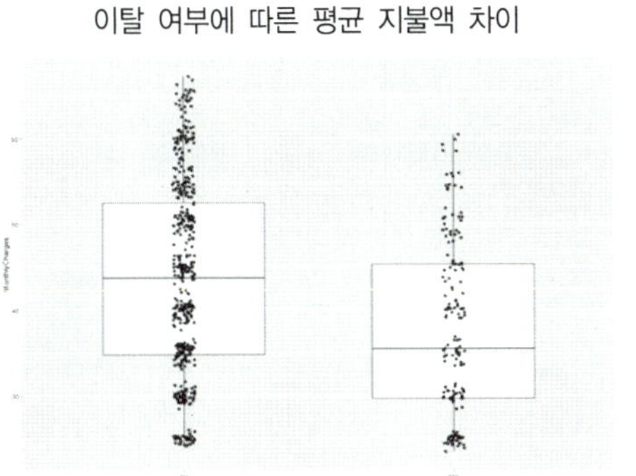

	Df	Sum Sq	Mean Sq	F value	Pr(>F)
Churn	1	61	61.22	13.21	0.000288***
Residuals	1518	7036	4.64		

이탈 여부에 따른 가입기간 차이

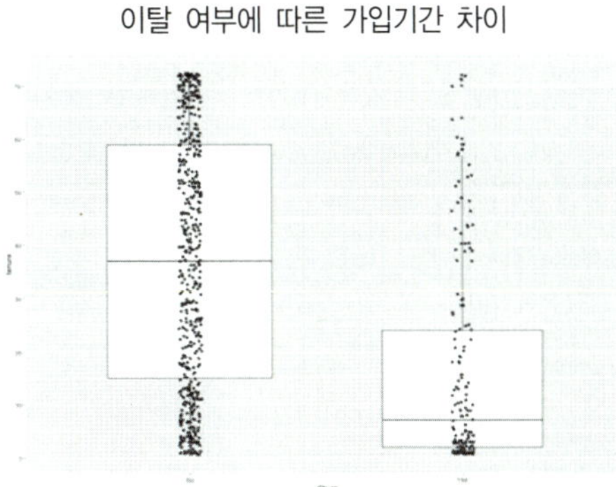

	Df	Sum Sq	Mean Sq	F value	Pr(>F)
Churn	1	61410	61410	111.3	<2e-16***
Residuals	1518	837659	552		

2.4 통신사 고객 이탈 인과관계 파악

이탈 분석과의 통계적인 유의미한 인과관계가 존재하는지를 파악하기 위하여 로지스틱 회귀분석을 이용하였다. 왼편의 로지스틱 회귀분석은 변수 모두의 인과관계를 파악한 것이며 오른편의 로지스틱 회귀분석은 탐색적 분석에서 연관성이 없다고 도출된 변수를 제거하고 분석한 것이다. 두 로지스틱 회귀분석에서는 차이가 없었다는 것을 확인할 수 있었다.

그림 2-7 고객 이탈 데이터 실습 로지스틱 회귀분석 결과: 오직 통신 서비스 가입 고객 집단

(전체) 로지스틱 회귀 결과

```
Coefficients:
                    Estimate Std. Error z value Pr(>|z|)
(Intercept)          2.47739    3.90384   0.635 0.525686
genderMale          -0.09371    0.21185  -0.442 0.658227
SeniorCitizenYes     0.76301    0.55762   1.368 0.171205
PartnerYes           0.09827    0.30163   0.326 0.744591
DependentsYes       -0.24506    0.29596  -0.828 0.407665
MultipleLinesYes     0.93822    1.03888   0.903 0.366468
ContractOne year    -1.50837    0.38490  -3.919 8.90e-05 ***
ContractTwo year    -1.94245    0.53697  -3.617 0.000298 ***
PaperlessBillingYes  0.31190    0.22037   1.415 0.156962
MonthlyCharges      -0.18254    0.19564  -0.933 0.350787
tenure              -0.04366    0.01108  -3.940 8.16e-05 ***
```

(탐색적 분석 반영) 로지스틱 회귀 결과

```
Coefficients:
                    Estimate Std. Error z value Pr(>|z|)
(Intercept)          2.24474    3.89037   0.577 0.563940
PartnerYes           0.15854    0.29749   0.533 0.594095
DependentsYes       -0.31459    0.29180  -1.078 0.280986
MultipleLinesYes     0.88755    1.03475   0.858 0.391035
ContractOne year    -1.49960    0.38361  -3.909 9.26e-05 ***
ContractTwo year    -1.95596    0.53567  -3.651 0.000261 ***
PaperlessBillingYes  0.30599    0.21996   1.391 0.164176
MonthlyCharges      -0.17215    0.19507  -0.883 0.377506
tenure              -0.04305    0.01101  -3.909 9.26e-05 ***
```

이러한 같은 과정을 4개의 고객 집단별로 분석하여 다음 표와 같이 4개의 고객 집단의 회귀분석 결과를 정리하여 이 결과를 통해서 고객의 맞춤형 전략을 도출하였다.

그림 2-8 고객 이탈 데이터 실습 4개 고객 집단 회귀분석 결과 정리

	Only 통신		Only 인터넷		통신+DSL		통신+광섬유	
	이탈 영향	중요 순위	이탈 영향	중요 순위	이탈 영향	중요 순위	이탈 영향	중요 순위
gender								
SeniorCitizen					노령 가입자	3		
Partner								
Dependents			가입하지 않은 경우	4				
Tenure	가입기간(-)	2	가입기간(-)	2	가입기간(-)	2	가입기간(-)	4
PhoneService								
MultipleLines								
InternetService								
OnlineSecurity			가입하지 않은 경우	5			가입하지 않은 경우	2
OnlineBackup							가입하지 않은 경우	3
DeviceProtection							가입하지 않은 경우	6
TechSupport			가입하지 않은 경우	3				
StreamingTV								
StreamingMovies								
Contract	Month to Month	1	Month to Month	1	Month to Month	1	Month to Month	1
PaperlessBilling						4		5
MonthlyCharges				6				7

위 그림 중 오직 인터넷을 이용하는 고객의 특징을 보면 가장 이탈에 영향을 주고 있는 변수는 월별 가입하는 가입 유형이고 그 다음으로 가입기간이라는 것이었으며 세 번째는 기술 지원 서비스 가입 유무, 네 번째는 자녀 유무, 다섯 번째는 온라인 보안 서비스 가입 여부, 여섯 번째는 월별 청구 비용이었다. 이러한 결과를 통해 월별 가입기간을 장기적 고객으로 돌릴 수 있는 마케팅이 필요하다고 판단하였으며 이를 위해 기술 지원 서비스와 온라인 보안 서비스를 제공하며 장기 고객으로 유도해야 한다는 전략을 도출하였으며 자녀 유무의 경우 결혼을 한 이후에 자녀가 없는 경우와 미혼이기 때문에 자녀가 없는 경우 구별을 통해 세부적인 마케팅 전략 도출을 위하여 세부적인 고객 데이터를 분석할 필요가 있다는 결론을 도출하였다.

2.5 통신사 고객 이탈 예측

최종적으로 Python을 이용하여 로지스틱 회귀분석, 랜덤 포레스트 기법과 케라스를 활용한 딥러닝 기법 예측 모델을 개발하고 평가하였다. 특히 R을 활용한 퍼셉트론 단층 신경망 모델과 Python 케라스 패키지를 활용한 딥러닝의 결과를 비교하였다.

| 그림 2-9 | 통신사 고객 이탈 데이터 실습 로지스틱 회귀 모델과 랜덤 포레스트 모델변수 중요도

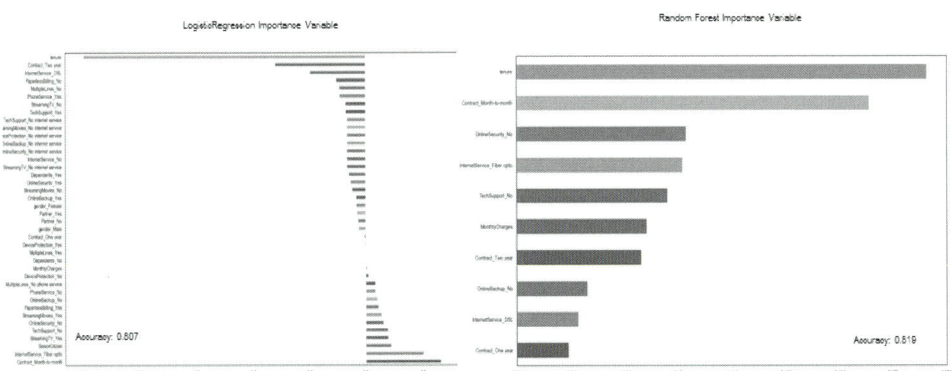

위 그림은 로지스틱 회귀모델과 랜덤 포레스트의 정확도와 변수 중요도를 나타낸

것이다. 로지스틱 회귀분석은 80.7%의 정확도를 보였으며 랜덤 포레스트 기법은 81.9%의 정확도를 보였다. 두 예측 기법 모두 Tenure가 가장 중요한 변수로 사용되었으며 회귀분석에서는 Contract가 그 다음으로 중요하게 고려되었지만 랜덤 포레스트 기법에서는 Contract 변수 중 Month to Month의 여부가 중요히 고려되었다.

그림 2-10 고객 이탈 데이터 실습 단층 퍼셉트론 예측 모델과 딥러닝 예측 모델

단층 퍼셉트론 예측 모델
(Accuracy: 0.78)

딥러닝 예측 모델
(Accuracy: 0.81)

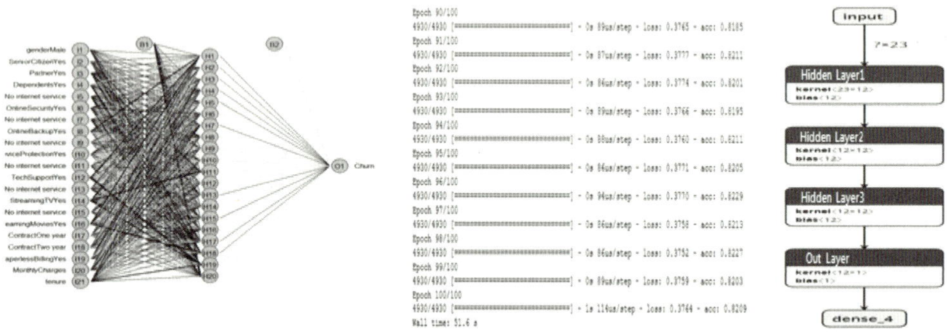

위 그림은 R을 이용하여 만든 단층 퍼셉트론 예측 모델과 Python 케라스를 이용하여 만든 3개의 히든 레이어로 이루어진 딥러닝 예측 모델이다. 단층 퍼셉트론은 78%의 정확도를 보여주고 딥러닝 예측 모델은 81%도 단층 퍼셉트론보다 뛰어난 성능을 보이고 있다.

2.6 데이터 분석을 통한 전략 도출

빈도분석을 통해 고객을 크게 통신 서비스와 인터넷 서비스 가입 유무로 분류할 수 있었다. 통신 서비스와 광섬유 서비스에 가입한 고객은 7,032명의 고객 중 3,096명의 고객으로 50%에 육박하였다. 월 단위 계약이 이탈 요인 중 가장 큰 비중을 차지하고 있었다. 이는 계약 유형의 특성상 자유로운 가입과 이탈이 가능하기 때문에 기업 입장에서는 락인(Lock-in) 전략으로써 고객을 묶어둘 필요가 있으며 이를 위해서는 영향이 컸던 인터넷 보안, 백업, 기기 보호 서비스를 초기 제공하는 전략이 필요할 것으로 파

악하였다.

통신 서비스와 인터넷 가입 유형이 DSL인 경우에는 월 단위 계약 유형, 가입기간이 적을수록 이탈한다는 것은 통신과 광섬유 서비스에 가입한 고객과 같았지만 고령 인구 여부는 세 번째로 중요한 이탈 요인이었다. 고령 인구의 경우 빠른 인터넷 속도가 필요하지 않을 경우가 많기 때문으로 추측된다. 따라서 추가적인 가입자에 대한 분석이 필요하지만 현재 결과를 토대로 통신과 DSL 인터넷 서비스를 가입한 고객 집단을 대상으로 고령 인구에게 필요한 홈 IoT 서비스와 광섬유 인터넷 가입을 위한 프로모션을 제공하는 전략이 필요할 것으로 보인다.

가입 유형에 맞춰 고객 집단을 분류하였으나 그 안에서도 고령 인구 여부, 자녀 유무가 영향을 주고 있었다. 이에 보유하고 있는 고객 관련 데이터를 통해 맞춤형 프로모션 전략을 더욱 구체적으로 세울 필요가 있다. 또한 공통적으로 가입 유형이 Month-to- Month로 월 단위 계약자가 많았기 때문에 월 단위 계약한 고객들의 데이터를 별도로 수집하여 월 단위 계약자를 장기 계약자로 전환하기 위한 고객 분석이 추가로 이루어질 필요가 있다.

2.7 데이터 분석 실습 구성

앞으로 교재의 3장에서 6장의 실습을 통해 고객 이탈, 퇴직 여부를 예측할 수 있는 분류 예측과 현황 분석을 위해 공공 데이터인 서울지하철 이용 데이터, 서울시 유동 인구 데이터 및 이상 탐지를 위한 카드 부정 사용 탐지, 의료보험 이상 탐지 데이터 등의 11개의 Kaggle 데이터를 이용하여 데이터 분석 과정을 살펴볼 것이다.

중요 분석 목적에 맞춰 3장은 이탈 여부, “good”, “bad”와 같은 범주형인 종속변수 데이터 분석, 4장에서는 가격, 가치와 같은 연속형 종속변수의 추정을 위한 데이터 분석을 실시한다. 5장에서는 유동 인구, 대기질 데이터를 통해 현재 상황을 파악하고 분석하며, 마지막 6장에서는 부정 사용, 의료보험 이상 탐지들을 위한 데이터 분석을 실습한다.

표 2-3 실습 교재 데이터셋

	실습 분류	데이터 유형	산업	데이터셋 제목
3장	범주형 종속변수 예측	고객 이탈 예측	통신	Telco Customer Churn
		직원 이탈 예측	인사	IBM HR Analytics Employee Attrition
		신용 위험 분석	금융	German Credit Risk – Credit Classification
		캠페인 반응	유통	Marketing Promotion Campaign
4장	연속형 종속변수 예측	고객가치 추정	유통	IBM Watson Marketing Customer Value
		가격 예측	부동산	House Sales in King County, USA
5장	현황 분석	유동 인구 예측	공공	Seoul Floating Population 2020
		교통량 예측	공공	Subway Boarding and Station in Seoul
		대기질 분석	공공	Air Quality Seoul – Data from 2017-2020
6장	이상 탐지	의료보험 이상 탐지	공공	Healthcare Providers Data For Anomaly Detection
		신용카드 부정 사용 탐지	금융	Credit Card Transactions Fraud Detection

실습에서 사용되는 모든 데이터는 [표 2-3]에서 확인할 수 있듯이 데이터 사이언스 플랫폼인 Kaggle에서 제공하는 데이터를 사용하며 각 분석이 시작할 때 제공되는 실습 예제 데이터 URL로 접속하여 데이터에 대한 확인 및 다운로드가 가능하다.

또한 교재에서는 SPSS를 중심으로 데이터 분석을 실시하였으며 R 또는 Python을 활용해 분석한 코드와 결과를 제공하고 있다. 코드와 결과물은 각 분석이 시작되는 페이지에 데이터와 분석 목적, 절차 및 Kaggle 데이터 URL 주소와 더불어 오른쪽 상단에 QR코드의 형태로 제공하기 때문에 QR코드로 접속하여 확인할 수 있다.

그림 2-11 Kaggle 데이터 URL과 R 또는 Python 코드 QR코드 예시

3.1 통신사 고객 이탈 예측

3.1.1 통신사 고객 이탈 분석 개요

3.1.1.1 데이터셋 소개

실습의 예제로 Kaggle dataset에서 제공되고 있는 통신사 고객이탈 데이터를 활용하여 진행하였다.

(실습 예제 데이터 URL: https://www.kaggle.com/blastchar/telco-customer-churn)

실습 예제 데이터의 메인 페이지로 접속하게 된다면 아래 그림과 같은 페이지를 복

Chapter 3

Kaggle 데이터를 활용한 이진 분류 예측

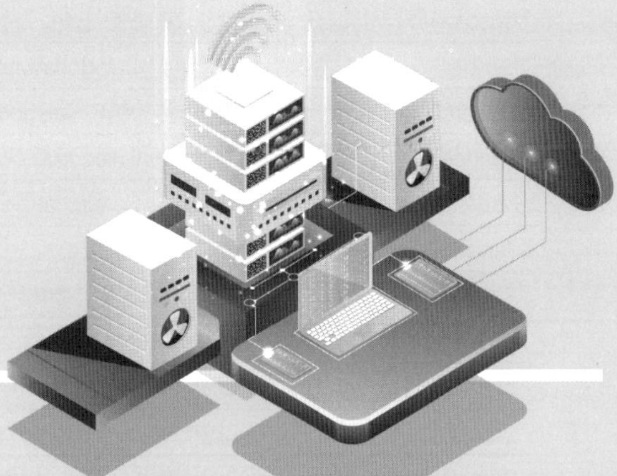

3.1 통신사 고객 이탈 예측

3.1.1 데이터 분석 개요

3.1.1.1 데이터셋 소개

실습의 예제로 Kaggle Dataset에서 제공되고 있는 통신사 고객 이탈 데이터를 활용하여 진행하였다.

(실습 예제 데이터 URL: https://www.kaggle.com/blastchar/telco-customer-churn)

실습 예제 데이터의 메인 페이지로 접속하게 된다면 데이터에 대한 제공자들에 대한 기본 정보와 데이터를 활용하여 분석한 다른 사람들의 Kernel 등을 확인할 수 있으며 데이터를 다운로드할 수도 있다.

예제 데이터는 설명의 Context에서도 확인할 수 있지만 IBM에서 샘플용으로 제공하고 있는 데이터셋이라는 것을 확인할 수 있다.

변수	설명
CusomerID	고객ID, 고객별 상이
Gender	고객 성별, Categorial(Male, Female)
SeniorCitizen	고령 시민 여부, Categorial(0: No, 1: Yes)
Partner	결혼 여부, Categorial
Dependents	자녀 여부, Categorial
Tenure	가입기간, numertic
PhoneService	통신 서비스 가입 여부, Categorial(No, Yes)
MultipleLines	다중회선 여부, Categorial(No, No Phone Service, Yes)
InternetService	인터넷 서비스 가입 여부, Categorial(No, Yes)
OnlineSecurity	온라인 보안 서비스 가입 여부, Categorial(No, No Internet Service, Yes)
OnlineBackup	온라인 백업 서비스 가입 여부, Categorial(No, No Internet Service, Yes)
DeviceProtection	기기 보호 서비스 가입 여부, Categorial(No, No Internet Service, Yes)
TechSupport	기술 지원 서비스 가입 여부, Categorial(No, No Internet Service, Yes)
StreemingTV	스트리밍 TV 서비스 가입 여부, Categorial(No, No Internet Service, Yes)
StreemingMovies	스트리밍 영화 서비스 가입 여부, Categorial(No, No Internet Service, Yes)
Contract	계약 형태, Categorial(Month-to-Month, One Year, Two Year)
PaperlessBilling	종이 고지서 서비스 가입 여부, Categorial(No, Yes)

PaymentMethod	요금 지불방법, Categorial(Mailed Check, Bank Transfer, Credit Card, Electronic Check)
MonthlyCharges	월평균 지불비용, Numertic
TotalCharges	총지불비용, Numertic
Churn	이탈 여부, Categorial(No, Yes)

3.1.1.2 데이터 분석 목적 및 절차

■ 데이터 분석 목적

통신 및 인터넷과 같은 서비스는 모든 사람들에게 있어 필수적인 서비스인 만큼 대부분의 사람들이 통신 서비스를 가입하는 레드오션이라고 할 수 있다. 그렇다보니 통신 서비스 제공자들은 통신 서비스를 사용하지 않았던 새로운 고객을 확보하는 경쟁이 아닌 상대방의 서비스보다 좋은 서비스 품질과 혜택을 통해 경쟁해야 한다. 따라서 경쟁이 치열하기 때문에 새로운 고객 확보뿐만 아니라 기존의 고객을 지키는 전략이 필요하다. 본 실습에서는 기존 고객의 서비스 가입 유형 등과 관련된 데이터를 기반으로 현재 고객들의 특징을 파악하고 통신사 서비스를 이탈하는 고객의 원인을 진단, 최종적으로는 이탈 고객을 예측할 수 있는 모델을 구축하고자 하였다.

■ 데이터 분석 절차

통신사 고객의 이탈(Churn)에 영향을 주고 있는 변수의 추출과 함께 통신사 이탈 고객 예측 모델을 구축하는 것을 목표로 본 실습에서는 우선적으로 데이터에 대한 결측치, 변수에 대한 정리를 우선적으로 시행한 후, 기초통계 분석 및 시각화 방법을 통해 데이터에 대한 이해를 실시한다. 그 이후 종속변수와의 연관성 분석을 통해 종속변수인 "Churn"과 연관이 있을 것으로 생각되는 변수를 추출하였다, 그 이후로는 이탈 여부에 대한 범주형 데이터인 종속변수 "Churn"의 영향을 미치고 있는 변수를 찾아내기 위해 로지스틱 회귀분석을 실시하였고 최종적으로는 이탈 고객의 예측을 위해 데이터를 70:30의 비율로 훈련용, 검증용 데이터로 분리하여 로지스틱 회귀 모델, 의사결정나무, 신경망 모델을 통한 예측 모델을 구축하였다.

3.1.2 데이터 탐색

3.1.2.1 데이터 로딩

가장 먼저 해야 할 것은 데이터 파일을 SPSS에 탑재하기 위해 데이터를 불러오는 것이다. 데이터를 불러오기 위해서 다음과 같은 경로를 통해 파일을 불러올 수 있다.

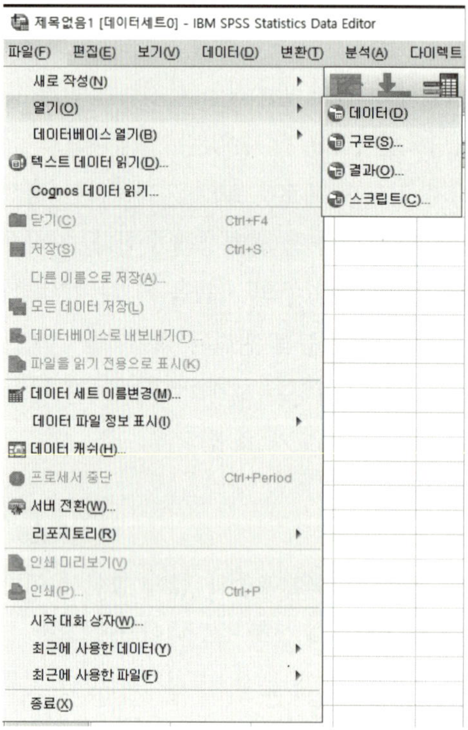

"상위 메뉴 → 파일 → 열기 → 데이터"를 선택한다.

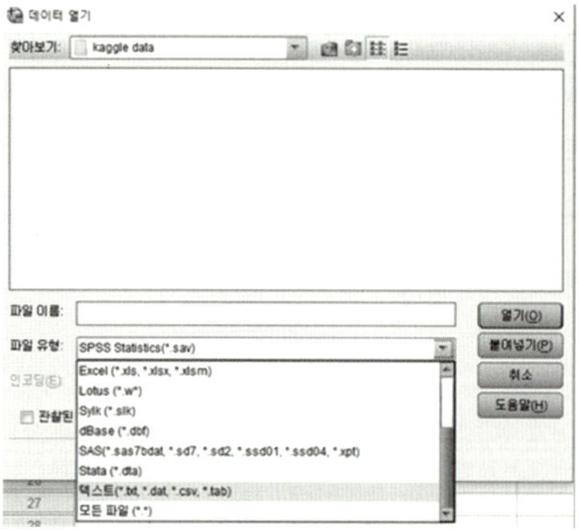

데이터 열기 메뉴를 선택하면 왼편의 그림과 같은 창이 열리는 것을 확인할 수 있다. 데이터 확장자의 디폴트값은 SPSS 데이터셋의 형태인 ".sav"이기 때문에 CSV를 열기 위해서 확장자를 바꿔줘야 한다.

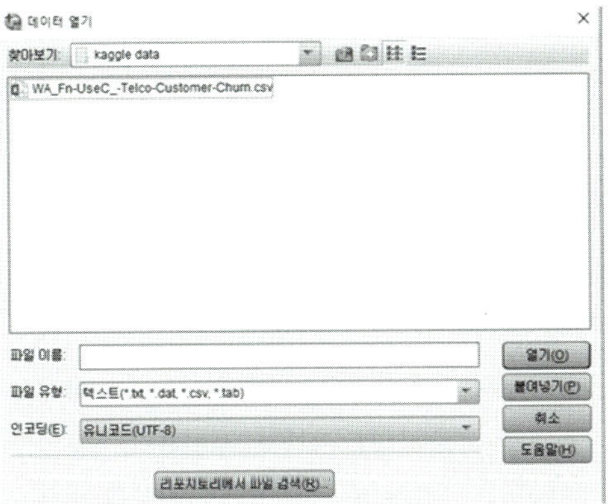

왼편의 그림과 같이 확장자를 바꿔주면 CSV 확장자 파일을 선택할 수 있다.

예제 데이터를 선택한 후 열기를 누르면 아래와 같이 데이터를 열기 위한 6단계의 옵션을 선택해야 한다. 이때 잘 선택하지 못하면 파일이 변형되기 때문에 잘 선택해야 한다.

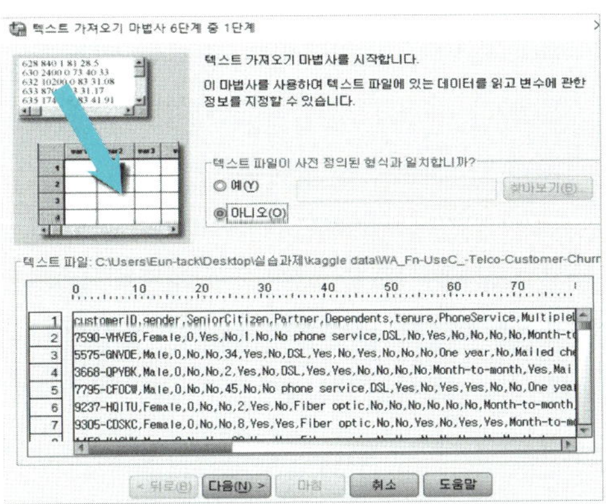

[1단계] 텍스트 파일이 사전 정의된 형식과 일치합니까?

→ 실제 데이터셋과 SPSS에서 로딩된 데이터 화면을 비교하며 형식이 일치하는지 여부를 확인한다.

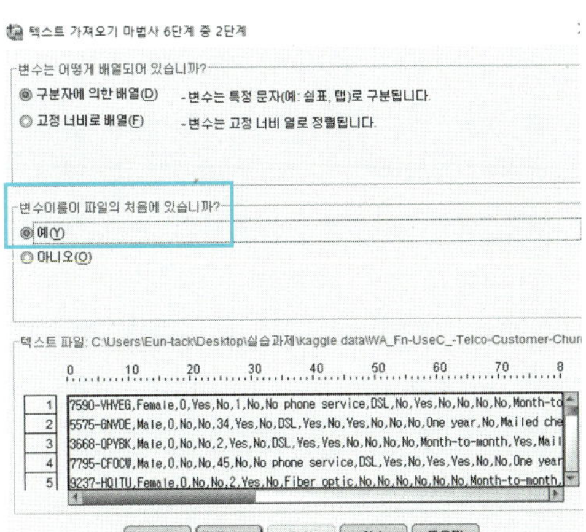

[2단계] 변수는 어떻게 배열되어 있습니까?

→ 디폴트값 그대로 다음 변수 이름이 파일의 처음에 있습니까?

→ 데이터의 첫 번째 행부터 데이터가 시작되고 있는지를 물어보는 것이며 예제 데이터의 경우에는 데이터셋의 첫 번째 행이 데이터가 아닌 데이터의 속성을 나타내므로 "예"를 선택한다.

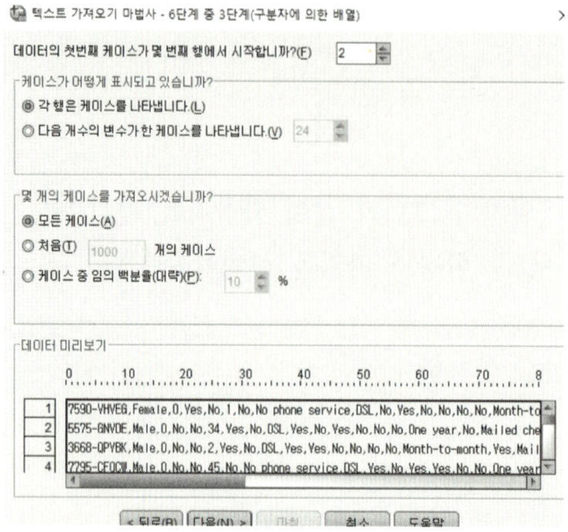

[3단계] 케이스가 어떻게 표시되고 있습니까?
몇 개의 케이스를 가져오시겠습니까?
→ 이는 순수히 사용할 데이터의 시작점과 사용 범위를 옵션을 주는 것으로 예제 데이터의 경우 바로 데이터가 시작되고, 모든 케이스의 데이터를 사용하기 때문에 디폴트값 그대로 사용한다. 만약 본인이 데이터 분석에 있어 이때 옵션을 줘야 한다면 분석 용도에 맞게 설정하여 진행하면 된다.

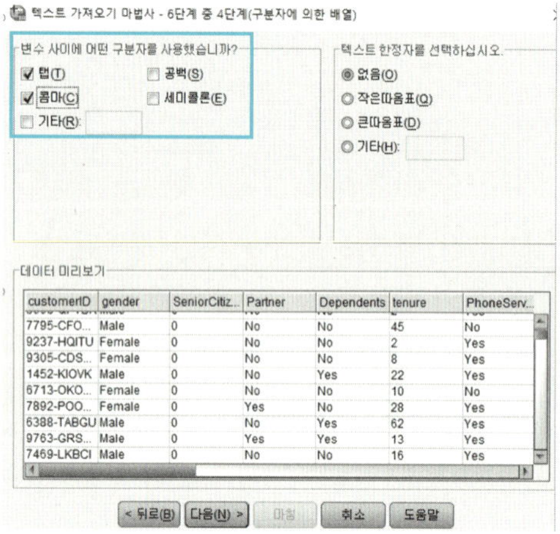

[4단계] 데이터 간의 간격을 어떻게 구분할 것인가를 물어보는 것으로 데이터셋이 어떻게 분리되어 구별되어 있는지에 따라 다르게 설정해야 하지만 보통의 경우 탭과 콤마로 구분되는 경우가 많아 이 두 가지를 설정하면 되며 창 밑 부분에 SPSS에 나타날 데이터의 모습이 보이기 때문에 이 창을 확인하면서 설정해야 한다.

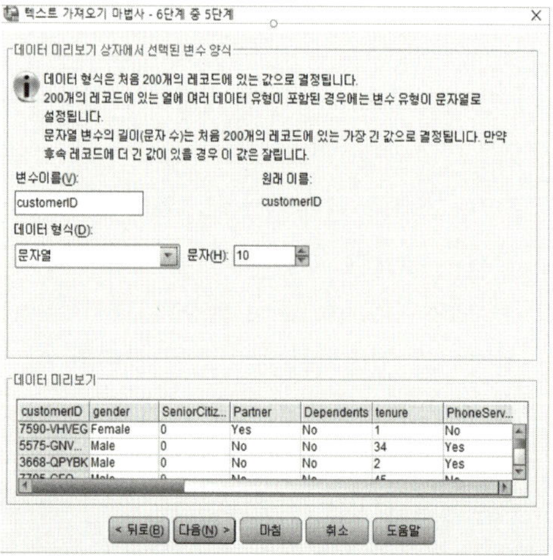

[5단계] 데이터 미리보기 상자에서 선택된 변수 형식 → 데이터셋의 첫 번째 열을 데이터를 구별하는 것으로 보통 두기 때문에 SPSS에서도 이를 설정할 수 있는 옵션을 두고 있다. 첫 번째의 열의 형식은 어떻게 초기 설정할 것이냐고 물어보는 것으로 문자열, 날짜 등 설정할 수 있다. 이 또한 사용하는 데이터에 따라 달라지기 때문에 데이터셋의 데이터를 잘 파악한 후 설정해주는 것이 좋다.

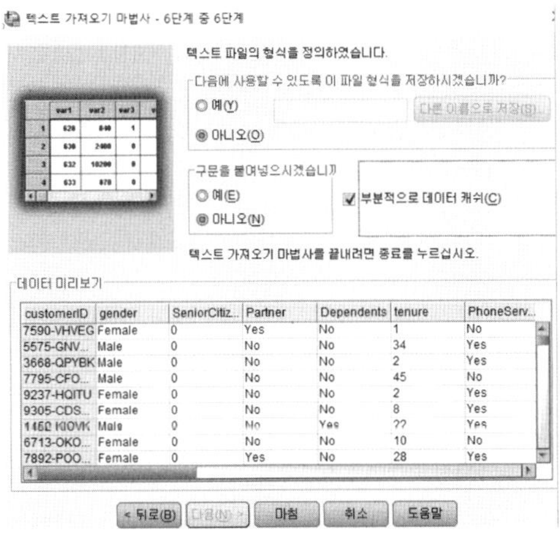

[6단계] 마지막 점검하는 단계로 확인한 후 디폴트값 그대로 확인을 누르면 된다.

3.1.2.2 데이터 타입 변경

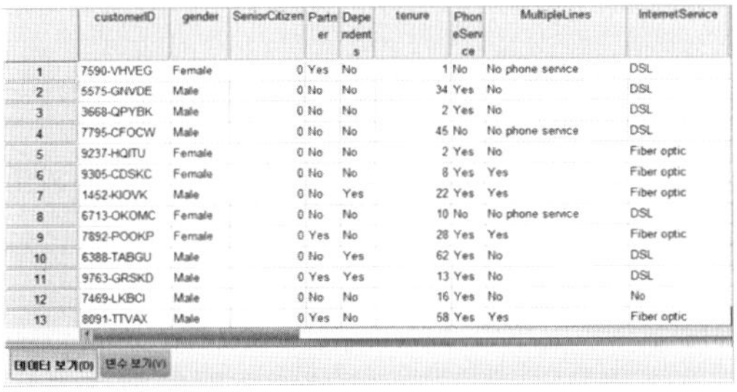

데이터 보기는 전체 데이터를 살펴볼 수 있는 보기 설정이며 변수 보기는 열을 중심으로 데이터 형태와 척도 및 기본적인 데이터에 대한 정보를 확인할 수 있는 메뉴이다.

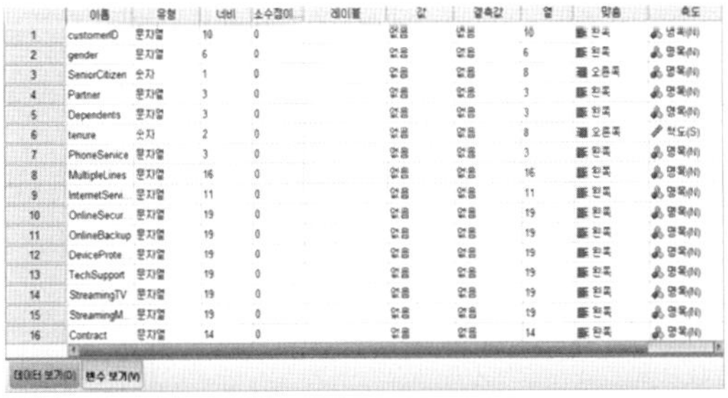

이때 데이터 분석 전 변수 보기를 꼭 확인해야 한다. 데이터가 어떤 모습으로 들어갔고 어떤 척도를 사용하고 있는지를 확인하고 목적에 맞게 고쳐야만 오류 없이 데이터 분석을 실시할 수 있기 때문이다. 이때 중요하게 파악해야 할 데이터의 정보는 “유형”과 “척도”이다.

변수 보기를 통해 SPSS에 탑재된 데이터를 살펴본 후 수정해야 할 부분이 있다면 수정해야 할 부분을 클릭하면 아래의 오른쪽 그림과 같이 오른편에 “...” 표시가 나타난 것을 확인할 수 있다. 이를 클릭하면 아래과 같이 창을 통해서 데이터의 유형을 변경할 수 있다. 예제 데이터셋의 데이터 유형의 경우 모두 알맞게 탑재되었기 때문에 변경이 필요하지 않다.

그림 3-1 데이터 특성을 설정하기 위하여 수정 부분을 클릭한 모습

데이터의 척도 또한 중요하게 봐야 할 부분이며 “명목”, “순서”, “척도” 세 가지 중에 하나를 선택할 수 있다.

숫자로 된 데이터 중 데이터가 만약 숫자의 크기 자체가 의미를 가지는 경우(예를 들면 키, 몸무게, 선호도, 정도)의 경우 “순서”와 “척도”를 선택할 수 있으며 이때 키와 가격 등에 대한 정보는 “척도”로 선호도와 정도를 나타내는 정보는 “순서”로 설정되어야 한다.

숫자의 크기가 그 자체로 의미를 갖는 것이 아니라 구별을 위한 정보라면 “명목”을 선택해야 한다.

예제 데이터의 경우 척도인 “Tenure”, “Monthly Charge”와 “Total Charge”를 제외하면 모두 명목변수이기 때문에 변경할 필요 없이 모두 적절하게 탑재된 것을 확인할 수 있다.

3.1.2.3 결측치 처리

결측치는 측정되지 못한 값을 의미하며 분석 결과를 왜곡하기 때문에 데이터셋의 결측치를 처리함으로써 분석 결과에 대한 신뢰성을 높일 필요가 있다.

먼저, SPSS를 이용하여 다음과 같이 결측치를 탐지할 수 있다.

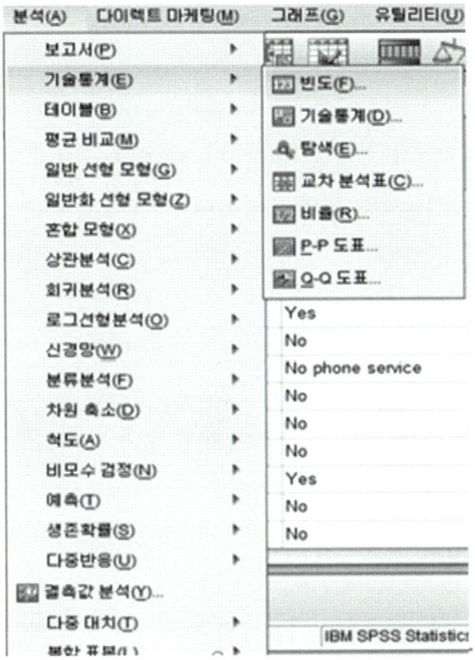

“분석 → 기술통계 → 빈도”를 선택한다.

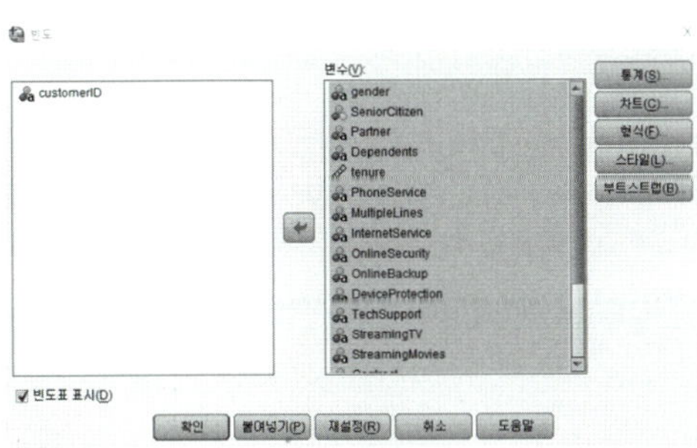

모든 변수를 선택하여 “확인” 버튼을 누른다.

통계

		tenure	MonthlyCharges	TotalCharges
N	유효함	7043	7043	7032
	결측값	0	0	11

빈도표에 의해서 변수 “TotalCharges”에 결측치 11개가 있는 것을 확인한다.

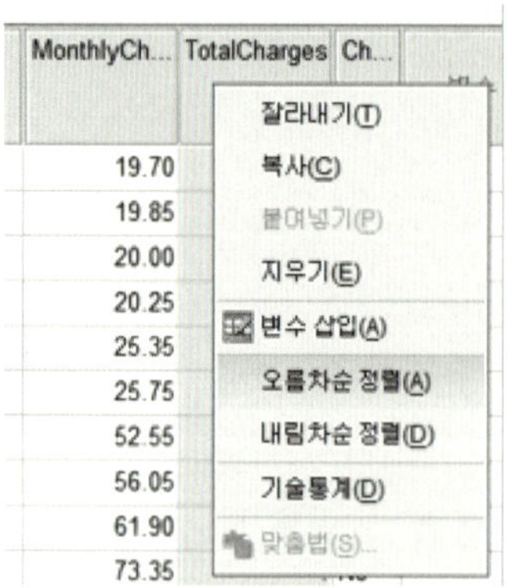

"TotalCharges" 오른쪽 클릭 → 오름차순 정렬을 하면 결측값들을 우선적으로 확인 가능하다.

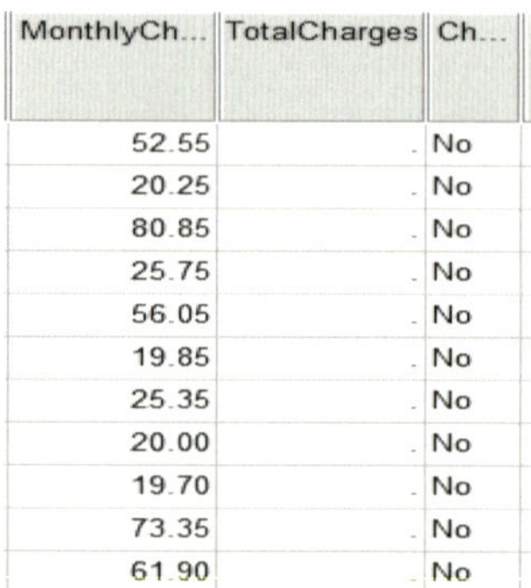

SPSS에서는 "-"가 결측값으로 인지되고 있기 때문에 SPSS 통계에 있어 반영되지 않는다.

7,043개 중 11개로 결측치를 삭제하여 결측치를 처리한다.

하지만 결측치가 많다면 결과가 왜곡될 수 있기 때문에 변수 사용 자체를 고민할 필요가 있으므로 확인 가능하다.

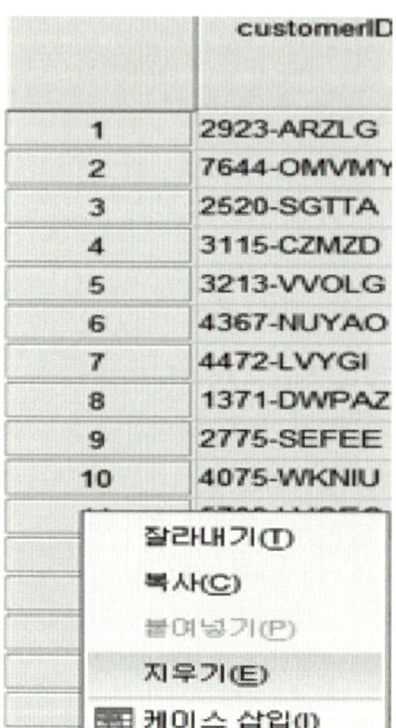

결측치에 해당하는 11개를 왼편 행 번호를 클릭하여 선택 → 오른쪽 클릭 → 지우기를 선택한다.

3.1.2.4 기초통계분석

빈도분석은 데이터셋 안에서 데이터의 평균, 기초통계(평균, 중앙값, 분산 등)를 파악할 수 있는 분석으로 데이터 분석에 앞서서 어떠한 데이터셋이 어떻게 구성되어 있는지 살펴볼 수 있다.

경로는 "분석 → 기술통계 → 빈도"이며 선택한 후 나온 창을 통해서 빈도를 살펴볼 데이터를 선택한 후 중앙에 있는 화살표 아이콘을 클릭하면 변수 창으로 이동하는 것을 확인할 수 있다.

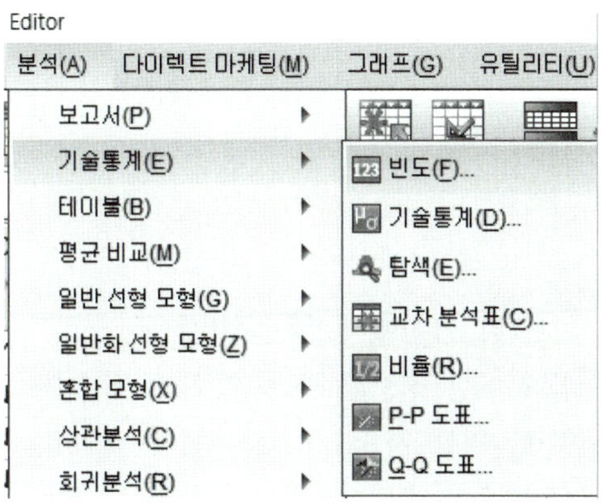

"분석 → 기술통계 → 빈도"를 선택한다.

❶ 기본적인 통계적 사항을 전달하며 백분위수, 중심경향, 산포 등에 대해서 옵션 선택이 가능하다.

❷ 변수 분포에 대한 기본적인 시각화 기능을 제공한다.

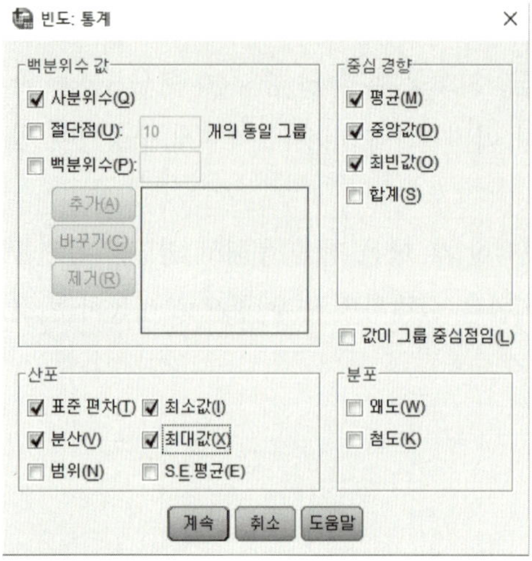

이때 옵션 중 통계(위 그림 ❶ 옵션)를 선택하여 여러 가지 정보에 대해서 확인할 수 있다. 예제에서는 중심경향 중 "평균", "중앙값", "최빈값"을, 산포에서는 "표준편차", "최대/소값", "분산"을 선택하여 이것에 대한 정보를 살펴보았다.

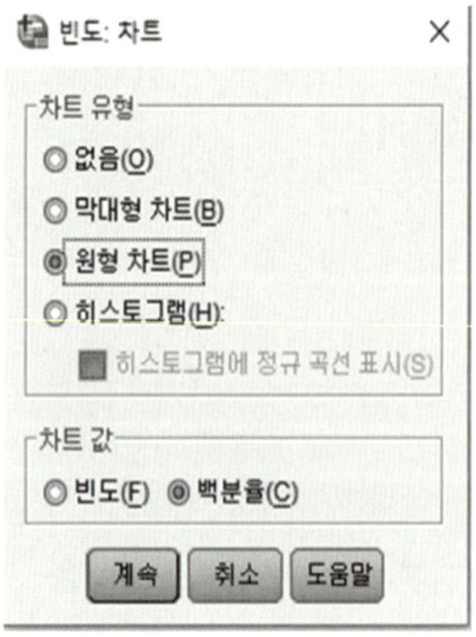

차트(위 그림에서 ❷ 옵션)에서는 시각화에 대한 정보를 줄 수 있으며 막대형 차트, 원형 차트, 히스토그램을 설정할 수 있으며 차트값으로는 빈도와 백분율을 선택할 수 있다.

통계

		gender	SeniorCitizen	Partner	Dependents	tenure	PhoneService	MultipleLines	InternetService	OnlineSecurity	OnlineBackup	DeviceProtection	TechSupport
N	유효함	7043	7043	7043	7043	7043	7043	7043	7043	7043	7043	7043	7043
	결측값	0	0	0	0	0	0	0	0	0	0	0	0
평균			.16			32.37							
중앙값			.00			29.00							
표준 편차			.369			24.559							
분산			.136			603.168							

gender

		빈도	퍼센트	올바른 퍼센트	누적 퍼센트
유효함	Female	3488	49.5	49.5	49.5
	Male	3555	50.5	50.5	100.0
	총계	7043	100.0	100.0	

기초통계를 통해 명목형 변수(성별, 가입 여부 등)는 빈도표와 원형 그래프가 출력되어지며, 연속형 변수(가입기간, 월평균 지불비용, 총지불비용)는 옵션으로 선택했던 중심경향값과 산포가 출력된 것을 확인할 수 있었다.

3.1.2.5 시각화

데이터 분석에 있어 시각화를 통해 데이터에 대한 이해를 빠르게 할 수 있다는 점에서 매우 중요한 역할을 한다. SPSS는 클릭을 통해 간편하게 시각화 기능을 사용할 수 있다.

시각화를 위한 경로는 "그래프 → 그래프보드 템플리트 선택기"로 선택할 수 있다. 예제에서는 기본적으로 고객의 속성 중 이탈에 대한 빈도를 살펴보기 위한 시각화를 진행할 뿐 아니라, 이탈한 고객들이 가입하고 있는 모바일 통신 서비스와 인터넷 서비스에 대하여 시각화, 이탈 유무와 월평균 지불액의 관계를 시각화한 것이다.

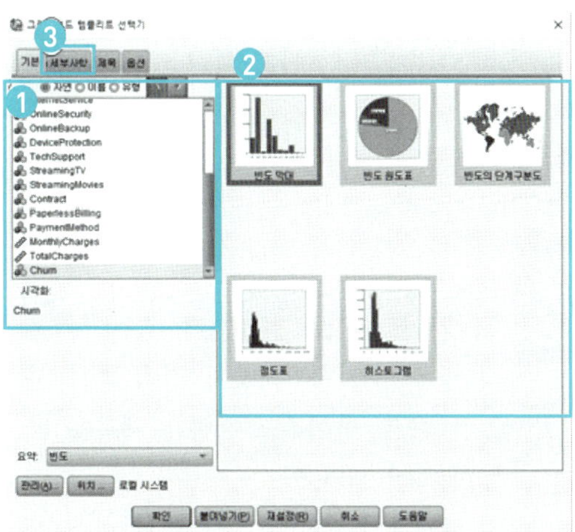

❶ x축 데이터 선택: 예제에서는 이탈 고객을 중심으로 시각화할 것이기 때문에 Churn을 선택하였다.
❷ x축 데이터에 대한 추천 시각화 샘플: 추천된 시각화 예시를 통해 빠르게 시각화할 수 있지만 만약 원하는 시각화가 없다면 ❸ 옵션(세부 시각화 옵션)을 통해 세부 옵션을 설정하는 것이 좋다.

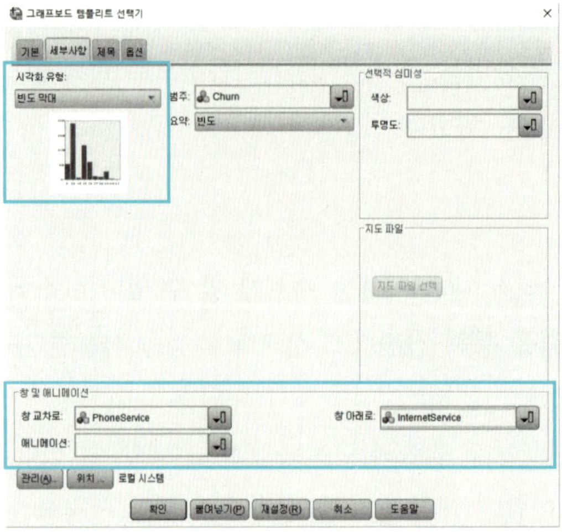

시각화 유형: x축에 대한 시각화 방법들을 선택할 수 있으며 아래 그림은 어떤 모양으로 나올지 예시로 보여준다.
예제에서는 빈도 막대를 통해 유형에 따른 이탈 고객의 수를 파악하고자 하였다.
창 및 애니메이션: 출력에 대해 다시 옵션을 주는 것으로 거대한 틀 안에 다시 x축과 y축을 만들어준다고 생각하면 된다. 창 교차로는 x축을 의미하며, 창 아래로는 y축을 의미한다.
예제에서는 고객 이탈 유무를 모바일 통신 서비스를 x축, 인터넷 서비스를 y축으로 다시 세분화하였다.

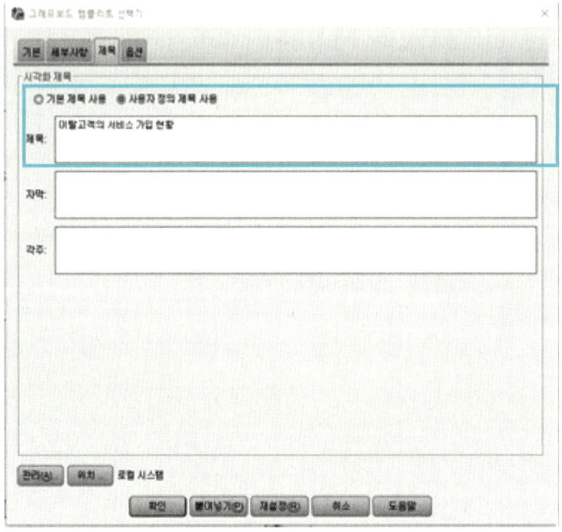

디폴트값으로 설정되어 있는 "기본 제목 사용"을 "사용자 정의 제목 사용"으로 바꿔주고 원하는 제목을 작성하면 된다.
예제에서는 "이탈 고객의 서비스 가입 현황"이라는 제목을 작성하였다.

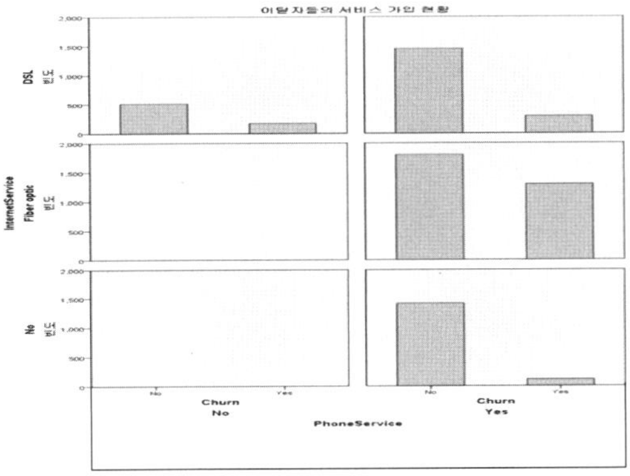

이러한 옵션을 통해 도출된 결과물은 옆 그림과 같으며, x축 모바일 가입 유무와 y축 인터넷 서비스 가입 유형에 의해 6가지 케이스별로 이탈 고객의 빈도가 나타난 것을 확인할 수 있다. 이 시각화를 통해 모바일 서비스를 가입하지 않은 고객은 모두 DSL 서비스만을 가입하고 있다는 것을 확인할 수 있으며 모바일 통신만을 가입하고 있는 고객은 이탈 고객 비율이 작다는 것과 섬유 인터넷(Fiber Optic)과 모바일통신 서비스를 가입한 고객의 이탈 고객 비율이 높다는 것을 확인할 수 있다.

상자그림은 x축이 명목변수인 경우에 명목변수의 케이스별로 척도에 대한 평균 및 분포를 살펴볼 때 좋은 시각화 방법으로 고객들의 이탈 유무에 따른 월평균 지불액을 시각화하였다. 상자그림을 사용하기 위해서는 시각화 옵션 세부사항에서 유형 중 수염상자그림을 사용하면 된다.

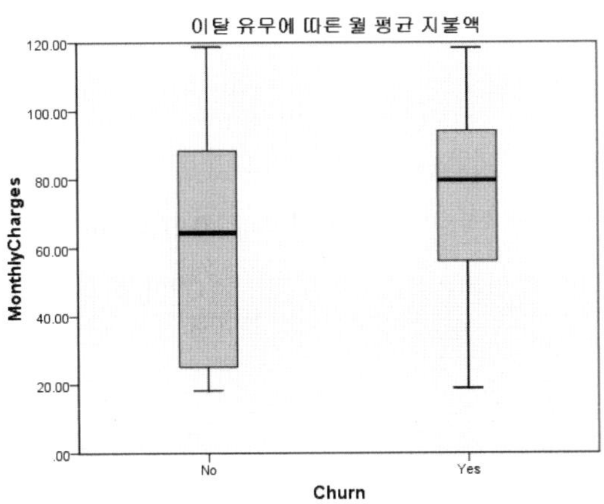

도출된 시각화 결과를 살펴보면 이탈 고객과 이탈하지 않은 고객들의 월평균 지불비용에 대한 최소값과 최대값에 따른 범위는 비슷하지만 이탈 고객들이 더 많은 비용을 지불하고 있는 곳에 촘촘히 위치하고 있다는 것을 확인할 수 있다.

이번에는 연속형 변수(가입기간, 월평균 지불비용, 총지불비용) 사이의 관계를 시각적으로 표현하기 위해 시각화 분석을 실시하였다(그래프 → 그래프보드 템플리트 선택기).

연속형 변수 모두를 한 번에 시각화하기 위해서 "산점도 행렬"을 시각화 유형으로 하여 실시하였다.

이번에는 두 연속형 변수 사이의 관계를 추정하기 위한 시각화를 실시하는 동시에 인터넷 서비스 가입 여부를 의미하는 변수인 InternetService를 조건으로 시각화를 실시하였다.

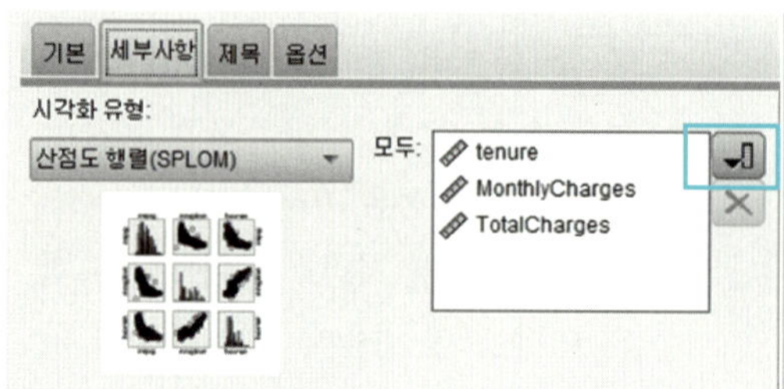

[세부사항 → 시각화 유형: 산점도 행렬]
변수 선택: 연속형 변수인 Tenure, MonthlyCharges, TotalCharges를 선택한다.

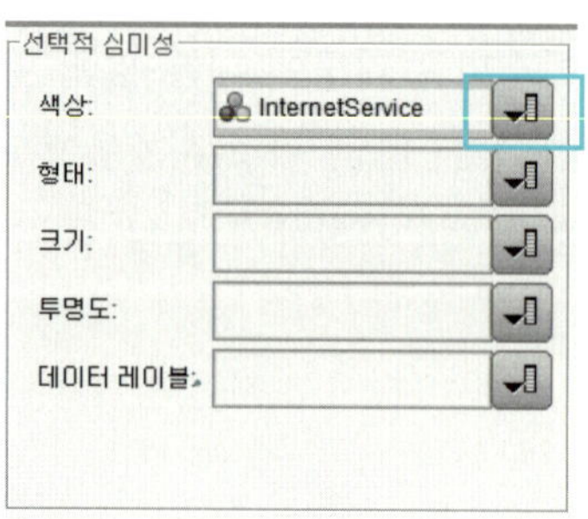

[세부사항 → 선택적 심미성]
색상으로 구분하기 위한 변수를 선택할 수 있다. 색상을 통한 구분 외에도 형태, 크기 등을 통해 구별하여 시각화할 수 있다.

시각화한 결과 Tenure, MonthlyCharges는 TotalChargse가 증가할수록 함께 증가하는 관계가 있을 것으로 확인할 수 있었다. 또한 인터넷 가입 여부에 따라서 명확하게 차이를 보이고 있으며 당연하게도 광섬유를 의미하는 "Fiber" 서비스를 이용하는 고객이 월평균비용과 총비용이 높은 것을 확인할 수 있었다.

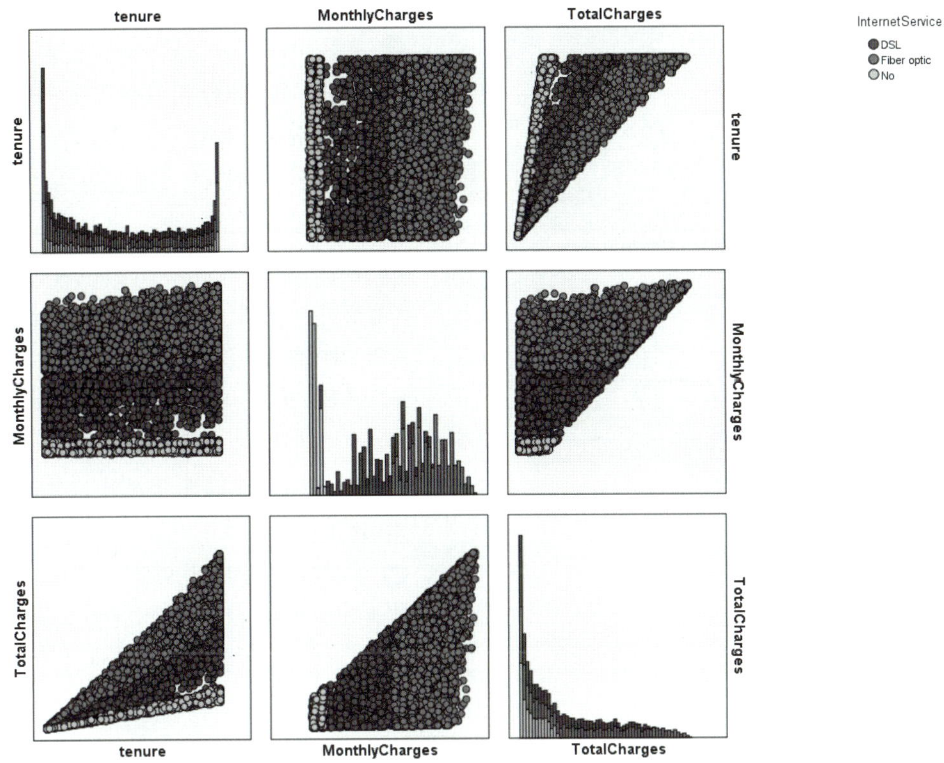

3.1.3 연관성 분석

연관성 분석은 변수 간의 관계를 분석하는 것으로 변수가 서로 독립적이라면 영향 관계가 없겠지만 연관관계가 있다면 집단 간의 차이가 존재하거나 확률적으로 함께 일어날 수 있거나 상관성이 있을 수 있다. 이를 분석하기 위해서 t-test 분석과 분산분석을 통해 명목변수에 따라 분류되는 집단 사이의 연속형 변수의 평균에는 차이가 있는지 분석할 수 있다. 교차분석은 두 명목형 변수 사이에 함께 존재할 수 있는 확률적 접근을 통해 관계를 파악할 수 있는 방법이며 상관분석은 두 연속형 변수 사이의 공분산의 크기를 측정함으로써 통계적인 상관성을 파악할 수 있다.

3.1.3.1 t-test 분석

SPSS에서 t-test를 이용하기 위해서는 "분석 → 평균비교 → 독립표본 T검정"을 누른다.

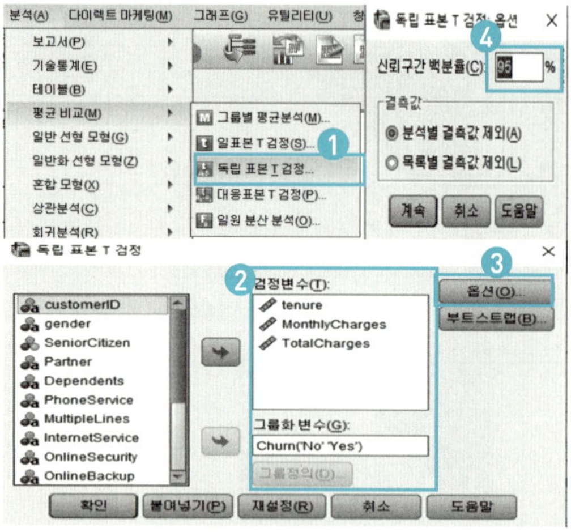

❶ 독립 t-test: 두 집단 사이의 평균에 대하여 유의미한 차이가 존재하는지를 살펴보는 방법이다. "분석 → 평균비교 → 독립표본 T검정"을 누른다.

❷ 변수 설정:

- 검정변수: 어떤 변수에 대한 평균의 차이를 볼 것인가?
- 그룹화 변수: 어떤 변수의 집단을 기준으로 할 것인가?

❸ 옵션: t-test에 대한 통계적 옵션을 부여한다.

❹ 신뢰구간: 95%의 확률로 유의확률을 보겠다는 의미로 일반적으로 통계를 사용할 때 95%를 사용한다.

그룹 통계

	Churn	N	평균	표준 편차	표준 오차 평균
tenure	No	5174	37.57	24.114	.335
	Yes	1869	17.98	19.531	.452
MonthlyCharges	No	5174	61.2651	31.09265	.43226
	Yes	1869	74.4413	24.66605	.57055
TotalCharges	No	5163	2555.3441	2329.45698	32.41930
	Yes	1869	1531.7961	1890.82299	43.73672

그룹 통계: 어떠한 검정 변수가 사용되었는지 확인할 수 있으며 그룹화에 따라 그룹 안에 얼마나 많은 표본이 있는지 확인할 수 있다.

통계적 유의도를 살펴볼 수 있다. 이때 등분산 검정을 통해 두 집단이 같은 분산의 모양을 가지고 있는지를 검증하며 만약 0.05보다 작다면 등분산이 가정되지 않음에 대한 정보를 해석할 수 있다. 0.05보다 크다면 등분산을 가정할 수 있음에 대한 결과를 해석으로 사용하면 된다.

독립표본 검정

		Levene의 등분산 검정		평균 등식에 대한 T 검정						
		F	유의수준	t	df	유의수준 (양쪽)	평균 차이	표준 오류 편차	차이의 95% 신뢰구간 하한	차이의 95% 신뢰구간 상한
tenure	등분산을 가정함	336.653	.000	31.580	7041	.000	19.591	.620	18.375	20.807
	등분산을 가정하지 않음			34.824	4048.288	.000	19.591	.563	18.488	20.694
MonthlyCharges	등분산을 가정함	358.128	.000	-16.537	7041	.000	-13.17621	.79678	-14.73815	-11.61427
	등분산을 가정하지 않음			-18.408	4135.795	.000	-13.17621	.71581	-14.57957	-11.77284
TotalCharges	등분산을 가정함	246.099	.000	17.069	7030	.000	1023.54805	59.96593	905.99675	1141.09934
	등분산을 가정하지 않음			18.801	4042.931	.000	1023.54805	54.44182	916.81209	1130.28401

❶ 등분산 검정: 두 집단이 같은 분산의 모양을 보여주고 있는지를 파악한 것으로 0.05보다 작으면 등분산이 가정되지 않으며 0.05보다 클 경우 등분산이 가정된다.
❷ 유의확률: 평균에 대한 유의수준을 보여주며 0.05보다 작다면 두 집단 사이의 평균의 차이가 유의미하다는 것을 알 수 있다.
❸ 예시: 이탈 고객와 유지 고객 사이의 월평균 지불비용의 평균에 대한 차이에서 등분산 검정이 0.000으로 등분산을 가정하지 않으며 평균의 차이는 1023.548, 유의수준 0.000으로 유의적인 차이가 존재한다.

독립 t-test 분석 결과 가입기간, 월평균 지불비용, 총지불비용은 이탈 여부에 따른 집단 간의 평균차이가 존재하여 이탈 여부와 관련이 있다고 볼 수 있었다.

3.1.3.2 분산분석

분산분석은 3집단 이상의 평균을 분석하는 방법으로 1차적으로 각 집단의 평균이 차이가 있는지를 분석한다. 하지만 이럴 경우 각 집단별로는 평균의 차이가 유의미하게 발생하는지를 판단할 수 없기 때문에 추가적으로 집단 간의 평균을 비교하는 사후분석이 필요하다.

실습에서는 StreamTV 서비스 가입 여부에 따른 3개의 집단 “No”, “Yes”, “No internet service”의 집단 간의 평균의 차이를 분석한다. SPSS에서는 분산분석을 위해서 명목형 변수를 숫자형으로 분리해줘야 한다.

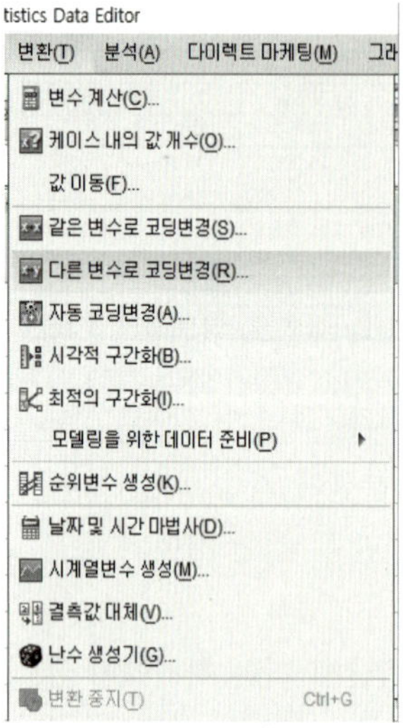

"변환 → 다른 변수로 코딩변경"을 선택한다.
"같은 변수로 코딩"을 선택할 경우 원데이터가 변경될 수 있기 때문에 "다른 변수로 코딩"을 선택하여 새로운 변수를 생성한다.

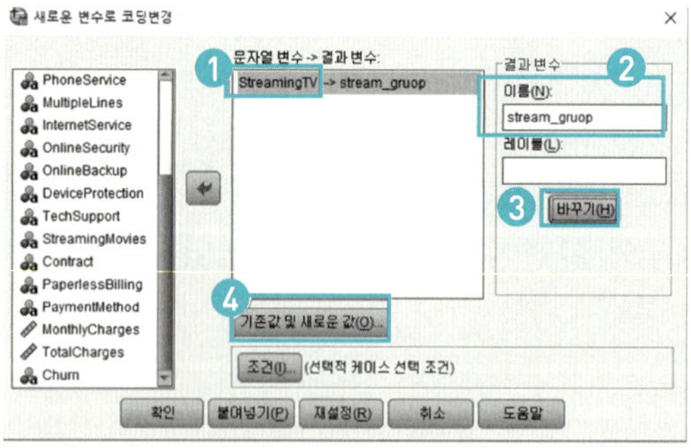

❶ StreamTV 변수를 선택한다.
❷ 새로운 변수명을 입력: 실습에서는 stream_group으로 입력한다.
❸ 새로운 변수 이름 작성 후 바꾸기를 클릭한다.
❹ 변수의 데이터를 어떻게 바꿀 것인지 설정한다.

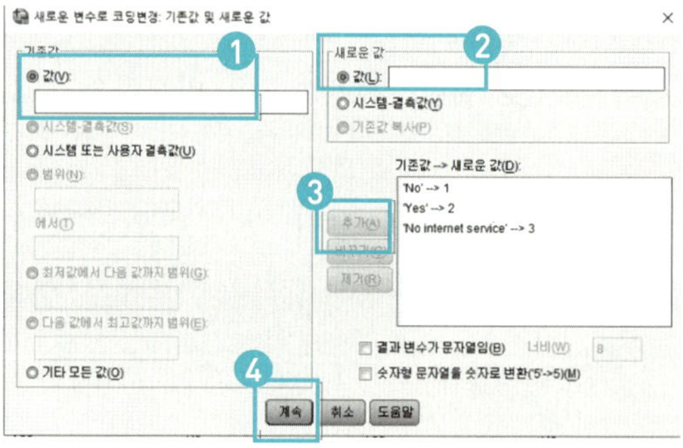

❶ 기존 변수의 데이터를 입력: "No"
❷ 변경할 데이터를 입력: 1
❸ 추가를 클릭
"No" → 1
"Yes" → 2
"No internet service" → 3
❹ 변경 완료 후 "계속" 버튼을 누른다.

변경이 완료된 데이터는 숫자로만 본다면 분석 결과를 보면 헷갈릴 수 있기 때문에 데이터에 레이블을 붙여주는 작업을 실시한다.

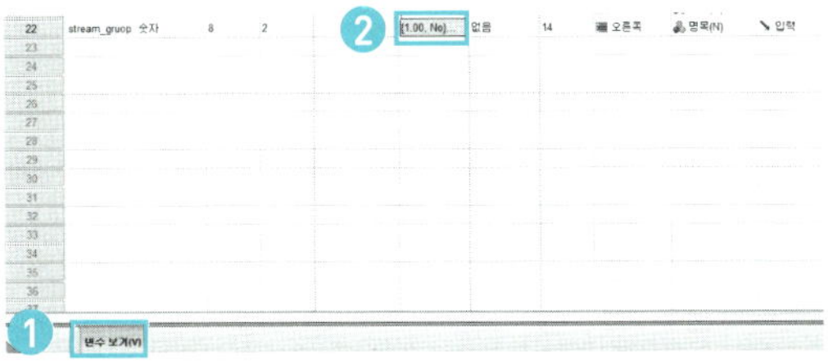

❶ 변수 보기

❷ 새로운 변수 steam_gruop의 "값"이라고 되어 있는 부분에 마우스를 접근시키면 "---"이 생성되는데 이것을 클릭하면 변경할 수 있는 창이 활성화된다.

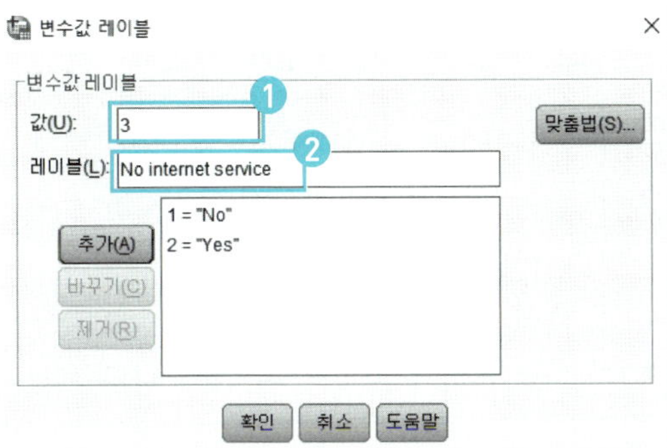

❶ 데이터값을 입력: 3

❷ 라벨명을 입력: No internet service

❶과 ❷도 원래의 데이터명과 같이 라벨링 작업한다.

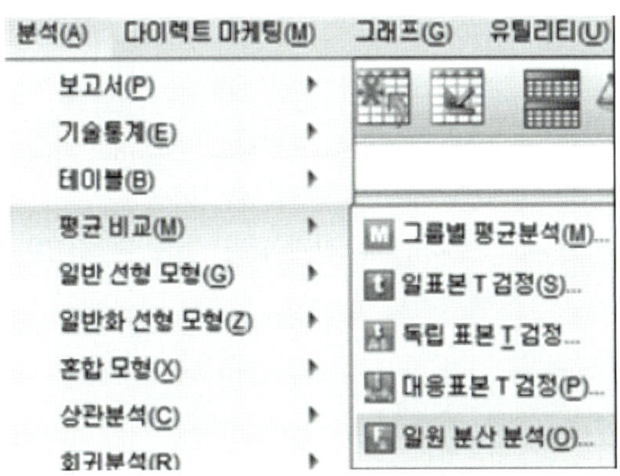

3집단의 평균차이 분석을 위해서 "분석 → 평균비교 → 일원분산분석"을 선택한다.

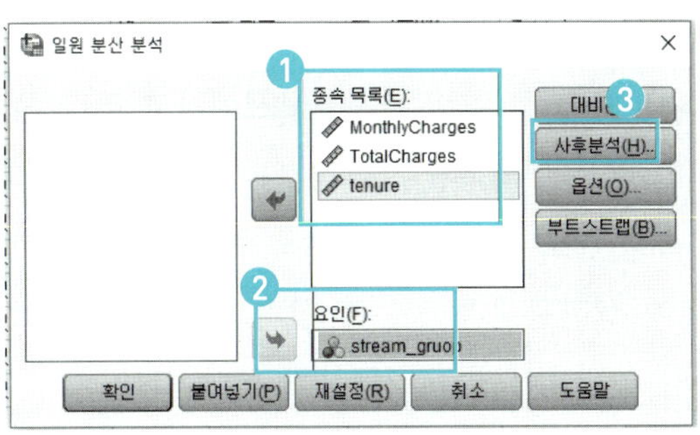

❶ 종속변수에는 평균차이를 확인하고자 하는 연속형 변수를 선택한다. MonthlyCharges, TotalCharges, tenure

❷ 집단의 변수를 선택한다. stream_group

❸ 집단 사이의 각각의 평균 차이 분석을 위한 "사후분석" 옵션을 선택한다.

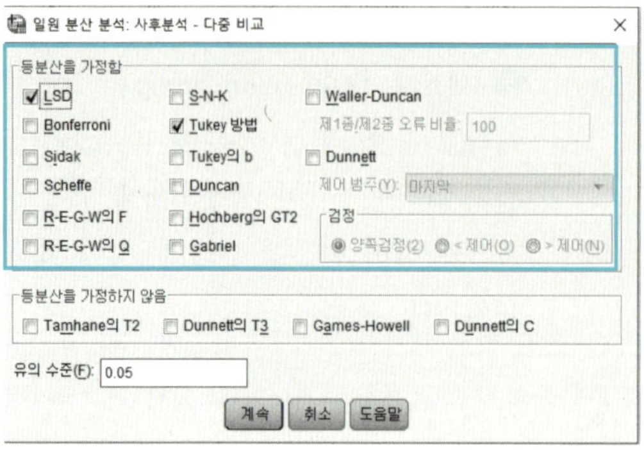

여러 가지 방법들이 존재한다.
실습에서는 LSD와 Turkey 방법을 실시하였다.

분산 분석

		제곱합	df	평균 제곱	F	유의수준
MonthlyCharges	그룹 사이	4468945.555	2	2234472.777	8249.100	.000
	그룹 내	1906958.245	7040	270.875		
	총계	6375903.800	7042			
TotalCharges	그룹 사이	1.074E+10	2	5368904153	1486.379	.000
	그룹 내	2.539E+10	7029	3612070.617		
	총계	3.613E+10	7031			
tenure	그룹 사이	363016.149	2	181508.075	328.953	.000
	그룹 내	3884493.668	7040	551.775		
	총계	4247509.817	7042			

분산분석 결과 1차적으로 집단 전체적으로 평균의 차이가 있는지를 검증하였다.
실습에서는 모두 유의수준이 0.00으로 차이가 존재하는 것으로 나타났다.

다중 비교

종속 변수		(I) stream_gruop	(J) stream_gruop	평균 차이(I-J)	표준 오차	유의수준	95% 신뢰구간 하한	95% 신뢰구간 상한
MonthlyCharges	Tukey HSD	No	Yes	-23.34905*	.44324	.000	-24.3881	-22.3100
			No internet service	44.30849*	.52336	.000	43.0816	45.5353
		Yes	No	23.34905*	.44324	.000	22.3100	24.3881
			No internet service	67.65754*	.52685	.000	66.4225	68.8926
		No internet service	No	-44.30849*	.52336	.000	-45.5353	-43.0816
			Yes	-67.65754*	.52685	.000	-68.8926	-66.4225
	LSD	No	Yes	-23.34905*	.44324	.000	-24.2179	-22.4802
			No internet service	44.30849*	.52336	.000	43.2826	45.3344
		Yes	No	23.34905*	.44324	.000	22.4802	24.2179
			No internet service	67.65754*	.52685	.000	66.6248	68.6903
		No internet service	No	-44.30849*	.52336	.000	-45.3344	-43.2826
			Yes	-67.65754*	.52685	.000	-68.6903	-66.6248

사후분석으로 LSD와 Turkey 방법에 대한 결과가 나타나며 한 집단을 기준으로 다른 집단과의 차이를 각각 분석하여 표로 정리하였다.
표는 t-test 결과표와 같은 방식으로 해석하였다.
실습에서는 모든 집단이 유의미한 차이를 보인다.

3.1.3.3 교차분석

두 변수 사이의 상관관계와 유의수준을 보기 위한 방법을 상관분석이라고 한다. 이때의 두 변수는 모두 연속형 변수여야 하기 때문에 명목변수일 경우 다른 방식의 분석 방법이 필요하다. 교차분석은 한 변수에 속한 빈도수와 다른 변수에 속한 빈도수를 함께 교차하여 살펴봄으로써 두 변수 사이에 상관관계가 있는지 살펴보는 방법론으로 두 변수가 모두 명목변수일 때 두 변수의 연관 정도를 보기 위해 실시한다.

예제에서는 이탈 여부와 성별, 가입 서비스 유형, 계약 유형과의 연관성을 분석하기 위하여 교차분석을 실시하였다. 교차분석을 실시하기 위한 경로는 "분석 → 기술통계

→ 교차분석표"이다.

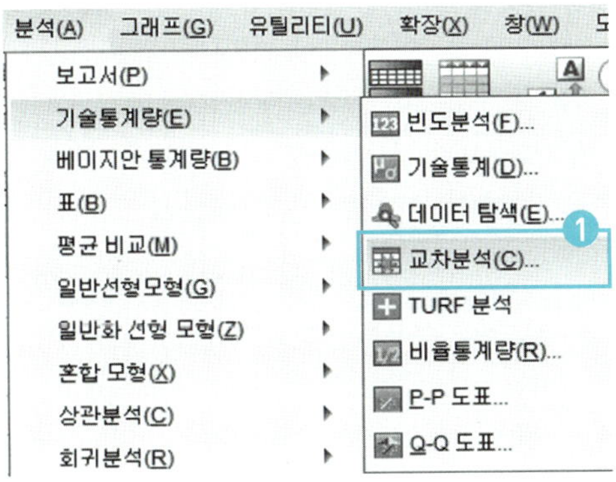

❶ 교차분석(카이제곱검정):
두 명목형 변수의 빈도 비교를 통해 연관성을 파악하는 분석으로 "기대빈도와 실제빈도에는 차이가 있을 것이다"를 검증한다.
"분석 → 기술통계량 → 교차분석"을 선택한다.

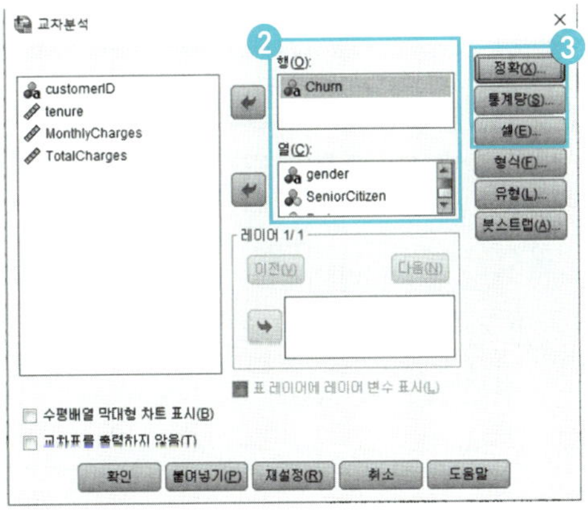

❷ 행과 열:
열의 빈도 비교를 위해 명목형 변수를 행과 열에 설정한다. 이때, 종속변수인 "Churn"을 행에 두고 독립변수를 열에 설정하였다.
❸ 교차분석 설정:
- 정확: 정확성 검정 방법 설정
- 통계량: 연관성 검정 방법 설정
- 셀표시: 빈도 비교 테이블 안의 내용 설정

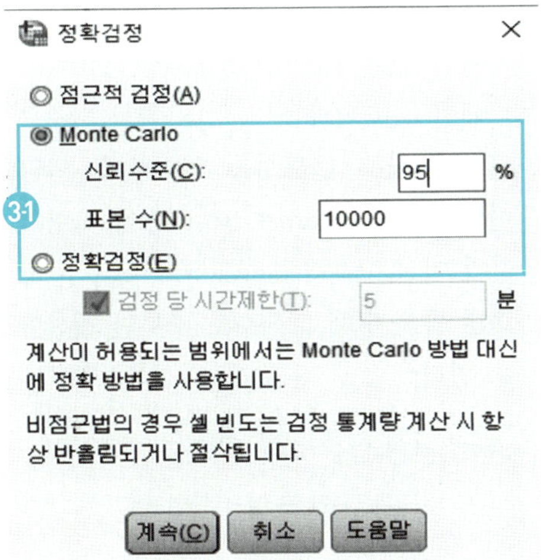

3-1 교차분석:
단순히 빈도를 활용한 나열이 아니라 교차분석에 대한 유의성을 파악하는 것으로 Monte Carlo 설정/신뢰수준은 95%이다.

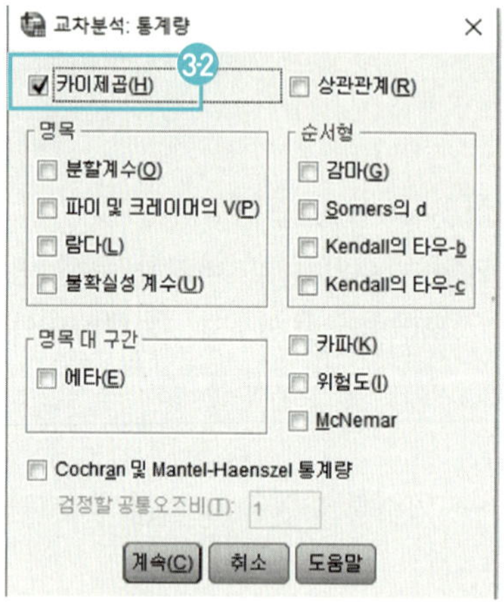

❸-❷ 통계량:
두 명목변수의 연관성의 유의도를 분석하기 위해 카이제곱을 선택한다.

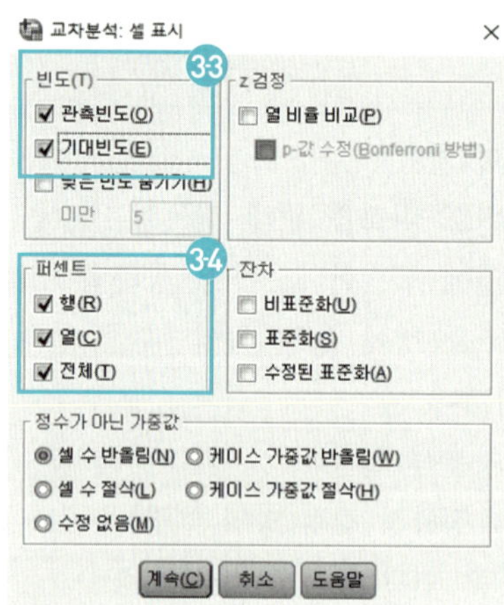

❸-❸ 셀표시 → 빈도:
두 명목변수 사이의 빈도 테이블에서 어떠한 정보를 표시할 것인지를 설정한다. 본 실습에서는 관측빈도와 기대빈도 표시한다.

❸-❹ 셀표시 → 퍼센트:
행과 열, 전체에 대해 빈도의 차지 비율을 퍼센트로 표시한다.

Churn * SeniorCitizen

교차분석

			SeniorCitizen		
			0	1	전체
Churn	No	빈도	4508	666	5174
		기대빈도	4335.1	838.9	5174.0
		Churn 중 %	87.1%	12.9%	100.0%
		SeniorCitizen 중 %	76.4%	58.3%	73.5%
		전체 중 %	64.0%	9.5%	73.5%
	Yes	빈도	1393	476	1869
		기대빈도	1565.9	303.1	1869.0
		Churn 중 %	74.5%	25.5%	100.0%
		SeniorCitizen 중 %	23.6%	41.7%	26.5%
		전체 중 %	19.8%	6.8%	26.5%
전체		빈도	5901	1142	7043
		기대빈도	5901.0	1142.0	7043.0
		Churn 중 %	83.8%	16.2%	100.0%
		SeniorCitizen 중 %	100.0%	100.0%	100.0%
		전체 중 %	83.8%	16.2%	100.0%

교차분석을 실시하여 도출된 교차분석표로 고객 이탈과 고령인구 여부 "SeniorCitizen" 사이의 연관성을 살펴보았다.
기대빈도는 행과 열의 빈도수를 기준으로 예상되는 빈도수를 의미하며, 만약 이탈한 고객(Churn="No") 중에 고령인구가 아닌 고객(SeniorCitizen="0")인 고객의 곱을 전체 고객수로 나누면 계산할 수 있다.

4335.1=(5,174×5,901)/7,043

카이제곱 검정

	값	자유도	근사 유의확률 (양측검정)	정확 유의확률 (양측검정)	정확 유의확률 (단측검정)
Pearson 카이제곱	160.352[a]	1	.000		
연속성 수정[b]	159.426	1	.000		
우도비	148.991	1	.000		
Fisher의 정확검정				.000	.000
유효 케이스 수	7043				

a. 0 셀 (0.0%)은(는) 5보다 작은 기대 빈도를 가지는 셀입니다. 최소 기대빈도는 303.05입니다.

b. 2x2 표에 대해서만 계산됨

> 빈도를 중심으로 표를 만들고 끝나는 것이 아니라 얼마나 유의미한 연관성이 있는지 살펴본 것으로 Pearson 카이제곱에서의 접근 유의수준이 0.05보다 작은지를 살펴봄으로써 확인할 수 있다.
> 예제에서는 0.000으로 0.05보다 작아 이탈 여부와 고령인구 여부 사이에는 연관성이 있다는 것을 확인할 수 있다.

[표 3-1]은 교차분석 결과를 정리한 표로 성별과 전화 서비스 가입 여부는 이탈과의 연관관계가 떨어진다는 것을 확인할 수 있다.

표 3-1 집단별 교차분석 결과 정리

	유의수준	상관성
Churn*gender	0.470	N
Churn*SeniorCitizen	0	Y
Churn*Partner	0	Y
Churn*Dependents	0	Y
Churn*PhoneService	0.316	N
Churn*MultipleLines	0.003	Y
Churn*InternetService	0	Y
Churn*OnlineSecurity	0	Y
Churn*OnlineBackup	0	Y
Churn*DeviceProtection	0	Y
Churn*TechSupport	0	Y
Churn*StreamingTV	0	Y
Churn*StreamingMovies	0	Y
Churn*Contract	0	Y
Churn*PaperlessBilling	0	Y
Churn*PaymentMethod	0	Y

3.1.3.4 상관분석

상관분석은 두 연속형 변수 간에 선형적인 관계를 갖고 있는지를 분석하는 방법을 의미한다. 이번 실습에서는 상관관계를 실습하기 위해 "분석 → 상관분석 → 이변량상관계수"로 상관분석에 접근한 후 연속형 변수인 Tenure, MonthlyCharges, TotalCharges를 선택하여 3변수 사이의 선형적인 상관관계를 분석하였다.

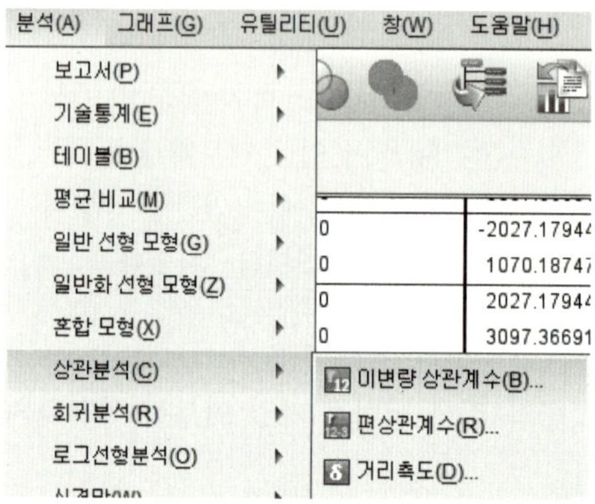

"분석 → 상관분석 → 이변량상관계수"를 선택한다.

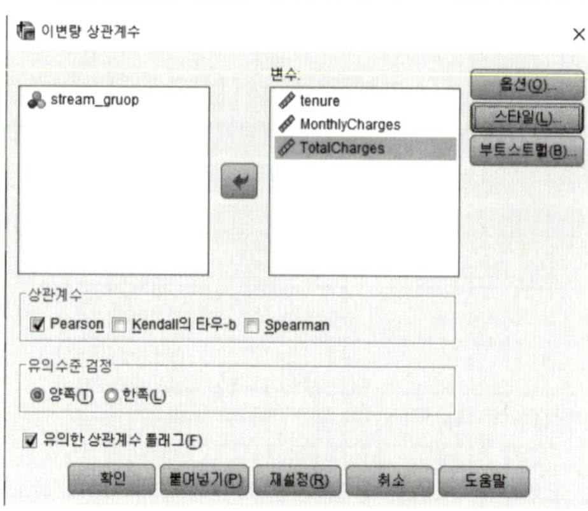

변수에 연속형 확률변수를 선택한다. 별도 설정 없이 "확인" 버튼을 누른다.

상관

		tenure	MonthlyCharges	TotalCharges
tenure	Pearson 상관계수	1	.248**	.826**
	유의수준(양쪽)		.000	.000
	N	7043	7043	7032
MonthlyCharges	Pearson 상관계수	.248**	1	.651**
	유의수준(양쪽)	.000		.000
	N	7043	7043	7032
TotalCharges	Pearson 상관계수	.826**	.651**	1
	유의수준(양쪽)	.000	.000	
	N	7032	7032	7032

상단의 0.248과 0.826은 상관계수로 절대값 1에 가까울수록 강한 상관관계를 갖는다.

+는 양의 상관, −는 음의 상관관계를 갖는다.

0.000은 유의수준으로 tenure은 MonthlyCharges와 TotalCharges에 모두 유의미한 상관관계를 갖는다.

3.1.4 통신사 고객 이탈 데이터 인과관계분석

3.1.4.1 다중회귀분석

다중회귀분석은 연속형 변수인 종속변수에 미치는 독립변수(원인이 된다고 가정한 변수)들의 영향 정도와 유의도를 파악함으로써 독립변수와 종속변수의 인과관계를 파악하는 통계적 방법론이다.

회귀분석은 데이터의 분포를 설명하기 위해서 오차를 최소화할 수 있는 회귀선을 추정하여 분석하는 방법론이기 때문에 명목형 변수는 사용할 수 없다. 그렇기 때문에 명목형 데이터를 양적 변수(숫자의 형태)로 만드는 더미변수로 변환하는 작업이 필요하다. 더미변수는 회귀 기울기를 바꾸지 않고 절편을 바꾸는 평행이동을 통해 효과가 종속변수에 더해지는 정도를 추정하도록 도와준다.

실습에서는 다중회귀 분석을 위해서 성별(gender)과 폰서비스 가입 여부(PhoneService)를 더미변수로 작성하였다.

(사용변수: Total Charges ⇐ gender dummies+PhoneService dummies+tenure+NonthlyCharges)

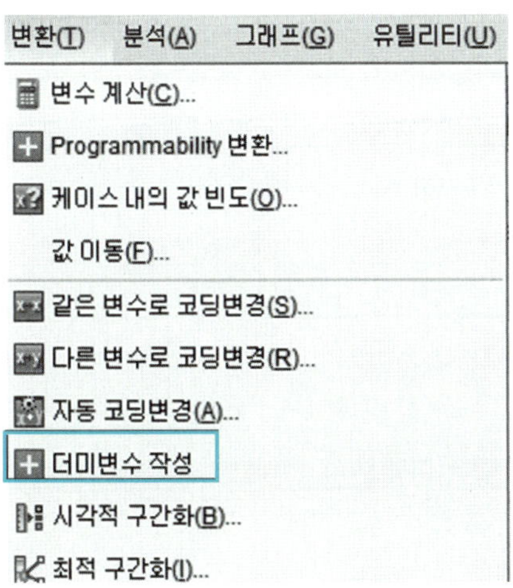

"변환 → 더미변수 작성"을 선택한다.

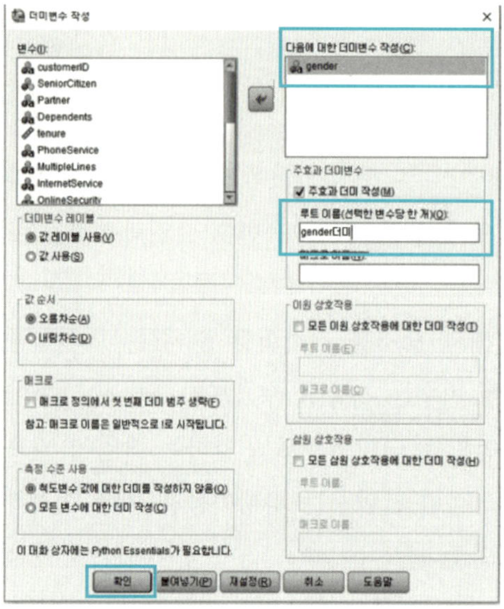

더미변수로 만들고자 하는 변수를 선택한다.
더미변수 이름 생성: 본 실습에서는 “gerder더미”를 선택한다.
“확인” 버튼을 누른다.

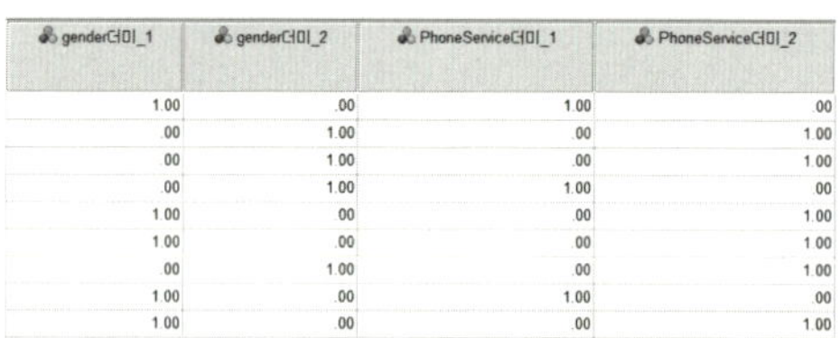

gender와 PhoneService가 더미변수로 작성되었다.

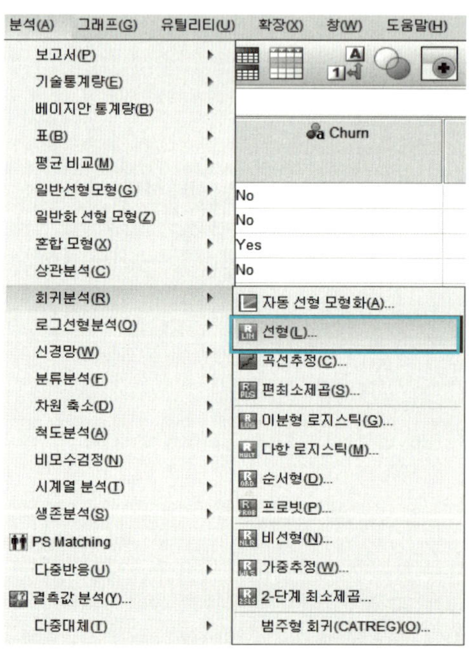

“분석 → 회귀분석 → 선형”을 선택한다.

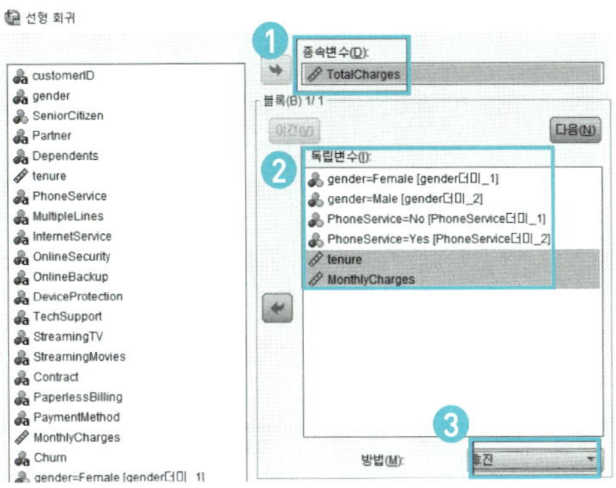

❶ 종속변수 TotalCharges
❷ 독립변수 성별, 폰서비스 유무, 가입기간, 월지불비용
❸ 방법: 후진

*회귀분석 방법
- 전진: 상수만 있는 모형에서 변수를 하나씩 추가하며 설명력이 좋은 변수를 선택
- 후진: 변수를 모두 포함한 상태에서 영향이 가장 적은 변수를 삭제

계수[a]

모형		비표준화 계수 B	비표준화 계수 표준화 오류	표준화 계수 베타	t	유의확률
1	(상수)	-2102.636	33.259		-63.219	.000
	gender=Male	12.809	17.513	.003	.731	.465
	PhoneService=Yes	-97.529	30.628	.011	2.050	.004
	tenure	65.352	.369	.708	177.244	.000
	MonthlyCharges	36.108	.311	.479	116.281	.000
2	(상수)	-2095.965	31.983		-65.533	.000
	PhoneService=Yes	-87.612	30.626	-.011	-2.861	.004
	tenure	65.354	.369	.708	177.263	.000
	MonthlyCharges	36.104	.310	.479	116.286	.000

a. 종속변수: TotalCharges

후진 방법이기 때문에 gender_male 여부가 첫 모델에서는 회귀분석되었으나 2번째 모델에서는 분석되지 못하고 제외되었다.

3.1.4.2 로지스틱 회귀분석

로지스틱은 종속변수가 명목형 변수일 경우 사용하는 회귀분석 방법으로 예제에서는 이탈 여부를 “No”와 “Yes”로 구분지었기 때문에 통신사 고객 이탈에 어떠한 변수가 유의미한 영향과 얼마나 많은 영향을 주었는지 파악하기 위해서 로지스틱 회귀분석을 사용하였다. SPSS를 이용하여 종속변수가 “No”와 “Yes” 두 개로 되어 있기 때문에 이분형 로지스틱 회귀분석을 사용하였으며 경로는 “분석 → 회귀분석 → 이분형 로지스틱”이다.

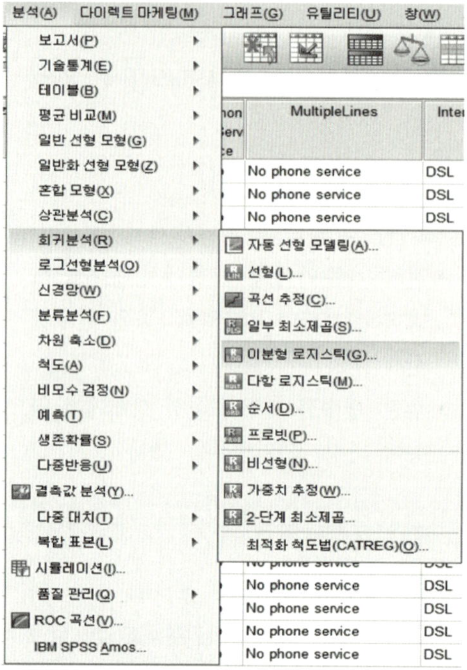

로지스틱 회귀분석을 위해 "분석 → 회귀분석 → 이분형 로지스틱"을 선택한다.

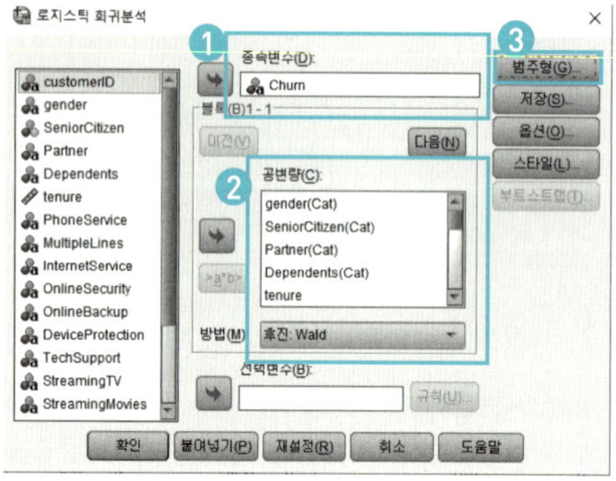

❶ 종속변수: 결과가 되는 변수를 선택하는 것으로 예제에서는 이탈인 "Churn"을 선택한다.

❷ 공변량: 이탈에 대한 원인의 변수들을 선택한다.

❸ 범주형: 공변량(원인변수) 중 범주형 데이터를 분리하기 위한 메뉴를 확인한다.

*회귀분석 방법

- 전진: 상수만 있는 모형에서 변수를 하나씩 추가하며 설명력이 좋은 변수를 선택
- 후진: 변수를 모두 포함한 상태에서 영향이 가장 적은 변수를 삭제

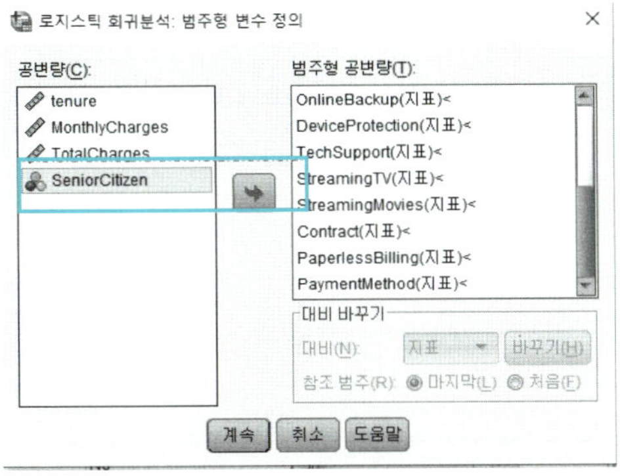

SeniorCitizen은 범주형 변수임에도 불구하고 범주형 변수로 인식되고 있지 않기 때문에 범주형 공변량으로 옮겨준다.

범주 변수 코딩

		빈도	모수 코딩		
			(1)	(2)	(3)
PaymentMethod	Bank tra	1542	1.000	.000	.000
	Credit c	1521	.000	1.000	.000
	Electron	2365	.000	.000	1.000
	Mailed c	1604	.000	.000	.000
MultipleLines	No	3385	1.000	.000	
	No phone	680	.000	1.000	
	Yes	2967	.000	.000	
InternetService	DSL	2416	1.000	.000	
	Fiber op	3096	.000	1.000	
	No	1520	.000	.000	
OnlineSecurity	No	3497	1.000	.000	
	No inter	1520	.000	1.000	
	Yes	2015	.000	.000	
OnlineBackup	No	3087	1.000	.000	
	No inter	1520	.000	1.000	
	Yes	2425	.000	.000	
DeviceProtection	No	3094	1.000	.000	
	No inter	1520	.000	1.000	
	Yes	2418	.000	.000	
TechSupport	No	3472	1.000	.000	
	No inter	1520	.000	1.000	
	Yes	2040	.000	.000	

옵션에서 체크한 범주형 데이터와 연속형 변수들이 코딩된 결과를 확인할 수 있다. 이곳에서 범주형 데이터 혹은 연속형 데이터가 제대로 코딩되었는지 확인해야 한다.
옆 그림을 통해 명목변수들이 더미변수화된 것을 확인할 수 있다.

방정식에 없는 변수

			스코어	df	유의수준
2 단계[a]	변수	Partner(1)	.000	1	.996
	전체 통계		.000	1	.996
3 단계[b]	변수	Partner(1)	.000	1	.998
		OnlineBackup	.022	1	.882
		OnlineBackup(1)	.022	1	.882
	전체 통계		.022	2	.989
4 단계[c]	변수	gender(1)	.116	1	.733
		Partner(1)	.000	1	.994
		OnlineBackup	.025	1	.875
		OnlineBackup(1)	.025	1	.875
	전체 통계		.138	3	.987
5 단계[d]	변수	gender(1)	.111	1	.739
		Partner(1)	.001	1	.972
		OnlineBackup	.747	1	.387
		OnlineBackup(1)	.747	1	.387
		DeviceProtection	.	1	.
		DeviceProtection(1)	.000	1	1.000
	전체 통계		.237	4	.994
6 단계[e]	변수	gender(1)	.105	1	.746
		Partner(1)	.001	1	.976
		PhoneService(1)	.644	1	.422
		OnlineBackup	1.388	1	.239
		OnlineBackup(1)	1.388	1	.239
		DeviceProtection	.	1	.
		DeviceProtection(1)	.000	1	1.000
	전체 통계		1.176	5	.947

본 실습에서는 후진 방법을 사용하였으며 6단계에 거쳐서 변수를 제거하였다.

2단계: Partner

3단계: OnlineBackup

4단계: gender

5단계: DeviceProtection

6단계: PhoneService

| 표 3-2 | SPSS 로지스틱 회귀분석

	전체		최종 모형	
	유의수준	B	유의수준	B
gender(1)	.736	.022		
SeniorCitizen(1)	.010	-.217	.010	-.216
Partner(1)	.996	.0		
Dependents(1)	.098	.148	.065	.150
tenure	.000	-.061	.000	-.061
PhoneService(1)	.442	-.620		
MultipleLines(1)	.011	-.448	.000	-.322
InternetService(1)	.181	2.764	.000	1.324
InternetService(2)	.115	4.511	.000	2.525
OnlineSecurity(1)	.250	.205	.000	.318
OnlineBackup(1)	.882	-.026		
DeviceProtection(1)	.403	-.147		
TechSupport(1)	.318	.180	.001	.293
StreamingTV(1)	.070	-.591	.000	-.368
StreamingMovies(1)	.067	-.599	.000	-.377
Contract(1)	.000	1.357	.000	1.351
Contract(2)	.000	.696	.000	.692
PaperlessBilling(1)	.000	-.342	.000	-.341
PaymentMethod(1)	.616	.058	.609	.059
PaymentMethod(2)	.795	-.030	.793	-.031
PaymentMethod(3)	.000	.362	.000	.361
MonthlyCharges	.204	-0.40	.001	-.018
TotalCharges	.000	0.000	.000	.000
상수	.217	-1.027	.000	-1.591

3.1.5 예측 모델 설계

3.1.5.1 데이터 분할

예측 모델을 만들기 위해서는 예측 모델을 만들고 전체 데이터셋 중 훈련에 사용할 데이터를 이용하여 모델을 학습시키게 된다. 그 이후 훈련에 사용되지 않은 데이터를 이용하며 훈련된 모델의 정확도를 검증한다. 그 비율에는 정확한 정답은 존재하지 않아 목적에 따라 비율을 조절하지만 대체로 70:30의 비율로 훈련용 데이터와 검증용 데이터를 분리하여 모델을 구축한다. 실습에서는 예측 모델을 훈련시키기 위한 훈련용 데이터와 예측 모델의 정확성을 검증하기 위한 검증용 데이터를 70:30의 비율로 분할하였다.

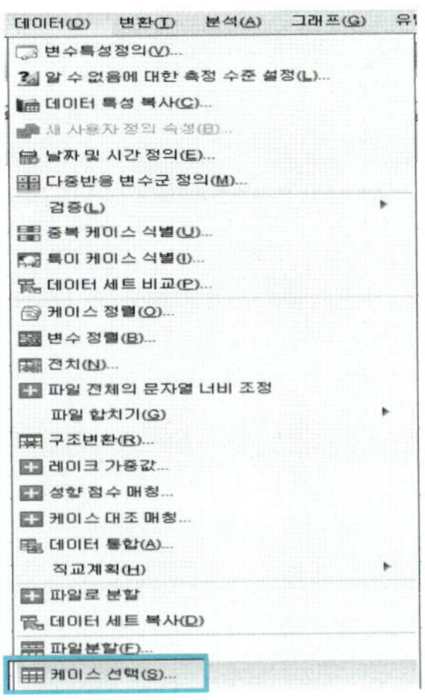

훈련용 70%, 검증용 30%의 데이터를 무작위로 분리하기 위해 "데이터 → 케이스 선택" 메뉴를 선택한다.

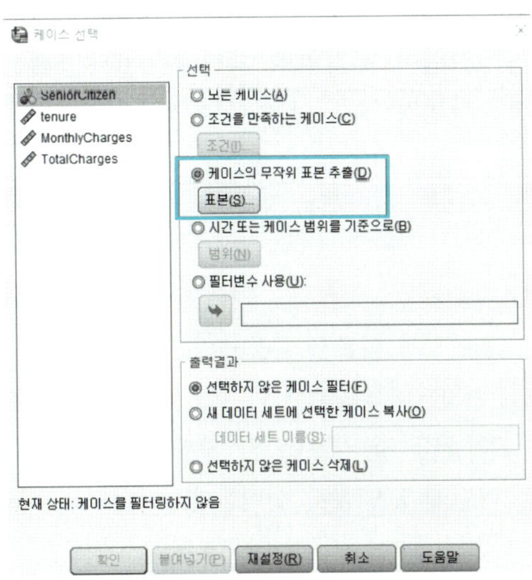

다시 데이터 분할을 위해서 "데이터 → 케이스 선택"을 선택한다
한 변수를 기준으로 데이터를 선택하는 것이 아닌 일정 %를 무작위로 분리하는 것이기 때문에 별도의 변수를 선택할 필요는 없다.
"케이스의 무작위 표본 추출"을 선택하고 "표본"을 누른다.

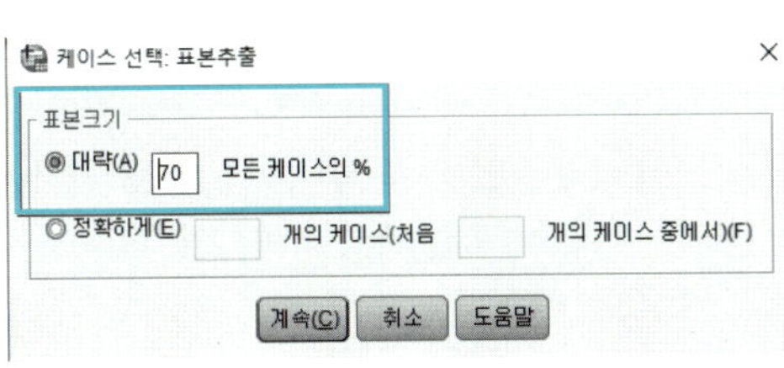

데이터 분리 비율을 선택한다.
본 실습에서는 70%의 비율로 실습을 진행하기 때문에 70을 입력한다.

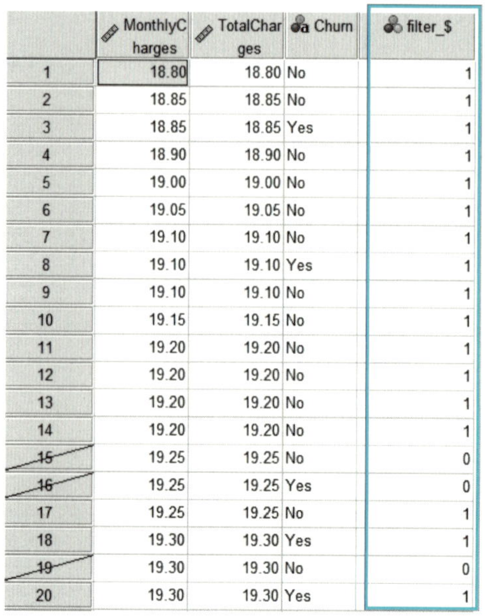

	MonthlyCharges	TotalCharges	Churn	filter_$
1	18.80	18.80	No	1
2	18.85	18.85	No	1
3	18.85	18.85	Yes	1
4	18.90	18.90	No	1
5	19.00	19.00	No	1
6	19.05	19.05	No	1
7	19.10	19.10	No	1
8	19.10	19.10	Yes	1
9	19.10	19.10	No	1
10	19.15	19.15	No	1
11	19.20	19.20	No	1
12	19.20	19.20	No	1
13	19.20	19.20	No	1
14	19.20	19.20	No	1
15	19.25	19.25	No	0
16	19.25	19.25	Yes	0
17	19.25	19.25	No	1
18	19.30	19.30	Yes	1
19	19.30	19.30	No	0
20	19.30	19.30	Yes	1

filter_$라는 변수가 생성된 것을 확인할 수 있다.

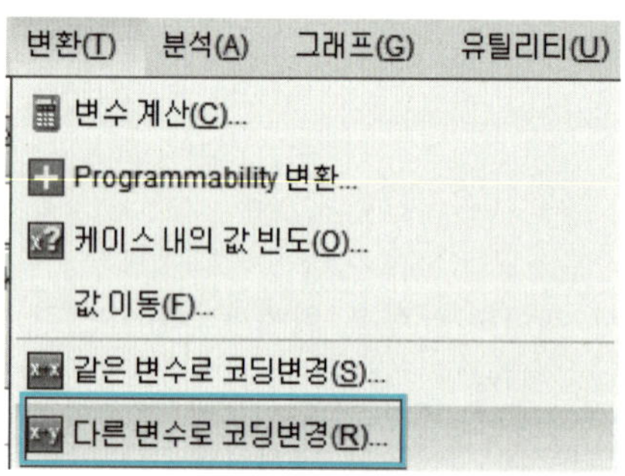

filter_$는 무작위로 데이터를 선택해 그 데이터에 대해서만 분석하기 때문에 프로그램이 무작위로 분리해준 filter_$를 코딩변경하여 구분하여 분석을 모두 할 수 있는 separation 변수로 코딩변경한다.

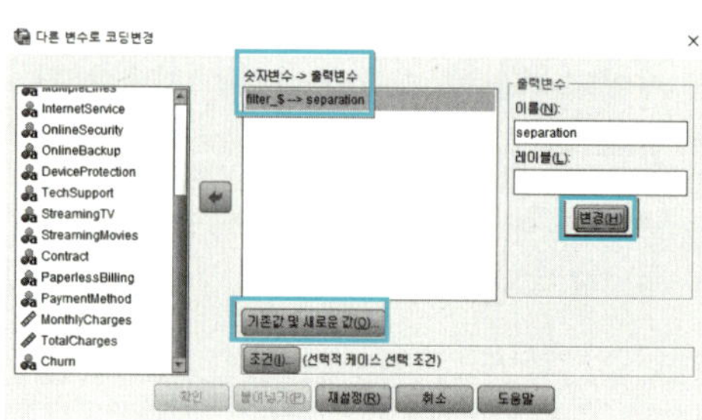

filer_$의 이름을 separation 입력한 후, "변경" 버튼을 누른다.
"기준값 및 새로운 값"에서 데이터값을 어떻게 코딩할지 선택한다.

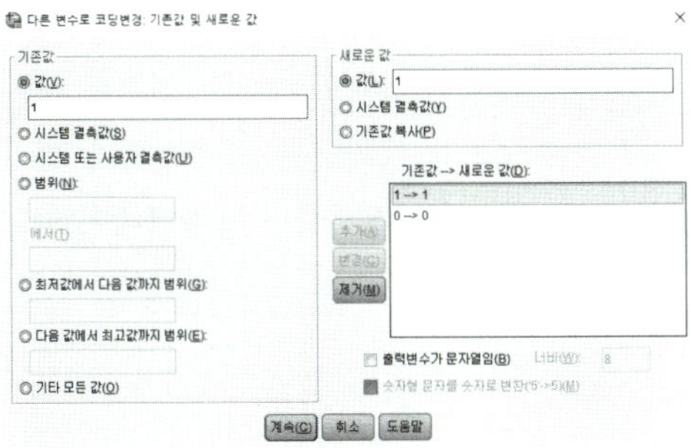

70%에 해당하는 1은 그대로 두고 30%인 0 또한 0 그대로 변경하여 구분한다.

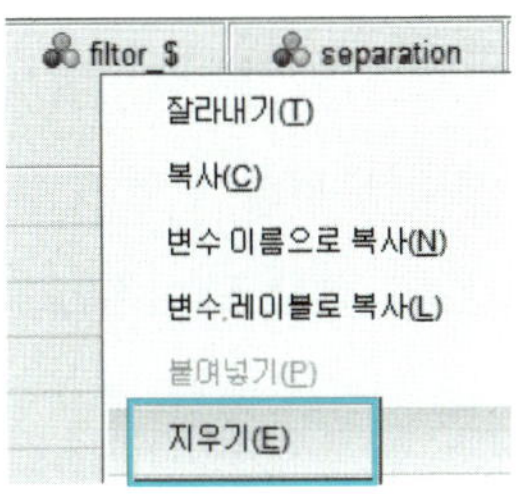

filter_$는 지움으로써 70%의 데이터만이 분석되는 것을 방지한다.

3.1.5.2 로지스틱 회귀 예측 모델

SPSS 로지스틱 회귀 예측 모델을 사용하기 위하여 그룹화되지 않은 데이터를 다시 로딩하여 전체 7043부의 데이터를 이용하여 데이터 분석을 실시하였다.

SPSS 로지스틱 회귀 모델과 마찬가지로 경로 "분석 → 회귀분석 → 이분형로지스틱"으로 분석을 실시하여 범주형까지 같은 설정값을 준 후 저장 옵션을 통해 로지스틱 회귀모델을 이용하여 이탈 고객과 비이탈 고객을 분류하여 정확도를 파악하였다.

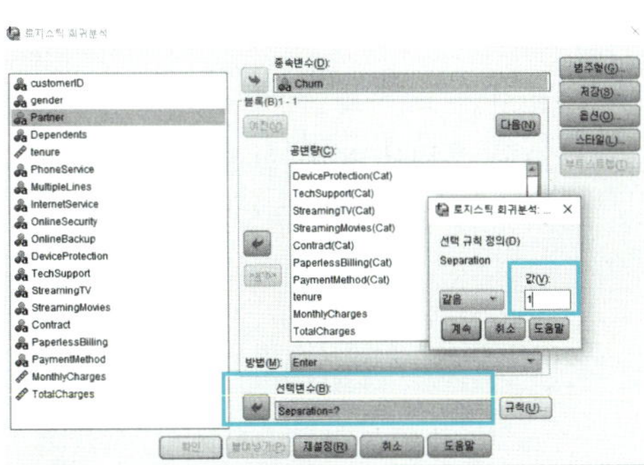

filter_$는 지움으로써 70%의 데이터만이 분석되는 것을 로지스틱 회귀분석과 같은 방법으로 세팅을 실시한다. 하지만 훈련용 데이터 70%와 검증용 데이터 30%를 구별하기 위한 옵션을 설정한다.
선택변수: 데이터 분리를 위해 만들어 놓았던 Separation을 선택한다.
앞서 70%에 해당하는 데이터를 1, 30%에 해당하는 데이터를 0으로 설정하였기 때문에 값을 1로 설정한다.

분류표[a]

			예측값					
			선택한 케이스[b]			선택하지 않은 케이스[c,d]		
			Churn			Churn		
관측빈도			No	Yes	정정 백분율	No	Yes	정정 백분율
1 단계	Churn	No	3248	368	89.8	1372	175	88.7
		Yes	584	712	54.9	247	326	56.9
	전체 백분율				80.6			80.1

선택한 케이스(훈련용 데이터)는 80.6%의 정확도를 보여줬으며 선택하지 않은 케이스(평가데이터)는 80.1%의 정확도를 보였다.

3.1.5.3 의사결정나무 예측 모델

의사결정나무는 대표적인 예측 기법 중 하나로 목표값을 위해 관측변수를 연결하는 규칙을 찾아나가는 방법이다. SPSS에서 트리 기법을 사용하여 예측 모형을 만들기 위해서 경로는 "분석 → 분류분석 → 트리"이며 메뉴를 선택하게 되면 안내 메시지에서 확인을 선택한다.

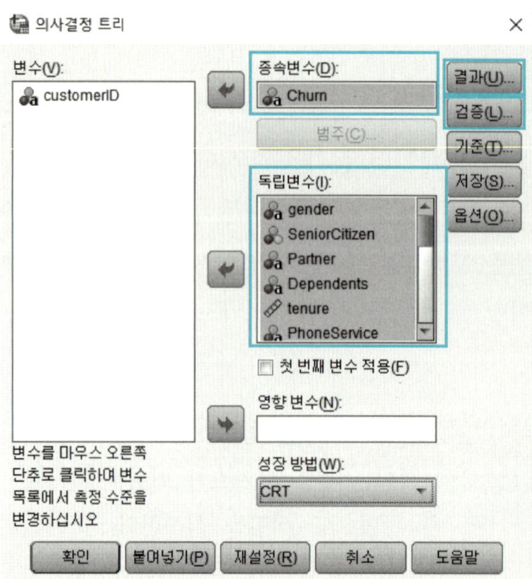

종속변수: 예측을 위한 트리 기법에서 목표가 되는 변수를 설정하는 것으로 예제에서는 이탈 여부를 설정하였다.
독립변수: 목표값과 연결되는 관측변수들을 설정하였다.
결과: 분석 과정에 있어서 어떤 결과값들을 출력할 것인지 설정하였다.
검증: 예측을 위해 훈련용 데이터와 훈련을 통해 설정된 값을 기준으로 정확도를 검증하였다.

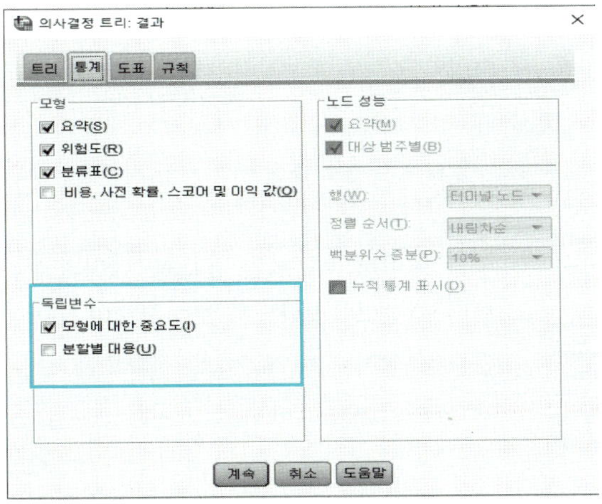

독립변수 → 모형에 대한 중요도: 관측변수들이 목표값을 분류하고 예측하는 데에 있어서 얼마나 기여하고 있는지를 살펴볼 수 있다.

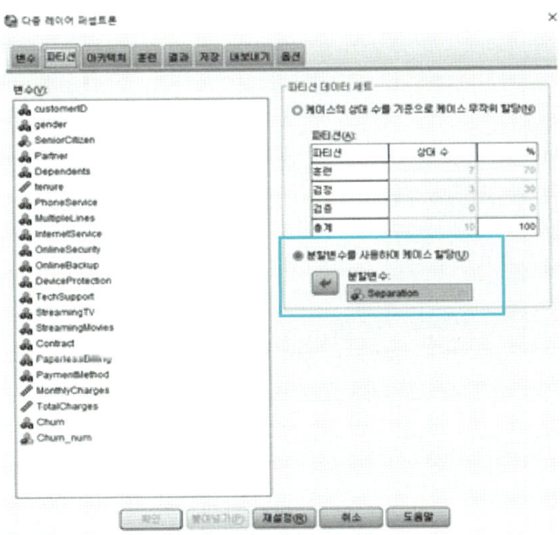

로지스틱 회귀분석 예측 모델과의 비교를 위하여 같은 데이터셋을 사용하기 위하여 분할변수를 사용하여 분석을 실시하였다.

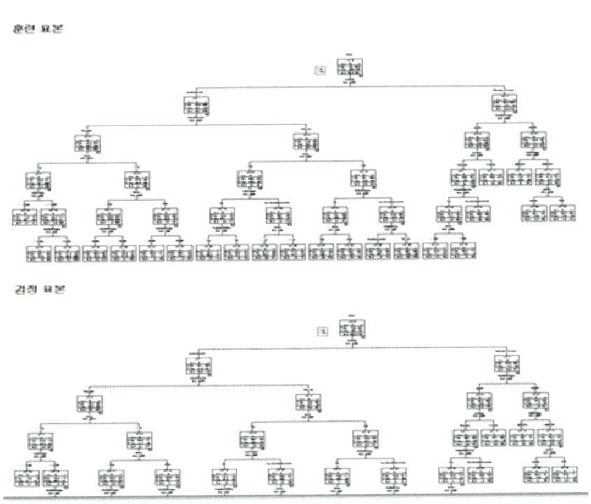

이 트리는 훈련 표본으로 70%의 데이터를 이용하여 학습된 트리이며 학습된 트리를 통해 도출된 분류 규칙을 30%의 트리에 적용하여 30%의 데이터를 이용한 검정 표본 또한 같은 모양의 트리를 하고 있는 것을 확인할 수 있다.

70%의 훈련용 데이터를 통해서 만들어진 모델에 검증용 데이터 30%를 적용하였을 때 78%의 정확도가 도출된 것을 확인할 수 있다.

분류

보기	관측빈도	예측값 No	예측값 Yes	예측값 퍼센트정확도
훈련	No	3100	510	85.9%
	Yes	470	840	64.1%
	전체 백분율	72.6%	27.4%	80.1%
검정	No	1326	238	84.8%
	Yes	211	348	62.3%
	전체 백분율	72.4%	27.6%	78.9%

성장 방법: CRT
종속 변수: Churn

전체 데이터의 70%인 훈련용 데이터에서는 80.1%의 정확도를 보여줬으며 30% 검증용 데이터는 78.9%의 정확도를 보여줬다.

독립 변수 중요도

독립 변수	중요도	정규화 중요도
tenure	.073	100.0%
OnlineSecurity	.070	95.8%
TechSupport	.066	90.3%
Contract	.064	87.9%
InternetService	.045	61.1%
OnlineBackup	.042	57.5%
MonthlyCharges	.039	53.4%
TotalCharges	.037	50.9%
DeviceProtection	.037	49.9%
PaymentMethod	.030	41.5%
PaperlessBilling	.022	30.5%
StreamingMovies	.020	27.2%
StreamingTV	.020	26.7%
Dependents	.016	21.2%
Partner	.010	13.1%
SeniorCitizen	.006	8.3%
MultipleLines	.004	6.1%
PhoneService	.003	3.8%
gender	5.472E-5	0.1%

성장 방법: CRT
종속 변수: Churn

트리 방법의 경우 가입기간인 tenure가 가장 중요한 변수였으며, OnlineSecurity가 그 다음으로 중요한 변수였다.

3.1.5.4 신경망 예측 모델

신경망은 인간의 신경망을 컴퓨터의 언어로 표현한 분석 방법으로 SPSS에서는 신경망 분석 방법이 제대로 동작하기 위해서는 수많은 데이터와 컴퓨팅 파워가 필요하기 때문에 단순한 신경망만을 만들 수 있다. 메뉴 경로는 "분석 → 신경망 → 다중 레이어 퍼셉트론"으로 메뉴에 접근할 수 있다.

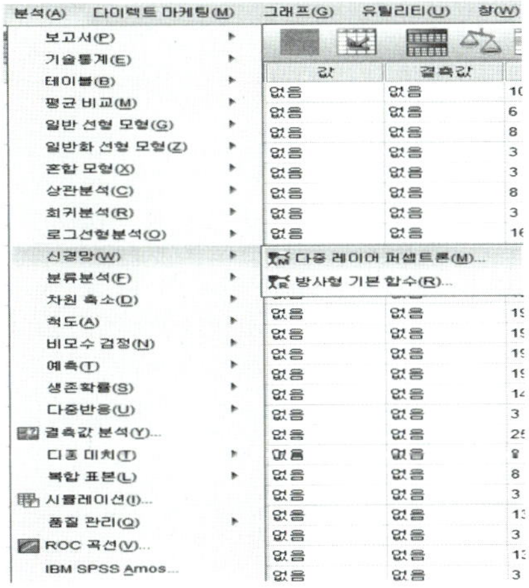

"분석 → 신경망 → 다중 레이어 퍼셉트론"을 선택한다.

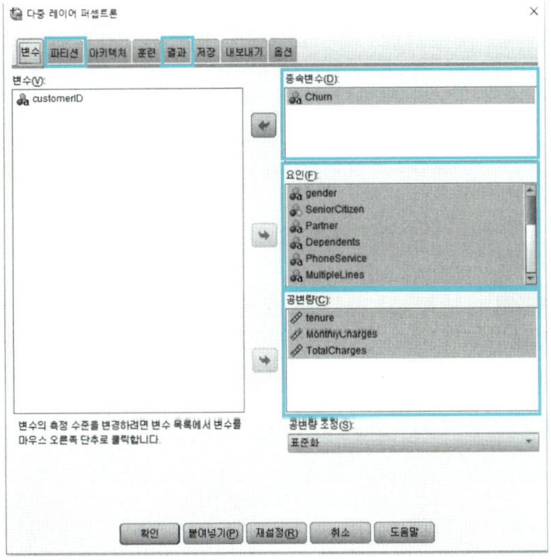

종속변수: 결과가 되는 종속변수로 고객 이탈 "Churn"을 입력하였다.

요인: 범주형 원인(독립)변수

공변량: 연속형 원인(독립)변수

파티션: 훈련용과 검증용 데이터를 검증하기 위한 옵션

결과: 어떤 결과를 출력할 것인지의 옵션

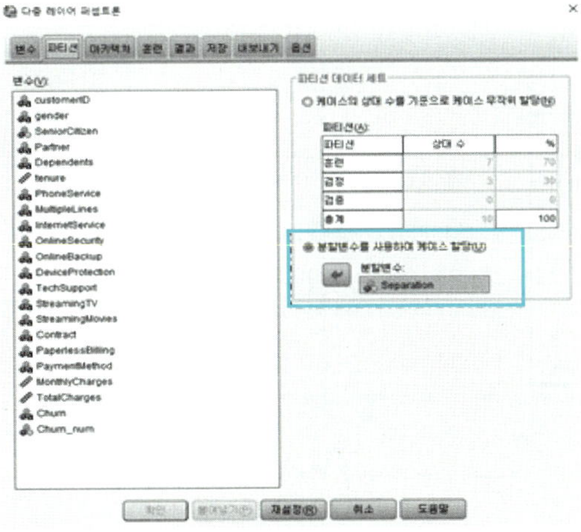

다른 예측 모형들과 마찬가지로 이미 나눠놓은 데이터셋을 사용하여 분석을 실시하였다.

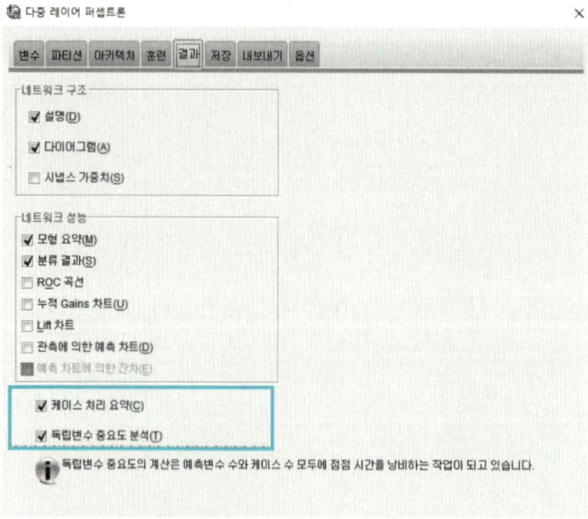

독립변수 중요도 분석 옵션을 선택하여 어떠한 변수가 정확도에 많이 기여하고 있는지를 파악하였다.

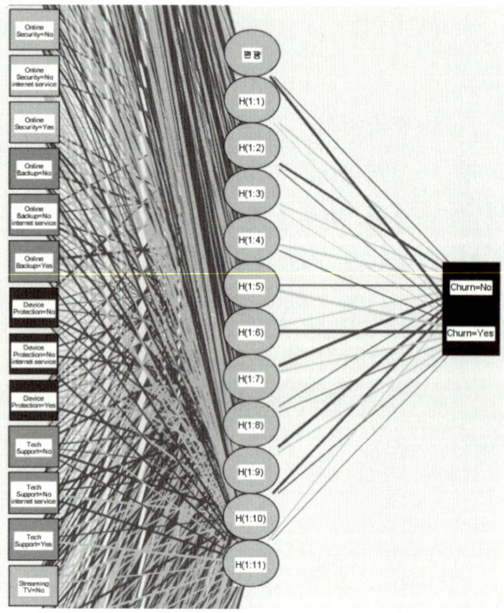

분류

보기	관측빈도	예측값 No	Yes	퍼센트정확도
훈련	No	3250	366	89.9%
	Yes	595	701	54.1%
	전체 퍼센트	78.3%	21.7%	80.4%
검정	No	1366	181	88.3%
	Yes	259	314	54.8%
	전체 퍼센트	76.7%	23.3%	79.2%

데이터셋의 70%인 훈련용 데이터는 80.4%의 정확도, 30%의 검증용 데이터는 79.2%의 정확도를 보였다.

독립 변수 중요도

	중요도	정규화 중요도
PhoneService	.046	31.7%
MultipleLines	.046	31.5%
InternetService	.035	23.9%
OnlineSecurity	.053	36.5%
OnlineBackup	.031	21.5%
DeviceProtection	.040	27.8%
TechSupport	.064	44.1%
StreamingTV	.042	29.1%
StreamingMovies	.019	13.2%
Contract	.110	75.8%
PaperlessBilling	.022	15.3%
PaymentMethod	.055	38.2%
gender	.018	12.3%
SeniorCitizen	.018	12.1%
Partner	.018	12.3%
Dependents	.011	7.4%
MonthlyCharges	.145	100.0%
TotalCharges	.084	58.1%
tenure	.144	99.3%

MonthlyCharges가 가장 중요한 변수였으며, 그 다음으로는 tenure가 가장 중요한 변수였다.

3.1.5.5 SPSS 예측 모델 비교

	로지스틱 회귀분석	의사결정나무	신경망분석
정확도	훈련용: 80.6% 검증용: 80.1%	훈련용: 80.1% 검증용: 78.9%	훈련용: 80.4% 검증용: 79.2%
중요 변수	(발정식의 변수 표)	(독립 변수 중요도 표)	(독립 변수 중요도 표)

로지스틱 회귀분석 – 정확도

분류표a

관측빈도			예측값: 선택한 케이스b Churn No	Yes	정확 백분율	예측값: 선택하지 않은 케이스c,d Churn No	Yes	정확 백분율
1단계	Churn	No	3248	368	89.8	1372	175	88.7
		Yes	584	712	54.9	247	326	56.9
	전체 백분율				80.6			80.1

의사결정나무 – 정확도

분류

보기	관측빈도	예측값 No	Yes	퍼센트정확도
훈련	No	3100	510	85.9%
	Yes	470	840	64.1%
	전체 백분율	72.6%	27.4%	80.1%
검정	No	1326	238	84.8%
	Yes	211	348	62.3%
	전체 백분율	72.4%	27.6%	78.9%

성장 방법: CRT
종속 변수: Churn

신경망분석 – 정확도

분류

보기	관측빈도	예측값 No	Yes	퍼센트정확도
훈련	No	3250	366	89.9%
	Yes	595	701	54.1%
	전체 퍼센트	78.3%	21.7%	80.4%
검정	No	1366	181	88.3%
	Yes	[illegible]	314	34.8%
	전체 퍼센트	76.7%	23.3%	79.2%

로지스틱 회귀분석 – 중요 변수

발정식의 변수	B	유의수준	Exp(B)
gender(1)	-.023	.767	.977
SeniorCitizen(1)	-.165	.100	.847
Partner(1)	-.052	.573	.949
Dependents(1)	.150	.159	1.161
tenure	-.058	.000	.944
PhoneService(1)	-1.184	.228	.306
MultipleLines		.005	
MultipleLines(1)	-.613	.005	.542
InternetService		.000	
InternetService(1)	3.991	.113	54.108
InternetService(2)	6.213	.074	498.952
OnlineSecurity		.565	
OnlineSecurity(1)	.125	.565	1.133
OnlineBackup		.556	
OnlineBackup(1)	-.125	.556	.882
DeviceProtection		.324	
DeviceProtection(1)	-.211	.324	.810
TechSupport		.371	
TechSupport(1)	.195	.371	1.215
StreamingTV		.031	
StreamingTV(1)	-.855	.031	.425
StreamingMovies		.067	
StreamingMovies(1)	-.729	.067	.483
Contract		.000	
Contract(1)	1.285	.000	3.613
Contract(2)	.659	.002	1.933
PaperlessBilling(1)	-.279	.002	.757
PaymentMethod		.000	
PaymentMethod(1)	.062	.652	1.064
PaymentMethod(2)	.000	.998	1.000
PaymentMethod(3)	.461	.000	1.586
MonthlyCharges	-.061	.115	.941
TotalCharges	.000	.000	1.000
상수	-.492	.627	.612

의사결정나무 – 중요 변수

독립 변수 중요도

독립 변수	중요도	정규화 중요도
tenure	.073	100.0%
OnlineSecurity	.070	95.8%
TechSupport	.066	90.3%
Contract	.064	87.9%
InternetService	.045	61.1%
OnlineBackup	.042	57.5%
MonthlyCharges	.039	53.4%
TotalCharges	.037	50.9%
DeviceProtection	.037	49.9%
PaymentMethod	.030	41.5%
PaperlessBilling	.022	30.5%
StreamingMovies	.020	27.2%
StreamingTV	.020	26.7%
Dependents	.016	21.2%
Partner	.010	13.1%
SeniorCitizen	.006	8.3%
MultipleLines	.004	6.1%
PhoneService	.003	3.8%
gender	5.472E-5	0.1%

성장 방법: CRT
종속 변수: Churn

신경망분석 – 중요 변수

독립 변수 중요도

	중요도	정규화 중요도
PhoneService	.046	31.7%
MultipleLines	.046	31.5%
InternetService	.035	23.9%
OnlineSecurity	.053	36.5%
OnlineBackup	.031	21.5%
DeviceProtection	.040	27.8%
TechSupport	.064	44.1%
StreamingTV	.042	29.1%
StreamingMovies	.019	13.2%
Contract	.110	75.8%
PaperlessBilling	.022	15.3%
PaymentMethod	.055	38.2%
gender	.018	12.3%
SeniorCitizen	.018	12.1%
Partner	.018	12.3%
Dependents	.011	7.4%
MonthlyCharges	.145	100.0%
TotalCharges	.084	58.1%
tenure	.144	99.3%

세 가지의 예측 모델을 비교한 결과 로지스틱 회귀분석의 정확도가 가장 높았으며 그 다음으로는 신경망, 의사결정나무의 순서대로 정확하였다. 세 가지의 방법은 다른 방식으로 예측 모델을 만들기 때문에 도출된 중요한 변수는 파이가 있었으나 계약 방식인 “Month-to-month”가 중복적으로 중요한 변수로 도출되었다. 또한 계약 기간인 “tenure”가 의사결정나무와 신경망에서 중요한 변수로 공통적으로 도출되었다.

3.1.6 데이터 저장하기

SPSS를 이용하여 분류한 데이터를 R과 Python을 이용하여 분석할 뿐만 아니라 공유 및 다음 분석을 위해 데이터 파일을 저장하기 위한 메뉴 경로는 “파일→ 다른 이름으로 저장”을 통해 접근할 수 있으며 자신이 원하는 이름을 설정한 후 R 또는 Python 활용을 위해 데이터를 사용하기 위해서는 꼭 CSV 형식으로 저장해야 한다.

SPSS에서 다시 사용하기 위해서는 SAV 형식으로 저장하면 된다.

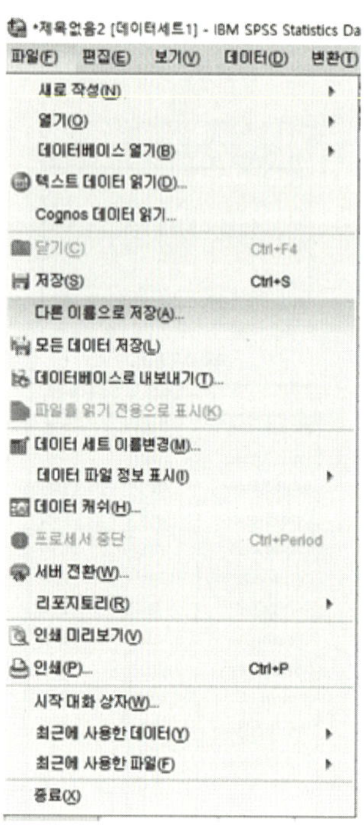

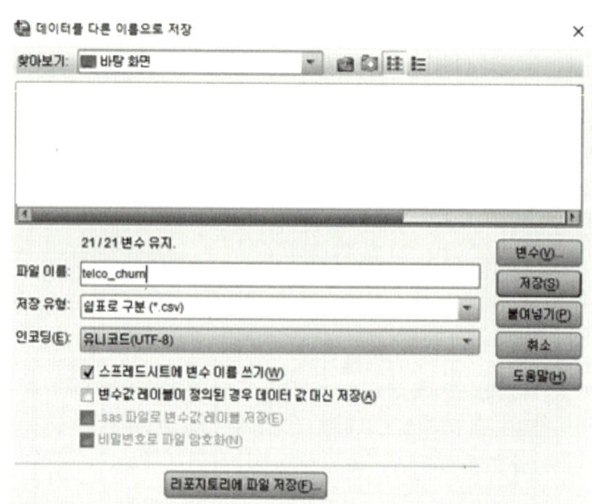

3.2 퇴직 가능성 예측

3.2.1 데이터 분석 개요

3.2.1.1 데이터셋 소개

IBM sample 데이터셋으로 1,470명의 직원에 대해서 35개의 특성(변수)을 포함하고 있다. 종속변수인 Attrition(퇴직 여부)은 회사가 속한 산업과 규모와 관계없이 비즈니스에 영향을 미칠 수 있는 중요한 문제이다. 직원의 감소는 비즈니스 중단 또는 새로운 직원의 고용과 교육 등의 비용이 발생한다.

(실습 예제 데이터 URL: https://www.kaggle.com/pavansubhasht/ibm-hr-analytics-attrition-dataset)

■ 데이터셋 소개

변수	설명
Age	나이, Numeric
Attrition	이직 여부, Categorial(No, Yes)
BusunessTravel	출장 여부, Categorial(Non-Travel, Travel_Frequently, Travel_Rarely)
DailyRate	Numeric
Department	부서 Categorial (Human Resources, Research&Development, Sales)
DistanceFromHome	Numeric
Education	근로자 학력, Categorial(1~5) 1 'Below College' 2 'College' 3 'Bachelor' 4 'Master' 5 'Doctor'
EducationField	Categorial(Human Resources, Life Sciences, Marketing, Medical, Other, Technical Degree)
EmployeeCount	only 1
EmployeeNumber	개별 상이

Enviorment Satisfaction	환경 만족도, Numeric(1~4) 1 'Low' 2 'Medium' 3 'High' 4 'Very High'
Gender	성별, Categorial(Female, Male)
HourlyRate	시간당 임금, Numeric(30~100)
JobInvolvement	직무 수행 수준, Numeric(1~4) 1 'Low' 2 'Medium' 3 'High' 4 'Very High'
JobLevel	직무 수준, Numeric(1~5)
JobRole	직무 역할, Categorial Healthcare Representative / Human Resources Laboatory Technician / Manager / Manufacturing Director Research Director/ Research Scientist / Sales Excutive Sales Representative
JobSatisfaction	직무 만족도, Numeric(1~4) 1 'Low' 2 'Medium' 3 'High' 4 'Very High'
MaritalStatus	결혼 상태, Categorial(Divorced, Married, Single)
MonthlyIncome	월 평균 임금, Numeric
MonthlyRate	월세 Numeric
NumCompainesWorked	일했던 회사 수(0~9)
Over18	only Y
OverTime	초과 근무 여부, Categirial(No, Yes)
PercentSalaryHike	임금 상승 비율, Numeric(11~25)
PerformanceRating	직무 평가 Categorial(3, 4) 3 'Excellent' 4 'Outstanding'
RelationshipSatisfaction	직장 내 관계 만족도, Numeric(1~4) 1 'Low' 2 'Medium' 3 'High' 4 'Very High'
StandartHours	only 80
StockOptionLevel	스톡 옵션 수준, Numeric(0~3)

TotalWorkingYears	Numeric(0~40)
TrainingTimesLastYears	Numeric(0~6)
WorkLifeBalance	직장과 외부 사이 소비 시간 수준, Numeric(1~4) 1 'Bad' 2 'Good' 3 'Better' 4 'Best'
YearsAtCompany	총 근무 연도, Numeric(0~40)
YearsInCurrentRole	현재 직무에서 근무 연도, Numeric(0~18)
YearsSinceLastPromotion	지난 승진 이후 지난 연도, Numeric(0~15)
YearsWithCurrManager	현재 매니저와 근무한 기간, Numeric(0~17)

3.2.1.2 데이터 분석 목적 및 절차

▪ 데이터 분석 목적

직원의 이탈은 기업에 있어서 신규직원 모집, 교육을 위한 시간과 비용이 발생할 수 있다는 문제뿐만 아니라 경쟁사와의 인적 자원 경쟁에서 뒤쳐질 수 있다. 따라서 직원의 이탈 요인을 탐지하고 사전에 예방하는 것은 기업경영에 있어서 매우 중요한 일이다. 이에 본 실습에서는 직원의 개인정보뿐만 아니라 직무와 관련된 다양한 변수가 직원의 이탈과의 어떤 관계인지를 파악해본다. 최종적으로는 직원의 이탈에 영향을 주고 있는 영향 요인을 도출하여 사전에 예방하기 위한 방안을 모색하고 이탈 가능성이 있는 직원을 예측할 수 있는 예측 모델을 개발하고자 한다.

▪ 데이터 분석 절차

빈도분석, 기술통계를 통해 전체적인 데이터의 구성을 파악하며 데이터 유형에 맞게 재설정 및 결측치를 점검하고 분석에 필요없는 변수를 삭제하는 데이터 전처리를 진행한다. 빈도분석과 기술통계, 시각화를 통해 데이터의 전체적인 분포와 직원의 특성을 파악한다. 직원 이탈 변수(Attrition)와의 통계적인 연관성을 t-검정, 교차분석 등을 통해 확인하여 연관성이 있는 변수를 도출한다. 로지스틱 회귀분석을 통해 Attrition에 영향을 주고 있는 변수를 도출한다. 최종적으로 로지스틱 회귀분석, 의사결정나무, 신경망 모델 간의 직원이탈 예측 모델을 비교한다.

3.2.2 데이터 전처리

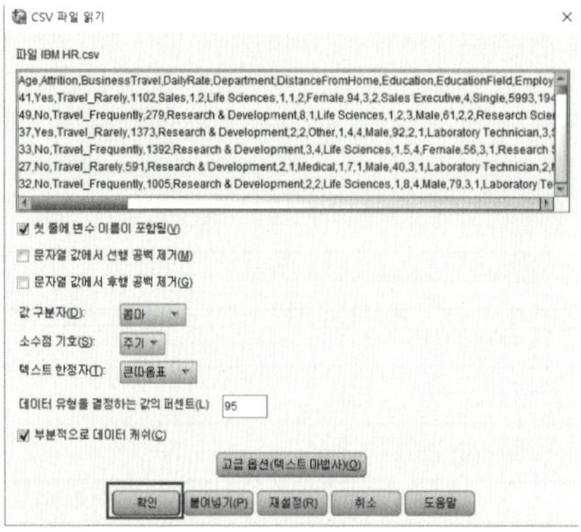

Kaggle에서 다운로드받은 CSV 형식의 파일을 로딩한다.

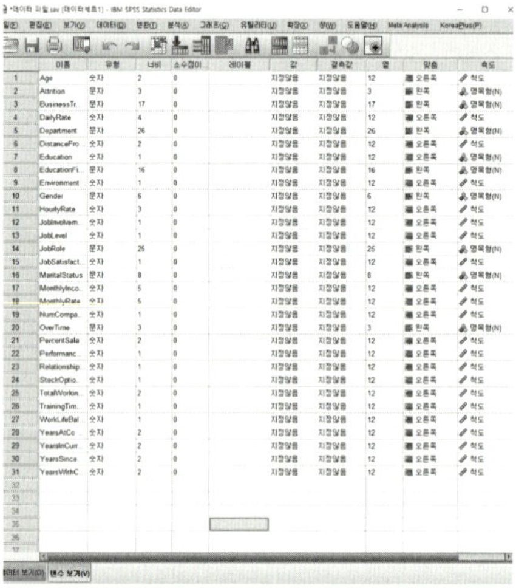

화면 하단 왼편, 변수 보기 화면에서 Kaggle에서의 변수 설명과 마찬가지로 범주형 변수와 연속형 변수로 변경한다.

화면 하단 왼편 변수 보기 화면에서 오직 하나의 값만으로 이루어졌던 변수인 "EmployeeCount"와 "Over18"을 삭제한다.

"EmployeeNumber"는 직원별로 상이하기 때문에 데이터 분석에 크게 필요가 없을 것으로 판단하여 삭제한다.

3.2.3 데이터 탐색

3.2.3.1 기초통계분석

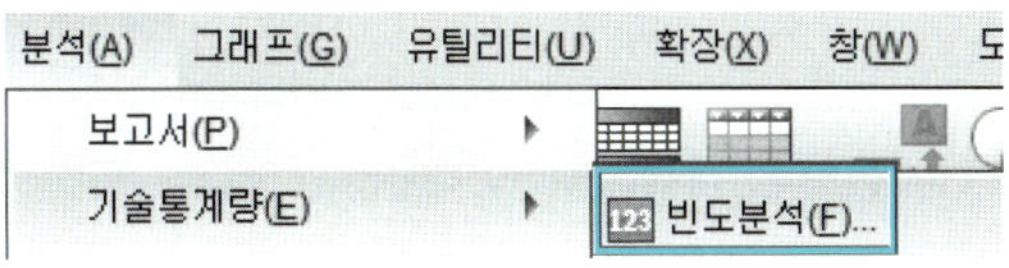

범주형 변수의 경우 빈도분석을 통해 확인 가능하다.
"분석 → 기술통계량 → 빈도분석"을 누른다.

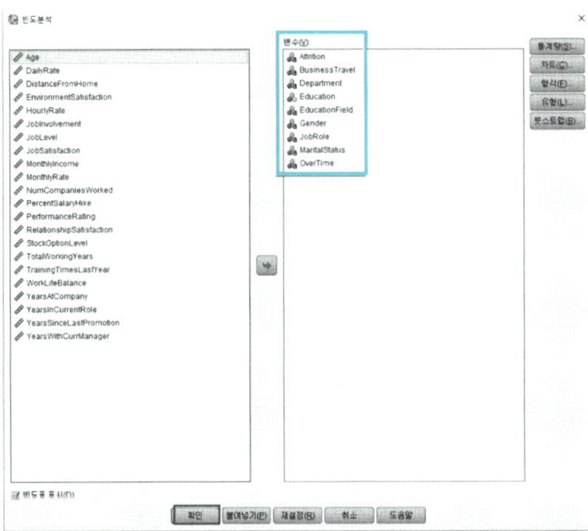

범주형 변수 "Attrition", "BusinessTravel" 등의 빈도를 분석한다.

Attrition

		빈도	퍼센트	유효 퍼센트	누적 퍼센트
유효	No	1233	83.9	83.9	83.9
	Yes	237	16.1	16.1	100.0
	전체	1470	100.0	100.0	

1,470명 중 237명(16.1%)이 이탈하였다.
이 밖에 학력, 출장 빈도, 직무 역할 등에 대한 빈도를 확인 가능하다.

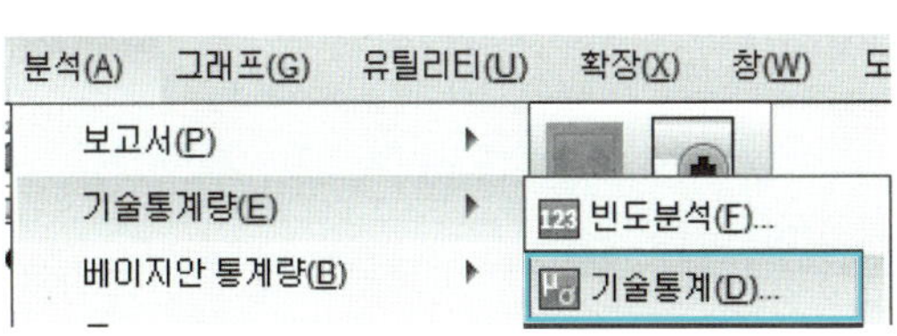

연속형 변수의 평균 등을 분석하기 위해 "분석 → 기술통계량 → 기술통계"를 누른다.

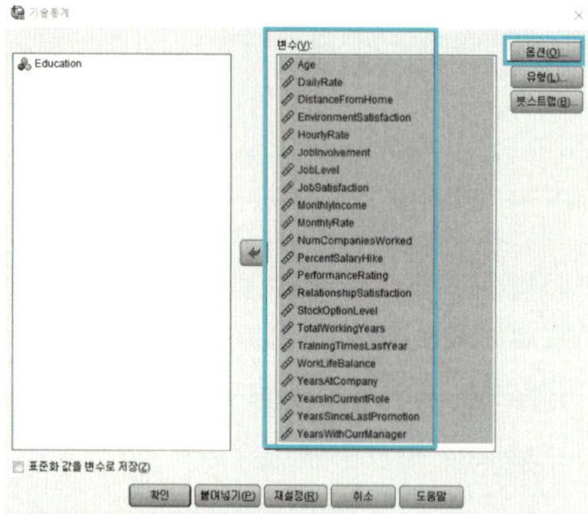

연속형 변수의 평균 등을 분석하기 위해 "분석 → 기술통계량 → 기술통계"를 누른다.
옵션을 선택하여 분석하고자 하는 수치값의 종류를 확인 가능하다.

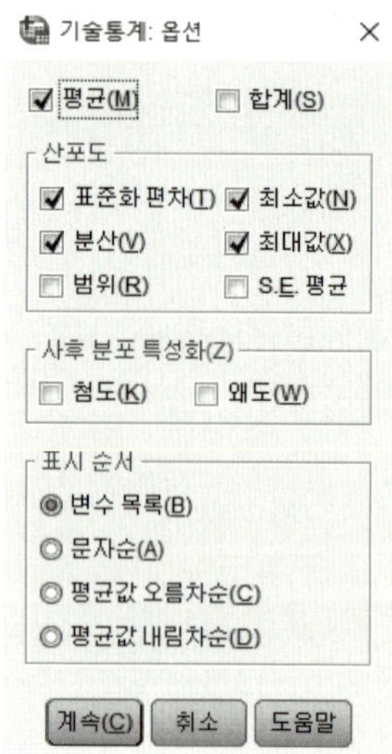

실습에서는 평균, 표준화 편차, 최소/최대값, 분산 등을 확인한다.

기술통계량

	N	최소값	최대값	평균	표준편차	분산
Age	1470	18	60	36.92	9.135	83.455
DailyRate	1470	102	1499	802.49	403.509	162819.594
DistanceFromHome	1470	1	29	9.19	8.107	65.721
EnvironmentSatisfaction	1470	1	4	2.72	1.093	1.195
HourlyRate	1470	30	100	65.89	20.329	413.286
JobInvolvement	1470	1	4	2.73	.712	.506
JobLevel	1470	1	5	2.06	1.107	1.225
JobSatisfaction	1470	1	4	2.73	1.103	1.216
MonthlyIncome	1470	1009	19999	6502.93	4707.957	22164857.07
MonthlyRate	1470	2094	26999	14313.10	7117.786	50662878.17
NumCompaniesWorked	1470	0	9	2.69	2.498	6.240
PercentSalaryHike	1470	11	25	15.21	3.660	13.395
PerformanceRating	1470	3	4	3.15	.361	.130
RelationshipSatisfaction	1470	1	4	2.71	1.081	1.169
StockOptionLevel	1470	0	3	.79	.852	.726
TotalWorkingYears	1470	0	40	11.28	7.781	60.541
TrainingTimesLastYear	1470	0	6	2.80	1.289	1.662
WorkLifeBalance	1470	1	4	2.76	.706	.499
YearsAtCompany	1470	0	40	7.01	6.127	37.534
YearsInCurrentRole	1470	0	18	4.23	3.623	13.127
YearsSinceLastPromotion	1470	0	15	2.19	3.222	10.384
YearsWithCurrManager	1470	0	17	4.12	3.568	12.732
유효 N(목록별)	1470					

평균 연령은 36.92였으며 평균적으로 7년을 근무한 것을 확인할 수 있다.

3.2.3.2 시각화

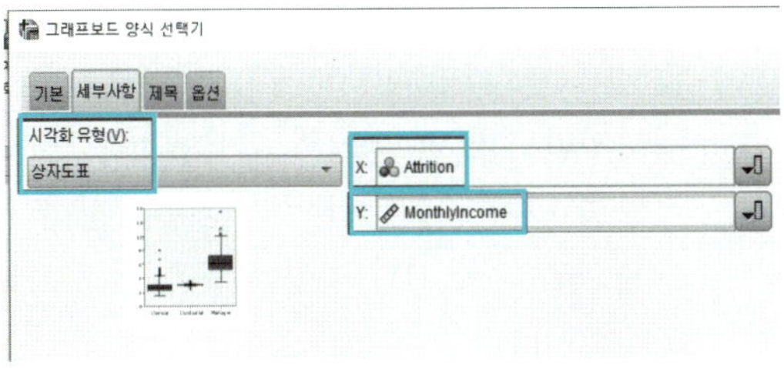

"그래프 → 그래프보드 양식 선택기"를 통해 시각화 메뉴에 진입한다.
이탈 여부 여부에 따른 월평균 임금과의 차이를 분석한다.

- 시각화 유형: 상자도표
- X: 이탈 여부("Attrition")
- Y: MonthlyIncome

➔ **GGraph**

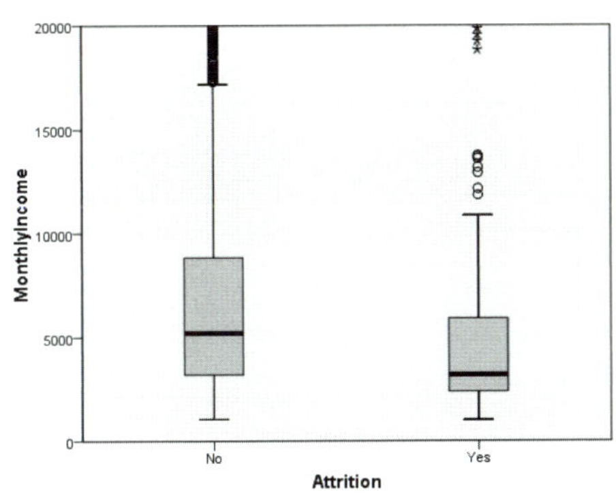

이탈 여부에는 월평균 임금에 차이가 존재하는 것으로 보이며 이탈한 직원의 경우 이탈하지 않은 직원에 비해 평균 임금이 적은 것으로 확인되었다.

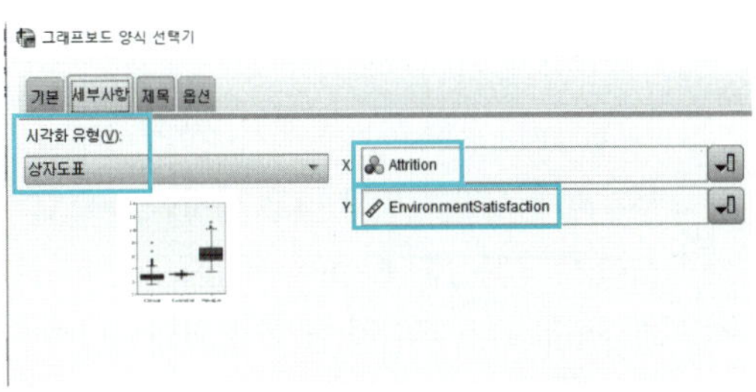

"그래프 → 그래프보드 양식 선택기"를 통해 시각화 메뉴에 진입한다.
이탈 여부 여부에 따른 각종 만족도(환경, 직무, 관계)의 평균적 차이를 시각화한다.

- 시각화 유형: 상자도표
- X: 이탈 여부("Attrition")
- Y: Environment / Job / Relation

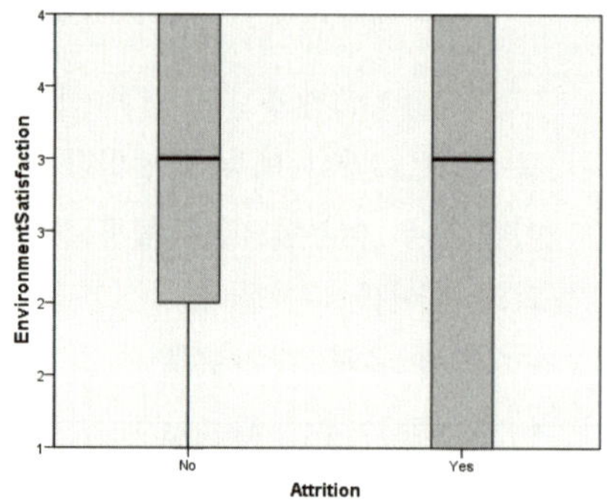

EnviornmentSatisfaction에서 평균은 유사하지만 이탈한 직원의 집단에서는 근무환경 만족도에서 점수가 낮게 응답한 직원으로 어느 정도 영향이 있을 것으로 확인되었다.

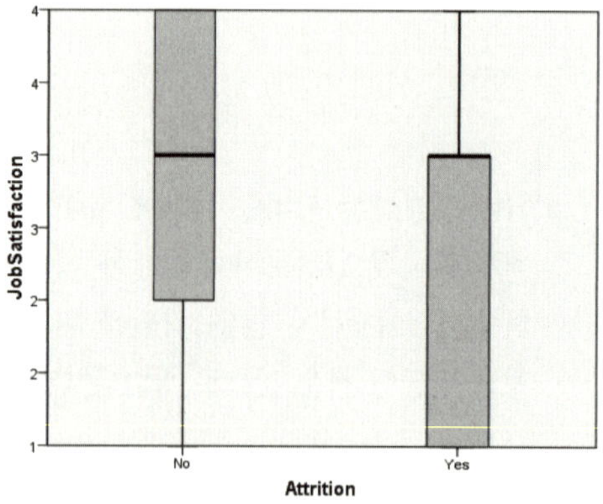

JobSatisfaction에서 평균은 유사하지만 분포에서 이탈한 집단의 직무 만족도가 떨어지고 있다는 것을 확인할 수 있다.

RelationshipSatisfaction에서 이탈 여부와 무관하게 시각화 결과 매우 흡사한 것으로 보이기 때문에 RelationshipSatisfaction과 Attrition은 무관한 것으로 확인되었다.

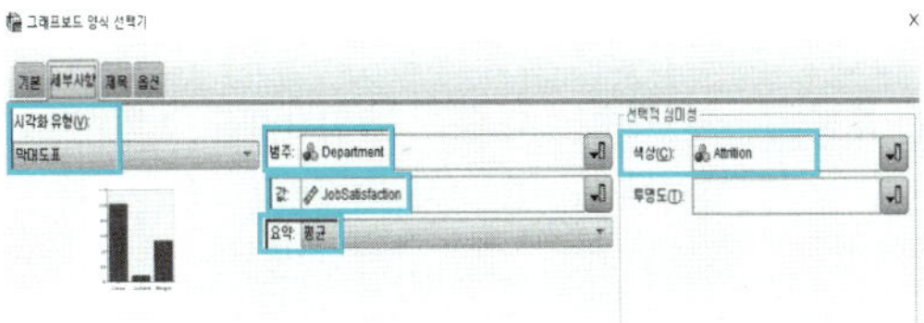

부서별로 이탈에 영향을 주고 있는 변수인 JobSatisfaction의 평균을 이탈 직원과 비이탈 직원을 비교하여 어떤 부서에서 이탈 직원과 비이탈 직원의 직무 만족의 차이가 존재하고 있는지를 파악하고자 하였다.

- 시각화 유형: 막대도표
- 범주: Department
- 값: JobSatisfaction
- 요약: 평균
- 색상: Attrition

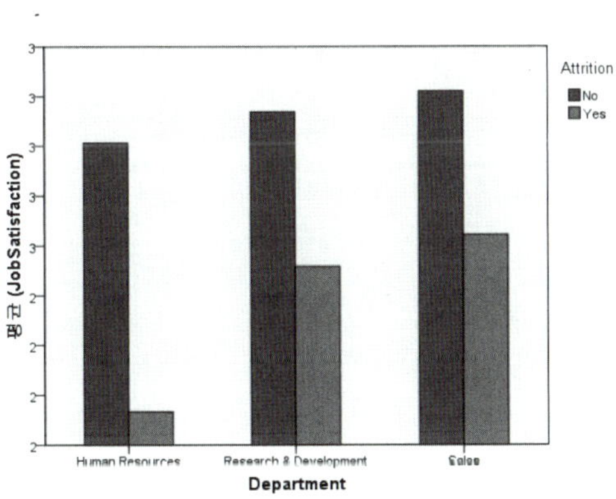

시각화 결과 부서 모두 이탈 직원 집단과 비이탈 직원 집단의 만족에서 이탈 직원의 만족도가 공통적으로 적었던 것을 확인하였다.
그 중 특히 Human Resource 부서의 이탈 직원의 직무 만족도가 현저히 떨어져 있는 것을 확인하였다.

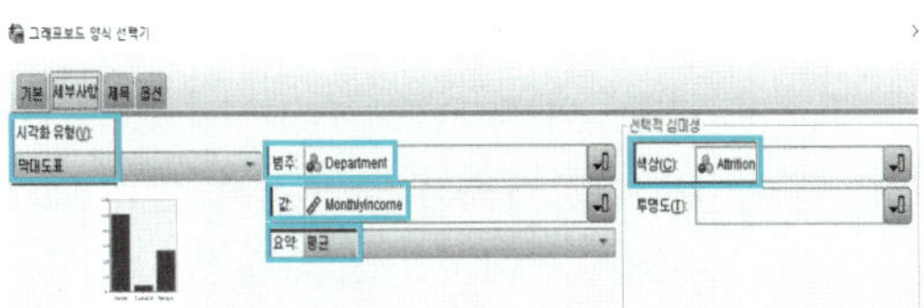

부서별로 이탈에 영향을 주고 있는 변수인 MonthlyIncome의 평균을 이탈 직원과 비이탈 직원을 비교하여 어떤 부서에서 이탈 직원과 비이탈 직원의 임금의 차이가 존재하고 있는지를 파악하고자 하였다.

- 시각화 유형: 막대도표
- 범주: Department
- 값: MonthlyIncome
- 요약: 평균
- 색상: Attrition

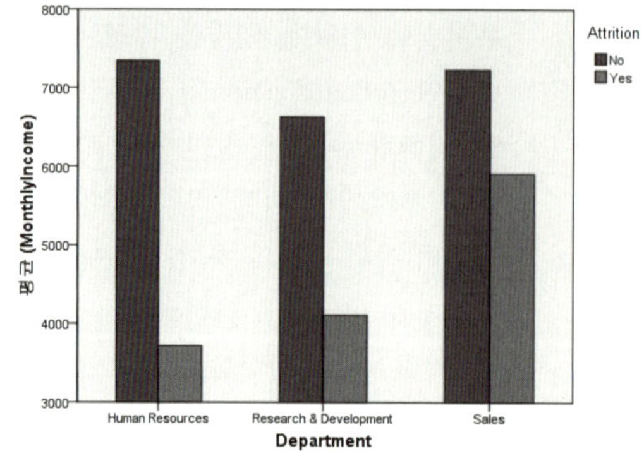

시각화 결과 HumanResource와 Research & Development의 경우 이탈 직원과 비이탈 직원 모두 비슷한 수준으로 적은 것을 확인하였다. 반면에 Sales 부서의 경우 임금의 차이가 있기는 하지만 상대적으로 적은 것을 확인할 수 있었다.

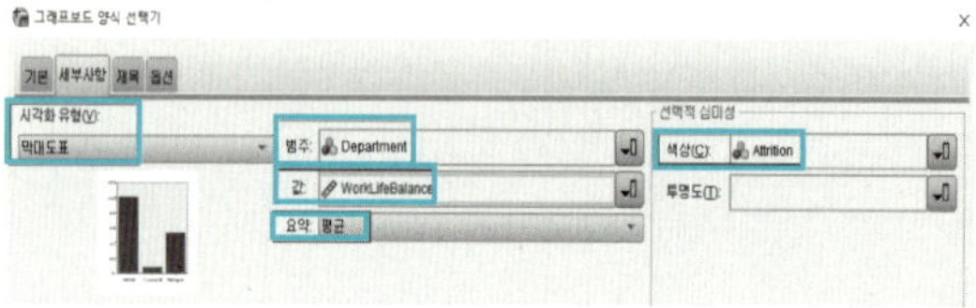

부서별로 이탈 여부에 따라 임금 이외의 일과 사적 시간 사이의 밸런스 정도를 비교하기 위해 시각화를 실시하였다.

- 시각화 유형: 막대도표
- 범주: Department
- 값: WorkLifeBalance
- 요약: 평균
- 색상: Attrition

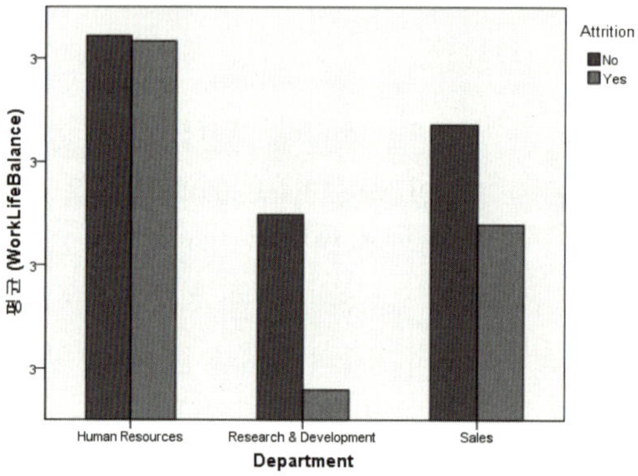

시각화 결과 Human Resource 부서는 비슷한 수준의 밸런스를 가지고 있었으며 Research & Development는 이탈 직원의 경우 일과 생활 밸런스가 떨어지고 있는 상황으로 임금과 함께 생각했을 때 임금이 적으면서도 일과 일상 사이의 밸런스가 지켜지지 못하고 있는 상황이었다.

3.2.4 종속변수와의 연관성 분석

3.2.4.1 퇴직 가능성 여부에 따른 T검정

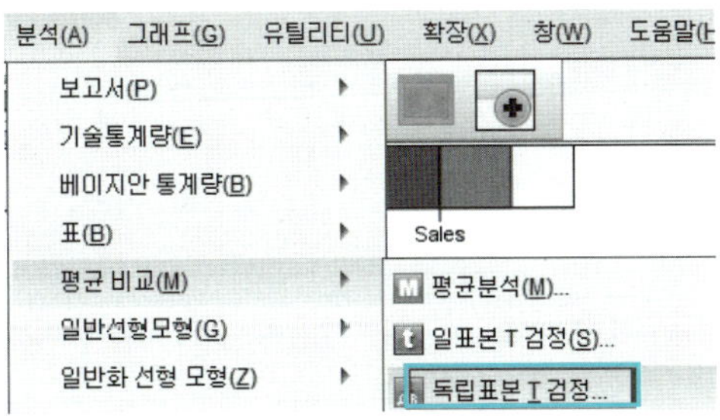

종속변수인 Attrition은 범주형으로 연속형 변수와의 연관성 분석을 위해 이탈 여부에 따른 연속형 변수의 평균의 차이에 대한 유의미를 분석함으로써 연관성을 파악하였다.
"분석 → 평균비교 → 독립표본 T검정"을 누른다.

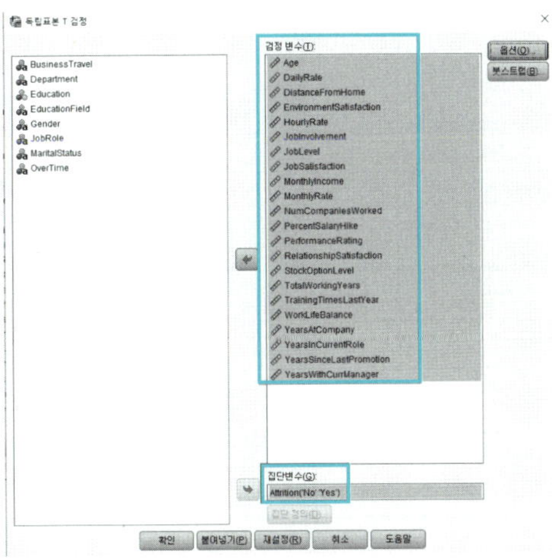

연속형 변수인 Age, DailyRate 등 모두를 선택한다.
종속변수인 Attrition의 집단은 "No"와 "Yes"로 분류된다.

독립표본 T검정 결과 "HourlyRate", "MonthlyRate", "PercentSalaryHike", "NumCompaniesWorked", "PerformanceRating", "RelationshipSatisfaction", "YearsSinceLastPromotion"는 직원 이탈 여부와 연관성이 없는 것으로 분석되었다.

	등분산 가정	등분산 유의도	평균차이 유의도	평균차이
Age	등분산 O	0.282	0.000	3.954
DailyRate	등분산 O	0.811	0.030	62.142
DistanceFromHome	등분산 X	0.026	0.004	−1.717
EnvironmentSatisfaction	등분산 X	0.000	0.000	0.307
HourlyRate	등분산 O	0.503	0.793	0.378
JobInvolvement	등분산 X	0.000	0.000	0.251
JobLevel	등분산 O	0.070	0.000	0.509
JobSatisfaction	등분산 O	0.120	0.000	0.310
MonthlyIncome	등분산 X	0.000	0.000	2045.647
MonthlyRate	등분산 O	0.860	0.561	−293.529
NumCompaniesWorked	등분산 X	0.004	0.116	−0.295
PercentSalaryHike	등분산 O	0.595	0.606	0.134
PerformanceRating	등분산 O	0.825	0.912	−0.003
RelationshipSatisfaction	등분산 O	0.055	0.079	0.135
StockOptionLevel	등분산 O	0.399	0.000	0.318
TotalWorkingYears	등분산 X	0.006	0.000	3.618
TrainingTimesLastYear	등분산 O	0.975	0.023	0.208
WorkLifeBalance	등분산 X	0.000	0.030	0.123
YearsAtCompany	등분산 O	0.114	0.000	2.238
YearsInCurrentRole	등분산 X	0.000	0.000	1.581
YearsSinceLastPromotion	등분산 O	0.257	0.206	0.289
YearsWithCurrManager	등분산 X	0.000	0.000	1.515

3.2.4.2 퇴직 여부 교차분석

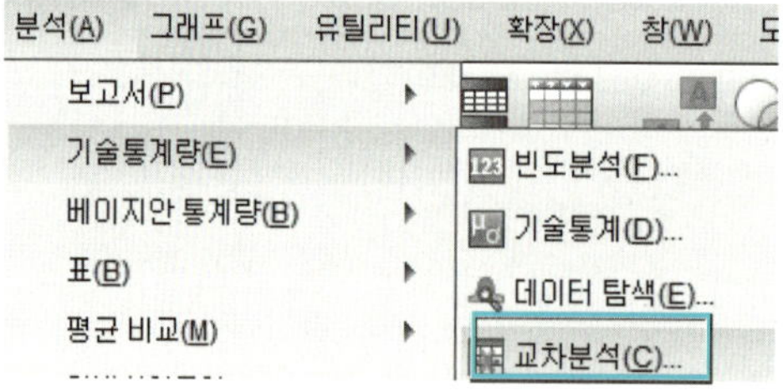

종속변수인 범주형 Attrition과 범주형 독립변수들과의 연관성 분석을 위해 기대빈도와 관측빈도를 비교함으로써 유의도를 분석하는 교차분석을 실시하였다. "분석 → 기술통계 → 교차분석"을 누른다.

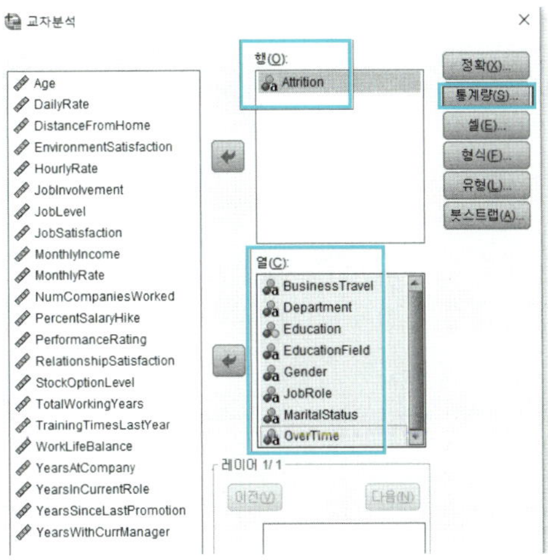

종속변수인 "Attrition"을 입력한다.
범주형 독립변수들을 입력한다.
통계량: 통계적 유의도를 설정한다.

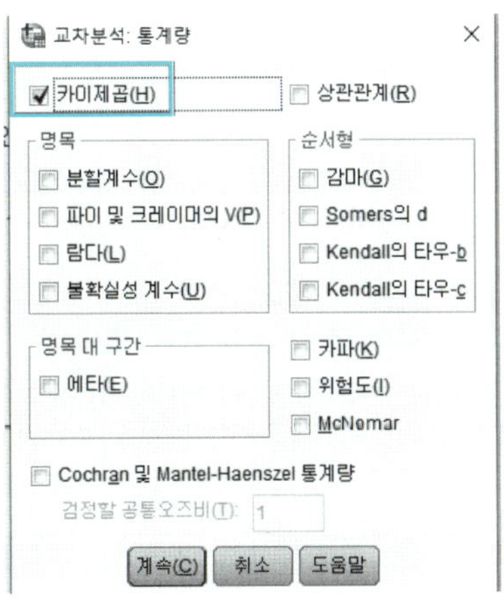

카이제곱 통계를 통해 관측빈도와 기대빈도 유의를 파악하고자 선택하여 설정한다.

	유의확률	연관성
Attrition * BusinessTravel	0.000	Y
Attrition * Department	0.005	Y
Attrition * Education	0.525	N
Attrition * EducationField	0.011	Y
Attrition * Gender	0.145	N
Attrition * JobRole	0.000	Y
Attrition * MaritalStatus	0.000	Y
Attrition * OverTime	0.000	Y

학력 수준인 "Education", 성별인 "gender"는 교차분석 결과 연관성이 없었으며 출장 빈도, 부서, 직무 역할, 결혼 여부는 이탈과 연관성이 있는 것으로 확인되었다.

3.2.4.3 로지스틱 회귀분석

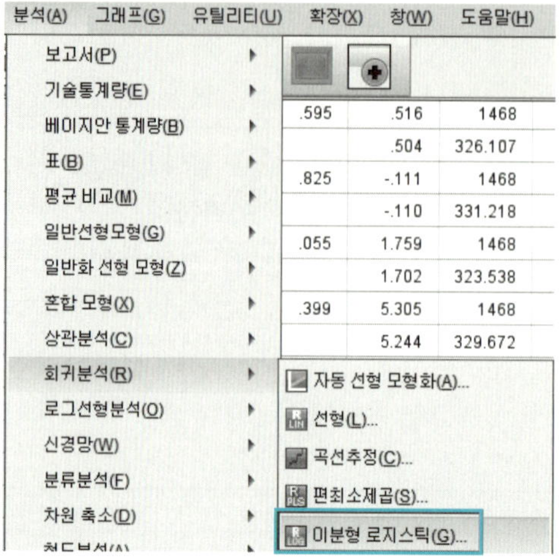

"No"와 "Yes"로 되어 있는 범주형 종속변수 "Attrition"에 영향을 주는 변수를 통계적 확인을 위해 로지스틱 회귀분석을 실시하였다.
"분석 → 회귀분석 → 이분형 로지스틱"을 누른다.

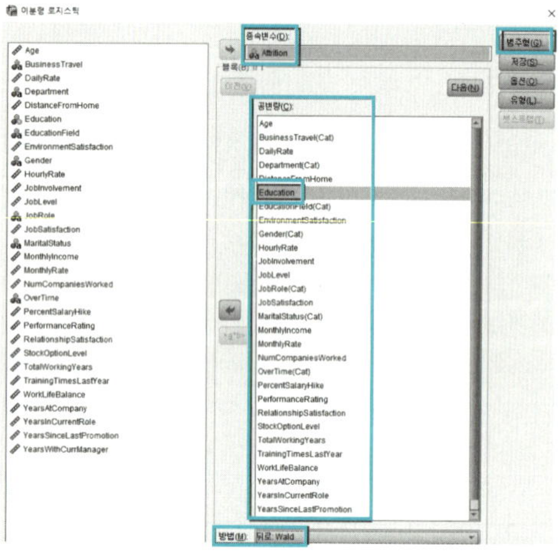

종속변수인 "Attrition"을 입력한다.
독립변수 모두 입력한다.
이 중 Education 변수는 범주형 변수임에도 불구하고 범주형을 의미하는 (Cat)으로 분류되지 않고 있다.
범주형 데이터 분류를 위한 설정을 한다.
회귀분석 방법은 후진방법을 선택한다.

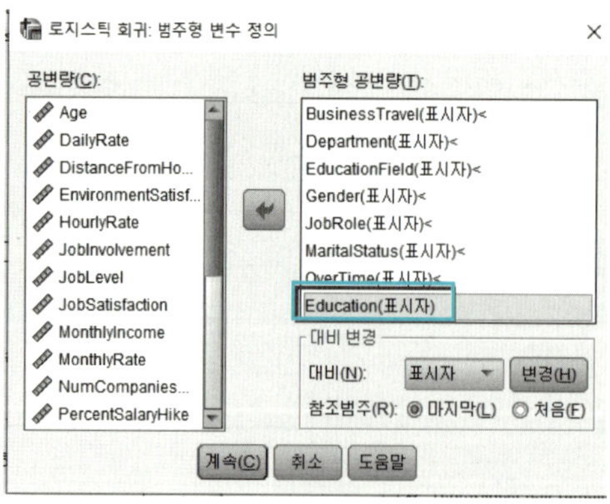

범주형을 선택하여 Education을 입력하여 표시자로 분류한다.

Overtime 초과 근무 여부, JobRole 직무 역할이 가장 영향을 많이 미치고 있었다.

11단계	B	S.E.	유의확률
Age	-0.032	0.013	0.018
BusinessTravel			0.000
BusinessTravel(1)	-1.026	0.374	0.006
BusinessTravel(2)	0.882	0.210	0.000
DistanceFromHome	0.044	0.011	0.000
EducationField			0.019
EducationField(1)	-0.266	0.772	0.731
EducationField(2)	-0.906	0.301	0.003
EducationField(3)	-0.493	0.390	0.207
EducationField(4)	-1.038	0.309	0.001
EducationField(5)	-0.986	0.468	0.035
EnvironmentSatisfaction	-0.430	0.082	0.000
Gender(1)	-0.389	0.183	0.034
JobInvolvement	-0.533	0.122	0.000
JobRole			0.000
JobRole(1)	-1.863	0.501	0.000
JobRole(2)	-0.536	0.596	0.368
JobRole(3)	-0.433	0.347	0.212
JobRole(4)	-1.593	0.652	0.015
JobRole(5)	-1.658	0.484	0.001
JobRole(6)	-1.479	0.357	0.000
JobRole(7)	-0.899	0.350	0.010
JobSatisfaction	-0.426	0.081	0.000
MaritalStatus			0.000
MaritalStatus(1)	-1.462	0.262	0.000
MaritalStatus(2)	-1.041	0.197	0.000
NumCompaniesWorked	0.196	0.038	0.000
OverTime(1)	-1.982	0.192	0.000
RelationshipSatisfaction	-0.253	0.082	0.002
TotalWorkingYears	-0.077	0.025	0.002
TrainingTimesLastYear	-0.195	0.073	0.007
WorkLifeBalance	-0.387	0.123	0.002

YearsAtCompany	0.085	0.038	0.025
YearsInCurrentRole	−0.140	0.044	0.002
YearsSinceLastPromotion	0.181	0.042	0.000
YearsWithCurrManager	−0.128	0.047	0.006
상수항	8.942	0.922	0.000

11 단계[k] 변수				
	DailyRate	1.622	1	.203
	Department	.856	2	.652
	Department(1)	.825	1	.364
	Department(2)	.237	1	.627
	Education	1.486	4	.829
	Education(1)	.175	1	.676
	Education(2)	.019	1	.889
	Education(3)	.959	1	.327
	Education(4)	.100	1	.752
	HourlyRate	.069	1	.793
	JobLevel	1.705	1	.192
	MonthlyIncome	1.818	1	.178
	MonthlyRate	.165	1	.685
	PercentSalaryHike	.221	1	.639
	PerformanceRating	.025	1	.874
	StockOptionLevel	1.847	1	.174

11단계에 걸쳐 DailyRate, Department 등이 삭제되었다.

3.2.5 예측 모델 구축

3.2.5.1 데이터 분할

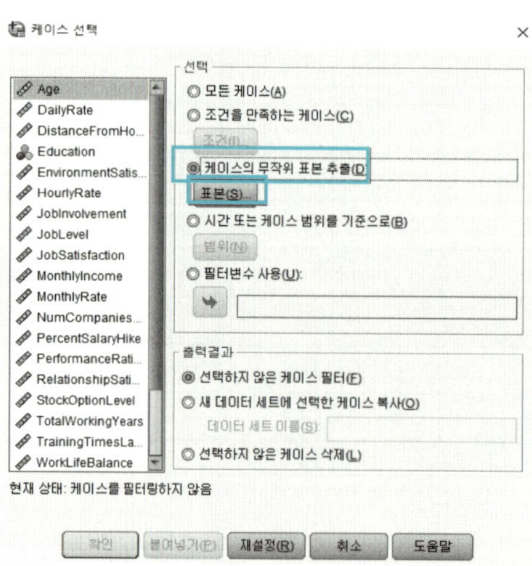

구축된 예측 모델의 훈련과 검정을 위해 "변환 → 케이스 선택"을 누른다.
케이스의 무작위 표본 추출을 선택한다.
표본 메뉴를 선택하여 70을 입력한 후 "확인" 버튼을 누른다.

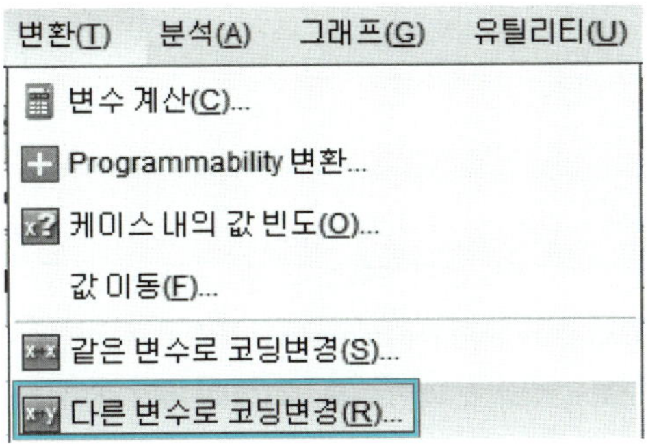

케이스 선택한 후 filter_$라는 변수가 생성된다. 케이스 선택은 데이터가 분리되어 30%에 해당하는 케이스는 분석에서 제외되기에 잘라진 데이터를 별도의 변수로 코딩변경한다.

"변환 → 다른 변수로 코딩변경"을 누른다.

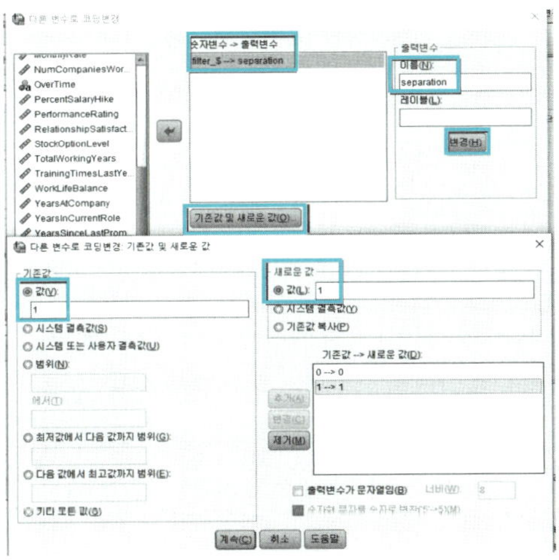

filter_$ 변수를 선택 입력한다.

출력변수에 separation을 입력 후, 변경 클릭하여 변수 이름을 변경해준다.

기존값 및 새로운 값을 선택한다.

기존값 0과 1을 그대로 0과 1의 새로운 값으로 입력하여 separation이라는 변수를 생성한다.

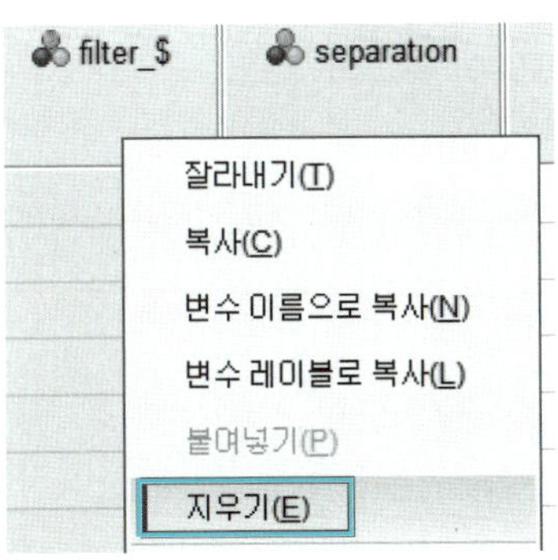

기존의 filter_$는 삭제하여 케이스가 분리되어 있는 것을 제거한다.

3.2.5.2 로지스틱 회귀 예측 모델

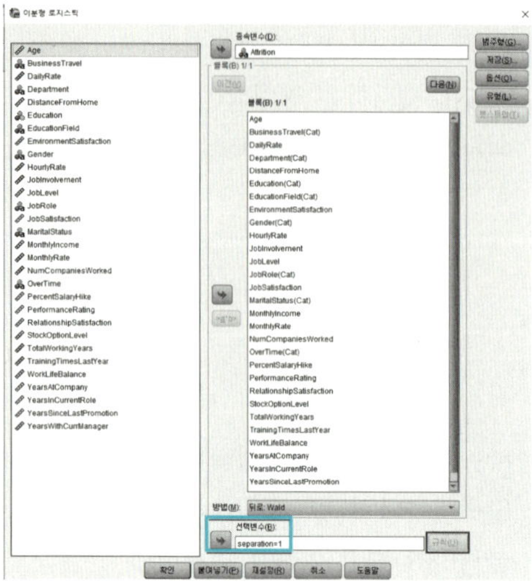

로지스틱 회귀 예측 모형 구축을 위해 로지스틱 회귀분석과 마찬가지로 설정한다. 이때 선택변수를 separation으로 설정하고 규칙을 클릭하여 1을 입력하여 70%에 해당하는 데이터를 훈련 모델로 선택한다.

13 단계	Attrition	No	866	22	97.5	332	13	96.2
		Yes	87	85	49.4	40	25	38.5
	전체 퍼센트				89.7			87.1

70%의 데이터를 기반으로 13단계에 거쳐 로지스틱 모델이 구축되었으며 구축된 모델은 훈련용 89.7%의 중요도와 49.4%의 이탈을 예측하였으며 검증에서는 87.1% 분류 정확도와 38.5%의 이탈 예측 정확도를 보였다.

삭제된 변수는 다르나 로지스틱 회귀분석과 마찬가지로 초과 근무 유무인 Overtime과 JobRole이 중요 변수로 분석되었다.

13단계	B	S.E.	유의확률	Exp(B)
BusinessTravel			0.000	
BusinessTravel(1)	-1.198	0.448	0.007	0.302
BusinessTravel(2)	0.752	0.254	0.003	2.121
DailyRate	-0.001	0.000	0.029	0.999
DistanceFromHome	0.048	0.012	0.000	1.049
EducationField			0.023	
EducationField(1)	0.100	0.845	0.906	1.105
EducationField(2)	-0.944	0.365	0.010	0.389
EducationField(3)	-0.314	0.466	0.500	0.730
EducationField(4)	-1.054	0.376	0.005	0.349
EducationField(5)	-1.396	0.586	0.017	0.248
EnvironmentSatisfaction	-0.459	0.096	0.000	0.632
Gender(1)	-0.461	0.220	0.036	0.631
JobInvolvement	-0.669	0.146	0.000	0.512
JobLevel	-0.459	0.243	0.059	0.632
JobRole			0.001	
JobRole(1)	-1.781	0.695	0.010	0.169
JobRole(2)	-0.442	0.680	0.516	0.643
JobRole(3)	-0.241	0.405	0.552	0.786
JobRole(4)	-0.037	0.833	0.964	0.964
JobRole(5)	-1.257	0.611	0.040	0.284
JobRole(6)	-1.406	0.417	0.001	0.245
JobRole(7)	-0.506	0.465	0.276	0.603
JobSatisfaction	-0.341	0.093	0.000	0.711
MaritalStatus			0.000	
MaritalStatus(1)	-1.377	0.304	0.000	0.252
MaritalStatus(2)	-1.042	0.234	0.000	0.353
NumCompaniesWorked	0.211	0.047	0.000	1.235
OverTime(1)	-1.866	0.225	0.000	0.155
RelationshipSatisfaction	-0.301	0.098	0.002	0.740
TotalWorkingYears	-0.081	0.031	0.009	0.923
YearsAtCompany	0.075	0.039	0.053	1.078
YearsInCurrentRole	-0.192	0.053	0.000	0.826
YearsSinceLastPromotion	0.122	0.048	0.010	1.130
상수항	7.424	0.898	0.000	1675.256

3.2.5.3 의사결정나무 예측 모델

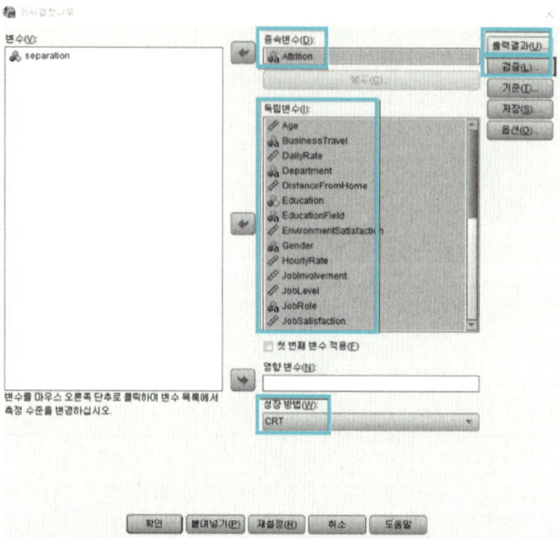

종속변수인 “Attrition”을 입력한다.
독립변수 모두 입력한다.
성장방법으로 CRT를 입력한다.
CRT는 이진 트리 기법이다.
출력결과: 어떤 출력결과를 보일지를 설정할 수 있다.
검증: 데이터 분할을 통해 훈련과 검증을 어떠한 기준으로 할 것인지 설정한다.

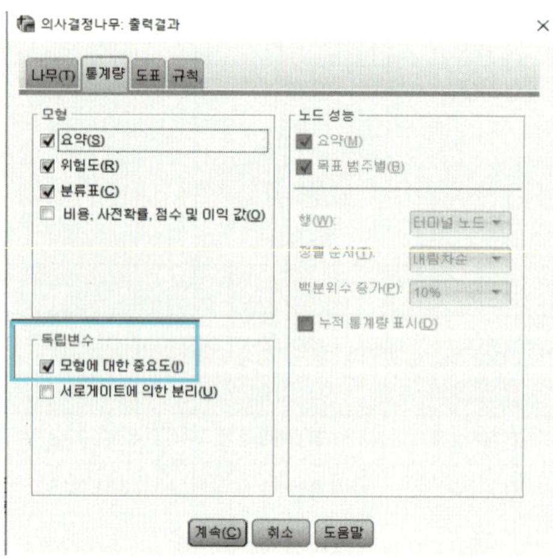

출력결과 메뉴 선택 후 통계량에서 독립변수, 모형에 대한 중요도를 선택한다.

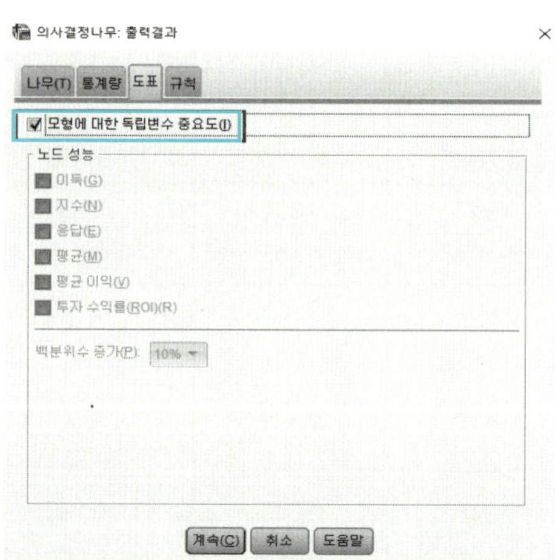

출력결과에서 도표에서는 모형에 대한 독립변수 중요도를 선택하여 시각적으로 확인 가능하다.

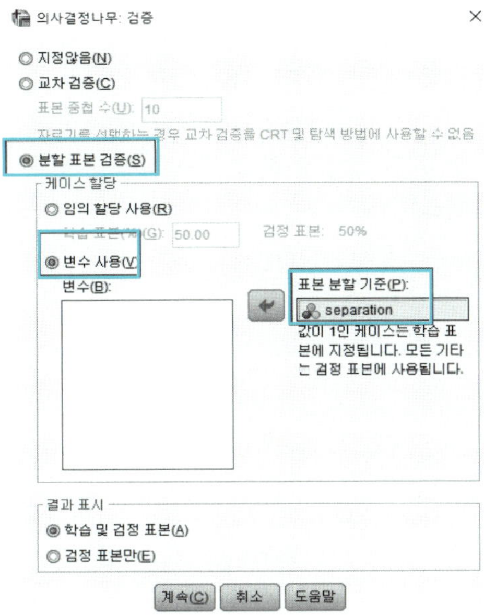

검증 선택 메뉴를 선택하여 "분할 표본 검증 → 변수 사용"을 클릭하고 separation 변수를 선택한다.

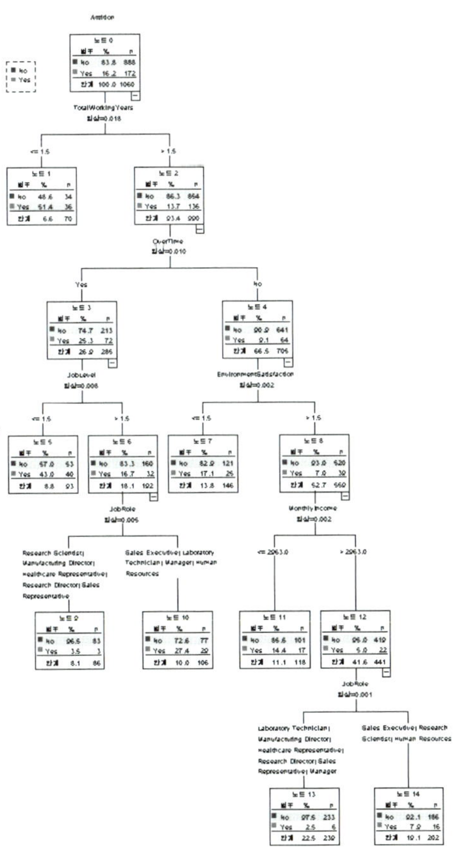

CRT를 통해 이진 트리 형태로 분류된 의사결정나무를 생성하여 분리규칙을 시각적으로 확인할 수 있다.

보기	관측	예측 No	예측 Yes	정확도 퍼센트
학습	No	854	34	96.2%
	Yes	136	36	20.9%
	전체 퍼센트	93.4%	6.6%	84.0%
검정	No	332	13	96.2%
	Yes	56	9	13.8%
	전체 퍼센트	94.6%	5.4%	83.2%

성장방법: CRT
종속변수: Attrition

학습 데이터에서는 84%의 분류 정확도 이탈에 대해서는 20.9%의 분류 정확도로 회귀 모델에 비해 성능이 좋지 못하였다.

독립변수 중요도

독립변수	중요도	정규화 중요도
TotalWorkingYears	.021	100.0%
MonthlyIncome	.017	78.5%
Age	.011	51.7%
OverTime	.010	47.5%
JobRole	.010	45.7%
JobLevel	.009	44.4%
NumCompaniesWorked	.005	23.6%
Department	.004	20.6%
EducationField	.003	14.3%
EnvironmentSatisfaction	.002	10.7%

로지스틱 회귀 예측 모델과 비교할 때 상이한 변수를 중요하게 사용하여 예측하였다.

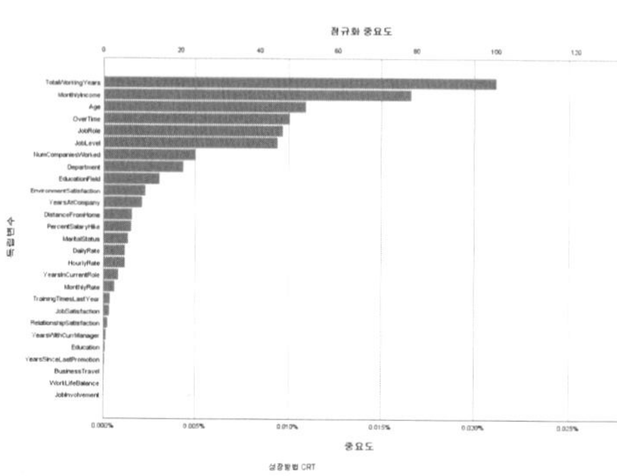

의사결정나무 예측 중요 변수를 시각화하였다.

3.2.5.4 신경망 예측 모델

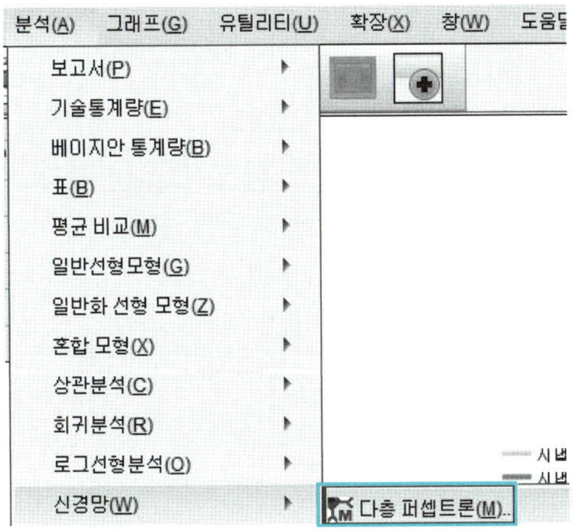

신경망 예측 모델을 구축하기 위해 "분석 → 신경망 → 다층 퍼셉트론"을 선택한다.

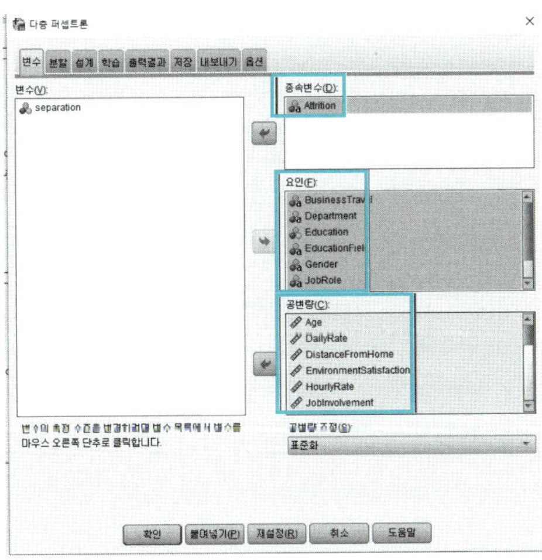

종속변수: Attrition을 선택한다.
요인: 범주형 변수를 선택한다.
공변량: 연속형 변수를 선택한다.

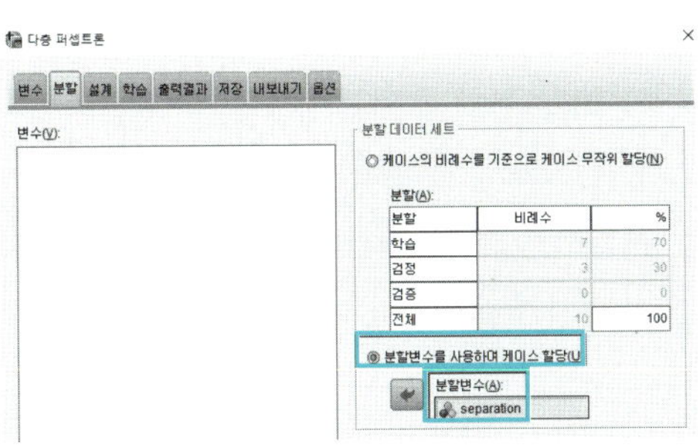

분할 메뉴 선택 후 분할변수를 사용하여 케이스를 할당한다.
분할변수로 separation을 선택한다.

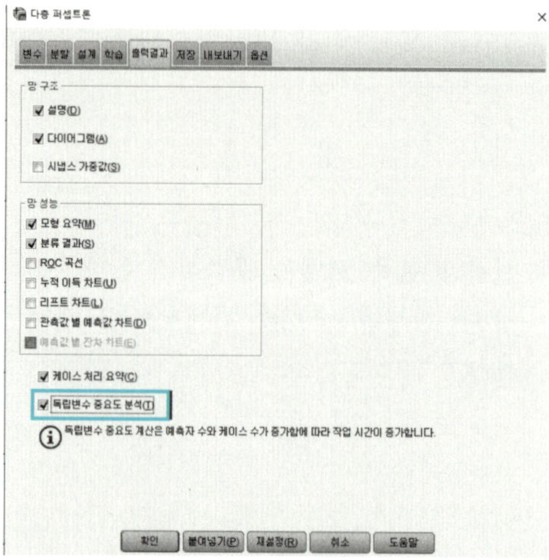

출력결과에서는 "독립변수 중요도 분석"을 선택하여 어떠한 변수가 중요하게 사용되었는지를 파악한다.

	노드 수[a]		55
	공변량 조정 방법		표준화
은닉층	은닉층 수		1
	은닉층 1에서 노드의 수[a]		6
	활성화 함수		쌍곡 탄젠트
출력층	종속변수	1	Attrition
	노드 수		2
	활성화 함수		소프트맥스
	오차 함수		교차-엔트로피

a. 편향 단위 제외

구축된 신경망 모델의 망 정보로 입력노드 55개로 요인은 더미화되어 분석되었다. 은닉층은 1층 6개의 노드로 구성되었으며, 활성화 함수는 쌍곡 탄젠트로 연산되었다.

출력층은 이탈 여부 두 개의 노드로 구성되었다.

소프트맥스로 활성되되어 가중치 수정은 교차-엔트로피를 통해 가중치 학습되었다.

분류

보기	관측빈도(B)	예측 No	예측 Yes	정확도 퍼센트
학습	No	860	28	96.8%
	Yes	68	104	60.5%
	전체 퍼센트	87.5%	12.5%	90.9%
검정	No	331	14	95.9%
	Yes	37	28	43.1%
	전체 퍼센트	89.8%	10.2%	87.6%

종속변수: Attrition

학습에서는 90.9% 분류 정확도와 60.5%의 이탈 분류 정확도를 보이며 검정에서는 87.6%, 43.1%의 이탈 예측 정확도를 보이며 수행된 예측 모델 중 가장 성능이 우수하였다.

	중요도	정규화 중요도
BusinessTravel	.036	39.5%
Department	.020	22.1%
Education	.019	20.7%
EducationField	.025	26.8%
Gender	.015	16.4%
JobRole	.025	27.6%
MaritalStatus	.030	32.4%
OverTime	.050	54.2%
Age	.038	41.0%
DailyRate	.017	18.2%
DistanceFromHome	.045	49.1%
EnvironmentSatisfaction	.043	46.5%
HourlyRate	.019	21.0%
JobInvolvement	.046	49.3%
JobLevel	.045	48.2%
JobSatisfaction	.024	26.0%
MonthlyIncome	.012	12.7%
MonthlyRate	.015	16.6%
NumCompaniesWorked	.043	46.9%
PercentSalaryHike	.023	25.3%
PerformanceRating	.020	21.8%
RelationshipSatisfaction	.026	28.6%
StockOptionLevel	.025	26.7%
TotalWorkingYears	.049	52.9%
TrainingTimesLastYear	.025	27.2%
WorkLifeBalance	.041	44.6%
YearsAtCompany	.032	34.8%
YearsInCurrentRole	.080	86.3%
YearsSinceLastPromotion	.092	100.0%
YearsWithCurrManager	.018	19.7%

최근 승진 이후 연도인 YearSincelast Promotion이 가장 중요한 변수였으며, 그 다음으로는 현재 직무 수행 연도인 YearsinCurrentRole이 중요한 변수였고, 세 번째로 초과 근무인 Overtime이 중요하게 예측에서 사용되었다.

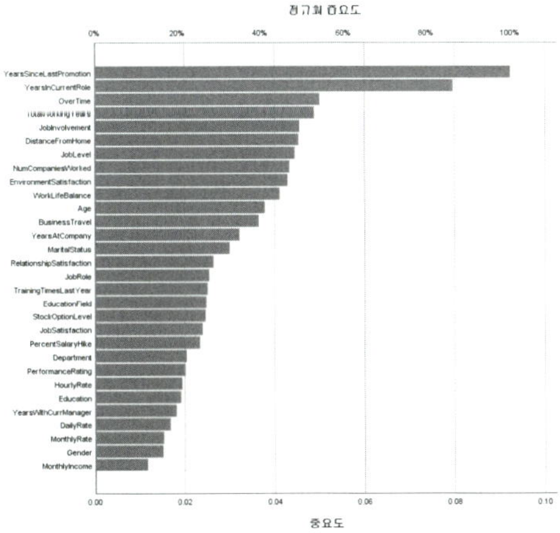

신경망 예측 모델의 중요 변수가 시각화 되었다.

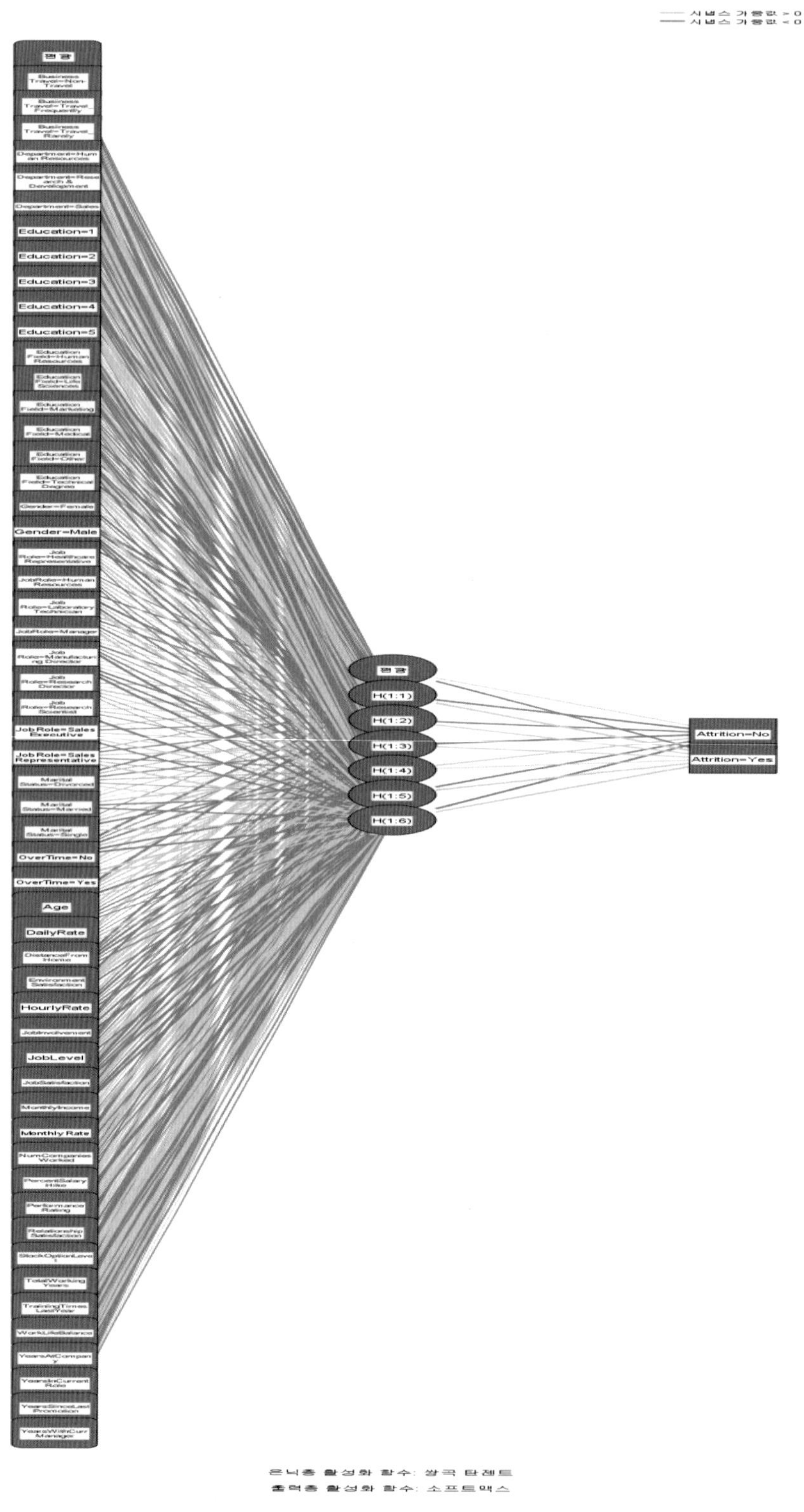
시냅스 가중값 > 0
시냅스 가중값 < 0
Education=1
Education=2
Education=3
Education=4
Education=5
Gender=Male
Job Role=Sales Executive
Job Role=Sales Representative
OverTime=No
OverTime=Yes
Age
DailyRate
HourlyRate
JobLevel
Monthly Rate
H(1:1)
H(1:2)
H(1:3)
H(1:4)
H(1:5)
H(1:6)
Attrition=No
Attrition=Yes
은닉층 활성화 함수: 쌍곡 탄젠트
출력층 활성화 함수: 소프트맥스

3.3 개인 신용 위험 예측

3.3.1 데이터 분석 개요

3.3.1.1 데이터셋 소개

UCI(University of California Irvine) Machine Learning팀 제공한 데이터로 1,000개의 엔트리 10개의 어트리뷰트를 갖고 있으며 각 엔트리는 은행으로부터 대출을 받은 개인 데이터로 개인 신용상태를 의미하는 "Risk"를 종속변수로 개인의 신용이 양호한지 혹은 불량한지를 나타내고 있는 데이터셋이다.

(실습 예제 데이터 URL: https://www.kaggle.com/kabure/german-credit-data-with-risk)

변수	설명
Age	나이, Numeric
Sex	성별, Text(male, female)
Job	직업, Numeric(0 – unskilled and non-resident, 1 – unskilled and resident, 2 – skilled, 3 – highly skilled)
Housing	집 소유 구분, Text(own, rent, or free)
Saving accounts	예금계좌 금액, Text(little, moderate, quite rich, rich)
Checking account	당죄예금 금액, Text((little, moderate, rich)
Credit amount	대출 금액, Numeric
Duration	대출 기간, Numeric
Purpose	대출 목적, Text(car, education, business, … 8개로 구분)
Risk	위험도, Text(good, bad)

3.3.1.2 데이터 분석 목적 및 절차

- 데이터 분석 목적

은행의 입장에서 은행 대출 고객의 정보를 이용하여 위험 고객의 특징을 찾고 대출을 신청하는 고객의 신용을 예측하여 은행의 리스크를 감소시키고자 하는 것이다. 이에 따라 현재 확보할 수 있는 데이터셋을 기반으로 고객의 연령, 성별, 집 보유 상황, 계좌 상황들에 대해서 기초통계와 시각화를 통해 변수에 대한 탐색을 진행한 후, 종속변수(Risk, 신용 위험도)와의 관계가 있을 것으로 추정되는 변수를 통계적으로 확인하고자 하였다.

그 후 종속변수의 형태에 맞춰 로지스틱 회귀분석을 통해 신용이 좋지 못한 고객의 특징을 추출할 것이며, 최종적으로는 데이터셋 이후에 대출을 신청할 고객의 정보를 입력하였을 때 고객의 신용도를 예측할 수 있는 예측 모델을 로지스틱 회귀모델, 의사결정나무, 신경망 모델을 구축하고자 하였다.

■ 데이터 분석 절차

개인 신용상태와 관련된 변수를 찾고 예측하는 것을 목적으로 "데이터 탐색과 전처리 → 시각화"를 통해 ① 데이터 탐색을 진행하였으며 이후 통계적인 접근을 통해 종속변수인 "Risk"와 그 외의 변수들의 관계를 점검하기 위해 ② 독립표본 T검정 분석을 실기하여 범주 형태인 종속변수와 이산형 데이터인 독립변수들의 평균을 비교하여 종속변수의 범주에 따라 차이가 있는지를 파악하였으며 ③ 교차분석을 통해 범주형인 종속변수와 범주형 데이터인 독립변수의 연관성을 파악하였다. 그 후 종속변수인 "Risk"와 독립변수 사이의 인과관계를 찾기 위해 ④ 로지스틱 회귀분석을 실시하였다. 최종적으로는 개인의 신용상태 예측을 위해 로지스틱 회귀모델, 의사결정나무, 신경망 모델 구축을 위해 70:30의 비율로 훈련용 데이터와 검증용 데이터를 분리하여 정확도를 비교하였다.

3.3.2 데이터 파악 및 전처리

3.3.2.1 데이터 코딩변경

Age	Sex	Job
67	male	2
22	female	2
49	male	1
45	male	2
53	male	2
35	male	1
53	male	2
35	male	3
61	male	1

Job은 숫치형(0~3)으로 되어 있으나 각 수는 다음을 의미한다.

0: unskilled and non-resident

1: unskilled and resident

2: skilled

3: highly skilled

빈도분석의 편의성을 위해서 코딩변경한다.

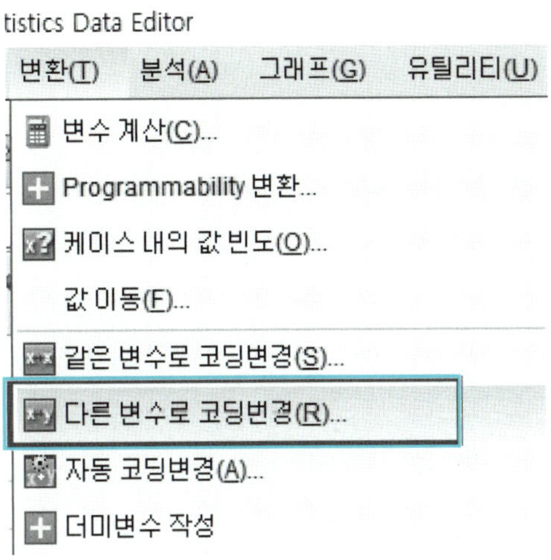

Job 변수(0~3)를 변경하는 Job_text라는 변수를 새로 만들기한다.
"변환 → 다른 변수로 코딩변경"을 선택한다.

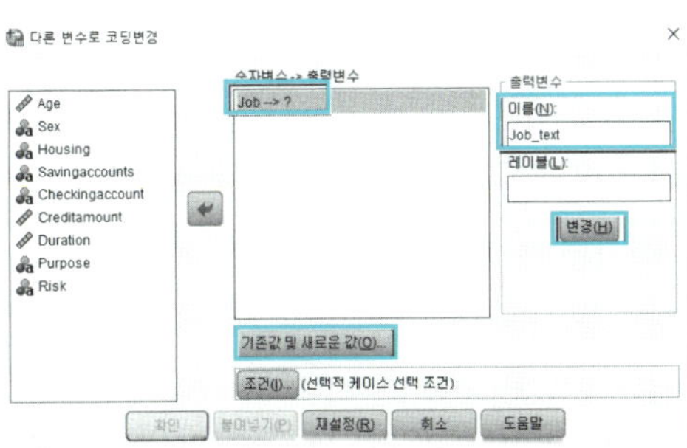

변수변경을 위해서 Job을 선택한다.
변경하고자 하는 새로운 변수인 Job_text를 입력한다.
변경을 클릭하여 새로운 변수명으로 변경한다.
Job에 있는 데이터를 어떻게 변경할지 설정을 변수로 코딩변성 클릭한다.

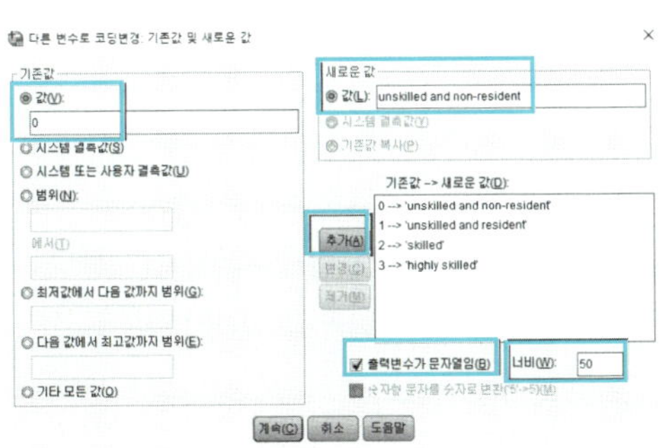

기준값에 변경하고자 하는 데이터를 입력한다.
오른쪽 하단의 "출력변수가 문자열임"을 선택하며 너비는 변경하고자 하는 텍스트의 최대 길이를 설정한다(만약 "출력변수가 문자열임"을 선택하지 않으면, 새로운 값에 텍스트를 입력할 수 없다).
새로운 값에 변경하고자 하는 값을 입력한 후 "추가" 버튼을 누른다.

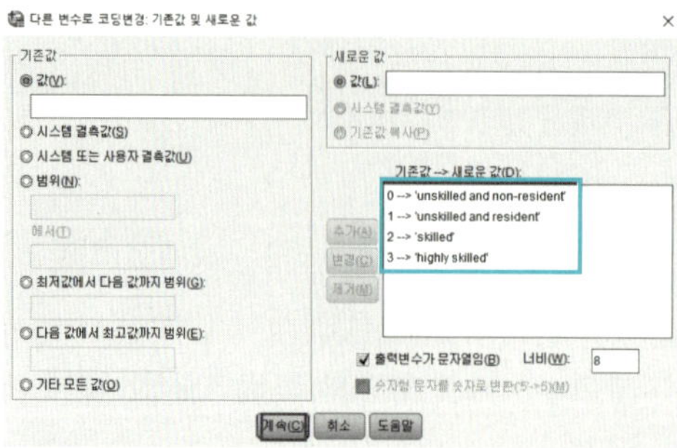

0~3까지 변경을 확인한다.

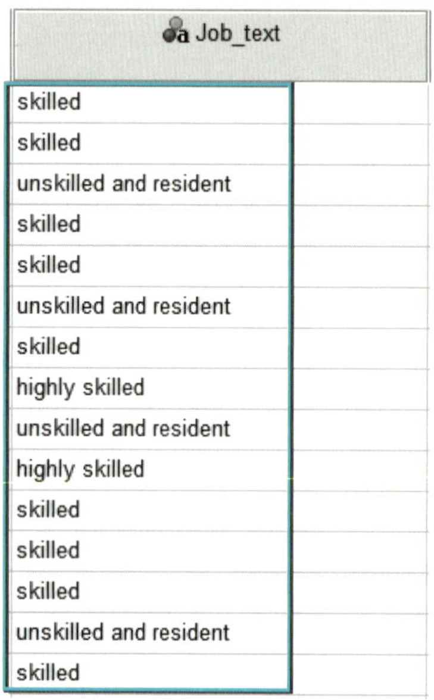

Job_text 변수 이름으로 새롭게 변수가 만들어졌다.

3.3.2.2 결측치 파악 및 결측치 제거

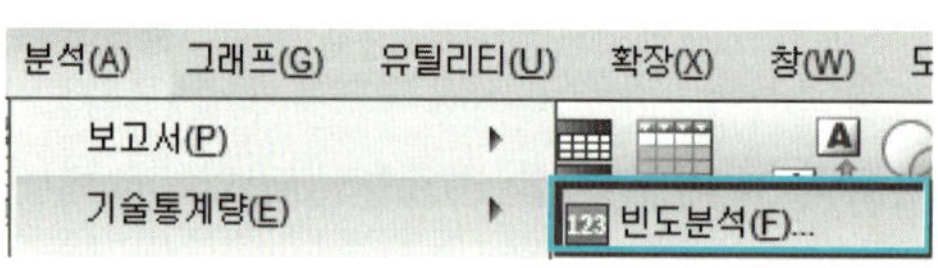

데이터 파악을 위해 빈도분석을 실시한다. "분석 → 기술통계량 → 빈도분석"을 선택한다.

모든 변수를 입력하여 "확인" 버튼을 누른다.

Savingaccounts

		빈도	퍼센트	유효 퍼센트	누적 퍼센트
유효	little	603	60.3	60.3	60.3
	moderate	103	10.3	10.3	70.6
	NA	183	18.3	18.3	88.9
	quite rich	63	6.3	6.3	95.2
	rich	48	4.8	4.8	100.0
	전체	1000	100.0	100.0	

Checkingaccount

		빈도	퍼센트	유효 퍼센트	누적 퍼센트
유효	little	274	27.4	27.4	27.4
	moderate	269	26.9	26.9	54.3
	NA	394	39.4	39.4	93.7
	rich	63	6.3	6.3	100.0
	전체	1000	100.0	100.0	

빈도를 보던 중 결측값을 의미하는 NA가 결측값이 아닌 빈도로 잡히고 있는 중임을 확인한다.

데이터 하단에 변수 보기를 선택한다. 결측치를 의미하는 "NA"가 있는 Savigaccounts, Checkingaccount의 결측값에서 오른쪽 [...]를 선택한다.

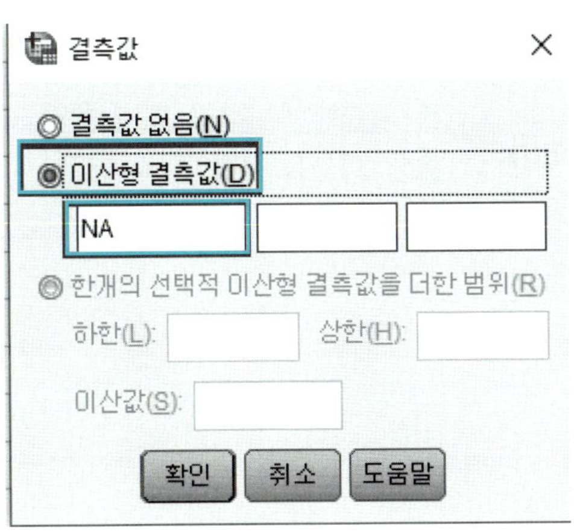

이상형 결측값을 선택한다.
NA를 입력하며 NA를 결측치로 인식한다.

3.3.3 데이터 탐색

3.3.3.1 빈도분석

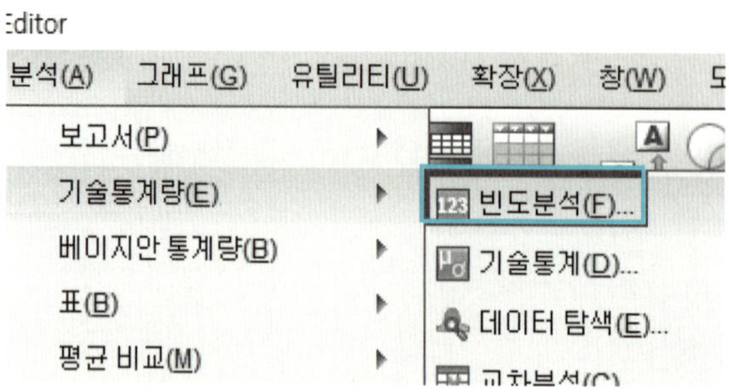

"분석 → 기술통계 → 빈도분석"을 선택한다.

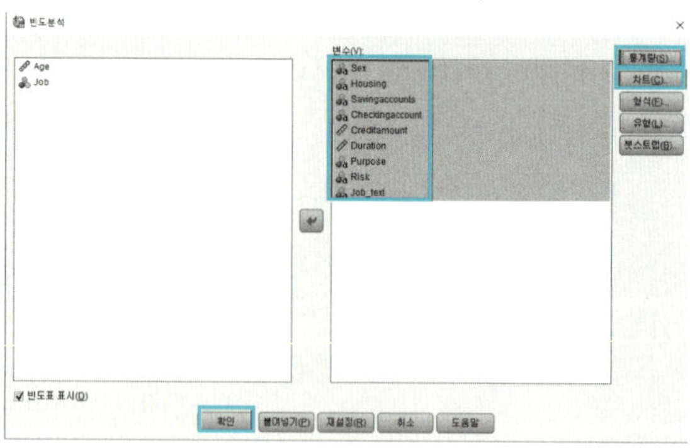

빈도분석하고자 하는 변수를 선택한다.

"통계량" 버튼을 누른다.

차트: 빈도 기반의 시각화 실시 옵션을 누른다.

"확인" 버튼을 눌러 출력한다.

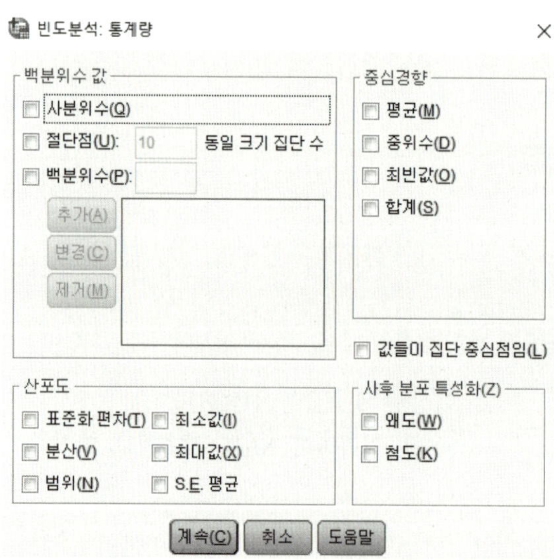

"빈도분석: 통계량"을 열어 필요한 수치 요약 정보를 선택한다. 본 실습에서는 최소값, 최대값, 분산, 평균을 선택한다.

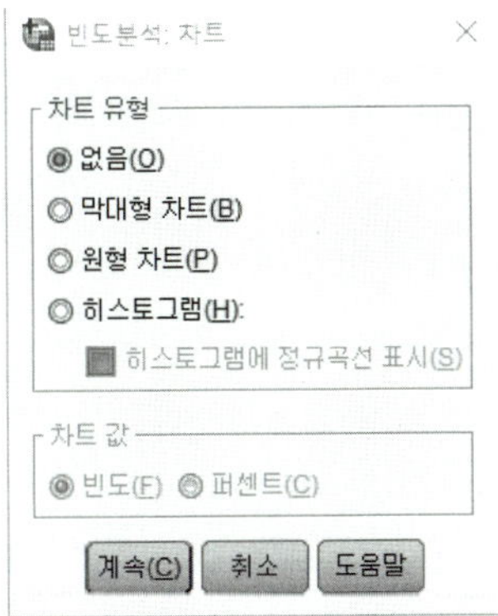

"빈도분석: 차트"를 연다.
빈도 혹은 퍼센트 기반으로 시각화 가능하다.
본 실습에서는 막대형 그래프를 퍼센트로 시각화한다.

통계량

		Sex	Housing	Savingaccounts	Checkingaccount	Creditamount	Duration	Purpose	Risk	Job_text
N	유효	1000	1000	817	606	1000	1000	1000	1000	1000
	결측	0	0	183	394	0	0	0	0	0
평균						3271.26	20.90			
분산						7967843.471	145.415			
최소값						250	4			
최대값						18424	72			

통계량에서는 1,000명의 고객 데이터가 존재한다.
Savingaccounts와 Checkingaccount 결측치는 각각 183개, 394개 존재한다. 결측치 제거시 약 40%에 해당하는 행이 제거되기 때문에 제거하지 않고 진행(결측치가 많기 때문에 변수 자체를 제거도 고려할 수 있으나 분석자는 중요한 변수로 판단하여 최대한 사용을 고려)한다
수치형 데이터인 Creditamount은 250~18424 범위이며, 평균은 3271.26, 대출기간을 의미하는 Duration은 4~72의 범위, 20.90개월이 평균이다.

Risk

		빈도	퍼센트	유효 퍼센트	누적 퍼센트
유효	bad	300	30.0	30.0	30.0
	good	700	70.0	70.0	100.0
	전체	1000	100.0	100.0	

통계량에서는 빈도 구성 확인이 힘들지만 아래 각 변수별로 빈도와 퍼센트를 확인 가능하다.
Risk의 경우 bad 300명(30%), good 700명(70%)으로 구성되어 있다.

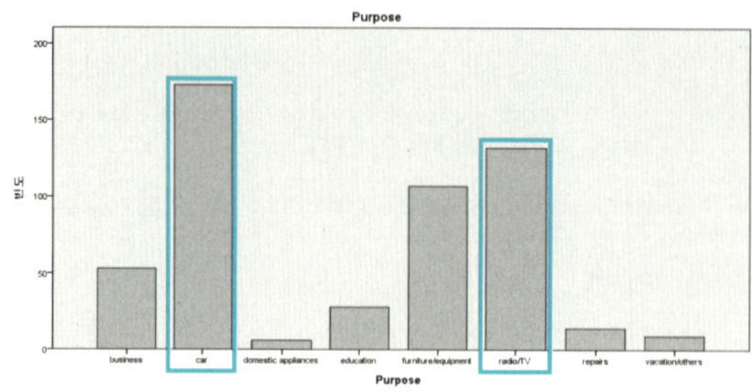

구성 퍼센트를 기준으로 막대그래프를 시각화한 결과 “car”가 약 33%, “radio/TV”가 28% 정도 차지하고 있다.

3.3.3.2 시각화

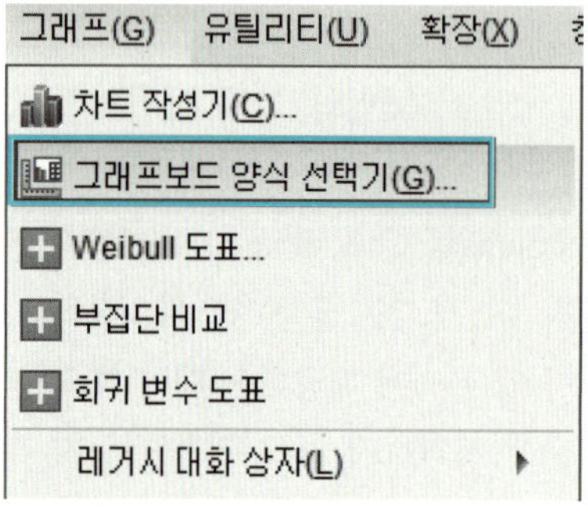

시각화를 위해 “그래프 → 그래프보드 양식 선택기”를 선택한다.

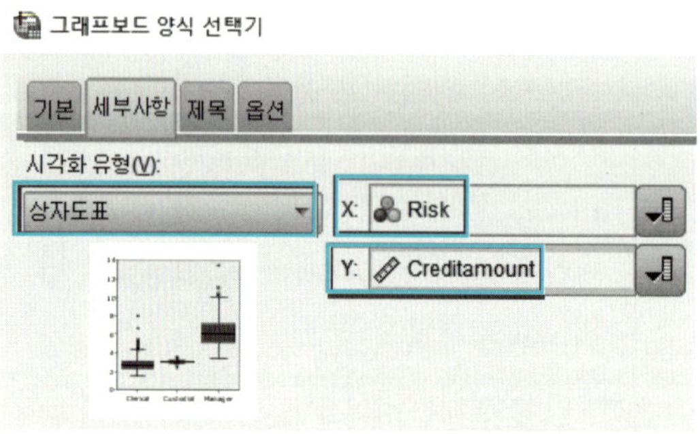

[1목표] 신용상태에 따른 대출량 확인

- 상자도표
- X축(집단): Risk 선택(bad, good)
- Y축: 수치형인 Creditamount 선택

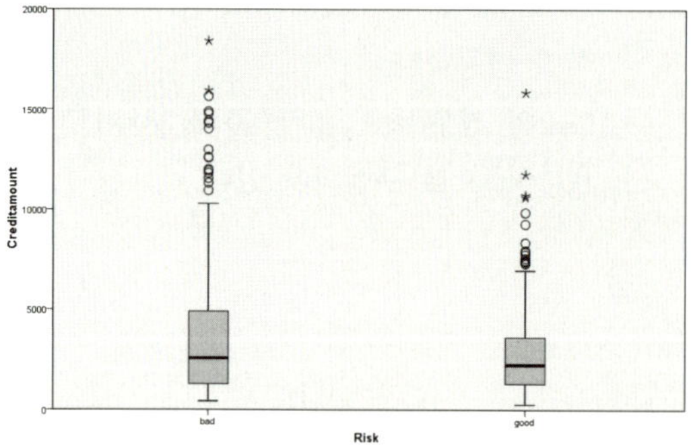

신용상태가 bad와 good인 고객 사이에는 대출금액의 평균에는 큰 차이가 존재하지 않지만 신용상태가 좋지 않은 집단은 더 많은 금액을 대출한 경향이 있다.

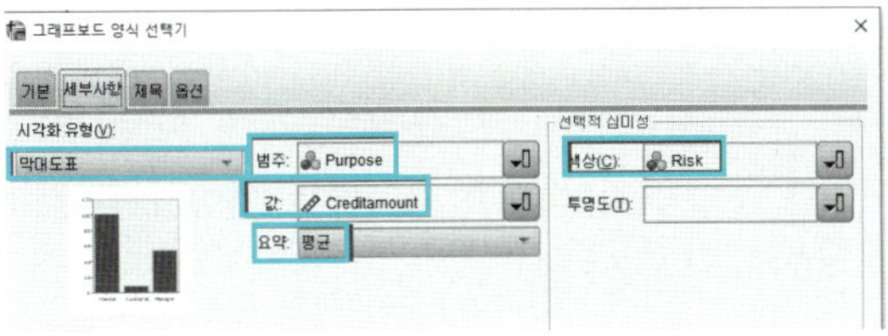

[2목표] 대출 목적별로 신용상태에 따른 대출 금액 차이가 존재하는가?

- 막대도표 선택
- 범주: 집단 변수 x축에 해당
- 값: y축에 해당 수치형 변수
- 색상: 목적안에서 집단의 재분류
- 요약값은 평균값을 사용(목적별로 빈도 차이가 존재하기 때문에)

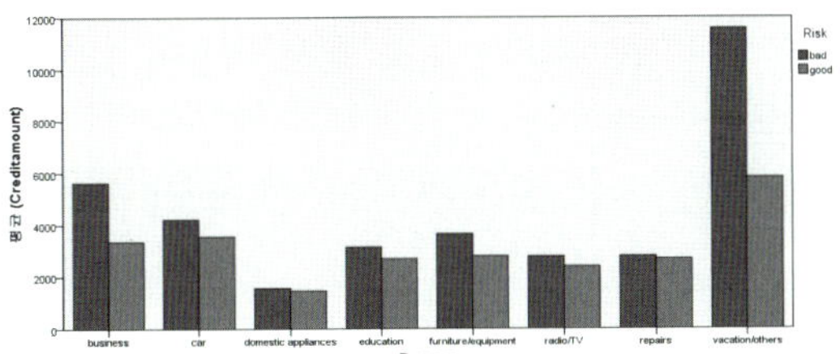

목적 전체적으로 신용상태가 안좋을수록 평균적인 대출 금액이 높았다. 대출 목적별로 신용상태에 따른 대출 금액은 크게 차이가 없었으나 business, vacation/others의 경우 신용상태에 따른 대출 금액에 차이가 존재하였다.

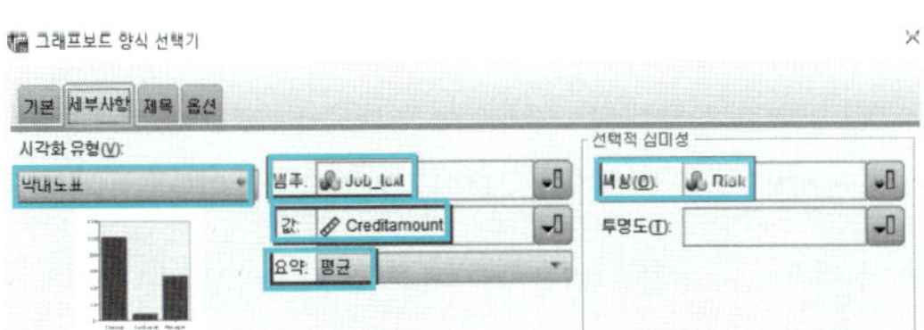

[3목표] 직업별로 신용상태에 따른 대출 금액에는 차이가 있는가?
앞선 설정에서 범주를 purpose에서 Job_text로 변경하여 시각화하였다.

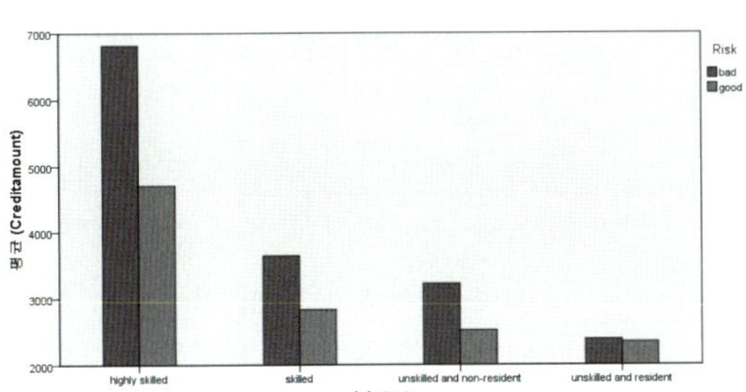

unskilled and resident의 경우에는 신용상태에 따라 대출 금액에 큰 차이가 없었다.
highly skilled의 경우 대출 금액이 크다는 것을 확인하였다.

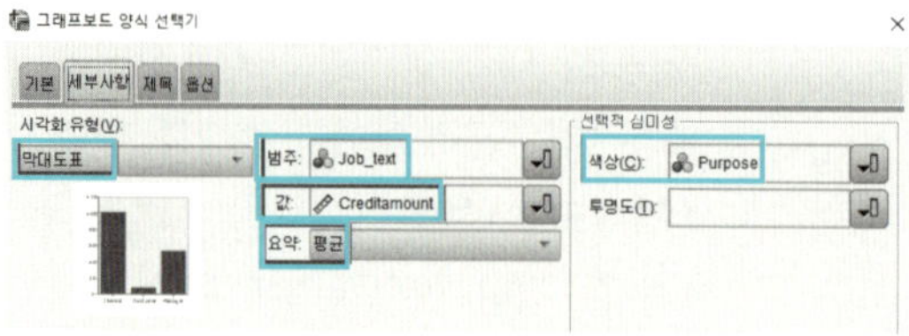

[4목표] 직업별로 목적에 따라 평균적인 대출 금액에는 차이가 존재하는가?

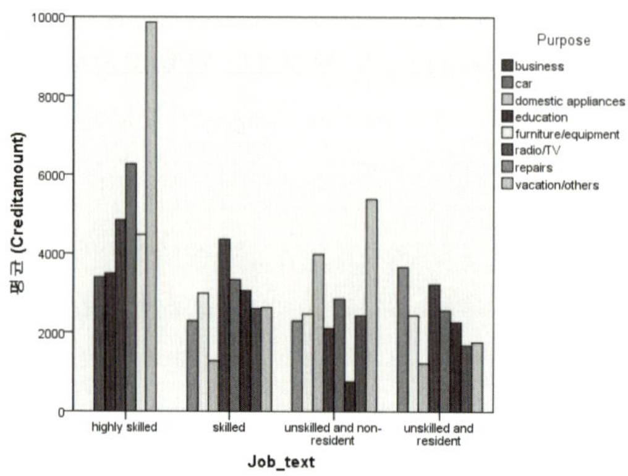

highly skilled의 경우 vacation/others의 목적의 평균 대출 비용이 높았다.

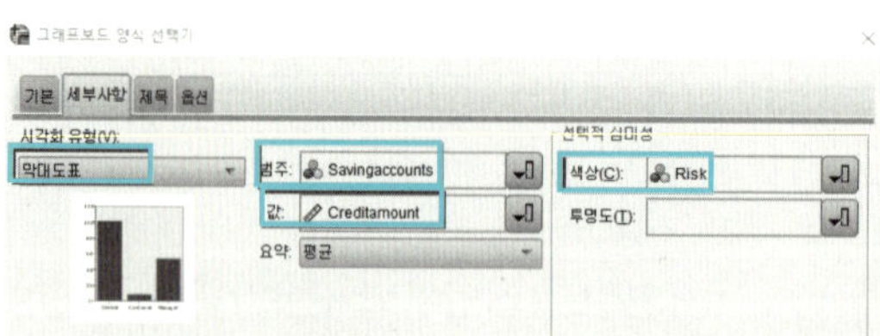

[5목표] 저축 금액 수준에 따라 신용상태에 따른 대출 금액 차이

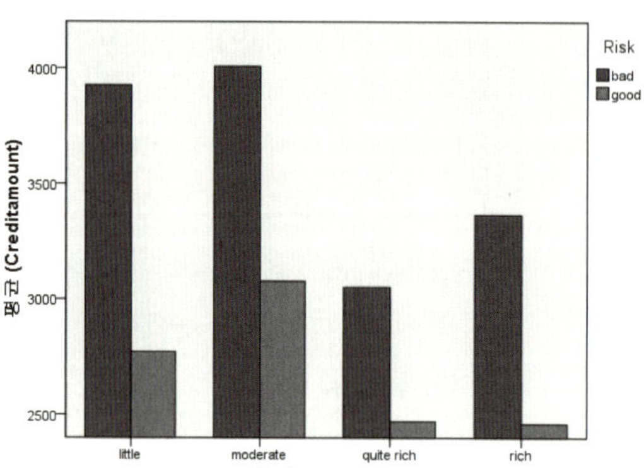

저축 금액이 적을수록 대출 금액이 증가한 것이 확인되며 저축 금액이 적을 경우 신용상태가 좋더라도 대출 금액이 증가한다는 것을 확인할 수 있었다.
저축 금액이 많다면 평균적인 대출 금액도 적어지기 때문에 은행의 입장에서는 저축 금액은 적지만 신용상태가 좋은 고객을 선별할 필요가 있다.

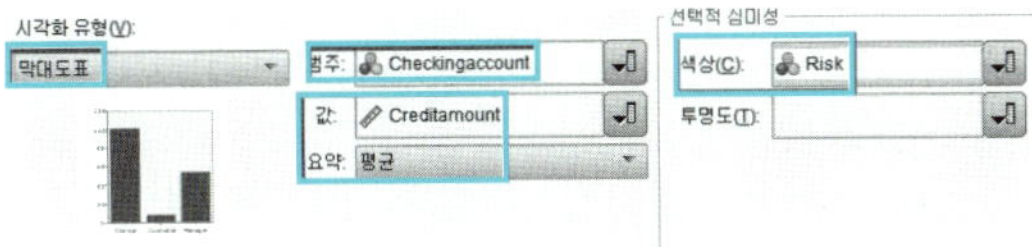

[6목표] 사용 가능한 금액량 수준별로 신용상태에 따른 대출 금액 차이

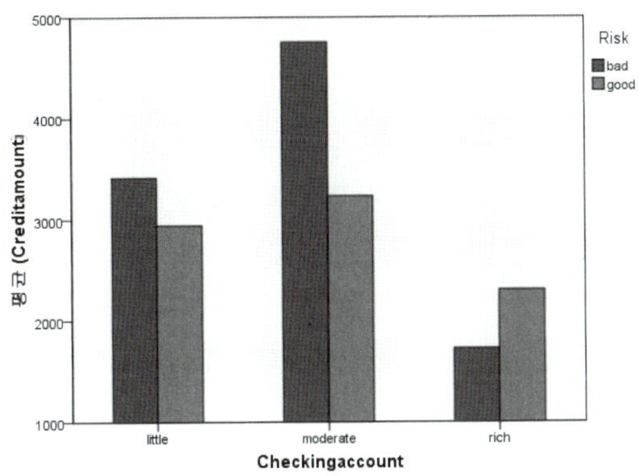

실제 사용 가능한 금액이 많을수록 신용상태가 좋았다.

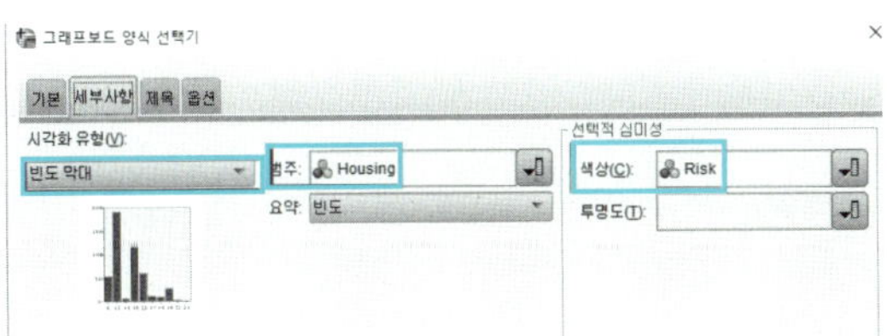

[7목표] 집 소유 형태에 따른 신용상태 빈도

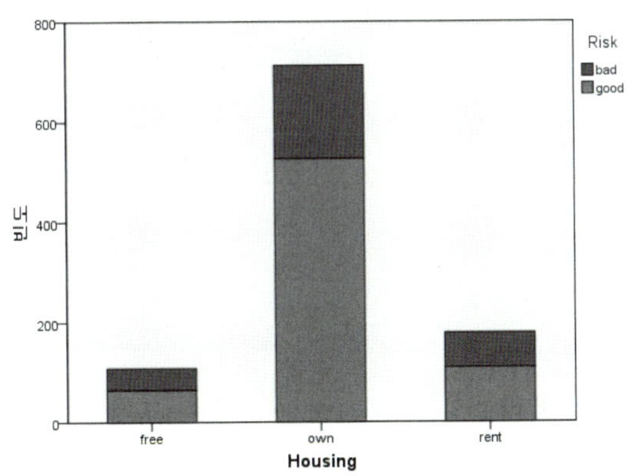

대출을 받은 고객들의 대부분은 집을 소유하고 있는 것으로 나타났으며, 시각화한 상황에서의 비율분포로 보았을 때는 특정한 형태의 신용도가 낮다, 높다를 판단하기 어려움이 있어 관련이 없을 것으로 추정한다.

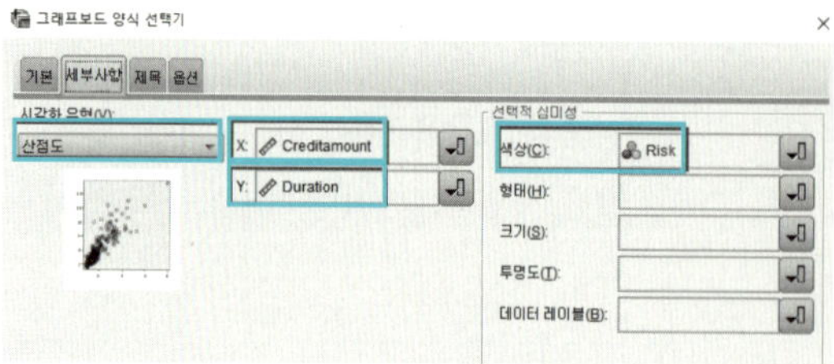

[8목표] 집 소유 형태에 따른 신용상태 빈도

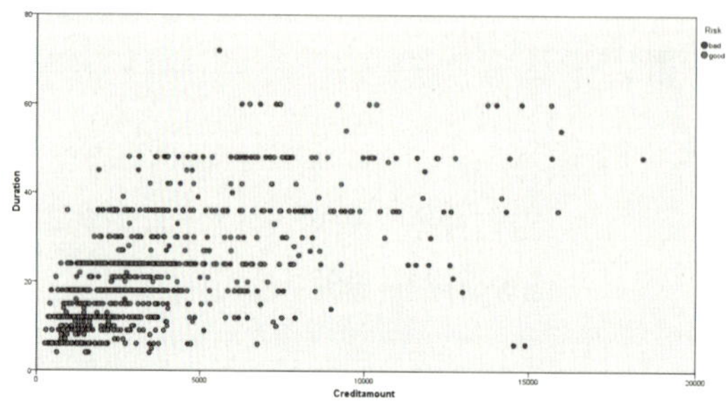

금액이 증가할수록 기간이 증가하며 이는 신용상태의 좋고 나쁨과 상관이 없는 것으로 보인다.

3.3.4 종속변수와의 관계 분석

3.3.4.1 집단간 평균비교

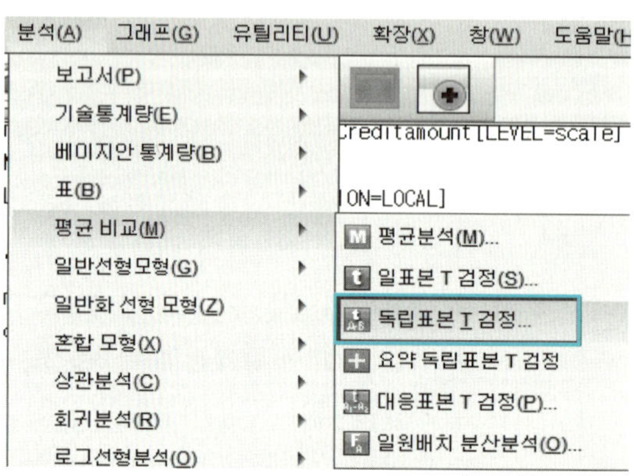

독립표본 T검정을 통해 신용도가 good인 집단과 bad인 집단의 연속형 변수 평균적 차이를 살펴보고자 하였다.

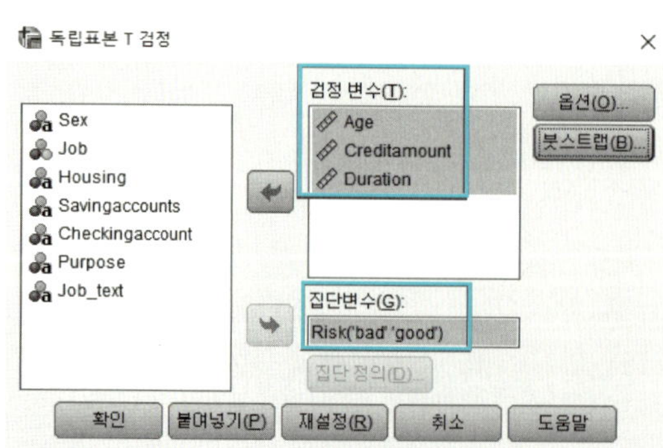

- 집단변수: 분류하고자 하는 집단에 대한 변수로 본 실습에서는 신용상태에 따라 확인할 것이기 때문에 Risk를 선택한다.
- 검정변수: 집단별 연속형 변수의 평균적인 차이가 유의미한지를 살피기 위해 모든 연속형 변수를 선택한다.

집단통계량

	Risk	N	평균	표준화 편차	표준오차 평균
Age	bad	300	33.96	11.222	.648
	good	700	36.22	11.381	.430
Creditamount	bad	300	3938.13	3535.819	204.141
	good	700	2985.46	2401.472	90.767
Duration	bad	300	24.86	13.283	.767
	good	700	19.21	11.080	.419

신용상태에 따라 Age, Creditamount, Duration에 대한 집단별 평균을 확인하였다.

독립표본 검정

		Levene의 등분산 검정		평균의 동일성에 대한 T 검정						
									차이의 95% 신뢰구간	
		F	유의확률	t	자유도	유의확률 (양측)	평균차이	표준오차 차이	하한	상한
Age	등분산을 가정함	.049	.825	-2.891	998	.004	-2.261	.782	-3.796	-.726
	등분산을 가정하지 않음			-2.907	573.056	.004	-2.261	.778	-3.788	-.733
Creditamount	등분산을 가정함	56.686	.000	4.948	998	.000	952.670	192.538	574.845	1330.495
	등분산을 가정하지 않음			4.264	421.856	.000	952.670	223.410	513.534	1391.805
Duration	등분산을 가정함	15.199	.000	6.957	998	.000	5.653	.813	4.057	7.248
	등분산을 가정하지 않음			6.470	485.443	.000	5.653	.874	3.936	7.370

- Age: 신용상태가 좋지 못한 집단이 2.261살 어리며 0.004로 유의하다.
- Creditamount: 신용상태가 좋을수록 유의미하게 대출 금액이 952.670 높았다.
- Duration: 신용등급이 좋을수록 5.653월 더 대출 기간이 유의미하게 차이가 존재하였다.

표 3-3 | 집단별 교차분석 결과 정리

	유의수준	상관성
Risk*age	0.004	Y
Risk*creditaccount	0	Y
Risk*duration	0	Y

3.3.4.2 교차분석

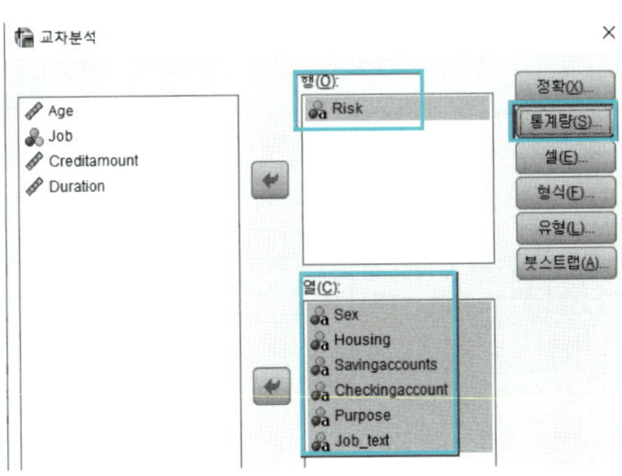

범주형 변수인 Risk와 범주형 변수인 독립변수들의 연관성을 살피기 위해 교차분석을 실시하였다.

교차분석은 확률적 분포에 따른 기대치와 실제 분포해 있는 관측치의 차이에 대한 유의미를 검증함으로써 연관성을 분석한다.

- 행: 종속변수인 Risk 선택
- 열: 독립변수 중 범주형 변수를 선택
- 통계량: 검증에 대한 옵션을 선택

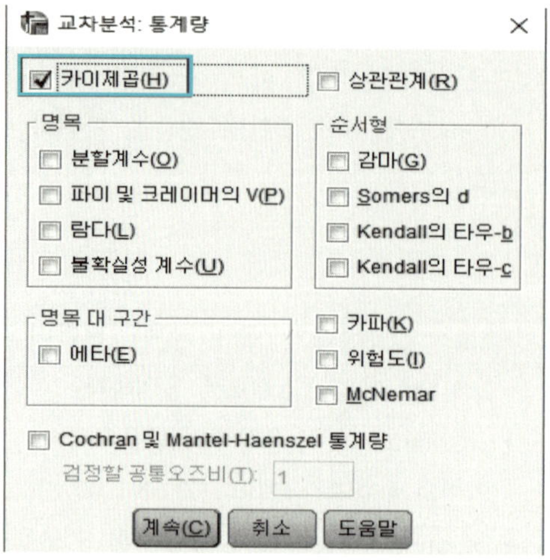

통계적인 유의성 검증을 위해 카이제곱을 선택한다.

Risk * Checkingaccount

교차분석

빈도

		Checkingaccount			
		little	moderate	rich	전체
Risk	bad	135	105	14	254
	good	139	164	49	352
전체		274	269	63	606

카이제곱 검정

	값	자유도	근사 유의확률 (양측검정)
Pearson 카이제곱	17.041[a]	2	.000
우도비	17.780	2	.000
유효 케이스 수	606		

a. 0 셀 (0.0%)은(는) 5보다 작은 기대 빈도를 가지는 셀입니다. 최소 기대빈도는 26.41입니다.

결측값이 제외된 606명의 고객을 대상으로 분석하였다.

유의확률은 0.000으로 유의미한 결과가 도출되었다.

표 3-4 집단별 교차분석 결과 정리

	유의수준	상관성
Risk*Sex	0.17	N
Risk*Housing	0	Y
Risk*Saving accounts	0	Y
Risk*Checking account	0	Y
Risk*Purpose	0.58	N
Risk*Job	0.597	N

3.3.4.3 로지스틱 회귀분석

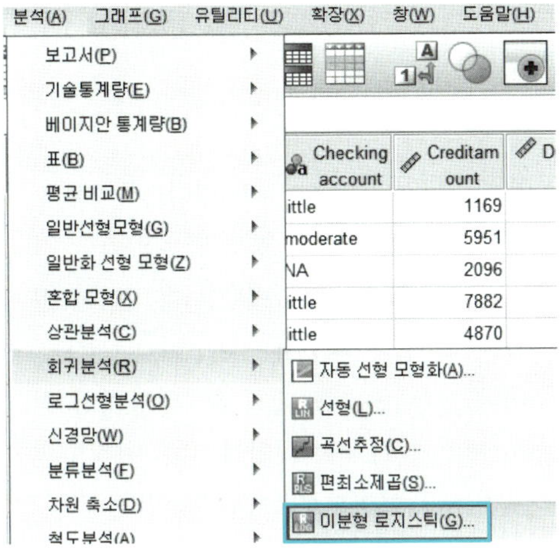

"분석 → 회귀분석 → 이분형 로지스틱"을 선택한다.

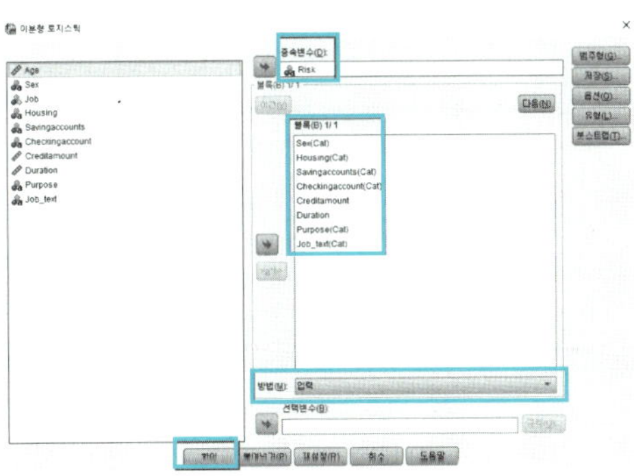

종속변수에는 개인 신용상태를 의미하는 Risk를 입력하였다.
그 후 Risk에 영향을 미치는 변수를 블록에 입력하여 독립변수로써 역할을 할 수 있도록 하였다.
방법은 Enter로 설정하여 세외 없이 모든 변수가 분석에 사용될 수 있도록 하였다.
그 후 "확인" 버튼을 눌러 분석을 실시하였다.

범주형 변수 코딩

		빈도	모수 코딩 (1)	(2)	(3)	(4)	(5)	(6)	(7)
Purpose	business	53	1.000	.000	.000	.000	.000	.000	.000
	car	173	.000	1.000	.000	.000	.000	.000	.000
	domestic	6	.000	.000	1.000	.000	.000	.000	.000
	educatio	28	.000	.000	.000	1.000	.000	.000	.000
	furnitur	107	.000	.000	.000	.000	1.000	.000	.000
	radio/TV	132	.000	.000	.000	.000	.000	1.000	.000
	repairs	14	.000	.000	.000	.000	.000	.000	1.000
	vacation	9	.000	.000	.000	.000	.000	.000	.000
Savingaccounts	little	412	1.000	.000	.000				
	moderate	64	.000	1.000	.000				
	quite ri	23	.000	.000	1.000				
	rich	23	.000	.000	.000				
Housing	free	65	1.000	.000					
	own	349	.000	1.000					
	rent	108	.000	.000					
Job_text	highly s	79	1.000	.000					
	skilled	313	.000	1.000					
	unskille	130	.000	.000					
Checkingaccount	little	245	1.000	.000					
	moderate	224	.000	1.000					
	rich	53	.000	.000					
Sex	female	168	1.000						
	male	354	.000						

범주형 변수들이 코딩되어 있다.
결측값들이 제외된 522대의 데이터가 분석된 것을 확인할 수 있다.

1단계	B	유의확률
Age	0.010	0.269
Sex(1)	−0.372	0.079
Job	0.041	0.790
Housing		0.331
Housing(1)	0.068	0.858
Housing(2)	0.333	0.173
Savingaccounts		0.084
Savingaccounts(1)	−1.329	0.023
Savingaccounts(2)	−1.207	0.058
Savingaccounts(3)	−0.650	0.397
Checkingaccount		0.023
Checkingaccount(1)	−1.023	0.006
Checkingaccount(2)	−0.829	0.029
Creditamount	0.000	0.940
Duration	−0.052	0.000
Purpose		0.431
Purpose(1)	−0.375	0.650
Purpose(2)	−0.736	0.349
Purpose(3)	−1.111	0.348
Purpose(4)	−1.473	0.099
Purpose(5)	−0.455	0.571
Purpose(6)	−0.471	0.561
Purpose(7)	−0.769	0.429
상수항	3.512	0.003

로지스틱 회귀분석 결과 성별, 저축계좌, 당좌예금, 대출기간 정도만 유의미한 결과가 있었으며 다른 변수는 유의미한 결과를 얻지 못하였다.
이에 모든 변수를 대입 후, 영향력이 적은 변수를 하나씩 제거하는 후진 방법의 로지스틱 회귀분석을 실시하였다.

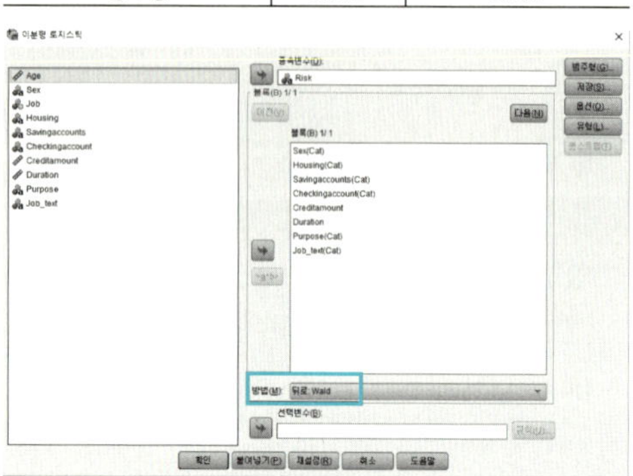

동일하게 변수를 입력한 후 후진 방법을 선택하였다.

6단계	B	유의확률
Sex(1)	−0.460	0.023
Savingaccounts		0.081
Savingaccounts(1)	−1.303	0.025
Savingaccounts(2)	−1.236	0.050
Savingaccounts(3)	−0.586	0.440
Checkingaccount		0.013
Checkingaccount(1)	−1.060	0.004
Checkingaccount(2)	−0.819	0.027
Duration	−0.051	0.000
상수항	3.545	0.000

총 5개의 변수가 지워지고 성별, 저축예금, 당좌예금 변수만을 통해 로지스틱 회귀분석이 진행되었다.

3.3.5 예측 모델

3.3.5.1 데이터 분할

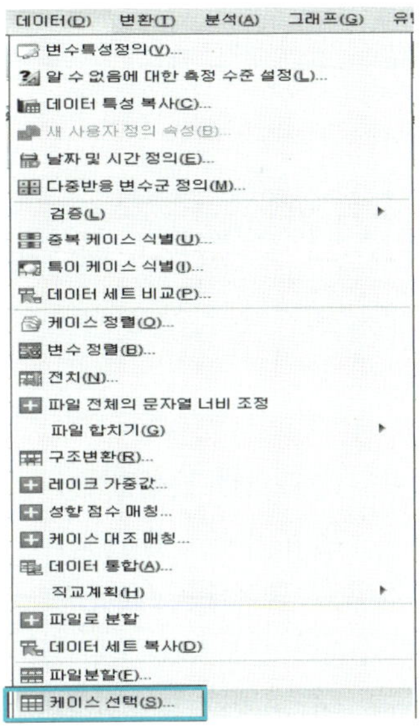

훈련용 70%, 검증용 30%의 데이터를 무작위로 분리하기 위해 종속변수인 "Risk"를 분할하는 작업을 실시하였다.

"데이터 → 케이스 선택"을 누른다.

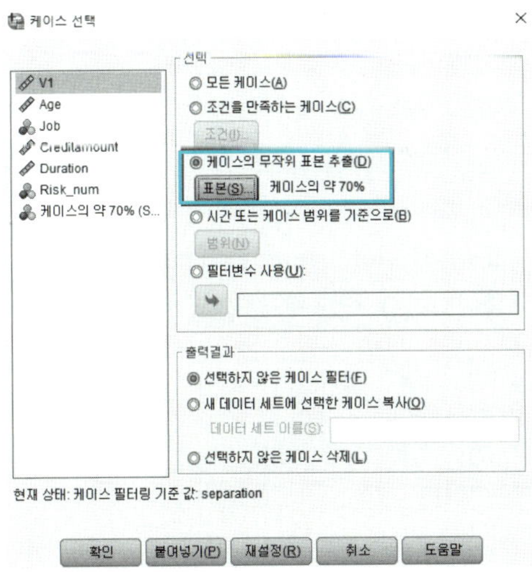

다시 데이터 분할을 위해서 "데이터 → 케이스 선택"을 누른다.

한 변수를 기준으로 데이터를 선택하는 것이 아닌 일정 %를 무작위로 분리하는 것이기 때문에 별도의 변수를 선택할 필요가 없다.

"케이스의 무작위 표본 추출"을 선택하여 "표본" 버튼을 누른다.

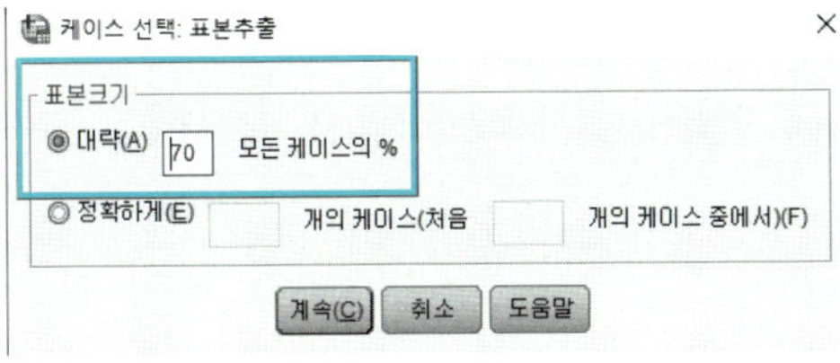

데이터 분리 비율을 선택: 본 실습에서는 70%의 비율로 실습을 진행하기 때문에 70을 입력한다.

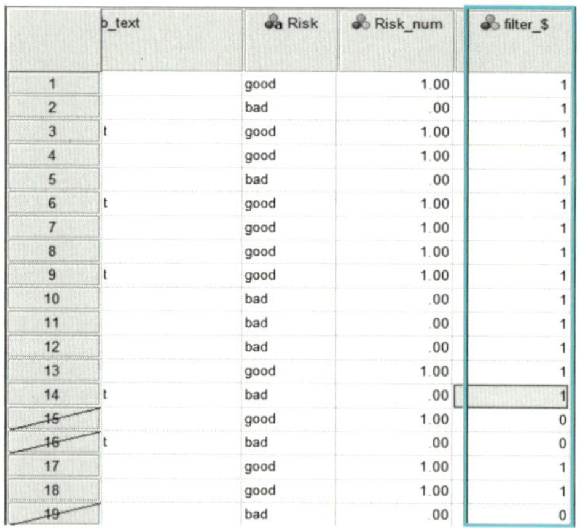

filter_$라는 변수가 생성된 것을 확인할 수 있다.

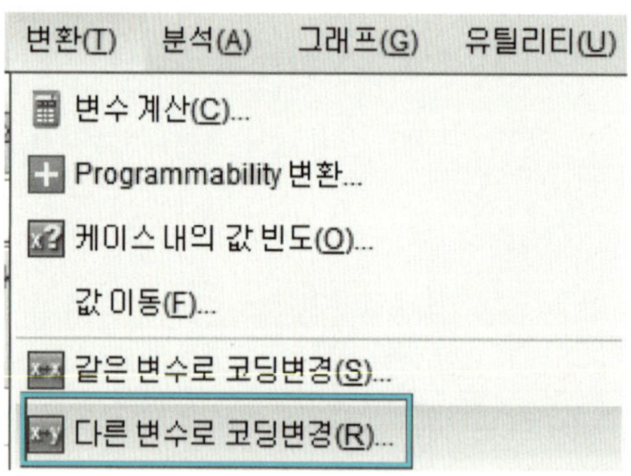

filter_$는 무작위로 데이터를 선택해 그 데이터에 대해서만 분석하기 때문에 프로그램이 무작위로 분리해준 filter_$를 코딩변경하여 구분하여 분석을 모두 할 수 있는 separation 변수로 코딩변경한다.

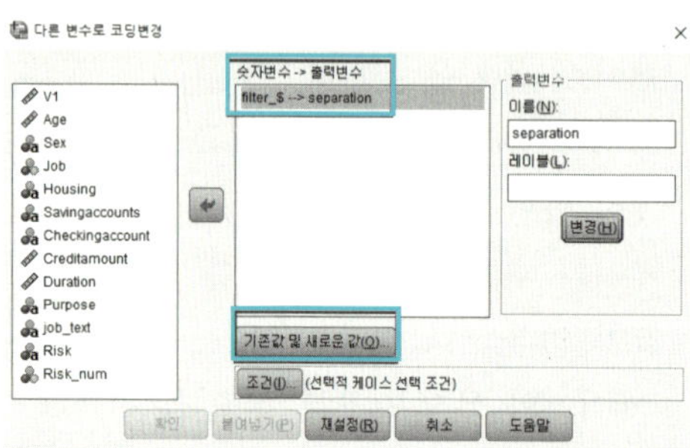

filer_$의 이름을 separation으로 변경한다. 데이터값을 어떻게 코딩할지 선택한다.

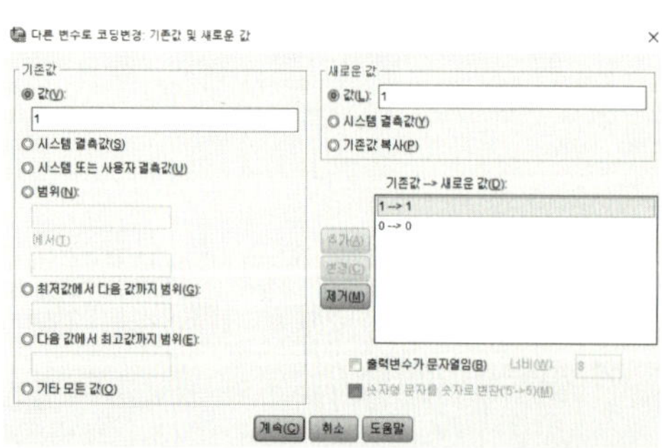

70%에 해당하는 1은 그대로 두고 30%인 0 또한 0 그대로 변경하여 구분한다.

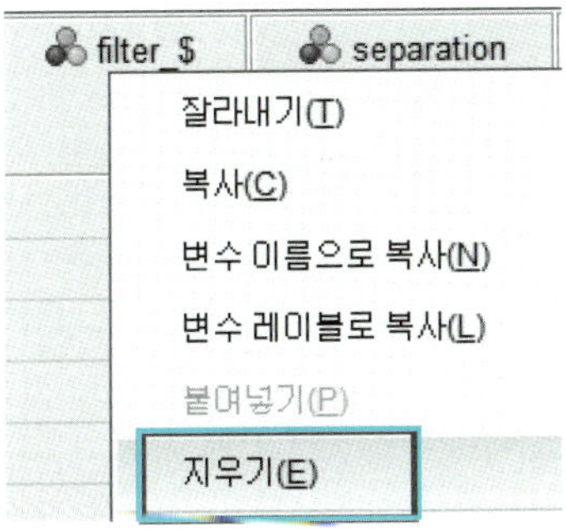

filter_$는 지움으로써 70%의 데이터만이 분석되는 것을 방지한다.

3.3.5.2 로지스틱 회귀 예측 모델

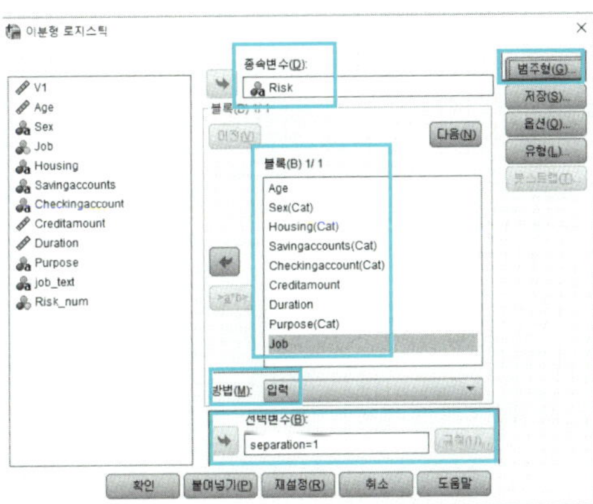

종속변수: Risk
독립변수: 다른 변수 모두 입력한다. 이 중 Job은 범주형 변수임에도 범주형으로 분리되지 않은 것을 확인할 수 있다.
범주형: Job은 범주형 데이터임에도 불구하고 (Cat)으로 구분되지 않았기 때문에 "Job" 변수가 명목형 범주형 데이터임을 인식해줄 필요가 있다.
방법: 모든 변수를 사용하는 "입력" 사용
선택변수: 70% 비율로 분리했던 구분변수를 이용하여 결과를 확인한다.

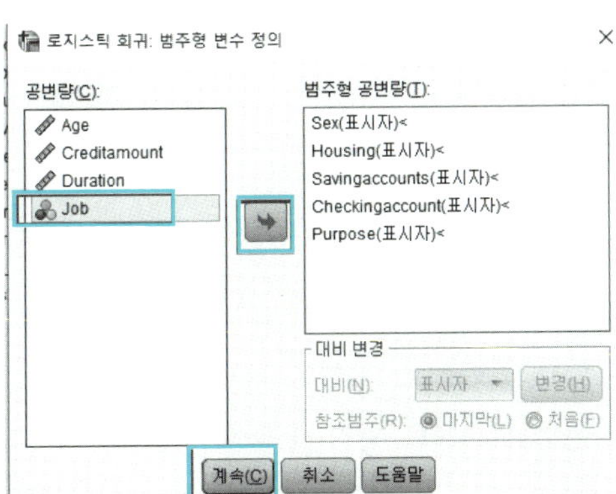

범주형 데이터인 Job을 선택한다.
화살표를 클릭하여 범주형 공변량에 대입한다.
설정 완료 후 "계속" 버튼을 누른다.

경고

텍스트: Savingaccounts 명령문: LOGISTIC REGRESSION 이 프로시저는 8 바이트보다 긴 문자변수를 사용할 수 없습니다. 값이 잘립니다.
텍스트: Purpose 명령문: LOGISTIC REGRESSION 이 프로시저는 8 바이트보다 긴 문자변수를 사용할 수 없습니다. 값이 잘립니다.

텍스트 형태 Savingaccounts, Purpose가 텍스트의 길이가 길어 분석할 수 없다는 경고가 나온다.

Purpose	business
	car
	domestic
	educatio
	furnitur
	radio/TV
	repairs
	vacation
Job	0
	1
	2
	3
Savingaccounts	little
	moderate
	quite ri
	rich
Checkingaccount	little
	moderate
	rich

분석은 실행되었으나 Savingaccounts와 Purpose의 데이터 일부가 텍스트 길이 제한으로 잘린 것을 확인할 수 있다.

케이스 처리 요약

가중되지 않은 케이스[a]		N	퍼센트
선택 케이스	분석에 포함	366	36.6
	결측 케이스	326	32.6
	전체	692	69.2
비선택 케이스		308	30.8
전체		1000	100.0

a. 가중값을 사용하는 경우에는 전체 케이스 수의 분류표를 참조하십시오.

총 1,000개의 데이터 중 분석에 포함된 데이터는 366개로 70%로 설정하고 추출하였으나 존재하고 있는 결측값으로 인해 분석에서 326개의 데이터가 제외된 것을 확인하였다.

			예측					
			선택 케이스[b]			비선택 케이스[c,d]		
			Risk			Risk		
관측됨			bad	good	분류정확 %	bad	good	분류정확 %
1 단계	Risk	bad	83	72	53.5	40	36	52.6
		good	42	169	80.1	32	48	60.0
	전체 퍼센트				68.9			56.4

선택된 케이스 정확도 68.9%, 비선택 케이스 56.4%로 좋지 못한 결과를 보이고 있다. 이에 결측치를 삭제 후 분석하는 것을 선택하였다.

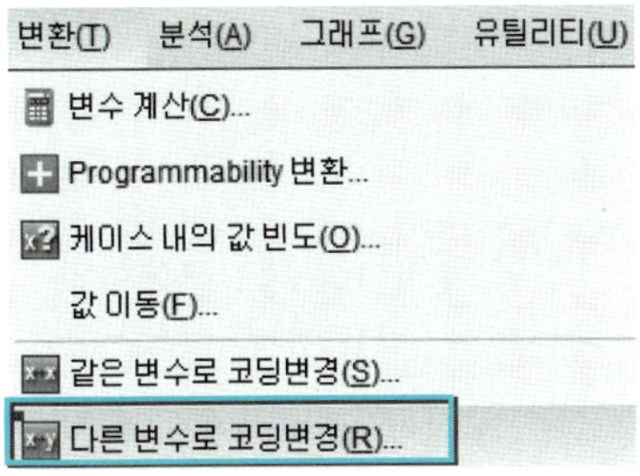

NA 값을 9로 코딩하여 삭제한다.
"변환 → 다른 변수로 코딩변경"을 선택한다.

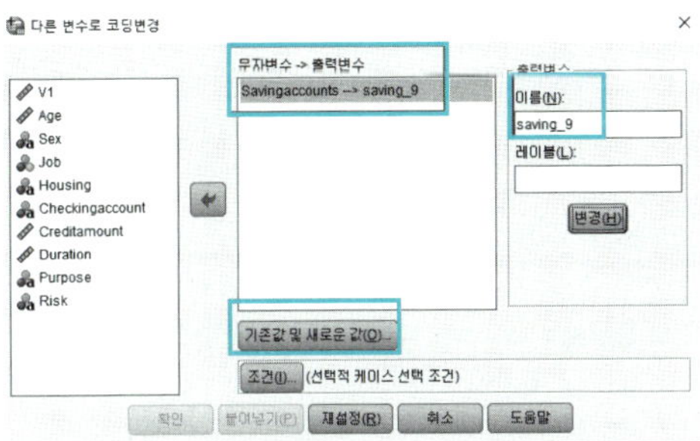

Savingaccounts → saving_9로 변경한다.
기존값 및 새로운 값을 클릭하여 설정한다.

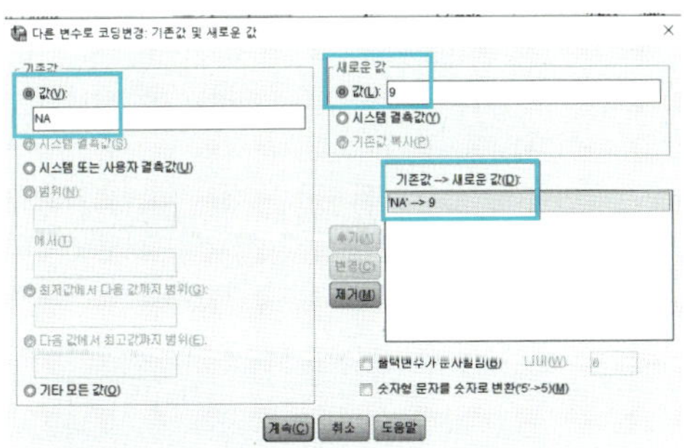

기존 변수의 결측치를 의미하는 데이터 NA를 입력한다.
새로운 값으로 9를 입력한다.
Checkaccount도 동일한 방법으로 변경한다.

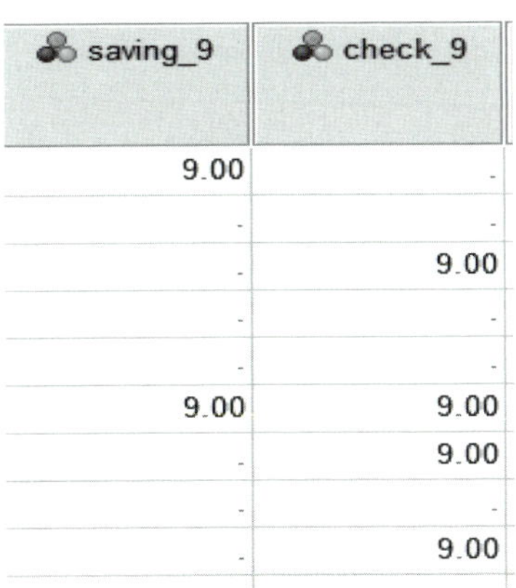

결측값에 해당하는 부분만 9로 코딩변경된 것을 확인할 수 있다.

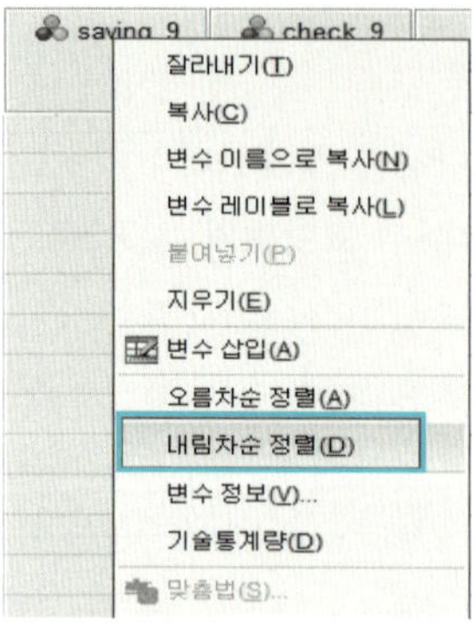

결측값을 표시한 데이터를 내림차순하여 결측값을 정렬한다.

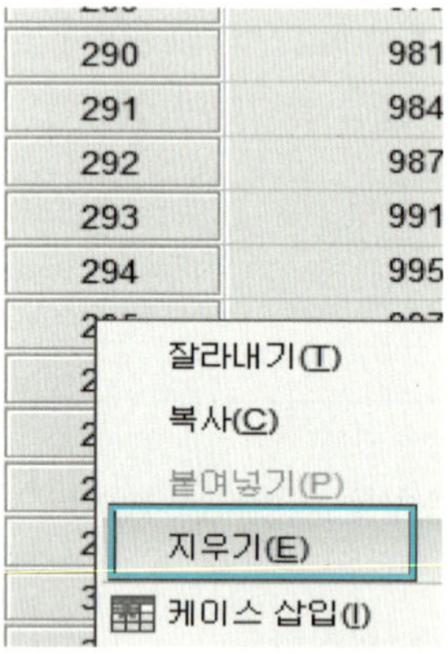

결측값에 해당하는 부분을 제거한다.

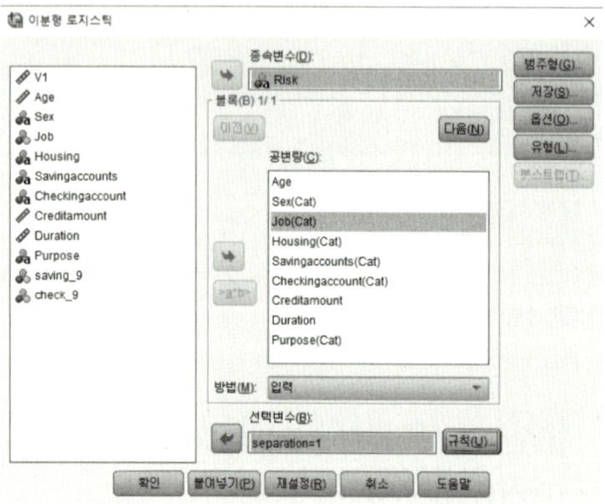

결측치가 정리된 522개의 데이터셋을 다시 70%로 분리하여 separation 변수를 생성한다.

로지스틱 회귀분석을 다시 실시한다.

케이스 처리 요약

가중되지 않은 케이스[a]		N	퍼센트
선택 케이스	분석에 포함	363	69.5
	결측 케이스	0	.0
	전체	363	69.5
비선택 케이스		159	30.5
전체		522	100.0

a. 가중값을 사용하는 경우에는 전체 케이스 수의 분류표를 참조하십시오.

이번 로지스틱 회귀분석에서는 총 522개의 데이터 중 70%에 해당하는 363개 데이터, 30%에 해당하는 159개의 데이터 모두 분석에 사용되었다.

분류표[a]

			예측					
			선택 케이스[b]			비선택 케이스[c]		
			Risk			Risk		
관측됨			bad	good	분류정확 %	bad	good	분류정확 %
1 단계	Risk	bad	91	64	58.7	27	49	35.5
		good	46	162	77.9	16	67	80.7
	전체 퍼센트				69.7			59.1

a. 절단값은 .500입니다.

b. 선택 케이스 separation EQ 1

c. 비선택 케이스 separation NE 1

분류 정확도가 70%의 데이터에서는 69.7%, Risk에서는 59.1%로 나타났다.

Risk

		빈도	퍼센트	유효 퍼센트	누적 퍼센트
유효	bad	231	44.3	44.3	44.3
	good	291	55.7	55.7	100.0
	전체	522	100.0	100.0	

522개의 데이터 중 bad와 good이 각 44.3%, 55.7%로 로지스틱 회귀모델이 어느 정도의 예측력은 있으나 예측 성능은 매우 좋지 않은 상황이다.

3.3.5.3 의사결정나무 예측 모델

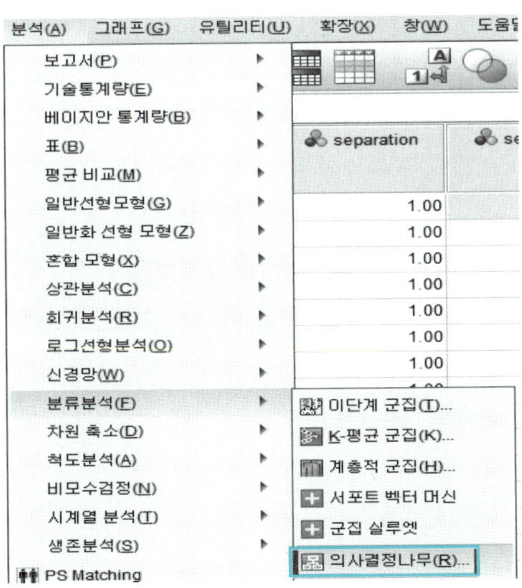

“분석 → 분류분석 → 의사결정나무”를 선택한다.

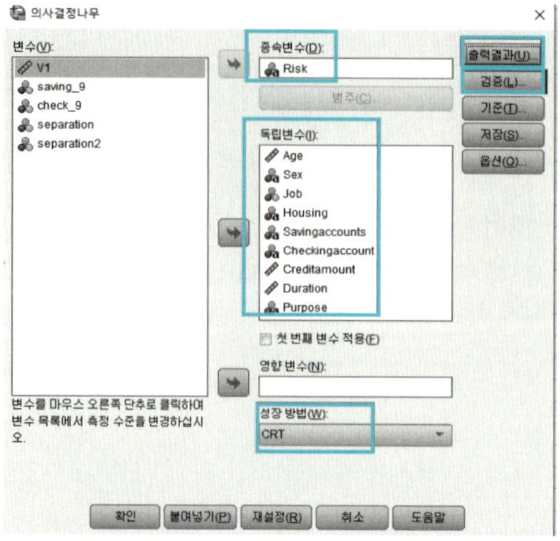

종속변수: Risk
독립변수: 모든 변수를 사용
성장방법: CRT
CRT는 회귀를 이용한 의사결정나무로 독립변수의 중요도를 파악할 수 있다.
출력결과: 어떤 결과들을 출력할지를 설정 가능하다.
검증: 검증(훈련과 검증)에 대한 옵션

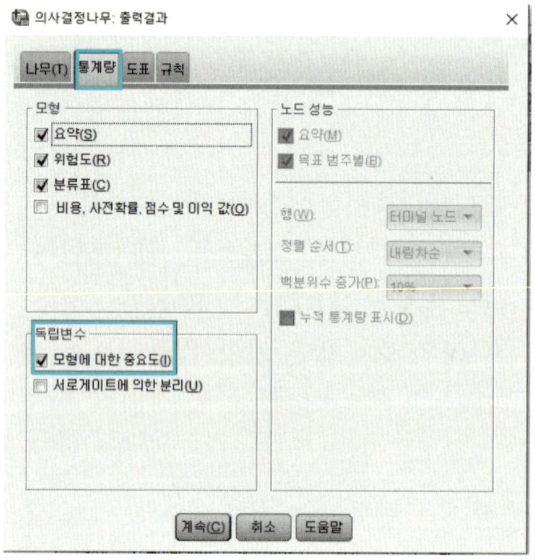

"출력결과 → 통계량"을 선택한다.
"독립변수: 모형에 대한 중요도"를 체크하여 수치적 확인이 가능하다.

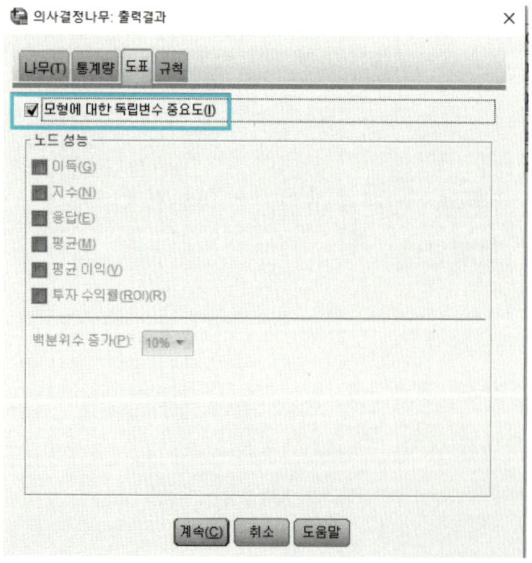

"출력결과 → 도표"를 선택한다.
"독립변수: 모형에 대한 독립변수 중요도"를 선택하여 독립변수의 중요도를 시각화할 수 있다.

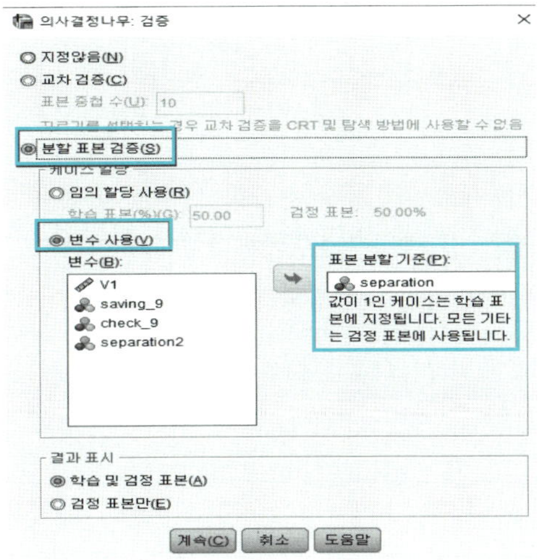

"분할 표본 검증"을 선택한다.
"변수 사용"을 선택한다.
구분을 위해 생성해둔 "separation"을 선택한다.

학습 표본

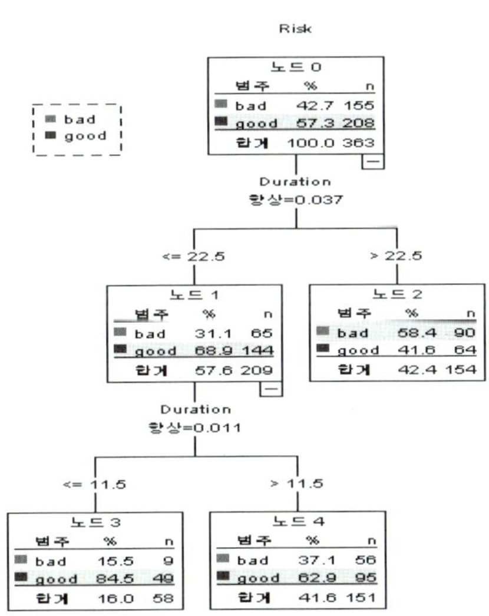

학습된 나무. 종속변수인 Risk를 시작으로 첫 규칙으로 대출 기간인 Duration의 22.5를 기반으로 분리한다.

분류

보기	관측	예측 bad	예측 good	예측 정확도 퍼센트
학습	bad	90	65	58.1%
	good	64	144	69.2%
	전체 퍼센트	42.4%	57.6%	64.5%
검정	bad	36	40	47.4%
	good	27	56	67.5%
	전체 퍼센트	39.6%	60.4%	57.9%

성장방법: CRT
종속변수: Risk

학습 분류 정확도 64.5%, 검정 예측 정확도 57.9%로 회귀 예측 모델에 비해서 예측력이 낮았다.

독립변수 중요도

독립변수	중요도	정규화 중요도
Duration	.047	100.0%
Creditamount	.004	9.5%
Housing	.003	5.7%
Purpose	.000	0.6%
Savingaccounts	.000	0.4%
Job	9.864E-5	0.2%
Age	8.361E-6	0.0%

성장방법: CRT
종속변수: Risk

Duration이 가장 중요한 변수로 뽑혔는데 정규화 중요도에서 Duration만으로 Risk 변수가 설명되고 있는 상황이다.

3.3.5.4 신경망 예측 모델

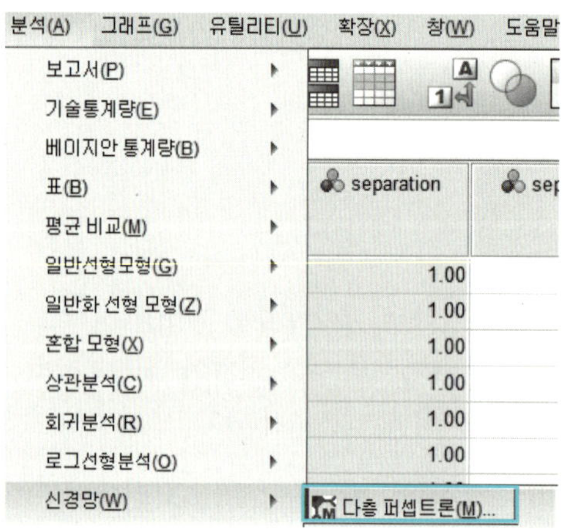

신경망 모델을 통한 예측을 위해 "분석 → 신경망 → 다층 퍼셉트론"을 선택한다.

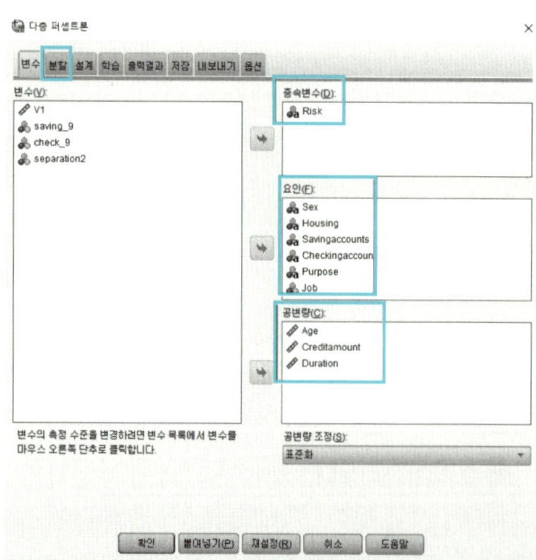

종속변수: Risk
요인: 범주형 독립변수 선택
공변량: 연속형 변수 선택
분할: 훈련, 검증에 대한 데이터 분할

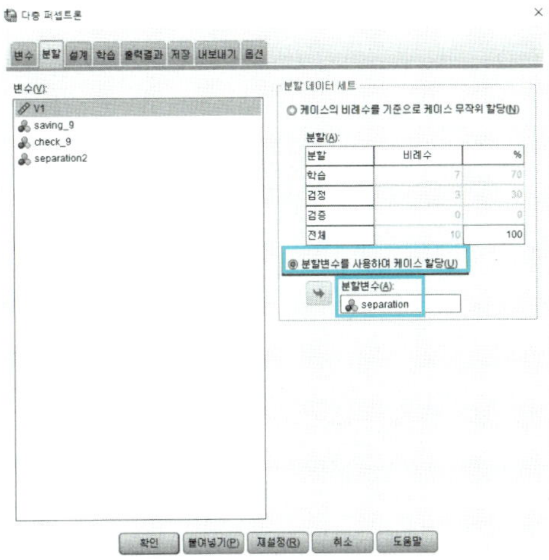

"분할변수를 사용하여 케이스 할당"을 선택한다.
분할변수로 "separation"을 선택한다.

다층 퍼셉트론

케이스 처리 요약(O)

		N	퍼센트
보기	학습	363	69.5%
	검정	159	30.5%
유효		522	100.0%
제외됨		0	
전체(T)		522	

케이스 처리 요약은 사용된 데이터의 정보를 표시한다.
실습에서는 학습 363개/검정 159개가 사용되었다.

망 정보

입력층	요인	1	Sex
		2	Housing
		3	Savingaccounts
		4	Checkingaccount
		5	Purpose
		6	Job
	공변량	1	Age
		2	Creditamount
		3	Duration
	노드 수[a]		27
	공변량 조정 방법		표준화
은닉층	은닉층 수		1
	은닉층 1에서 노드의 수[a]		6
	활성화 함수		쌍곡 탄젠트
출력층	종속변수	1	Risk
	노드 수		2
	활성화 함수		소프트맥스
	오차 함수		교차-엔트로피

a. 편향 단위 제외

망 정보는 신경망의 구조를 살펴볼 수 있다.
입력층은 독립변수를 의미한다.
은닉층은 hidden layer로, 쌍곡 탄젠트 방법으로 연산이 이루어진다.
출력층은 hidden layer의 연산을 통해 분류하는 층으로, 분류를 위해 소프트맥스 방법이 사용되고 신경망을 업데이트하기 위해서 교차-엔트로피 방법을 통해 오차를 반영한다.

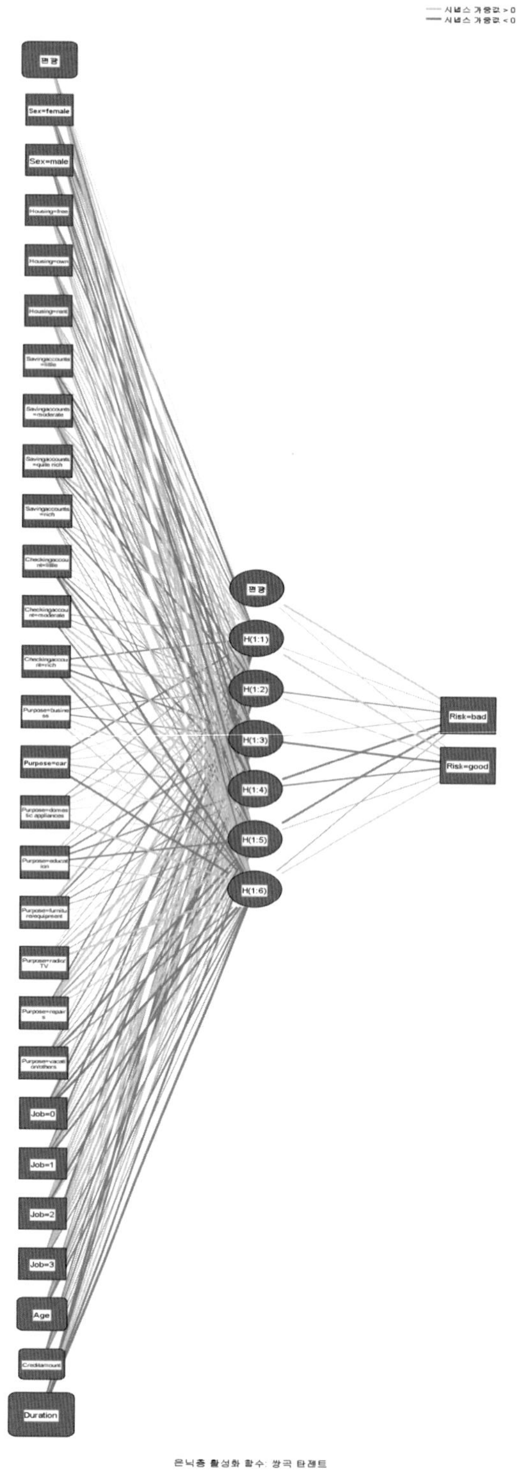

구현된 신경망 구조의 시각화

분류

보기	관측빈도(B)	예측 bad	예측 good	예측 정확도 퍼센트
학습	bad	89	66	57.4%
	good	47	161	77.4%
	전체 퍼센트	37.5%	62.5%	68.9%
검정	bad	33	43	43.4%
	good	18	65	78.3%
	전체 퍼센트	32.1%	67.9%	61.6%

종속변수: Risk

학습에서는 68.9%로 회귀 예측 모델에 비해 분류 성능이 좋지 못하였지만 검정에서 61.6%로 회귀 모델, 의사결정나무 모델과 비교하였을 때 좋은 성능을 보였다.

독립변수 중요도

	중요도	정규화 중요도
Sex	.031	10.4%
Housing	.065	21.9%
Savingaccounts	.124	41.6%
Checkingaccount	.120	40.2%
Purpose	.113	37.7%
Job	.080	27.0%
Age	.068	22.9%
Creditamount	.100	33.5%
Duration	.298	100.0%

중요도로 의사결정나무와 마찬가지로 Duration이 가장 중요한 변수였으나 이 밖에 Savingaccounts, Checkingaccount, Purpose 등 다른 변수들도 예측에 기여하였다.

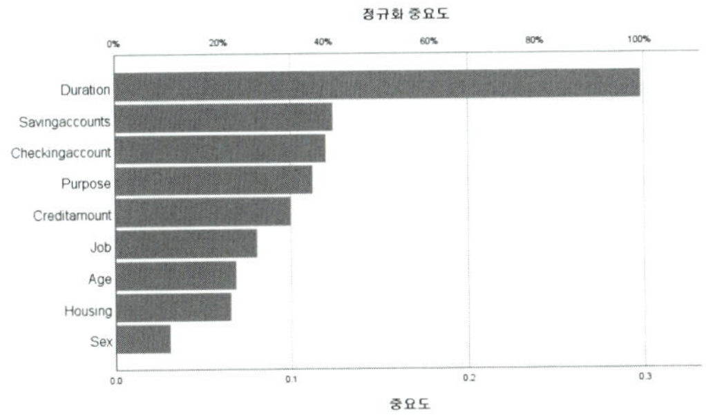

변수 중요도의 시각화 결과로 Duration이 가장 중요한 변수로 도출되었다.

3.4 마케팅 캠페인 반응 데이터 분석

3.4.1 데이터 분석 개요

3.4.1.1 데이터셋 개요

캠페인 반응 분석에 사용하는 데이터는 Kaggle Dataset에서 다운로드하여 진행한다. (실습 예제 데이터 URL: https://www.kaggle.com/davinwijaya/customer-retention)

해당 페이지를 확인하면 "Marketing Promotion Campaign Uplift Modelling"이라는 제목을 확인할 수 있다. 실습을 위한 데이터의 다운로드는 우측 상단에 "Download 3MB" 버튼을 누르면 다운로드받을 수 있다. 다운로드 시 zip 파일로 다운로드되므로 실습을 위해서 해당 파일의 압축을 풀고 "data.csv" 파일을 실습할 폴더(예: "C:\kaggle data")에 이동시켜 실습 데이터를 준비한다.

Kaggle 페이지의 기본사항은 아래 "실습 예제 데이터 페이지", "실습 예제 데이터 설명"을 참고한다.

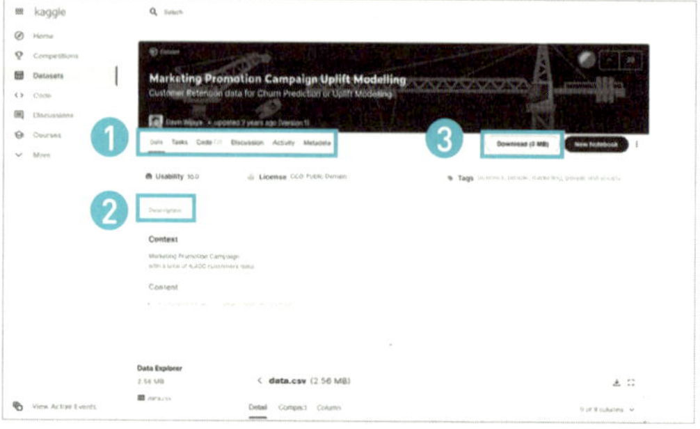

❶ 데이터 페이지 메뉴:

- Data: 데이터 다운로드 및 정보 파악한다.
- Code: 데이터를 활용하여 분석한 다른 사람들의 게시글을 확인할 수 있다.
- Discussion: 데이터에 대해 추가적으로 필요한 정보나 궁금한 것을 게시할 수 있다.

❷ 데이터 설명: 데이터 제공자 및 기본 목적과 수집 등에 대한 정보를 확인할 수 있다(게시자에 따라서 상이함).

❸ 데이터 다운로드: 분석에 필요한 데이터를 다운로드받을 수 있다.

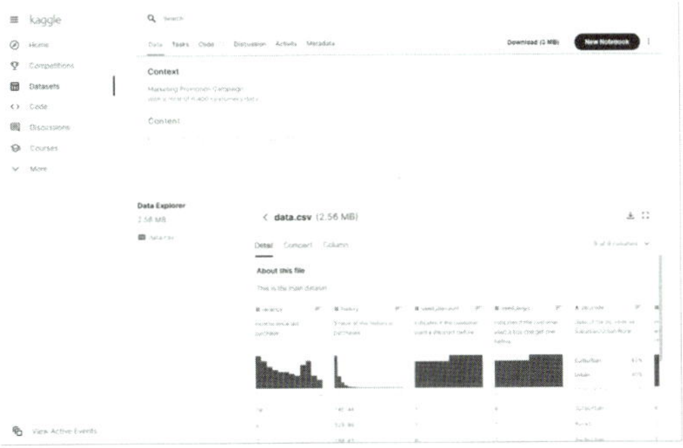

[데이터 탐색]
- Detail: "data.csv" Dataset의 각각의 변수에 대한 값, 요약 정보를 확인할 수 있다.
- Compact: Dataset의 각각의 변수에 대한 값을 확인할 수 있다.
- Column: Dataset의 각각의 변수에 대한 요약 정보 및 기초 탐색적 분석 결과를 확인할 수 있다.

Marketing Promotion Campaign Uplift Modelling은 마케팅 프로모션 캠페인 데이터로 고객을 기준으로 최근 구매 경과월, 과거 구매 금액 등 총 9개의 데이터가 정의되어 있다. 자세한 내용은 "Marketing Promotion Campaign Uplift Modelling 변수" 표를 참고한다.

표 3-5 Marketing Promotion Campaign Uplift Modelling 변수

변수명	상세
recency	마지막 구매 이후 경과 월
history	과거 구매 누적 금액
used_discount	과거 할인 구매 여부(0,1)
used_bogo	과거 1+1 사용 여부(0,1)
zip_code	우편번호 구분 값 (Suburban/Urban/Rural)
is_referral	추천 채널 반응 여부(0,1)
channel	고객 사용 채널 (Phone/Web/Multichannel)
offer	고객 제공 오퍼 종류 (Discount/But One Get One/No Offer)
conversion	구매 여부(0,1)

본장의 구성은 기업에서의 캠페인 반응률에 대해 살펴보고 데이터 전처리, 데이터 탐색, 예측 모델, 모델 평가 4단계로 분석한다. 분석 단계의 세부내용은 캠페인 반응 분석 단계 표를 참고한다. 최종적으로 캠페인 반응 분석의 활용을 위한 결과 해석으로

구성되었다.

표 3-6 캠페인 반응 분석 단계

데이터 전처리
데이터 가져오기 데이터 타입 확인 결측치 및 사용 데이터 확인

↓

데이터 탐색
반응률 비교 분석 평균비교 분석

↓

예측 모델
데이터 분할 로지스틱 회귀 의사결정나무 신경망

↓

모델 평가(Cut-off 변경 후 계산)

3.4.1.2 데이터 분석 목적

기업에서 캠페인은 특정한 목적을 가지고 전개되는 마케팅 활동으로 교차 판매, 이탈 고객의 재유입 등이 있다. 특히 캠페인은 목표 고객별로 일정한 기간 동안에 이루어진다는 특징을 가지고 있다. 이러한 부분 때문에 불특정 다수를 대상으로 전개하는 제품 프로모션과 차이를 보인다.

캠페인이 달성하고자 하는 특정한 목적을 위해서 조건에 부합하는 고객들을 선정할 수 있어야 하는데 이때 불특정 다수를 대상으로 하는 것이 아니라 비용적 효율성을 고려해서 캠페인의 반응률이 높을 것으로 예상되는 고객을 타깃팅하는 방법도 사용할 수 있다.

이처럼 캠페인의 대상이 되는 고객의 반응률을 데이터마이닝의 기법을 통해 예측하게 된다면 반응률이 높은 고객을 타깃팅하고 효율적으로 캠페인을 수행하는 데 활용할 수 있다.

3.4.2 데이터 전처리

3.4.2.1 데이터 가져오기

데이터 가져오기는 다양한 포맷의 데이터를 SPSS에서 분석하기 적합한 형태로 변환하여 가져올 수 있도록 기능을 제공한다. 3.1절에서 다운로드받은 Kaggle 데이터를 SPSS에서 분석할 수 있는 형태로 변환하여 가져온다. 실습은 아래 그림을 참고하면서 순차적으로 진행한다.

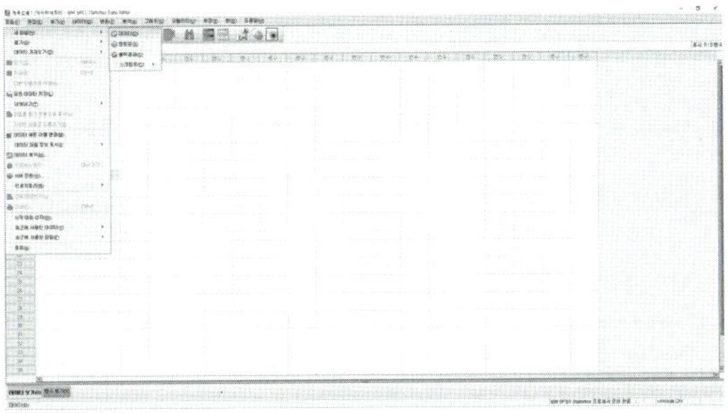

[데이터 열기 메뉴 접근]
Kaggle 데이터를 SPSS에서 불러오기 위해서 상단 메뉴에서 "파일 → 열기 → 데이터"를 순차적으로 누른다.

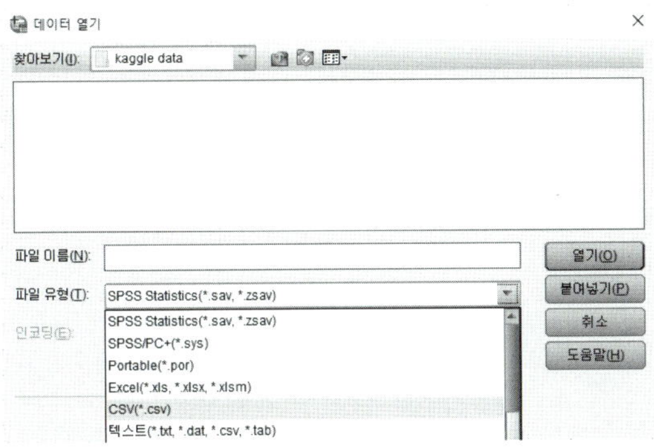

[데이터 열기 – 파일 유형 CSV 확장자 선택]
데이터 열기 메뉴를 선택하면 "데이터 열기" 창이 나타난다. Kaggle에서 다운로드받은 파일을 열기 위해서 파일 유형을 "CSV(*.csv)"로 선택한다.

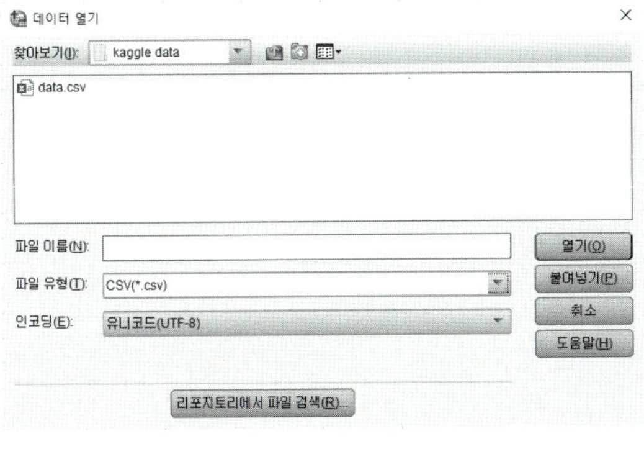

[데이터 열기 – CSV 확장자 선택 후 화면]
파일 유형을 선택하면 Kaggle에서 다운로드받은 "data.csv"이 나타난다. 해당 파일을 선택하고 "열기" 버튼을 누른다.

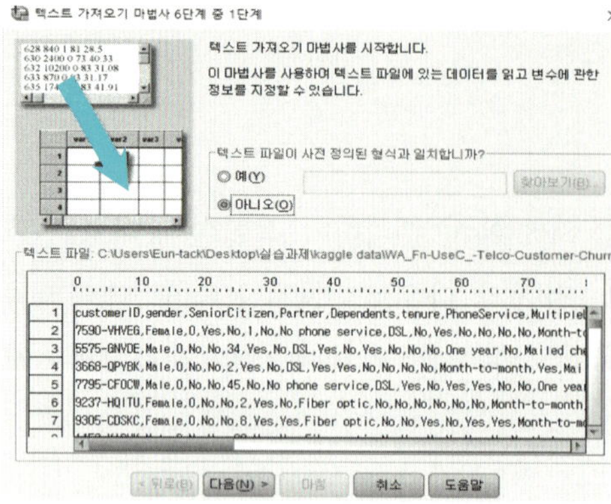

SPSS에서는 "데이터 열기"를 실행하면 "텍스트 가져오기 마법사"가 자동으로 활성화된다. 선택한 텍스트 파일에 있는 데이터를 읽고 변수에 관한 정보를 저장한다.

[텍스트 가져오기 마법사 6단계 중 1단계]
변경사항이 없으므로 기본값을 사용한다.
"다음" 버튼을 누른다.

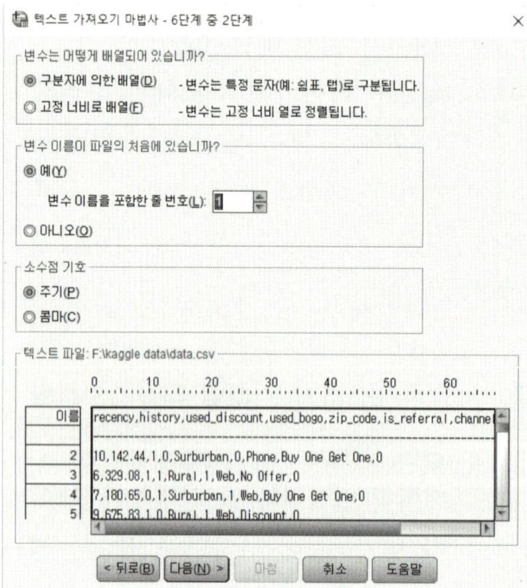

[텍스트 가져오기 마법사 6단계 중 2단계]
첫 번째 행에 변수 이름이 있으므로 "변수 이름이 파일의 처음에 있습니까?" 항목에서 "예"를 선택한다.
나머지는 변경사항이 없으므로 기본값을 사용한다.
"다음" 버튼을 누른다.

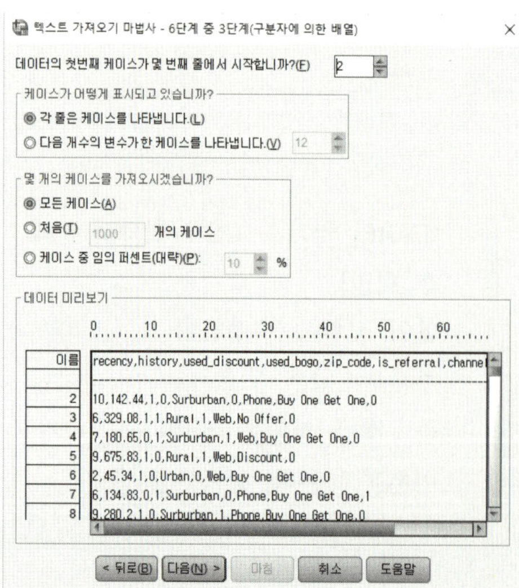

[텍스트 가져오기 마법사 6단계 중 3단계]
변경사항이 없으므로 기본값을 사용한다.
"다음" 버튼을 누른다.

[텍스트 가져오기 마법사 6단계 중 4단계]
변수 사이 구분자를 콤마를 사용하므로 "변수 사이에 어떤 구분자를 사용했습니까?" 항목에서 "콤마"를 선택한다.
나머지는 변경사항이 없으므로 기본값을 사용한다.
"다음" 버튼을 누른다.

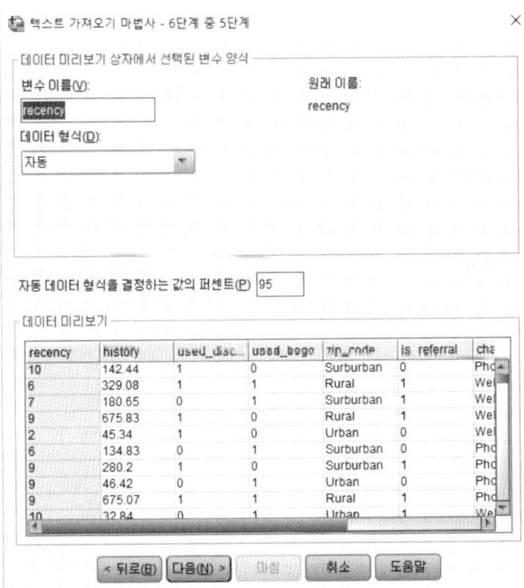

[텍스트 가져오기 마법사 6단계 중 5단계]
변경사항이 없으므로 기본값을 사용한다 (데이터 형식은 "자동"으로 선택하지만 데이터를 열고 난 이후에도 변경이 가능하다).
"다음" 버튼을 누른다.

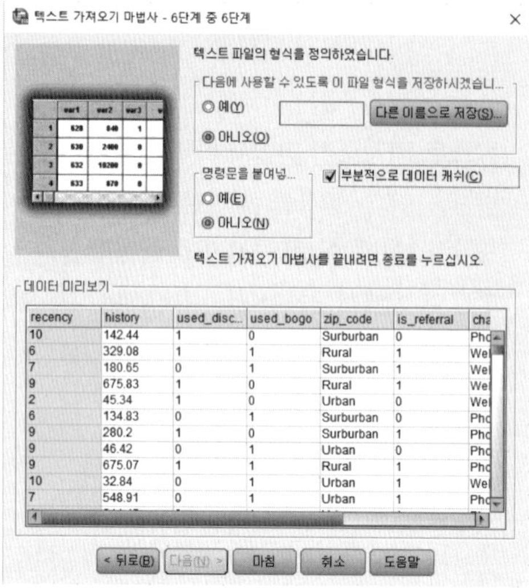

[텍스트 가져오기 마법사 6단계 중 6단계]
변경사항이 없으므로 기본값을 사용한다.
"마침" 버튼을 누른다.

3.4.2.2 데이터 타입 확인

데이터 타입 확인은 데이터 가져오기 결과 데이터를 확인하는 과정이다. 데이터 가져오기에서 데이터에 대한 사전 지식이 있을 경우 미리 데이터 타입을 설정하는 전처리 작업의 방식도 있지만 이처럼 데이터를 가져오기 한 후에 결과를 확인하고 후처리하는 방식을 사용할 수도 있다. 분석을 위해서는 모든 과정이 필요하다. 실습은 아래 그림을 참고하면서 순차적으로 진행한다.

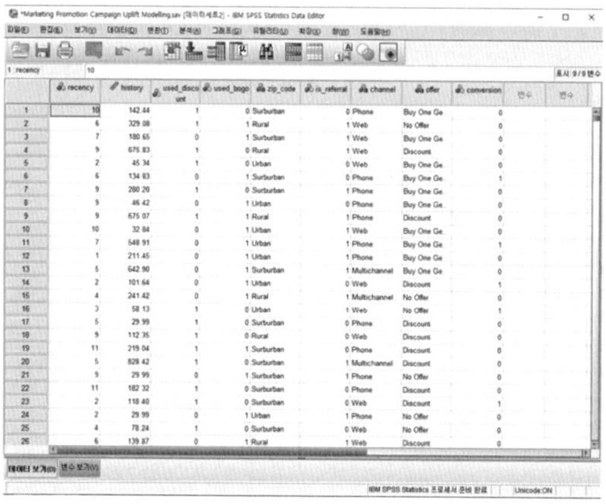

[데이터 보기]
SPSS로 가져온 Kaggle 데이터값을 좌측 하단에 "데이터 보기" 탭에서 확인할 수 있다.

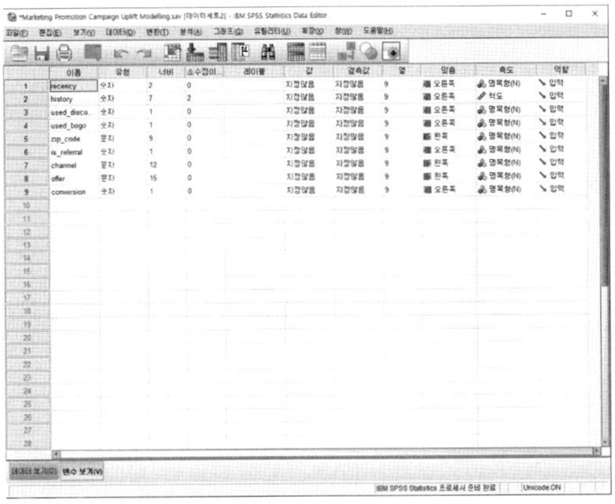

[변수 보기]
데이터 타입 확인 및 수정은 좌측 하단에 "변수 보기" 탭에서 할 수 있다.

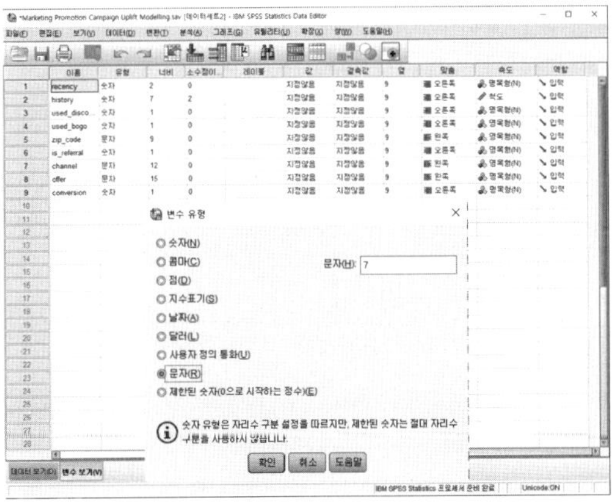

[변수 유형 확인]
"변수 보기" 탭에서 유형을 누르면 해당 변수 유형을 "숫자", "문자" 등으로 선택하고 변경할 수 있다.

3.4.2.3 결측치 및 사용 데이터 확인

결측치 및 사용 데이터 확인은 데이터를 분석하는 과정에서 불필요한 결측치 또는 필요 없는 데이터를 확인하고 제거하는 단계이다. 본장에서는 "offer" 변수를 통해서 해당 고객에게 캠페인을 발송한 케이스와 발송하지 않은 케이스로 구분할 수 있다. 발송한 적이 없는 고객은 반응률을 계산할 수 없으므로 해당 케이스는 제거한다. is_referral 변수의 경우 conversion 같이 offer의 결과적 값에 해당하는지 주어진 설명으로 정의하기가 어렵기 때문에 편의상 해당 실습에서는 데이터 탐색 이후부터 is_referral 변수는 분석에서 제외하고 진행한다. 실습은 아래 그림을 참고하면서 순차적으로 진행한다.

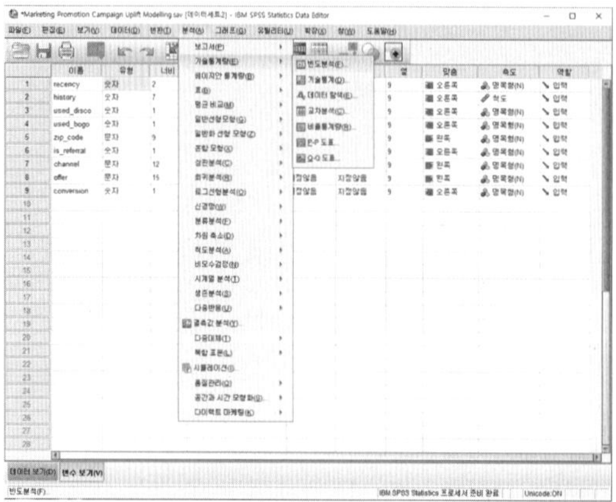

[빈도분석 메뉴]
데이터의 결측치를 확인하기 위해서 상단 메뉴에서 "분석 → 기술통계량 → 빈도분석"을 순차적으로 누른다.

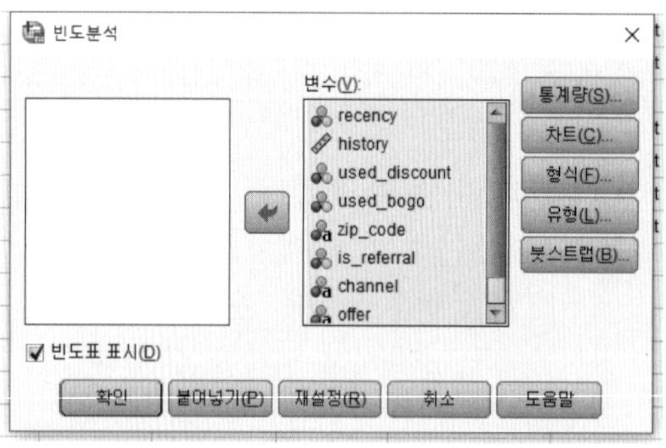

[빈도분석: 변수 선택]
모든 변수의 결측값을 확인해야 하므로 모두 오른쪽의 "변수"로 선택하고, "확인" 버튼을 누른다.

통계량

		used_discount	used_bogo	zip_code	is_referral	channel	offer	conversion
N	유효	64000	64000	64000	64000	64000	64000	64000
	결측	0	0	0	0	0	0	0

[빈도분석 통계량]
빈도분석 실행 후 통계량 결과에서 모든 변수에 결측값이 없는 것으로 나타난다.

used_discount

		빈도	퍼센트	유효 퍼센트	누적 퍼센트
유효	0	28734	44.9	44.9	44.9
	1	35266	55.1	55.1	100.0
	전체	64000	100.0	100.0	

빈도분석 실행 후 used_discount 빈도표 확인 결과 0, 1 2개 값만 있는 것으로 나타난다.

used_bogo

		빈도	퍼센트	유효 퍼센트	누적 퍼센트
유효	0	28818	45.0	45.0	45.0
	1	35182	55.0	55.0	100.0
	전체	64000	100.0	100.0	

빈도분석 실행 후 used_bogo 빈도표 확인 결과 0, 1 2개 값만 있는 것으로 나타난다.

zip_code

		빈도	퍼센트	유효 퍼센트	누적 퍼센트
유효	Rural	9563	14.9	14.9	14.9
	Surburban	28776	45.0	45.0	59.9
	Urban	25661	40.1	40.1	100.0
	전체	64000	100.0	100.0	

빈도분석 실행 후 zip_code 빈도표 확인 결과 "Rural", "Surburban", "Urban" 3개 값이 있는 것으로 나타난다.

is_referral

		빈도	퍼센트	유효 퍼센트	누적 퍼센트
유효	0	31856	49.8	49.8	49.8
	1	32144	50.2	50.2	100.0
	전체	64000	100.0	100.0	

빈도분석 실행 후 is_referral 빈도표 확인 결과 0, 1 2개 값만 있는 것으로 나타난다.

channel

		빈도	퍼센트	유효 퍼센트	누적 퍼센트
유효	Multichannel	7762	12.1	12.1	12.1
	Phone	28021	43.8	43.8	55.9
	Web	28217	44.1	44.1	100.0
	전체	64000	100.0	100.0	

빈도분석 실행 후 channel 빈도표 확인 결과 "Multichannel", "Phone", "Web" 3개 값이 있는 것으로 나타난다.

offer

		빈도	퍼센트	유효 퍼센트	누적 퍼센트
유효	Buy One Get One	21387	33.4	33.4	33.4
	Discount	21307	33.3	33.3	66.7
	No Offer	21306	33.3	33.3	100.0
	전체	64000	100.0	100.0	

빈도분석 실행 후 offer 빈도표 확인 결과 "Buy One Get One", "Discount", "No Offer" 3개 값이 있는 것으로 나타난다.

conversion

		빈도	퍼센트	유효 퍼센트	누적 퍼센트
유효	0	54606	85.3	85.3	85.3
	1	9394	14.7	14.7	100.0
	전체	64000	100.0	100.0	

빈도분석 실행 후 conversion 빈도표 확인 결과 0, 1 2개 값만 있는 것으로 나타난다.

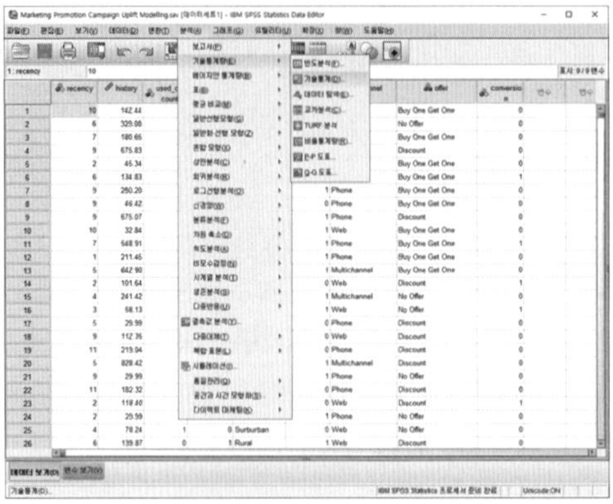

[기술통계 메뉴]
수치형 변수의 기초통계량을 확인하기 위해서 상단 메뉴에서 "분석 → 기술통계량 → 기술통계"를 순차적으로 누른다.

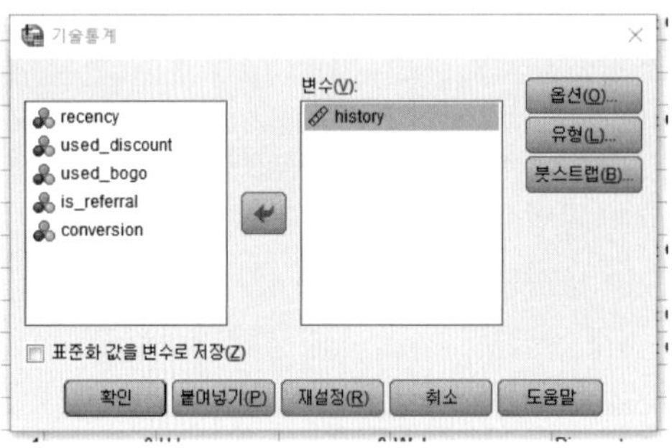

[기술통계]
"history"를 오른쪽의 "변수"로 선택하고, "확인" 버튼을 누른다.

기술통계량

	N	최소값	최대값	평균	표준편차
recency	64000	1	12	5.76	3.508
history	64000	29.99	3345.93	242.0857	256.15861
유효 N(목록별)	64000				

[기술통계량]
기술통계 실행 후 "history" 기술통계량 확인 결과 최소값이 1, 최대값이 12, 평균 5.76으로 나타난다.

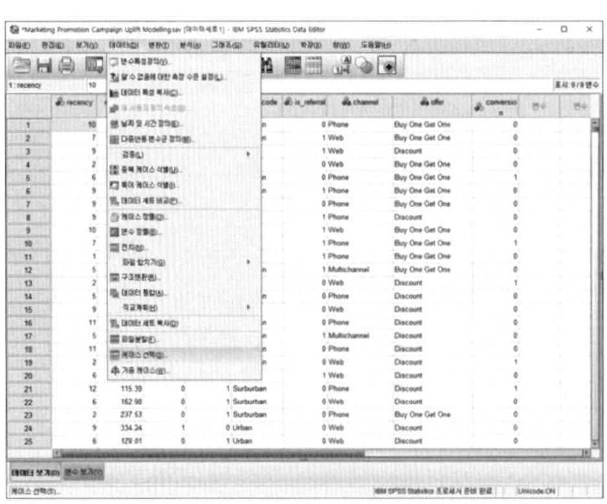

[케이스 선택 메뉴]
offer 변수값 중 "No Offer"를 제거하기 위해서 "데이터 → 케이스 선택"을 순차적으로 누른다.

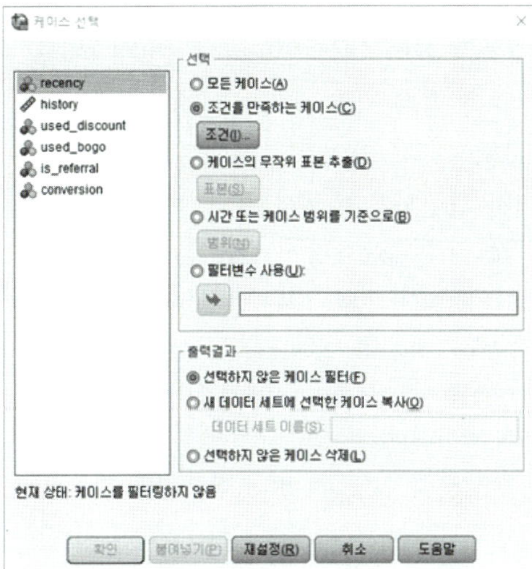

[케이스 선택: 선택]
offer 변수값 중 "No Offer"만 선택 제거하므로 "선택" 항목에서 "조건을 만족하는 케이스"를 선택한 후 "조건" 버튼을 누른다.

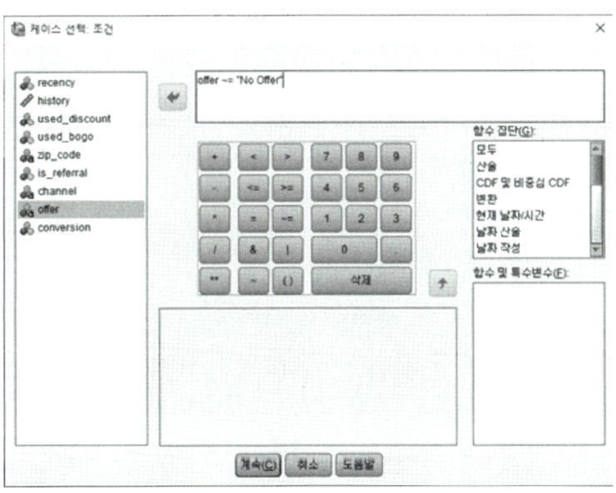

[케이스 선택: 조건]
출력결과 옵션에서 "선택하지 않은 케이스 삭제"를 사용할 것이므로 "No Offer"를 제외한 모든 조건을 선택할 수 있는 offer ~= "No Offer"라는 수식을 입력하고, "계속" 버튼을 누른다.

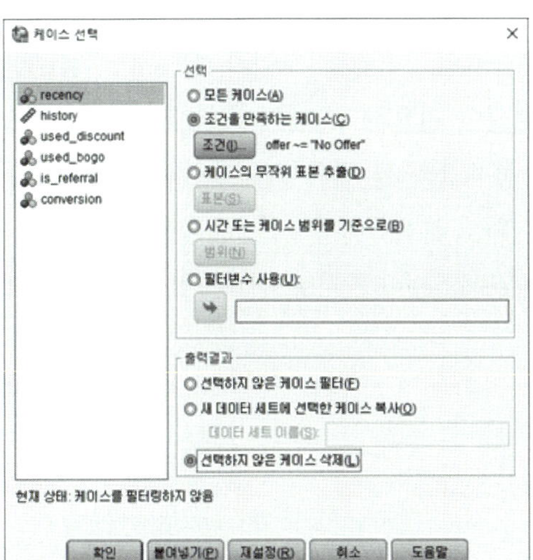

[케이스 선택: 출력결과]
"No Offer"를 제외한 모든 조건을 선택했으므로 "선택하지 않은 케이스 삭제"를 선택하고, "확인" 버튼을 누른다.

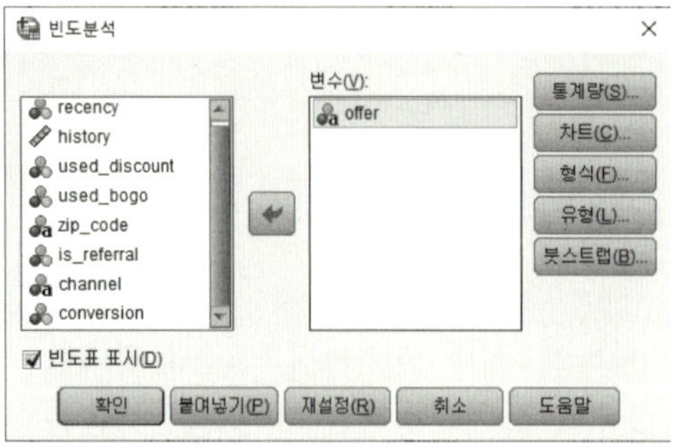

[최종 분석 대상 빈도분석: 변수] (빈도분석 메뉴 경로 생략)
"No Offer" 케이스만 제대로 삭제되었는지 확인하기 위해서 상단 메뉴에서 "분석 → 기술통계량 → 빈도분석" 선택 후 "빈도분석"에서 "offer" 변수를 선택하고, "확인" 버튼을 누른다.

offer

		빈도	퍼센트	유효 퍼센트	누적 퍼센트
유효	Buy One Get One	21387	50.1	50.1	50.1
	Discount	21307	49.9	49.9	100.0
	전체	42694	100.0	100.0	

빈도분석 실행 후 offer 변수 빈도표 확인 결과 "Buy One Get One", "Discount", "No Offer" 3개 값에서 "No Offer"가 없는 것으로 나타난다.

3.4.3 데이터 탐색

3.4.3.1 반응률 비교 분석

반응률 비교 분석은 종속변수인 "conversion"을 집단(명목형 변수)별로 반응률의 차이가 있는지 확인하기 위한 분석단계이다. 집단별로 반응률의 차이가 크게 존재할 경우 해당 집단은 종속변수를 설명하는데 중요한 변수일 가능성이 높다.

본절에서는 독립변수의 특성에 따라 반응률이 어떻게 차이가 있는지 "집단별 conversion 고객수/집단별 offer 고객수"로 계산이 필요하다. 데이터 통합 기능을 사용하여 집단별로 고객수를 구하고 변수계산을 통해 집단별 반응률을 계산하고 최종적으로 케이스 요약을 통해 결과값을 산출한다. 분석 대상 집단은 총 "recency", "used_discount", "used_bogo", "zip_code", "channel" 5가지로 한다. 실습은 아래 그림을 참고하면서 순차적으로 진행한다.

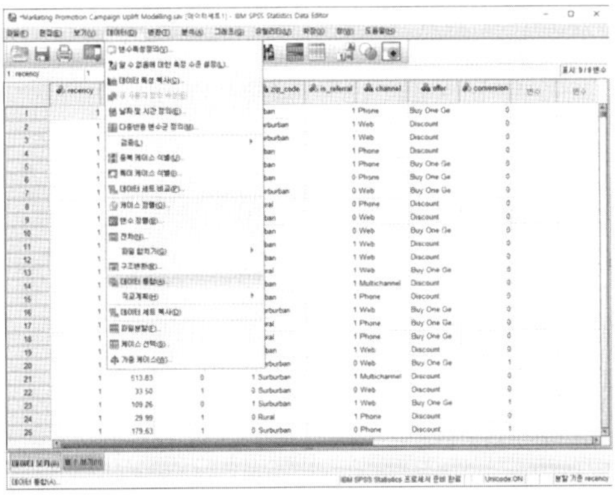

[데이터 통합 메뉴]

집단별 빈도수를 계산하고 새로운 변수를 저장하기 위해서 상단 메뉴에서 "데이터 → 데이터 통합"을 순차적으로 누른다.

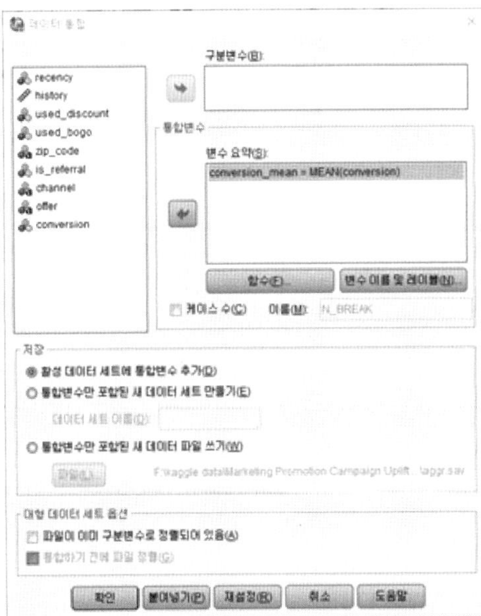

[기술통계]

"conversion" 오른쪽에 "변수 요약"을 선택한다.

집단별 데이터 건수를 구하기 위해서 데이터 통합 "함수" 버튼을 누른다(상세 아래 데이터 통합: 통합함수 참조). 기본값은 MEAN 평균으로 되어 있다.

집단별 데이터 건수의 변수 이름을 변경하기 위해서 "변수 이름 및 레이블" 버튼을 누른다(상세 아래 데이터 통합: 변수 이름 참조).

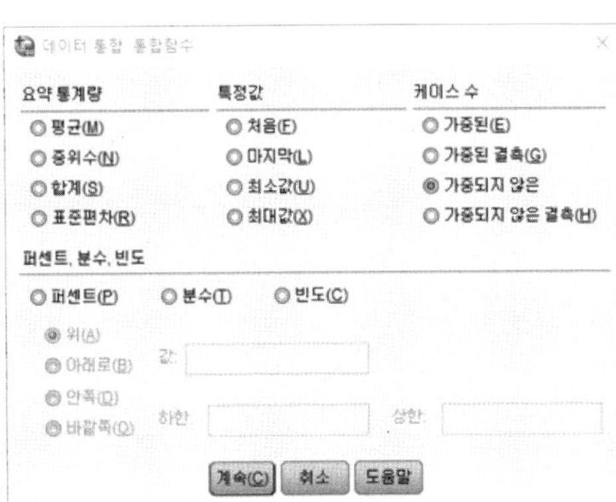

[데이터 통합: 통합함수]

집단별 데이터 건수를 구하기 위해서 케이스 수에 "가중되지 않은"을 선택하고, "계속" 버튼을 누른다.

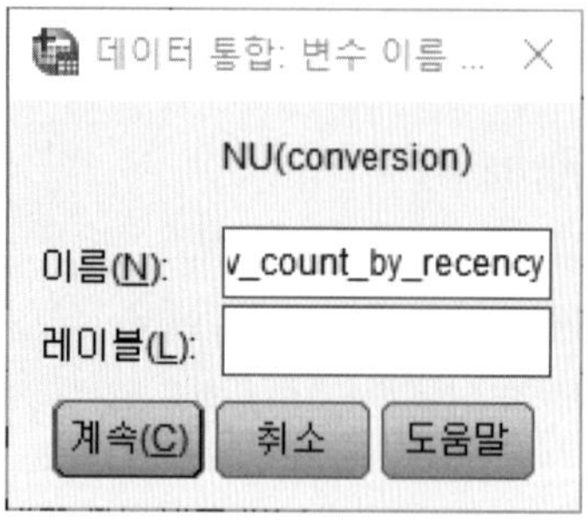

[데이터 통합: 변수 이름]
"recency" 그룹별 빈도수를 의미하는 변수 이름을 사용하기 위해서 "conv_count_by_recency"라고 입력하고 "계속" 버튼을 누른다.

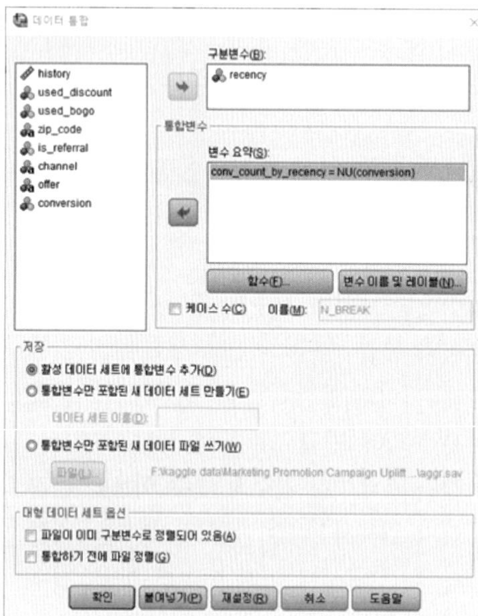

[데이터 통합]
"통합변수" 설정을 완료한 후 "recency"를 오른쪽에 "구분변수"로 선택한다.
"recency" 데이터 통합 설정이 완료되었으므로 "확인" 버튼을 누른다.

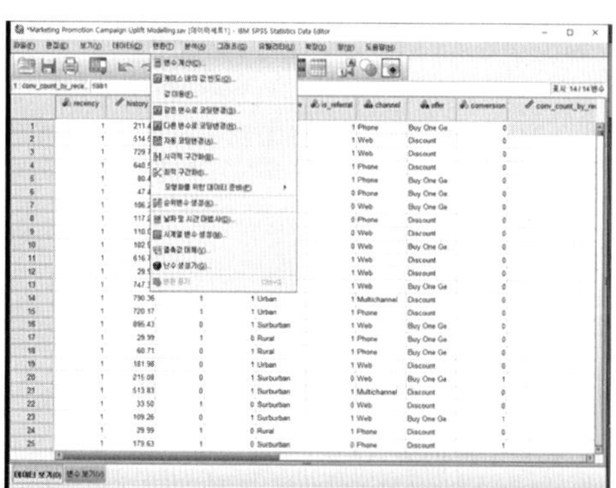

[변수 계산]
"데이터 통합" 실행 후 "conv_count_by_recency"라는 변수가 새로 생긴 것을 확인할 수 있다.
최종 "recency" 집단별 반응률을 계산하기 위해서 "변환 → 변수계산"을 순차적으로 누른다.

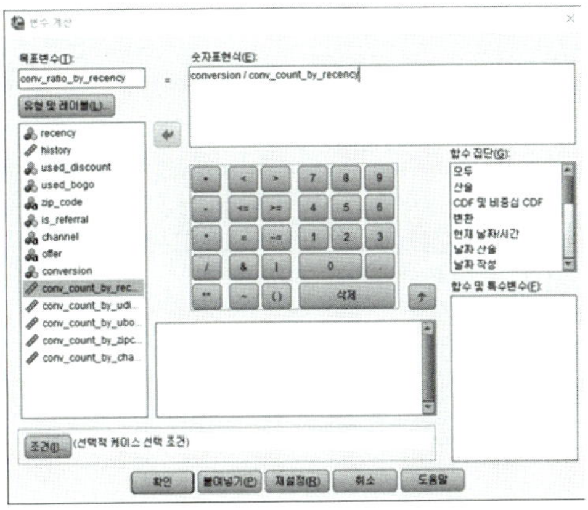

[변수 계산]

"구매 여부/recency 집단별 빈도수"를 계산하기 위해서 "숫자표현식"에 "conversion/conv_count_by_recency"을 입력한다. "recency" 그룹별 구매 여부를 의미하는 변수 이름을 사용하기 위해서 "conv_ratio_by_recency"이라고 입력하고 "확인" 버튼을 누른다.

"recency" 외에도 "used_discount", "used_bogo", "zip_code", "channel" 변수별로 동일하게 "데이터 통합"과 "변수 계산"을 반복한다. 상세한 설명은 "recency"와 동일하기 때문에 생략한다. 중간 과정은 아래 그림을 참고한다.

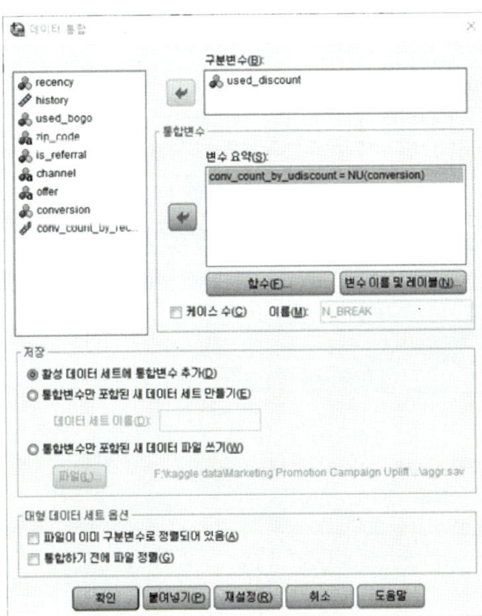

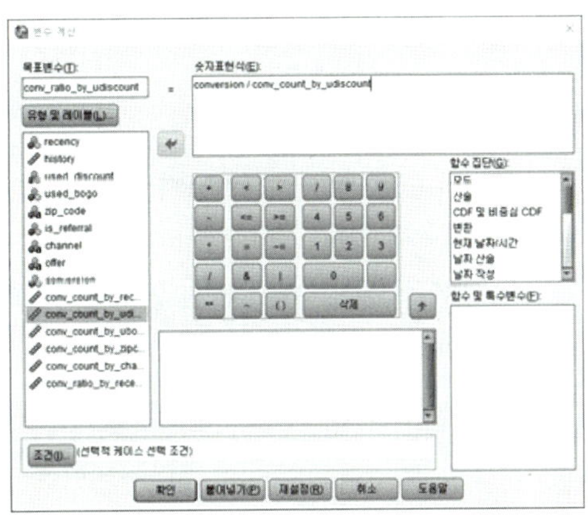

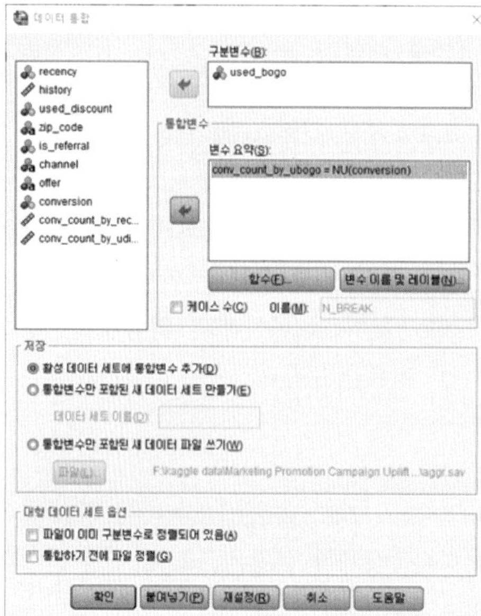
데이터 통합
구분변수(B):
used_bogo
recency
history
used_discount
zip_code
is_referral
channel
offer
conversion
conv_count_by_rec...
conv_count_by_udi...
통합변수
변수 요약(S):
conv_count_by_ubogo = NU(conversion)
함수(F)...
변수 이름 및 레이블(N)...
케이스 수(C)
이름(M):
N_BREAK
저장
활성 데이터 세트에 통합변수 추가(D)
통합변수만 포함된 새 데이터 세트 만들기(E)
데이터 세트 이름(O):
통합변수만 포함된 새 데이터 파일 쓰기(W)
파일(L)...
대형 데이터 세트 옵션
파일이 이미 구분변수로 정렬되어 있음(A)
통합하기 전에 파일 정렬(G)
확인
붙여넣기(P)
재설정(R)
취소
도움말

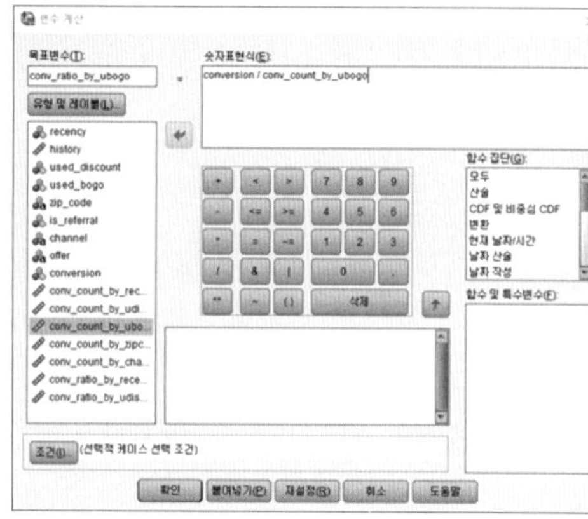
변수 계산
목표변수(T):
conv_ratio_by_ubogo
숫자표현식(E):
conversion / conv_count_by_ubogo
유형 및 레이블(L)...
함수 집단(G):
함수 및 특수변수(F):
조건(I)...
(선택적 케이스 선택 조건)
확인
붙여넣기(P)
재설정(R)
취소
도움말

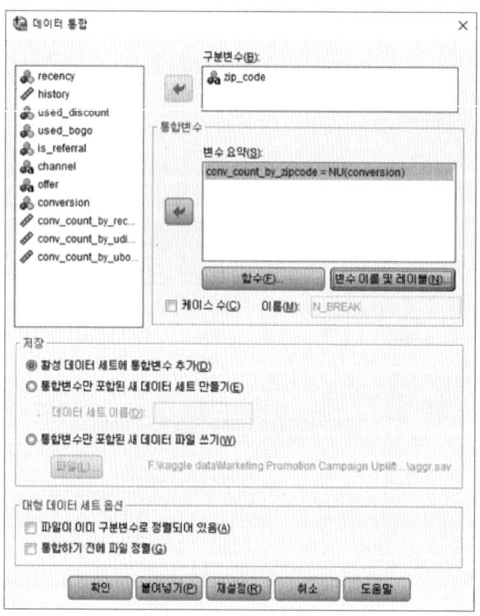
데이터 통합
구분변수(B):
zip_code
recency
history
used_discount
used_bogo
is_referral
channel
offer
conversion
conv_count_by_rec...
conv_count_by_udi...
conv_count_by_ubo...
통합변수
변수 요약(S):
conv_count_by_zipcode = NU(conversion)
함수(F)...
변수 이름 및 레이블(N)...
케이스 수(C)
이름(M):
N_BREAK
저장
활성 데이터 세트에 통합변수 추가(D)
통합변수만 포함된 새 데이터 세트 만들기(E)
데이터 세트 이름(O):
통합변수만 포함된 새 데이터 파일 쓰기(W)
파일(L)...
대형 데이터 세트 옵션
파일이 이미 구분변수로 정렬되어 있음(A)
통합하기 전에 파일 정렬(G)
확인
붙여넣기(P)
재설정(R)
취소
도움말

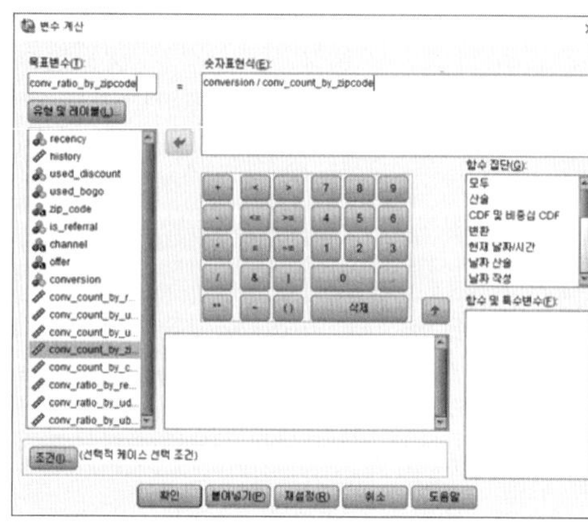
변수 계산
목표변수(T):
conv_ratio_by_zipcode
숫자표현식(E):
conversion / conv_count_by_zipcode
유형 및 레이블(L)...
함수 집단(G):
함수 및 특수변수(F):
조건(I)...
(선택적 케이스 선택 조건)
확인
붙여넣기(P)
재설정(R)
취소
도움말

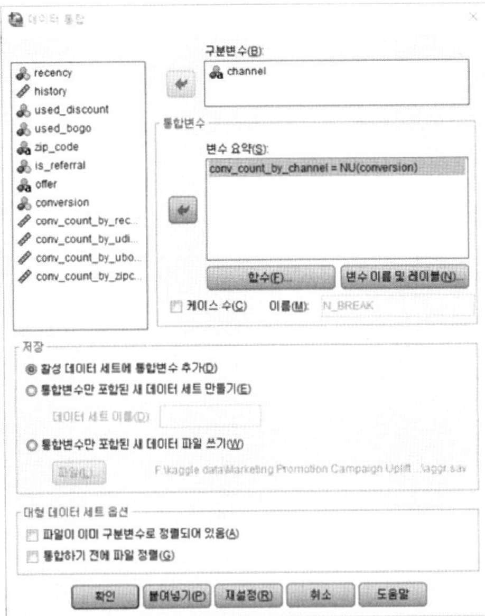

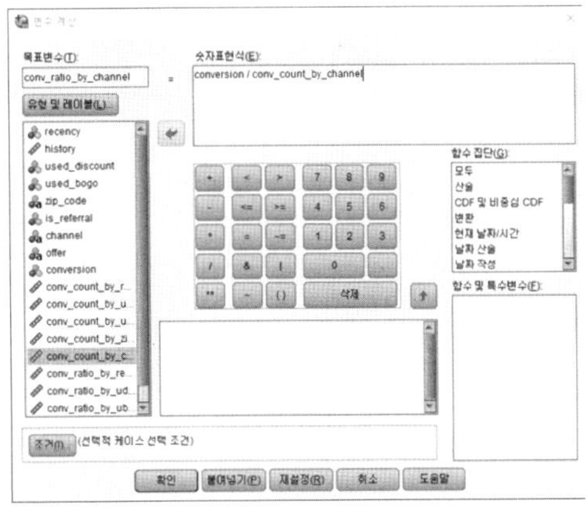

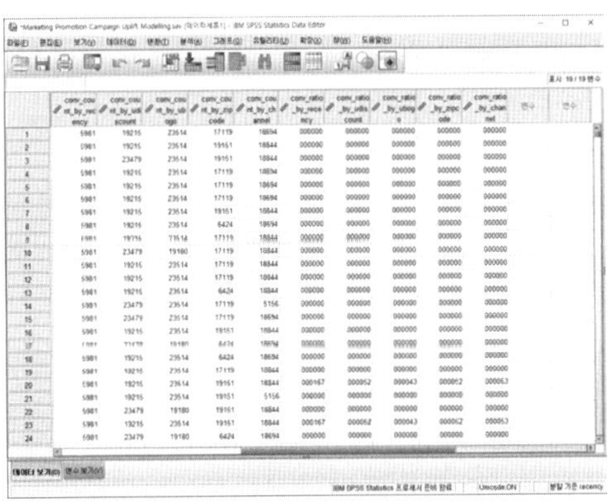

[데이터 보기 화면]

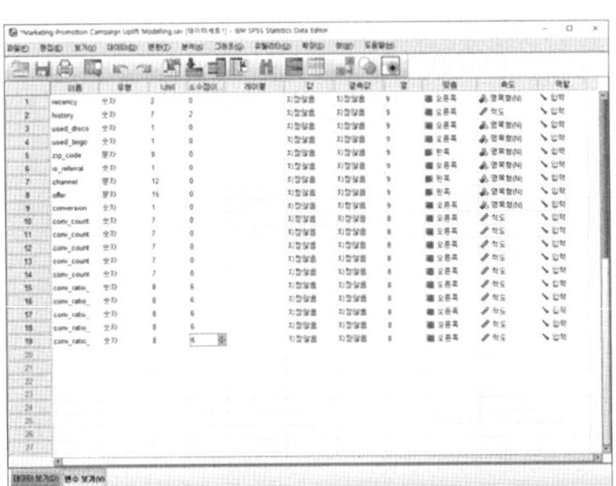

[변수 보기 화면]

5개의 독립변수에 대해서 모든 계산 과정을 반복하면 최종적으로 위와 같이 "conv_count_by_recency", "conv_count_by_udiscount", "conv_count_by_ubogo", "conv_count_by_zipcode", "conv_count_by_channel", "conv_ratio_by_recency", "conv_ratio_by_udiscount", "conv_ratio_by_ubogo", "conv_ratio_by_zipcode", "conv_ratio_by_channel" 10개의 변수가 새롭게 저장된 것을 확인할 수 있다.

최종적으로 반응률 계산을 위해서 케이스 요약을 통해 결과값을 도출한다. 실습은 아래 그림을 참고하면서 순차적으로 진행한다.

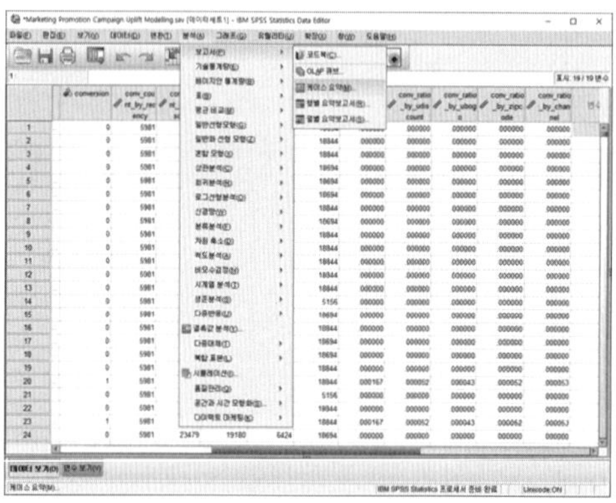

[케이스 요약 메뉴]
케이스별로 계산한 데이터를 요약하여 확인하기 위해서 상단 메뉴에서 "분석 → 케이스 요약"을 순차적으로 누른다.

[케이스 요약]
요약에 필요한 통계량을 선택하기 위해서 "통계량" 버튼을 누른다.

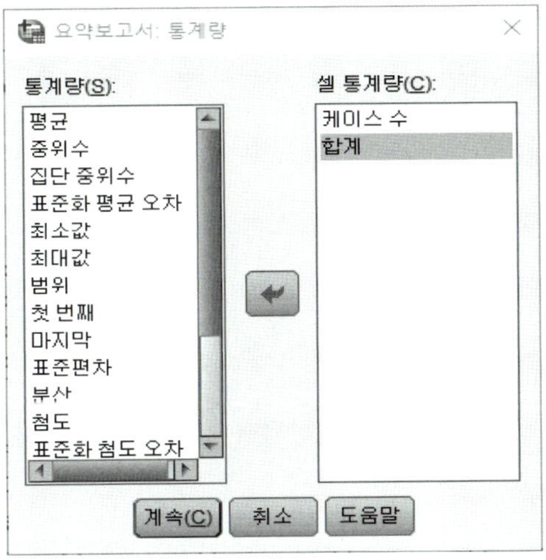

[요약보고서: 통계량]
집단별 케이스의 합계를 구하기 위해서 통계량의 "합계"를 오른쪽에 "셀 통계량"으로 선택한다.
"계속" 버튼을 누른다.

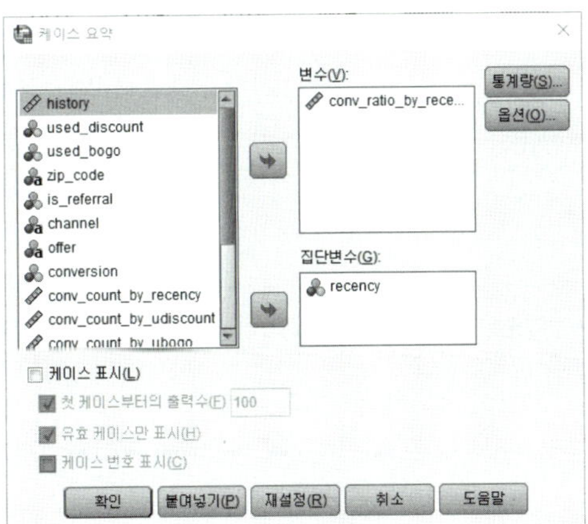

[케이스 요약]
"recency" 집단별 반응률을 케이스 요약하기 위해서 앞에서 계산한 "conv_ratio_by_recency"를 오른쪽에 "변수"로 선택한다.
"recency"를 오른쪽에 "집단변수"로 선택한다.
케이스별 값을 확인하지 않으므로 "케이스 표시" 체크는 해제한다.
"recency" 케이스 요약 설정이 완료되었으므로 "확인" 버튼을 누른다.

케이스 요약

conv_ratio_by_recency

recency	N	합계
1	5981	.215181
2	5006	.199760
3	3968	.185988
4	3356	.168057
5	2993	.158704
6	3077	.163471
7	2669	.151742
8	2331	.146718
9	4315	.137891
10	5081	.130289
11	2352	.136480
12	1565	.153355
전체	42694	1.947636

[케이스 요약 결과]

케이스 요약 실행 후 "recency" 집단별 캠페인 반응률이 "합계" 항목에 계산되어 나온 것을 확인할 수 있다.

[케이스 요약 결과 열 편집]

케이스 요약 결과표를 활용하여 그래프를 그리기 위해서 그래프에 필요 없는 케이스 수 "N"을 삭제한다.

결과표를 "더블클릭"하여 "편집 모드"를 활성화 시킨다.

"N" 열 전체를 마우스로 드래그하여 검은색 음영으로 지정한다.

음영 위에서 마우스를 우클릭하여 별도의 메뉴창을 불러와서 "삭제" 버튼을 누른다.

[케이스 요약 결과 행 편집]
케이스 요약 결과표를 활용하여 그래프를 그리기 위해서 그래프에 필요 없는 케이스 수 “전체”를 삭제한다.
결과표를 “더블클릭”을 하여 “편집 모드”를 활성화시킨다.
“전체” 행 전체를 마우스로 드래그하여 검은색 음영으로 지정한다.
음영 위에서 마우스를 우클릭하여 별도의 메뉴창을 불러와서 “삭제” 버튼을 누른다.

케이스 요약

conv_ratio_by_recency

recency	합계
1	.215181
2	.199760
3	.185988
4	.168057
5	.158704
6	.163471
7	.151742
8	.146718
9	.137891
10	.130289
11	.136480
12	.153355

[케이스 요약: 편집 결과]
케이스 요약 편집 결과 “recency” 십단별 캠페인 반응률만 남은 것을 확인할 수 있다.

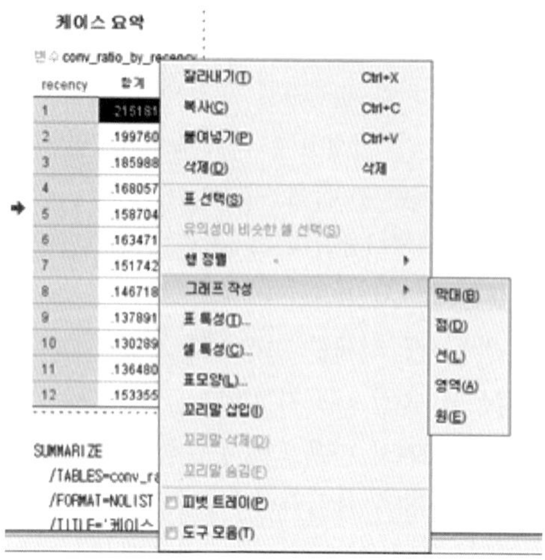

[케이스 요약: 그래프 작성]
집단별 반응률 막대그래프를 작성하기 위해서 케이스 요약 편집 결과를 "더블 클릭"하여 "편집 모드"를 활성화시킨다. 마우스를 우클릭하여 별도의 메뉴창을 불러와서 "그래프 작성 → 막대"를 순차적으로 누른다.

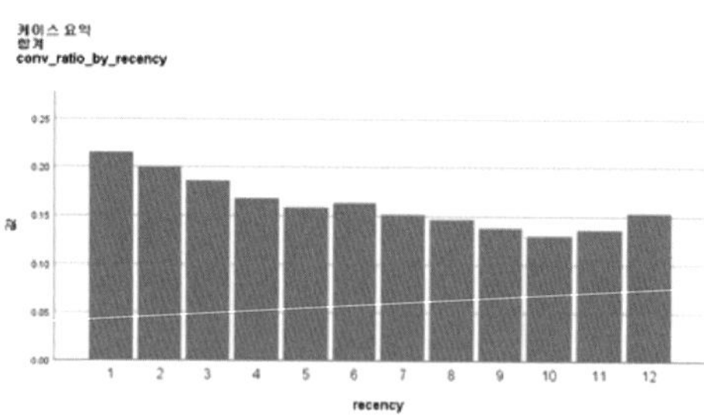

[케이스 요약 그래프 생성 결과]
그래프 생성 후 "recency" 집단별 반응률 확인 결과 최근에 구매한 1이 가장 높고 숫자가 커질수록 반응률이 낮아지는 것으로 나타났다.

"recency" 외에도 "used_discount", "used_bogo", "zip_code", "channel" 변수별로 동일하게 "케이스 요약"과 "그래프 작성"을 반복한다. 상세한 설명은 "recency"와 동일하기 때문에 생략한다. "케이스 요약" 중간 과정 화면은 아래 그림을 참고한다.

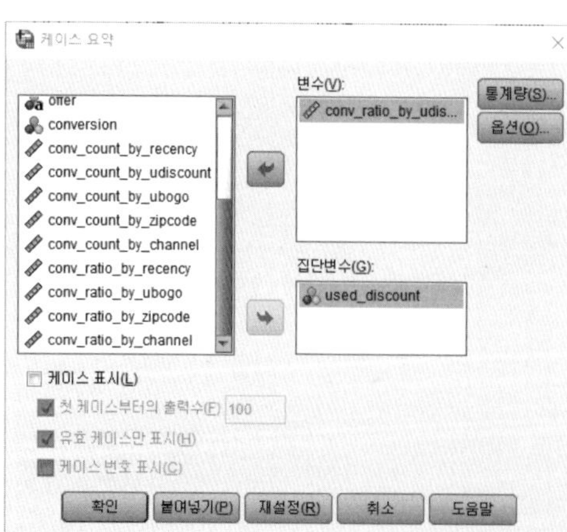

케이스 요약

conv_ratio_by_udiscount

used_discount	N	합계
0	19215	.168098
1	23479	.166191
전체	42694	.334289

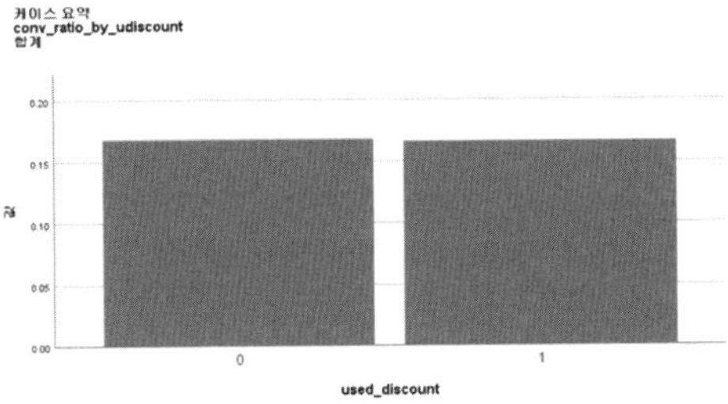

[케이스 요약 그래프 생성 결과]
그래프 생성 후 "used_discount" 집단별 반응률 확인 결과 큰 차이가 없는 것으로 나타났다.

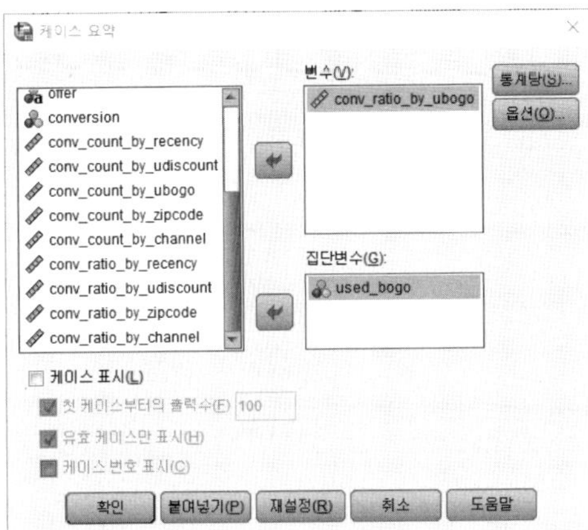

케이스 요약

conv_ratio_by_ubogo

used_bogo	N	합계
0	19180	.139833
1	23514	.189249
전체	42694	.329082

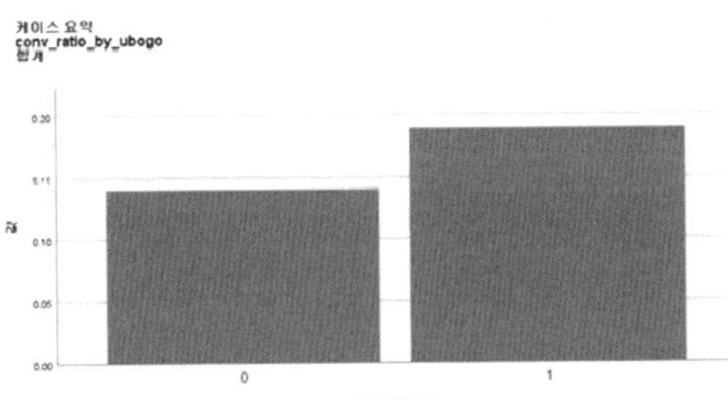

[케이스 요약 그래프 생성 결과]
그래프 생성 후 "used_bogo" 집단별 반응률 확인 결과 과거 bogo를 이용한 집단의 반응률이 더 높은 것으로 나타났다.

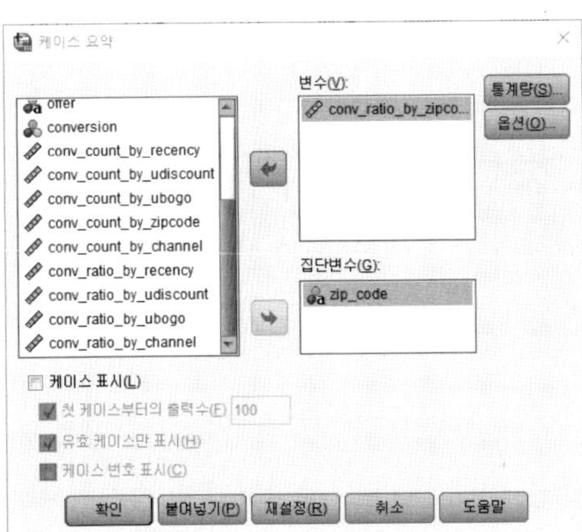

케이스 요약

conv_ratio_by_zipcode

zip_code	N	합계
Rural	6424	.205012
Surburban	19151	.160514
Urban	17119	.160114
전체	42694	.525641

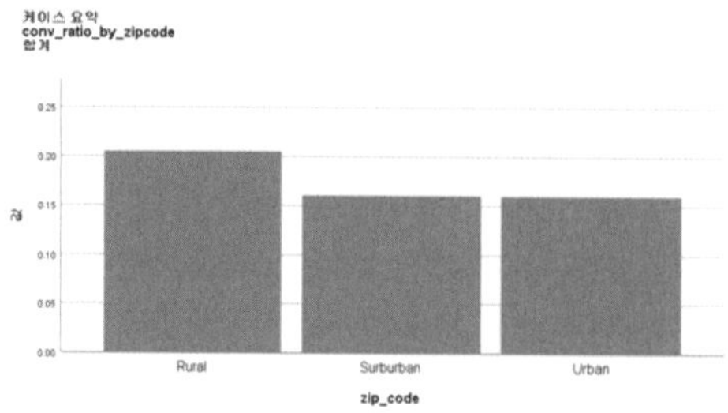

[케이스 요약 그래프 생성 결과]
그래프 생성 후 "zip_code" 집단별 반응률 확인 결과 "Rural" 집단의 반응률이 가장 높은 것으로 나타났다.

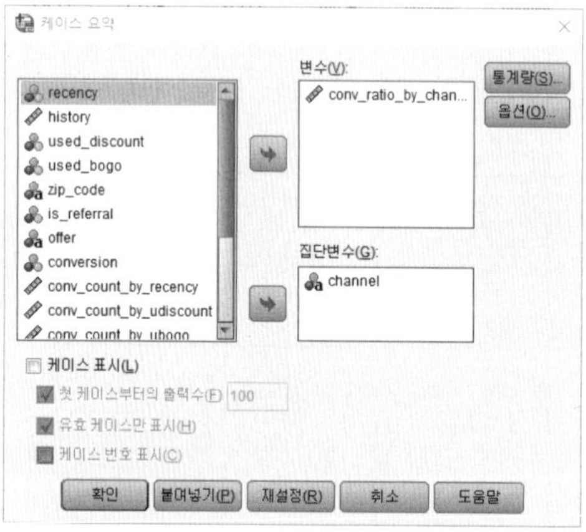

케이스 요약

conv_ratio_by_channel

channel	N	합계
Multichannel	5156	.193561
Phone	18694	.147106
Web	18844	.179580
전체	42694	.520247

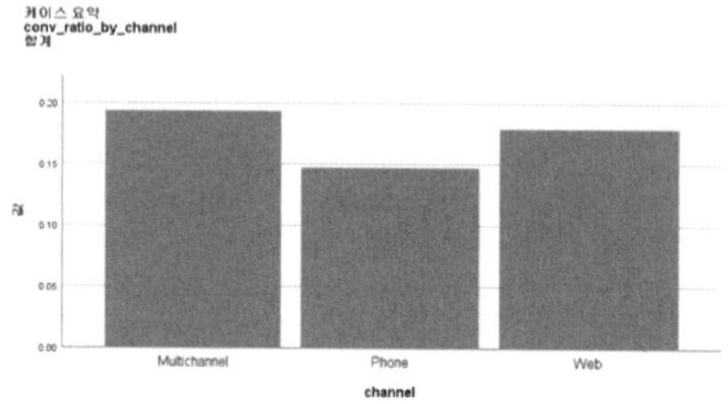

[케이스 요약 그래프 생성 결과]
그래프 생성 후 "channel" 집단별 반응률 확인 결과 "Multichannel" 집단의 반응률이 가장 높은 것으로 나타났다.

3.4.3.2 평균비교 분석

집단별 평균비교 분석은 종속변수인 "conversion" 유무에 따라서 수치형 독립변수의 평균 차이가 있는지 확인하기 위한 분석단계이다. "conversion" 유무에 따른 평균의 차이가 크게 존재할 경우 해당 변수는 종속변수를 설명하는데 중요한 변수일 가능성이 높다.

본절에서는 집단별 기초통계량을 이용하여 "conversion" 유무에 따라서 수치형 독립변수의 평균 차이가 있는지 비교한다. 실습은 아래 그림을 참고하면서 순차적으로 진행한다.

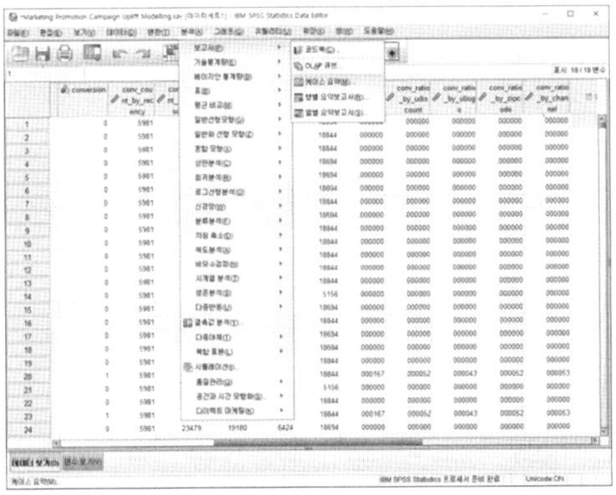

["history" 평균비교 분석]

"history" 변수는 척도형 자료이기 때문에 "집단별 반응률 분석" 대신 "반응 여부에 따른 평균 차이"를 분석한다.

메뉴에서 "분석 → 케이스 요약"을 순차적으로 누른다.

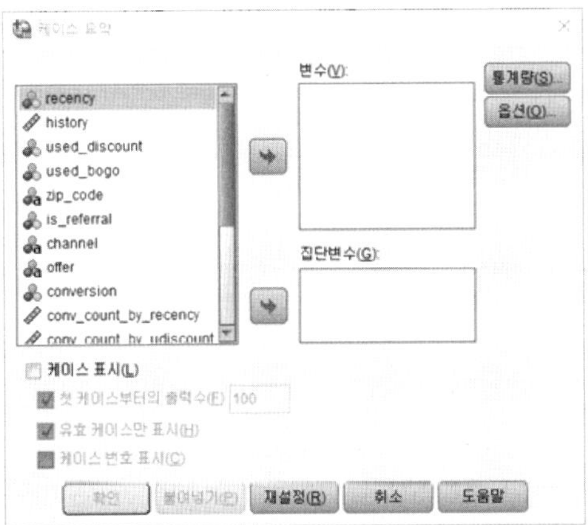

["history" 케이스 요약]

요약에 필요한 통계량을 선택하기 위해서 "통계량" 버튼을 누른다.

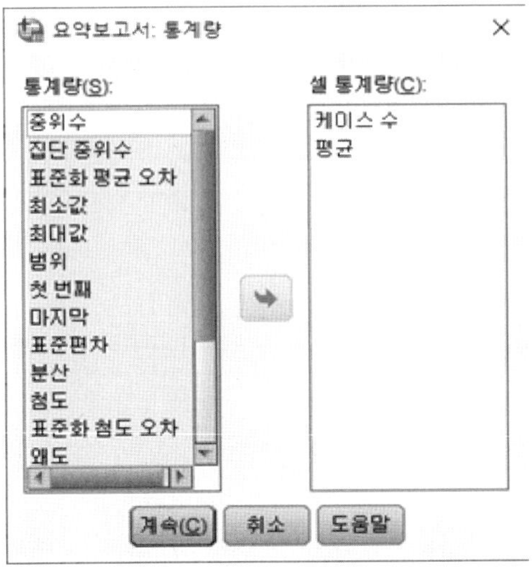

["history" 요약보고서: 통계량]

반응 여부에 따른 "history" 평균 차이를 구하기 위해서 통계량의 "평균"을, 오른쪽에 "셀 통계량"을 선택한다.

"계속" 버튼을 누른다.

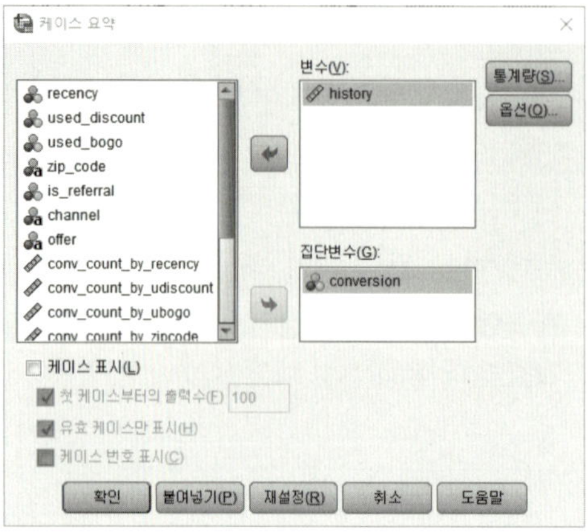

["conversion" 집단별 "history" 케이스 요약]

"conversion" 집단별 "history" 케이스를 요약하기 "history"를 오른쪽에 "변수"로 선택한다.

"conversion"를 오른쪽에 "집단변수"로 선택한다.

케이스별 값을 확인하지 않으므로 "케이스 표시" 체크는 해제한다.

"history" 케이스 요약 설정이 완료되었으므로 "확인" 버튼을 누른다.

케이스 요약

history

conversion	N	평균
0	35562	235.1279
1	7132	280.3726
전체	42694	242.6860

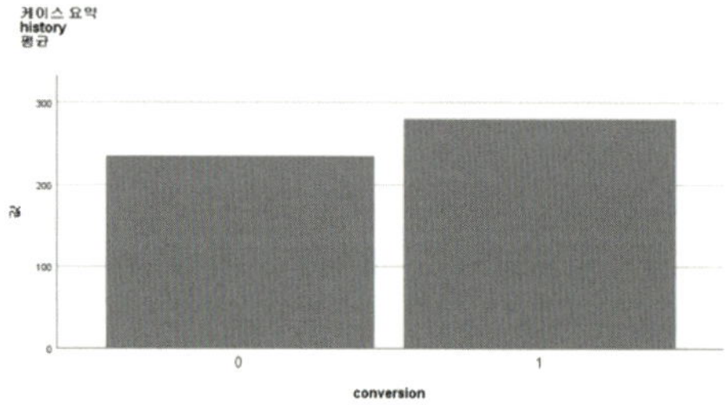

["conversion" 집단별 "history" 평균 분석]

케이스 요약 결과 반응이 있는 집단("1")의 "history" 평균값이 더 높은 것으로 나타났다(그래프는 3.4.3.1 그래프 작성 방법을 응용함).

3.4.4 반응예측 모델

3.4.4.1 데이터 분할

데이터 분할은 모델을 학습할 때 사용하는 Train Dataset과 학습 후 제대로 학습이 이루어졌는지 검증하기 위한 Test Dataset으로 데이터를 분할하는 작업이다. 본장에서는 Train Dataset 70%, Test Dataset 30%로 분할하는 것을 실습한다. 실습은 아래 그림을 참고하면서 순차적으로 진행한다.

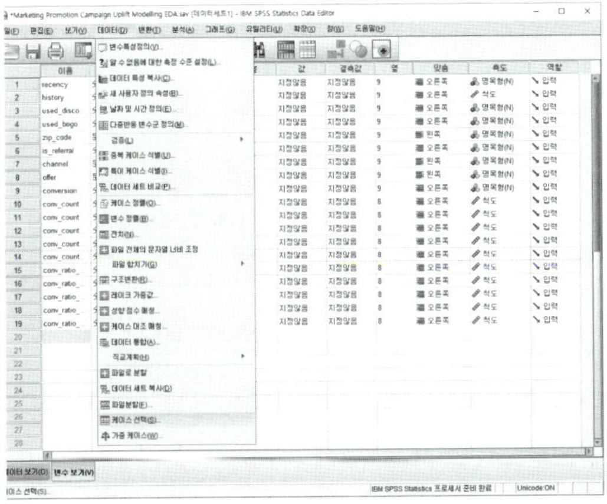

[케이스 선택 메뉴]
데이터를 학습세트와 검증세트로 분리하기 위해서 상단 메뉴에서 "데이터 → 케이스 선택"을 순차적으로 누른다.

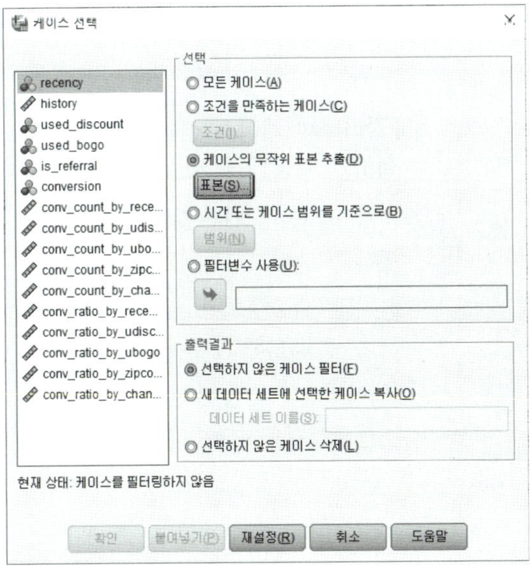

[케이스 선택: 선택]
무작위 표본 추출을 위해서 선택에 "케이스의 무작위 표본 추출"을 선택하고, "표본" 버튼을 누른다.

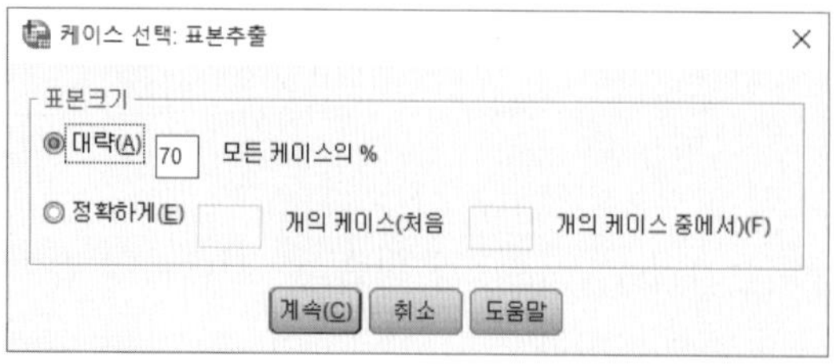

[케이스 선택: 표본추출]

학습세트에 70%를 사용하고 검증세트에 30%를 사용하기 위해서 표본에서 "대략 70 모든 케이스의%"를 선택 및 입력한다.

"계속" 버튼을 누른다.

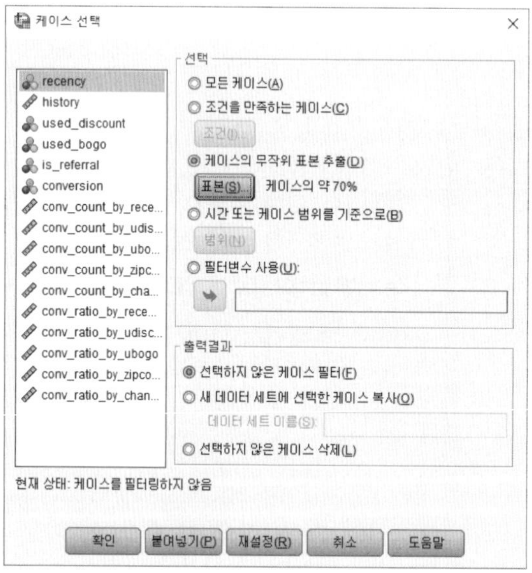

[케이스 선택: 출력결과]

학습세트 케이스를 구분하기 위해서 출력결과에 "선택하지 않은 케이스 필터"를 선택한다.

케이스 선택 설정이 완료되었으므로 "확인" 버튼을 누른다.

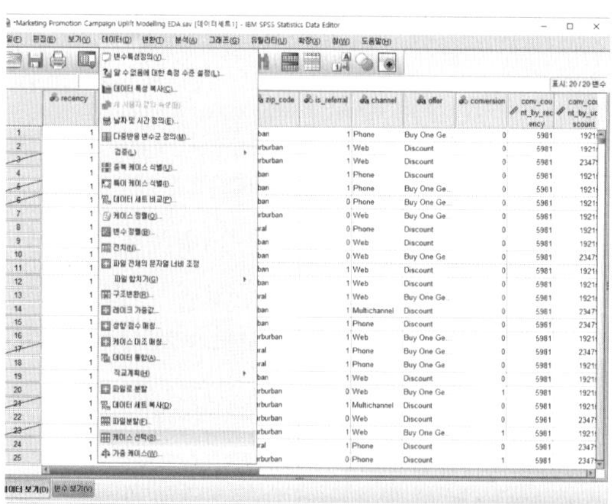

[필터해제 케이스 선택 메뉴]

케이스 선택 실행결과 "filter_$" 변수가 새로 생성된 것을 확인할 수 있다.

하지만 검증세트가 필터가 적용되어 있기 때문에 다시 상단 메뉴에서 "데이터 → 케이스 선택"을 순차적으로 누른다.

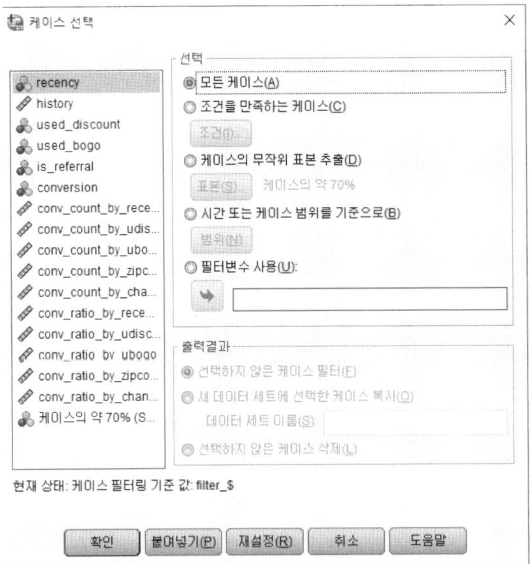

[모든 케이스 선택: 선택]
모든 케이스(학습세트, 검증세트) 사용을 위해서 선택에 "모든 케이스"를 선택한다.
케이스 선택 설정이 완료되었으므로 "확인" 버튼을 누른다.

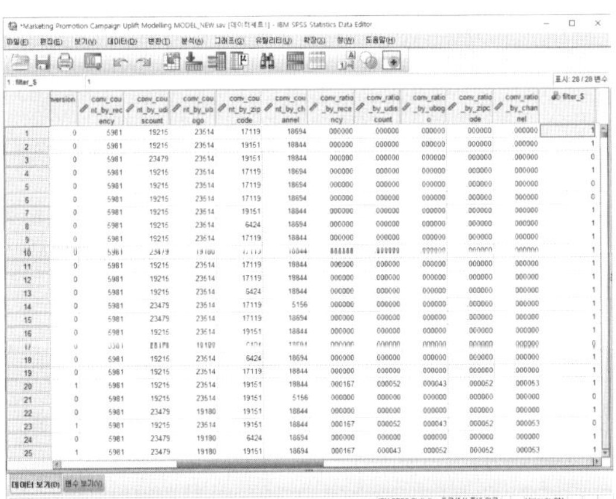

[데이터 보기]
케이스 선택 "실행결과 선택되지 않은 케이스 필터"가 사라진 것을 확인할 수 있다.

3.4.4.2 로지스틱 회귀 예측 모델

로지스틱 회귀는 이항형(0, 1) 종속변수인 "conversion"을 예측하기 위한 모델을 학습하는 방법이다. SPSS 로지스틱 회귀에는 문자형 변수를 사용할 수 있는 옵션을 제공하므로 독립변수를 더미변수로 변환 없이 그대로 입력하여 학습한다. 실습은 아래 그림을 참고하면서 순차적으로 진행한다.

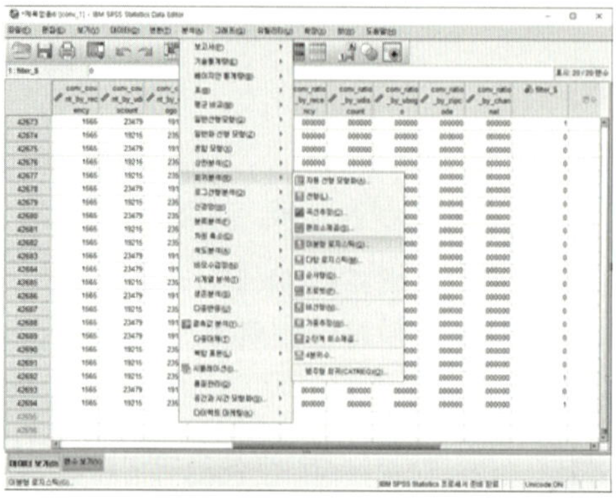

[이분형 로지스틱 메뉴]

이분형 로지스틱 분석을 실행하기 위해서 상단 메뉴에서 "분석 → 회귀분석 → 이분형 로지스틱"을 순차적으로 누른다.

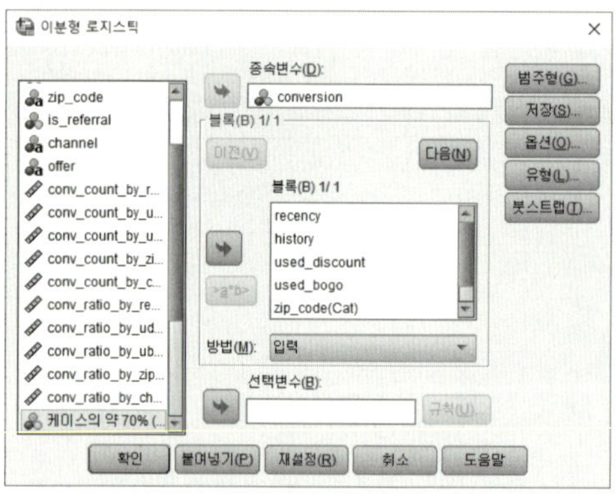

[이분형 로지스틱 변수]

"conversion"을 예측하기 위해서 오른쪽에 "종속변수"를 선택한다.

영향인자로 "recency", "used_discount", "used_bogo", "zip_code", "channel", "history"을 오른쪽에 "공변량"으로 선택한다.

"범주형" 버튼을 눌러서 범주형 변수가 제대로 정의되었는지 확인한다(상세 아래 로지스틱 회귀: 범주형 변수 정의 참조).

"저장" 버튼을 눌러서 예측 확률값을 남길지 선택한다(상세 아래 로지스틱 회귀: 저장 참조).

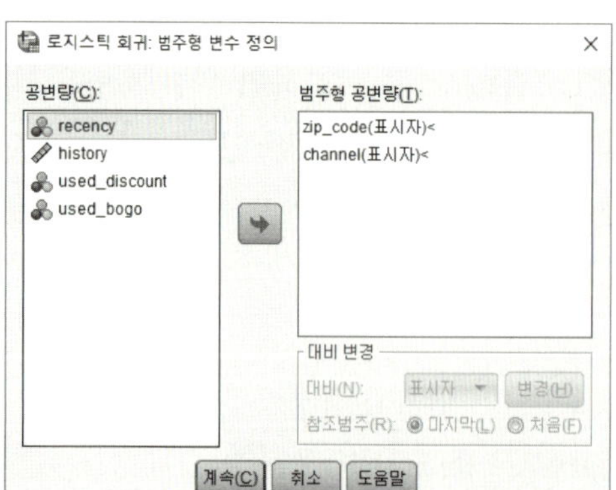

[로지스틱 회귀: 범주형 변수 정의]

"zip_code", "channel"이 "범주형 공변량"에 선택되어 있는지 확인한다.

이상이 없으면 "계속" 버튼을 누른다.

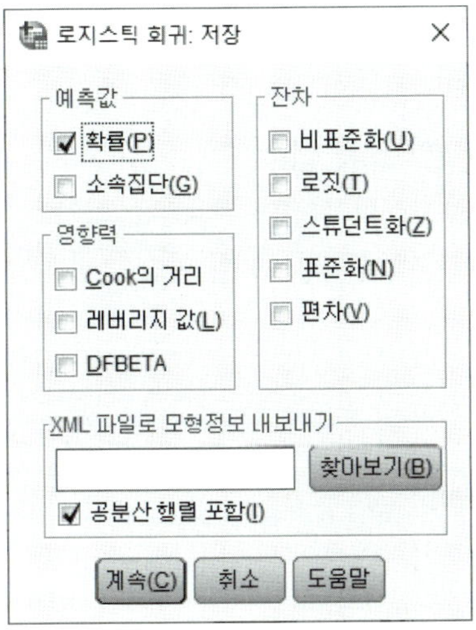

[로지스틱 회귀: 저장]

결과값으로 정확도를 계산하기 위해서 예측값에 "확률"을 선택한다.

저장 설정이 완료되었으므로 "계속" 버튼을 누른다.

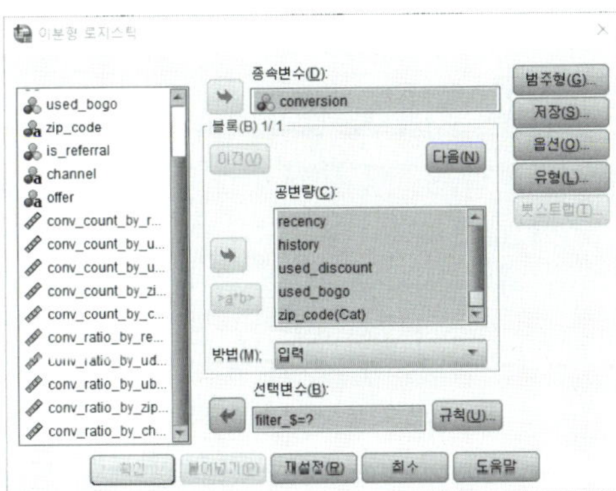

[이분형 로지스틱: 선택변수]

학습세트, 검증세트를 구분하기 위해서 "filter_$" 변수를 우측에 "선택변수"로 선택한다.

선택규칙 정의를 위해서 "규칙" 버튼을 누른다.

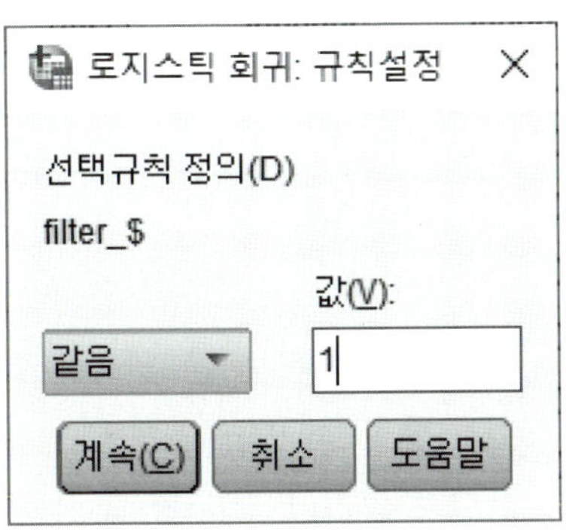

[로지스틱 회귀: 규칙설정]

"filter_$" 변수에서 "1"이 학습세트이므로 선택규칙 정의 조건은 "같음"으로 선택하고, 값에 "1"을 입력한다.

선택규칙 정의가 완료되었으므로 "계속" 버튼을 누른다.

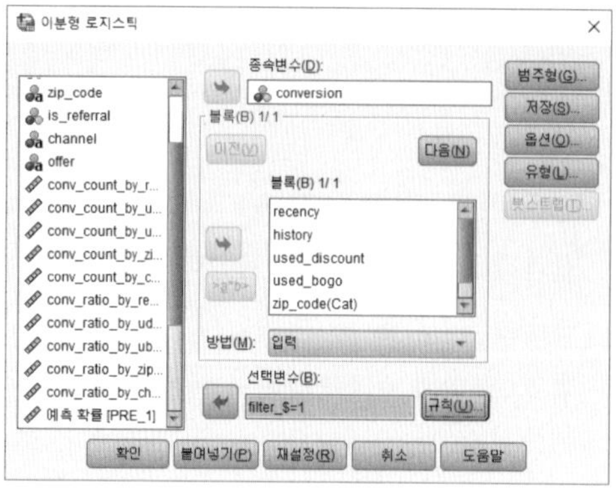

[이분형 로지스틱 실행]

이분형 로지스틱 설정이 완료되었으므로 "확인" 버튼을 눌러서 모델 학습을 실행한다.

방정식의 변수

		B	S.E.	Wald	자유도	유의확률	Exp(B)
1 단계[a]	recency	-.045	.005	94.964	1	.000	.956
	history	.000	.000	8.217	1	.004	1.000
	used_discount	.588	.050	136.781	1	.000	1.801
	used_bogo	.822	.051	258.855	1	.000	2.275
	zip_code			54.350	2	.000	
	zip_code(1)	.305	.045	45.918	1	.000	1.356
	zip_code(2)	.003	.034	.008	1	.927	1.003
	channel			50.140	2	.000	
	channel(1)	-.114	.052	4.849	1	.028	.892
	channel(2)	-.239	.034	50.136	1	.000	.788
	상수항	-2.130	.065	1068.073	1	.000	.119

a. 변수가 1: recency, history, used_discount, used_bogo, zip_code, channel 단계에 입력되었습니다.

범주형 변수 코딩

		빈도	모수 코딩 (1)	모수 코딩 (2)
channel	Multicha	3617	1.000	.000
	Phone	13141	.000	1.000
	Web	13254	.000	.000
zip_code	Rural	4493	1.000	.000
	Surburba	13517	.000	1.000
	Urban	12002	.000	.000

[이분형 로지스틱 결과값]

이분형 로지스틱 분석 결과 방정식의 변수가 출력된다.

범주형 변수가 어떤 값인지 확인하기 위해서 "범주형 변수 코딩"을 확인할 수 있다.

3.4.4.3 의사결정나무 예측 모델

의사결정나무는 이항형(0, 1) 종속변수인 "conversion"을 예측하기 위한 모델을 학습하는 방법이다. SPSS 의사결정나무에는 문자형 변수를 사용할 수 있는 옵션을 제공하므로 독립변수를 더미변수로 변환 없이 그대로 입력하여 학습한다. 실습은 아래 그림을 참고하면서 순차적으로 진행한다.

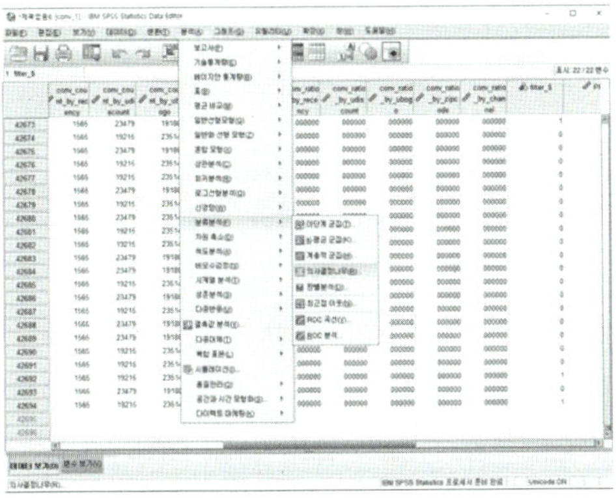

[의사결정나무 메뉴]

의사결정나무 분석을 실행하기 위해서 상단 메뉴에서 "분석 → 분류분석 → 의사결정나무"를 순차적으로 누른다.

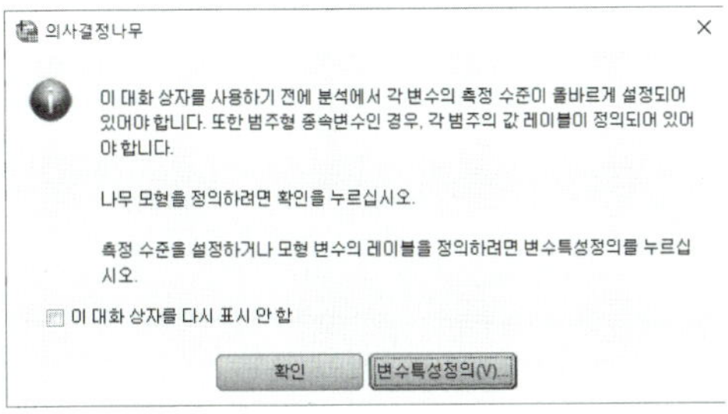

[변수 측정 수준 경고]

의사결정나무 분석에 사용되는 변수의 측정 수준이 올바르게 설정이 되어 있어야 한다는 경고창이 나타나면 "확인" 버튼을 누른다.

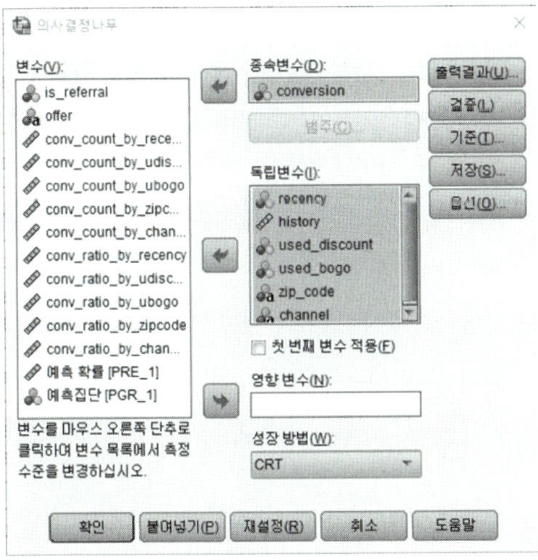

[의사결정나무 변수]

"conversion"을 예측하기 위해서 오른쪽에 "종속변수"로 선택한다.

영향인자(독립변수)로 "recency", "used discount", "used_bogo", "zip_code", "channel", "history"을 오른쪽에 "독립변수"로 선택한다.

성장방법을 "CRT"로 선택한다.

"출력결과" 버튼을 눌러서 변수의 모형에 대한 중요도를 선택한다(상세 아래 의사결정나무: 출력결과 참조).

"검증" 버튼을 눌러서 분할 표본 검증을 선택한다(상세 아래 의사결정나무: 검증 참조).

"저장" 버튼을 눌러서 예측 확률값을 남길지 선택한다(상세 아래 의사결정나무: 저장 참조).

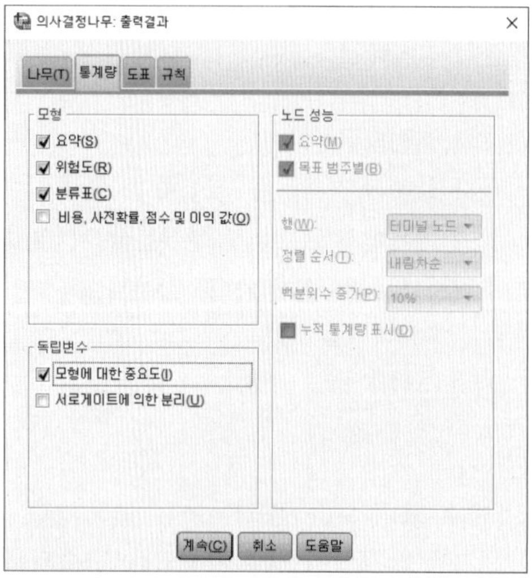

[의사결정나무: 출력결과]
독립변수의 모형에 대한 중요도를 출력하기 위해서 통계량 탭을 선택한 후 독립변수에 "모형에 대한 중요도"를 체크한다.
출력결과 설정이 완료되었으므로 "계속" 버튼을 누른다.

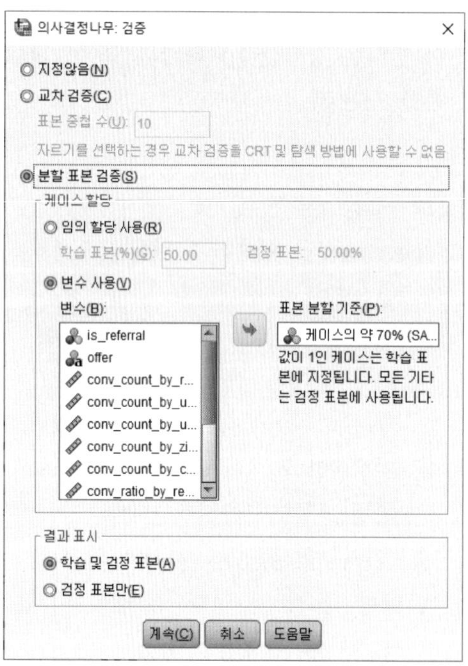

[의사결정나무: 검증]
학습세트, 검증세트를 구분하기 위해서 의사결정나무: 검증에서 "분할 표본 검증"을 선택한다.
케이스 할당에서 "filter_$" 변수를 우측에 "표준 분할 기준"으로 선택한다.
검증 설정이 완료되었으므로 "계속" 버튼을 누른다.

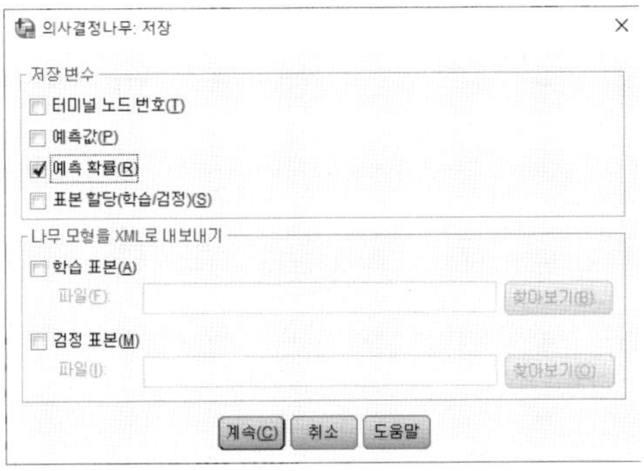

[의사결정나무: 저장]

결과값으로 정확도를 계산하기 위해서 저장변수에 "예측 확률"을 선택한다. 저장 설정이 완료되었으므로 "계속" 버튼을 누른다.

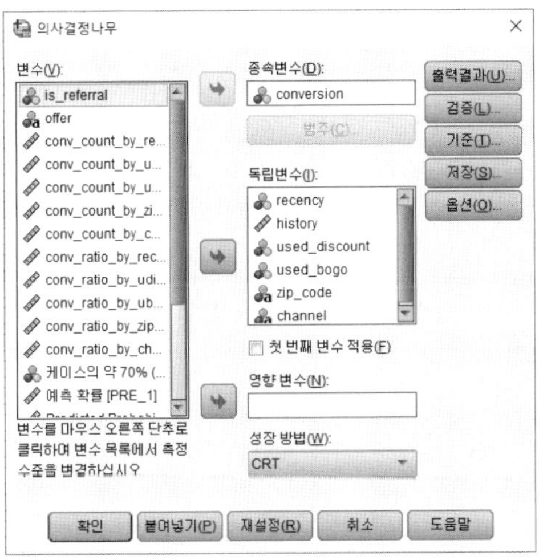

[의사결정나무 실행]

의사결정나무 설정이 완료되었으므로 "확인" 버튼을 눌러서 모델 학습을 실행한다.

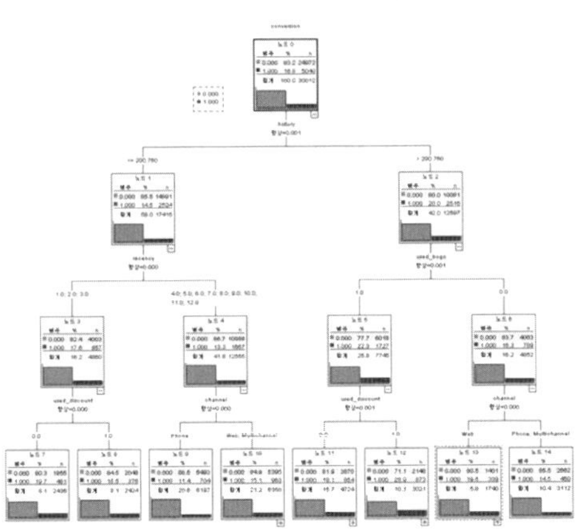

[의사결정나무 학습 표본 나무 다이어그램 결과]

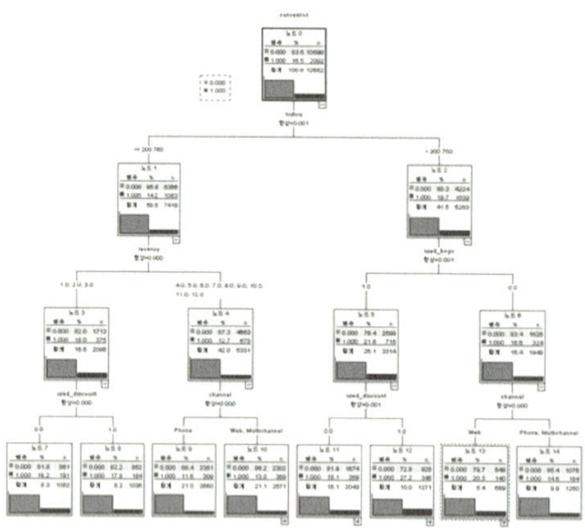

[의사결정나무 검정 표본 나무 다이어그램 결과]

독립변수 중요도

독립변수	중요도	정규화 중요도
recency	.002	100.0%
used_discount	.002	86.6%
history	.002	73.8%
used_bogo	.001	46.2%
channel	.001	34.3%
zip_code	.000	6.9%

성장방법: CRT
종속변수: conversion

[의사결정나무 독립변수 중요도 값]
의사결정나무 독립변수 중요도가 출력된다.
"recency"가 가장 중요도가 높은 변수로 나타났다.

3.4.4.4 신경망 예측 모델

신경망은 이항형(0, 1) 종속변수인 "conversion"을 예측하기 위한 모델을 학습하는 방법이다. SPSS 신경망에는 문자형 변수를 사용할 수 있는 옵션을 제공하므로 독립변수를 더미변수로 변환 없이 그대로 입력하여 학습한다. 실습은 아래 그림을 참고하면서 순차적으로 진행한다.

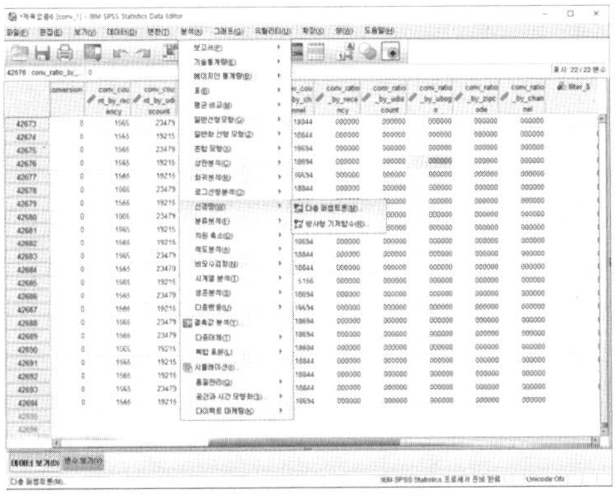

[다층 퍼셉트론 메뉴]
다층 퍼셉트론 분석을 실행하기 위해서 상단 메뉴에서 "분석 → 신경망 → 다층 퍼셉트론"을 순차적으로 누른다.

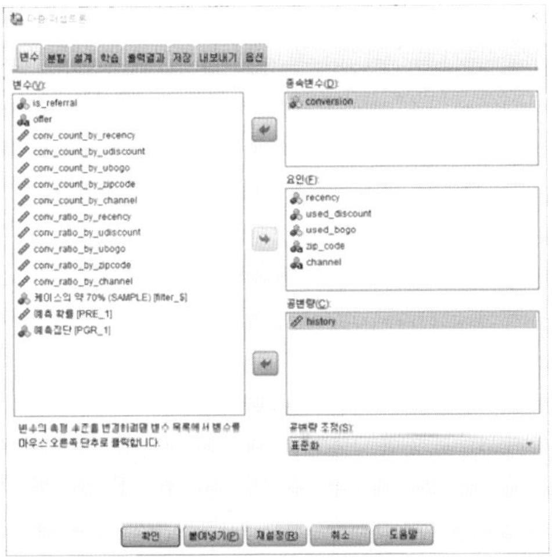

[다층 퍼셉트론: 변수]
종속변수와 영향인자를 선택하기 위해서 변수탭으로 이동한다.
"conversion"을 예측하기 위해서 오른쪽에 "종속변수"로 선택한다.
영향인자로 "recency", "used_discount", "used_bogo", "zip_code", "channel"을 오른쪽에 "요인"으로 선택한다.
영향인자로 "history"를 오른쪽에 "공변량"으로 선택한다.
변수 선택이 완료되었으므로 "분할" 탭으로 이동한다.

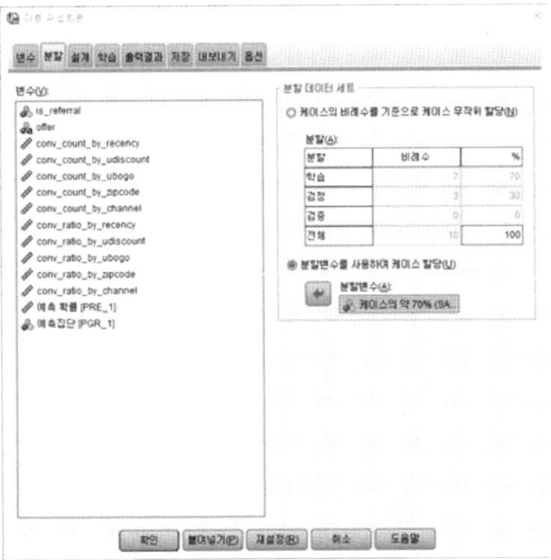

[다층 퍼셉트론: 분할]
학습세트, 검증세트를 구분하기 위해서 "분할" 탭에서 "분할변수를 사용하여 케이스 할당"을 선택한다.
"filter_$" 변수를 우측에 "분할변수"로 선택한다.
분할 설정이 완료되었으므로 "출력결과" 탭으로 이동한다.

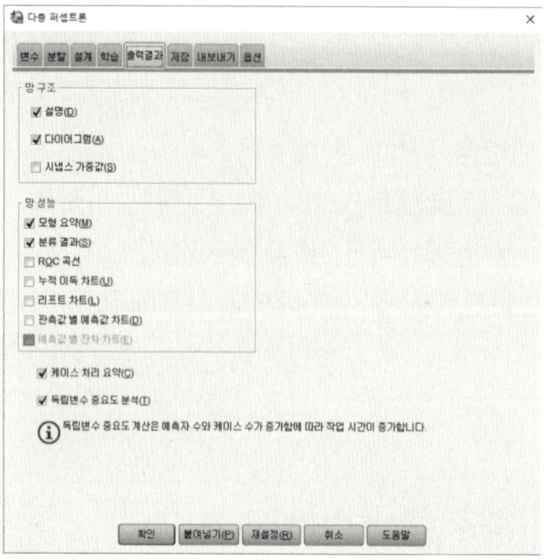

[다층 퍼셉트론: 출력결과]
독립변수의 모형에 대한 중요도를 출력하기 위해서 "독립변수 중요도 분석"을 체크한다.
출력결과 설정이 완료되었으므로 "저장" 탭으로 이동한다.

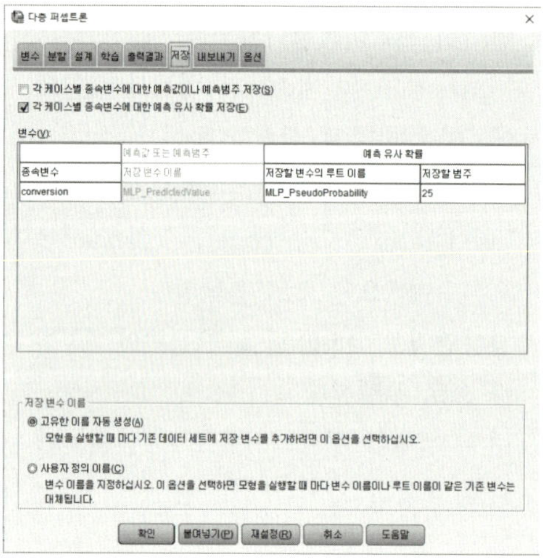

[다층 퍼셉트론: 저장]
결과값으로 정확도를 계산하기 위해서 "각 케이스별 종속변수에 대한 예측 유사 확률 저장"을 선택한다.
저장 설정이 완료되었으므로 "확인" 버튼을 눌러서 모델 학습을 실행한다.

[다층 퍼셉트론 네트워크 다이어그램 결과]

독립변수 중요도

	중요도	정규화 중요도
recency	.181	69.9%
used_discount	.178	68.8%
used_bogo	.258	100.0%
zip_code	.106	40.9%
channel	.099	38.2%
history	.179	69.4%

[다층 퍼셉트론 독립변수 중요도]
신경망 독립변수 중요도가 출력된다. "used_bogo"가 가장 중요도가 높은 변수로 나타났다.

3.4.4.5 예측 모델 결과 비교

예측 모델 비교는 "conversion"을 예측하기 위한 3가지 모델의 성능을 비교하는 단계이다. 이항형 종속변수의 실제값과 예측값을 비교했을 때 정확도가 얼마나 높은지 세 가지 모델을 검증한다. 분류 알고리즘은 새로운 레코드가 어떤 클랙스에 소속될지 확률을 추정하는 것으로 0~1 사이의 값으로 예측한다. 이때 예측된 확률을 최종 클래스(반응/미반응)로 분류하기 위해서는 컷오프(cutoff)값의 적용이 필요하다. 보통 0.5 값을 많이 사용하는데 이번 예제에 적용하면 예측 확률값이 0.5가 넘을 경우 "conversion"으로 분류되는 것이다.

하지만 컷오프는 절대적인 값이 아니라 분석하는 주제 또는 상황에 따라 변경할 수 있다. 캠페인 반응과 같은 다이렉트 마케팅의 경우 오분류에 대한 비용이 비교적 낮기 때문에 상황에 따라 더 낮은 컷오프를 사용할 수 있다. 또 다른 방법으로는 서로 다른 컷오프값들에 대해서 성능을 평가하기 위해 ROC커브를 활용하기도 한다. 본 분석 예제에서는 컷오프를 변경하여 정확도를 계산하는 과정을 살펴보기 위해 전체 데이터의 "conversion" 비율에 해당하는 20%를 기준으로 컷오프(0.2)를 설정하여 정확도를 계산해보기로 한다. 순서는 먼저 SPSS 변수 계산과 교차분석의 기능을 이용해 오분류표를 작성하고 최종적으로 정확도를 계산한다. 실습은 아래 그림을 참고하면서 순차적으로 진행한다.

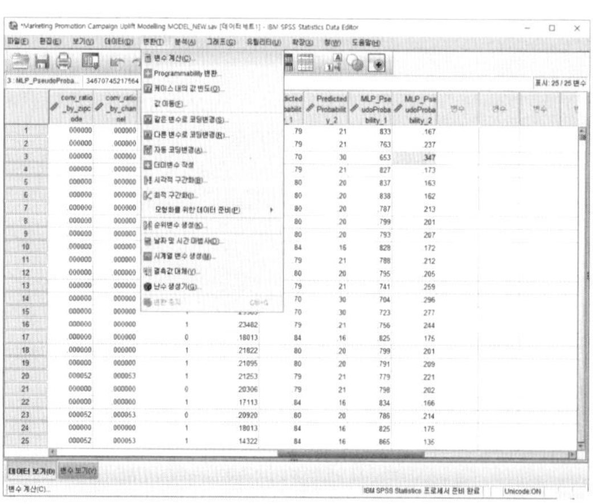

[로지스틱 회귀 예측값 변수 계산 메뉴]
로지스틱 회귀 예측값 cutoff 0.2 기준 분류 정확도 계산을 위해서 상단 메뉴에서 "변환 → 변수계산"을 순차적으로 누른다.

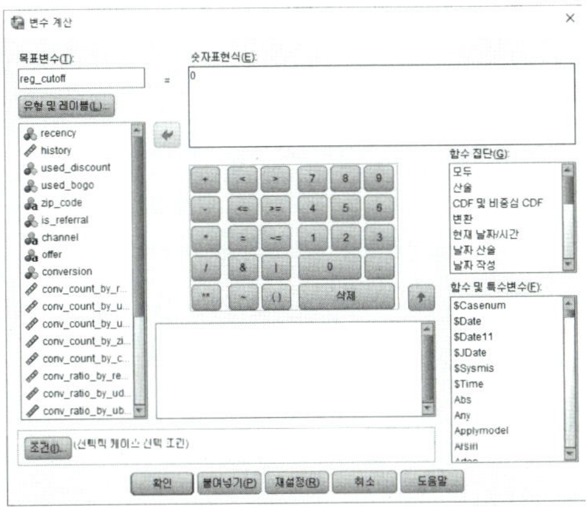

[변수 계산: reg_cutoff 적용]

로지스틱 회귀에 cutoff 0.2를 적용하기 전에 모든 값에 기본 값으로 "0"을 입력한다.

로지스틱 회귀 예측값 cutoff를 의미하는 "reg_cutoff"라고 입력하고 "확인" 버튼을 누른다.

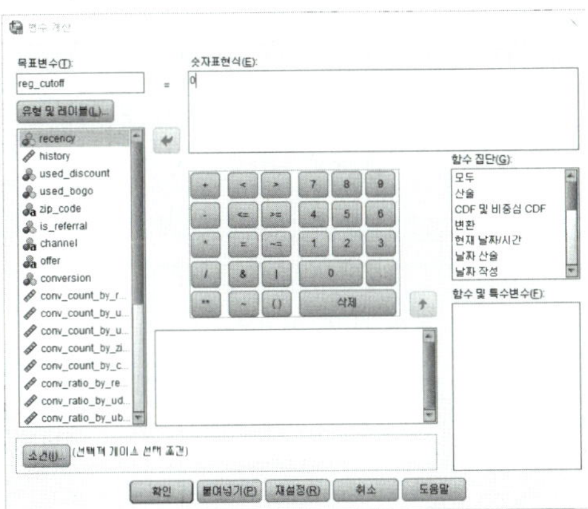

[변수 계산: 로지스틱 회귀 예측값 수정 조건] (변수 계산 메뉴 경로 생략)

모두 "0" 값인 "reg_cutoff" 변수가 새로 생성되었고 로지스틱 회귀 예측값이 "0.2" 이상인 경우에만 "1"로 다시 수정하기 위해서 다시 "변수 계산" 창을 열어서 "조건" 버튼을 누른다.

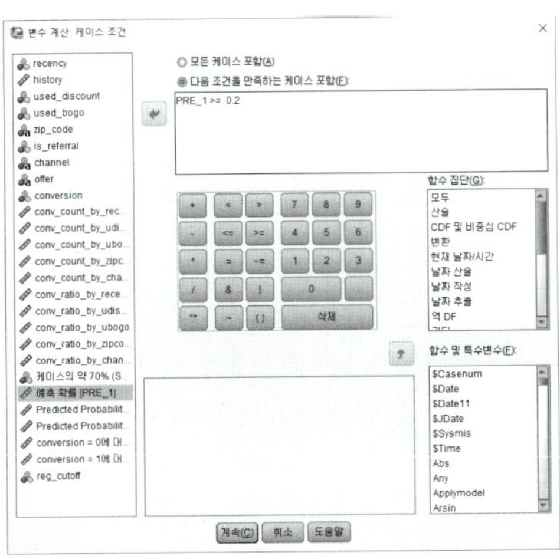

[변수 계산: 케이스 조건]

로지스틱 회귀 예측값이 "0.2" 이상인 경우만 선택하기 위해서 "다음 조건을 만족하는 케이스 포함"을 선택하고, 입력창에 "PRE_1 >= 0.2"를 입력한다.

케이스 조건 설정이 완료되었으므로 "계속" 버튼을 누른다.

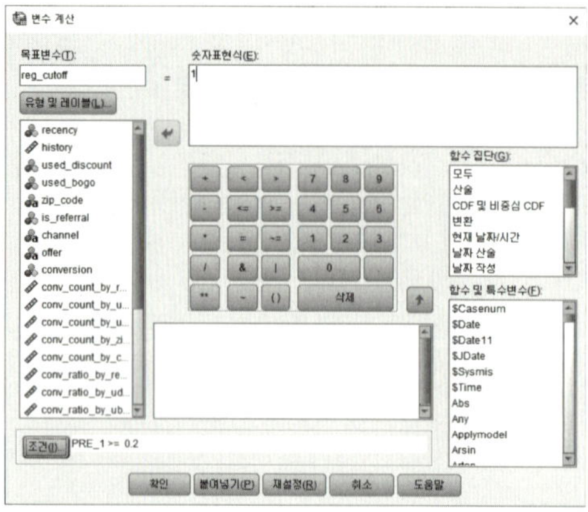

[reg_cutoff 변수 계산]

모든 값이 "0"으로 입력된 "reg_cutoff"에 예측확률이 "0.2" 이상인 경우만 다시 1로 수정하기 위해서 숫자표현식에 "1"을 입력한다.

변수 계산 설정이 완료되었으므로 "확인" 버튼을 누른다.

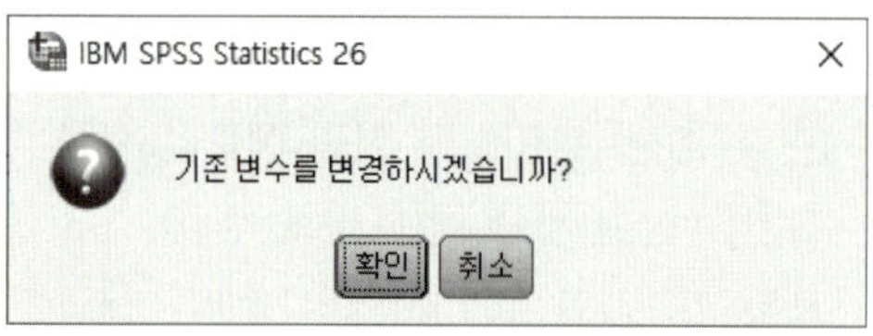

[기존 reg_cutoff 변수 변경 경고]

기존 "reg_cutoff"의 값을 변경할지 확인하는 것으로 "확인" 버튼을 누른다.

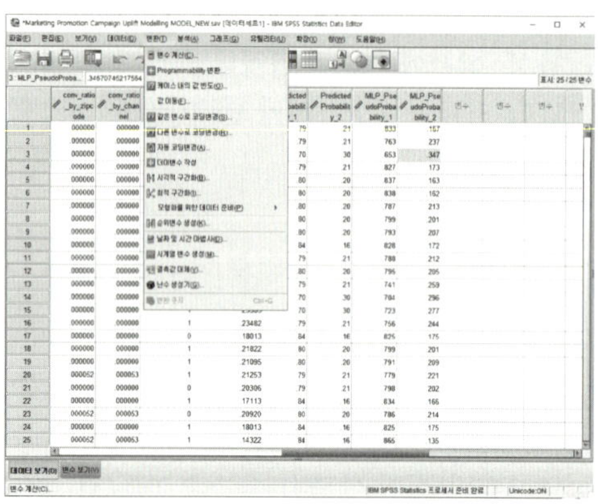

[로지스틱 회귀 예측값 변수 계산 메뉴]

분류나무 예측값 cutoff 0.2 기준 분류 정확도 계산을 위해서 상단 메뉴에서 "변환 → 변수계산"을 순차적으로 누른다.

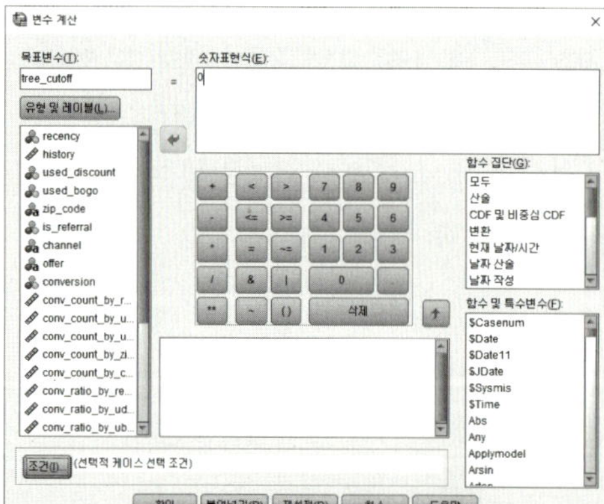

[변수 계산: tree_cutoff 적용]

분류나무에도 cutoff 0.2를 적용하기 전에 모든 값에 기본값으로 "0"을 입력한다.

분류나무 예측값 cutoff를 의미하는 변수 이름 "tree_cutoff"를 입력하고 "확인" 버튼을 누른다.

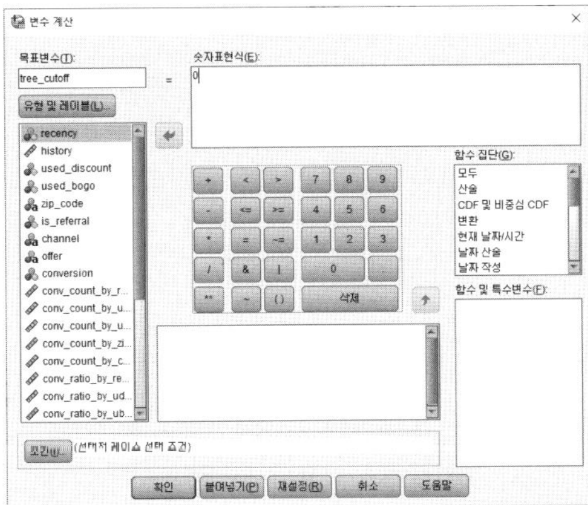

[변수 계산: 분류나무 예측값 수정 조건]
(변수계산 메뉴 경로 생략)
모두 "0" 값인 "tree_cutoff" 변수가 새로 생성되었고 분류나무 예측값이 "0.2" 이상인 경우에만 "1"로 다시 수정하기 위해서 다시 "변수 계산" 창을 열어서 "조건" 버튼을 누른다.

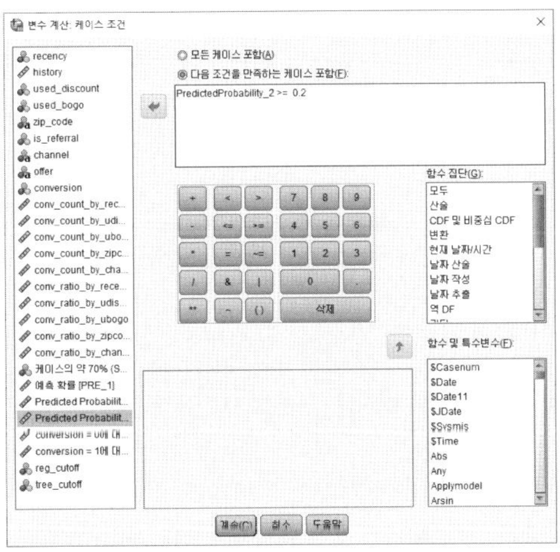

[변수 계산: 분류나무 예측값 케이스 조건]
분류나무 예측값이 "0.2" 이상인 경우만 선택하기 위해서 "다음 조건을 만족하는 케이스 포함"을 선택하고, 입력창에 "PredictedProbability_2 >= 0.2"를 입력한다.
케이스 조건 설정이 완료되었으므로 "계속" 버튼을 누른다.

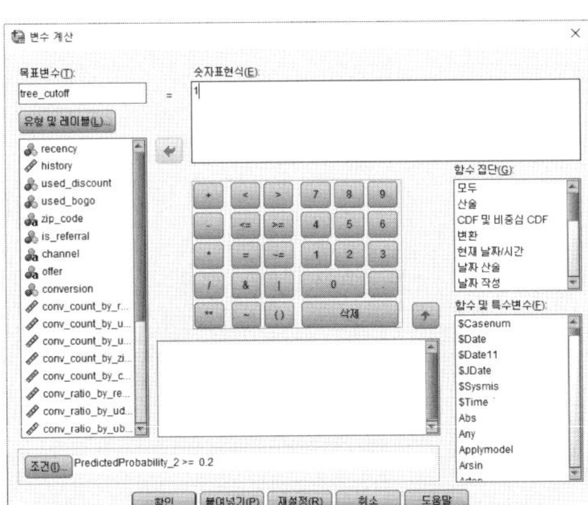

[tree_cutoff 변수 계산]
모든 값이 "0"으로 입력된 "tree_cutoff"에 예측확률이 "0.2" 이상인 경우만 다시 1로 수정하기 위해서 숫자표현식에 "1"을 입력한다.
변수 계산 설정이 완료되었으므로 "확인" 버튼을 누른다.

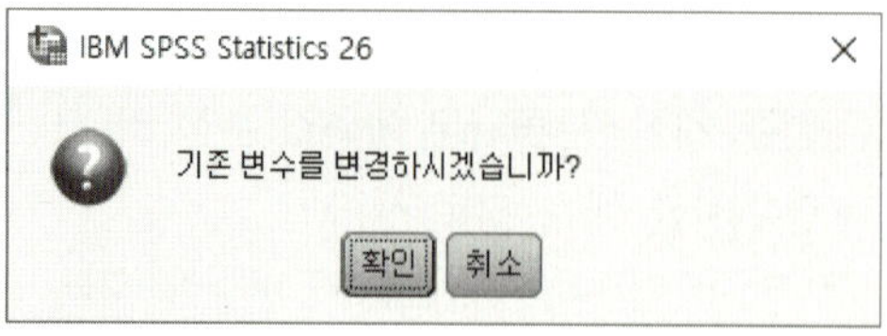

[기존 tree_cutoff 변수 변경 경고]
기존 "tree_cutoff"의 값을 변경할지 확인하는 것으로 "확인" 버튼을 누른다.

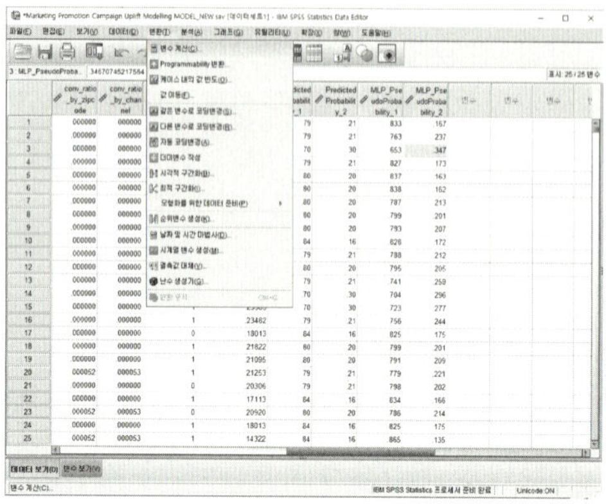

[다층 퍼셉트론 변수 계산 메뉴]
다층 퍼셉트론 cutoff 0.2 기준 분류 정확도 계산을 위해서 상단 메뉴에서 "변환 → 변수계산"을 순차적으로 누른다.

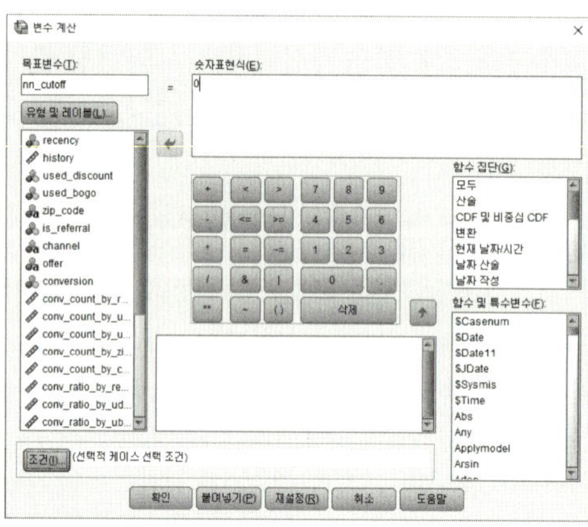

[변수 계산: nn_cutoff 적용]
다층 퍼셉트론에도 cutoff 0.2를 적용하기 전에 모든 값에 기본값으로 "0"을 입력한다.
다층 퍼셉트론 예측값 cutoff를 의미하는 변수 이름 "nn_cutoff"를 입력하고 "확인" 버튼을 누른다.

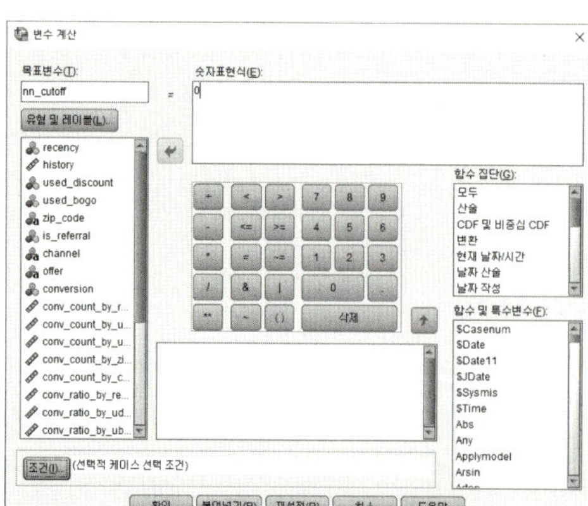

[변수 계산: 다층 퍼셉트론 예측값 수정 조건] (변수 계산 메뉴 경로 생략)
모두 "0" 값인 "nn_cutoff" 변수가 새로 생성되었고 다층 퍼셉트론 예측값이 "0.2" 이상인 경우에만 "1"로 다시 수정하기 위해서 다시 "변수 계산" 창을 열어서 "조건" 버튼을 누른다.

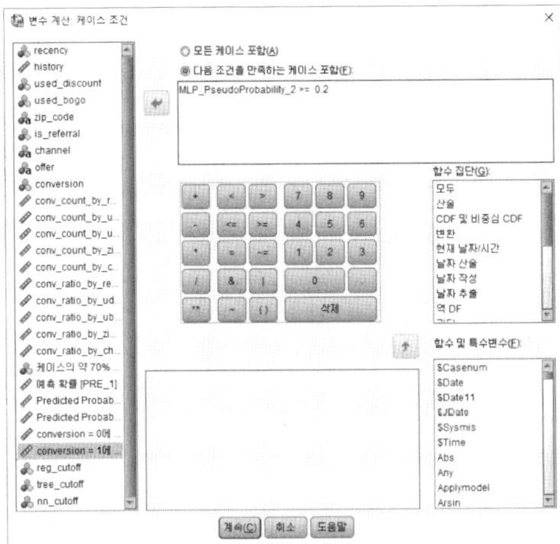

[변수 계산: 다층 퍼센트론 예측값 케이스 조건]

다층 퍼셉트론 예측값이 “0.2” 이상인 경우만 선택하기 위해서 “다음 조건을 만족하는 케이스 포함”을 선택하고, 입력창에 “MLP_PseudoProbability_2 >= 0.2”를 입력한다.

케이스 조건 설정이 완료되었으므로 “계속” 버튼을 누른다.

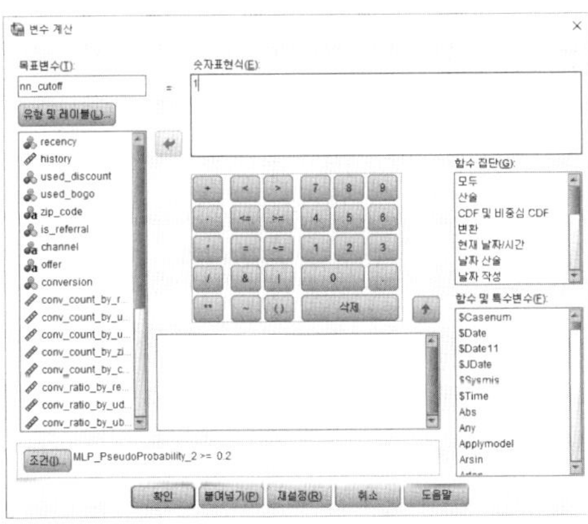

[nn_cutoff 변수 계산]

모든 값이 “0”으로 입력된 “nn_cutoff”에 예측확률이 “0.2” 이상인 경우만 다시 1로 수정하기 위해서 숫자표현식에 “1”을 입력한다.

변수 계산 설정이 완료되었으므로 “확인” 버튼을 누른다.

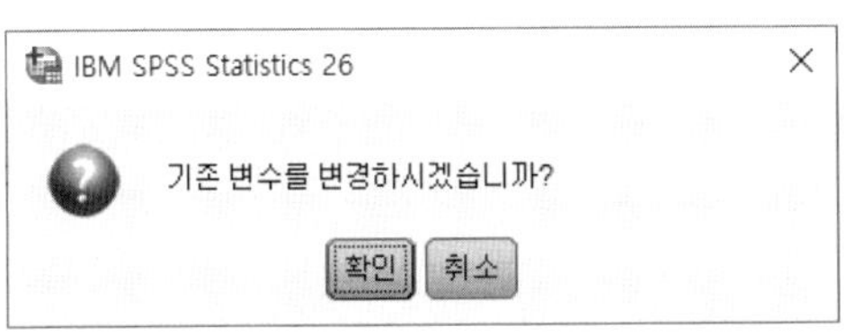

[기존 nn_cutoff 변수 변경 경고]

기존 “nn_cutoff”의 값을 변경할지 확인하는 것으로 “확인” 버튼을 누른다.

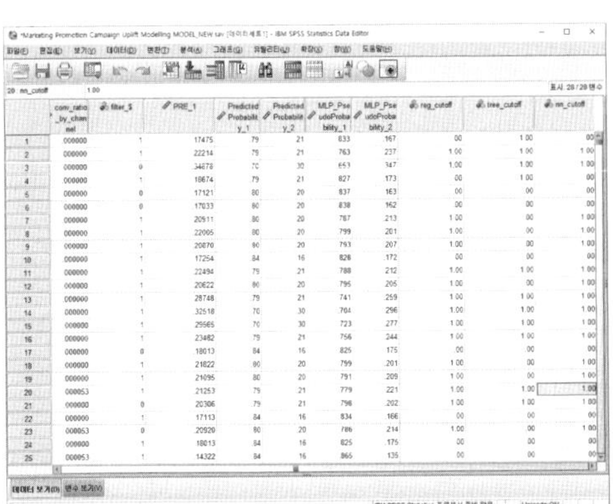

[cutoff 0.2 값 데이터 보기]

변수계산 실행 결과 “reg_cutoff”, “tree_cutoff”, “nn_cutoff” 변수가 모두 생성된 것을 볼 수 있다.

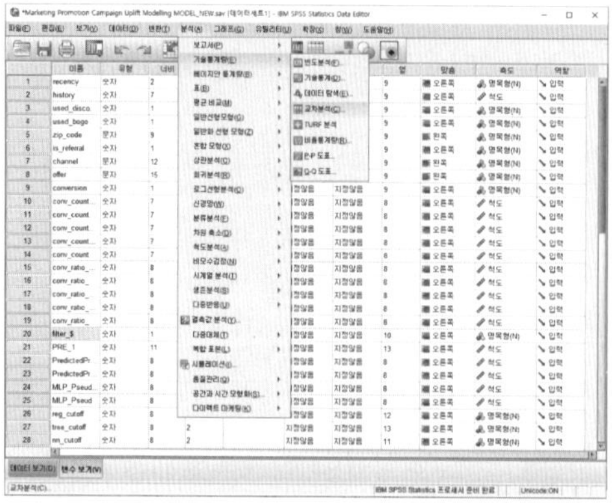

[교차분석 메뉴]

cutoff 0.2 기준 분류 정확도 계산을 위해서 상단 메뉴에서 “분석 → 기술통계량 → 교차분석”을 순차적으로 누른다.

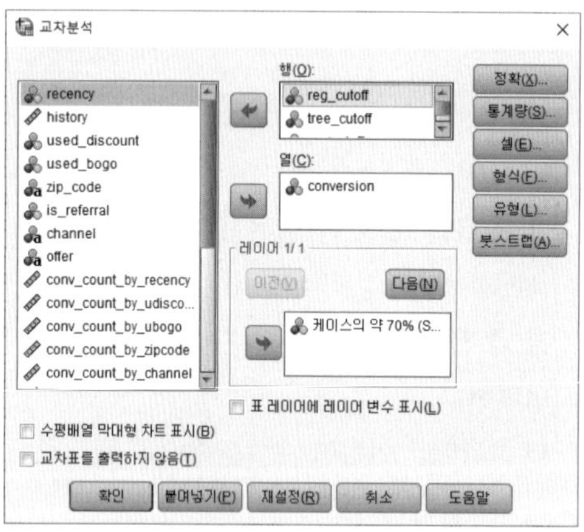

[교차분석 설정]

각 모형별 정확도를 계산에 필요한 교차표를 생성하기 위해서 “reg_cutoff”, “tree_cutoff”, “nn_cutoff” 변수는 오른쪽에 “행”으로 선택한다.

“conversion” 변수를 오른쪽에 “열”로 선택한다.

학습세트와 검증세트를 구분하기 위해서 “filter_$” 변수를 오른쪽에 “레이어”로 선택한다.

교차분석 설정이 완료되었으므로 “확인” 버튼을 누른다.

conversion * reg_cutoff * 케이스의 약 70% (SAMPLE) 교차표

빈도

케이스의 약 70% (SAMPLE)			reg_cutoff .00	reg_cutoff 1.00	전체
0	conversion	0	8666	1924	10590
		1	1458	634	2092
	전체		10124	2558	12682
1	conversion	0	20548	4424	24972
		1	3529	1511	5040
	전체		24077	5935	30012
전체	conversion	0	29214	6348	35562
		1	4987	2145	7132
	전체		34201	8493	42694

[로지스틱 회귀 정확도 계산]

- 학습 결과 정확도

  (TP+TN)/(P+N)

  (1511+20548)/(5040+24972)=73.5%

- 검증 결과 정확도

  (TP+TN)/(P+N)

  (634+8666)/(2092+10590)=73.33%

conversion * tree_cutoff * 케이스의 약 70% (SAMPLE) 교차표

빈도

케이스의 약 70% (SAMPLE)			tree_cutoff .00	1.00	전체
0	conversion	0	8539	2051	10590
		1	1464	628	2092
	전체		10003	2679	12682
1	conversion	0	20193	4779	24972
		1	3459	1581	5040
	전체		23652	6360	30012
전체	conversion	0	28732	6830	35562
		1	4923	2209	7132
	전체		33655	9039	42694

[분류나무 정확도 계산]

• 학습 결과 정확도

(TP+TN)/(P+N)

(1581+20193)/(5040+24972)=72.55%

• 검증 결과 정확도

(TP+TN)/(P+N)

(628+8539)/(2092+10590)=72.28%

conversion * nn_cutoff * 케이스의 약 70% (SAMPLE) 교차표

빈도

케이스의 약 70% (SAMPLE)			nn_cutoff .00	1.00	전체
0	conversion	0	8479	2111	10590
		1	1418	674	2092
	전체		9897	2785	12682
1	conversion	0	20109	4863	24972
		1	3452	1588	5040
	전체		23561	6451	30012
전체	conversion	0	28588	6974	35562
		1	4870	2262	7132
	전체		33458	9236	42694

[다층 퍼셉트론 정확도 계산]

• 학습 결과 정확도

(TP+TN)/(P+N)

(1588+20109)/(5040+24972)=72.29%

• 검증 결과 정확도

(TP+TN)/(P+N)

(674+8479)/(2092+10590)=72.17%

3.4.5 분석 결과 활용 전략 수립

캠페인 반응률을 예측하기 위해서 3가지 모델 학습방법을 통해 결과를 비교해보았다. 학습을 진행하는 과정에서 최적화된 옵션을 찾는 과정이 추가적으로 필요할 수 있지만 현재 결과를 활용한다면 로지스틱 회귀 모델의 성능이 가장 우수하게 나왔기 때문에 로지스틱 회귀 모델을 최종적으로 선택할 수 있을 것이다.

비즈니스 관점에서 해당 모델을 활용할 경우 기업에서 캠페인을 기획하고 타깃 고객을 추출할 때 미리 예측 반응률을 계산함으로써 캠페인 수행 가능성을 미리 검토해볼 수 있을 것이다. 또한 캠페인 반응률이 낮을 것으로 예상되는 고객들을 사전에 예상할 수 있으므로 반응률이 높은 고객군과 낮은 고객군의 캠페인을 차등적으로 설계하는데 활용이 가능할 것이다.

Chapter 4

Kaggle 데이터를 활용한 연속변수 예측

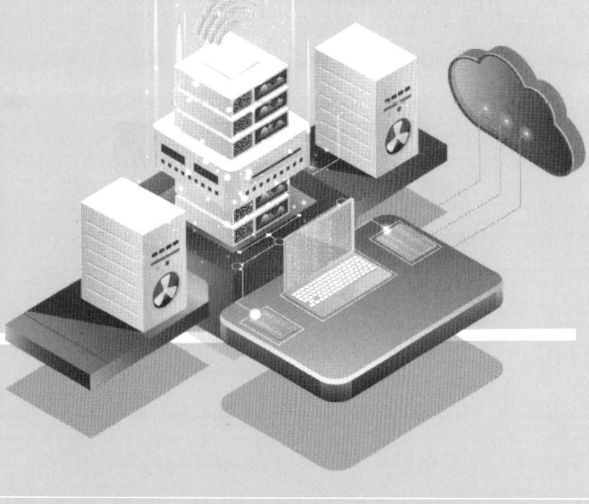

4.1 고객생애가치 데이터 분석

4.1.1 데이터 분석 개요

4.1.1.1 데이터셋 개요

고객평생가치 추정 실습에 사용하는 데이터는 Kaggle Dataset에서 다운로드하여 진행한다.

(실습 예제 데이터 URL: https://www.kaggle.com/pankajjsh06/ibm-watson-marketing-customer-value-data)

해당 페이지를 확인하면 "IBM Watson Marketing Customer Value Data"이라는 제목을 확인할 수 있다. 실습을 위한 데이터의 다운로드는 우측 상단에 "Download 23MB" 버튼을 누르면 다운로드받을 수 있다. 다운로드 시 zip파일로 다운로드되므로 실습을 위해서 해당 파일의 압축을 풀고 "WA_Fn-UseC_-Marketing-Customer-Value-Analysis.csv" 파일을 실습할 폴더(예: "C:\kaggle data")에 이동시켜 실습 데이터를 준비한다.

Kaggle 페이지의 기본사항은 아래 "실습 예제 데이터 페이지", "실습 예제 데이터 설명"을 참고한다.

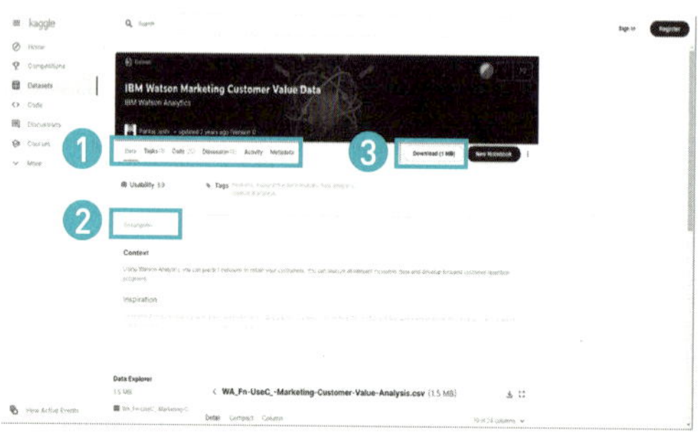

❶ 데이터 페이지 메뉴(왼쪽에서부터):
- Data: 데이터 다운로드 및 정보 파악
- Code: 데이터를 활용하여 분석한 다른 사람들의 게시글을 확인할 수 있다.
- Discussion: 데이터에 대해 추가적으로 필요한 정보나 궁금한 것을 게시할 수 있다.

❷ 데이터 설명: 데이터 제공자 및 기본 목적과 수집 등에 대한 정보를 확인할 수 있다(게시자에 따라서 상이함).

❸ 데이터 다운로드: 분석에 필요한 데이터를 다운로드받을 수 있다.

[데이터 탐색]
- Detail: "WA_Fn-UseC_-Marketing-Customer-Value-Analysis.csv" Dataset의 각각의 변수에 대한 값, 요약 정보를 확인할 수 있다.
- Compact: Dataset의 각각의 변수에 대한 값을 확인할 수 있다.
- Column: Dataset의 각각의 벼수에 대한 요약 정보 및 기초 탐색적 분석 결과를 확인할 수 있다.

IBM Watson Marketing Customer Value Data는 보험회사 고객 데이터로 고객 번호를 기준으로 고객생애가치, 고객 정보, 보험 가입 정보 등 총 24개의 데이터가 정의되어 있다. 자세한 내용은 "IBM Watson Marketing Customer Value Data 변수" 표를 참고한다.

변수 이름	변수 상세
Customer	고객번호
State	미국 주
Customer Lifetime Value	고객평생가치
Response	응답 여부
Coverage	담보범위
Education	교육 수준
Effective To Date	보험 유효 날짜
EmploymentStatus	고용 상태
Gender	성별
Income	소득
Location Code	위치 코드
Marital Status	결혼 상태
Monthly Premium Auto	월간 자동차 보험료
Months Since Last Claim	마지막 청구 이후 경과월
Months Since Policy Inception	보험 가입 이후 경과월
Number of Open Complaints	미해결 불만 사항수

Number of Policies	증권(계좌) 가입수
Policy Type	증권 유형
Policy	증권
Renew Offer Type	갱신 청약 타입
Sales Channel	판매 채널
Total Claim Amount	총 보험금 지급 청구 금액
Vehicle Class	차량 클래스
Vehicle Size	차량 크기

본장의 구성은 분석목적에서 기업에서 고객가치 추정의 중요성을 확인해보고 데이터 분석에서 고객가치 추정을 위해서 데이터 전처리, 데이터 탐색, 예측 모델, 모델 평가 4단계로 분석한다. 분석 단계의 세부내용은 고객생애가치 추정 분석 단계 표를 참고한다. 최종적으로 고객생애가치 추정 모델의 활용을 위한 결과 해석으로 구성되었다.

데이터 전처리
데이터 가져오기 데이터 타입 확인 결측치 및 사용 데이터 확인

↓

데이터 탐색
평균비교 분석 상관관계 분석

↓

예측 모델
데이터 분할 더미변수 생성 선형회귀 의사결정나무 신경망

↓

모델 평가(RMSE 계산)

4.1.1.2 데이터 분석 목적

고객생애가치(Customer Lifetime Value)는 기업이 고객으로부터 일정 기간 동안 미래에 얻게 될 이익(=수입−비용)에 할인율을 적용해 현재가치(Present Value)로 환산한 재무적 가치라고 할 수 있다. 우리 기업에서 얻을 수 있는 고객의 미래가치를 평가해 볼 수 있다는 점에서 매우 중요한 지표이다.

이를 보험업 관점에서 보면 고객이 보유하고 있는 차량, 연령에 따른 위험도에 따라서 잠재 수익률이 달라질 수 있다. 이에 따라 기업은 보험료를 차등적으로 산정할 수 있고, 마케팅 활동도 달라질 수 있다.

이처럼 마케팅 활동의 기준이 되는 고객가치를 데이터마이닝의 기법을 통해 예측하게 된다면 재무적 관점에서 측정한 고객생애가치를 설명하는데 중요한 고객 특성을 발굴하고 예측된 결과값을 통해 고객군별 마케팅 활동 전략을 수립하는데 활용할 수 있다.

4.1.2 데이터 전처리

4.1.2.1 데이터 가져오기

데이터 가져오기는 다양한 포맷의 데이터를 SPSS에서 분석하기 적합한 형태로 변환하여 가져올 수 있도록 기능을 제공한다. 다운로드받은 Kaggle 데이터를 SPSS에서 분석할 수 있는 형태로 변환하여 가져온다. 실습은 아래 그림을 참고하면서 순차적으로 진행한다.

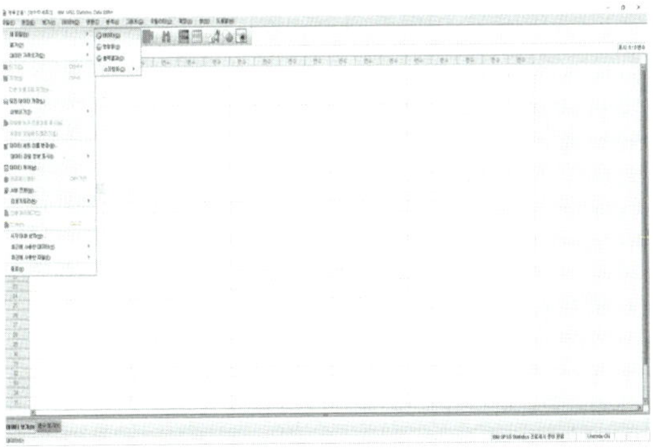

[데이터 열기 메뉴 접근]
Kaggle 데이터를 SPSS에서 불러오기 위해서 상단 메뉴에서 "파일 → 열기 → 데이터"를 순차적으로 누른다.

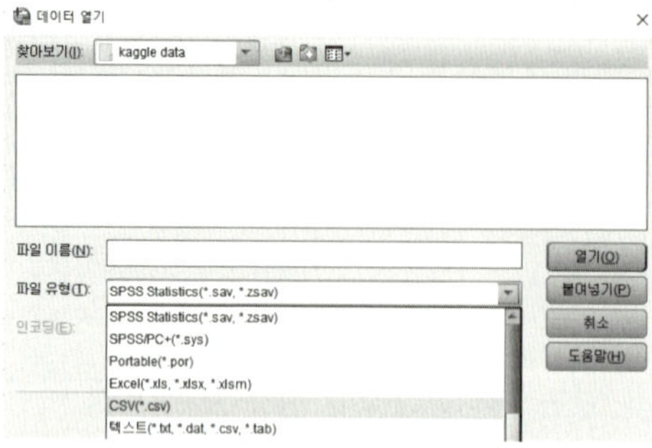

[데이터 열기 – 파일 유형 CSV 확장자 선택]

데이터 열기 메뉴를 선택하면 "데이터 열기" 창이 나타난다.

Kaggle에서 다운로드받은 파일을 열기 위해서 파일 유형을 "CSV(*.csv)"로 선택한다.

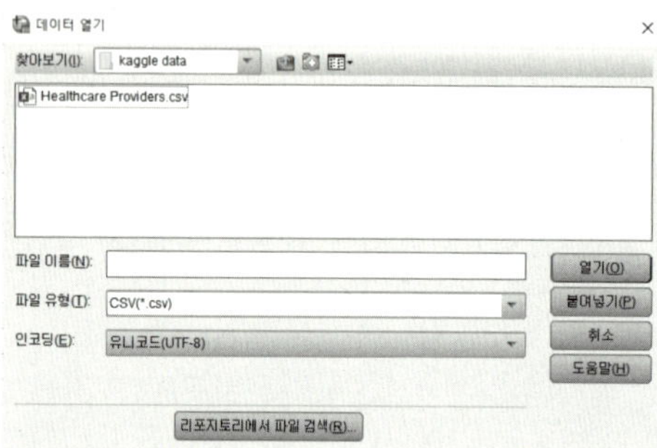

[데이터 열기: CSV 확장자 선택 후 화면]

파일 유형을 선택하면 Kaggle에서 다운로드받은 "Healthcare Providers.csv"이 나타난다.

해당 파일을 선택하고 "열기" 버튼을 누른다.

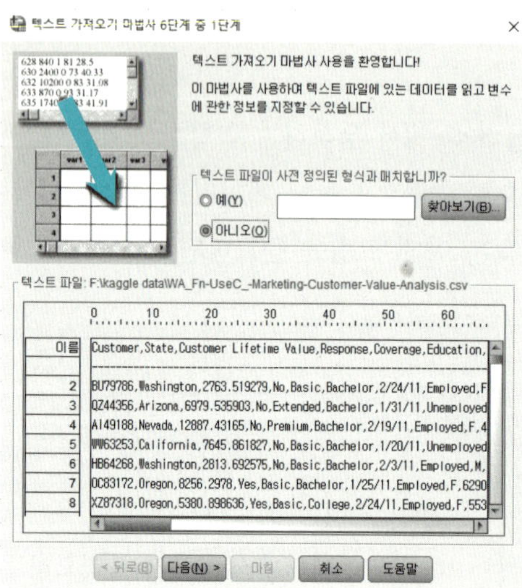

SPSS에서는 "데이터 열기"를 실행하면 "텍스트 가져오기 마법사"가 자동으로 활성화된다. 선택한 텍스트 파일에 있는 데이터를 읽고 변수에 관한 정보를 저장한다.

[텍스트 가져오기 마법사 6단계 중 1단계]

변경사항이 없으므로 기본값을 사용한다.

"다음" 버튼을 누른다.

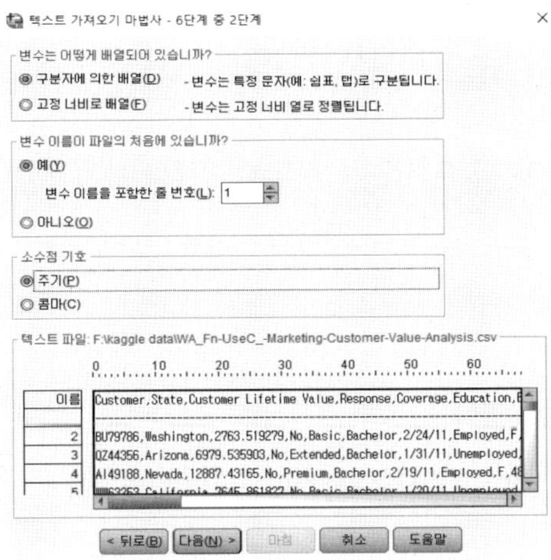

[텍스트 가져오기 마법사 6단계 중 2단계]
첫 번째 행에 변수 이름이 있으므로 "변수 이름이 파일의 처음에 있습니까?" 항목에서 "예"를 선택한다.
나머지는 변경사항이 없으므로 기본값을 사용한다.
"다음" 버튼을 누른다.

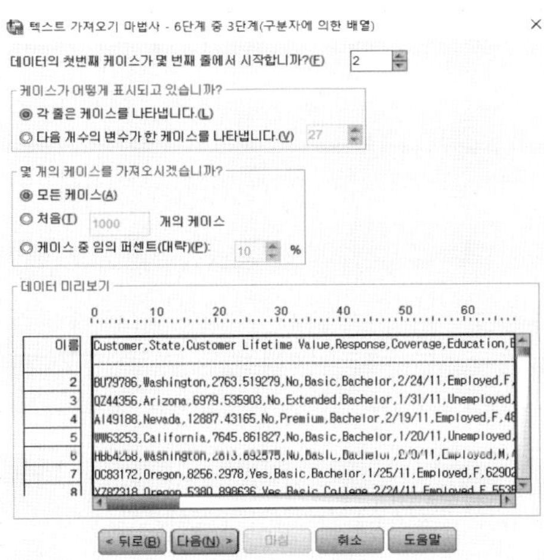

[텍스트 가져오기 마법사 6단계 중 3단계]
변경사항이 없으므로 기본값을 사용한다.
"다음" 버튼을 누른다.

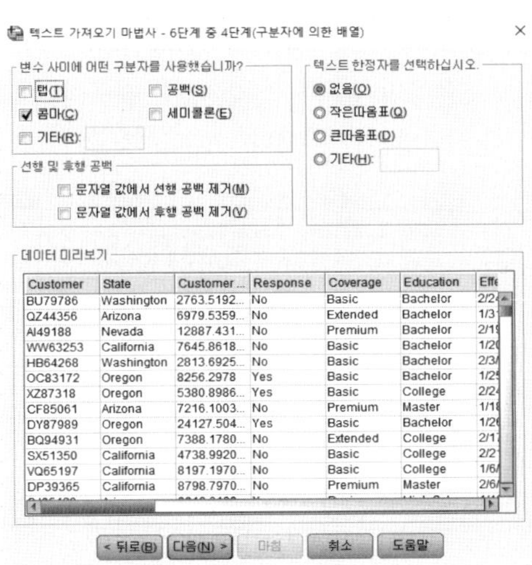

[텍스트 가져오기 마법사 6단계 중 4단계]
변수 사이 구분자를 콤마를 사용하므로 "변수 사이에 어떤 구분자를 사용했습니까?" 항목에서 "콤마"를 선택하고 "공백" 체크는 풀어준다.
나머지는 변경사항이 없으므로 기본값을 사용한다.
"다음" 버튼을 누른다.

[텍스트 마법사 경고창]
변수명에 공백이 있어서 자동으로 공백을 제거하면서 경고창이 나타나면 "확인" 버튼을 누른다.

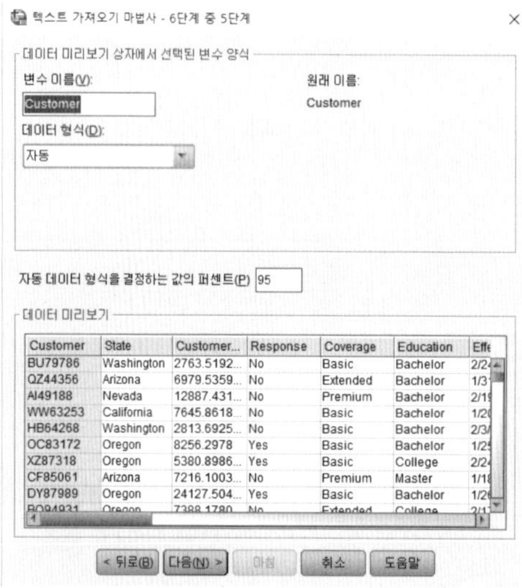

[텍스트 가져오기 마법사 6단계 중 5단계]
변경사항이 없으므로 기본값을 사용한다(데이터 형식은 "자동"으로 선택하지만 데이터를 열고 난 이후에도 변경이 가능하다).
"다음" 버튼을 누른다.

[텍스트 가져오기 마법사 6단계 중 6단계]
변경사항이 없으므로 기본값을 사용한다.
"마침" 버튼을 누른다.

4.1.2.2 데이터 타입 확인

데이터 타입 확인은 데이터 가져오기 결과 데이터를 확인하는 과정이다. 데이터 가져오기에서 데이터에 대한 사전 지식이 있을 경우 미리 데이터 타입을 설정하는 전처리 작업의 방식도 있지만 이처럼 데이터를 가져오기 한 후에 결과를 확인하고 후처리하는 방식을 사용할 수도 있다. 분석을 위해서는 모든 과정이 필요하다. 실습은 아래 그림을 참고하면서 순차적으로 진행한다.

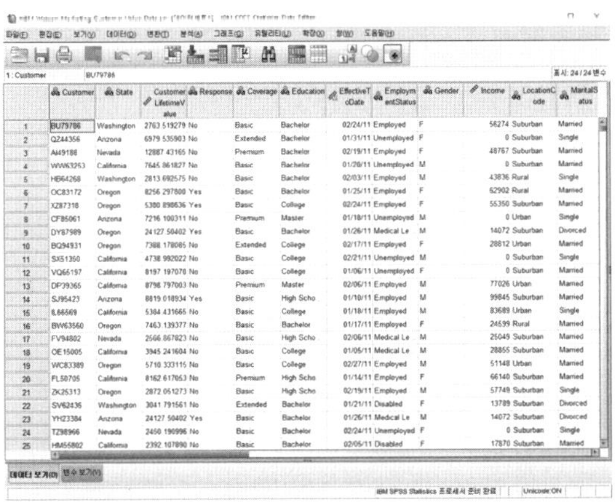

[데이터 보기]
SPSS로 가져온 Kaggle 데이터값을 좌측 하단에 "데이터 보기" 탭에서 확인할 수 있다.

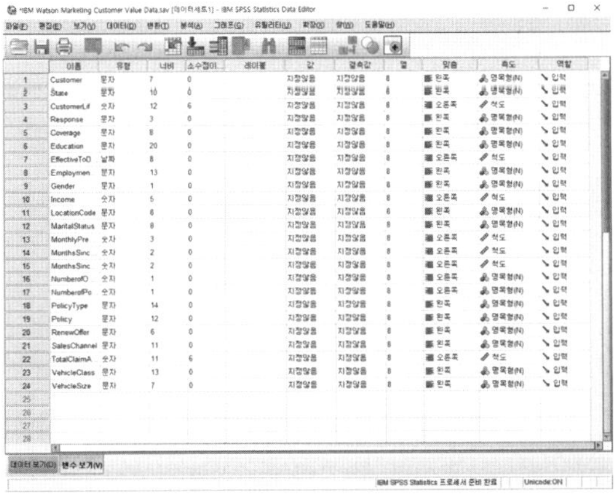

[변수 보기]
데이터 타입 확인 및 수정은 좌측 하단에 "변수 보기" 탭에서 할 수 있다.

4.1.2.3 결측치 및 사용 데이터 확인

결측치 및 사용 데이터 확인은 데이터를 분석하는 과정에서 불필요한 결측치 또는 필요 없는 데이터를 확인하고 제거하는 단계이다. 본장에서는 결측치 및 분석에서 제외할 케이스가 없으므로 별도의 데이터 삭제 작업은 진행하지 않는다. "Customer"는 고객을 식별하는 용도이므로 전체 분석에서 제외한다. "Effective To Date"의 경우 해당 데이터를 작성한 시점을 알 수 없으므로 분석에서 제외한다. 이 밖에 "Sales Channel", "Renew Offer Type", "Response"는 보험회사에서 고객에게 적용한 마케팅 프로그램에 해당하므로 마케팅은 기업의 정책에 따라 변동되기 때문에 예측 모델 단계에서부터 분석에서 제외한다. 실습은 아래 그림을 참고하면서 순차적으로 진행한다.

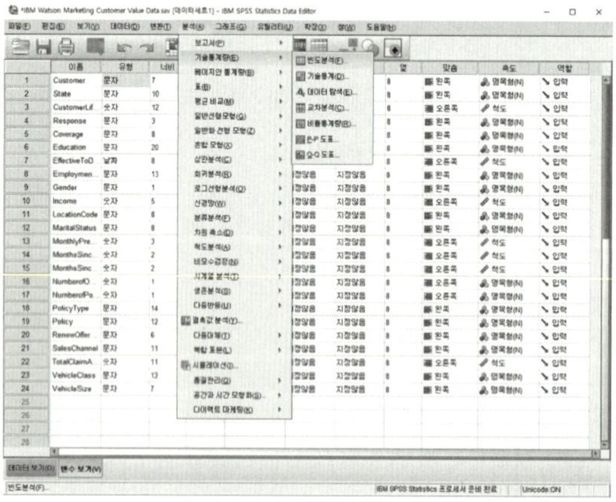

[빈도분석 메뉴]
데이터의 결측치를 확인하기 위해서 상단 메뉴에서 "분석 → 기술통계량 → 빈도분석"을 순차적으로 누른다.

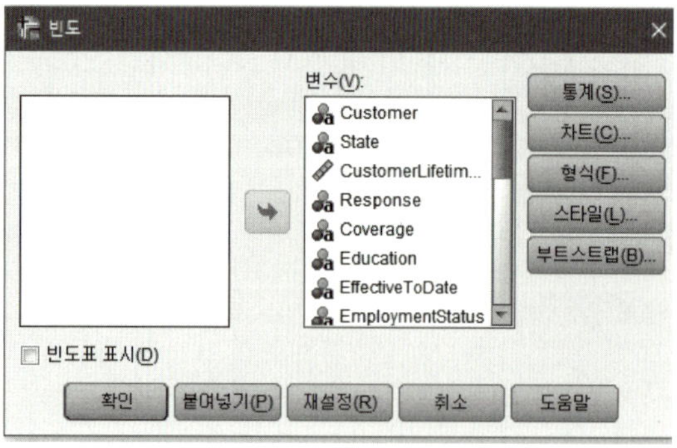

[빈도분석: 변수 선택]
모든 변수의 결측값을 확인해야 하므로 모두 오른쪽의 "변수"로 선택하고, 하단의 "빈도표 표시" 체크를 풀어준 후 "확인" 버튼을 누른다.

통계량

	N 유효	N 결측
Customer	9134	0
State	9134	0
CustomerLifetimeValue	9134	0
Response	9134	0
Coverage	9134	0
Education	9134	0
EffectiveToDate	9134	0
EmploymentStatus	9134	0
Gender	9134	0
Income	9134	0
LocationCode	9134	0
MaritalStatus	9134	0
MonthlyPremiumAuto	9134	0
MonthsSinceLastClaim	9134	0
MonthsSincePolicyInception	9134	0
NumberofOpenComplaints	9134	0
NumberofPolicies	9134	0
PolicyType	9134	0
Policy	9134	0
RenewOfferType	9134	0
SalesChannel	9134	0
TotalClaimAmount	9134	0
VehicleClass	9134	0
VehicleSize	9134	0

[빈도분석: 통계량]
빈도분석 실행 후 통계량 결과에서 모든 변수에 결측값이 없는 것으로 나타났다.

4.1.3 데이터 탐색

4.1.3.1 집단별 평균비교 분석

집단별 평균비교 분석은 종속변수인 "CustomerLifetimeValue"가 집단(명목형 변수)별로 평균의 차이가 있는지 확인하기 위한 분석단계이다. 집단별로 평균의 차이가 크게 존재할 경우 해당 집단은 종속변수를 설명하는데 중요한 변수일 가능성이 높다.

본절에서는 집단별 기초통계량과 Boxplot이라는 시각화 기능을 이용하여 집단별로 "CustomerLifetimeValue"가 차이가 있는지 비교한다. 실습은 아래 그림을 참고하면서 순차적으로 진행한다.

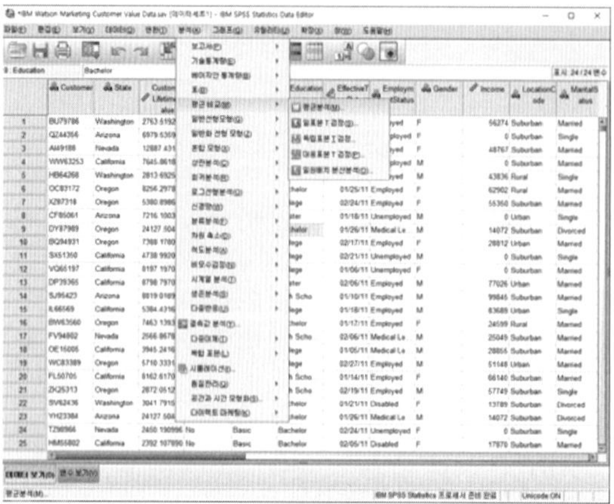

[CLTV 관계: 평균분석 메뉴]

집단별 "CustomerLifetimeValue" 평균을 비교 분석하기 위해서 상단 메뉴에서 "분석 → 평균비교 → 평균분석"을 순차적으로 누른다.

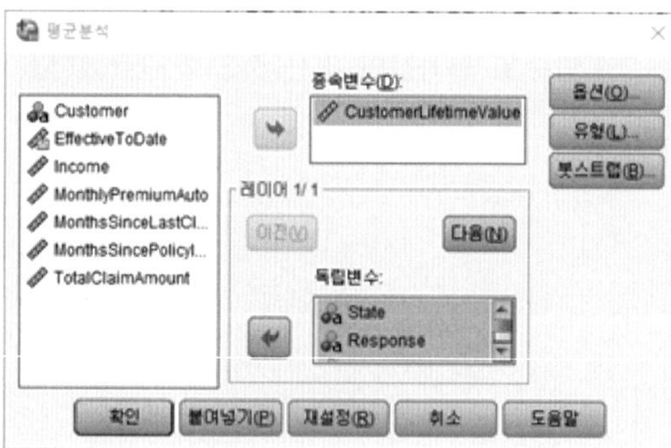

[CLTV 관계: 평균분석 변수]

"CustomerLifetimeValue"를 오른쪽의 "종속변수"로 선택한다.

"State", "Response", "Coverage", "Education", "EmploymentStatus", "Gender", "LocationCode", "Marital Status", "NumberofOpenComplaints", "NumberofPolicies", "PolicyType", "Policy", "Renew OfferType", "Sales Channel", "Vehicle Class", "Vehicle Size"을 오른쪽의 "독립변수"로 선택한다.

평균분석값을 설정하기 위해서 "옵션" 버튼을 누른다.

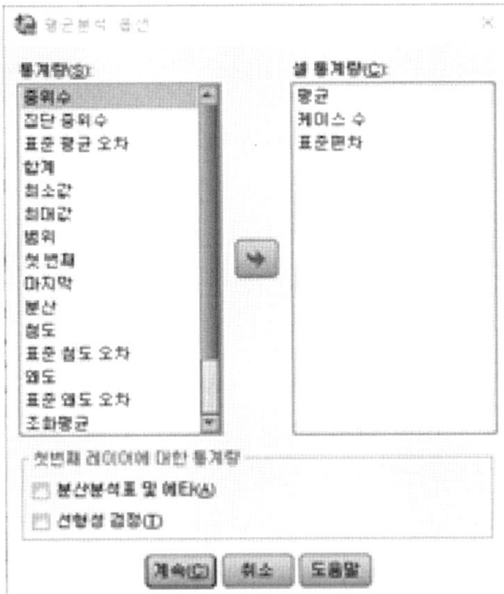

[CLTV 관계: 평균분석 옵션]
집단별 케이스의 값을 구하기 위해서 통계량의 "평균, 케이스수, 표준편차"를 오른쪽에 "셀 통계량"으로 선택한다.
"계속" 버튼을 누른다.

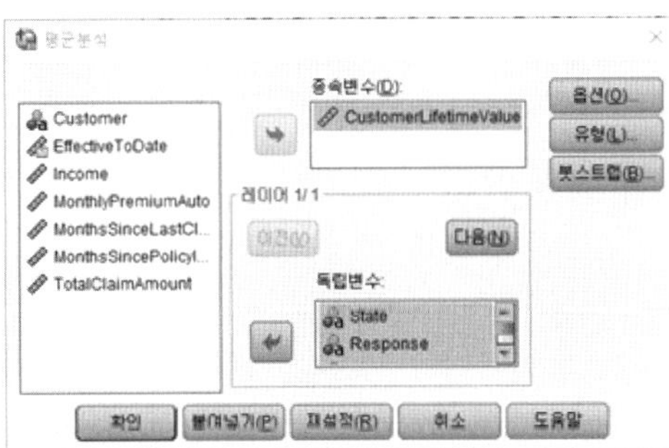

[CLTV 관계: 평균분석]
평균분석 설정이 완료되었으므로 "확인" 버튼을 누른다.

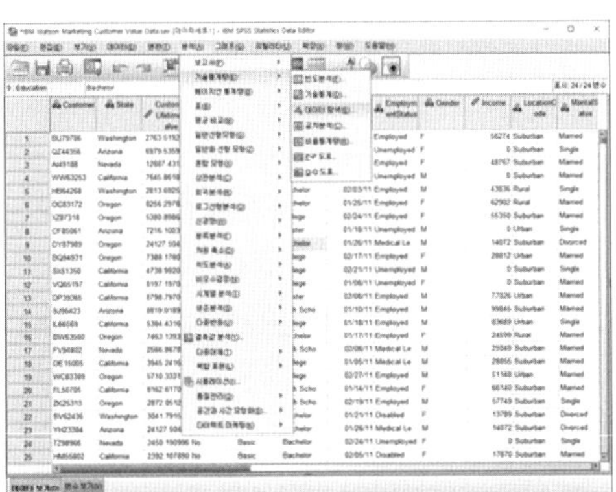

[CLTV 관계: 데이터 탐색 메뉴]
집단별로 "CustomerLifetimeValue" 값을 Boxplot으로 시각화하기 위해서 "분석 → 기술통계량 → 데이터 탐색"을 순차적으로 누른다.

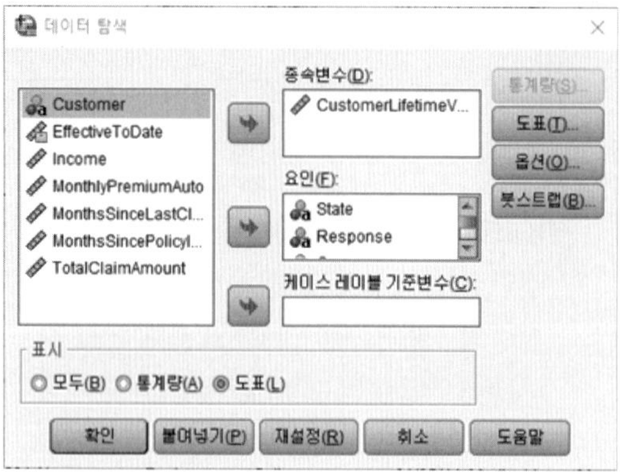

[CLTV 관계: 데이터 탐색]
"CustomerLifetimeValue"를 오른쪽의 "종속변수"로 선택한다.
"State", "Response", "Coverage", "Education", "EmploymentStatus", "Gender", "LocationCode", "MaritalStatus", "NumberofOpenComplaints", "NumberofPolicies", "PolicyType", "Policy", "RenewOfferType", "SalesChannel", "VehicleClass", "VehicleSize"를 오른쪽의 "요인"으로 선택한다.
통계량은 "평균분석"에서 이미 구했으므로 하단의 표시 박스에 "도표"를 선택한다.
데이터 탐색 설정이 완료되었으므로 "확인" 버튼을 누른다.

CustomerLifetimeValue * State

CustomerLifetimeValue

State	평균	N	표준편차
Arizona	7861.341489	1703	6703.351809
California	8003.647758	3150	6725.913601
Nevada	8056.706839	882	7092.003745
Oregon	8077.901191	2601	6909.064787
Washington	8021.472273	798	7410.109226
전체	8004.940475	9134	6870.967608

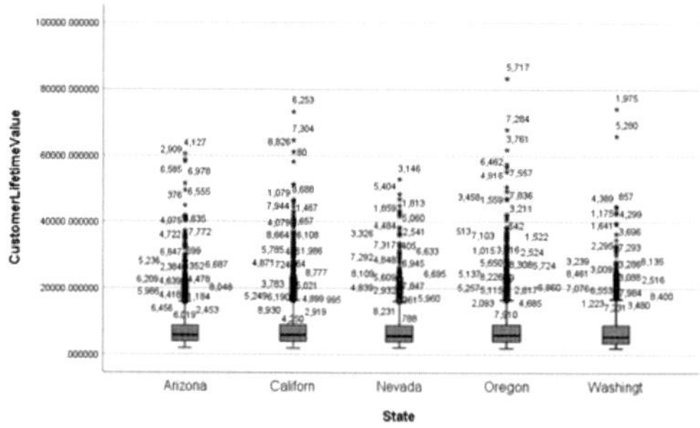

[CLTV 관계: State 평균분석 결과 및 Boxplot 생성 결과]
"State" 집단별로 "CustomerLifetimeValue"를 비교한 결과 "Oregon"이 가장 높고 "Arizona"가 가장 낮은 것으로 나타났다.

CustomerLifetimeValue * Response

CustomerLifetimeValue

Response	평균	N	표준편차
No	8030.022305	7826	6968.569280
Yes	7854.871361	1308	6255.638229
전체	8004.940475	9134	6870.967608

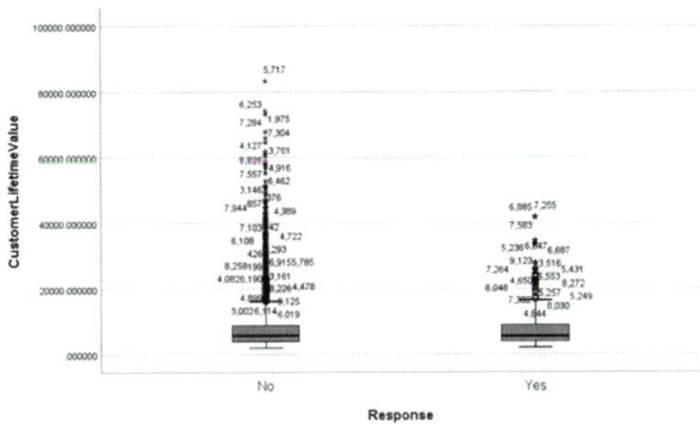

[CLTV 관계: Response 평균분석 결과 및 Boxplot 생성 결과]
"Response" 집단별로 "Customer LifetimeValue"를 비교한 결과 "No"가 "Yes"보다 높은 것으로 나타났다.

CustomerLifetimeValue * Coverage

CustomerLifetimeValue

Coverage	평균	N	표준편차
Basic	7190.706422	5568	6142.352363
Extended	8789.677608	2742	7427.222824
Premium	10895.60308	824	8370.764826
전체	8004.940475	9134	6870.967608

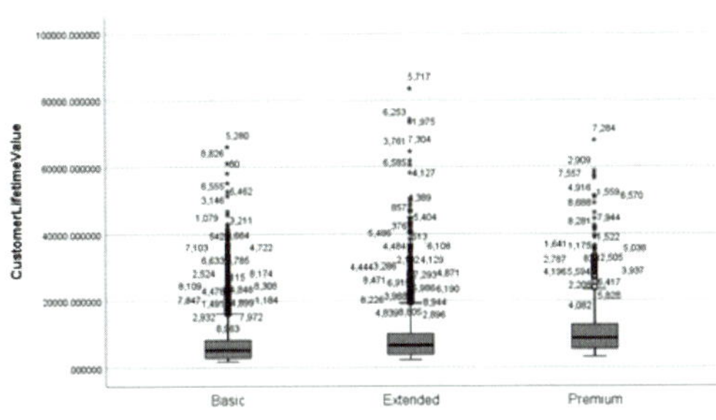

[CLTV 관계: Coverage 평균분석 결과 및 Boxplot 생성 결과]
"Coverage" 집단별로 "Customer LifetimeValue"를 비교한 결과 "Premium"이 가장 높고 "Basic"이 가장 낮은 것으로 나타났다.

CustomerLifetimeValue * Education

CustomerLifetimeValue

Education	평균	N	표준편차
Bachelor	7872.660412	2748	6759.397589
College	7851.064644	2681	6686.908165
Doctor	7520.344837	342	6267.986710
High School or Below	8296.709033	2622	7220.572156
Master	8243.484692	741	6908.841255
전체	8004.940475	9134	6870.967608

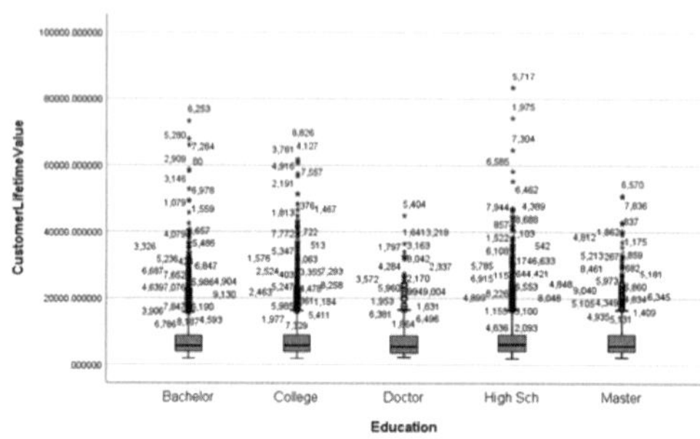

[CLTV 관계: Education 평균분석 결과 및 Boxplot 생성 결과]

"Education" 집단별로 "Customer LifetimeValue"를 비교한 결과 "High School or Below"이 가장 높고 "Doctor"가 가장 낮은 것으로 나타났다.

CustomerLifetimeValue * EmploymentStatus

CustomerLifetimeValue

EmploymentStatus	평균	N	표준편차
Disabled	7847.889354	405	6443.495013
Employed	8219.117754	5698	7067.107043
Medical Leave	7641.822437	432	6500.503154
Retired	7487.865141	282	5761.496790
Unemployed	7636.319761	2317	6623.586963
전체	8004.940475	9134	6870.967608

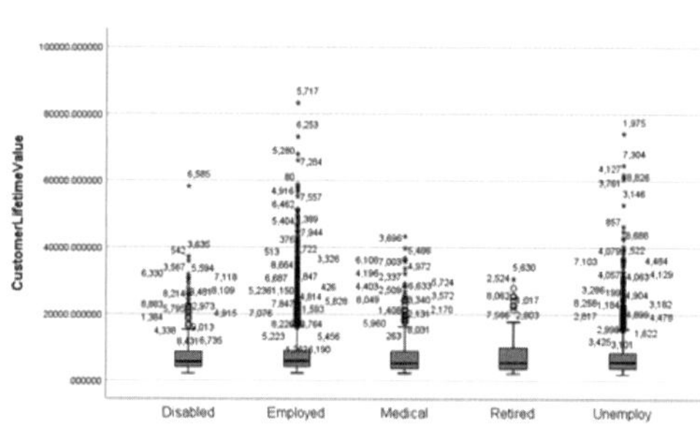

[CLTV 관계: EmploymentStatus 평균분석 결과 및 Boxplot 생성 결과]

"EmploymentStatus" 집단별로 "Customer LifetimeValue"를 비교한 결과 "Employed"가 가장 높고 "Retired"가 가장 낮은 것으로 나타났다.

CustomerLifetimeValue * Gender

CustomerLifetimeValue

Gender	평균	N	표준편차
F	8096.602370	4658	6956.059575
M	7909.551488	4476	6780.743219
전체	8004.940475	9134	6870.967608

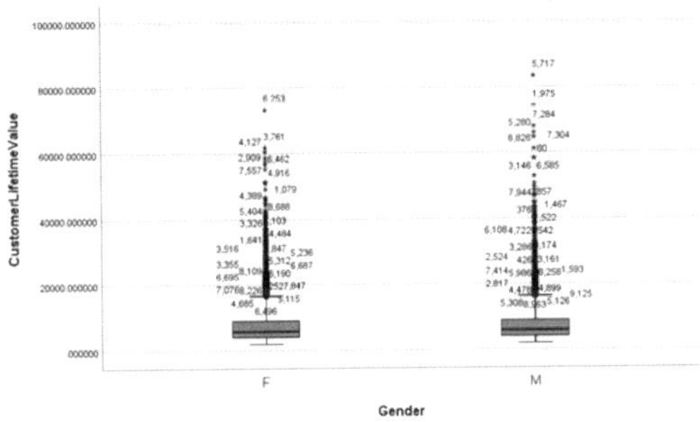

[CLTV 관계: Gender 평균분석 결과 및 Boxplot 생성 결과]

"Gender" 집단별로 "CustomerLifetimeValue"를 비교한 결과 "F"가 "M"보다 높은 것으로 나타났다.

CustomerLifetimeValue * LocationCode

CustomerLifetimeValue

LocationCode	평균	N	표준편차
Rural	7953.699156	1773	6595.473475
Suburban	8004.457415	5779	6963.660977
Urban	8064.132929	1582	6836.296074
전체	8004.940475	9134	6870.967608

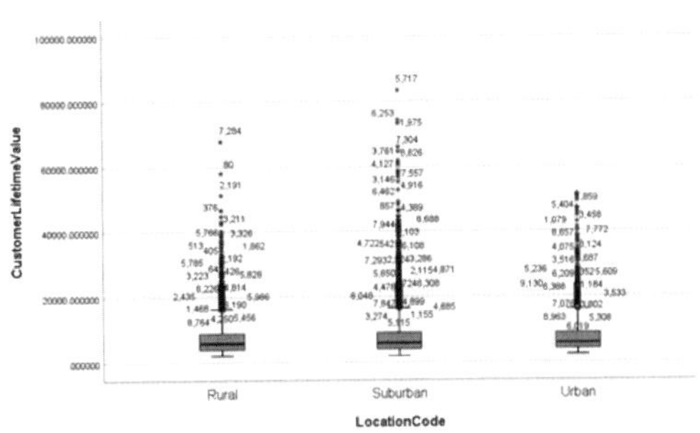

[CLTV 관계: LocationCode 평균분석 결과 및 Boxplot 생성 결과]

"LocationCode" 집단별로 "CustomerLifetimeValue"를 비교한 결과 "Urban"이 가장 높고 "Rural"가 가장 낮은 것으로 나타났다.

CustomerLifetimeValue * MaritalStatus

CustomerLifetimeValue

MaritalStatus	평균	N	표준편차
Divorced	8241.239135	1369	6984.893695
Married	8078.966969	5298	6902.503931
Single	7714.837018	2467	6731.479030
전체	8004.940475	9134	6870.967608

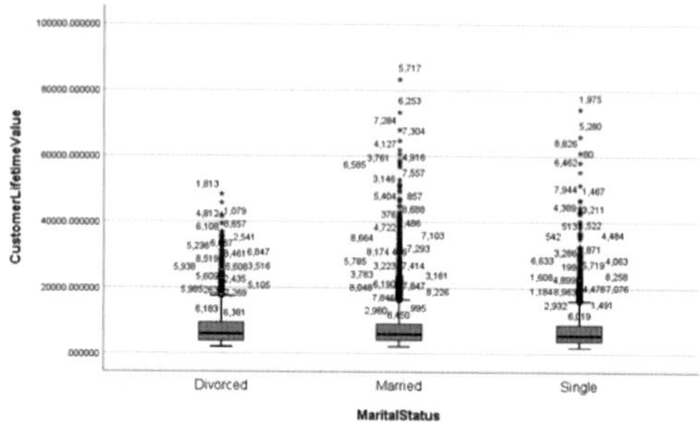

[CLTV 관계: MaritalStatus 평균분석 결과 및 Boxplot 생성 결과]

"MaritalStatus" 집단별로 "CustomerLifetimeValue"를 비교한 결과 "Divorced"이 가장 높고 "Single"이 가장 낮은 것으로 나타났다.

CustomerLifetimeValue * NumberofOpenComplaints

CustomerLifetimeValue

NumberofOpenComplaints	평균	N	표준편차
0	8058.821347	7252	6865.246458
1	8161.349952	1011	7272.969712
2	8178.407082	374	7297.980398
3	7337.159632	292	6375.196290
4	5893.264304	149	4003.907396
5	6145.675782	56	4007.191415
전체	8004.940475	9134	6870.967608

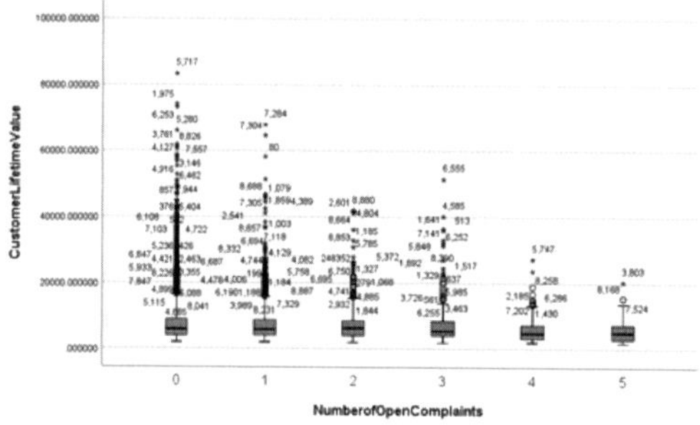

[CLTV 관계: NumberofOpenComplaints 평균분석 결과 및 Boxplot 생성 결과]

"NumberofOpenComplaints" 집단별로 "CustomerLifetimeValue"를 비교한 결과 "2"가 가장 높고 "4"가 가장 낮은 것으로 나타났다.

CustomerLifetimeValue * NumberofPolicies

CustomerLifetimeValue

NumberofPolicies	평균	N	표준편차
1	3606.955098	3251	1412.323891
2	15723.17794	2294	9300.866249
3	6986.213230	1168	2353.538856
4	6997.203422	409	2422.964308
5	7103.148747	407	2782.299864
6	6940.635043	372	2396.979799
7	7237.021119	433	3024.548401
8	7148.753580	384	2571.837992
9	7087.842645	416	2646.104333
전체	8004.940475	9134	6870.967608

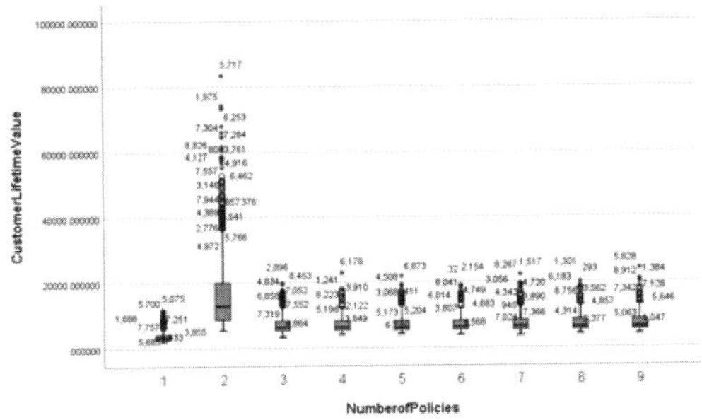

[CLTV 관계: NumberofPolicies 평균분석 결과 및 Boxplot 생성 결과]

"NumberofPolicies" 집단별로 "Customer LifetimeValue"를 비교한 결과 "2"가 가장 높고 "1"이 가장 낮은 것으로 나타났다.

CustomerLifetimeValue * PolicyType

CustomerLifetimeValue

PolicyType	평균	N	표준편차
Corporate Auto	7814.409552	1968	6341.541776
Personal Auto	8027.363535	6788	7010.790402
Special Auto	8594.245038	378	6961.873235
전체	8004.940475	9134	6870.967608

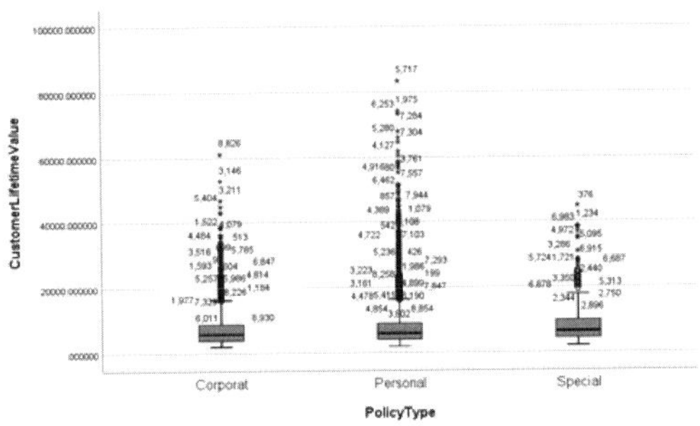

[CLTV 관계: PolicyType 평균분석 결과 및 Boxplot 생성 결과]

"PolicyType" 집단별로 "Customer LifetimeValue"를 비교한 결과 "Special Auto"가 가장 높고 "Corporate Auto"가 가장 낮은 것으로 나타났다.

CustomerLifetimeValue * Policy

CustomerLifetimeValue

Policy	평균	N	표준편차
Corporate L1	8474.928216	359	7058.114377
Corporate L2	7597.695292	595	6039.770932
Corporate L3	7707.721963	1014	6236.866715
Personal L1	7989.762020	1240	7079.273848
Personal L2	8054.909341	2122	6835.808347
Personal L3	8023.911602	3426	7094.381969
Special L1	8332.763207	66	6242.117837
Special L2	8326.906361	164	6694.724748
Special L3	9007.091956	148	7555.977573
전체	8004.940475	9134	6870.967608

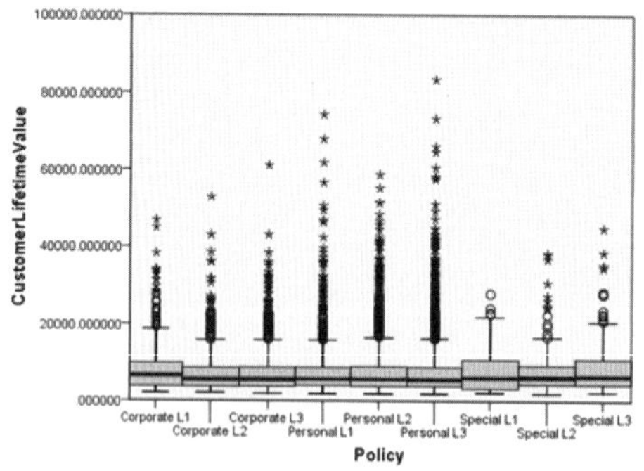

[CLTV 관계: Policy 평균분석 결과 및 Boxplot 생성 결과]
"Policy" 집단별로 "CustomerLifetimeValue"를 비교한 결과 "Special L3"가 가장 높고 "Corporate L2"가 가장 낮은 것으로 나타났다.

CustomerLifetimeValue * RenewOfferType

CustomerLifetimeValue

RenewOfferType	평균	N	표준편차
Offer1	8707.085583	3752	7336.978894
Offer2	7396.753826	2926	6446.146488
Offer3	7997.886516	1432	6669.592544
Offer4	7179.947270	1024	6286.013589
전체	8004.940475	9134	6870.967608

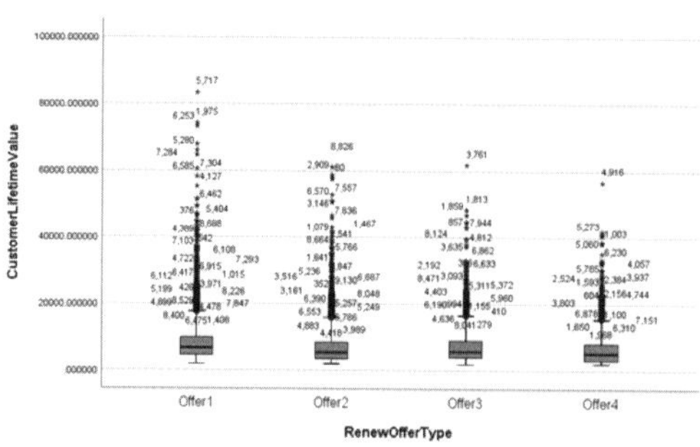

[CLTV 관계: RenewOfferType 평균분석 결과 및 Boxplot 생성 결과]
"RenewOfferType" 집단별로 "CustomerLifetimeValue"를 비교한 결과 "Offer1"이 가장 높고 "Offer4"가 가장 낮은 것으로 나타났다.

CustomerLifetimeValue * SalesChannel

CustomerLifetimeValue

SalesChannel	평균	N	표준편차
Agent	7957.709353	3477	6629.956253
Branch	8119.711861	2567	7078.001824
Call Center	8100.085753	1765	7106.381006
Web	7779.788057	1325	6766.438843
전체	8004.940475	9134	6870.967608

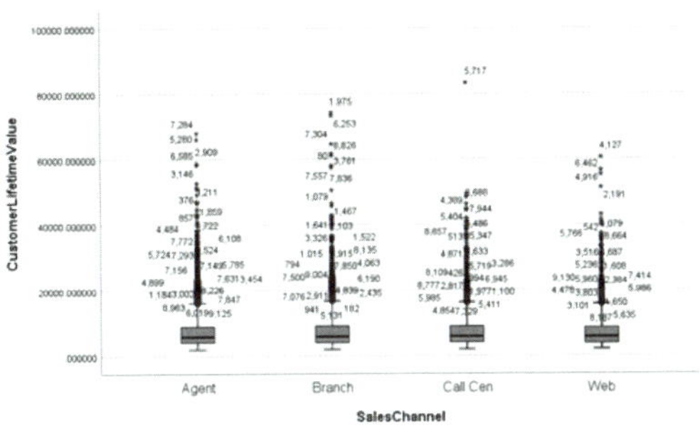

[CLTV 관계: SalesChannel 평균분석 결과 및 Boxplot 생성 결과]
"SalesChannel" 집단별로 "CustomerLifetimeValue"를 비교한 결과 "Branch"가 가장 높고 "Web"이 가장 낮은 것으로 나타났다.

CustomerLifetimeValue * VehicleClass

CustomerLifetimeValue

VehicleClass	평균	N	표준편차
Four-Door Car	6631.726607	4621	5164.940720
Luxury Car	17053.34840	163	12542.35756
Luxury SUV	17122.99913	184	12671.87412
Sports Car	10750.98933	484	8462.333397
SUV	10443.51182	1796	7939.857037
Two-Door Car	6671.030732	1886	5163.894819
전체	8004.940475	9134	6870.967608

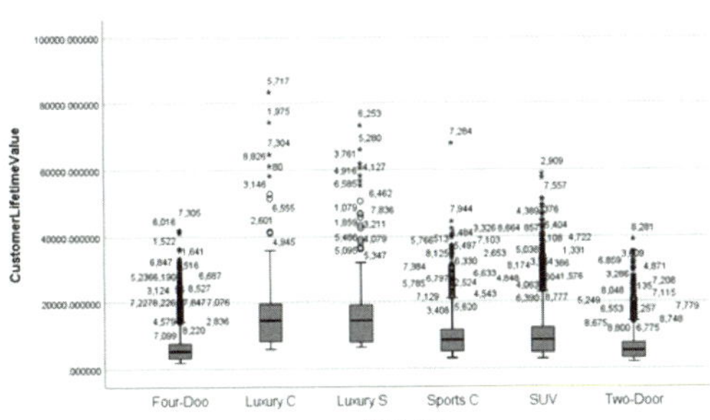

[CLTV 관계: VehicleClass 평균분석 결과 및 Boxplot 생성 결과]
"VehicleClass" 집단별로 "CustomerLifetimeValue"를 비교한 결과 "Luxury SUV"가 가장 높고 "Four-Door Car"이 가장 낮은 것으로 나타났다.

CustomerLifetimeValue * VehicleSize

CustomerLifetimeValue

VehicleSize	평균	N	표준편차
Large	7544.995730	946	6625.404119
Medsize	8050.661755	6424	6833.096412
Small	8085.095932	1764	7127.655003
전체	8004.940475	9134	6870.967608

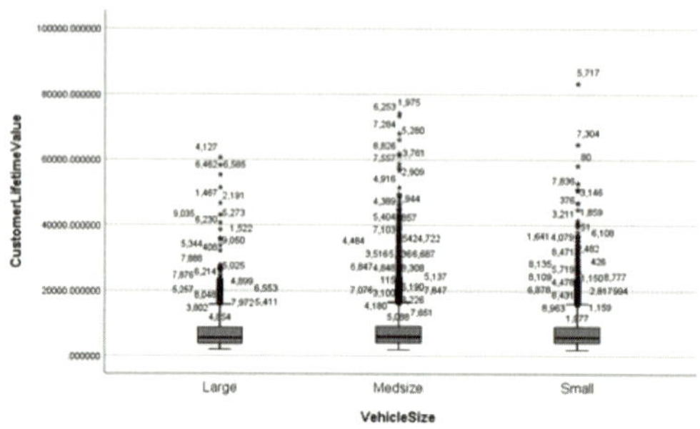

[CLTV 관계: VehicleSize 평균분석 결과 및 Boxplot 생성 결과]
"Vehicle Size" 집단별로 "Customer LifetimeValue"를 비교한 결과 "Small"이 가장 높고 "Large"가 가장 낮은 것으로 나타났다.

4.1.3.2 수치형 변수 상관관계분석

상관관계분석은 종속변수인 "CustomerLifetimeValue"가 수치형 독립변수들과 선형관계가 있는지 확인하는 분석단계이다. 종속변수와 상관계수가 높을 경우 해당 수치형 독립변수는 종속변수를 설명하는데 중요한 변수일 가능성이 높다. 본절에서는 Pearson 상관계수 통계량과 산점도라는 시각화 기능을 이용하여 수치형 변수의 증감에 따라 "CustomerLifetimeValue"의 선형적인 증감이 있는지 비교한다. 실습은 아래 그림을 참고하면서 순차적으로 진행한다.

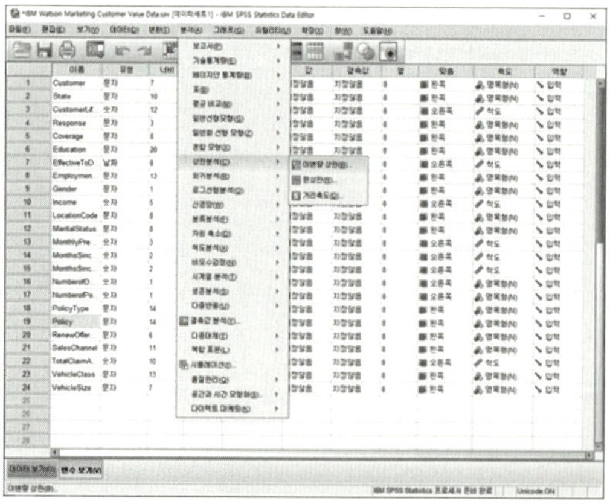

[CLTV 관계 상관분석 메뉴]
집단별 "CustomerLifetimeValue" 평균을 비교 분석하기 위해서 상단 메뉴에서 "분석 → 상관분석 → 이변량 상관"을 순차적으로 누른다.

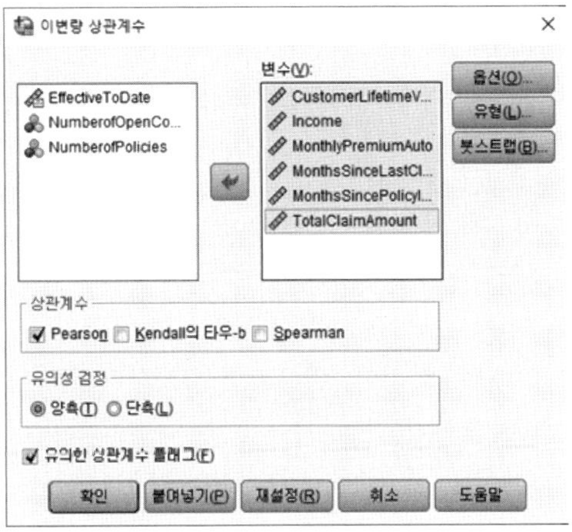

[CLTV 관계 상관계수]

"CustomerLifetimeValue", "Income", "MonthlyPremiumAuto", "MonthsSince LastClaim", "MonthsSincePolicy Inception", "TotalClaimAmount"를 오른쪽의 "변수"로 선택한다.

상관분석 설정이 완료되었으므로 "확인" 버든을 누른나.

상관관계

		CustomerLifetimeValue	Income	MonthlyPremiumAuto	MonthsSinceLastClaim	MonthsSincePolicyInception	TotalClaimAmount
CustomerLifetimeValue	Pearson 상관	1	.024*	.396**	.012	.009	.226**
	유의확률 (양측)		.020	.000	.271	.368	.000
	N	9134	9134	9134	9134	9134	9134
Income	Pearson 상관	.024*	1	-.017	-.027*	-.001	-.355**
	유의확률 (양측)	.020		.111	.011	.933	.000
	N	9134	9134	9134	9134	9134	9134
MonthlyPremiumAuto	Pearson 상관	.396**	-.017	1	.005	.020	.632**
	유의확률 (양측)	.000	.111		.631	.053	.000
	N	9134	9134	9134	9134	9134	9134
MonthsSinceLastClaim	Pearson 상관	.012	-.027*	.005	1	-.043**	.008
	유의확률 (양측)	.271	.011	.631		.000	.470
	N	9134	9134	9134	9134	9134	9134
MonthsSincePolicyInception	Pearson 상관	.009	-.001	.020	-.043**	1	.003
	유의확률 (양측)	.368	.933	.053	.000		.750
	N	9134	9134	9134	9134	9134	9134
TotalClaimAmount	Pearson 상관	.226**	-.355**	.632**	.008	.003	1
	유의확률 (양측)	.000	.000	.000	.470	.750	
	N	9134	9134	9134	9134	9134	9134

*. 상관관계가 0.05 수준에서 유의합니다(양측).

**. 상관관계가 0.01 수준에서 유의합니다(양측).

[CLTV 관계 상관관계 결과표]

상관관계분석 결과 "CustomerLifetime Value"와 "Income", "MonthlyPremium Auto", "TotalClaimAmount"가 상관관계가 있는 것으로 나타났다.

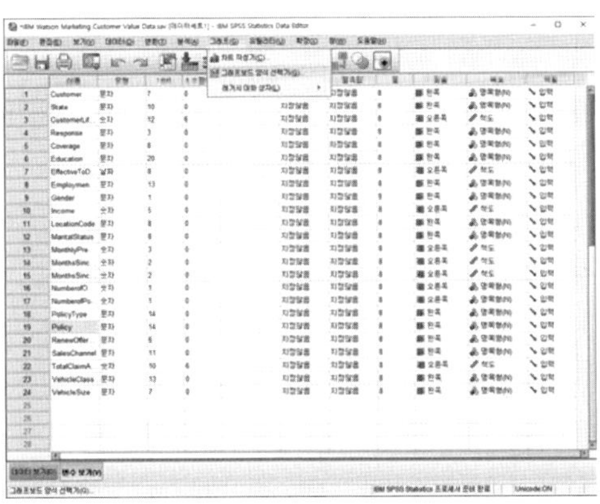

[그래프보드 양식 선택기 메뉴]

상관분석 결과 외에도 "Customer LifetimeValue" 값을 산점도로 시각화 하기 위해서 "그래프 → 그래프보드 양식 선택기"를 순차적으로 누른다.

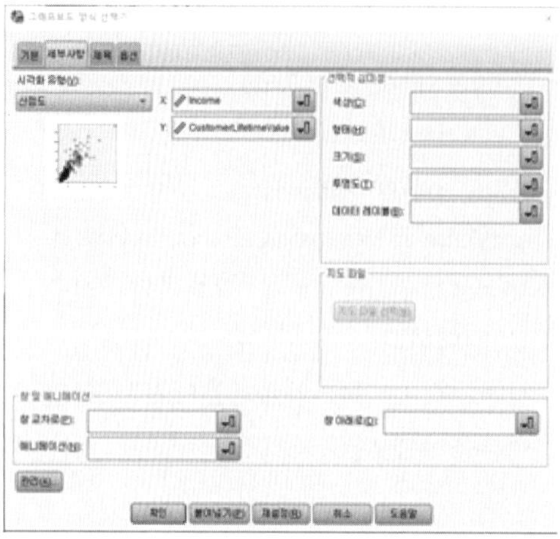

[Income 그래프보드 양식 선택기]
"세부사항" 탭으로 이동한다.
시각화 유형은 "산점도"를 선택한다.
X는 "Income"을 선택하고, Y는 "CustomerLifetimeValue"를 선택한다.
그래프 설정이 완료되었으므로 "확인" 버튼을 누른다.

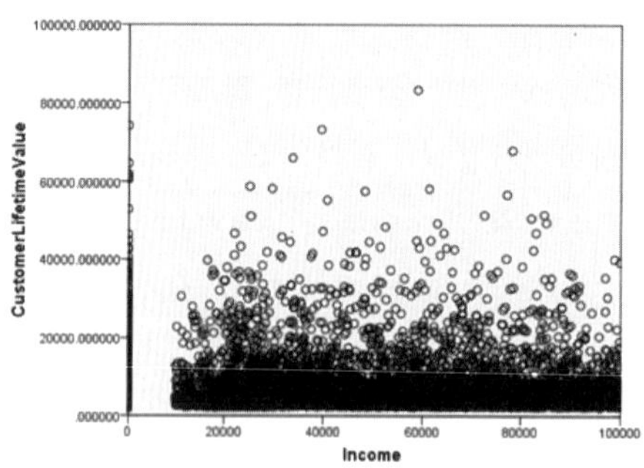

[Income 산점도 생성 결과]
"Income"과 "CustomerLifetimeValue"를 시각적으로 비교한 결과 강한 선형성은 보이지 않는다.
특이점으로 "Income"이 "0"인 집단과 "Income"이 "0 이상"인 집단에 큰 간격이 나타난다.

[MonthlyPremiumAuto 그래프보드 양식 선택기] (메뉴 경로 생략)
"세부사항" 탭으로 이동한다.
시각화 유형은 "산점도"를 선택한다.
X는 "MonthlyPremiumAuto"를 선택하고, Y는 "CustomerLifetimeValue"를 선택한다.
그래프 설정이 완료되었으므로 "확인" 버튼을 누른다.

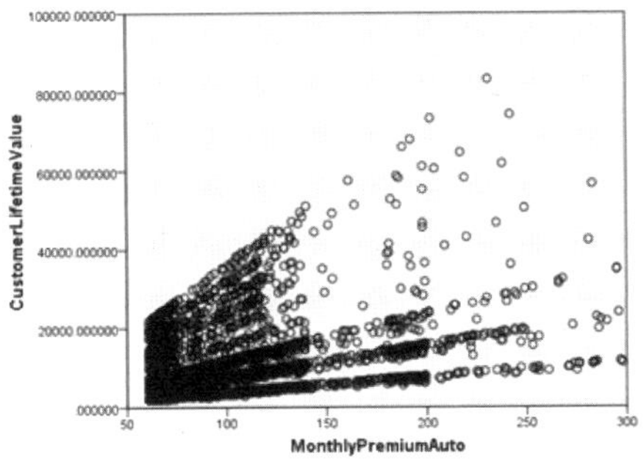

[MonthlyPremiumAuto 산점도 생성 결과]

"MonthlyPremiumAuto"와 "CustomerLifetimeValue"를 시각적으로 비교한 결과 강한 선형성이 보인다.

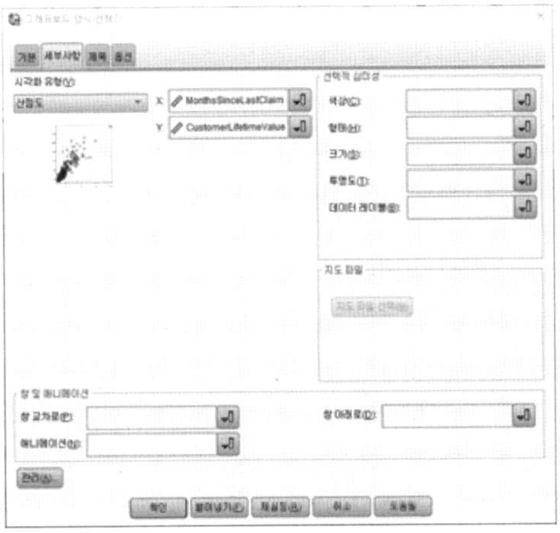

[MonthsSinceLastClaim 그래프보드 양식 선택기] (메뉴 경로 생략)

"세부사항" 탭으로 이동한다.

시각화 유형은 "산점도"를 선택한다.

X는 "MonthsSinceLastClaim"을 선택하고, Y는 "CustomerLifetimeValue"를 선택한다.

그래프 설정이 완료되었으므로 "확인" 버튼을 누른다.

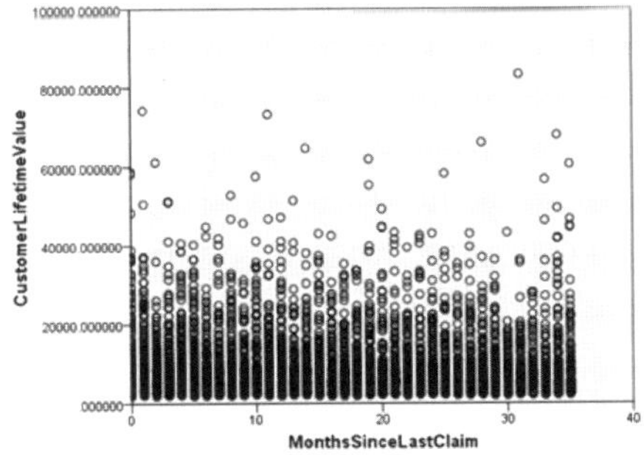

[MonthsSinceLastClaim 산점도 생성 결과]

"MonthsSinceLastClaim"와 "CustomerLifetimeValue"를 시각적으로 비교한 결과 강한 선형성은 보이지 않는다.

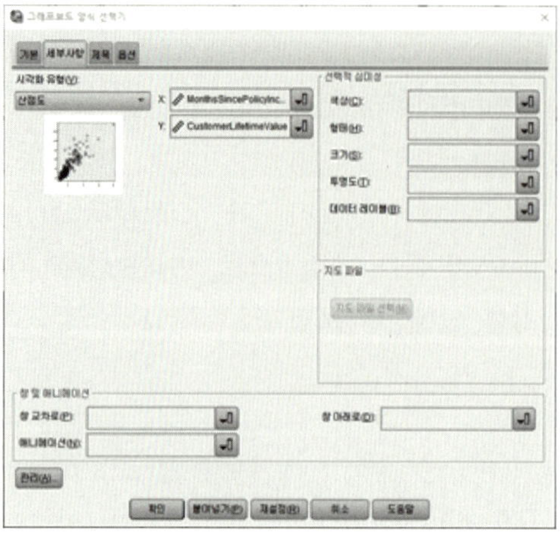

[MonthsSincePolicyInception 그래프보드 양식 선택기] (메뉴 경로 생략)
"세부사항" 탭으로 이동한다.
시각화 유형은 "산점도"를 선택한다.
X는 "MonthsSincePolicyInception"을 선택하고, Y는 "CustomerLifetimeValue"를 선택한다.
그래프 설정이 완료되었으므로 "확인" 버튼을 누른다.

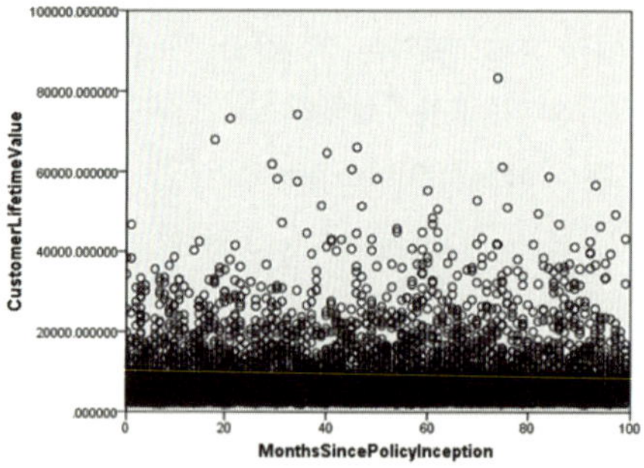

[MonthsSincePolicyInception 산점도 생성 결과]
"MonthsSincePolicyInception"과 "CustomerLifetimeValue"를 시각적으로 비교한 결과 강한 선형성은 보이지 않는다.

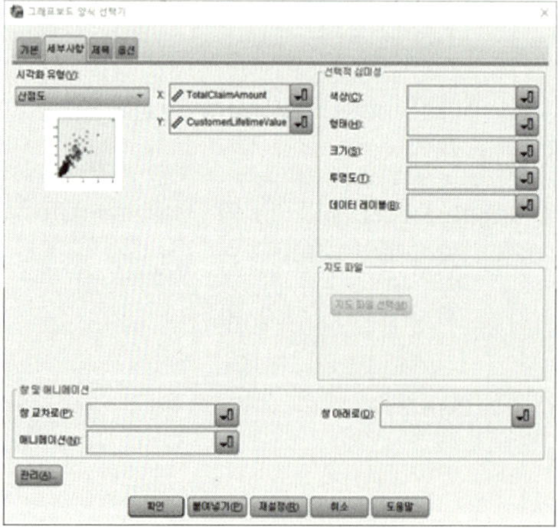

[TotalClaimAmount 그래프보드 양식 선택기] (메뉴 경로 생략)
"세부사항" 탭으로 이동한다.
시각화 유형은 "산점도"를 선택한다.
X는 "TotalClaimAmount"를 선택하고, Y는 "CustomerLifetimeValue"를 선택한다.
그래프 설정이 완료되었으므로 "확인" 버튼을 누른다.

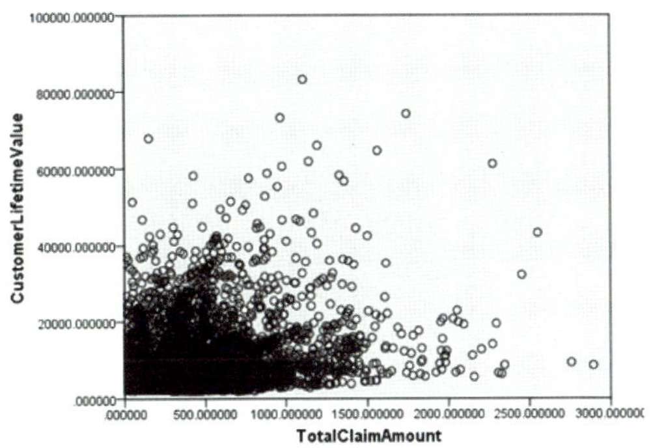

[TotalClaimAmount 산점도 생성 결과]
"TotalClaimAmount"와 "Customer LifetimeValue"를 시각적으로 비교한 결과 강한 선형성이 보인다.

4.1.4 고객생애가치 예측 모델

4.1.4.1 데이터 분할

데이터 분할은 모델을 학습할 때 사용하는 Train Dataset과 학습 후 제대로 학습이 이루어졌는지 검증하기 위한 Test Dataset으로 데이터를 분할하는 작업이다. 본절에서는 Train Dataset 70%, Test Dataset 30%로 분할하는 것을 실습한다. 실습은 아래 그림을 참고하면서 순차적으로 진행한다.

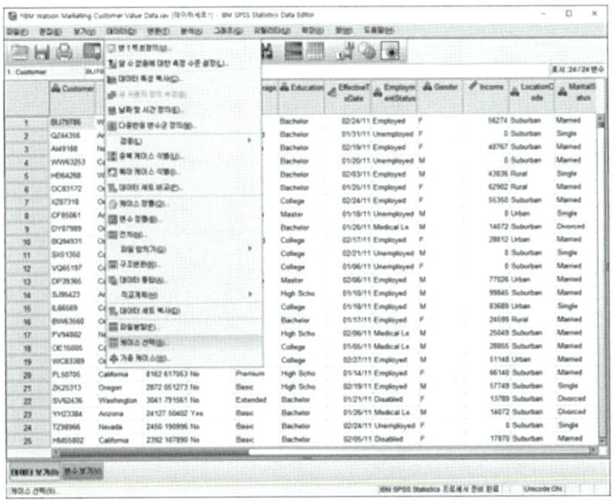

[케이스 선택 메뉴]
데이터를 학습세트와 검증세트로 분리하기 위해서 상단 메뉴에서 "데이터 → 케이스 선택"을 순차적으로 누른다.

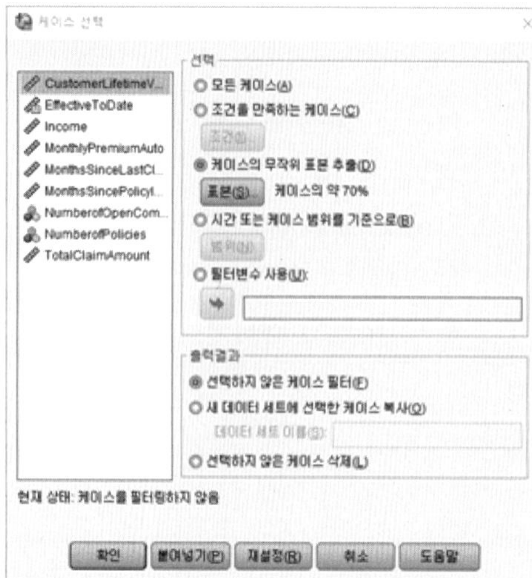

[케이스 선택: 선택]
무작위 표본 추출을 위해서 선택에 "케이스의 무작위 표본 추출"을 선택하고, "표본" 버튼을 누른다.

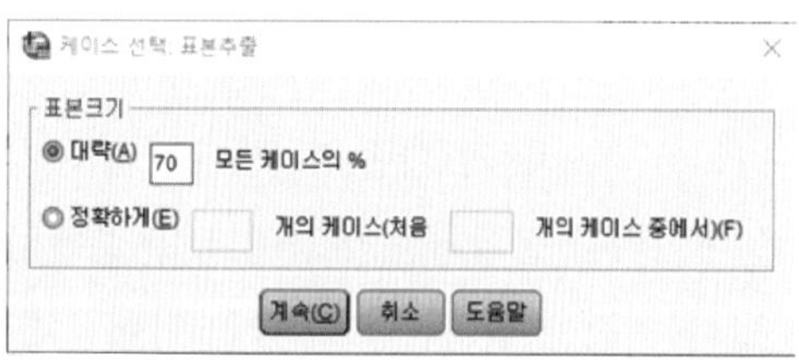

[케이스 선택: 표본추출]
학습세트에 70%를 사용하고 검증세트에 30%를 사용하기 위해서 표본에서 "대략 70 모든 케이스의%"를 선택 및 입력한다.
"계속" 버튼을 누른다.

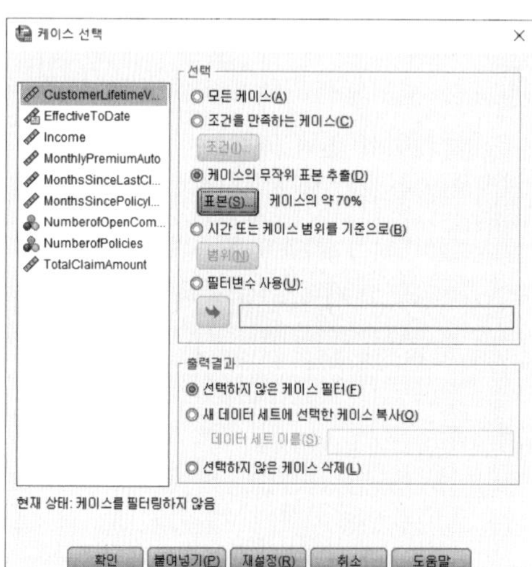

[케이스 선택: 출력결과]
학습세트 케이스를 구분하기 위해서 출력결과에 "선택하지 않은 케이스 필터"를 선택한다.
케이스 선택 설정이 완료되었으므로 "확인" 버튼을 누른다.

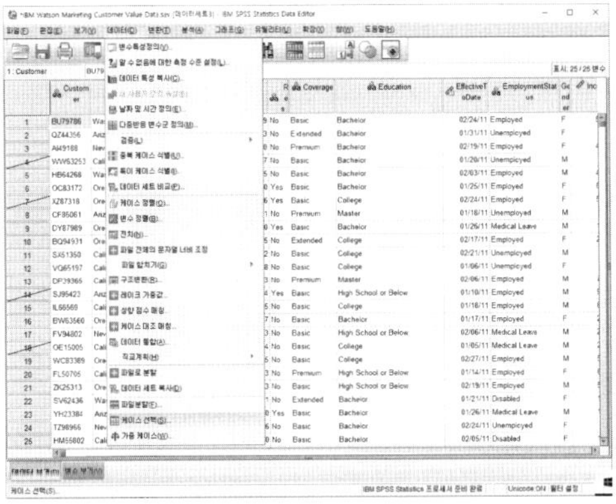

[필터해제 케이스 선택 메뉴]
케이스 선택 실행결과 "filter_$" 변수가 새로 생성된 것을 확인할 수 있다.
하지만 검증세트에 필터가 적용되어 비활성화된 상태로 남아 있기 때문에 다시 상단 메뉴에서 "데이터 → 케이스 선택"을 순차적으로 누른다.

[모든 케이스 선택: 선택]
모든 케이스(학습세트, 검증세트) 사용을 위해서 선택에 "모든 케이스"를 선택한다.
케이스 선택 설정이 완료되었으므로 "확인" 버튼을 누른다.

4.1.4.2 더미변수

더미변수는 문자타입 변수를 모델에서 활용하기 위해 수치형 변수 형태로 재정의하는 방법이다. 문자타입 변수를 더미변수로 변환하면 1, 0의 숫자로 표현된다. 본절에서는 문자타입 변수인 "State", "Coverage", "Education", "EmploymentStatus", "Gender", "LocationCode", "MaritalStatus", "PolicyType", "Policy", "VehicleClass", "VehicleSize"을 더미변수로 변환한다. 실습은 아래 그림을 참고하면서 순차적으로 진행한다.

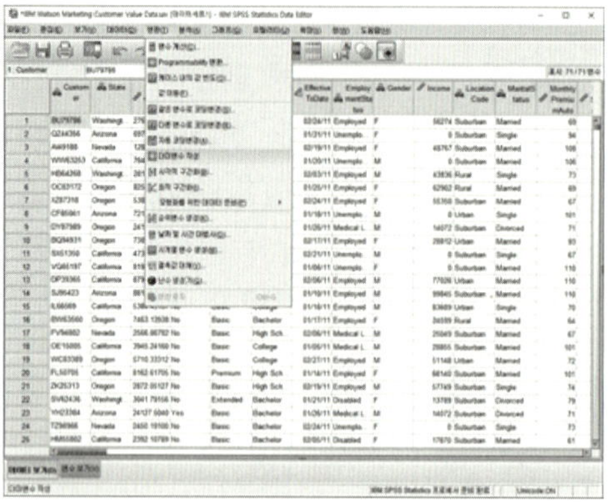

[더미변수 메뉴]

회귀분석에 문자타입 변수를 사용하기 위해서 상단 메뉴에서 "변환 → 더미변수 작성"을 순차적으로 누른다.

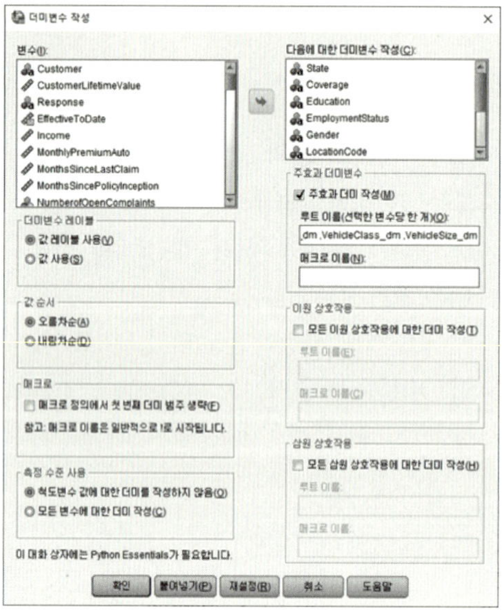

[더미변수 작성]

문자타입 변수 "State", "Coverage", "Education", "EmploymentStatus", "Gender", "LocationCode", "MaritalStatus", "PolicyType", "Policy", "VehicleClass", "VehicleSize"을 변수에서 오른쪽에 "다음에 대한 더미변수 작성"으로 선택한다.

주효과 더미변수에서 루트 이름 입력창에 "State_dm, Coverage_dm, Education_dm, EmploymentStatus_dm, Gender_dm, LocationCode_dm, MaritalStatus_dm, PolicyType_dm, Policy_dm, VehicleClass_dm, VehicleSize_dm"을 입력한다. 케이스 선택 설정이 완료되었으므로 "확인" 버튼을 누른다.

변수 작성

	레이블
State_dm_1	State=Arizona
State_dm_2	State=California
State_dm_3	State=Nevada
State_dm_4	State=Oregon
State_dm_5	State=Washington
Coverage_dm_6	Coverage=Basic
Coverage_dm_7	Coverage=Extended
Coverage_dm_8	Coverage=Premium
Education_dm_9	Education=Bachelor
Education_dm_10	Education=College
Education_dm_11	Education=Doctor
Education_dm_12	Education=High School or Below
Education_dm_13	Education=Master
EmploymentStatus_dm_14	EmploymentStatus=Disabled
EmploymentStatus_dm_15	EmploymentStatus=Employed
EmploymentStatus_dm_16	EmploymentStatus=Medical Leave
EmploymentStatus_dm_17	EmploymentStatus=Retired
EmploymentStatus_dm_18	EmploymentStatus=Unemployed
Gender_dm_19	Gender=F
Gender_dm_20	Gender=M
LocationCode_dm_21	LocationCode=Rural
LocationCode_dm_22	LocationCode=Suburban
LocationCode_dm_23	LocationCode=Urban
MaritalStatus_dm_24	MaritalStatus=Divorced
MaritalStatus_dm_25	MaritalStatus=Married
MaritalStatus_dm_26	MaritalStatus=Single
PolicyType_dm_27	PolicyType=Corporate Auto
PolicyType_dm_28	PolicyType=Personal Auto
PolicyType_dm_29	PolicyType=Special Auto
Policy_dm_30	Policy=Corporate L1
Policy_dm_31	Policy=Corporate L2
Policy_dm_32	Policy=Corporate L3
Policy_dm_33	Policy=Personal L1
Policy_dm_34	Policy=Personal L2
Policy_dm_35	Policy=Personal L3
Policy_dm_36	Policy=Special L1
Policy_dm_37	Policy=Special L2
Policy_dm_38	Policy=Special L3
VehicleClass_dm_39	VehicleClass=Four-Door Car
VehicleClass_dm_40	VehicleClass=Luxury Car
VehicleClass_dm_41	VehicleClass=Luxury SUV
VehicleClass_dm_42	VehicleClass=SUV
VehicleClass_dm_43	VehicleClass=Sports Car
VehicleClass_dm_44	VehicleClass=Two-Door Car
VehicleSize_dm_45	VehicleSize=Large
VehicleSize_dm_46	VehicleSize=Medsize
VehicleSize_dm_47	VehicleSize=Small

[더미변수 작성 결과]
각 변수별 값에 해당하는 값이 모두 변수로 변환된 것을 확인할 수 있다.

4.1.4.3 회귀 예측 모델

선형회귀는 수치형 종속변수인 "CustomerLifetimeValue"를 예측하기 위해서 선형의 형태로 모델을 학습하는 방법이다. SPSS 선형회귀에는 문자형 독립 변수를 사용할 수 없으므로 더미변수로 변환한 값을 독립변수로 입력하여 학습한다. 실습은 아래 그림을 참고하면서 순차적으로 진행한다.

[선형회귀분석 메뉴]

선형회귀분석을 실행하기 위해서 상단 메뉴에서 "분석 → 회귀분석 → 선형"을 순차적으로 누른다.

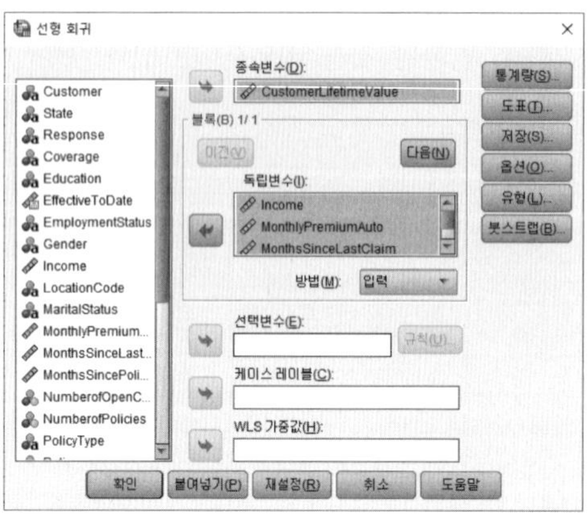

[선형회귀변수]

"CustomerLifetimeValue"를 예측하기 위해서 오른쪽에 "종속변수"로 선택한다.

영향인자로 "Income", "Monthly Premium Auto", "Months Since Last Claim", "Months Since Policy Inception", "NumberofOpenComplaints", "NumberofPolicies", "Total Claim Amount", "State_dm", "Coverage_dm", "Education_dm", "EmploymentStatus_dm", "Gender_dm", "LocationCode_dm", "MaritalStatus_dm", "PolicyType_dm", "Policy_dm", "VehicleClass_dm", "Vehicle Size_dm"를 오른쪽 블록(B) 1/1에 "독립변수"로 선택한다.

"저장" 버튼을 눌러서 예측값을 남길지 선택한다(상세 아래 선형회귀: 저장 참조).

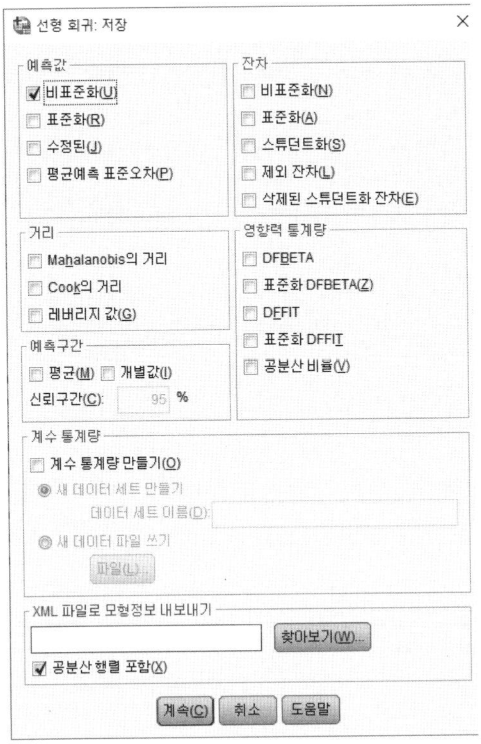

[선형회귀: 저장]
결과값으로 정확도를 계산하기 위해서 예측값에 “비표순화”를 선택한다.
저장 설정이 완료되었으므로 “계속” 버튼을 누른다.

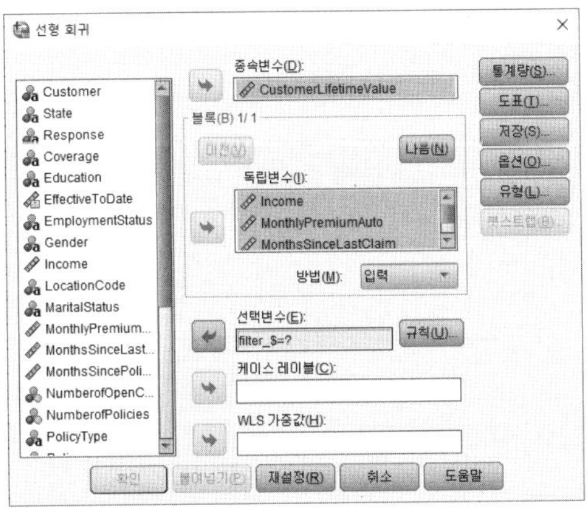

[선형회귀: 선택변수]
학습세트, 검증세트를 구분하기 위해서 “filter_$” 변수를 우측에 “선택변수”로 선택한다.
선택규칙 정의를 위해서 “규칙” 버튼을 누른다.

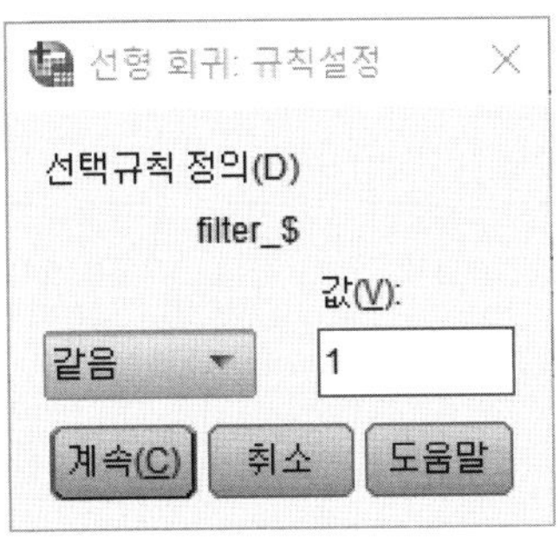

[선형회귀: 규칙설정]
“filter_$” 변수에서 “1”이 학습세트이므로 선택규칙 정의 조건은 “같음”으로 선택하고, 값에 “1”을 입력한다.
선택규칙 정의가 완료되었으므로 “계속” 버튼을 누른다.

계수[a,b]

모형		비표준화 계수		표준화 계수		
		B	표준화 오류	베타	t	유의확률
1	(상수)	804.255	1131.218		.711	.477
	Income	-.001	.005	-.005	-.229	.819
	MonthlyPremiumAuto	74.671	12.082	.372	6.181	.000
	MonthsSinceLastClaim	6.076	7.930	.009	.766	.444
	MonthsSincePolicyInception	-1.345	2.850	-.005	-.472	.637
	NumberofOpenComplaints	-165.103	87.344	-.022	-1.890	.059
	NumberofPolicies	66.369	33.330	.023	1.991	.046
	TotalClaimAmount	-.140	.568	-.006	-.247	.805
	State=Arizona	-178.680	229.164	-.010	-.780	.436
	State=Nevada	-97.793	292.291	-.004	-.335	.738
	State=Oregon	28.545	200.845	.002	.142	.887
	State=Washington	187.859	302.084	.008	.622	.534
	Coverage=Basic	2.359	301.648	.000	.008	.994
	Coverage=Premium	325.574	448.530	.013	.726	.468
	Education=College	-82.786	205.879	-.005	-.402	.688
	Education=Doctor	-53.453	446.486	-.001	-.120	.905
	Education=High School or Below	366.632	208.862	.024	1.755	.079
	Education=Master	169.915	321.698	.007	.528	.597
	EmploymentStatus=Disabled	-690.931	423.507	-.021	-1.631	.103
	EmploymentStatus=Medical Leave	-72.949	418.174	-.002	-.174	.862
	EmploymentStatus=Retired	-775.760	489.055	-.020	-1.586	.113
	EmploymentStatus=Unemployed	-521.574	331.167	-.033	-1.575	.115
	Gender=M	-233.616	160.329	-.017	-1.457	.145
	LocationCode=Rural	121.613	314.431	.007	.387	.699
	LocationCode=Urban	152.751	253.504	.008	.603	.547
	MaritalStatus=Divorced	439.198	273.099	.023	1.608	.108
	MaritalStatus=Married	185.625	207.028	.013	.897	.370
	Policy=Corporate L1	429.387	422.826	.012	1.016	.310
	Policy=Corporate L2	-628.474	332.914	-.023	-1.888	.059
	Policy=Corporate L3	-147.007	270.730	-.007	-.543	.587
	Policy=Personal L1	-50.397	253.212	-.002	-.199	.842
	Policy=Personal L2	31.353	209.412	.002	.150	.881
	Policy=Special L1	593.368	937.960	.007	.633	.527
	Policy=Special L2	2.322	637.422	.000	.004	.997
	Policy=Special L3	573.952	655.632	.010	.875	.381
	VehicleClass=Luxury Car	636.334	1678.838	.012	.379	.705
	VehicleClass=Luxury SUV	293.713	1661.914	.006	.177	.860
	VehicleClass=SUV	647.783	550.022	.037	1.178	.239
	VehicleClass=Sports Car	823.505	631.305	.027	1.304	.192
	VehicleClass=Two-Door Car	210.251	208.361	.012	1.009	.313
	VehicleSize=Large	-313.738	263.647	-.014	-1.190	.234
	VehicleSize=Small	147.592	211.642	.008	.697	.486

a. 종속변수: CustomerLifetimeValue

b. 케이스의 약 70% (SAMPLE) = 1에 대한 케이스만 선택

[선형회귀분석 결과값]
선형회귀분석 결과 계수가 출력된다.

4.1.4.4 의사결정나무

의사결정나무는 수치형 종속변수인 "CustomerLifetimeValue"를 예측하기 위해서 비선형의 형태로 모델을 학습하는 방법이다. SPSS 선형회귀와 달리 문자형 변수를 그대로 사용할 수 있는 옵션이 제공되므로 더미변수를 사용하지 않아도 된다. 실습은 아래 그림을 참고하면서 순차적으로 진행한다.

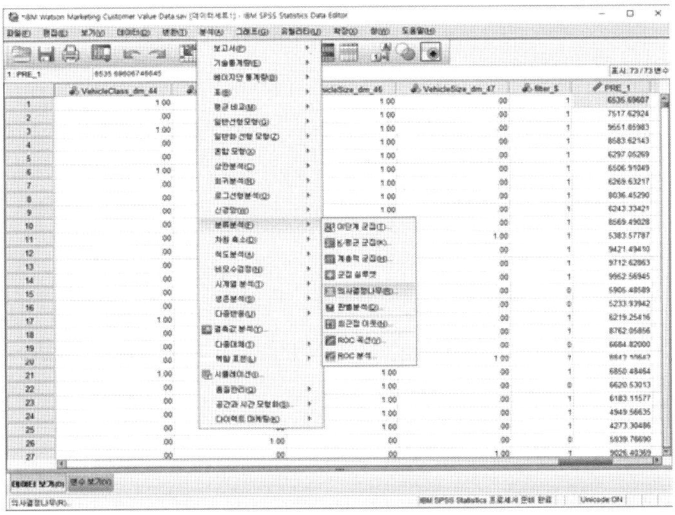

[의사결정나무 메뉴]
의사결정나무 분석을 실행하기 위해서 상단 메뉴에서 “분석 → 분류분석 → 의사결정나무”를 순차적으로 누른다.

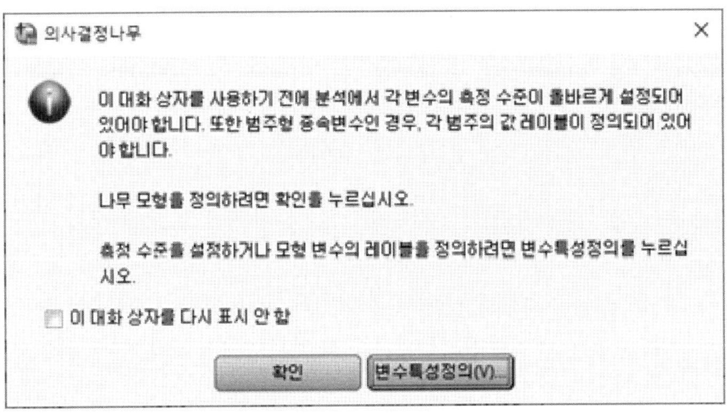

[의사결정나무 변수 측정 수준 경고]
의사결정나무 분석에 사용되는 변수의 측정 수준이 올바르게 설정이 되어 있어야 한다는 경고창이 나타나면 “확인” 버튼을 누른다.

[의사결정나무 변수]

"CustomerLifetimeValue"를 예측하기 위해서 오른쪽에 "종속변수"로 선택한다.
영향인자로 "State", "Coverage", "Education", "EmploymentStatus", "Gender", "Income", "LocationCode", "MaritalStatus", "MonthlyPremium Auto", "MonthsSinceLastClaim", "Months SincePolicyInception", "NumberofOpen Complaints", "NumberofPolicies", "PolicyType", "Policy", "Total Claim Amount", "VehicleClass", "VehicleSize"을 오른쪽에 "독립변수"로 선택한다.
성장방법을 "CRT"로 선택한다.
"출력결과" 버튼을 눌러서 변수의 모형에 대한 중요도를 선택한다(상세 아래 의사결정나무: 통계량 참조).
"검증" 버튼을 눌러서 분할 표본 검증을 선택한다(상세 아래 의사결정나무: 검증 참조).
"저장" 버튼을 눌러서 예측 확률값을 남길지 선택한다(상세 아래 의사결정나무: 저장 참조).

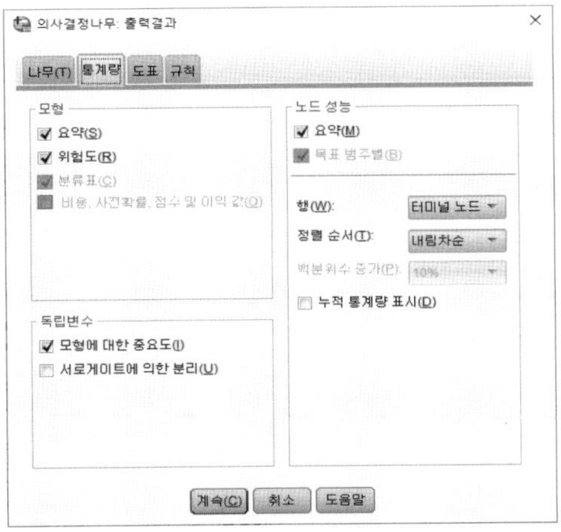

[의사결정나무: 통계량]

독립변수의 모형에 대한 중요도를 출력하기 위해서 통계량 탭을 선택한 후 독립변수에 "모형에 대한 중요도"를 체크한다.

출력결과 설정이 완료되었으므로 "계속" 버튼을 누른다.

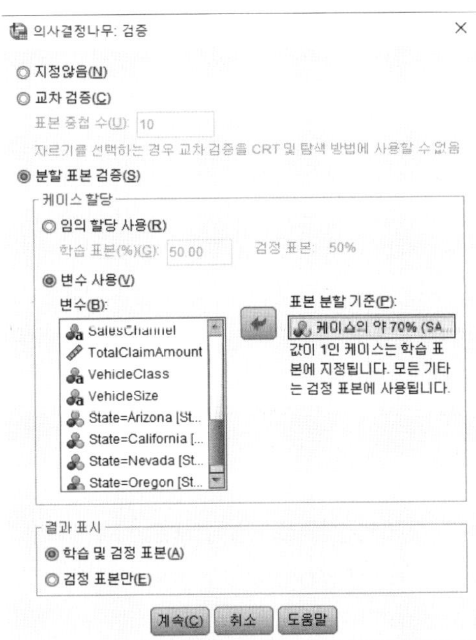

[의사결정나무: 검증]

학습세트, 검증세트를 구분하기 위해서 의사결정나무: 검증에서 "분할 표본 검증"을 선택한 후 "변수 사용"을 클릭한다.

케이스 할당에서 "filter_$" 변수를 우측에 "표준 분할 기준"으로 선택한다.

검증 설정이 완료되었으므로 "계속" 버튼을 누른다.

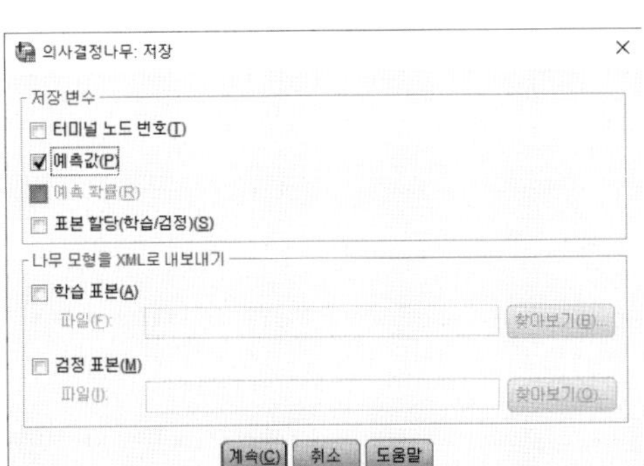

[의사결정나무: 저장]

결과값으로 RMSE를 계산하기 위해서 저장변수에 "예측값"을 선택한다.

저장 설정이 완료되었으므로 "계속" 버튼을 누른다.

끝으로 "확인"을 눌러 분석을 진행한다.

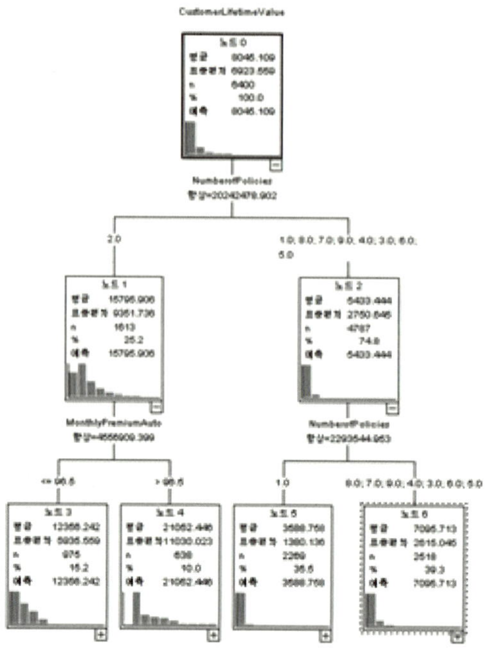

[의사결정나무 학습 표본 나무 다이어그램 결과]

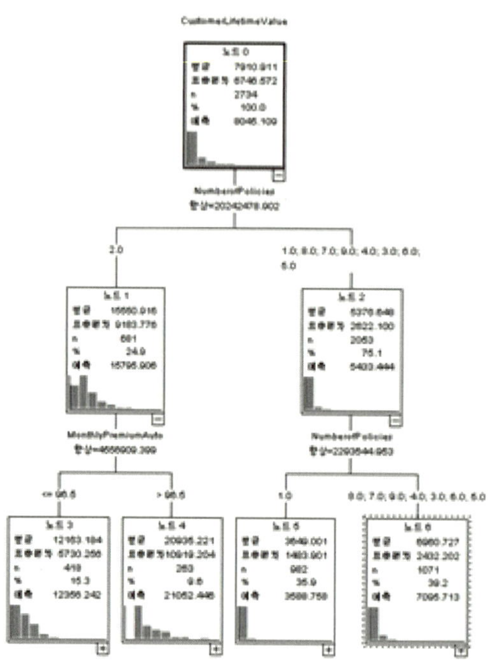

[의사결정나무 검정 표본 나무 다이어그램 결과]

독립변수 중요도

독립변수	중요도	정규화 중요도
NumberofPolicies	22536082.23	100.0%
MonthlyPremiumAuto	11295655.31	50.1%
VehicleClass	8350862.460	37.1%
TotalClaimAmount	3099950.246	13.8%
Coverage	1464685.603	6.5%
MonthsSinceLastClaim	401113.465	1.8%
Income	58532.869	0.3%
Education	54303.453	0.2%
EmploymentStatus	36746.710	0.2%
NumberofOpenComplaints	33667.586	0.1%
Gender	27042.976	0.1%
VehicleSize	24845.754	0.1%
MonthsSincePolicyInception	20035.190	0.1%
PolicyType	14013.194	0.1%
LocationCode	12790.449	0.1%
State	7540.817	0.0%
MaritalStatus	5800.141	0.0%
Policy	4366.530	0.0%

성장방법: CRT
종속변수: CustomerLifetimeValue

[의사결정나무 독립변수 중요도 값]
의사결정나무 독립변수 중요도가 출력된다.
"NumberofPolicies"가 가장 중요도가 높은 변수로 나타났다.

4.1.4.5 신경망 모델

신경망은 수치형 종속변수인 "CustomerLifetimeValue"를 예측하기 위해서 비선형의 형태로 모델을 학습하는 방법이다. 의사결정나무처럼 문자형 변수를 그대로 사용할 수 있는 옵션이 제공되므로 더미변수를 사용하지 않아도 된다. 실습은 아래 그림을 참고하면서 순차적으로 진행한다.

[다층 퍼셉트론 메뉴]
다층 퍼셉트론 분석을 실행하기 위해서 상단 메뉴에서 "분석 → 신경망 → 다층 퍼셉트론"을 순차적으로 누른다.

[다층 퍼셉트론: 변수]

종속변수와 영향인자를 선택하기 위해서 "변수" 탭으로 이동한다.

"CustomerLifetimeValue"를 예측하기 위해서 오른쪽에 "종속변수"로 선택한다.

영향인자로 "State", "Coverage", "Education", "EmploymentStatus", "Gender", "LocationCode", "MaritalStatus", "NumberofOpenComplaints", "NumberofPolicies", "PolicyType", "Policy", "VehicleClass", "VehicleSize"을 오른쪽에 "요인"으로 선택한다.

영향인자로 "Income", "Monthly Premium Auto", "Months Since Last Claim", "Months Since Policy Inception", "Total Claim Amount"를 오른쪽에 "공변량"으로 선택한다.

변수 선택이 완료되었으므로 "분할" 탭으로 이동한다.

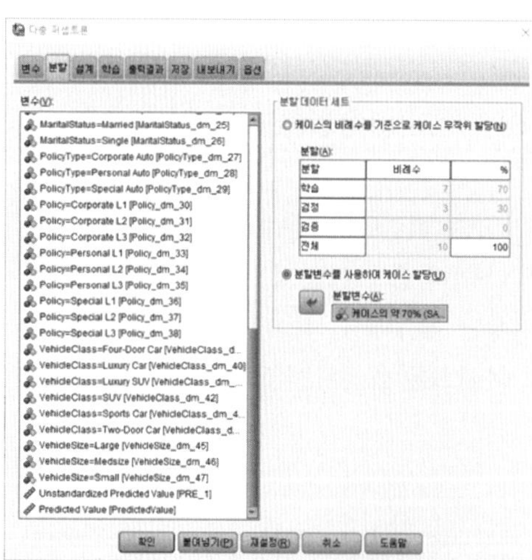

[다층 퍼셉트론: 분할]

학습세트, 검증세트를 구분하기 위해서 "분할" 탭에서 "분할변수를 사용하여 케이스 할당"을 선택한다.

"filter_$" 변수를 우측에 "분할변수"로 선택한다.

분할 설정이 완료되었으므로 "출력결과" 탭으로 이동한다.

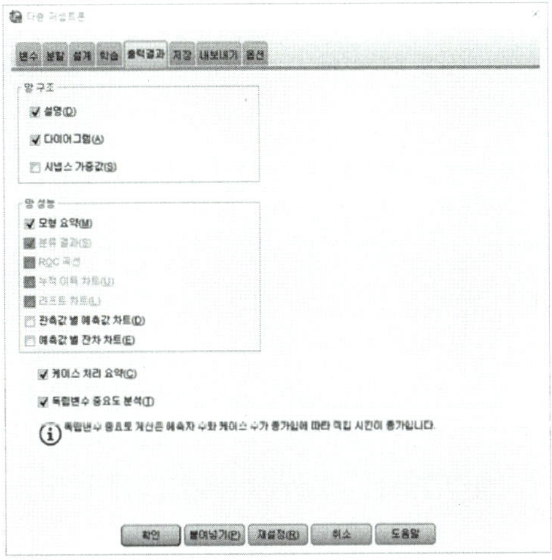

[다층 퍼셉트론: 출력결과]
독립변수의 모형에 대한 중요도를 출력하기 위해서 "독립변수 중요도 분석"을 체크한다.
출력결과 설정이 완료되었으므로 "저장" 탭으로 이동한다.

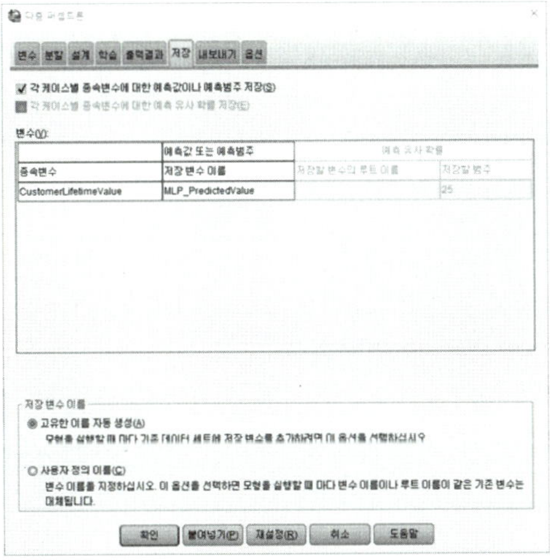

[다층 퍼셉트론: 저장]
결과값으로 정확도를 계산하기 위해서 "각 케이스별 종속변수에 대한 예측값이나 예측범주 저장"을 선택한다.
저상 설성이 완료되었으므로 "확인" 버튼을 눌러서 모델 학습을 실행한다.

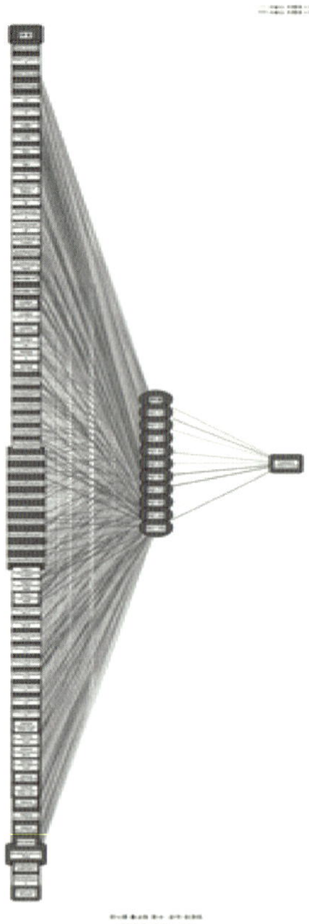

[다층 퍼셉트론 네트워크 다이어그램 결과]

독립변수 중요도

	중요도	정규화 중요도
MonthlyPremiumAuto	.345	100.0%
NumberofPolicies	.255	73.8%
TotalClaimAmount	.061	17.6%
Policy	.042	12.1%
VehicleClass	.041	12.0%
NumberofOpenComplaints	.031	9.1%
Education	.031	9.1%
EmploymentStatus	.027	7.8%
Income	.024	7.0%
PolicyType	.021	6.2%
Coverage	.021	6.1%
MonthsSincePolicyInception	.018	5.1%
MonthsSinceLastClaim	.017	5.0%
MaritalStatus	.017	4.8%
State	.016	4.7%
VehicleSize	.011	3.3%
LocationCode	.011	3.2%
Gender	.011	3.1%

[다층 퍼셉트론 독립변수 중요도 값]
신경망 독립변수 중요도가 출력된다. "MonthlyPremiumAuto"가 가장 중요도가 높은 변수로 나타났다.

4.1.4.6 예측 모델 비교

예측 모델 비교는 "CustomerLifetimeValue"를 예측하기 위한 3가지 모델의 성능을 비교하는 단계이다. 수치형 종속변수의 실제값과 예측값의 차이(잔차)가 Test Dataset으로 검증했을 때 얼마나 크게 발생하는지 세 가지 모델을 비교한다. 본절에서는 잔차를 측정하는 방법 중에 RMSE를 직접 계산하여 값을 비교한다. 실습은 아래 그림을 참고하면서 순차적으로 진행한다.

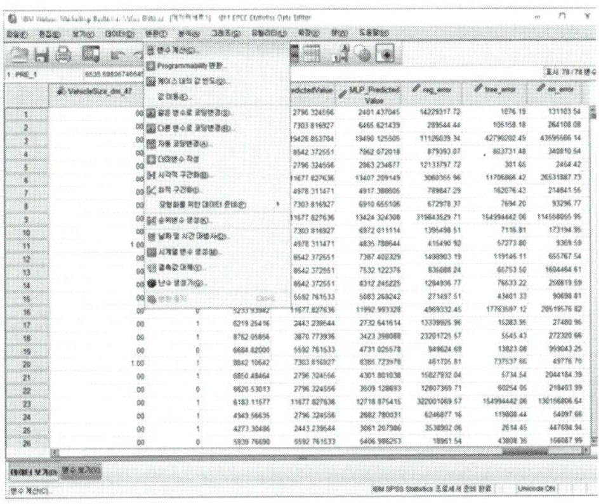

[변수 계산 메뉴]
선형회귀 예측값으로 평균 제곱근 오차(RMSE) 계산을 위해서 상단 메뉴에서 "변환 → 변수계산"을 순차적으로 누른다.

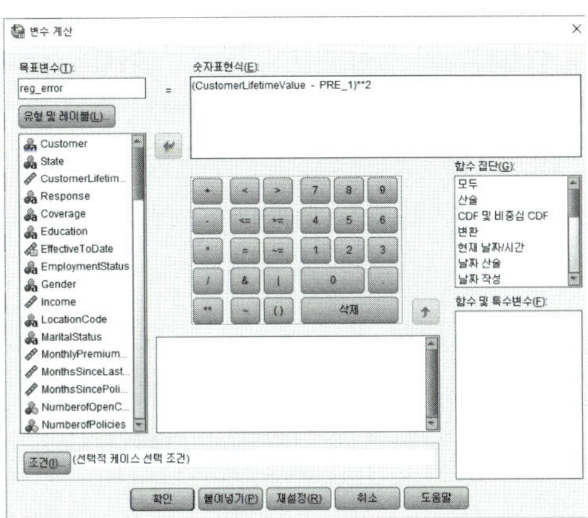

[reg_error 변수 계산]
선형회귀 모델 예측값의 잔차 제곱을 구하기 위해서 숫자표현식 입력창에 "(CustomerLifetimeValue-PRE_1)**2"을 입력한다.
목표변수 입력창에 "reg_error"를 입력한다.
설정이 완료되었으므로 "확인"을 누른다.

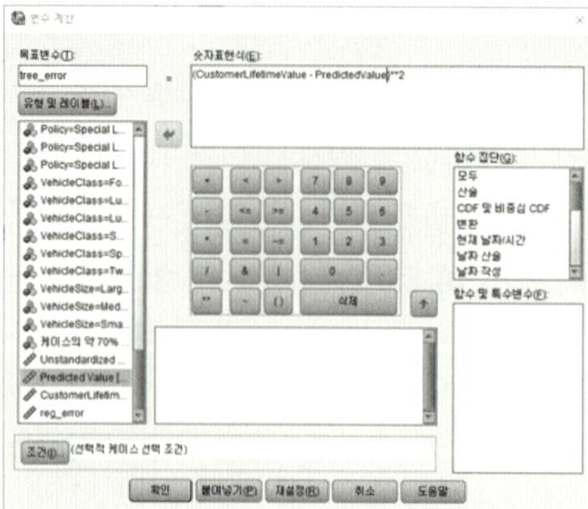

[tree_error 변수 계산]
분류나무 모델 예측값의 잔차 제곱을 구하기 위해서 숫자표현식 입력창에 “(CustomerLifetimeValue-PredictedValue)**2”을 입력한다.
목표변수 입력창에 “tree_error”를 입력한다.
설정이 완료되었으므로 “확인” 버튼을 누른다.

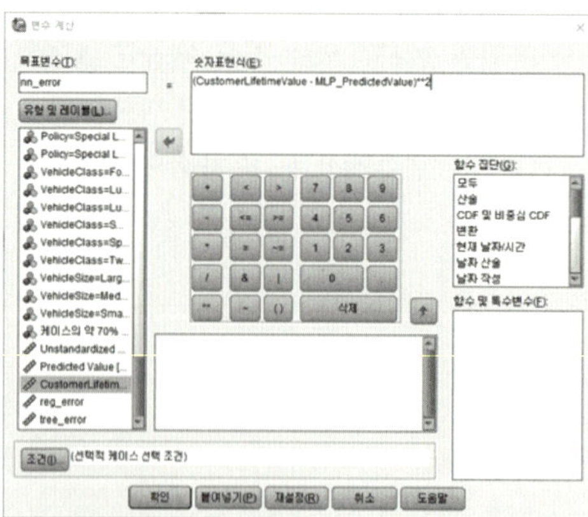

[nn_error 변수 계산]
다층 퍼셉트론 모델 예측값의 잔차 제곱을 구하기 위해서 숫자표현식 입력창에 “(CustomerLifetimeValue-MLP_Predicted Value)**2”을 입력한다.
목표변수 입력창에 “nn_error”를 입력한다.
설정이 완료되었으므로 “확인” 버튼을 누른다.

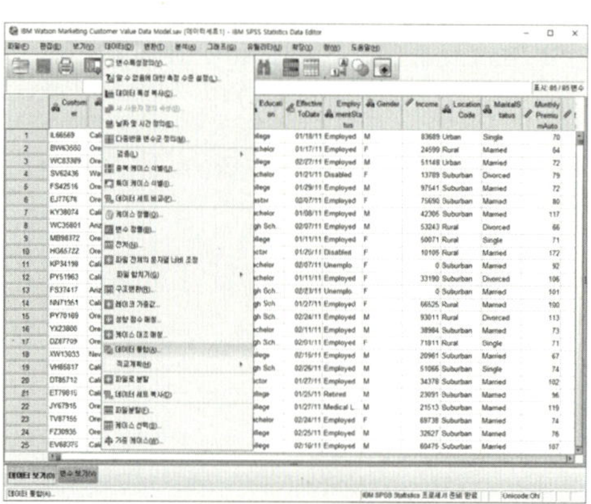

[데이터 통합 메뉴]
학습세트, 검증세트별 빈도수를 계산하고 새로운 변수를 저장하기 위해서 상단 메뉴에서 “데이터 → 데이터 통합”을 순차적으로 누른다.

[데이터 통합: 변수 요약]
"CustomerLifetimeValue"를 오른쪽에 "변수 요약"으로 선택한다.
집단별 데이터 건수를 구하기 위해서 데이터 통합 "함수" 버튼을 누른다(상세 아래 데이터 통합: 통합함수 참조).
(기본값은 MEAN 평균으로 되어 있다.)
집단별 데이터 건수의 변수 이름을 변경하기 위해서 "변수 이름 및 레이블" 버튼을 누른다(상세 아래 데이터 통합: 변수 이름 참조).

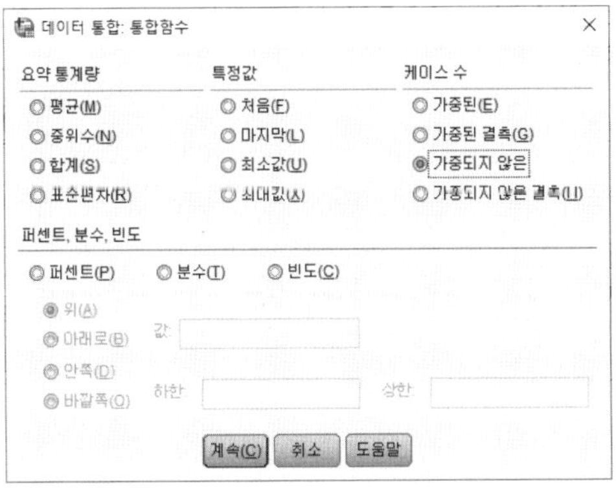

[데이터 통합: 통합함수]
집단별 데이터 건수를 구하기 위해서 케이스수에 "가중되지 않은"을 선택하고, "계속" 버튼을 누른다.

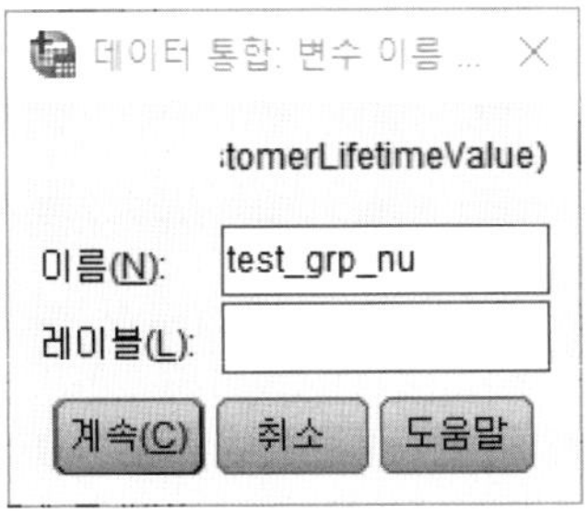

[데이터 통합: 변수 이름]
학습세트, 검증세트별 빈도수를 의미하는 변수 이름을 사용하기 위해서 "test_grp_nu"라고 입력하고 "계속" 버튼을 누른다.

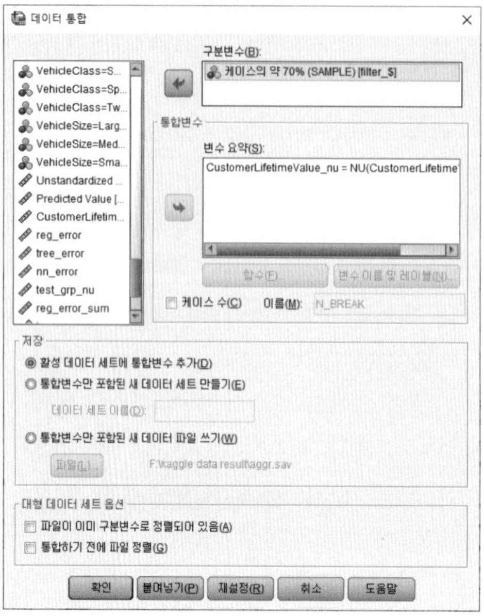

[데이터 통합: 확인]
설정을 완료한 후 “filter_$”를 오른쪽에 “구분변수”로 선택한다.
학습세트, 검증세트 데이터 통합 설정이 완료되었으므로 “확인” 버튼을 누른다.

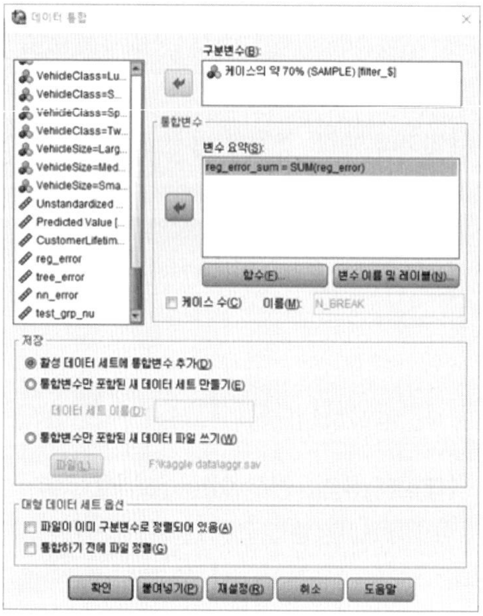

[reg_error 데이터 통합] (데이터 통합 메뉴 경로 생략)
선형회귀 모델 예측값의 잔차 제곱합을 구하기 위해서 “reg_error”를 오른쪽에 “변수 요약”으로 선택한다.
학습세트, 검증세트별 합계를 구하기 위해서 데이터 통합 “함수” 버튼을 누른다 (통합함수 창에서 요약 통계량 “합계”를 선택한다).
변수 이름을 변경하기 위해서 “변수 이름 및 레이블” 버튼을 누른다(입력창에 “reg_error_sum” 이라고 입력하고 “계속” 버튼을 누른다).
“filter_$”를 오른쪽에 “구분변수”로 선택한다.
데이터 통합 설정이 완료되었으므로 “확인” 버튼을 누른다.

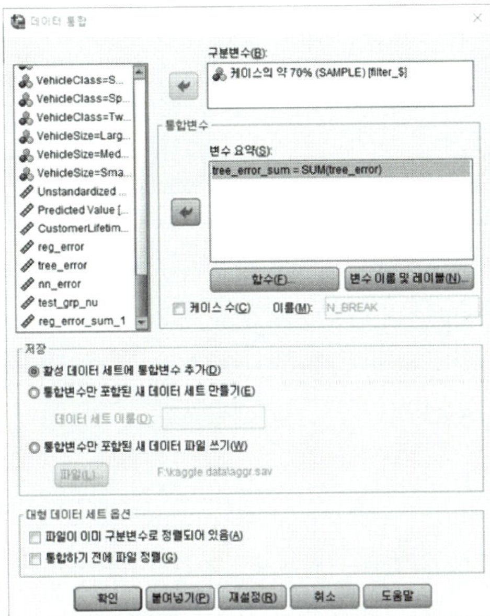

[tree_error 데이터 통합] (데이터 통합 메뉴 경로 생략)

분류나무 모델 예측값의 잔차 제곱합을 구하기 위해서 "tree_error"를 오른쪽에 "변수 요약"으로 선택한다.

학습세트, 검증세트별 합계를 구하기 위해서 데이터 통합 "함수" 버튼을 누른다(통합함수 창에서 요약 통계량 "합계"를 선택한다).

변수 이름을 변경하기 위해서 "변수 이름 및 레이블" 버튼을 누른다(입력창에 "tree_error_sum"이라고 입력하고 "계속" 버튼을 누른다).

"filter_$"를 오른쪽에 "구분변수"로 선택한다.

데이터 통합 설정이 완료되었으므로 "확인" 버튼을 누른다.

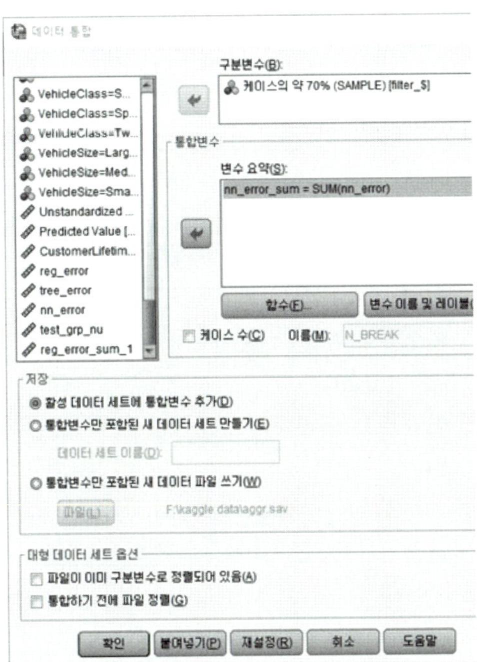

[nn_error 데이터 통합] (데이터 통합 메뉴 경로 생략)

다층 퍼셉트론 모델 예측값의 잔차 제곱합을 구하기 위해서 "nn_error"를 오른쪽에 "변수 요약"으로 선택한다.

학습세트, 검증세트별 합계를 구하기 위해서 데이터 통합 "함수" 버튼을 누른다(통합함수 창에서 요약 통계량 "합계"를 선택한다).

변수 이름을 변경하기 위해서 "변수 이름 및 레이블" 버튼을 누른다(입력창에 "nn_error_sum"이라고 입력하고 "계속" 버튼을 누른다).

"filter_$"를 오른쪽에 "구분변수"로 선택한다.

데이터 통합 설정이 완료되었으므로 "확인" 버튼을 누른다.

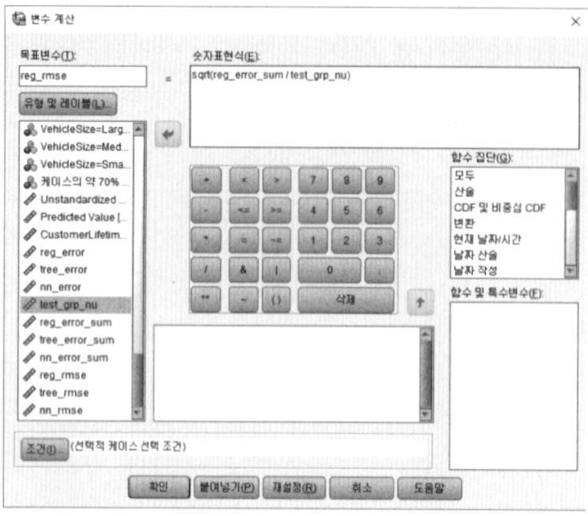

[reg_error 변수 계산]

선형회귀 모델 예측값의 평균 제곱근 오차를 구하기 위해서 숫자표현식 입력창에 "sqrt(reg_error_sum / test_grp_nu)"을 입력한다.

목표변수 입력창에 "reg_rmse"를 입력한다.

설정이 완료되었으므로 "확인" 버튼을 누른다.

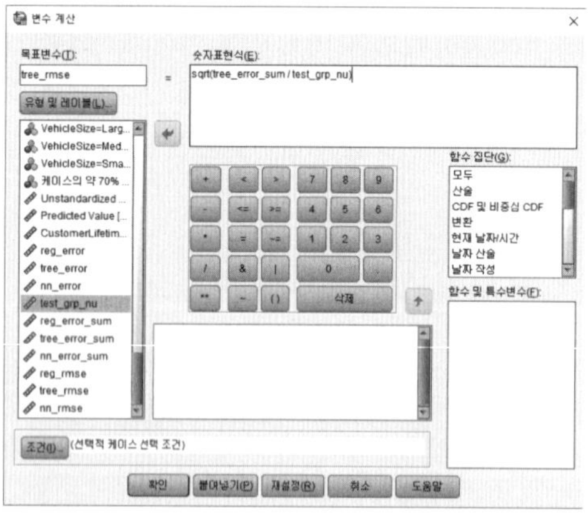

[tree_error 변수 계산]

분류나무 모델 예측값의 평균 제곱근 오차를 구하기 위해서 숫자표현식 입력창에 "sqrt(tree_error_sum / test_grp_nu)"을 입력한다.

목표변수 입력창에 "tree_rmse"를 입력한다.

설정이 완료되었으므로 "확인" 버튼을 누른다.

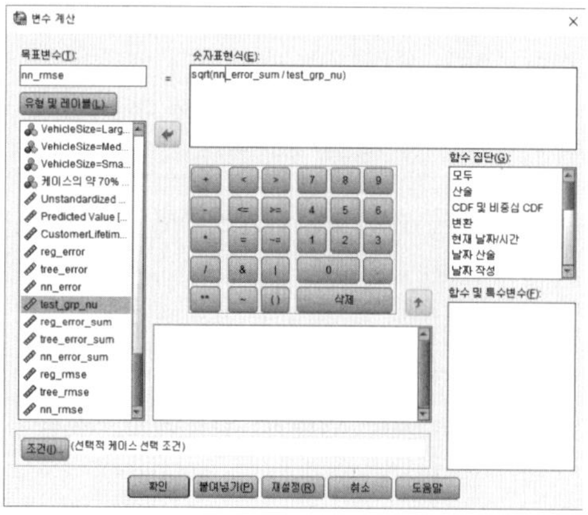

[nn_error 변수 계산]

다층 퍼셉트론 모델 예측값의 평균 제곱근 오차를 구하기 위해서 숫자표현식 입력창에 "sqrt(nn_error_sum / test_grp_nu)"을 입력한다.

목표변수 입력창에 "nn_rmse"를 입력한다.

설정이 완료되었으므로 "확인" 버튼을 누른다.

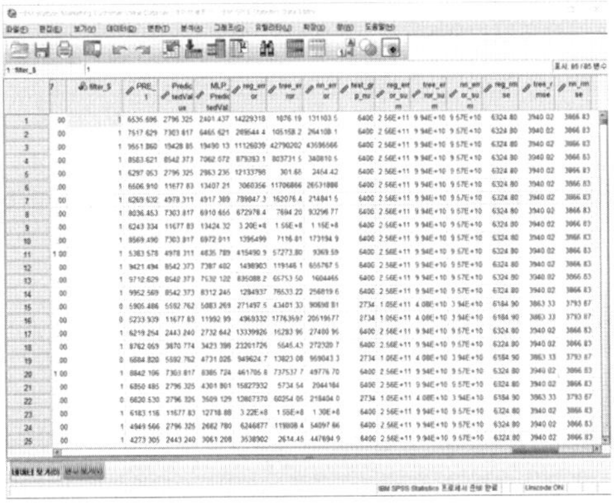

[데이터 보기]

데이터 보기에서 RMSE가 계산된 것을 확인할 수 있다.

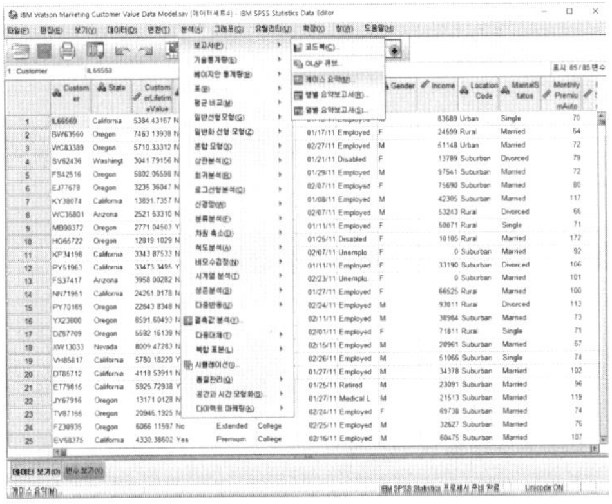

[케이스 요약 메뉴]

예측 모형별 RMSE를 확인하기 위해서 상단 메뉴에서 "분석 → 보고서 → 케이스 요약"을 순차적으로 누른다.

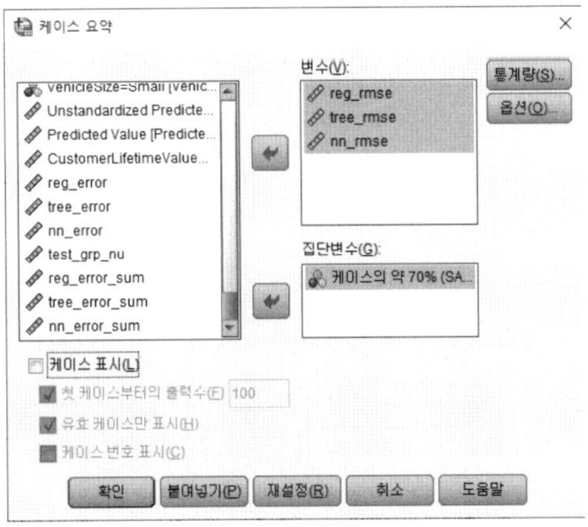

[케이스 요약 변수]

"reg_rmse", "tree_rmse", "nn_rmse"를 오른쪽에 "변수"로 선택한다.

"filter_$"을 오른쪽에 "집단변수"로 선택한다.

통계량을 설정하기 위해 "통계량" 버튼을 누른다.

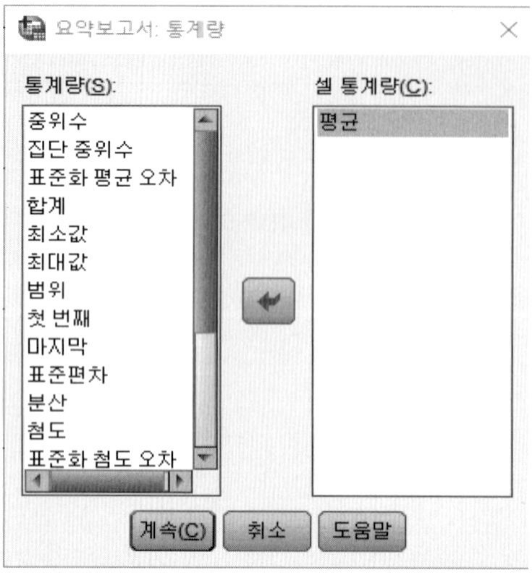

[요약보고서: 통계량]
셀 통계량에 "평균"을 선택한다.
설정이 완료되었으므로 "계속" 버튼을 누른다.

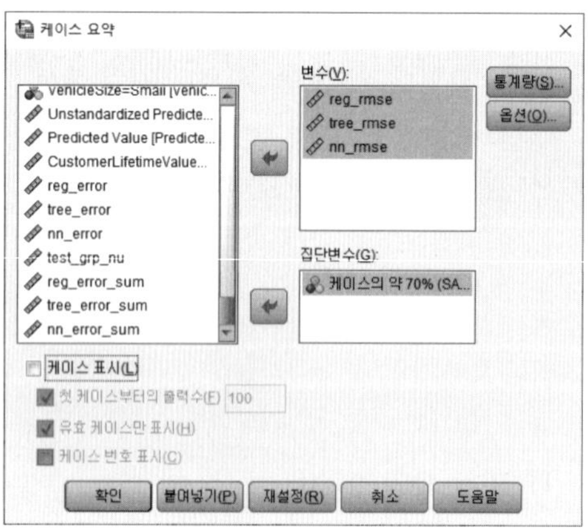

[케이스 요약 설정]
"케이스 표시"는 체크 해제한다.
케이스 요약 설정이 완료되었으므로 "확인" 버튼을 누른다.

케이스 요약

평균

케이스의 약 70% (SAMPLE)	reg_rmse	tree_rmse	nn_rmse
0	6184.8988	3863.3257	3793.8705
1	6324.7965	3940.0217	3866.8309
전체	6282.9222	3917.0650	3844.9923

[케이스 요약 결과]
예측 모형별 검증세트(=0) RMSE 계산 결과 다층 퍼셉트론이 3793.9로 실제값과 예측값의 차이가 가장 작은 것으로 나타났다. 데이터의 무작위 분할, 학습 및 검증 과정에 따른 오차로 인해 분석 결과는 약간의 차이를 보일 수 있다.

4.1.5 분석 결과 활용

고객생애가치를 예측하기 위해서 3가지 모델 학습방법을 통해 결과를 비교해보았다. 학습을 진행하는 과정에서 최적화된 옵션을 찾는 과정이 추가적으로 필요할 수 있지만 현재 결과를 활용한다면 신경망 모델의 성능이 가장 우수하게 나왔기 때문에 신경망 모델을 최종적으로 선택할 수 있을 것이다.

비즈니스 관점에서 해당 모델을 활용할 경우 기업의 마케팅 활동과정에서 고비용의 Mass 마케팅이 아닌 차별화된 혜택을 고객생애가치에 따라 선택적으로 제공이 가능할 것이다. 특히 고객의 특성을 통한 생애가치 예측은 기존의 재무적 관점에서 반영하지 못한 정보를 추가로 활용하여 마케팅 프로그램을 설계하는데 활용이 가능할 것이다.

4.2 부동산 가격 예측

4.2.1 데이터 분석 개요

4.2.1.1 부동산 가격 예측 데이터셋 개요

시애틀이 포함된 King County의 2014년 5월에서 2015년 5월 사이에 판매된 주택에 대한 판매가격을 포함하고 있다. 본 데이터는 주택가격을 비롯한 21개의 변수와 21,613개의 데이터를 포함하고 있어, 회귀분석을 비롯한 다양한 분석기법을 통하여 주택가격 예측을 실시해볼 수 있다.

(실습 예제 데이터 URL: https://www.kaggle.com/harlfoxem/housesalesprediction)

변수	설명
id	주택의 고유 ID
date	주택 판매 날짜
price	주택의 가격
bedrooms	침실수
bathrooms	화장실수(0.5는 화장실은 있지만 샤워시설은 없는 방을 의미)
sqft_living	주택면적(건물면적, 평방피트)
sqft_lot	대지면적(토지면적, 평방피트)
floors	주택의 층수
waterfront	주택의 해안가 전경 여부
view	주택의 전경에 대한 변수로 0~4 사이의 지수로 표현
condition	주택의 상태를 나타내는 변수로 1~5 사이의 지수로 표현
grade	주택의 등급을 1~13 사이의 지수로 표현
sqft_above	주택의 지상면적
sqft_basement	주택의 지하면적
yr_built	건축연도
yr_renovated	건물 리모델링 연도
zipcode	우편번호
lat	위도(latitude)
long	경도(longitude)
sqft_living15	가장 가까운 15개 이웃의 주택면적
sqft_lot15	가장 가까운 15개 이웃의 토지면적

4.2.1.2 데이터 분석 목적 및 절차

▪ 데이터 분석 목적

주택과 관계된 다양한 요인을 분석하여 주택가격에 영향을 미치는 주요 요인을 도출하여 주택 판매자 및 구매자에게 적정한 거래금액을 예측할 수 있도록 지원하고자 한다. 본 실습에서는 주택가격에 영향을 미치는 다양한 변수들 간의 관계를 파악한 후 최종적으로 주택가격을 예측할 수 있는 모델을 개발하고자 한다.

▪ 데이터 분석 절차

빈도분석, 기술통계를 통해 전체적인 데이터 구성을 파악하며 데이터 유형에 맞게 재설정 및 결측치를 점검하고 분석에 필요없는 변수(id, date, zipcode)를 삭제하는 등의 데이터 전처리를 진행한다. 빈도분석, 기술통계, 시각화를 통해 데이터의 전체적인 분포와 특성을 파악하여, 데이터를 다음과 같이 특성별로 3개의 그룹으로 분류하여 특성에 따른 탐색을 실시한다.

종속변수인 "price"와 그 외의 변수들의 관계를 파악하기 위해 상관관계분석을 실시한다. 선형회귀분석을 통해 종속변수인 "price"에 영향을 주고 있는 변수를 도출한다.

최종적으로는 선형회귀분석, 의사결정나무, 신경망 모델 간의 주택가격 예측 모델을 비교한다.

4.2.2 데이터 전처리

4.2.2.1 데이터 로딩

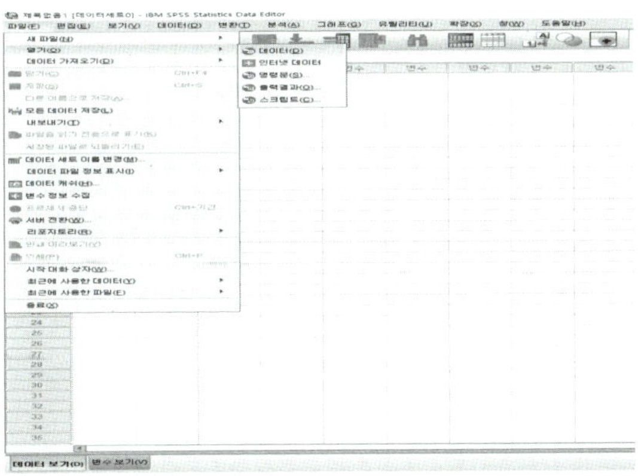

"메뉴 → 파일 → 열기 → 데이터"를 선택한다.

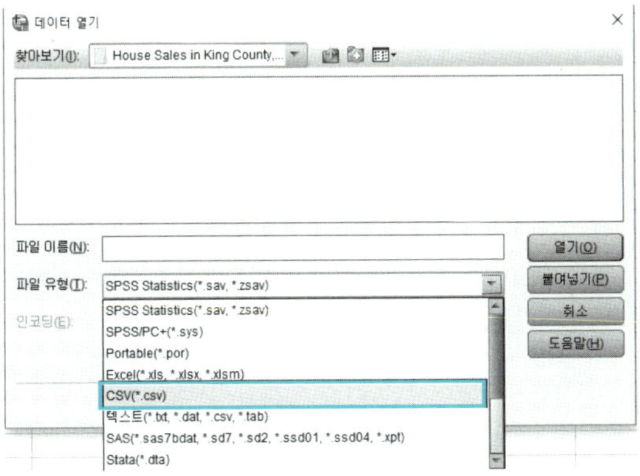

데이터 열기 창에서 데이터가 저장된 경로를 선택한 후, 파일 유형을 해당 데이터의 유형에 적합하도록 변경한다.

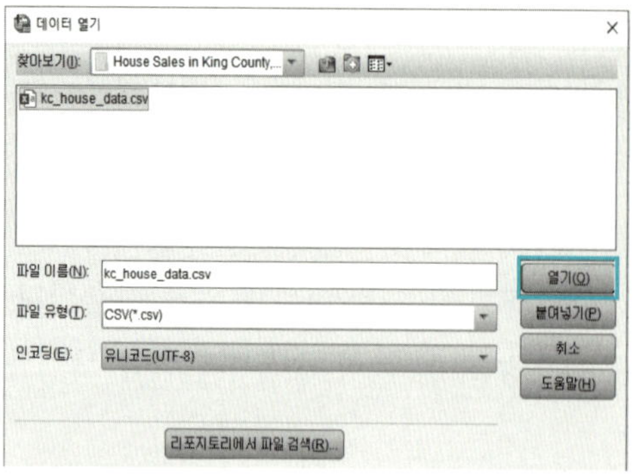

분석하고자 하는 데이터를 선택한 후, "열기" 버튼을 클릭하여 데이터를 로딩한다.

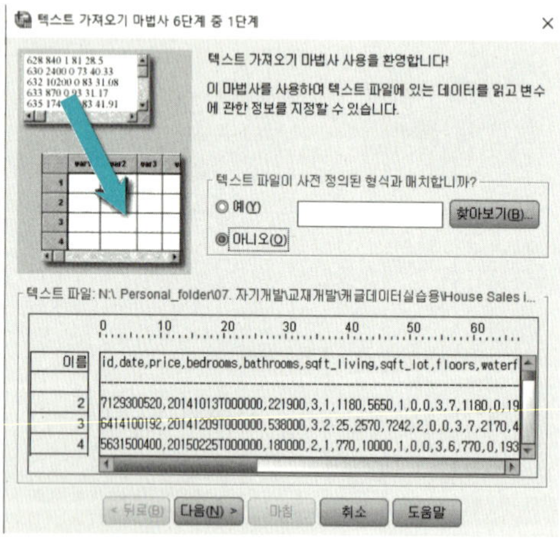

분석대상 데이터를 선택한 후, 열기를 클릭하면 그림과 같이 데이터를 가져오기 위한 6단계의 옵션을 선택한다.

[1단계]
"텍스트 파일이 사전 정의된 형식과 매치합니까?" → 실제 데이터셋과 SPSS에 펼쳐진 데이터 화면을 비교하여 형식의 일치 여부를 확인한다.

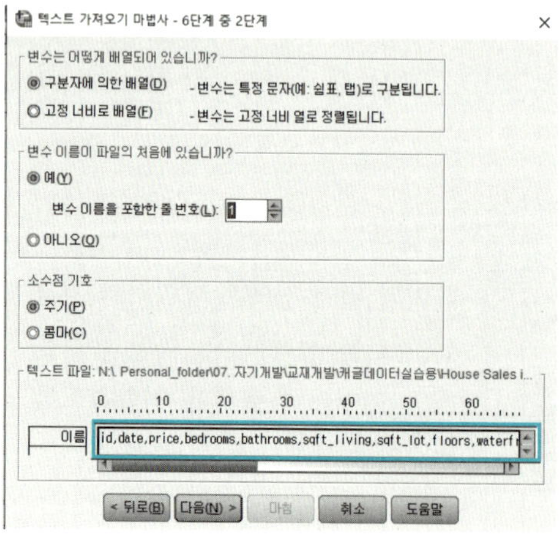

[2단계]
"변수는 어떻게 배열되어 있습니까?" → 쉼표로 구분되어 있으므로 "구분자에 의한 배열"을 선택한다.
"변수 이름이 파일의 처음에 있습니까?" → 데이터의 첫 번째 행이 데이터인지? 변수명인지를 묻는 질문으로 "예(Y)"를 선택한다.

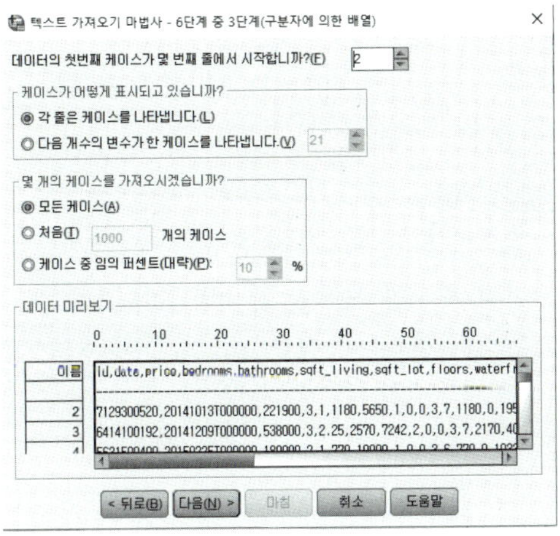

[3단계]

"케이스가 어떻게 표시되고 있습니까?" → 데이터셋과 배열형태를 묻는 것으로 "각 줄은 케이스를 나타냅니다(L)"를 선택한다.

"몇 개의 케이스를 가져오시겠습니까?" → "모든 케이스(A)"를 선택한다.

데이터셋 가운데 결측치 등을 제외하고자 하거나 분석의 용도에 맞춰 데이터 범위를 선택하고자 한다면 해당하는 옵션조정을 통하여 데이터 범위를 설정한다.

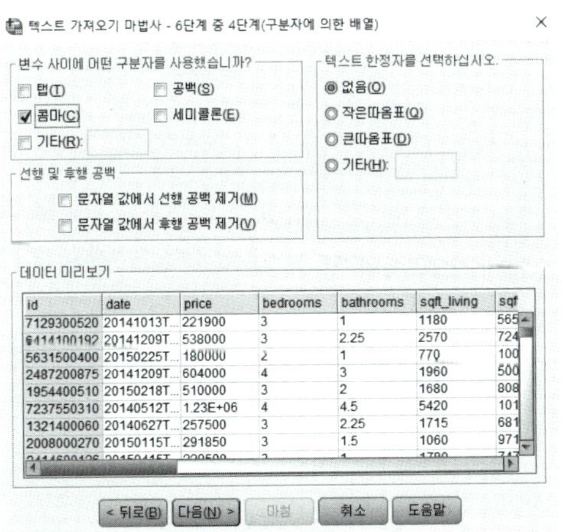

[4단계]

"변수 사이에 어떤 구분자를 사용했습니까?" → "콤마(C)"를 선택한다.

탭 또는 콤마로 구분되어 있는 경우들이 많지만, 각 데이터셋별로 해당되는 구분자를 선택한다.

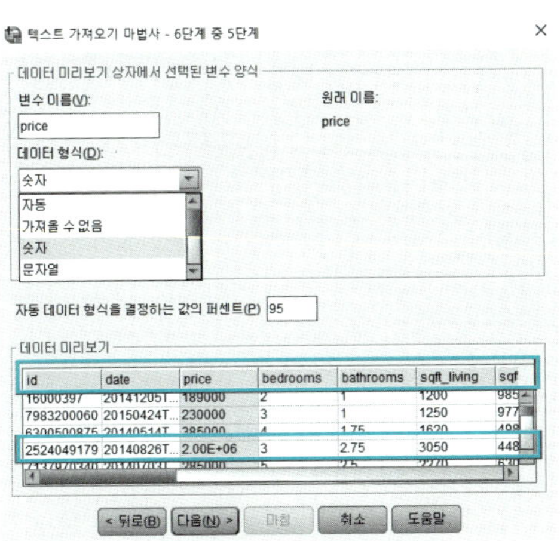

[5단계]

"데이터 미리 보기 상자에서 선택된 변수양식"은 각 변수의 데이터 형식을 변경할 수 있는 기능으로 데이터 미리 보기의 각 변수명을 클릭하여 데이터 형식의 변경이 필요한 변수에 대해서 형식을 변경한다.

현재 "price" 변수의 데이터 중 지수 형식으로 표현된 값이 있기 때문에 데이터 형식을 "숫자"로 변경한다.

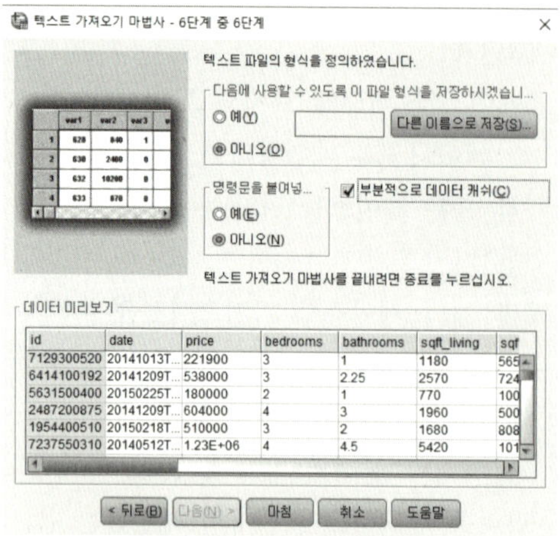

[6단계]
텍스트를 가져오기 위한 마지막 단계로 미리 보기상 문제가 없으면 "마침" 버튼을 클릭한다.

4.2.2.2 데이터 타입 변경

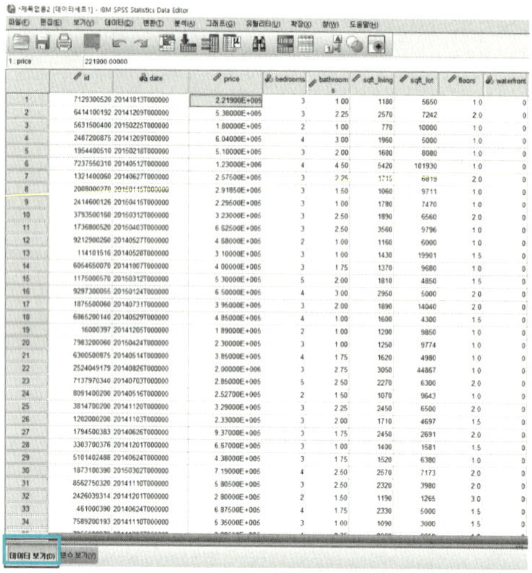

데이터 보기와 변수 보기 시트로 구분되어 있으며, 데이터 보기는 전체 데이터를 살펴볼 수 있는 시트이다.

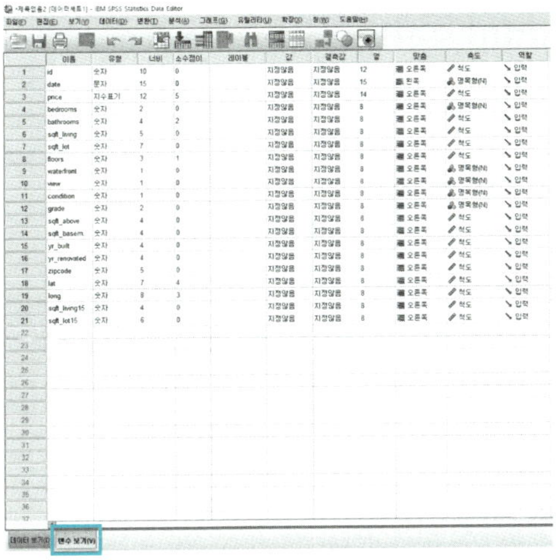

변수 보기는 변수(열)를 중심으로 데이터 형태와 척도 및 기본적인 데이터에 대한 정보를 확인할 수 있는 시트이다. 데이터 분석 전 변수 보기를 통하여 데이터가 어떤 형태로 구성되어 있는지 확인하고, 분석목적에 적합하도록 데이터를 변환해야만 오류없이 데이터 분석이 가능하다. 특히, 데이터의 유형과 척도를 중심으로 검토해야 한다.

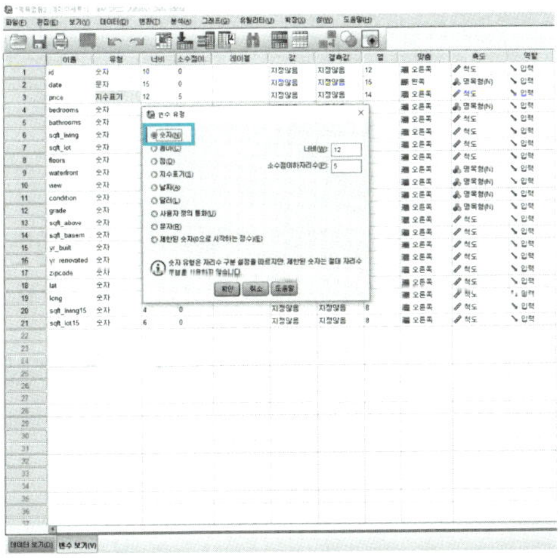

데이터의 척도 또한 중요하게 봐야할 부분이며 “명목” “순서” “척도” 세 가지 중에 하나를 선택 가능하다.
숫자로 된 데이터 중 숫자의 크기 자체가 의미를 가지는 경우(예를 들면 price, bedrooms, bathrooms)의 “척도”를 선택할 수 있으며, 숫자의 크기가 그 자체로 의미를 갖는 것이 아니라 구별을 위한 데이터(waterfront, view, grade 등)라면 “명목형”을 선택한다.
price는 주택가격에 대한 데이터로 현재 데이터셋을 열기하였을 때, “지수표기”로 설정되어 있는 부분을 “숫자”로 변경해야 한다.

4.2.2.3 불필요 변수 및 결측치 제거

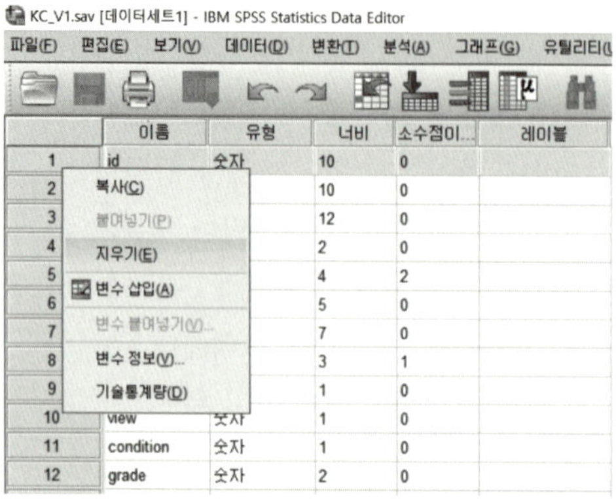

화면 하단 왼편 변수 보기를 한다.
id, date, zipcode 변수는 분석에 필요없을 것으로 판단하여 삭제한다.

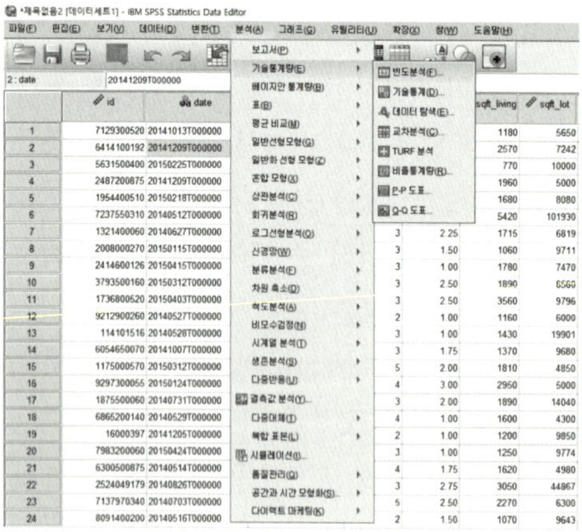

데이터 파악을 위해 빈도분석을 실시한다.
"분석 → 기술통계량 → 빈도분석"을 선택한다.

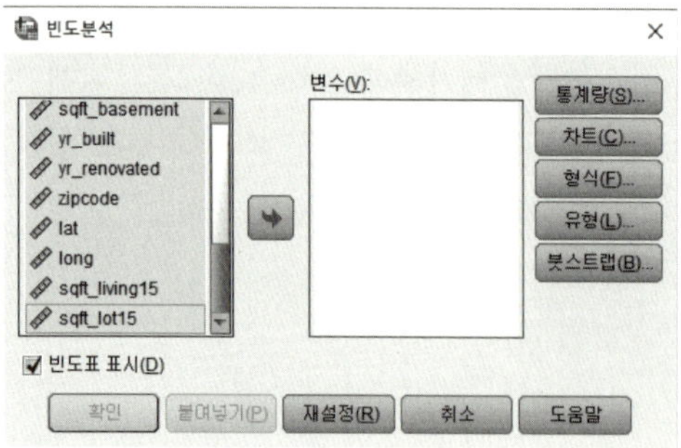

첫 번째 id를 선택한 후, 스크롤바를 최하위로 내린 후 shift 키와 sqft_lot15 변수를 클릭하여 모두 선택한 후,  버튼을 활용하여 모든 변수를 대상으로 포함시킨 후 "확인" 버튼을 누른다.

통계량

		id	date	price	bedrooms	bathrooms	sqft_living	sqft_lot	floors	waterfront	view
N	유효	21613	21613	21613	21613	21613	21613	21613	21613	21613	21613
	결측	0	0	0	0	0	0	0	0	0	0

condition	grade	sqft_above	sqft_basement	yr_built	yr_renovated	zipcode	lat	long	sqft_living15	sqft_lot15
21613	21613	21613	21613	21613	21613	21613	21613	21613	21613	21613
0	0	0	0	0	0	0	0	0	0	0

빈도표를 검토한 결과 모든 변수에 대해서 결측치가 없는 것을 확인 가능하다.

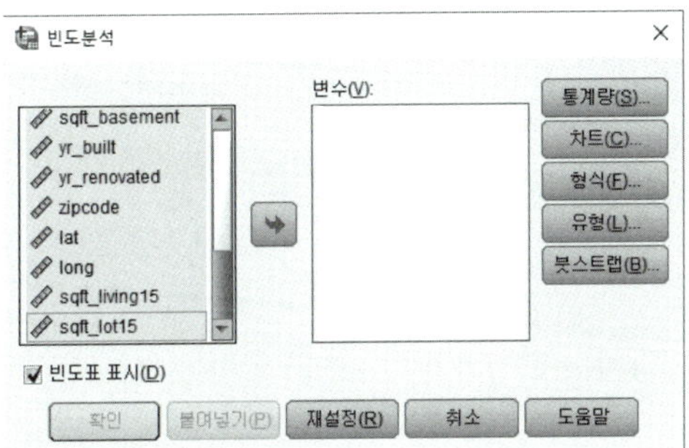

대상 데이터를 모두 선택한 후, [화살표] 버튼을 활용하여 모든 변수를 대상으로 포함시킨 후 "확인" 버튼을 누른다.

4.2.3 데이터 탐색

4.2.3.1 기초통계분석

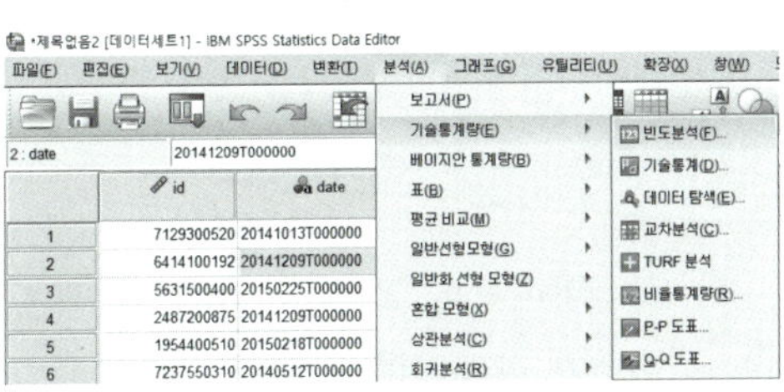

"분석 → 기술통계 → 빈도분석"을 선택한다.

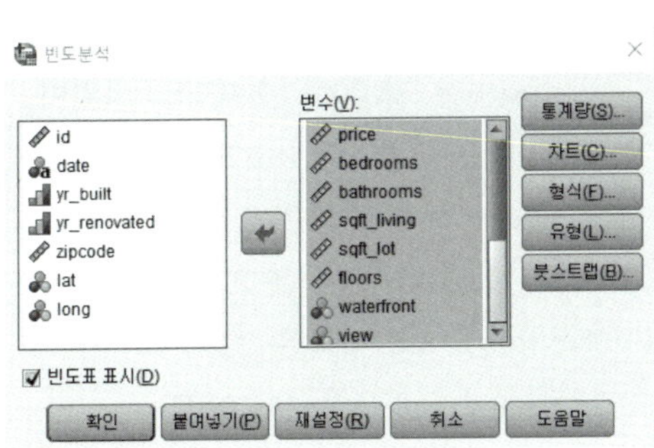

빈도분석하고자 하는 변수를 선택하고 통계량 버튼을 누른다.
차트(빈도 기반의 시각화 실시 옵션)을 선택하고, "확인" 버튼을 눌러 출력한다.

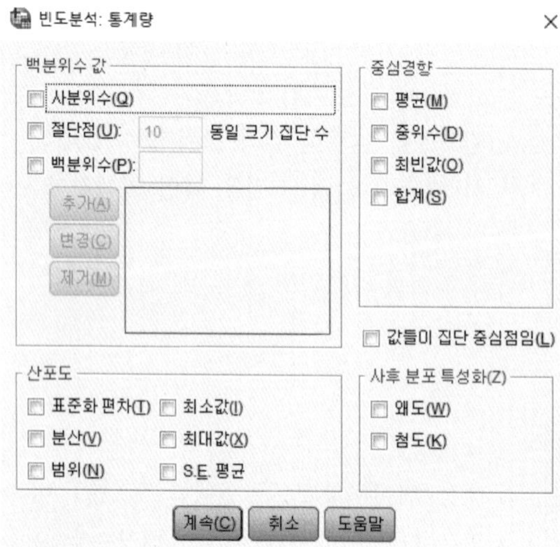

빈도분석: 통계량을 선택하고 필요한 수치 요약 정보를 선택한다.
본 실습에서는 최소값, 최대값, 분산, 평균을 선택한다.

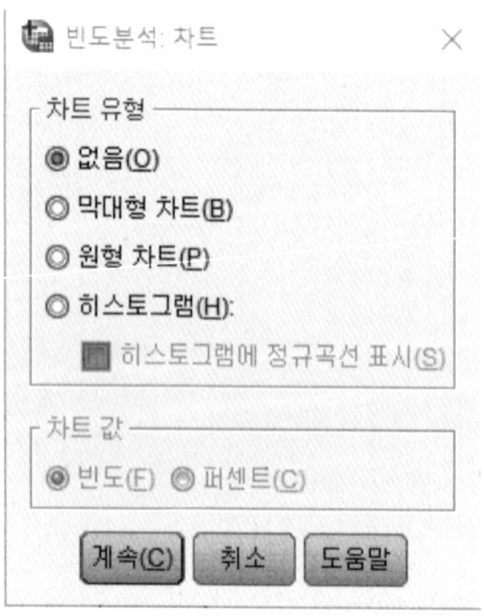

빈도분석: 차트를 선택한다.
빈도 혹은 퍼센트 기반으로 시각화가 가능하다.
본 실습에서는 막대형 그래프를 빈도 및 퍼센트로 시각화한다.

통계량

		price	bedrooms	bathrooms	sqft_living	sqft_lot	floors	waterfront
N	유효	21613	21613	21613	21613	21613	21613	21613
	결측	0	0	0	0	0	0	0
평균		540182.16	3.37	2.1148	2079.90	15106.97	1.494	.01
표준화 편차		367362.232	.930	.77016	918.441	41420.512	.5400	.087
분산		1.350E+11	.865	.593	843533.681	1715658774	.292	.007
최소값		75000	0	.00	290	520	1.0	0
최대값		7700000	33	8.00	13540	1651359	3.5	1

		view	condition	grade	sqft_above	sqft_basement	sqft_living15	sqft_lot15
N	유효	21612	21613	21613	21613	21613	21613	21613
	결측	1	0	0	0	0	0	0
평균		.23	3.41	7.66	1788.39	291.51	1986.55	12768.46
표준화 편차		.766	.651	1.175	828.091	442.575	685.391	27304.180
분산		.587	.423	1.382	685734.667	195872.668	469761.240	745518225.3
최소값		0	1	1	290	0	399	651
최대값		4	5	13	9410	4820	6210	871200

통계량에서는 21,613건의 거래 데이터가 존재하며 주요 통계량은 다음과 같다.

- price는 75,000~7,700,000 범위이며, 평균은 540,182.16
- bedrooms 평균은 3.37
- bathrooms 평균은 2.1148
- sqft_living 평균은 2,079.90
- sqft_lot 평균은 15,106.97

waterfront

		빈도	퍼센트	유효 퍼센트	누적 퍼센트
유효	0	21450	99.2	99.2	99.2
	1	163	.8	.8	100.0
	전체	21613	100.0	100.0	

waterfront 변수는 빈도와 퍼센트를 확인한 결과 99.2%가 해안가 전경이 없는 것으로 확인되고 있다.

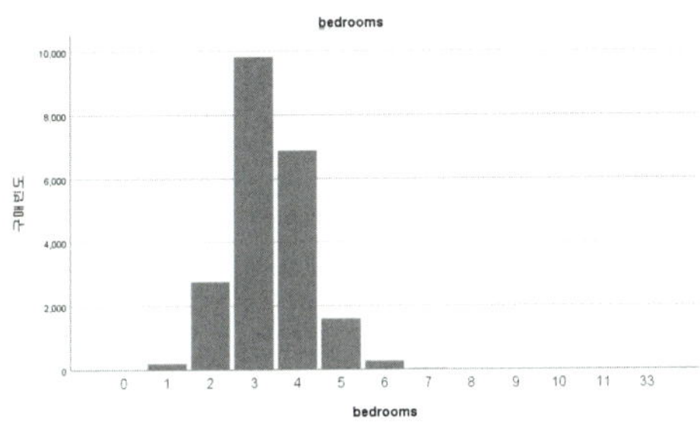

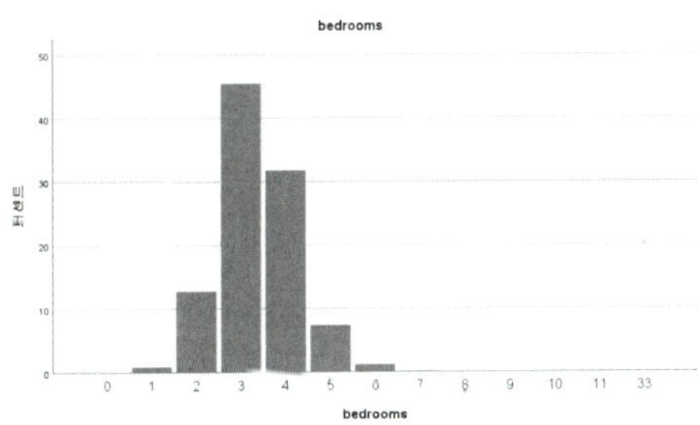

구성변수의 빈도 및 퍼센트를 기준으로 막대그래프를 시각화한 결과 bedrooms이 3개인 경우가 10,000건 정도의 판매 기록이 있으며, 전체 비율에서는 45% 정도 차지하고 있다.

4.2.3.2 시각화

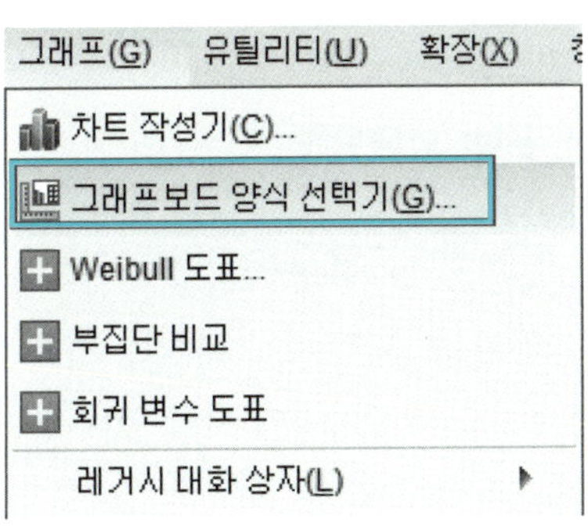

시각화를 위해 "그래프 → 그래프보드 양식 선택기"를 선택한다.

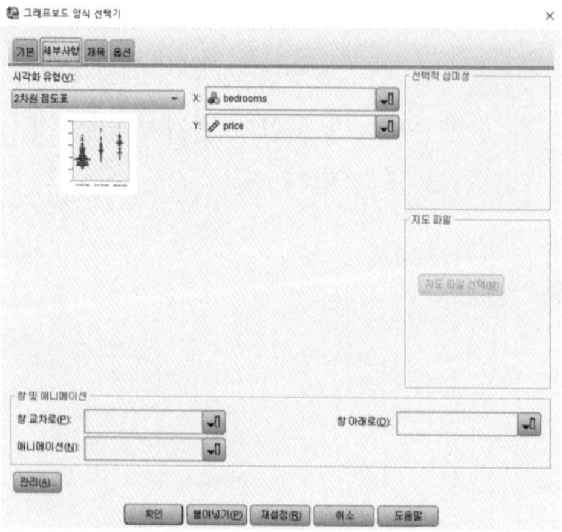

시각화 목적: bedrooms 수에 따른 판매가격 확인

- 시각화 유형: 2차원 점도표
- X축: bedrooms
- Y축: price

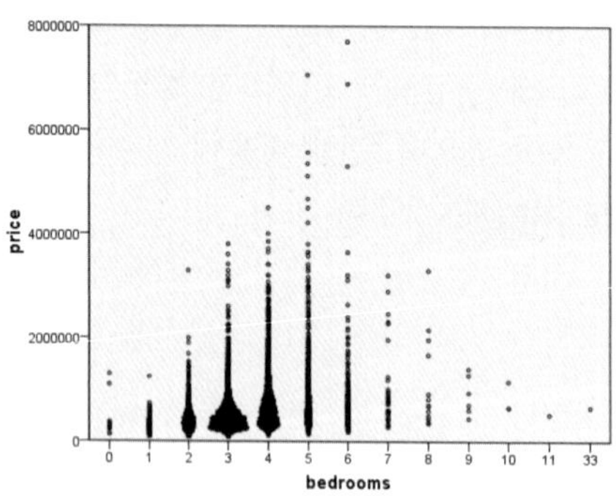

bedrooms 수에 따라서 판매건수의 차이는 존재하지만, 수가 늘어남에 따라 가격이 계속적으로 늘어나지는 않는 것으로 보인다.

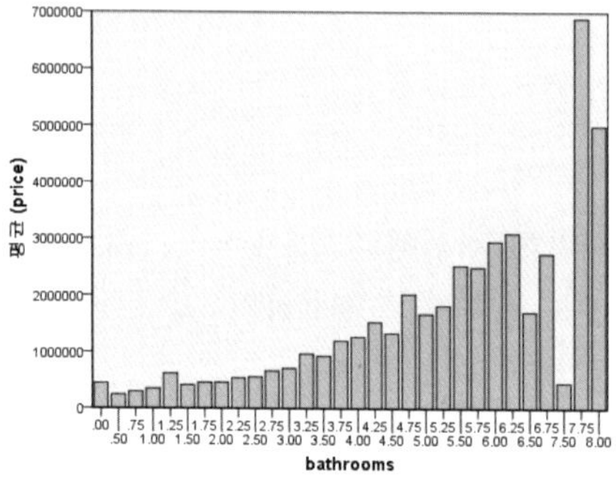

시각화 목적: bathrooms 수에 따른 판매가격 확인

- 시각화 유형: 막대도표
- X축: bathrooms
- Y축: price
- 판매가격 평균
- bathrooms 수가 증가함에 따라 판매가격이 증가하는 것을 확인할 수 있다.

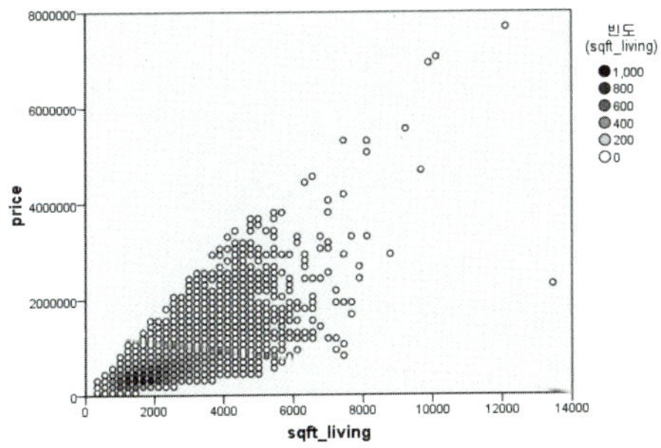

시각화 목적: sqft_living에 따른 판매가격 확인

- 시각화 유형: 구간화된 산점도
- X축: sqft_living
- Y축: price
- 건축면적과 가격은 일정정도의 선형성을 보여주고 있다.

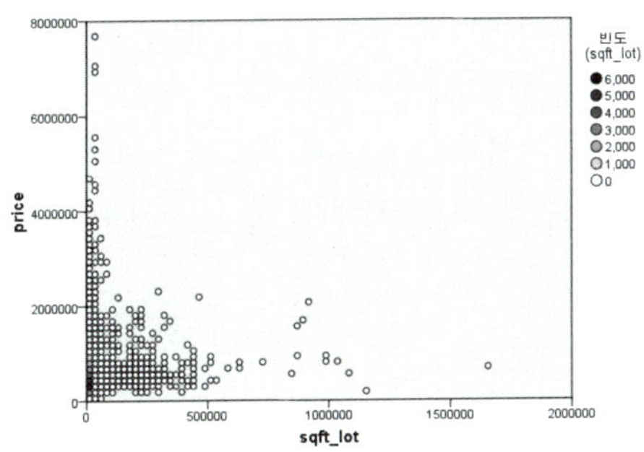

시각화 목적: sqft_lot에 따른 판매가격 확인

- 시각화 유형: 구분화된 산점도
- X축: sqft_lot
- Y축: price
- 토지면적은 최소값(520)과 최대값(1,651,359)의 차이가 큰 이유로 산점도 시각화 그래프상으로 유의미한 값을 추정하기 어렵다.

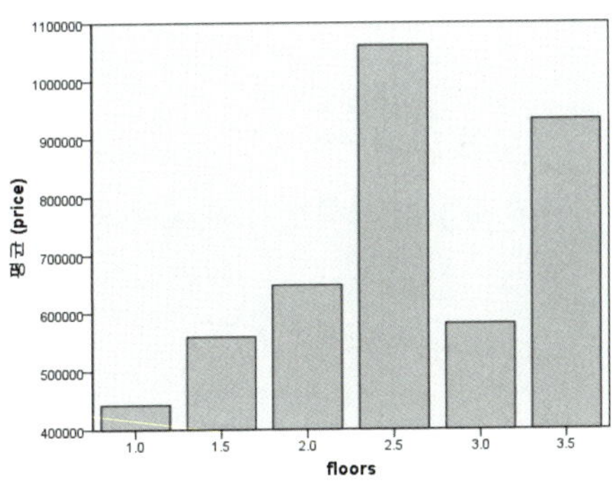

시각화 목적: floors에 따른 판매가격 확인

- 시각화 유형: 막대도표
- X축: floors
- Y축: price
- 판매가격 평균
- 건물의 층수는 2.5층과 3.5층인 경우 판매가격 평균이 높게 형성되는 것을 확인할 수 있다.

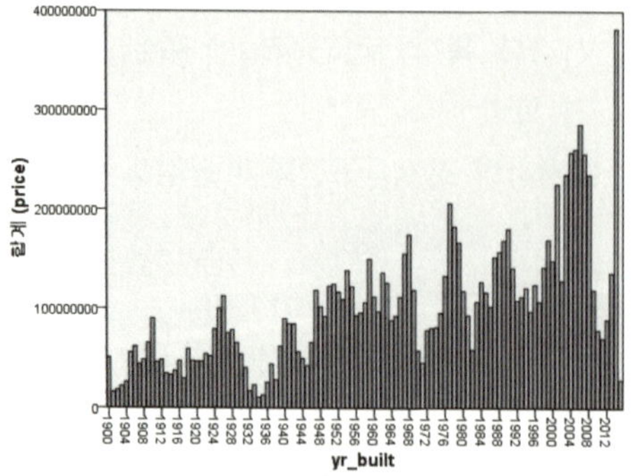

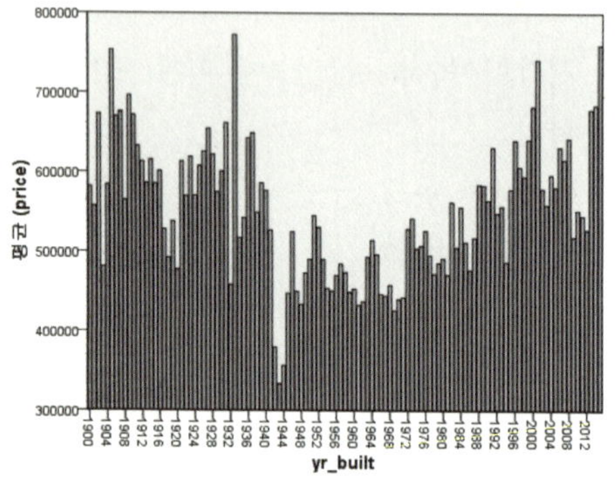

시각화 목적: 건축연도에 따른 판매가격의 변화

- 막대도표 선택
- X축: yr_built
- Y축: price
- 연도별 판매가격 합계와 평균 적용
- 건축연도가 최근일수록 판매가격 합계 금액이 높게 나타났으며, 건축연도별 판매금액의 평균은 기간별 판매건수와 병행하여 분석해야 할 것으로 판단된다.

4.2.4 부동산 가격과의 관계 분석

4.2.4.1 상관분석

King Country의 모든 변수는 연속형 변수로 이루어진 데이터셋으로 실습의 목적인 부동산 가격(price)과의 다른 변수들 사이의 상관관계를 분석해보기 위해서 SPSS를 이용하여 상관분석을 실시하였다.

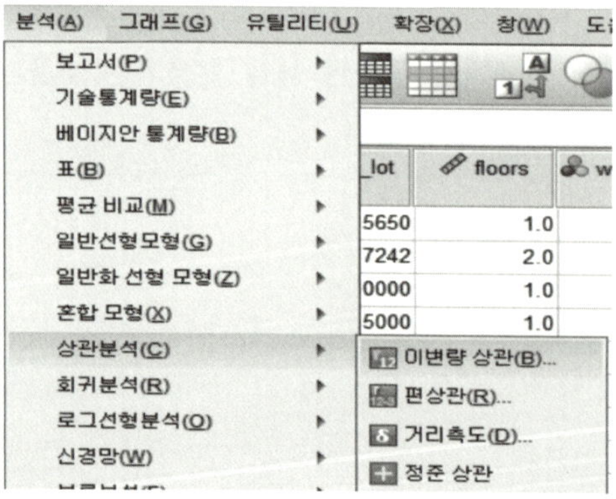

상관분석을 통해 price와 각 변수들 간의 상관관계를 살펴보고자 하였다.

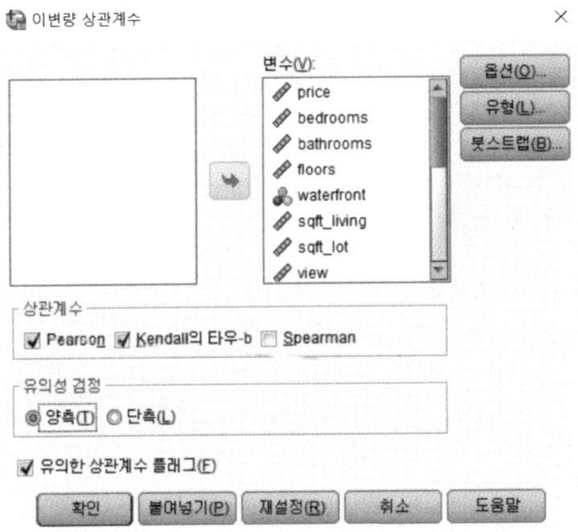

변수: 관계를 분석하고자 하는 변수로 본 실습에서는 price를 기준으로 모든 변수 간의 상관관계를 확인할 것이기 때문에 전체 선택한다.

상관관계

		price	bedrooms	bathrooms	floors	waterfront	sqft_living	sqft_lot	view	condition	grade
price	Pearson 상관	1	.308**	.525**	.257**	.266**	.702**	.090**	.397**	.036**	.667**
	유의확률 (양측)		.000	.000	.000	.000	.000	.000	.000	.000	.000
	N	21613	21613	21613	21613	21613	21613	21613	21612	21613	21613

sqft_above	sqft_basement	yr_built	yr_renovated	lat	long	sqft_living15	sqft_lot15
.606**	.324**	.054**	.126**	.307**	.022**	.585**	.082**
.000	.000	.000	.000	.000	.002	.000	.000
21613	21613	21613	21613	21613	21613	21613	21613

확인 결과 sqft_living>grade>sqft_above>sqft_living15>bathrooms 순으로 다른 변수들에 비해 상대적으로 price와 상관관계가 크게 나타났다.

4.2.4.2 선형회귀분석

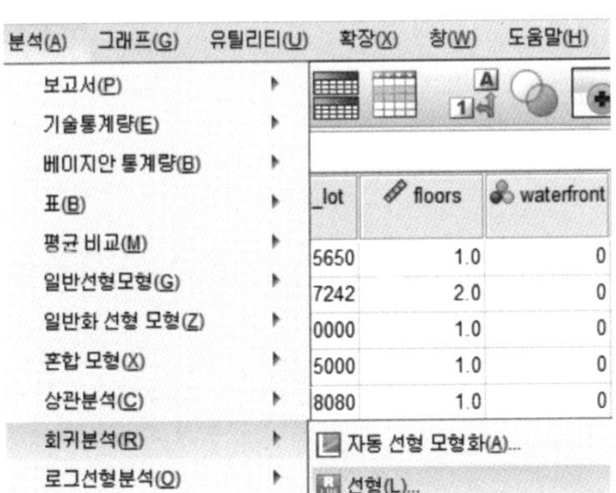

price와 그 외 주택가격에 영향을 미치는 독립변수들 간의 인과관계 분석을 실시한다.

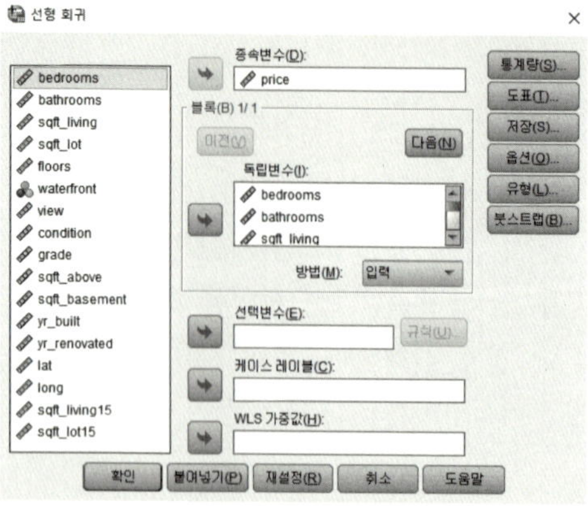

- 종속변수: price
- 독립변수: 전체 선택

모형		비표준화 계수 B	비표준화 계수 표준화 오류	표준화 계수 베타	t	유의확률
1	(상수)	6199553.464	138513.812		44.758	.000
	bedrooms	-39339.449	2027.822	-.100	-19.400	.000
	bathrooms	45770.887	3494.456	.096	13.098	.000
	sqft_living	167.129	4.670	.418	35.786	.000
	sqft_lot	-.002	.051	.000	-.036	.971
	floors	26896.378	3786.106	.040	7.104	.000
	waterfront	579132.107	18647.518	.136	31.057	.000
	view	43299.705	2274.519	.090	19.037	.000
	condition	19535.036	2498.260	.035	7.819	.000
	grade	119822.494	2250.640	.383	53.239	.000
	sqft_above	-6.241	4.547	-.014	-1.373	.170
	yr_built	-3572.781	71.031	-.286	-50.299	.000
	yr_renovated	10.167	3.916	.011	2.596	.009
	sqft_living15	24.862	3.603	.046	6.901	.000
	sqft_lot15	-.550	.078	-.041	-7.020	.000

a. 종속변수: price

분석 결과 표준화 베타계수가 sqft_living, grade, waterfront, bathrooms, sqft_living15 순으로 높게 나타나 상관관계분석 결과와 조금 다른 결과가 도출된 것을 확인할 수 있다.

4.2.5 가격예측 모델 구축

4.2.5.1 데이터 분할

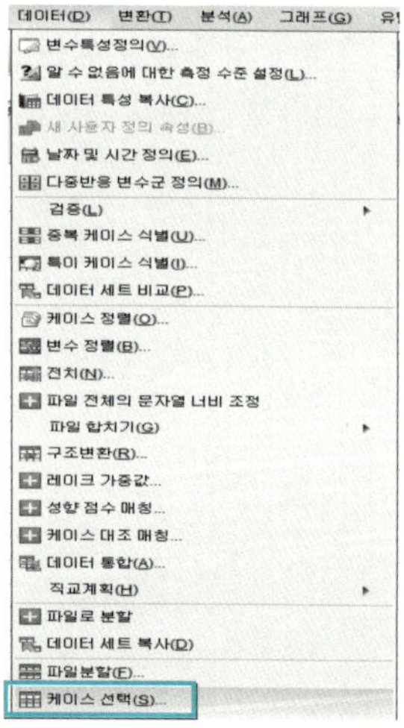

훈련용 70%, 검증용 30%의 데이터를 무작위로 분리하기 위해 종속변수인 "price"를 분할하는 작업을 실시한다. "데이터 → 케이스 선택"을 선택한다.

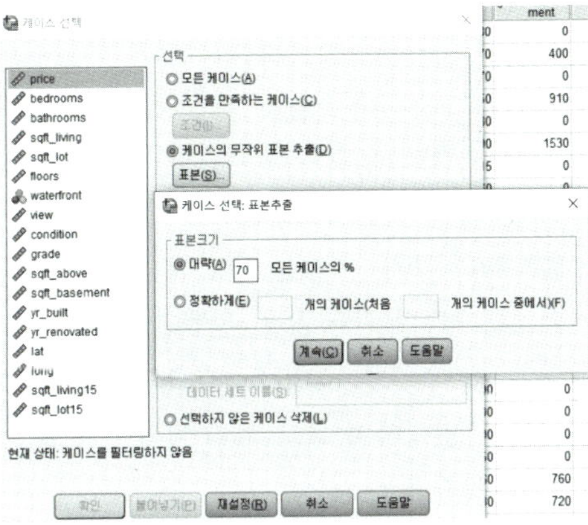

다시 데이터 분할을 위해서 "데이터 → 케이스 선택"을 선택한다.

한 변수를 기준으로 데이터를 선택하는 것이 아닌 일정 %를 무작위로 분리하는 것이기 때문에 별도의 변수를 선택할 필요가 없다.

"케이스의 무작위 표본 추출 선택 → 표본"을 선택하여 설정한다.

데이터 분리 비율을 선택한다. 본 실습에서는 70%의 비율로 실습을 진행하기 때문에 70을 입력한다.

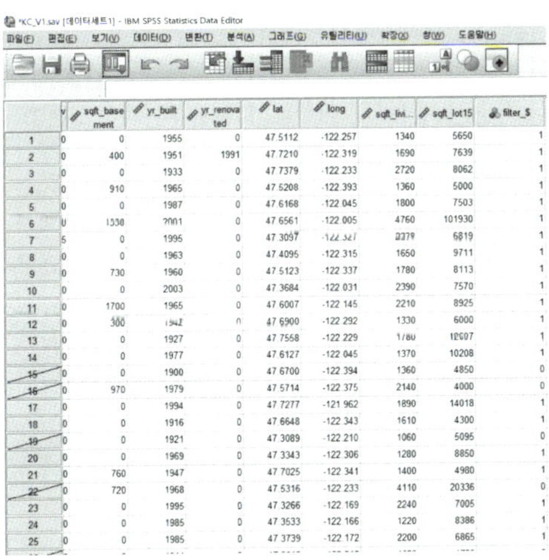

filter_$라는 변수가 생성된 것을 확인할 수 있다.

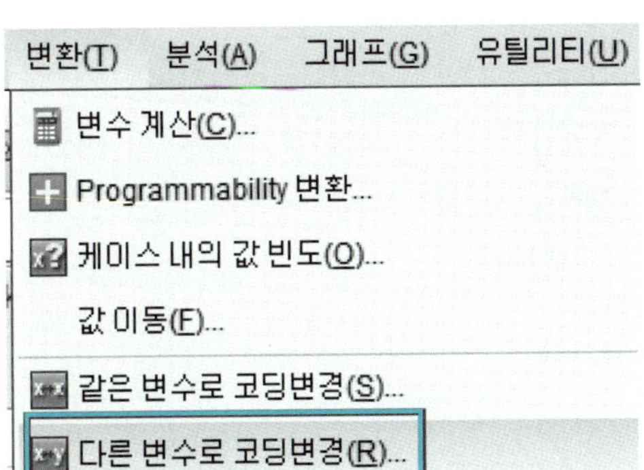

케이스 선택은 데이터가 분리되어 30%에 해당하는 케이스는 분석에서 제외되기 때문에 잘려진 데이터를 별도의 변수로 코딩변경한다.

"변환 → 다른 변수로 코딩변경"을 선택한다.

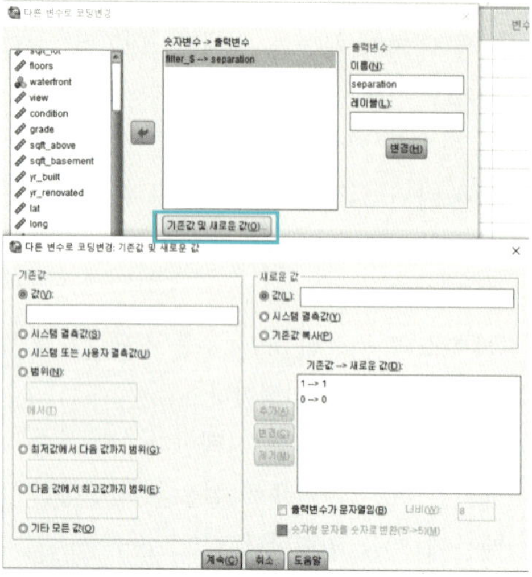

filter_$ 변수를 선택 입력한다.
출력변수에 separation을 입력 후, 변경 클릭하여 변수 이름을 변경해준다.
기존값 및 새로운 값을 선택한다.
기존값 0과 1을 그대로 0과 1의 새로운 값으로 입력하여 separation이라는 변수를 생성한다.

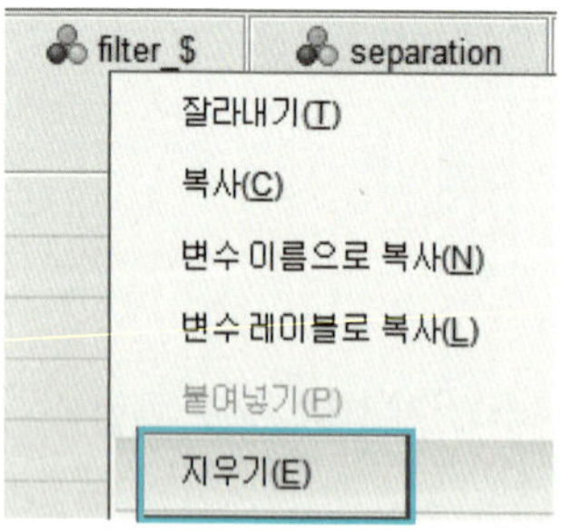

기존의 filter_$는 삭제하여 케이스가 분리되어 있는 것을 제거한다.

4.2.5.2 의사결정나무 모델

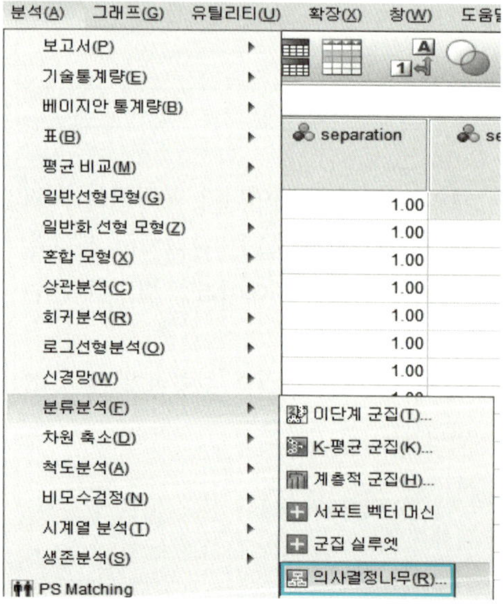

"분석 → 분류분석 → 의사결정나무"를 선택한다.

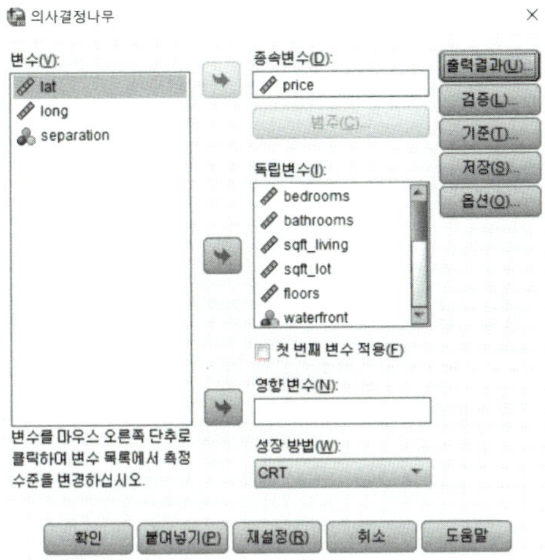

종속변수: "price"를 입력한다.
lat, long을 제외한 모든 변수를 입력한다.
성장방법: CRT를 입력한다.
CRT는 회귀를 이용한 의사결정나무로 독립변수의 중요도를 파악할 수 있다.
출력결과: 어떤 결과들을 출력할지를 설정 가능하다.
검증: 데이터 분할을 통해 훈련과 검증을 어떠한 기준으로 할 것인지 설정한다.

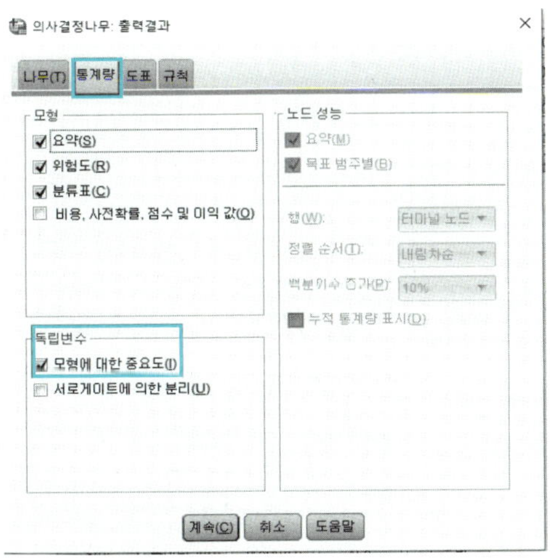

출력결과 메뉴 선택 후 "통계량"에서는 "독립변수", "모형에 대한 중요도"를 선택한다.

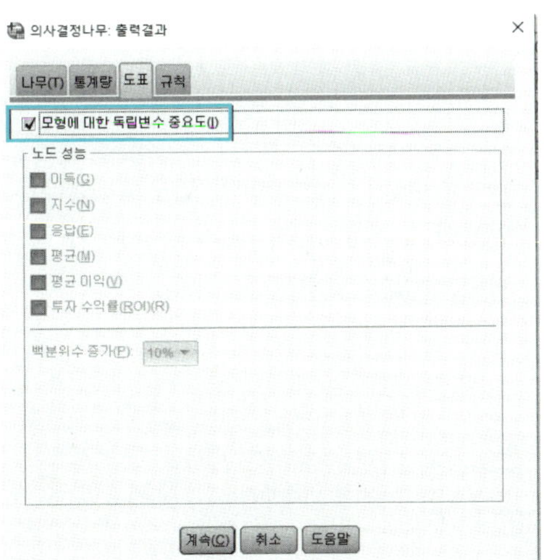

출력결과에서 도표에서는 "모형에 대한 독립변수 중요도"를 선택하여 시각적으로 확인 가능하다.

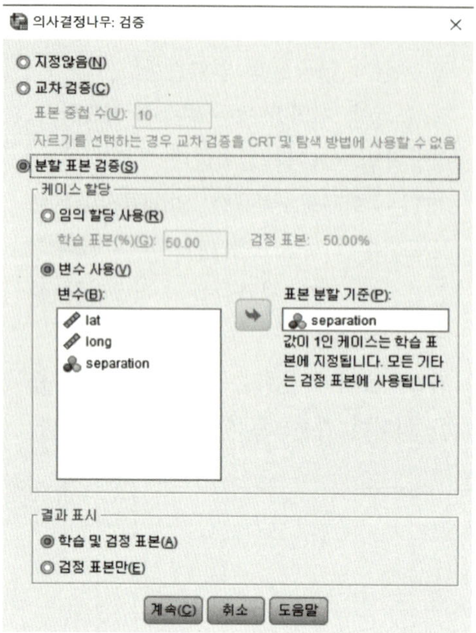

검증 선택 메뉴를 선택하여 "분할 표본 검증" → "변수 사용" → "separation" 변수를 선택한다.

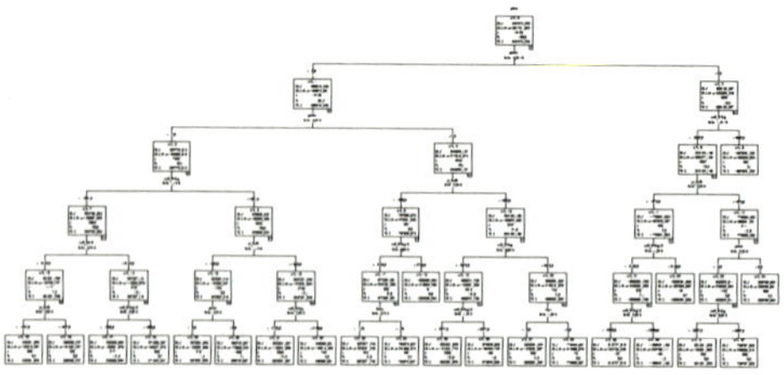

학습된 의사결정나무이다.

독립변수 중요도

독립변수	중요도	정규화 중요도
sqft_living	6.437E+10	100.0%
grade	6.354E+10	98.7%
sqft_living15	4.472E+10	69.5%
sqft_above	4.101E+10	63.7%
bathrooms	3.917E+10	60.8%
view	1.988E+10	30.9%
sqft_basement	1.817E+10	28.2%
waterfront	1.341E+10	20.8%
yr_built	9060364216	14.1%
yr_renovated	2182423152	3.4%
condition	2016034552	3.1%
bedrooms	1820503424	2.8%
sqft_lot	1555828263	2.4%
floors	1400312057	2.2%
sqft_lot15	1381233272	2.1%

성장방법: CRT
종속변수: price

sqft_living이 가장 중요한 변수로 도출되었으며, sqft_living과 grade로 price가 설명되고 있는 상황이다.

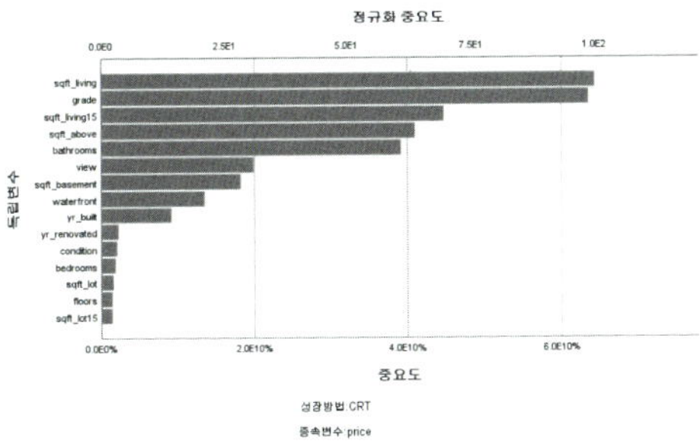

의사결정나무 예측 중요 변수 시각화

4.2.5.3 신경망 모델

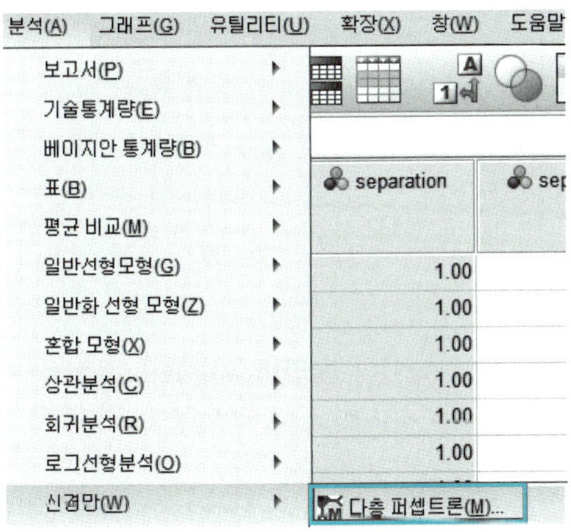

신경망 모델을 통한 예측을 위해 “분석 → 신경망 → 다층 퍼셉트론”을 선택한다.

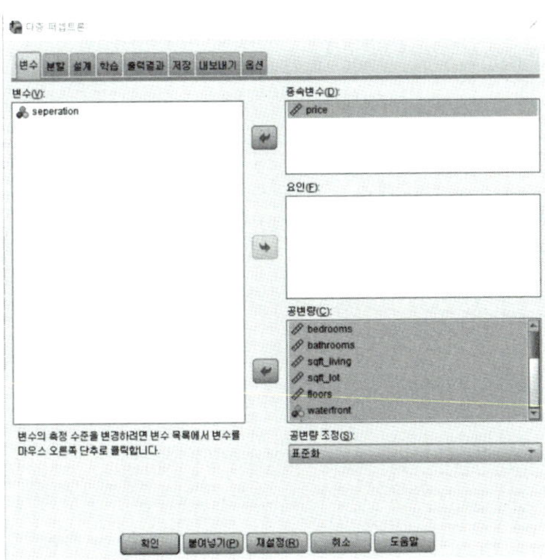

종속변수는 “price”를 선택하고 공변량은 연속형 변수를 선택한다.

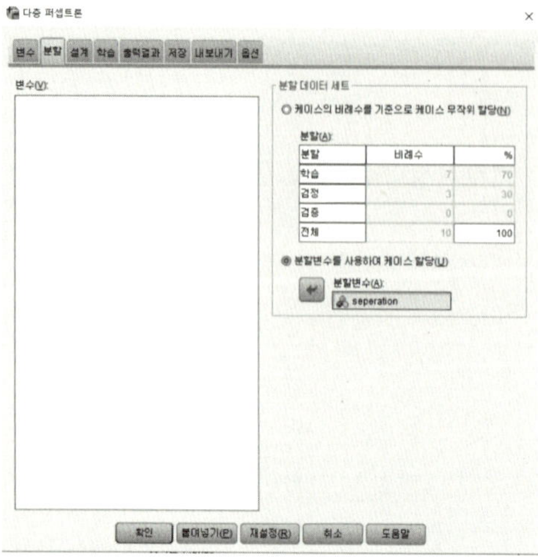

분할 메뉴 선택 후 분할변수를 사용하여 케이스를 할당한다.
분할변수로 "separation"을 선택한다.

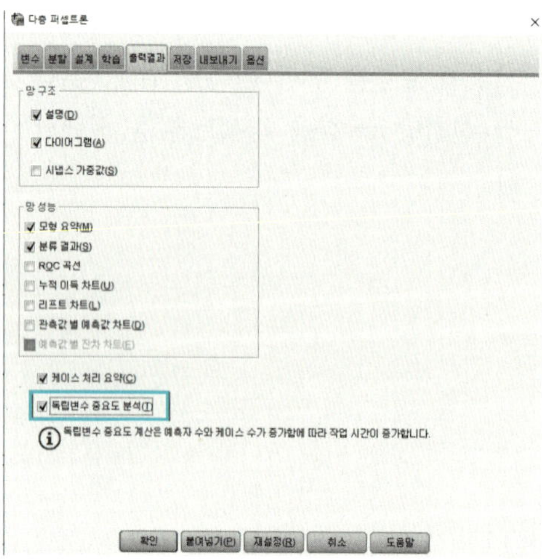

출력결과에서는 독립변수 중요도 분석을 선택하여 어떠한 변수가 중요하게 사용되었는지를 파악한다.

케이스 처리 요약(O)

		N	퍼센트
보기	학습	15127	70.0%
	검정	6485	30.0%
유효		21612	100.0%
제외됨		1	
전체(T)		21613	

케이스 처리 요약은 사용된 데이터의 정보를 표시한다.
학습 15,127개/검정 6,485개 사용

망 정보

입력층	공변량	1	bedrooms
		2	bathrooms
		3	sqft_living
		4	sqft_lot
		5	floors
		6	waterfront
		7	view
		8	condition
		9	grade
		10	sqft_above
		11	sqft_basement
		12	yr_built
		13	yr_renovated
		14	lat
		15	long
		16	sqft_living15
		17	sqft_lot15
	노드 수[a]		17
	공변량 조절 방법		표준화
은닉층	은닉층 수		1
	은닉층 1에서 노드의 수[a]		9
	활성화 함수		쌍곡 탄젠트
출력층	종속변수	1	price
	노드 수		1
	척도 종속 조정 방법		표준화
	활성화 함수		항등
	오차 함수		제곱합

a. 편향 단위 제외

구축된 신경망 모델의 망 정보로 입력노드 17개로 요인은 더미화되어 분석된다. 은닉층은 1층 9개의 노드로 구성되었으며 활성화 함수는 쌍곡 탄젠트로 연산된다.

출력층은 price 노드로 구성된다.

"항등"으로 활성화되어 가중치 수정은 제곱합을 통해 가중치 학습된다.

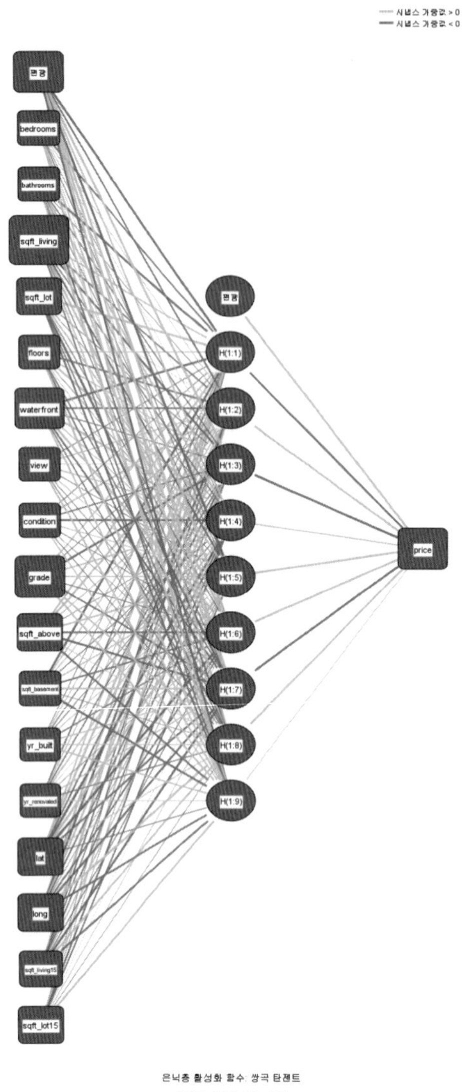

구현된 신경망 구조의 시각화

독립변수 중요도

	중요도	정규화 중요도
bedrooms	.029	12.4%
bathrooms	.023	9.6%
sqft_living	.237	100.0%
sqft_lot	.060	25.4%
floors	.015	6.3%
waterfront	.115	48.5%
view	.017	7.4%
condition	.019	8.2%
grade	.121	51.2%
sqft_above	.067	28.5%
sqft_basement	.026	10.9%
yr_built	.009	3.8%
yr_renovated	.010	4.3%
lat	.068	28.9%
long	.069	29.3%
sqft_living15	.044	18.4%
sqft_lot15	.070	29.7%

중요도로 의사결정나무와 마찬가지로 sqft_living이 가장 중요한 변수이며, 그 외 grade, waterfront 등의 변수들이 예측에 기여하였다.

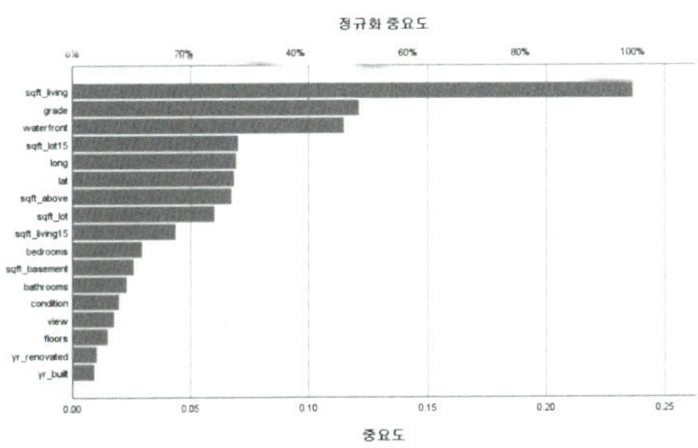

변수 중요도의 시각화 결과

Chapter 5

Kaggle 데이터를 활용한 현황 분석

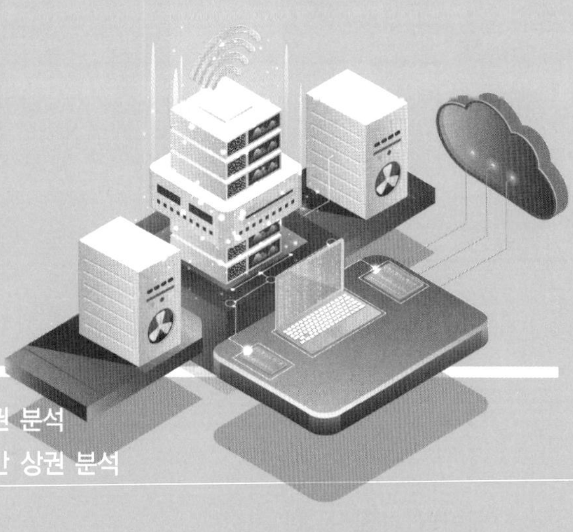

5.1 서울시 유동인구 데이터 기반 상권 분석

5.1.1 데이터 분석 개요

5.1.1.1 데이터셋 소개

SK텔레콤이 제공한 대한민국 서울의 2020년 1~2월 일별, 시간대별, 구별 유동인구를 나타내는 데이터이다. 유동인구는 주민등록지를 기반으로 한 상주인구와 달리 특정한 시간대에 특정한 구에 있는 사람 수를 추정한 데이터이다.
(실습 데이터 예제 URL: https://www.kaggle.com/incastle/seoul-floating-population-2020)

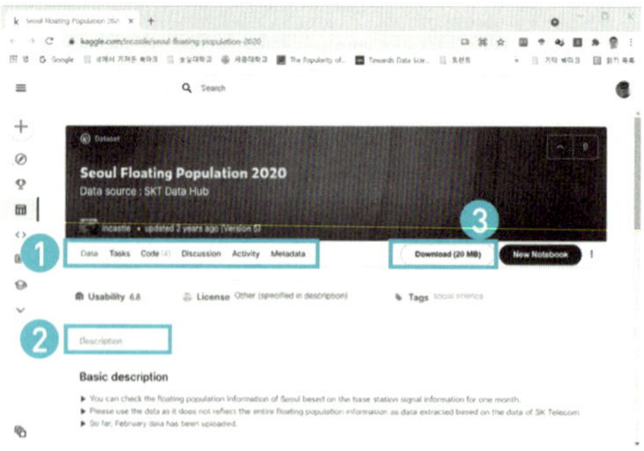

❶ 데이터 페이지 메뉴(왼쪽에서부터):
- Data: 데이터 다운로드 및 정보 파악
- Code: 데이터를 활용하여 분석한 다른 사람들의 게시글을 확인할 수 있다.
- Discussion: 데이터에 대해 추가적으로 필요한 정보나 궁금한 것을 게시할 수 있다.

❷ 데이터 설명: 데이터 제공자 및 기본 목적과 수집 등에 대한 정보를 확인할 수 있으며 게시자에 따라서 확인할 수 있는 정보가 다르다.

❸ 데이터 다운로드: 자세한 정보를 확인하고 다운로드받을 수도 있지만 확인 없이 바로 다운로드받을 수 있다.

[데이터 파일 목록]

파일명	설명	파일크기
fp_2020_01_english.csv	2020년 1월 유동인구 데이터	9.68MB
fp_2020_02_english.csv	2020년 2월 유동인구 데이터	9.05MB

[데이터 설명]

변수명	형식	설명
date	문자	날짜(년월일), 2020.1.1.~2020.1.31., 2020.2.1.~2020.2.29.
hour	숫자	시간대(0~23)
birth_year	숫자	연령대(20, 30, 40, 50, 60, 70)
sex	문자	성별(male, female)
Province	문자	시도(전부 seoul)
City	문자	구(서울시 25개구)
Fp_num	숫자	유동인구(특정시간대, 특정구에 있는 사람수)

5.1.1.2 데이터 분석 목적

유동인구는 사람들이 어떻게 이동하는지 흐름을 파악하는데 매우 중요하다. 특정 지역에 시간대에 따라 유동인구가 늘어나는지 줄어드는지를 파악할 수 있으며 더 나아가 남녀별 연령대별 유동인구를 파악할 수 있다면 해당 지역의 상권의 타깃고객의 특성을 파악할 수 있다. 실제 SK텔레콤은 행정동보다 작은 단위의 구역별 유동인구를 제공함에 따라 상권분석에 매우 유용한 정보가 되고 있다. 본 예제에서는 행정구 단위의 데이터를 제공하기 때문에 상권분석으로의 활용성은 상대적으로 낮다.

행정구 단위의 데이터를 기반으로 각 행정구의 유동인구가 시간대에 따라 어떻게 달라지는지 또한 평일과 공휴일에는 어떻게 다른지를 살펴보고, 이러한 유동인구 특성을 기반으로 군집분석을 통해 행정구를 집단화해보고 해석해보기로 한다. 또한 행정구별, 시간대별, 남녀별, 연령대별 유동인구를 신경망 모델링을 통해 예측해보기로 한다.

본 예제 데이터의 한계점은 유동인구의 시간대별 변화를 설명할 데이터가 없다는 점이다. 행정구별 상주인구수, 빌딩수, 직장인수, 업종별 상가수 등의 정보를 추가로 확보하여 본 예제의 유동인구 데이터와 결합하면 유동인구의 시간대별 변화의 이유를 설명할 수 있어 보다 다양한 상권분석이 가능해질 것으로 생각된다.

5.1.2 데이터 전처리

5.1.2.1 데이터 로딩 및 날짜변수 생성

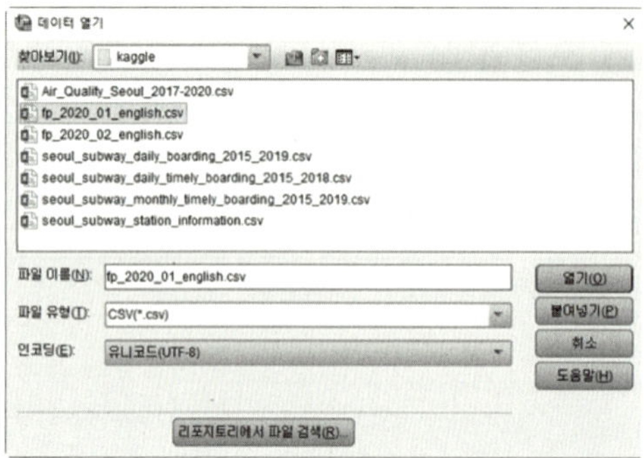

데이터를 읽어들이기 위해 데이터 편집기의 주메뉴에서 "파일 → 열기 → 데이터"를 선택하여 데이터 열기 대화상자를 연다.
파일유형을 CSV(*.csv)로 변경하고 데이터파일 "fp_2020_01_english.csv"를 선택하고, 인코딩은 "유니코드(UTF-8)"를 선택하고 열기 버튼을 누른다.

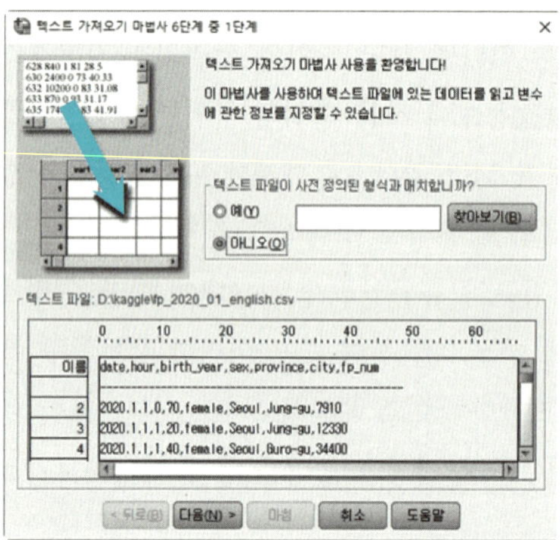

텍스트 가져오기 마법사 6단계 중 1단계가 시행이 되는데, 그냥 "다음" 버튼을 누른다.

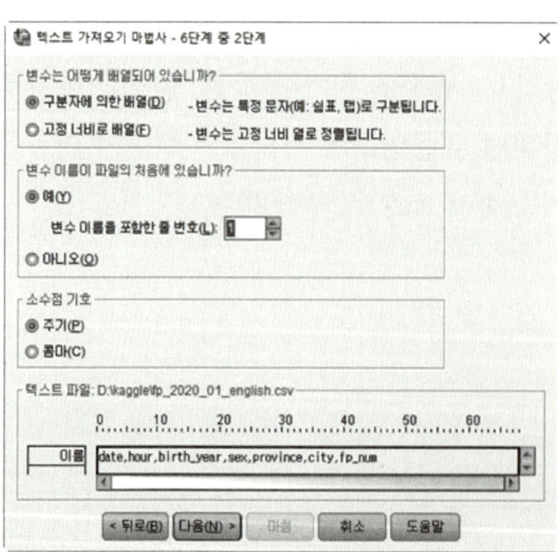

텍스트 가져오기 마법사 6단계 중 2단계에서 "변수 이름이 파일의 처음에 있습니까?" 박스의 "예"로 체크되었는지 확인한 후 "다음" 버튼을 누른다.

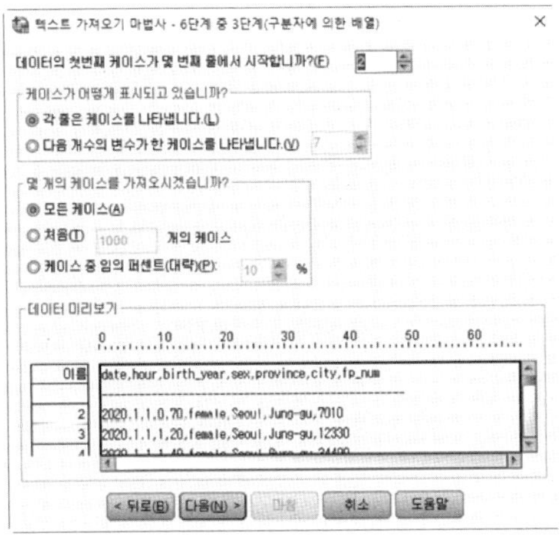

텍스트 가져오기 마법사 6단계 중 3단계에서는 "데이터의 첫 번째 케이스가 몇 번째 줄에서 시작합니까?"에 자동으로 2로 입력되는데, 하단의 데이터 미리 보기에 1번째 줄에 변수명이 보이고, 2번째 줄에 데이터값이 있는 것을 확인하고 "다음" 버튼을 누른다.

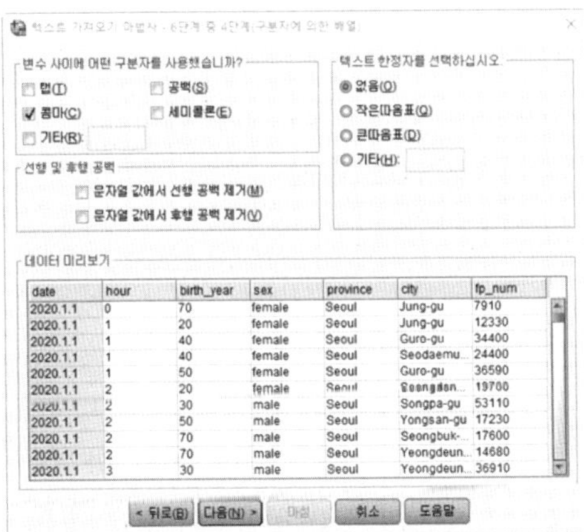

텍스트 가져오기 마법사 6단계 중 4단계에서는 "변수 사이에 어떤 구분자를 사용했습니까?" 항목에서 공백을 해지하여 콤마만 구분자로 사용하도록 선택한다.

하단의 데이터 미리 보기에서 데이터값이 변수별로 잘 구분되었는지 확인하고 "다음" 버튼을 누른다.

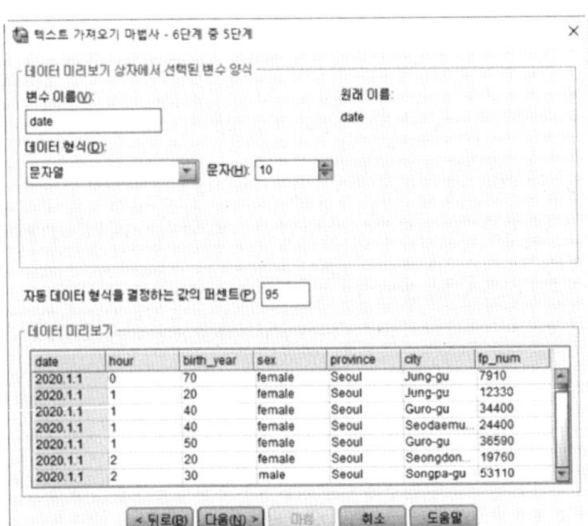

텍스트 가져오기 마법사 6단계 중 5단계에서는 SPSS가 허용되지 않은 변수명과 데이터 형식을 수정하도록 하는 단계로 이 데이터에서는 변수 date의 값이 "2020.1.1"과 같이 통상적으로 사용하지 않는 날짜 형식으로 되어 있으므로 디폴트 데이터 형식인 "자동"을 "문자열"로 변경하고 디폴트 문자수 "8"을 "10"으로 변경하고 "다음" 버튼을 누른다.

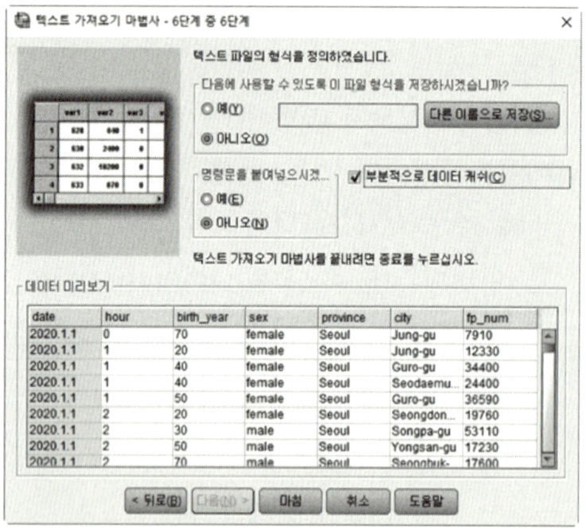

텍스트 가져오기 마법사 6단계 중 6단계에서는 데이터를 바로 읽어들일지 아니면 차후에 읽어들이도록 명령문을 작성할지를 선택하는 단계로 디폴트인 바로 읽어들이기 상태에서 “마침” 버튼을 누른다.

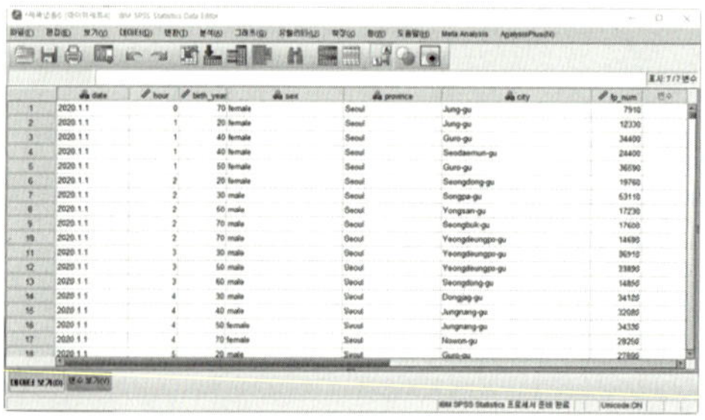

2020년 1월 서울 유동인구 데이터가 잘 읽혀졌음을 확인한다.

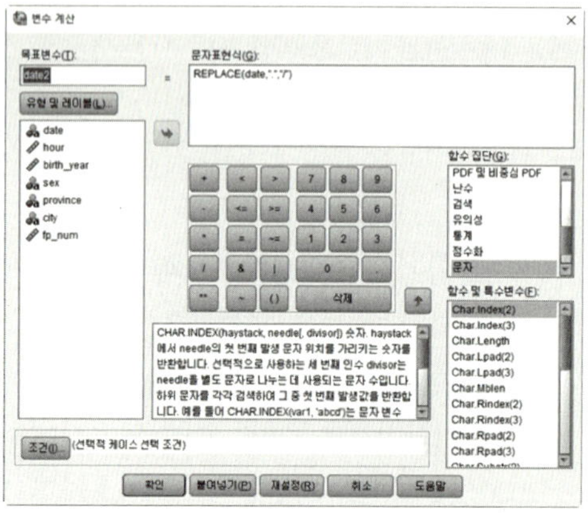

문자유형으로 읽혀진 변수 date를 날짜유형으로 인식시키기 위해 주메뉴의 “변환 → 변수 계산”을 선택하여 변수 계산 대화상자에서 REPLACE 함수를 사용하여 date 변수값에 포함된 “.”을 “/”로 변경하여 새로운 변수 date2에 저장한다. “유형 및 레이블” 버튼을 클릭하여 새로 생성되는 변수 date2의 유형을 너비 20의 문자로 하여야 한다.

설정 완료 후 “확인” 버튼을 누른다.

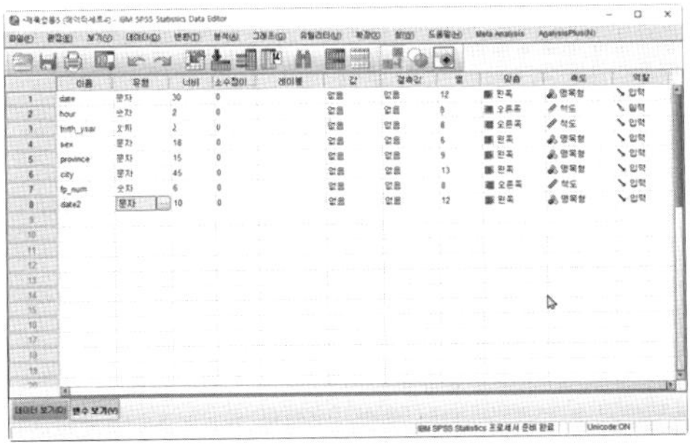

"변수 보기" 탭에서 변수 date2가 추가되었음을 확인할 수 있다. 변수 타입을 변경하기 위해 유형 열의 "문자" 옆 "…" 버튼을 누른다.

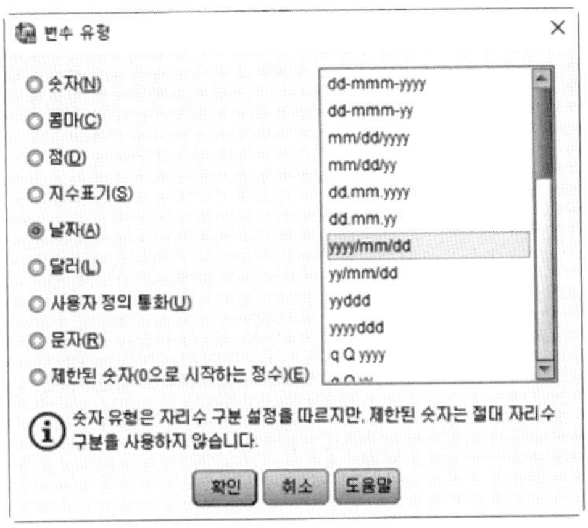

변수 date2의 형식을 날짜로 변경하고 날짜 형식을 "yyyy/mm/dd"를 선택한 후 "확인" 버튼을 누른다.

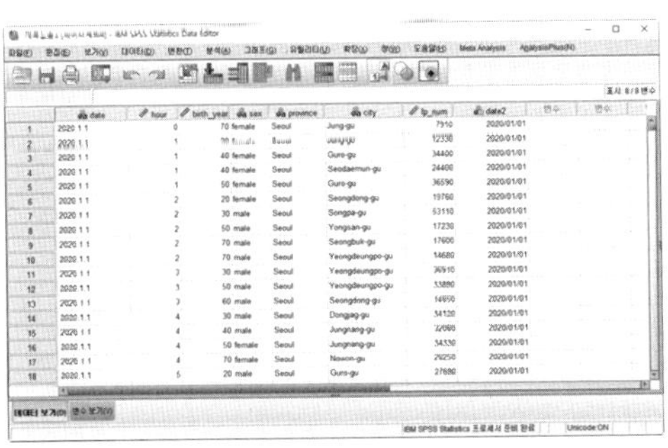

변수 date2가 날짜유형으로 잘 인식되었다.

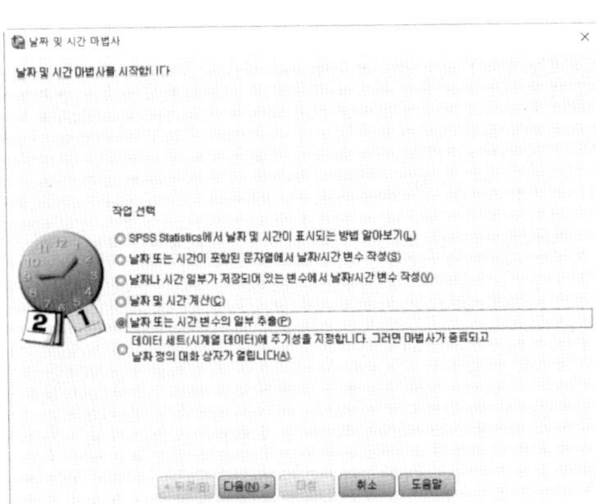

날짜변수로부터 일, 요일 등의 시간변수를 추출하기 위하여 "변환 → 날짜 및 시간 마법사"를 선택하여 "날짜 및 시간 마법사" 대화상자에서 "날짜 또는 시간변수의 일부 추출"을 선택하고 "다음" 버튼을 누른다.

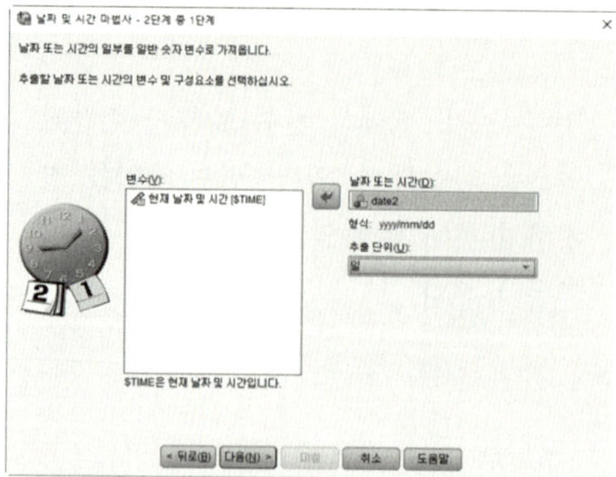

"날짜 또는 시간"에 변수 date2를 선택하고 "추출단위"를 "일"로 선택하고 "다음" 버튼을 누른다.

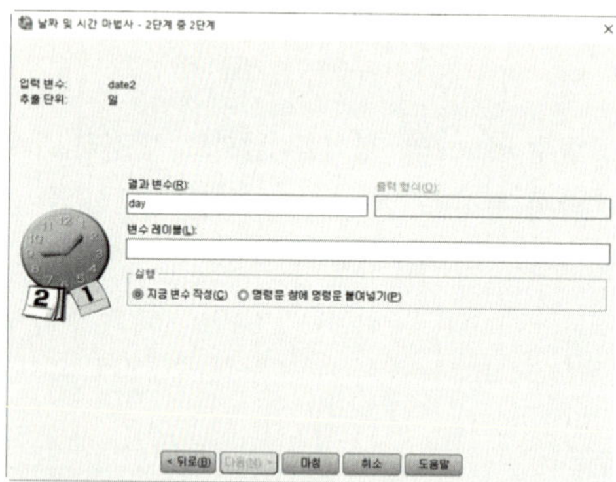

"결과변수"에 "day"를 입력하고 "마침" 버튼을 누른다.

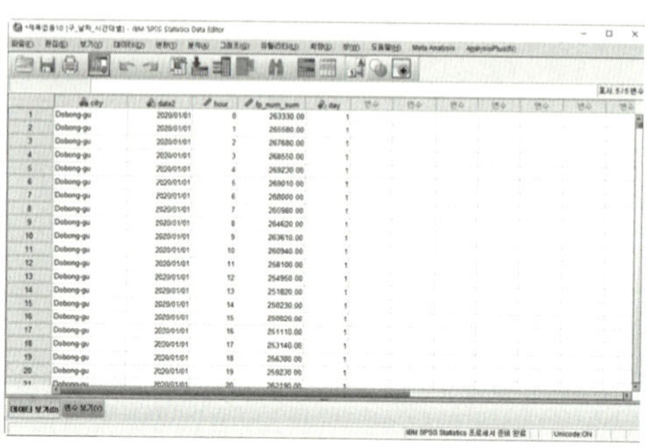

"년월일"에서 일을 나타내는 day 변수가 생성된다.

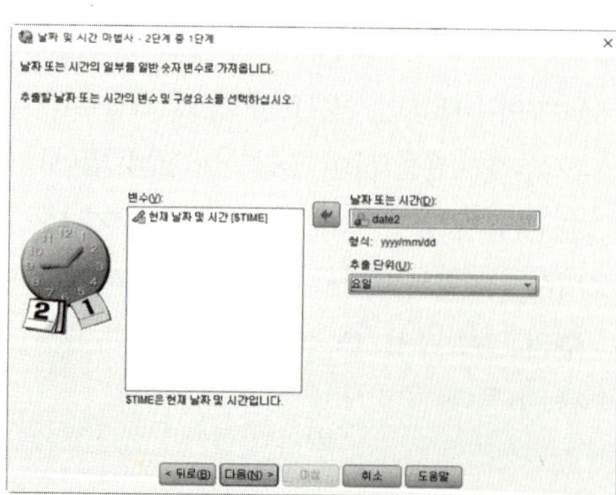

같은 방법으로 요일변수도 생성한다. "날짜 또는 시간"에 변수 date2를 선택하고 "추출단위"를 "요일"로 선택하고 "다음" 버튼을 누른다.

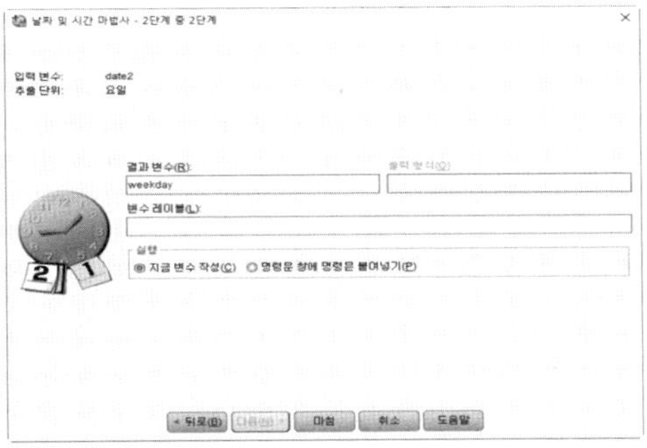

"결과변수"에 "weekday"를 입력하고 "마침" 버튼을 누른다.

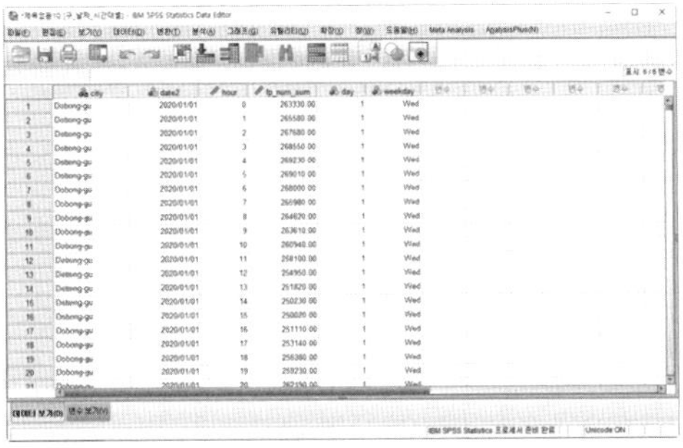

요일을 나타내는 weekday 변수가 생성되었다. weekday 변수는 날짜변수로 내부적으로 1~7 값을 갖게 되고, 1=Sun, 2=Mon, 3=Tue, 4=Wed, 5=Thu, 6=Fri, 7=Sat의 의미를 갖게 된다.

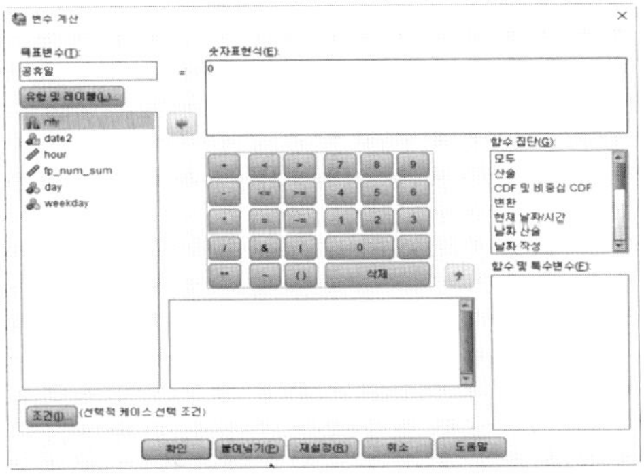

변수 "공휴일"을 생성하기 위해 "변환 → 변수계산"으로 들어간다. 우선 "유형 및 레이블"을 "유형"이 "숫자"로 체크되어 있는지 확인한다. "숫자표현식"에 0을 입력하여 초기값 0을 갖는 공휴일 변수를 생성한다. "확인" 버튼을 누른다.

2020년 1월의 대체 공휴일인 1일, 24일, 27일과 토요일, 일요일을 모두 공휴일로 지정하기 위하여 변수 계산 대화상자의 "조건"부 대화상자에 "weekday=1 or weekday=7 or day=1 or day=24 or day=27"의 조건을 만족하는 케이스인 경우에 변수 "공휴일"의 변수값을 1로 변경한다. "확인" 버튼을 누르고 기존 변수를 대체한다.

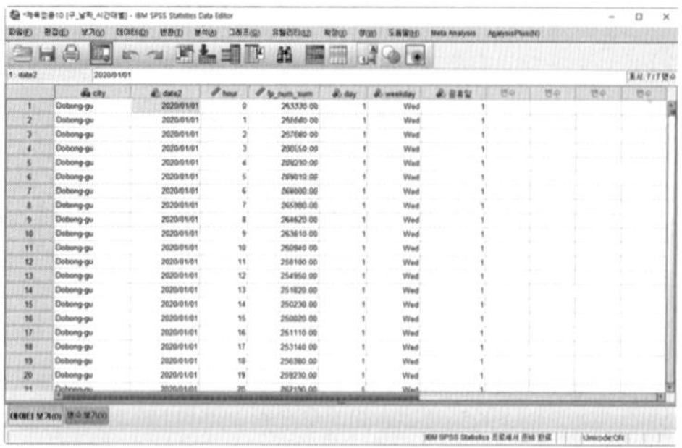

0 또는 1의 값을 갖는 변수 “공휴일”이 생성된다(“변수 보기” 탭에서 공휴일 변수의 소수점 이하 자릿수는 0으로 변경함).

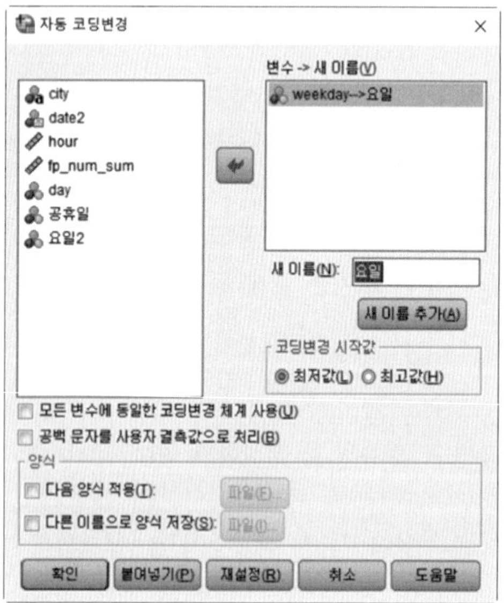

“변환 → 자동 코딩변경”을 통해 weekday를 선택하고 새 이름에 요일을 입력하고 “새이름 추가” 버튼을 클릭한다.
weekday 변수로부터 요일변수를 생성한다

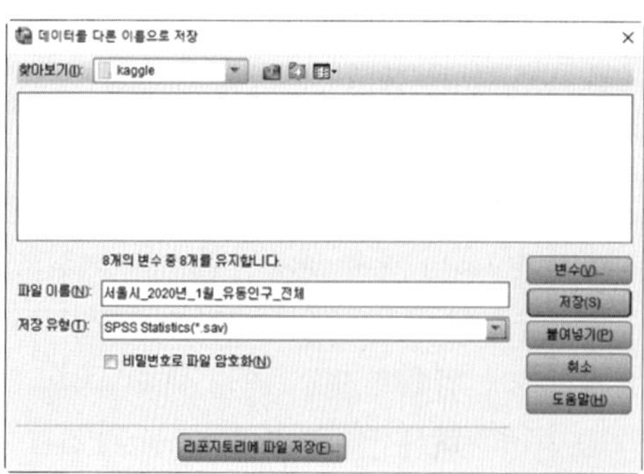

1차 작업이 완료된 데이터 파일을 “서울시_2020년_1월_유동인구_전체.sav” 파일로 저장한다.

5.1.2.2 구별, 일별, 시간대별 통합 데이터 파일 생성

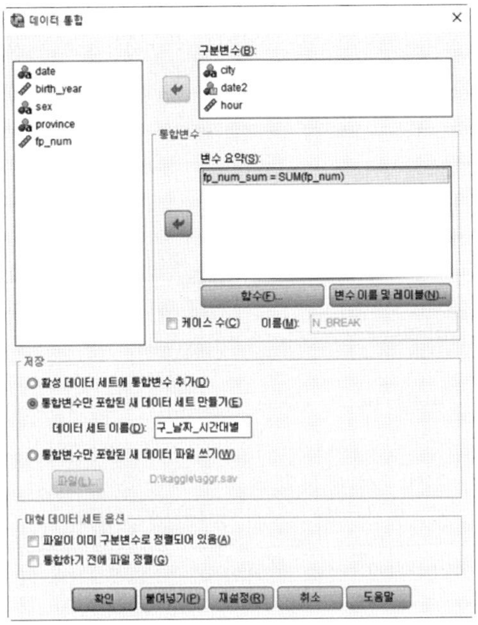

주메뉴에서 "데이터 → 데이터 통합"을 선택하여 데이터 통합 대화상자를 열고, "구분변수"에 city, date2, hour를 선택하고 "변수 요약"에 fp_num을 선택하고, 함수 버튼을 눌러서 요약 통계량의 "합계"를 선택한다.
저장부분에 "통합변수만 포함된 새 데이터세트 만들기"를 선택하고 "데이터세트 이름"을 "구_날짜_시간대별"을 입력하고 "확인" 버튼을 누른다.

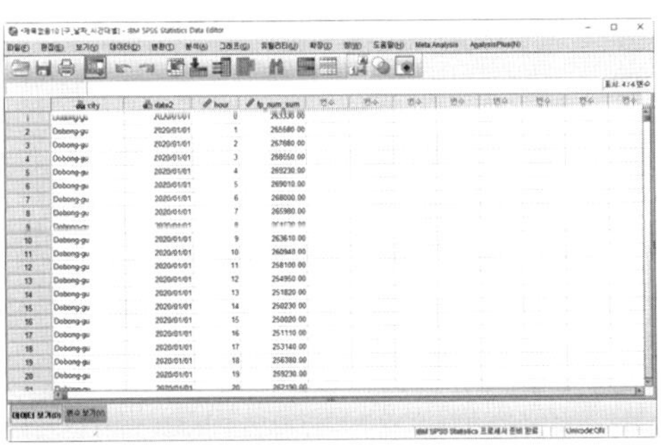

변수 city, date2, hour, fp num sum를 갖는 데이터셋이 생성되었다.

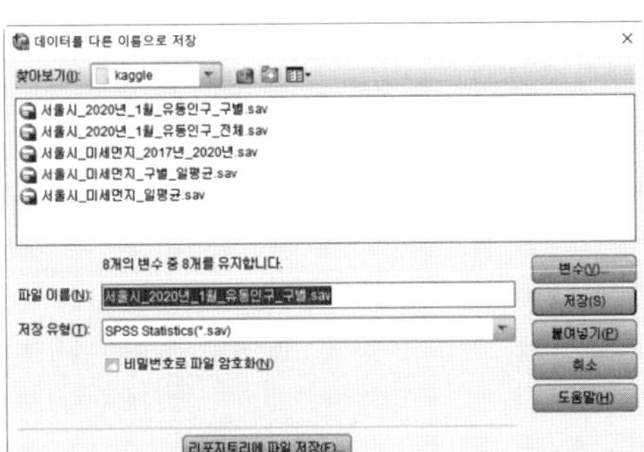

주메뉴에서 "파일 → 저장"을 선택하고 파일이름을 "서울시_2020년_1월_유동인구_구별"로 입력하고 "저장" 버튼을 누른다.

5.1.3 데이터 탐색 및 시각화

앞절과 동일한 방법으로 date2 변수로부터 day, weekday, 공휴일, 요일변수를 생성한다.

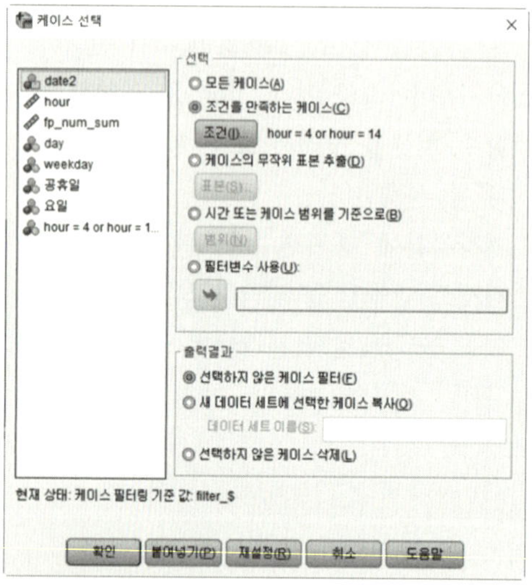

상단 메뉴의 "데이터 → 케이스 선택"을 선택하여 대화상자가 열리면 "조건을 만족하는 케이스"를 선택하여, 조건에 "hour=4 or hour=14"를 입력하여 대부분의 사람들이 잠자고 있는 시간대인 오전 4시대와 대부분의 사람들이 일을 하고 있는 시간대인 오후 2시대의 유동인구 데이터를 선택한다.

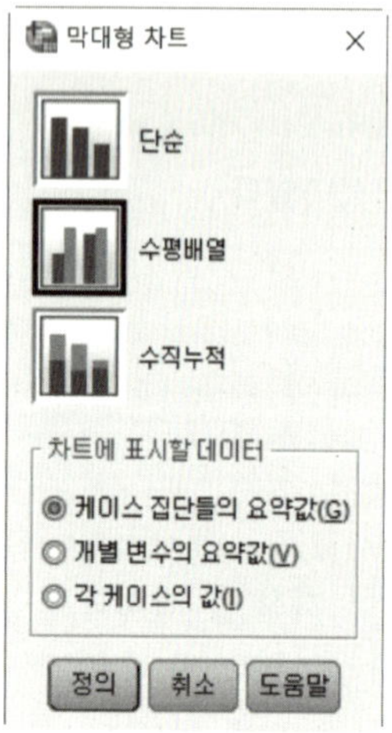

SPSS 상단 메뉴의 "그래프 → 레거시 대화 상자 → 막대형 차트"를 선택하고 "수평배열"과 "케이스 집단들의 요약값"을 선택하여 "정의" 버튼을 누른다.

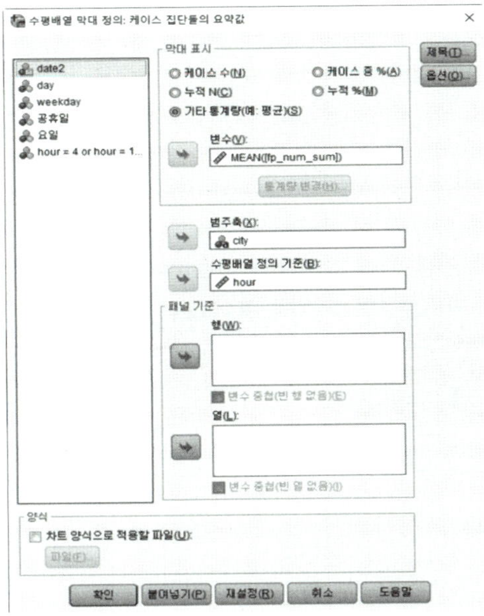

"수평배열 막대 정의: 케이스 집단들의 요약값" 대화상자에서 "기타 통계량"을 선택하고 변수 fp_num_sum을 선택하고, "범주축"에 변수 city를 선택하고, "수평배열 정의기준"에 변수 hour를 선택하고 "확인" 버튼을 누른다.

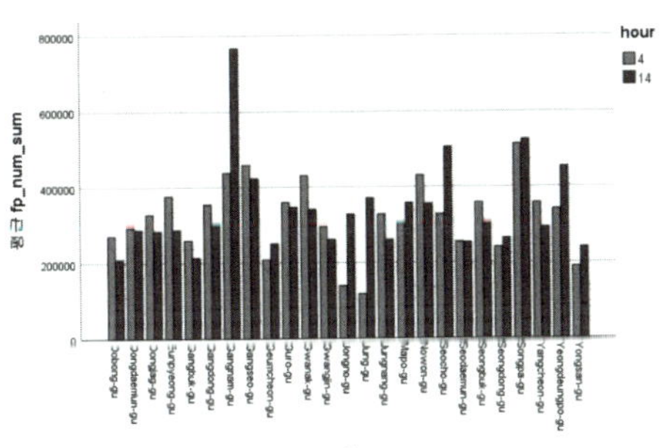

서울의 일자리가 몰려 있는 강남구, 금천구, 종로구, 중구, 서초구, 영등포구, 용산구 등은 4시 평균 유동인구에 비해 14시 평균 유동인구가 월등히 많은 것을 확인할 수 있다.

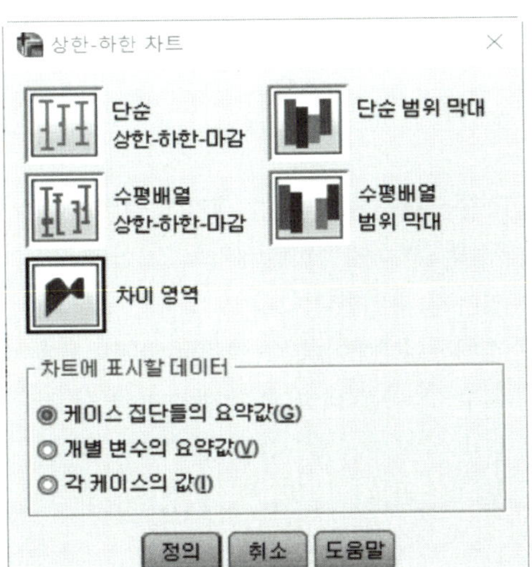

수평배열 막대도표에서 보여준 유동인구의 차이를 보다 명확히 살펴보기 위해 "그래프 → 레거시 대화상자 → 상한-하한 차트"를 선택하고 "차이 영역"과 "케이스 집단들의 요약값"을 선택하여 "정의" 버튼을 누른다.

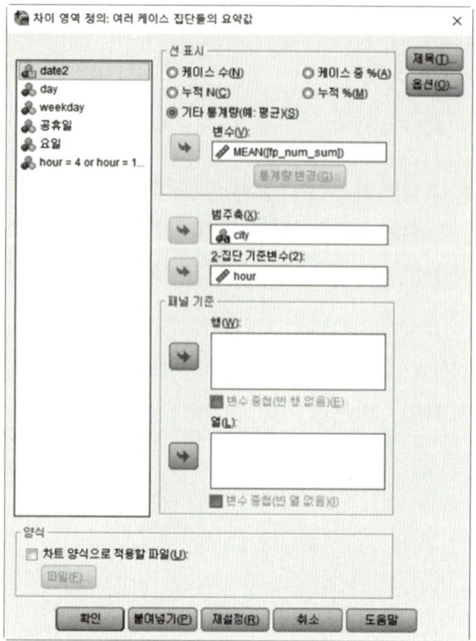

"기타 통계량"에 변수 fp_num_sum을 선택하고 "범주축"에 변수 city, "2-집단 기준변수"에 hour를 선택하고 "확인" 버튼을 누른다.

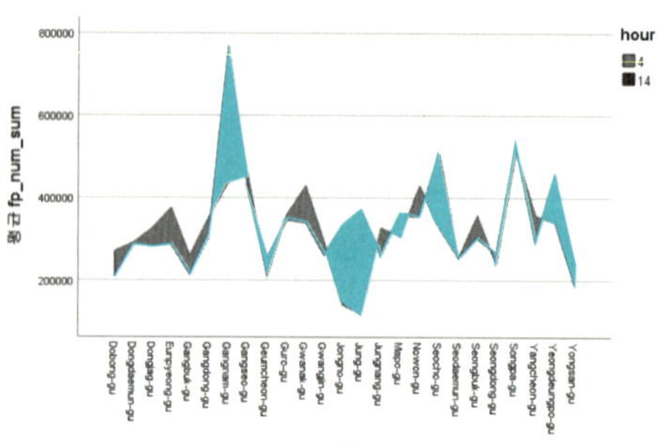

앞에서 살펴본 막대도표보다 명확히 4시와 14시의 유동인구 차이를 확인할 수 있다. 즉, 도표에서 면적이 파란색으로 보이는 지역은 4시 유동인구에 비해 14시 유동인구가 월등히 많은 일자리 지역이고, 회색으로 보이는 지역은 14시 유동인구에 비해 4시 유동인구가 월등히 많은 주거 지역이다.

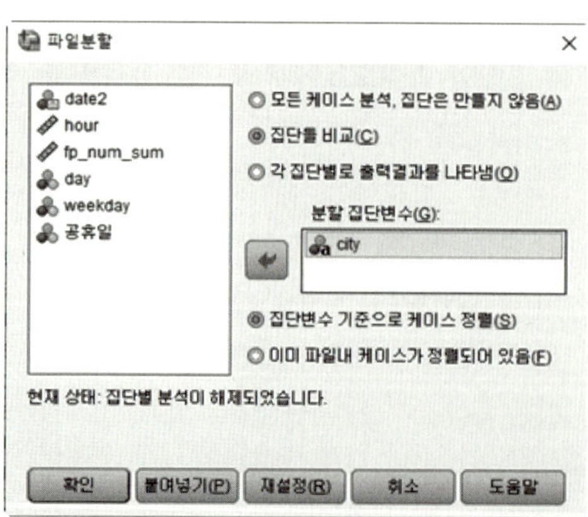

진행 전에 "데이터 → 케이스 선택"에서 "선택" 박스에 "전체 케이스"가 설정되어 있는지 확인한다.
주메뉴의 "데이터 → 파일분할"을 선택하고 "집단들 비교"를 선택하고 "분할 집단변수"에 city를 선택하고 "확인" 버튼을 누른다.

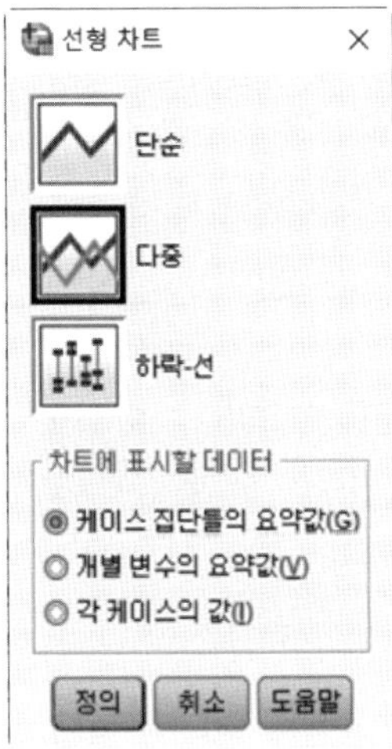

“그래프 → 레거시 대화상자 → 선형 차트”를 선택하고, 선형차트 대화상자에서 “다중”을 선택하고 “정의” 버튼을 누른다.

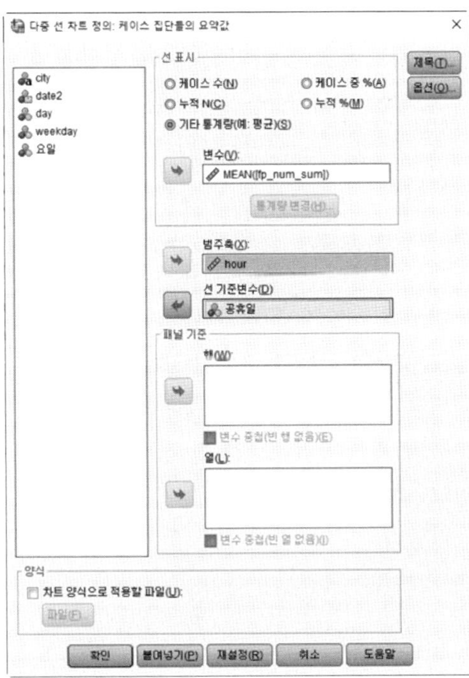

“선표시”에서 “기타 통계량(예: 평균)”을 선택하고 “변수”에 fp_num_sum을 선택하고, “범주축”에 hour를 선택하고 “선 기준변수”에 공휴일을 선택하고 “확인” 버튼을 누른다.

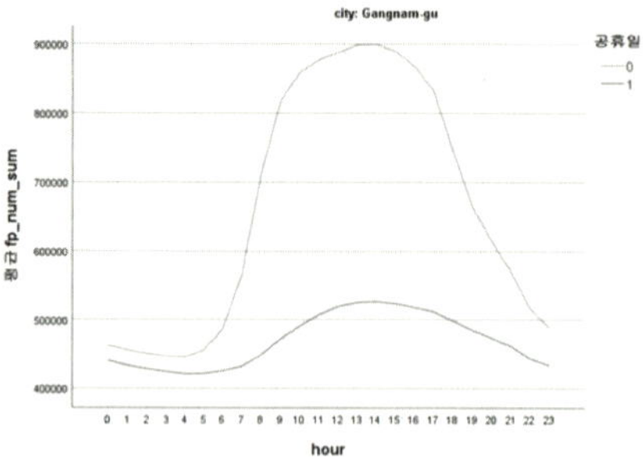

대표적인 일자리 지역인 강남구는 평일의 경우에 0시~5시에는 최소 유동인구인 45만 명 정도를 유지하다가 5시 이후에 급격히 늘어나 오후 2시경에는 최대 90만 명에 달하다가 시간이 지남에 따라 줄어드는 것을 확인할 수 있다. 휴일의 경우에는 최대 유동인구가 52만 명에 그치는 것을 알 수 있다.

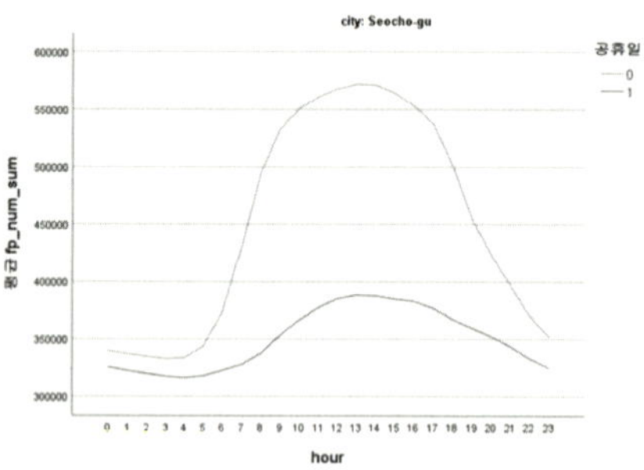

서초구도 강남구와 유사한 패턴을 보이지만 최대 유동인구가 평일의 경우 57만 명 정도이고, 휴일의 경우에는 38만 명 정도에 그치는 것을 알 수 있다. 또한 최소 유동인구는 33만~34만 명 정도로 나타났다.

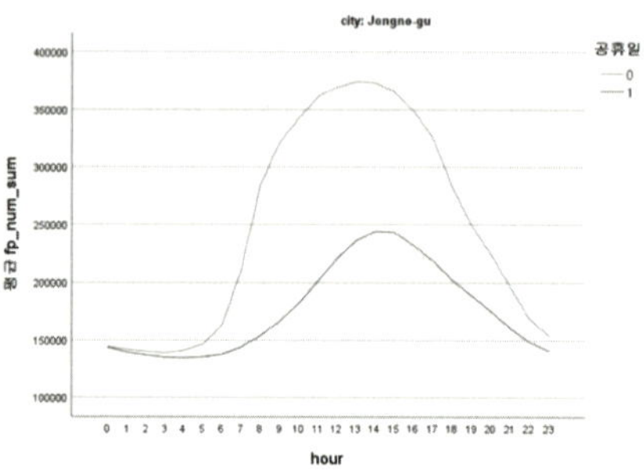

강북의 대표적인 일자리 지역인 종로구도 강남구, 서초구와 비슷한 유동인구 패턴을 보이는데, 최대 유동인구는 평일에 37만 명, 휴일에 24만 명 정도로 나타났고, 최소 유동인구는 15만 명 정도로 나타났다.

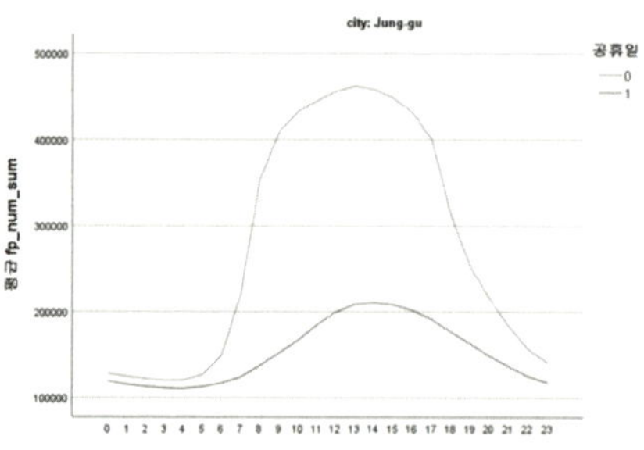

강북의 또다른 일자리 지역인 중구도 종로구와 비슷한 유동인구 패턴을 보이는데, 최대 유동인구는 평일에 45만 명, 휴일에는 21만 명이고, 최소 유동인구는 종로구보다 작은 12만 명으로 나타났다.

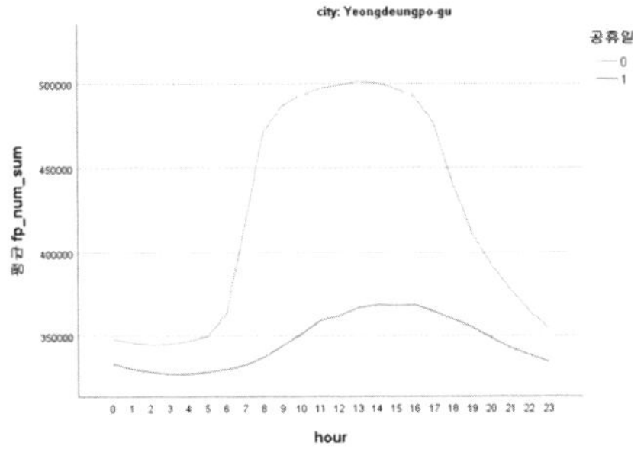

서울에서 3번째로 일자리가 많은 행정구인 영등포구의 최소 유동인구는 야간시간대로 나타나는데 33만~35만 명이고, 낮시간대 최대 유동인구는 평일에는 50만 명, 휴일에는 36만 명 정도로 나타났다.

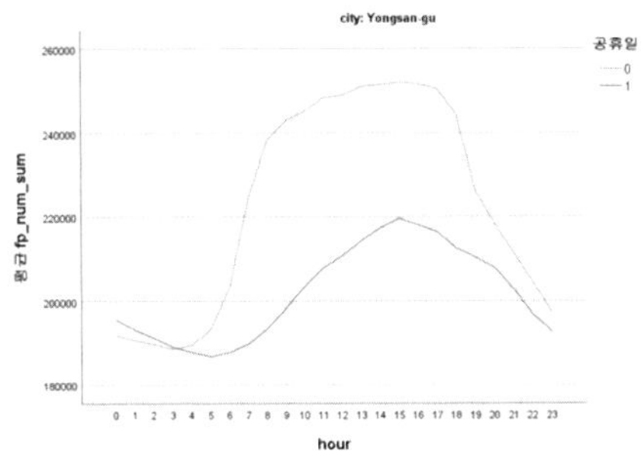

용산구도 일자리 지역들과 비슷한 패턴을 보이지만 최소 유동인구는 19만 명 정도이고 최대 유동인구는 평일에는 25만명 정도이고, 휴일에는 22만 명 정도로 최소인구와 최대 인구의 차이가 평일에는 6만 명이고 휴일에는 3만 명이다. 또한 평일과 휴일의 최대 유동인구 차이도 3만 명에 불과하다.

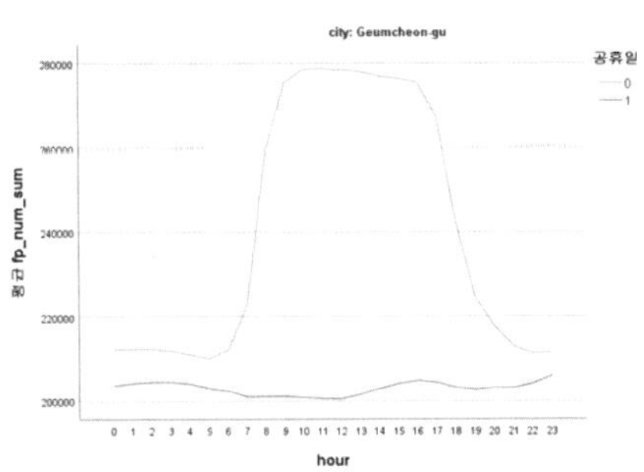

강서지역의 대표적 일자리 지역인 금천구는 최소 유동인구는 20.5만~21.5만 명 정도이고 최대 유동인구는 평일에는 28만 명 정도인데 반해, 휴일에는 최소 유동인구 수준을 유지하는 것으로 확인되었다.

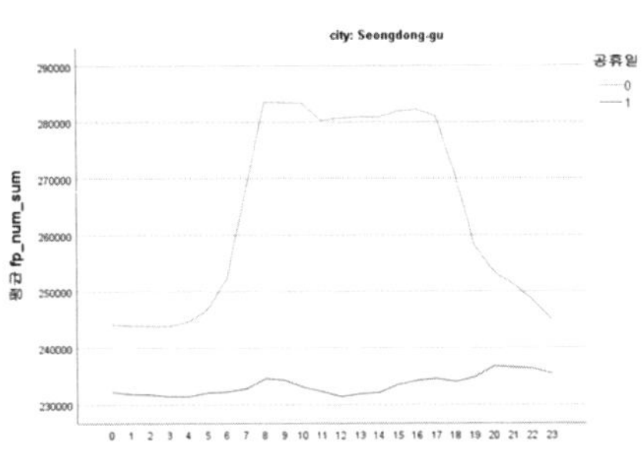

성동구는 금천구와 매우 유사한 패턴을 보이고 있는데, 평일에 최소 유동인구는 24.5만 명이고 최대 유동인구는 28.4만 명인데 휴일에는 23.2만~23.4만 명 정도를 유지하고 있다.

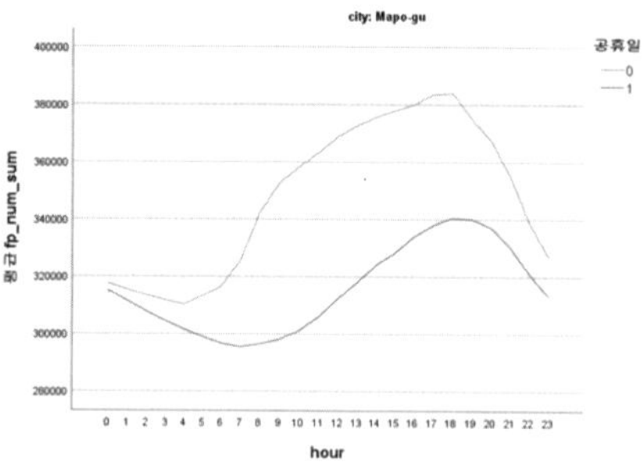

마포구는 앞에서 설명한 대표적인 일자리 지역과 조금 다른 패턴을 보이는데 최대 유동인구를 나타내는 피크타임은 오후 6시로 나타나고 있는데, 이 지역에 일자리, 유흥업소 그리고 주거지역이 혼재되어서 이와 같은 패턴을 보이는 것으로 추측된다.

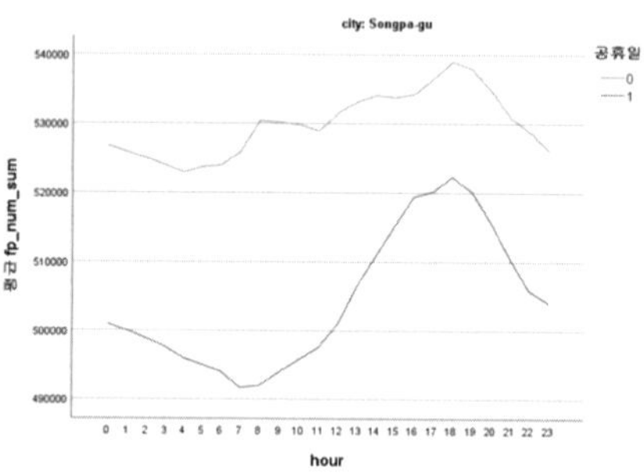

송파구도 마포구와 유사한 패턴을 보여서 일자리, 유흥업소, 주거지역이 혼재되어 있는 것으로 판단되는데 마포구와 달리 평일과 휴일에 2만~3만 명의 유동인구 차이를 유지하는 것으로 파악된다.

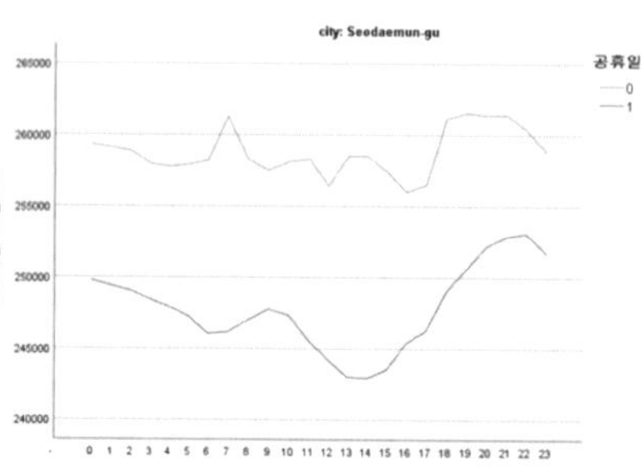

서대문구는 유입인구와 유출인구가 거의 같아서 평일에는 26만 명 전후의 유동인구가 유지되고, 휴일에는 24.3만~25.3만 명 정도의 유동인구가 유지되는 것으로 파악된다.

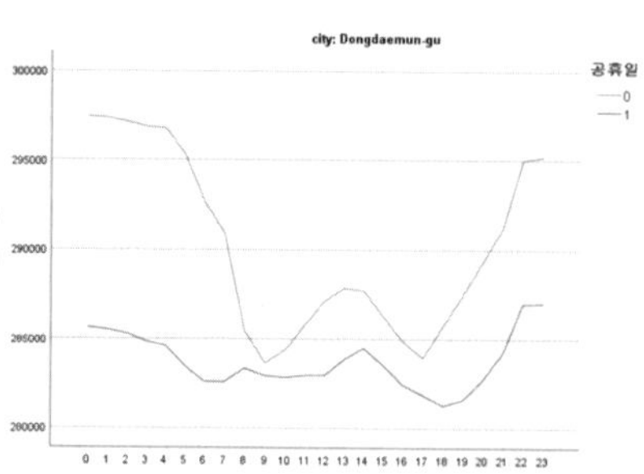

동대문구는 야간시간대에 최고인원을 보이다가 낮시간대에는 유동인구가 많이 줄어드는 패턴을 보이고 있는데 1시~2시에는 일시적 유동인구 증가의 패턴을 보인다.

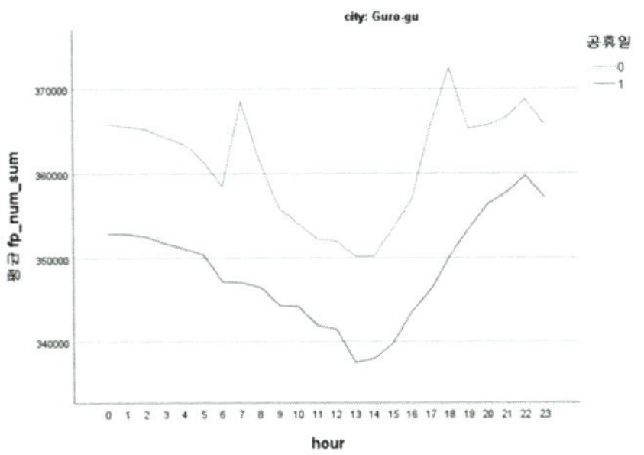

구로구는 인근한 금천구와는 달리 야간 시간대에 유동인구가 최대가 되다가 주간시간대에는 유동인구가 지속적으로 줄어드는 패턴을 보인다. 다만 오전 7시대와 오후 6시대 일시적 피크를 보이고 있다.

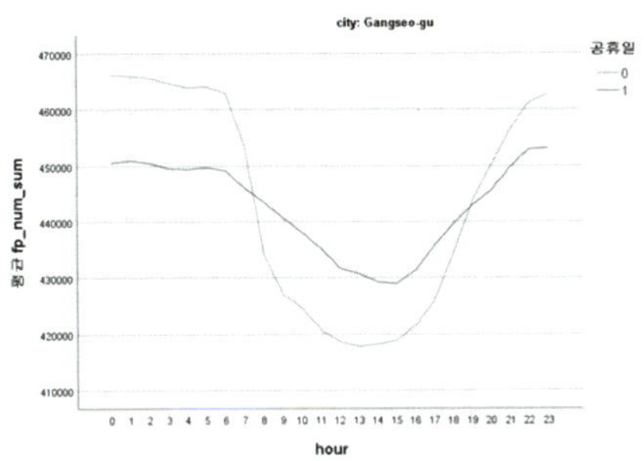

한강 이남의 대표적인 주거지역인 강서구, 양천구, 관악구, 동작구, 강동구는 일자리 지역과 반대로 야간시간대에 최대 유동인구를 보이다가 주간시간대에 유동인구가 많이 줄어들어 최소 유동인구를 보이고 있다. 강서구는 최대 유동인구는 46.5만 명이고 최소 유동인구는 42만 명 정도이다.

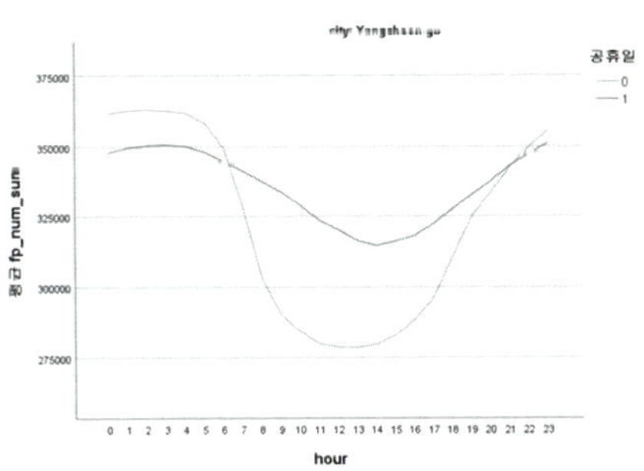

양천구도 대표적인 주거지역의 유동인구 패턴을 보이는데, 최대 유동인구는 36만 명이고 최소 유동인구는 27.6만 명이다.

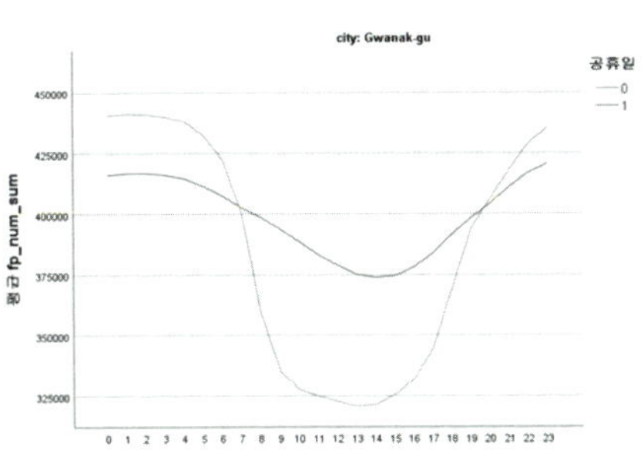

관악구도 대표적인 주거지역의 유동인구 패턴을 보이는데, 최대 유동인구는 44만 명이고 최소유동인구는 32.4만 명이다.

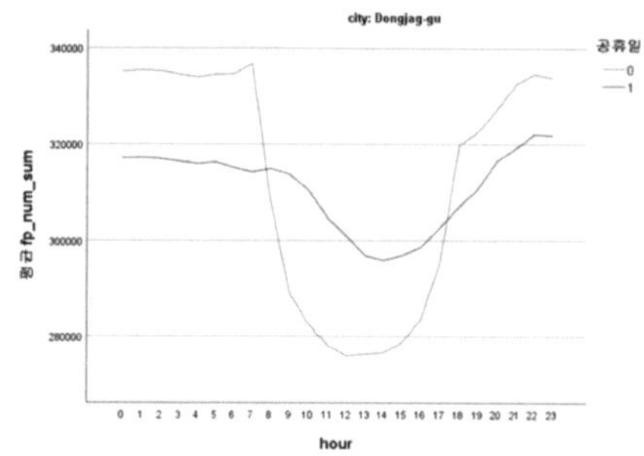

동작구도 대표적인 주거지역의 유동인구 패턴을 보이는데, 최대 유동인구는 33.5만 명이고 최소 유동인구는 27만 명이다.

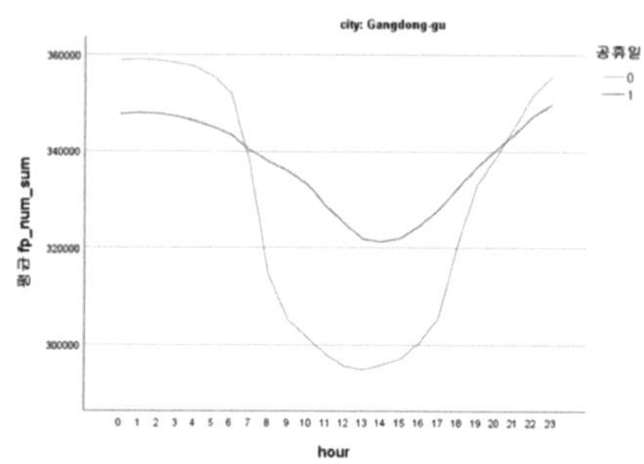

강동구도 대표적인 주거지역의 유동인구 패턴을 보이는데, 최대 유동인구는 36만 명이고 최소 유동인구는 29만 명이다.

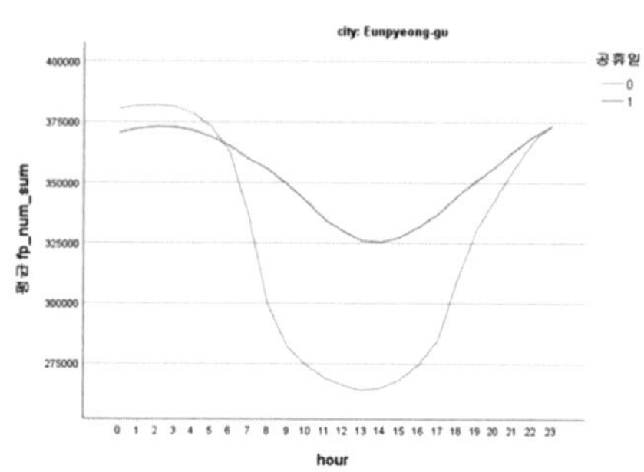

은평구도 대표적인 주거지역의 유동인구 패턴을 보이는데, 최대 유동인구는 38만 명이고 최소 유동인구는 27만 명이다.

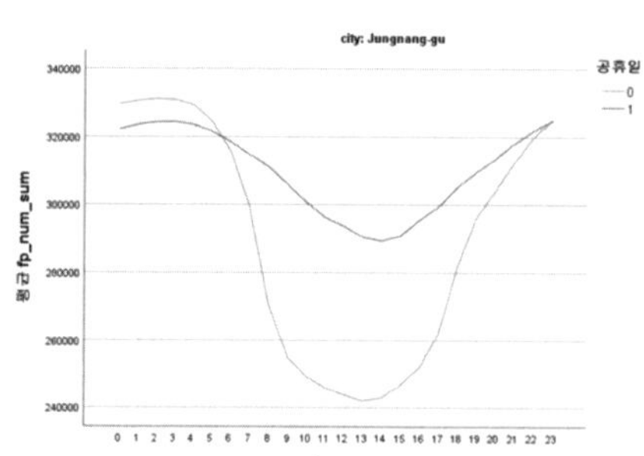

중랑구도 대표적인 주거지역의 유동인구 패턴을 보이는데, 최대 유동인구는 33만 명이고 최소 유동인구는 24만 명이다.

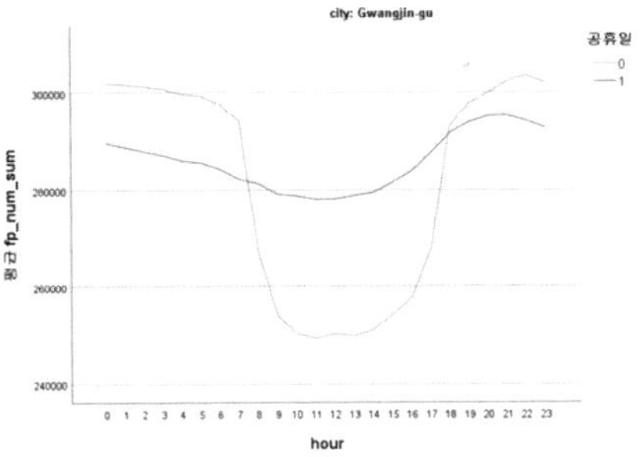

광진구도 대표적인 주거지역의 유동인구 패턴을 보이는데, 최대 유동인구는 30만 명이고 최소 유동인구는 25만 명이다. 휴일에는 상대적으로 유동인구 변화가 심하지 않다.

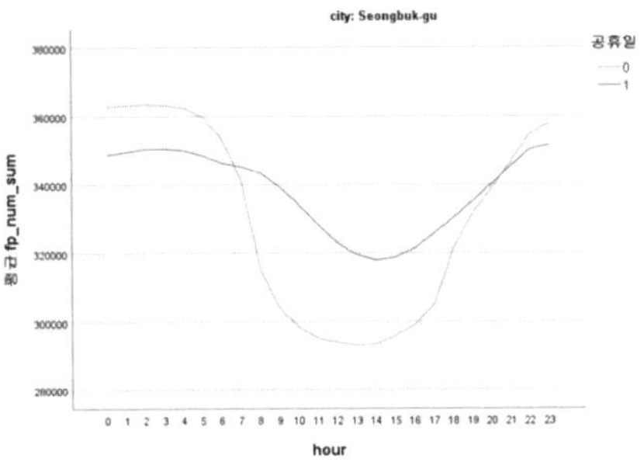

성북구도 대표적인 주거지역의 유동인구 패턴을 보이는데, 최대 유동인구는 36만 명이고 최소 유동인구는 29.5만 명이다.

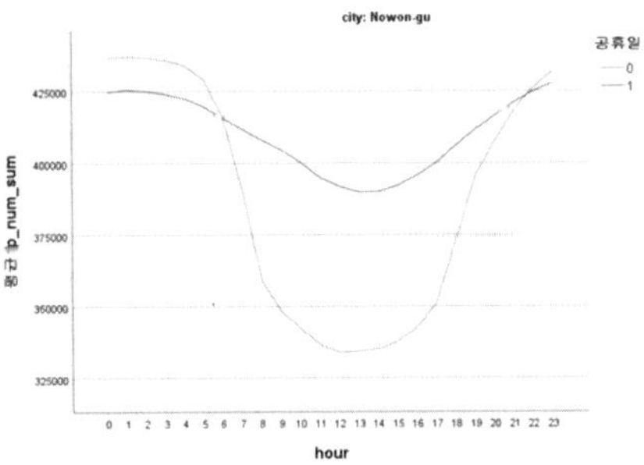

노원구도 대표적인 주거지역의 유동인구 패턴을 보이는데, 최대 유동인구는 43만 명이고 최소 유동인구는 33만 명이다.

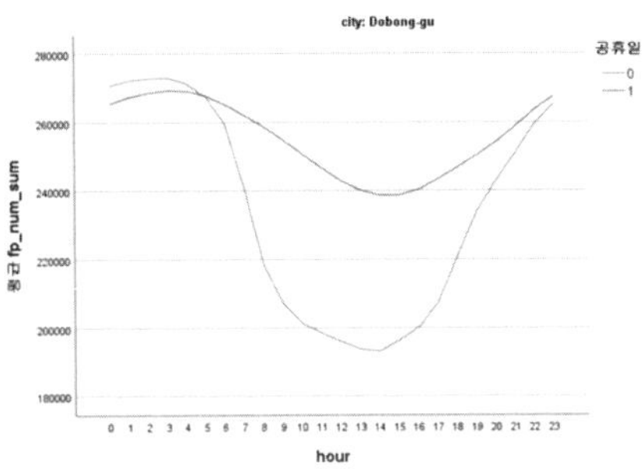

도봉구도 대표적인 주거지역의 유동인구 패턴을 보이는데, 최대 유동인구는 27만 명이고 최소 유동인구는 19만 명이다.

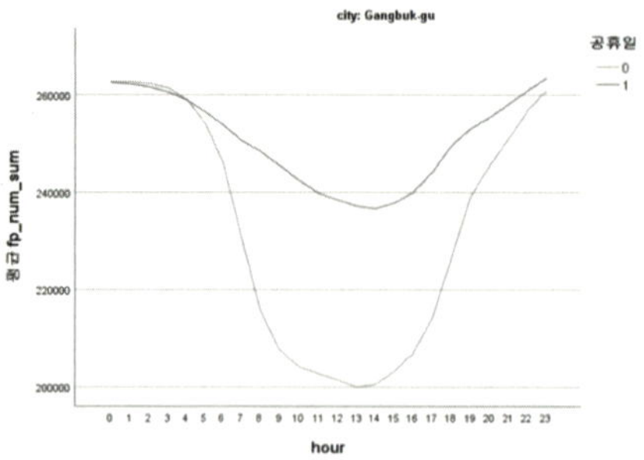

강북구도 대표적인 주거지역의 유동인구 패턴을 보이는데, 최대 유동인구는 26만 명이고 최소 유동인구는 20만 명이다.

5.1.4 서울시 유동인구 분석을 위한 모델링

5.1.4.1 군집화 모델링

데이터 탐색 및 시각화 과정에서 행정구별로 시간대별 유동인구수의 변화에 패턴이 존재함을 확인하였다. 이러한 패턴을 나타내는 변수들을 생성하고, 생성된 변수들을 기반으로 25개 행정구를 군집화(clustering)해보기로 하자.

군집화에 사용할 변수를 생성하기 위하여 행정구별로 평일 7개 시간대별(0시, 4시, 9시, 12시, 14시, 18시, 22시) 유동인구를 계산해보고 최대 유동인구수 대비 비율을 다음의 산술식을 적용하여 계산하기로 하자.

유동인구비율_평일_00시 = 유동인구_평일_00시 / 유동인구_최대값 × 100

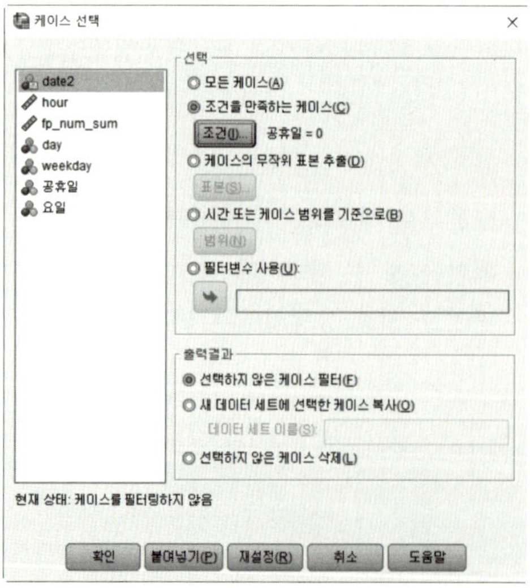

"데이터 → 케이스 선택"에서 "조건을 만족하는 케이스"에 "공휴일=0" 조건을 입력하여 평일 케이스만을 선택한다.

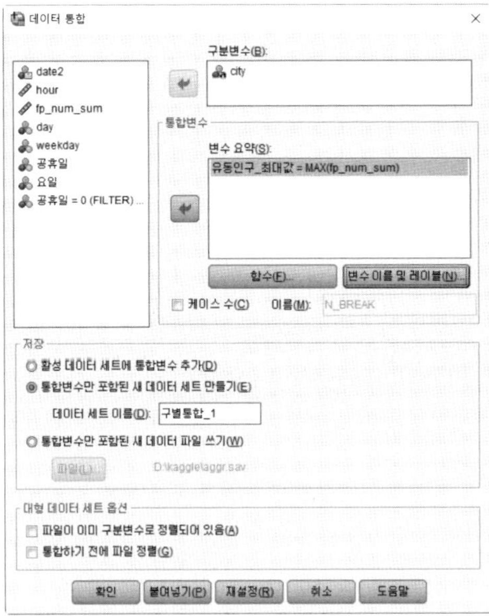

행정구별로 최대 유동인구를 계산하기 위하여 "데이터 → 데이터 통합"에서 "구분변수"에 city를 선택하고 "변수 요약"에 변수 fp_num_sum을 선택하고 통합 함수를 최대값으로 지정하고 변수이름을 "유동인구 최대값"으로 변경한다. "저장" 옵션에는 "통합변수만 포함된 새 데이터 세트 만들기"를 선택하고 "데이터 세트 이름"에 "구별통합_1"을 입력하고 "확인" 버튼을 누른다.

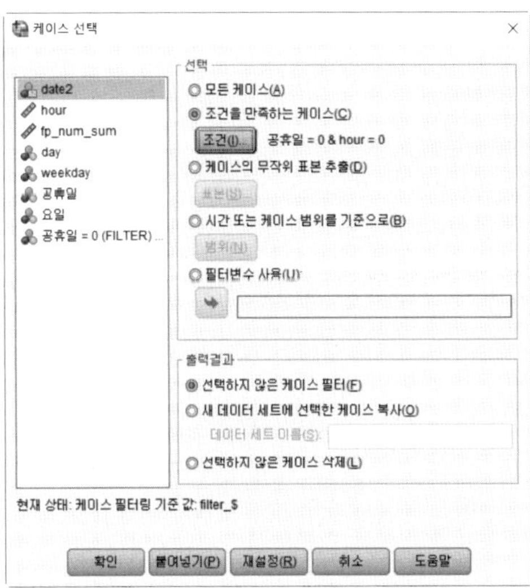

동일한 방법으로 이전 데이터셋에서 이번에는 케이스 선택조건을 "공휴일=0 & hour=0"으로 해서 케이스를 선택한다.

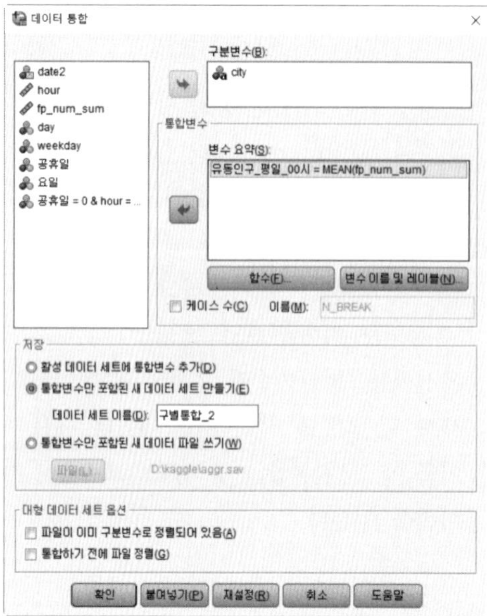

동일한 방법으로 "데이터 → 데이터 통합"에서 평균함수를 사용하여 "유동인구_평일_00시" 변수를 가진 "구별통합_2" 이름의 데이터셋을 생성한다.

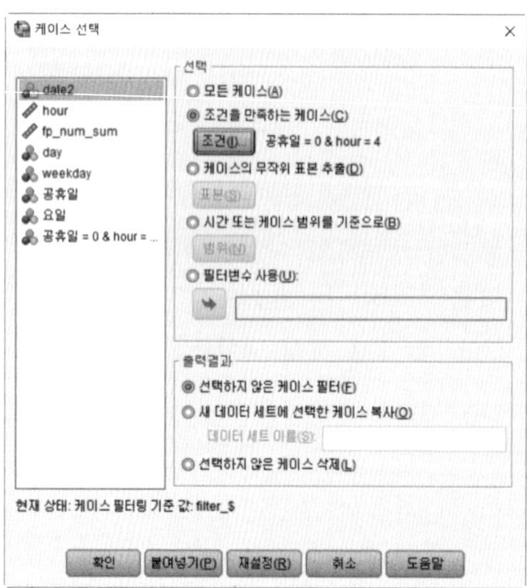

동일한 방법으로 이전 데이터셋에서 이번에는 케이스 선택조건을 "공휴일=0 & hour=4"으로 해서 케이스를 선택한다.

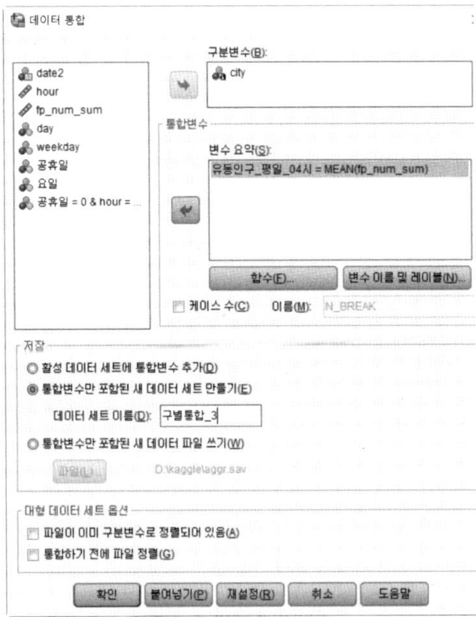

동일한 방법으로 "데이터 → 데이터 통합"에서 평균함수를 사용하여 "유동인구_평일_04시" 변수를 가진 "구별통합_3" 이름의 데이터셋을 생성한다.

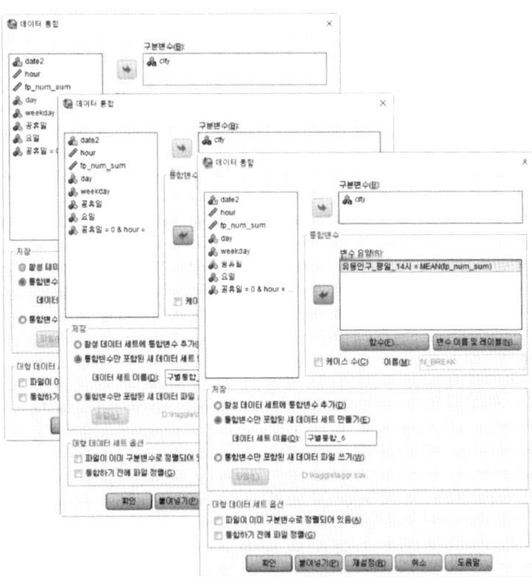

동일한 방법으로 유동인구_평일_09시, 유동인구_평일_12시, 유동인구_평일_14시, 유동인구_평일_18시, 유동인구_평일_22시 데이터셋을 생성한다.

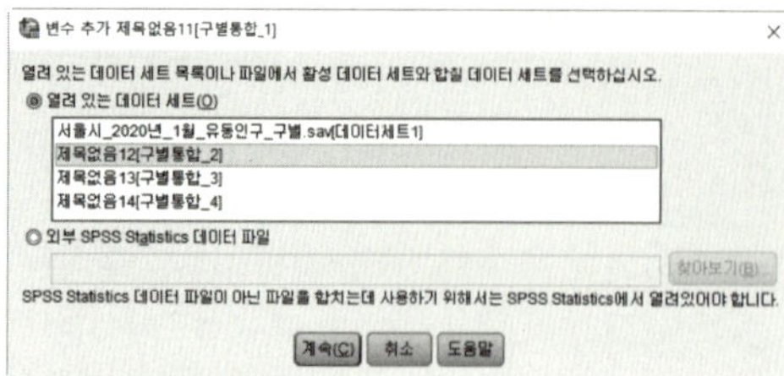

"데이터 → 파일합치기 → 변수추가"로 생성한 구별통합_N 데이터셋을 하나씩 합친다(합치기 방법은 아래 설명 참조).

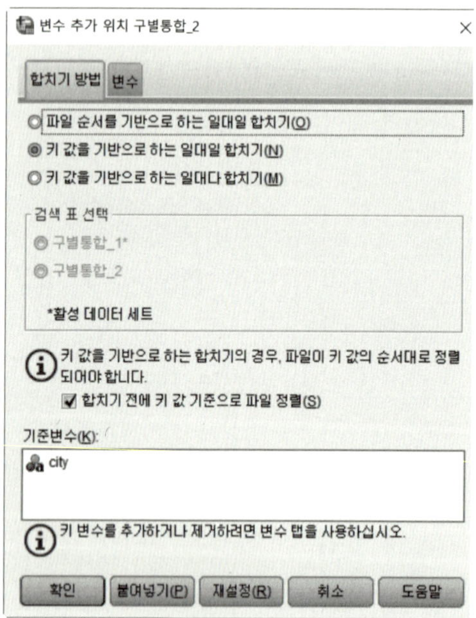

데이터셋을 합칠 때 "키 값을 기반으로 하는 일대일 합치기"를 수행하고 "기준변수"는 city로 한다.

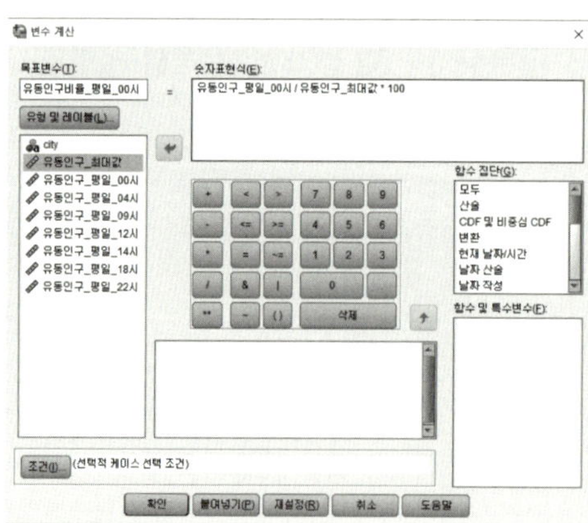

최종 합쳐진 데이터셋에서 "변환 → 변수계산"을 통해서 유동인구 최대값 대비 특정시간대의 평균 유동인구를 비율로 나타내는 유동인구비율_평일_00시 변수를 생성한다. 같은 방법으로 유동인구비율_평일_04시, 유동인구비율_평일_09시, 유동인구비율_평일_12시, 유동인구비율_평일_14시, 유동인구비율_평일_18시, 유동인구비율_평일_22시 변수를 생성한다.

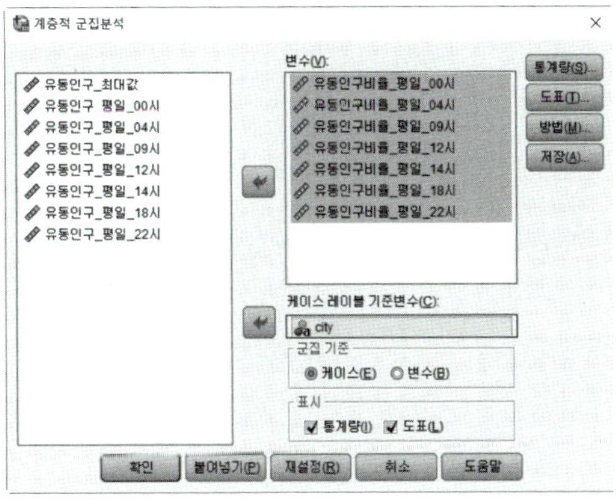

"분석 → 분류분석 → 계층적 군집"에서 앞단계에서 생성된 7개 유동인구비율 변수를 선택하고, "케이스 레이블 기준변수"에는 city를 선택한다.

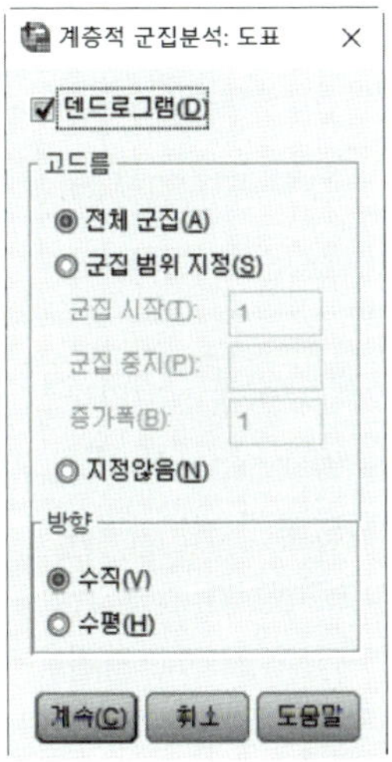

도표 옵션에서 "덴드로그램"을 출력하도록 선택하고 계속 버튼을 누르고 계층적 군집분석 주대화상자에서 "확인" 버튼을 누른다.

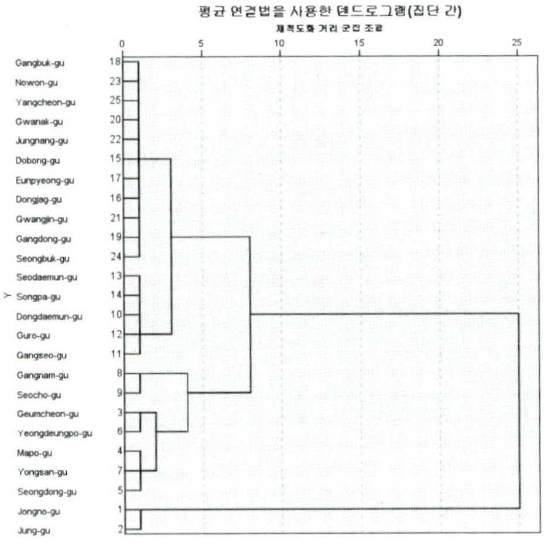

출력된 덴드로그램에서 상단의 집단 간 거리를 기준으로 Y축과 나란하게 수직선을 그으면 적절한 군집수를 결정할 수 있는데, 거리를 5로 했을 때는 3개 군집이 형성되고, 2로 했을 때는 5개 군집이 형성된다. 여기에서는 5개 군집을 생성해보도록 하자.

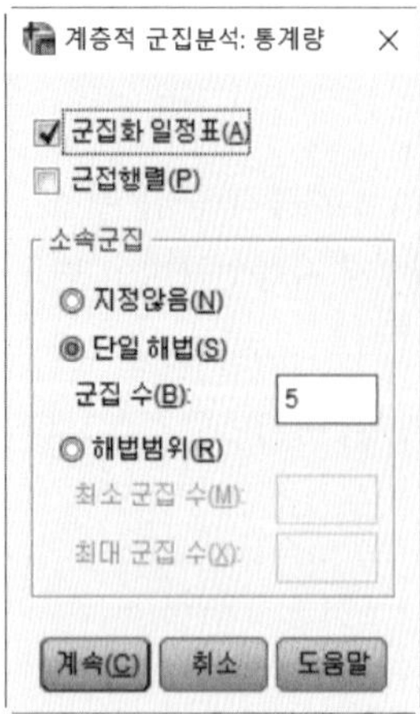

다시 계층적 군집분석 대화상자에서 “통계량” 버튼을 누르고 통계량 부대화상자에서 “소속군집”에 “단일 해법”을 선택하고 “군집 수”를 “5”로 입력한다.

소속군집

케이스	5 군집
1:Jongno-gu	1
2:Jung-gu	1
3:Geumcheon-gu	2
4:Mapo-gu	2
5:Seongdong-gu	2
6:Yeongdeungpo-gu	2
7:Yongsan-gu	2
8:Gangnam-gu	3
9:Seocho-gu	3
10:Dongdaemun-gu	4
11:Gangseo-gu	4
12:Guro-gu	4
13:Seodaemun-gu	4
14:Songpa-gu	4
15:Dobong-gu	5
16:Dongjag-gu	5
17:Eunpyeong-gu	5
18:Gangbuk-gu	5
19:Gangdong-gu	5
20:Gwanak-gu	5
21:Gwangjin-gu	5
22:Jungnang-gu	5
23:Nowon-gu	5
24:Seongbuk-gu	5
25:Yangcheon-gu	5

5개 군집으로 형성된 결과를 살펴보면 강북 구도심의 대표적 일자리 지역인 종로구와 중구가 군집1로 형성되었고, 금천구, 마포구, 성동구, 영등포구, 용산구 등 비교적 일자리가 많은 지역이 군집2로 형성되었고, 강남의 대표적 일자리 지역인 강남구와 서초구가 군집3으로 형성되었다. 또한 동대문구, 강서구, 구로구, 서대문구, 송파구 등 일자리와 주거지역이 공존하는 지역이 군집4로 형성되었으며, 도봉구, 동작구, 은평구, 강북구, 강동구, 관악구, 광진구, 중랑구, 노원구, 성북구, 양천구 등의 주거밀집지역들이 군집5로 형성되었다.

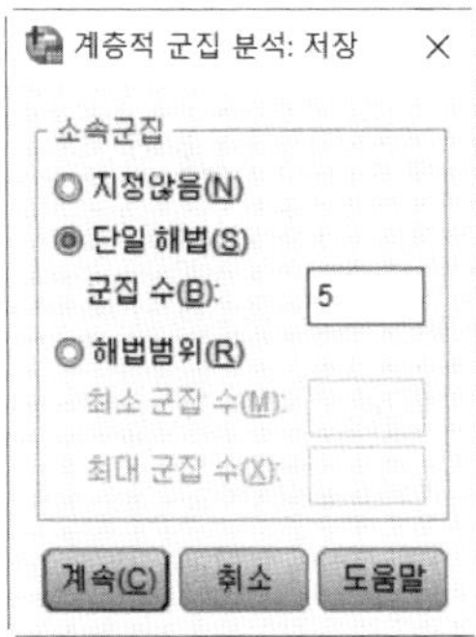

저장 옵션에서 "단일 해법"에 군집 수 "5"로 지정하면 소속군집결과가 변수로 저장된다.

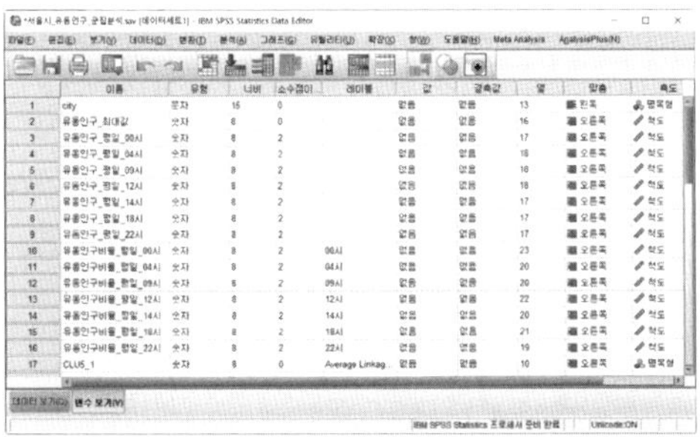

도표의 가독성을 높이기 위하여 데이터 편집기 변수 보기 창에서 "유동인구비율_평일_00시"~"유동인구비율_평일_22시" 변수들의 레이블을 "00시" ~ "22시"로 부여하였다.

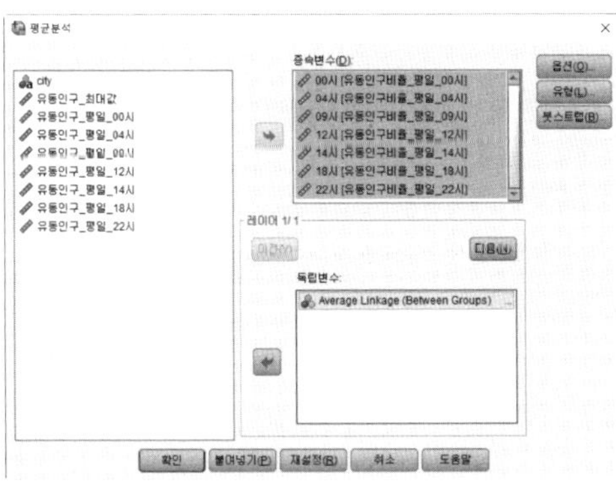

생성된 군집의 특성을 파악하기 위해 "분석 → 평균비교 → 평균분석"을 신택하여 평균분석을 수행하였다.
유동인구비율_평일_00시~유동인구비율_평일_22시 변수들을 종속변수로 선택하고, 소속군집정보를 갖고 있는 "Average Linkage" 변수를 독립변수로 선택하였다.

보고서

Average Linkage (Between Groups)		00시	04시	09시	12시	14시	18시	22시
1	평균	32.1355	30.9616	84.5989	95.6833	96.3992	69.1218	38.3559
	N	2	2	2	2	2	2	2
	표준편차	7.47012	7.97276	1.86293	.02613	.34620	5.43969	7.63217
2	평균	76.3349	75.6753	94.6351	96.4384	96.9349	91.3398	79.2630
	N	5	5	5	5	5	5	5
	표준편차	6.14149	6.13671	3.46298	1.94112	1.34332	5.36270	6.51566
3	평균	54.1962	52.7851	90.1373	96.8601	97.7599	83.3359	59.7904
	N	2	2	2	2	2	2	2
	표준편차	5.46684	5.97896	1.50502	.24123	.21697	3.13897	5.00042
4	평균	96.7780	96.2676	93.6694	93.3137	93.4903	95.5802	96.7169
	N	5	5	5	5	5	5	5
	표준편차	2.01416	2.15946	1.88353	2.82239	3.16557	1.97877	1.25148
5	평균	98.3262	97.9029	78.8499	75.8279	75.7210	85.8324	96.0364
	N	11	11	11	11	11	11	11
	표준편차	.62105	.69658	3.92004	4.34499	4.60238	4.71870	1.23906
전체	평균	84.7927	84.1656	86.3338	86.7190	86.9350	87.3469	85.3037
	N	25	25	25	25	25	25	25
	표준편차	21.17893	21.47948	7.86933	10.40253	10.74498	7.99263	18.35481

5개 군집에 대한 7개 시간대의 유동인구 비율이 하나의 보고서로 일목요연하게 출력되었다.

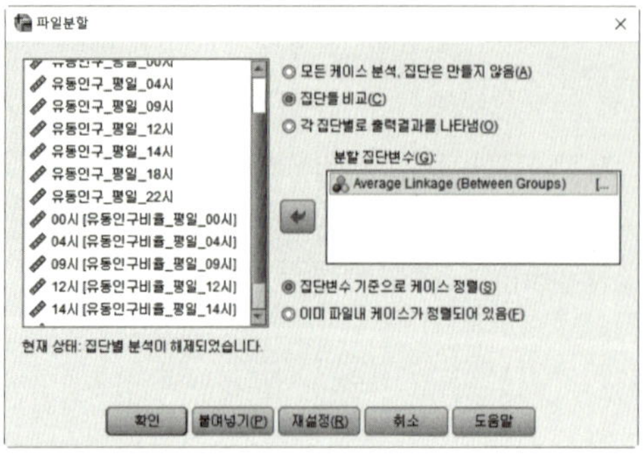

군집별로 7개 시간대 유동인구비율을 도식화하기 위하여 "데이터 → 파일분할"에서 형성된 최종 군집번호를 저장하고 있는 "Average Linkage (Between Grops)" 변수를 분할 집단변수로 지정한다.

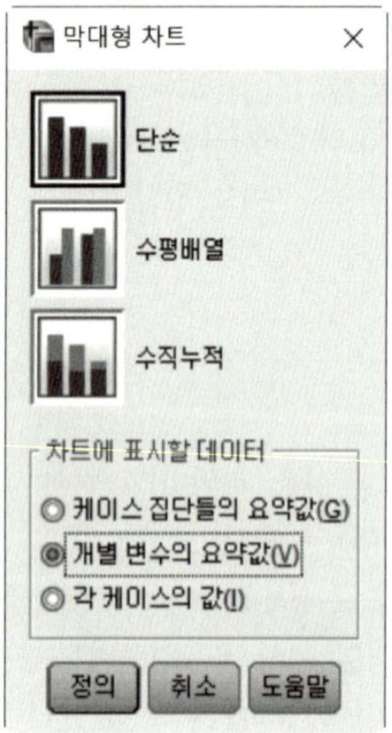

"그래프 → 레거시 대화상자 → 막대형 차트"에서 "단순"을 선택하고 "차트에 표시할 데이터"는 "개별 변수의 요약값"으로 선택하고 "정의" 버튼을 누른다

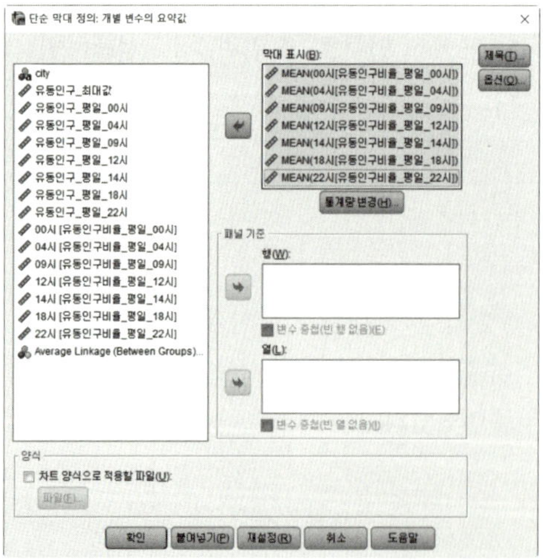

"단순 막대 정의: 개별 변수의 요약값" 대화상자에서 "막대표시"에 7개 시간대 유동인구비율 변수들을 선택하고 통계량은 디폴트인 평균으로 선택하고 "확인" 버튼을 누른다.

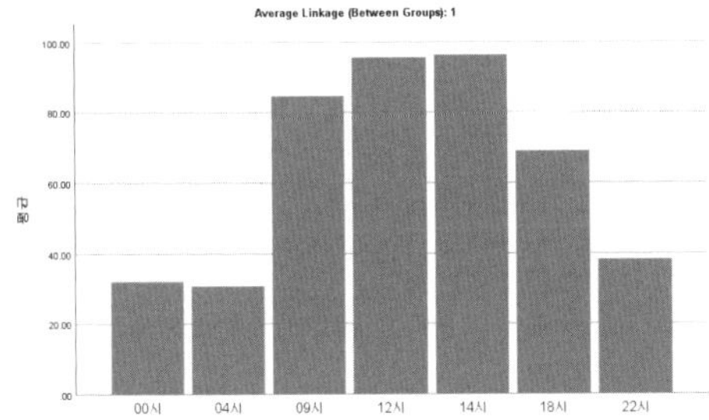

군집1(종로구, 중구)은 0시대와 4시대에는 최대 유동인구의 35%에 머물고 있으나 9시대에는 85% 정도로 유동인구가 증가하고 오후 2시대에는 95% 정도로 최대 유동인구비율을 보이다가 오후 6시 이후에 줄어드는 패턴을 보이고 있다.

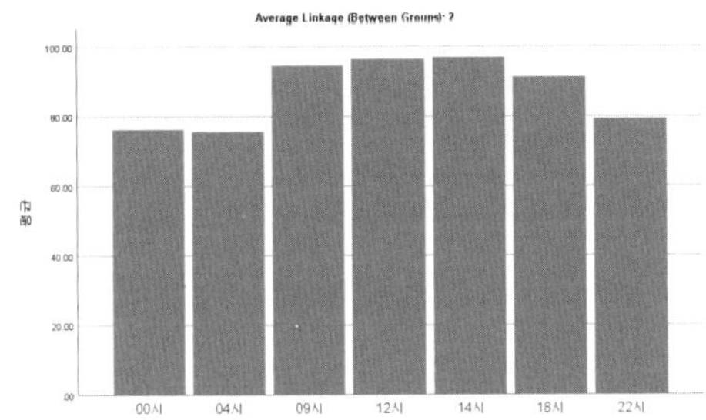

군집2(금천구, 마포구, 성동구, 영등포구, 용산구)는 0시대와 4시대에는 최대 유동인구의 75%에서 14시대에는 95% 정도로 군집1에 비해서는 최대비율과 최소비율의 차이가 작은 것을 알수 있다.

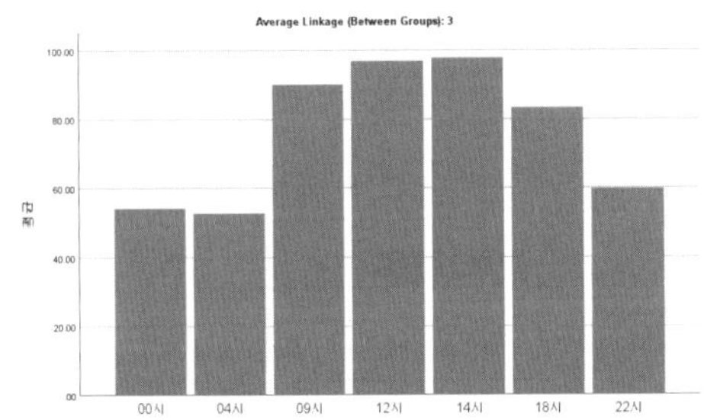

군집3(강남구, 서초구)은 군집1과 군집2와 유사한 특성을 보이지만 군집1에 비해서는 최대비율과 최소비율의 차이가 작고 군집2에 비해서는 차이가 큰 패턴을 보인다. 즉, 군집3은 업무시간대에 군집1에 비해서는 유입비율이 상대적으로 작고, 군집2에 비해서는 상대적으로 큰 패턴을 보인다.

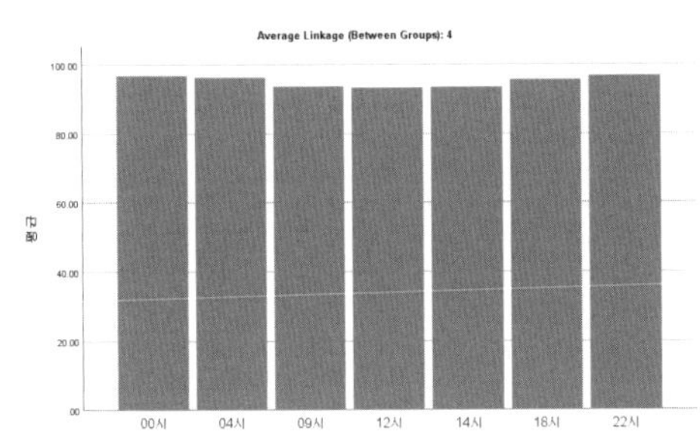

군집4(동대문구, 강서구, 구로구, 서대문구, 송파구)는 업무시간대인 오후 12시~2시에 최대 유동인구보다 가장 적은 유동인구 비율을 보이지만 그 차이가 그리 크지 않아서 전 시간대에 비슷한 유동인구비율을 나타낸다. 이는 이 지역의 유출인구와 유입인구가 비슷하여 일정한 유동인구비율을 보이는 것으로 추측된다.

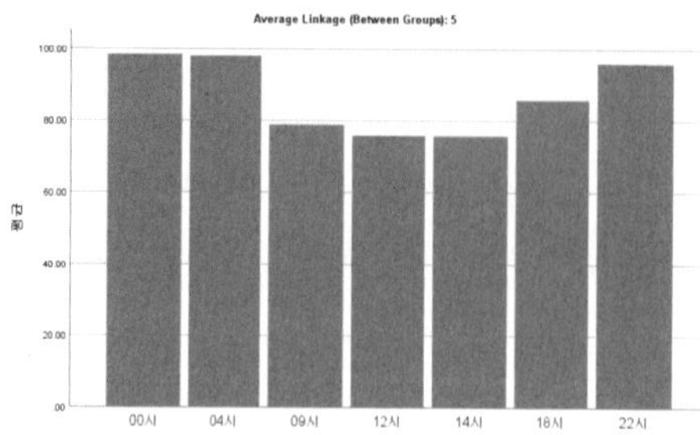

군집5(도봉구, 동작구, 은평구, 강북구, 강동구, 관악구, 광진구, 중랑구, 노원구, 성북구, 양천구)는 전형적인 주거밀집지역의 특성을 보인다. 즉 오후 10시~오전 4시대에 최대 유동인구에 근접해 있다가 업무시간대인 오후 12시~오후 2시대에는 80% 아래로 떨어지는 패턴을 보인다.

5.1.4.2 신경망 모델링

데이터 탐색 및 시각화 과정에서 행정구별로 시간대에 따라 유동인구수 변화에 패턴이 존재함을 확인하였는데 신경망 모델링을 적용하여 특정시간대의 특정행정구의 특정성별 특정연령대의 유동인구수를 예측해보기로 하자.

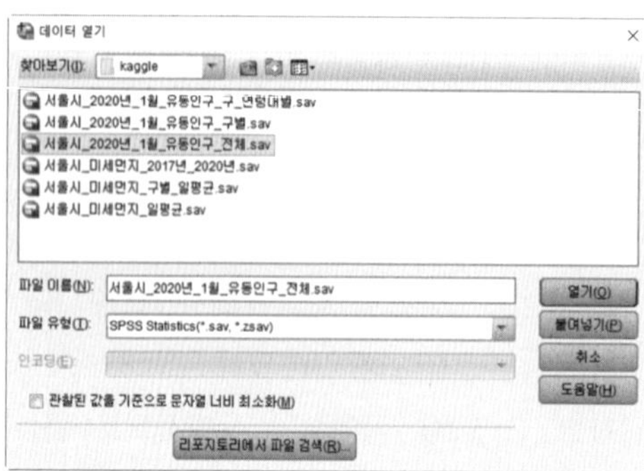

데이터 편집기 주메뉴에서 "파일 → 열기 → 데이터"를 선택하여 "서울시_2020년_1월_유동인구_전체.sav" 파일을 연다.

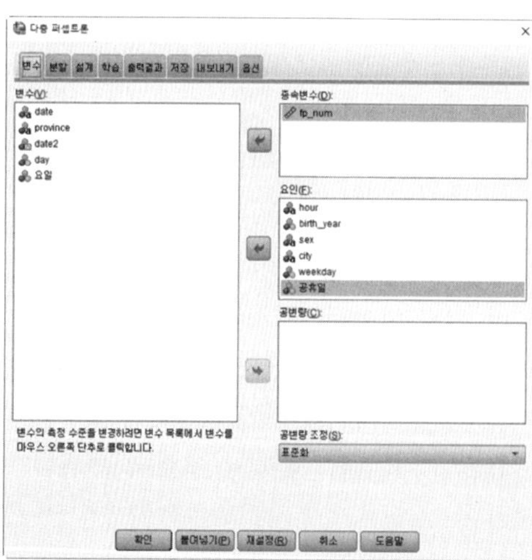

"분석 → 신경망 → 다층 퍼셉트론"을 선택하여 다층 퍼셉트론 대화상자를 열어서 "종속변수"에 fp_num 변수를 선택하고, "요인"에 hour, birth_year, sex, city, weekday, 공휴일을 선택한다.

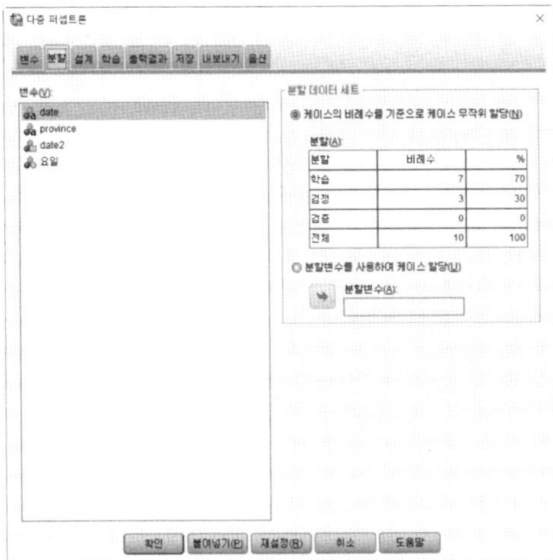

다층 퍼셉트론 신경망 모델을 생성과정에서 검정용 데이터를 이용하여 내부평가를 하고 그 결과를 다음 모델생성에 반복하므로 전체 데이터를 학습용 데이터와 검정용 데이터로 분리하여야 한다. 본 실습에서는 디폴트인 학습용 데이터 70%, 검정용 데이터 30%로 모델링을 시행하기로 한다.

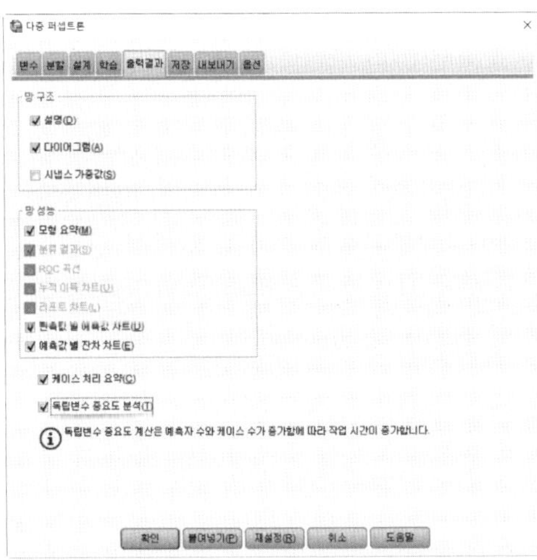

출력결과 탭에서 "관측값별 예측값 차트", "예측값별 잔차 차트", "독립변수 중요도 분석"을 선택한다.

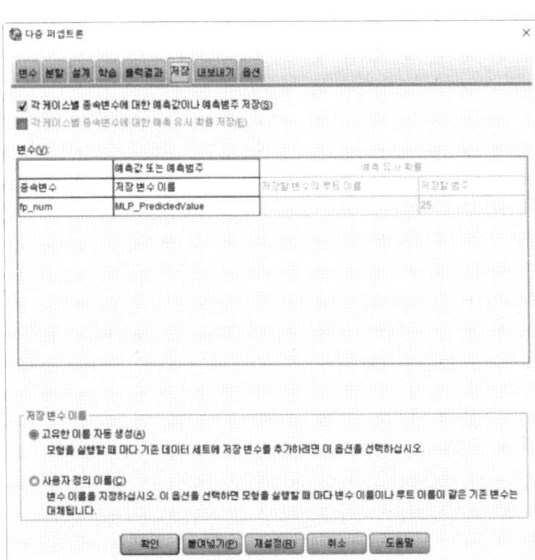

저장 탭에서 "각 케이스별 종속변수에 대한 예측값이나 예측범주 저장"을 선택한다.

케이스 처리 요약

		N	퍼센트
보기	학습	156665	70.2%
	검정	66535	29.8%
유효		223200	100.0%
제외됨		0	
전체		223200	

출력결과를 살펴보면, 전체 데이터 223,200건 중에 학습용 데이터로 156,665건이, 검정용 데이터로 66,535건이 사용되었음을 알 수 있다.

망 정보

입력층	요인	1	hour
		2	birth_year
		3	sex
		4	city
		5	weekday
		6	공휴일
	노드 수[a]		66
은닉층	은닉층 수		1
	은닉층 1에서 노드의 수[a]		6
	활성화 함수		쌍곡 탄젠트
출력층	종속변수	1	fp_num
	노드 수		1
	척도 종속 조정 방법		표준화
	활성화 함수		항등
	오차 함수		제곱합

a. 편향 단위 제외

생성된 신경망의 은닉층 수는 1개이고 은닉층 1의 노드의 수는 6개이고(변동가능) 은닉층활성화 함수로 쌍곡선 탄젠트 함수가 사용되었고 출력층 활성화 함수는 항등 함수가 사용되었다.

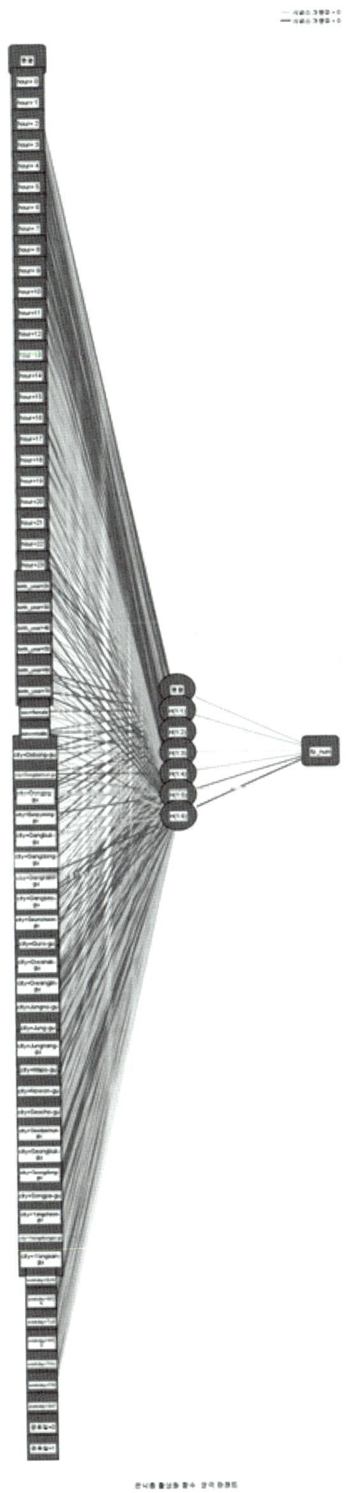

생성된 신경망의 구조는 왼쪽 그림과 같은데, 신경망은 망의 구조를 해석하기가 곤란하고 단지 신호처리 체계로만 이해할 수 있다.

모형 요약

학습	오차제곱합	7106.491
	상대 오차	.091
	사용된 정지규칙	기간의 최대 수(100)가 초과되었습니다.
	학습 시간	0:00:27.29
검정	오차제곱합	3002.610
	상대 오차	.091

종속변수: fp_num

신경망 모델링 결과 유동인구수(fp_num)의 상대오차가 학습용 데이터인 경우 0.091이고 검정용 데이터의 경우에도 0.091로 생성된 신경망 모델링이 매우 안정적이다.

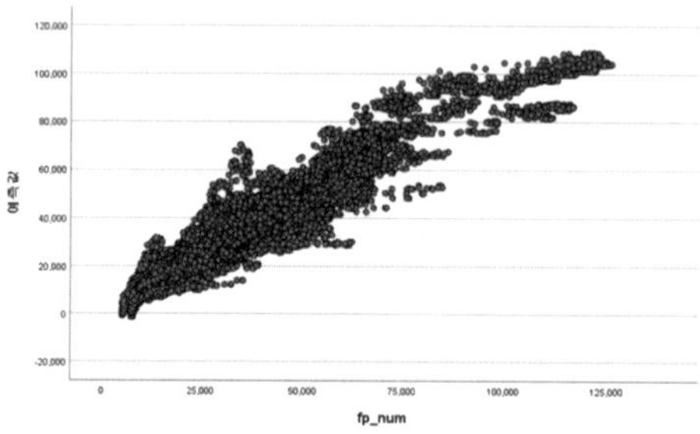

실제 유동인구수(fp_num)와 신경망 모델의 예측값의 산점도가 직선에 가깝게 나타나 예측 정확도가 양호한 것으로 판단된다.

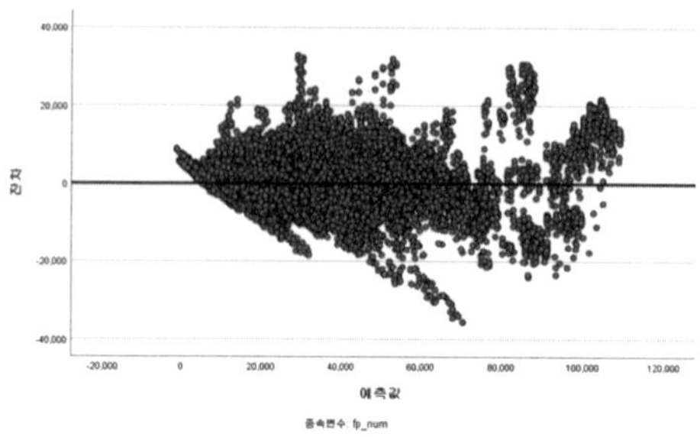

잔차 도표도 0을 중심으로 랜덤하게 산포해 있다.

독립변수 중요도

	중요도	정규화 중요도
hour	.104	19.5%
birth_year	.235	44.3%
sex	.030	5.6%
city	.532	100.0%
weekday	.045	8.5%
공휴일	.053	10.0%

독립변수의 중요도를 살펴보면 구(city)가 0.532로 가장 높고, 연령대(birth_year)가 0.235로 두 번째로 높고, 시간대(hour)가 0.104로 세 번째로 높다.

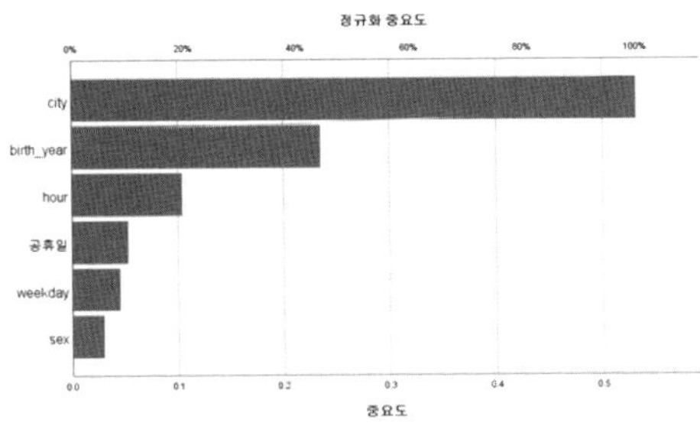

중요도를 시각적으로 표현한 막대도표이다.

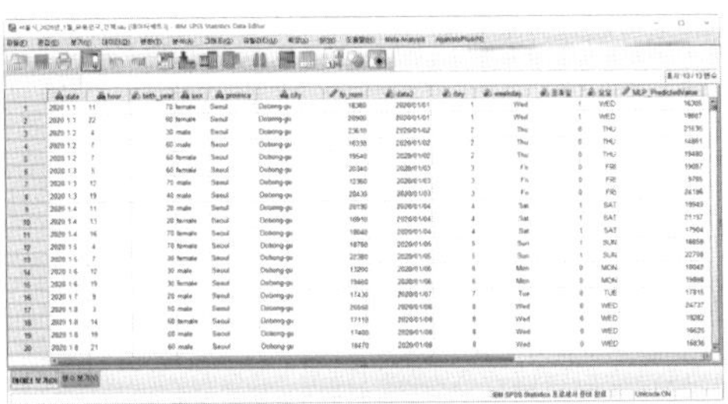

예측값이 MLP_PredictedValue 변수로 저장된 것을 데이터 편집기 맨 우측에서 확인할 수 있다.

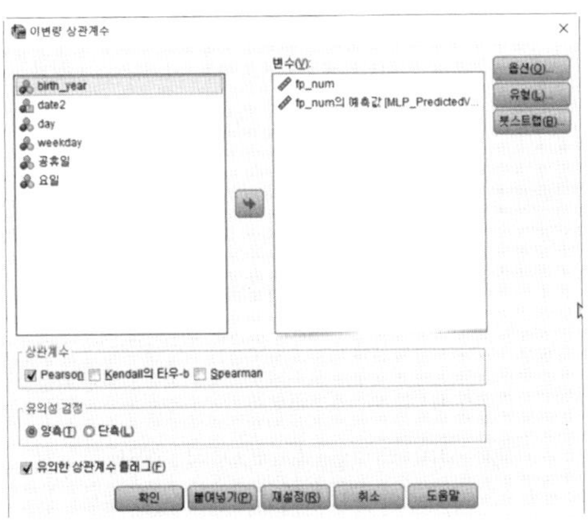

유동인구수(fp_num) 실측값과 예측값의 상관계수를 출력하기 위해 "분석 → 상관분석 → 이변량 상관"을 선택하여 Peason 상관계수를 계산하였다.

상관관계

		fp_num	fp_num의 예측값
fp_num	Pearson 상관	1	.956**
	유의확률 (양측)		.000
	N	223200	223200
fp_num의 예측값	Pearson 상관	.956**	1
	유의확률 (양측)	.000	
	N	223200	223200

**. 상관관계가 0.01 수준에서 유의합니다(양측).

Peason 상관계수가 0.956으로 실측값과 예측값 사이에 매우 유의한 상관관계가 있으므로, 생성된 신경망 모델의 예측값의 정확도가 매우 높음을 알 수 있다.

5.2. 서울시 지하철 탑승객 데이터 기반 상권 분석

5.2.1 데이터 분석 개요

5.2.1.1 데이터셋 소개

서울특별시가 "서울 열린데이터 광장"을 통해 제공한 서울시 지하철 승하차 인원 데이터로, 대한민국 서울의 2015년 1월 1일부터 2019년 12월 31일 기간 동안의 일별, 시간대별, 역별, 지하철 승하차인원 데이터이다.

(실습 데이터 예제 URL: https://www.kaggle.com/gyejr95/subway-boarding-and-station-information-in-seoul)

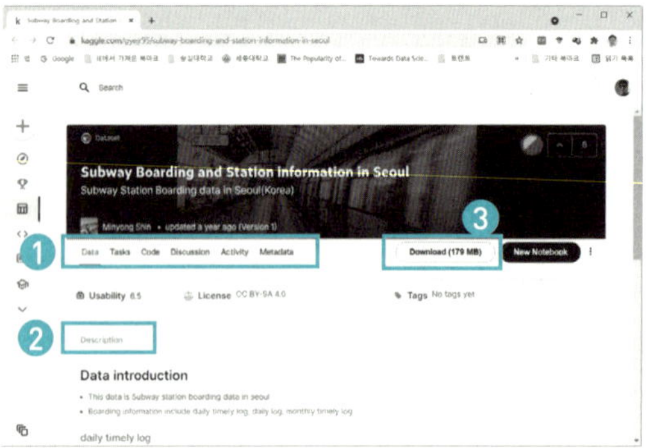

❶ 데이터 페이지 메뉴(왼쪽에서부터):
- Data: 데이터 다운로드 및 정보 파악
- Code: 데이터를 활용하여 분석한 다른 사람들의 게시글을 확인할 수 있다.
- Discussion: 데이터에 대해 추가적으로 필요한 정보나 궁금한 것을 게시할 수 있다.

❷ 데이터 설명: 데이터 제공자 및 기본 목적과 수집 등에 대한 정보를 확인할 수 있으며 게시자에 따라서 확인할 수 있는 정보가 다르다.

❸ 데이터 다운로드: 자세한 정보를 확인하고 다운로드받을 수도 있지만 확인 없이 바로 다운로드받을 수 있다.

[데이터 파일 목록]

파일명	설명	파일크기
seoul_subway_daily_boarding_2015_2019.csv	일별 지하철 이용데이터	52.1MB
seoul_subway_daily_timely_boarding_2015_2018.csv	일별-시간별 지하철 이용데이터	106MB
seoul_subway_monthly_timely_boarding_2015_2019.csv	월별-시간별 지하철 이용 데이터	12MB
seoul_subway_station_information.csv	지하철 역정보	63.7KB

[일별 지하철 이용 데이터 설명]

변수명	형식	설명
USE_DT	날짜	사용일자(20150101~20191231)
LINE_NUM	문자	호선명
SUB_STA_NM	숫자	역명
RIDE_PASGR_NUM	숫자	승차총승객수
ALIGHT_PASGR_NUM	숫자	하차총승객수
WORK_DT	숫자	등록일자

5.2.1.2 데이터 분석 목적

수도권 광역철도인 지하철은 2019년 기준 연간 누적 수송인원이 27억 1,671만 명에 이르고 하루평균 743만 명이 지하철을 이용하고 있다. 따라서 대중적인 지역상권은 지하철역을 중심으로 형성된다고 할 수 있다. 지하철 이용객 분석은 사람들이 지하철을 통해 어디에서 어디로 이동하는지 흐름을 파악하는데 매우 중요하다. 계절에 따라 요일에 따라 시간대에 따라 특정 지하철역에서 사람들이 얼마나 많이 승차하는지 하차하는지를 파악할 수 있으면 지하철 부근의 상권해석에 매우 도움이 된다.

본 예제 데이터의 한계점은 지하철 이용객들의 일자별, 요일별, 시간대별 변화를 설명할 데이터가 없다는 점이다. 지하철역 부근의 유동인구수, 빌딩수, 직장인수, 업종별 상가수 등의 정보를 추가로 확보하여 본 예제의 지하철 이용 데이터와 결합하면 지하철 이용자수의 일자별, 요일별, 시간대별 변화의 이유를 설명할 수 있어 보다 다양한 상권분석이 가능해질 것으로 생각된다.

5.2.2 데이터 전처리

5.2.2.1 데이터 로딩 및 날짜 변수 생성

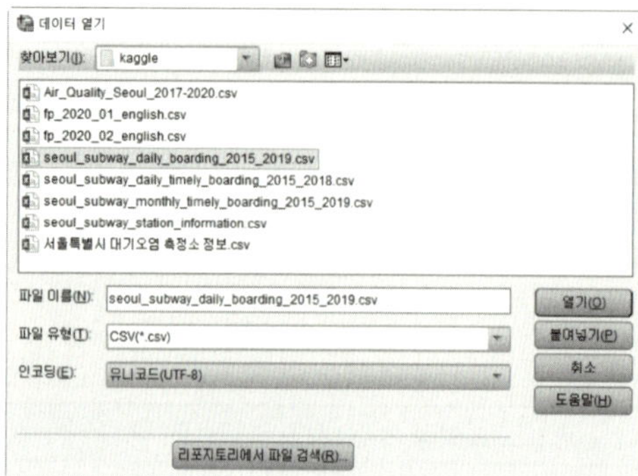

데이터를 읽어들이기 위해 데이터 편집기의 주메뉴에서 "파일 → 열기 → 데이터"를 선택하여 데이터 열기 대화상자를 열어서, 파일유형을 CSV(*.csv)로 변경하고 데이터 파일 "seoul_subway_daily_boarding_2015_2019.csv"를 선택, 인코딩은 유니코드(UTF-8)를 선택하고 "열기" 버튼을 누른다.

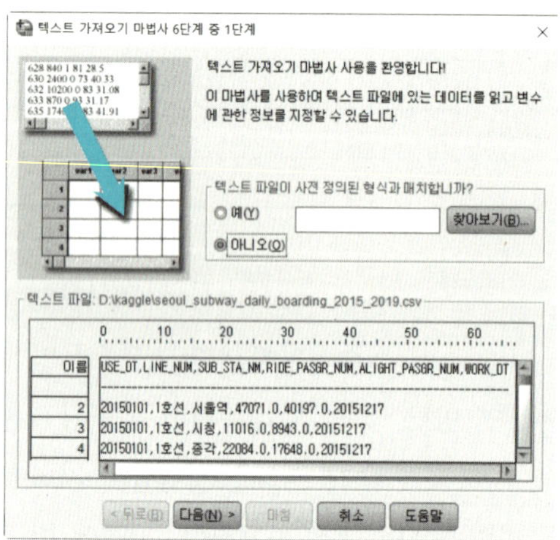

텍스트 가져오기 마법사 6단계 중 1단계가 시행되는데, 그냥 "다음" 버튼을 누른다.

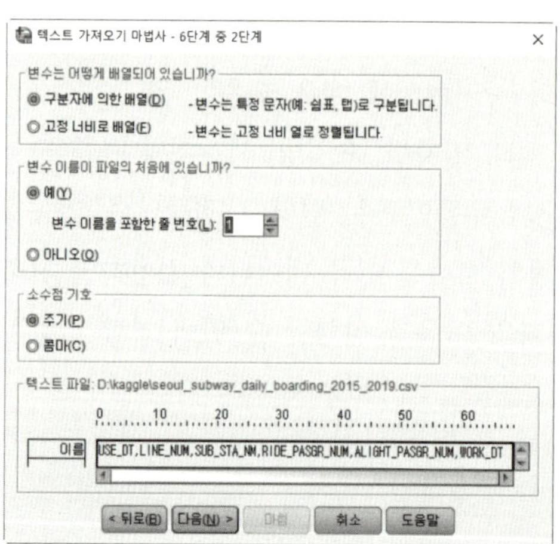

텍스트 가져오기 마법사 6단계 중 2단계에서도 그냥 "다음" 버튼을 누른다.

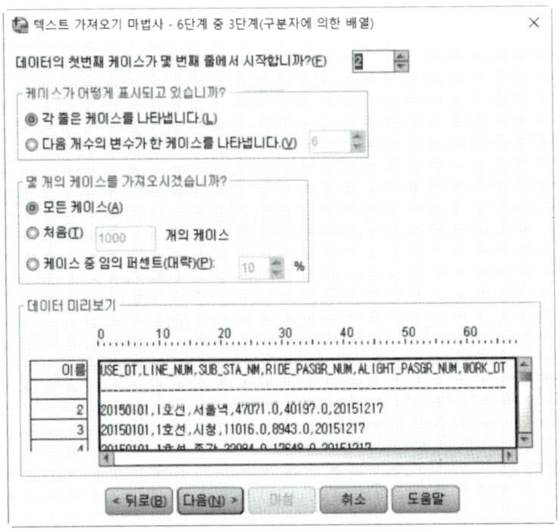

텍스트 가져오기 마법사 6단계 중 3단계에서는 “데이터의 첫 번째 케이스가 몇 번째 줄에서 시작합니까?”에 자동으로 2로 입력되는데, 하단의 데이터 미리 보기에 1번째 줄에 변수명이 보이고, 2번째 줄에 데이터값이 있는 것을 확인하고 “다음” 버튼을 누른다.

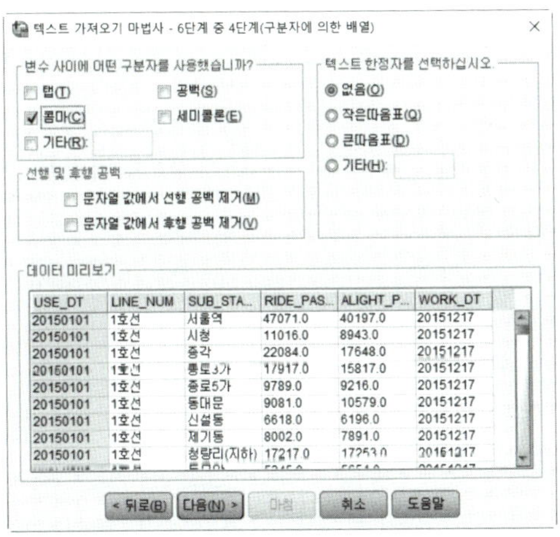

텍스트 가져오기 마법사 6단계 중 4단계에서는 “변수 사이에 어떤 구분자를 사용했습니까?” 항목에서 공백을 해지하여 “콤마”만 구분자로 사용하도록 선택하고, 하단의 데이터 미리 보기에서 데이터값이 변수별로 잘 구분되었는지 확인하고 “다음” 버튼을 누른다.

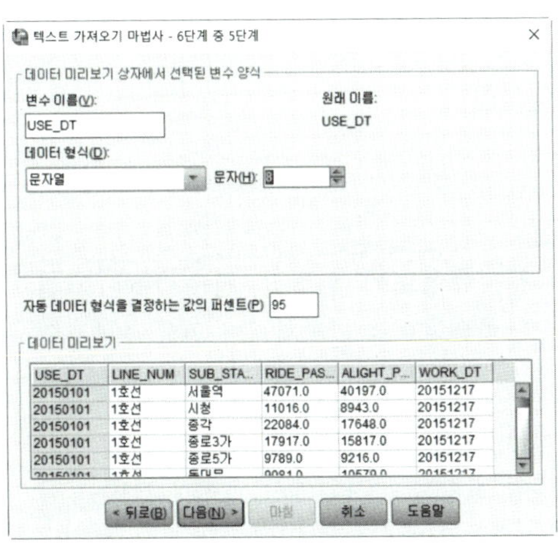

텍스트 가져오기 마법사 6단계 중 5단계에서는 SPSS가 허용되지 않은 변수명과 데이터 형식을 수정하도록 하는 단계로 변수 USE_DT의 값이 “20150101”과 같이 숫자로 보이지만 날짜를 숫자 형식으로 입력한 것이므로 우선은 문자로 읽어서 차후에 날짜로 변환하고자 디폴트 데이터 형식인 “자동”을 “문자열”로 변경하고 디폴트 문자수 “8”을 “10”으로 변경하고 “다음” 버튼을 누른다.

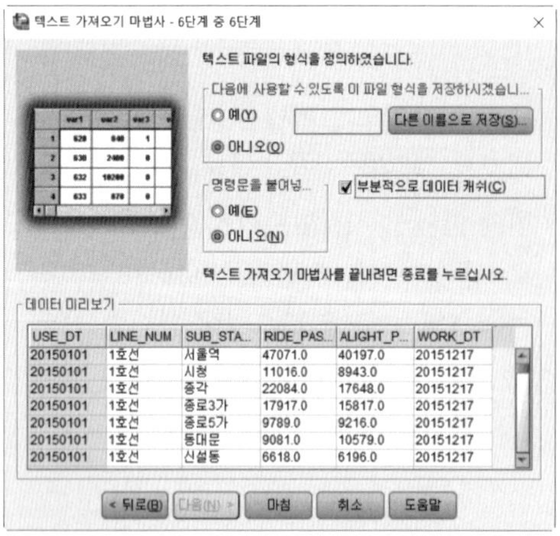

텍스트 가져오기 마법사 6단계 중 6단계에서는 데이터를 바로 읽어들일지 아니면 차후에 읽어들이도록 명령문을 작성할지를 선택하는 단계로 디폴트인 바로 읽어들이기 상태에서 "마침" 버튼을 누른다.

일별 지하철 이용 데이터가 잘 읽혀졌음을 확인한다.

5.2.2.2 파생변수 생성

파생변수는 기존 변수를 이용하여 생성한 새로운 변수를 의미한다. 이번 절에서는 한 변수에 있던 'USE_DT'를 년, 월, 일, 요일변수를 생성한다. 또한 승차객수와 하차객수 변수를 이용하여 총이용객수 변수를 생성한다.

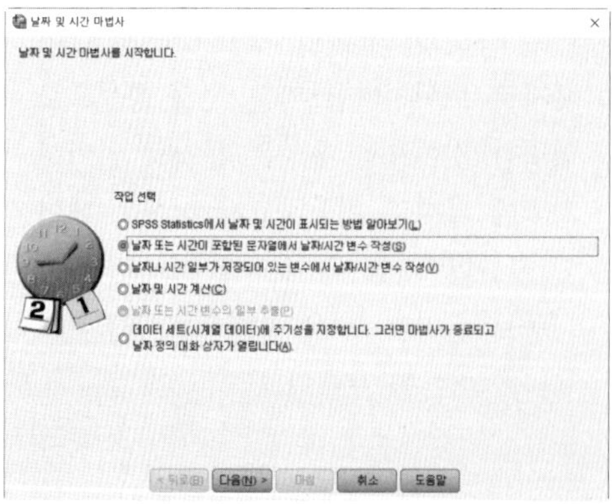

문자유형으로 읽혀진 변수 USE_DT를 날짜유형으로 인식시키기 위해 주메뉴의 "변환 → 날짜 및 시간마법사"를 선택하여 열린 대화상자에서 "날짜 또는 시간이 포함된 문자열에서 날짜/시간변수 작성"을 선택하고 "다음" 버튼을 누른다.

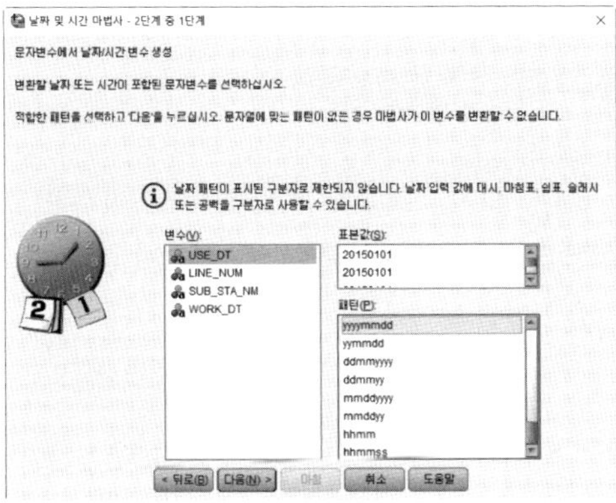

변수 USE_DT의 "패턴"을 "yyyymmdd"으로 선택하고 "다음" 버튼을 누른다.

"결과변수"에 변수명 "사용일자"를 입력하고 "출력형식"은 "yyyy/mm/dd"로 선택하고 "마침" 버튼을 누른다.

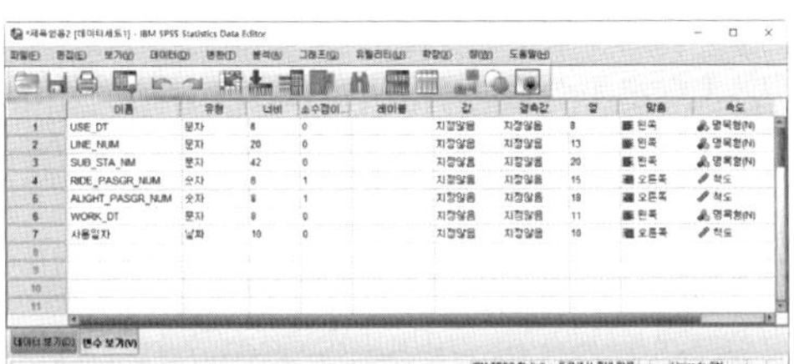

날짜변수 "사용일자"가 잘 생성되었다.

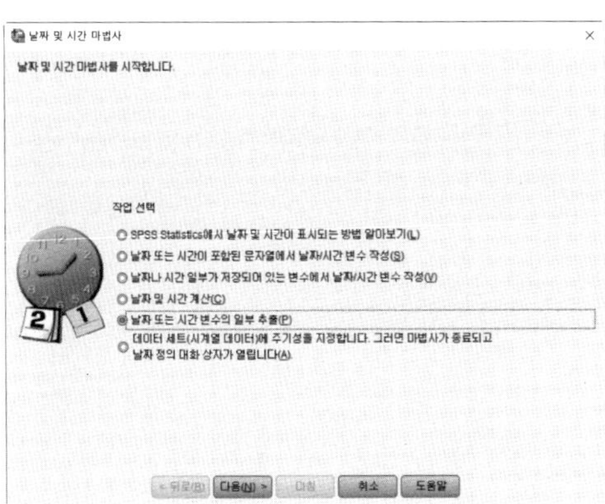

날짜변수로부터 일, 요일 등의 시간변수를 추출하기 위하여 "변환 → 날짜 및 시간 마법사"를 선택하여 "날짜 및 시간 마법사" 대화상자에서 "날짜 또는 시간변수의 일부 추출"을 선택하고 "다음" 버튼을 누른다.

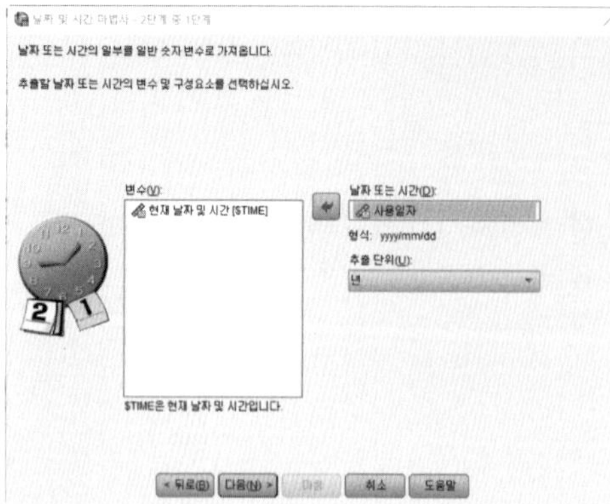

"날짜 또는 시간"에 "사용일자"를 선택하고 "추출단위"를 "년"으로 선택하고 "다음" 버튼을 누른다.

"결과변수"에 "Year"를 입력하고 "마침" 버튼을 누른다.

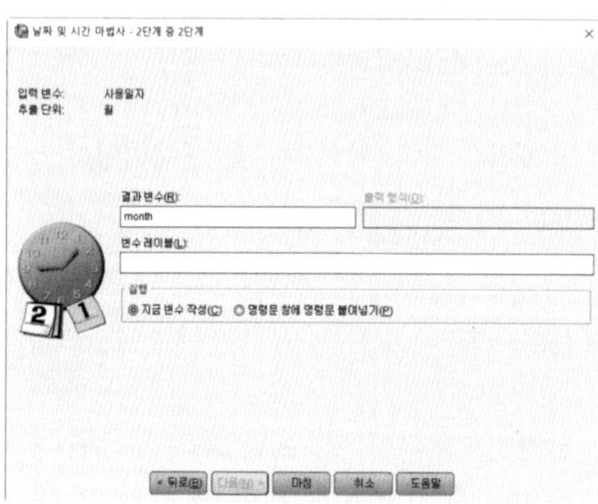

동일한 방법으로 month 날짜변수를 생성한다.

동일한 방법으로 day 날짜변수를 생성한다.

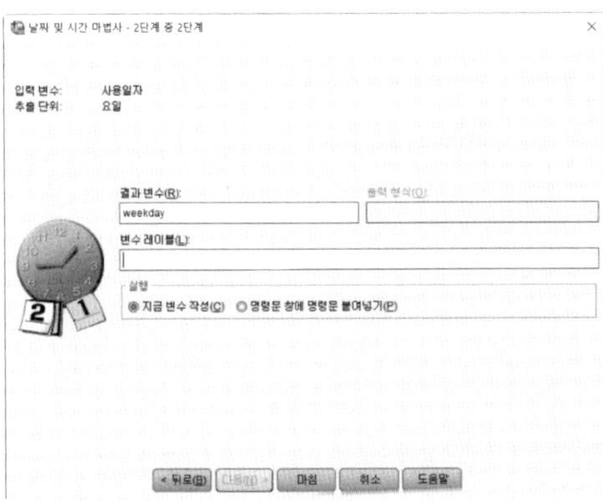

동일한 방법으로 weekday 날짜변수를 생성한다.

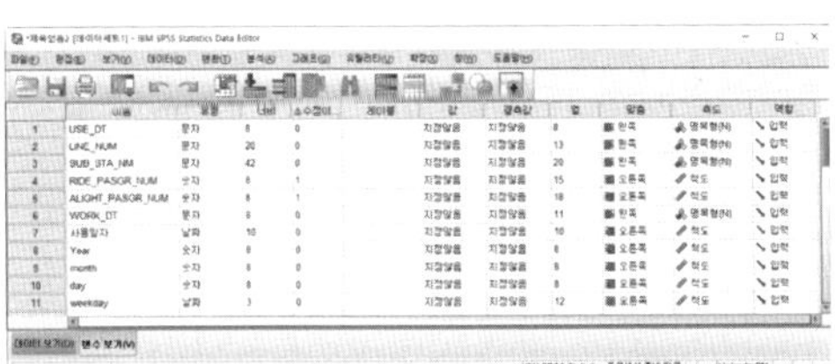

요일을 나타내는 weekday 변수가 생성되었다.
weekday 변수는 날짜변수로 내부적으로 1~7 값을 갖게 되고, 1=Sun, 2=Mon, 3=Tue, 4=Wed, 5=Thu, 6=Fri, 7=Sat 의미를 갖게 된다.

변수보기 창에서 변수 레이블을 아래와 같이 부여한다.

- LINE_NUM: 호선명
- SUB_STA_NM: 역명
- RIDE_PASGR_NUM: 승차객수
- ALIGHT_PASGR_NUM: 하차객수

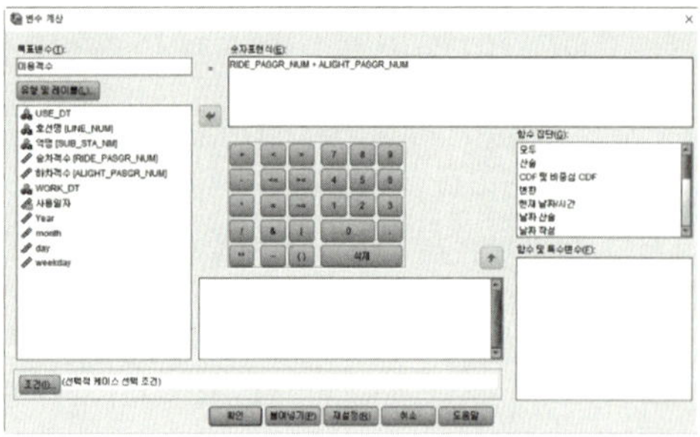

"변환 → 변수계산"을 선택하여 이용객수 변수를 생성한다.

이용객수 = 승차객수 + 하차객수

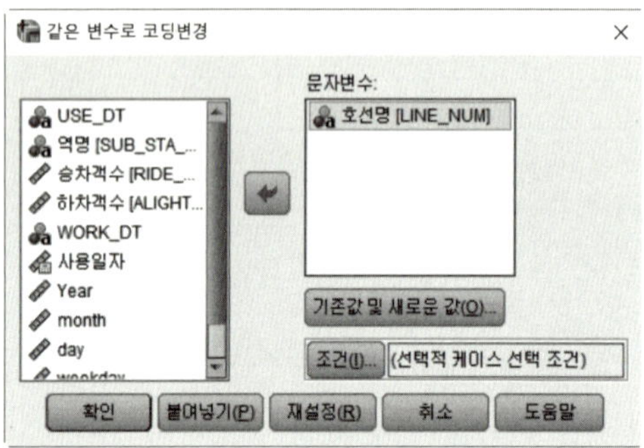

"변환 → 같은 변수로 코딩변경"을 선택하여 열린 대화상자에서 호선명을 선택하고 "기존값 및 새로운 값" 버튼을 누른다.

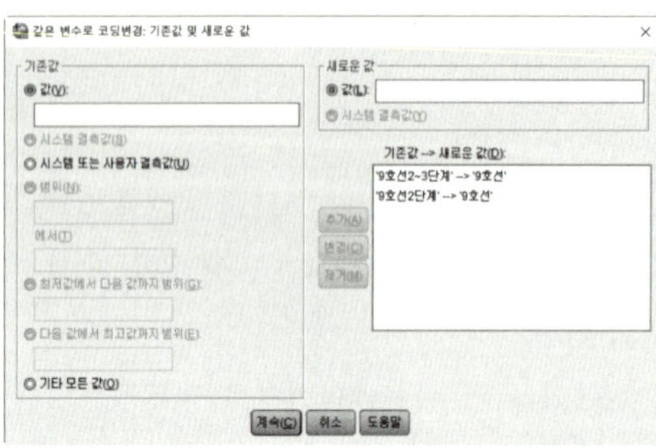

'9호선2~3단계'와 '9호선2단계'를 '9호선'으로 코딩변경한다.

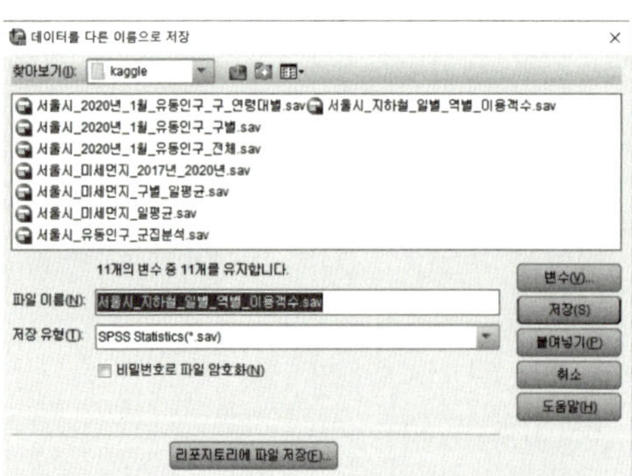

1차 작업이 완료된 데이터 파일을 "서울시_지하철_일별_역별_이용객수.sav" 파일로 저장한다.

5.2.2.3 일별 통합 데이터 파일 생성

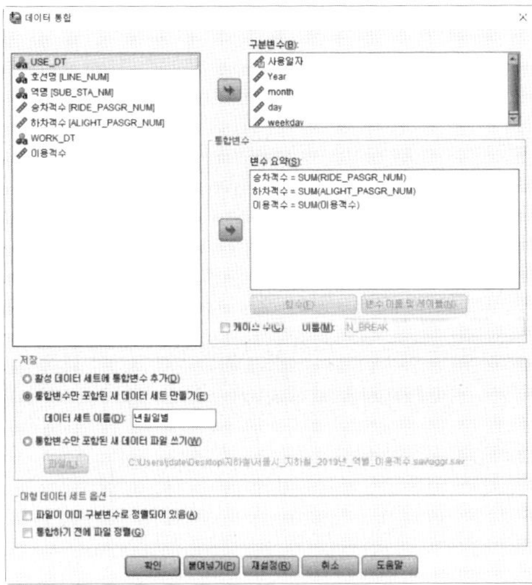

주메뉴에서 "데이터 → 데이터 통합"을 선택하여 데이터 통합 대화상자를 열고, "구분변수"에 사용일자, Year, month, day, weekday를 선택하고 "변수 요약"에 "승차객수", "하차객수", "이용객수"를 선택하고, 함수 버튼을 눌러서 요약 통계량의 "합계"를 선택한다. "변수 이름 및 레이블" 버튼을 클릭해서 각 변수의 이름을 "승차객수", "하차객수", "이용객수"로 변경한다.
저장부분에 "통합변수만 포함된 새 데이터 세트 만들기"를 선택하고 "년월일별"을 입력하고 "확인" 버튼을 누른다.

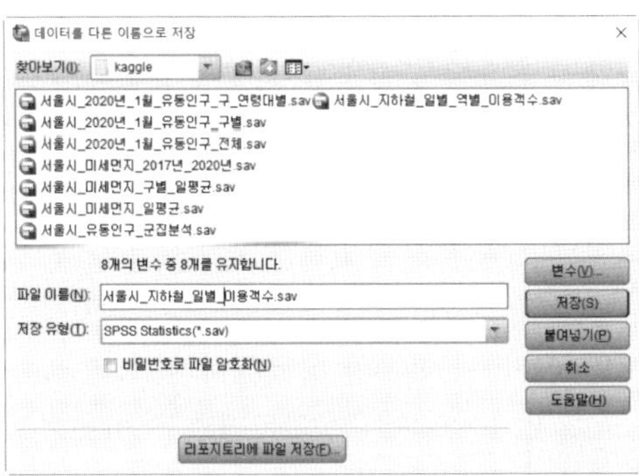

주메뉴에서 "파일 → 저장"을 선택하고 파일이름을 "서울시_지하철_일별_이용객수"로 입력하고 "저장" 버튼을 누른다.

5.2.2.4 2019년 일별, 역별 통합 데이터 파일 생성

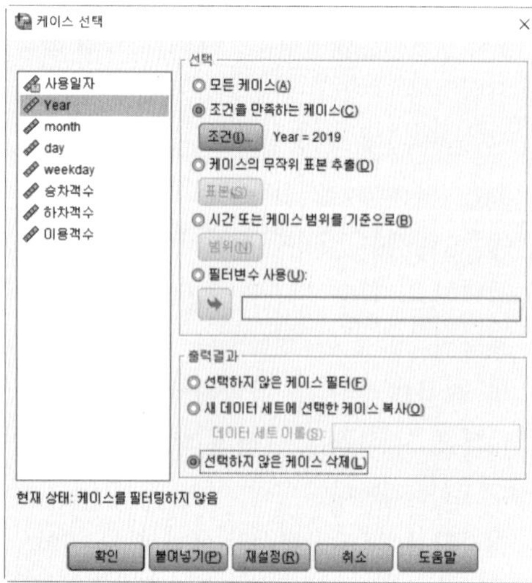

2019년 일별, 역별 통합 데이터 파일을 생성하기 위하여, “데이터 → 케이스 선택”을 선택하고 “조건을 만족하는 케이스”를 선택하고 “조건” 버튼을 눌러서 “Year=2019” 조건을 입력하고, “출력결과” 항목에서 “선택하지 않은 케이스 삭제”를 선택하고 “확인” 버튼을 누른다.

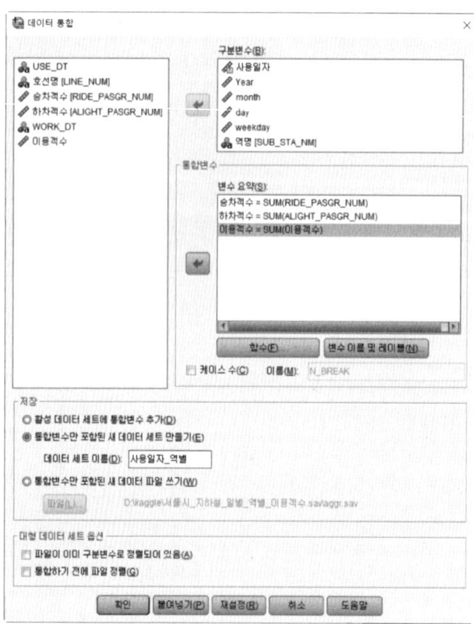

“데이터 → 데이터 통합”을 선택하여 데이터 통합 대화상자를 열고, “구분변수”에 사용일자, Year, month, day, weekday, 역명을 선택하고 “변수 요약”에 “승차객수”, “하차객수”, “이용객수”를 선택하고, 함수 버튼을 눌러서 요약 통계량의 “합계”를 선택한다. “변수 이름 및 레이블” 버튼을 클릭해서 각 변수의 이름을 “승차객수”, “하차객수”, “이용객수”로 변경한다.

저장부분에 “통합변수만 포함된 새 데이터 세트 만들기”를 선택하고 “사용일자_역별”을 입력하고 “확인” 버튼을 누른다.

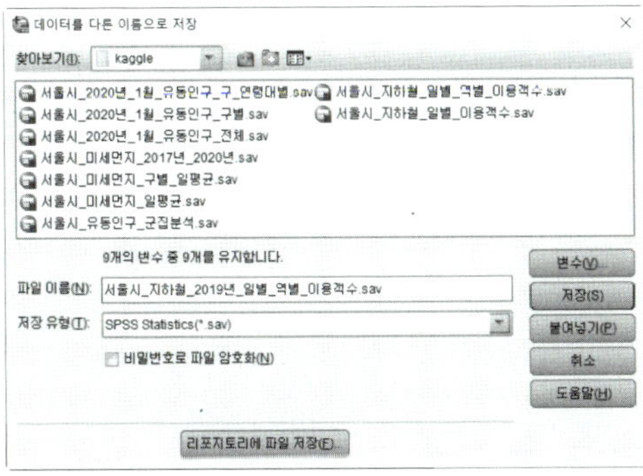

주메뉴에서 "파일 → 저장"을 선택하고 파일이름을 "서울시_지하철_2019년_일별_역별_이용객수"로 입력하고 "저장" 버튼을 누른다.

5.2.3 데이터 탐색 및 시각화

5.2.3.1 기초통계 및 시각화

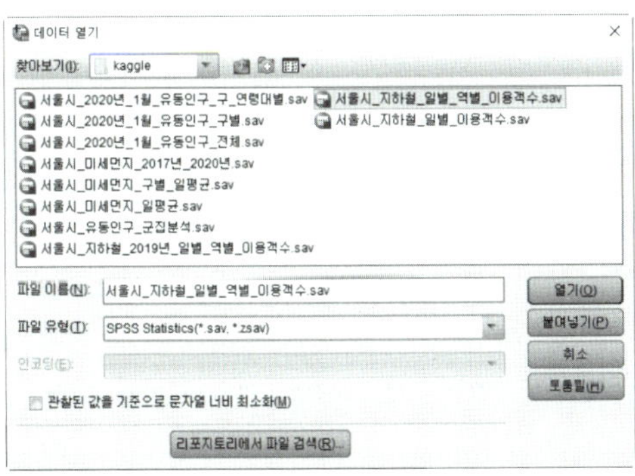

"파일 → 열기 → 데이터"를 선택하고 "서울시_지하철_일별_역별_이용객수.sav" 파일을 선택하고 "열기" 버튼을 누른다.

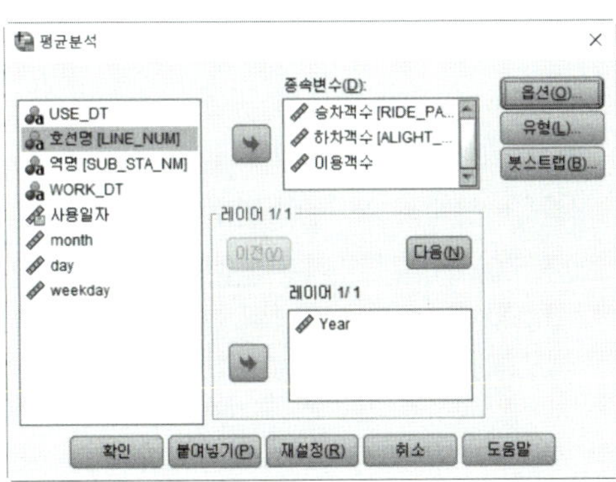

"분석 → 평균비교 → 평균분석"을 선택하고 "종속변수"에 "승차객수", "하차객수", "이용객수"를 선택하고 "레이어"에 "Year"를 선택하고 "옵션" 버튼을 누른다.

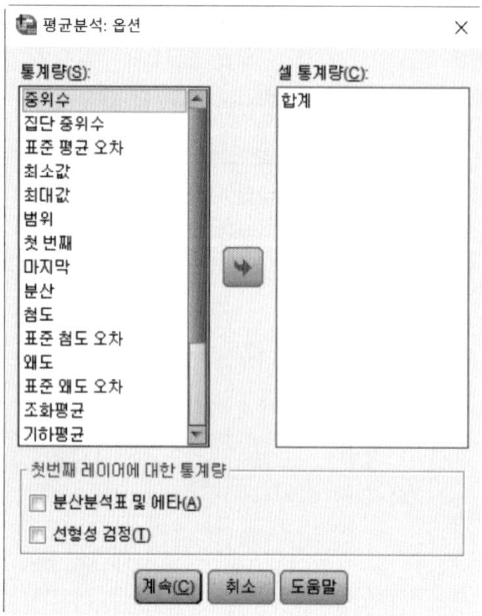

"셀 통계량"에 "합계"를 선택하고 "계속" 버튼을 누르고 주대화상자에서 "확인" 버튼을 누른다.

보고서

합계

Year	승차객수	하차객수	이용객수
2015	2,653,503,783	2,641,740,705	5,295,244,488
2016	2,650,579,917	2,639,035,767	5,289,615,684
2017	2,646,453,452	2,634,655,240	5,281,108,692
2018	2,662,713,279	2,652,134,857	5,314,848,136
2019	2,716,706,229	2,705,861,190	5,422,567,419
전체	13,329,956,660	13,273,427,759	26,603,384,419

연도별 지하철 이용객수 통계가 출력되는데 2015년에 누적 이용객수는 52.95억 명에서 2019년 54.22억 명으로 소폭 상승하였다.

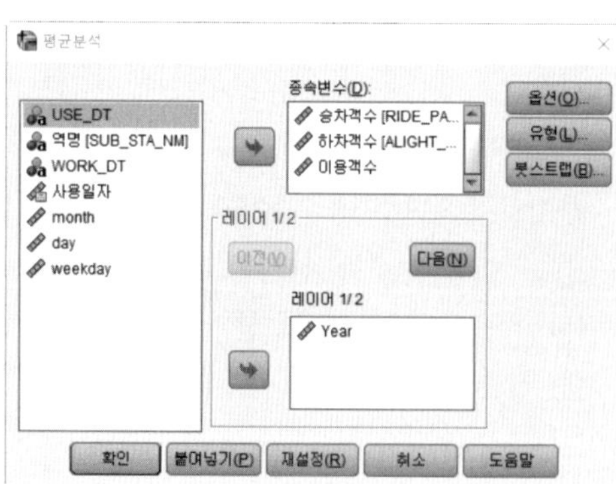

연도별, 호선별 지하철 이용객수를 분석하기 위해 "분석 → 평균비교 → 평균분석"을 선택하고 "종속변수"에 "승차객수", "하차객수", "이용객수"를 선택하고 "레이어 1/2"에 "Year"를 선택하고 "다음" 버튼을 누른다.

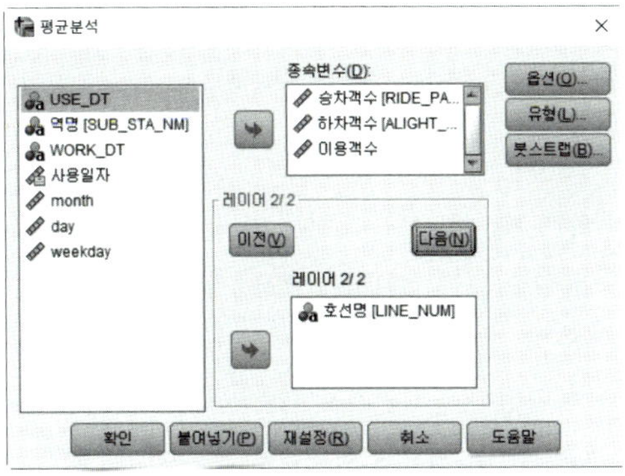

"레이어 2/2"에 "호선명"을 선택하고 "옵션" 버튼을 누른다.

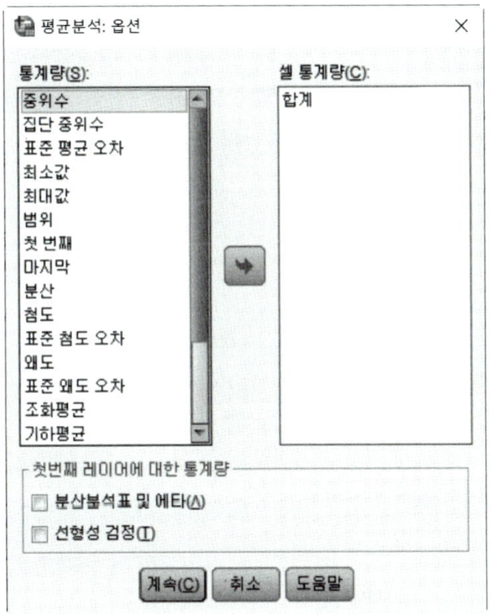

"셀 통계량"에 "합계"를 선택하고 "계속" 버튼을 누르고 주대화상자에서 "확인" 버튼을 누른다.

Year: 전체

호선명	승차객수	하차객수	이용객수
1호선	512,217,099	502,293,153	1,014,510,252
2호선	2,794,136,944	2,829,868,176	5,624,005,120
3호선	1,019,732,683	1,024,463,344	2,044,196,027
4호선	1,080,925,201	1,090,982,496	2,171,907,697
5호선	1,089,679,561	1,078,922,542	2,168,602,103
6호선	642,843,514	632,785,971	1,275,629,485
7호선	1,303,348,384	1,278,849,612	2,582,197,996
8호선	323,456,358	320,752,679	644,209,037
9호선	560,330,468	563,143,818	1,123,474,286
경강선	30,658,636	28,917,921	59,576,557
경부선	895,855,860	893,456,158	1,789,312,018
경원선	404,016,692	392,239,858	796,256,550
경의선	180,306,004	175,119,933	355,425,937
경인선	610,937,600	600,306,146	1,211,243,746
경춘선	70,670,320	68,176,319	138,846,639
공항철도 1호선	184,068,988	168,067,059	352,136,047
과천선	204,641,784	197,871,082	402,512,866
분당선	659,859,161	682,763,238	1,342,622,399
수인선	74,919,298	75,226,072	150,145,370
안산선	240,824,761	237,135,722	477,960,483
우이신설선	35,904,402	34,733,253	70,637,655
일산선	200,361,982	193,217,562	393,579,544
장항선	28,328,686	27,034,880	55,363,566
중앙선	181,932,274	177,100,765	359,033,039
전체	13,329,956,660	13,273,427,759	26,603,384,419

연도별, 호선별 지하철 이용객수 통계가 출력되는데 2015~2019년까지 5년간 지하철 누적 이용객수는 266억 명으로 집계되었다.

호선별로 살펴보면 2호선인 누적 이용객수 56.24억 명으로 가장 많고, 다음은 7호선이 25.82억 명으로 두 번째로 많고, 세 번째는 4호선으로 21.71억 명이 이용한 것으로 집계되었다.

합계

Year: 2015

호선명	승차객수	하차객수	이용객수
1호선	106,205,933	103,405,389	209,611,322
2호선	565,354,512	571,178,293	1,136,532,805
3호선	202,371,593	204,777,577	407,149,170
4호선	223,186,073	224,731,325	447,917,398
5호선	217,018,405	214,985,852	432,004,257
6호선	127,482,912	125,503,080	252,985,992
7호선	265,667,408	259,835,223	525,502,631
8호선	60,205,562	59,140,668	119,346,230
9호선	101,557,186	100,526,283	202,083,469
경부선	185,632,977	186,364,183	371,997,160
경원선	81,638,040	79,688,922	161,326,962
경의선	31,859,321	31,031,507	62,890,828
경인선	126,550,354	124,761,067	251,311,421
경춘선	13,636,363	13,322,018	26,958,381
공항철도 1호선	33,185,644	30,220,586	63,406,230
과천선	41,203,055	40,376,540	81,579,595
분당선	131,330,833	135,649,519	266,980,352
수인선	10,075,455	10,095,115	20,170,570
안산선	49,128,399	48,302,403	97,430,802
일산선	37,955,481	36,610,716	74,566,197
장항선	5,628,275	5,408,971	11,037,246
중앙선	36,630,002	35,825,468	72,455,470
전체	2,653,503,783	2,641,740,705	5,295,244,488

2015년 통계치를 보면 2호선이 1등, 7호선이 2등, 4호선이 3등 있었으나,

Year: 2019

호선명	승차객수	하차객수	이용객수
1호선	100,718,833	99,442,403	200,161,236
2호선	559,488,134	567,611,339	1,127,099,473
3호선	207,728,703	207,381,881	415,110,584
4호선	209,663,884	212,395,379	422,059,263
5호선	221,555,519	219,148,404	440,703,923
6호선	129,713,404	127,649,316	257,362,720
7호선	260,499,604	256,195,071	516,694,675
8호선	69,740,908	69,670,648	139,411,556
9호선	130,950,310	132,536,090	263,486,400
경강선	10,330,834	9,842,914	20,173,748
경부선	178,831,162	177,410,925	356,242,087
경원선	80,284,414	77,692,318	157,976,732
경의선	39,448,985	38,235,268	77,684,253
경인선	118,394,958	116,177,693	234,572,651
경춘선	14,525,071	13,915,867	28,440,938
공항철도 1호선	43,168,343	39,624,314	82,792,657
과천선	40,860,939	39,796,953	80,657,892
분당선	136,292,163	140,820,556	277,112,719
수인선	16,806,916	16,870,959	33,677,875
안산선	47,412,615	46,757,124	94,169,739
우이신설선	16,163,995	15,575,959	31,739,954
일산선	42,039,877	40,483,030	82,522,907
장항선	5,718,641	5,439,688	11,158,329
중앙선	36,368,017	35,187,091	71,555,108
전체	2,716,706,229	2,705,861,190	5,422,567,419

2019년에는 1등과 2등은 2호선과 7호선으로 변함이 없는데 5호선이 3등으로 올라왔다.

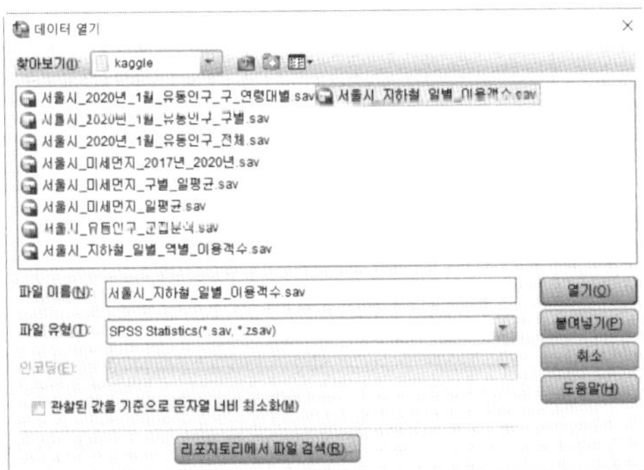

"파일 → 열기 → 데이터"를 선택하고 "서울시_지하철_일별_이용객수.sav" 파일을 선택하고 "열기" 버튼을 누른다.

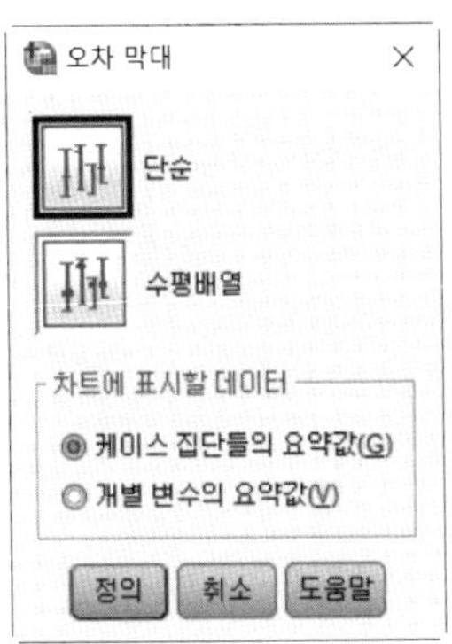

수평배열 막대도표에서 보여준 유동인구의 차이를 보다 명확히 살펴보기 위해 "그래프 → 레거시 대화상자 → 오차막대형 차트"를 선택하고 "단순"과 "케이스 집단들의 요약값"을 선택하여 "정의" 버튼을 누른다.

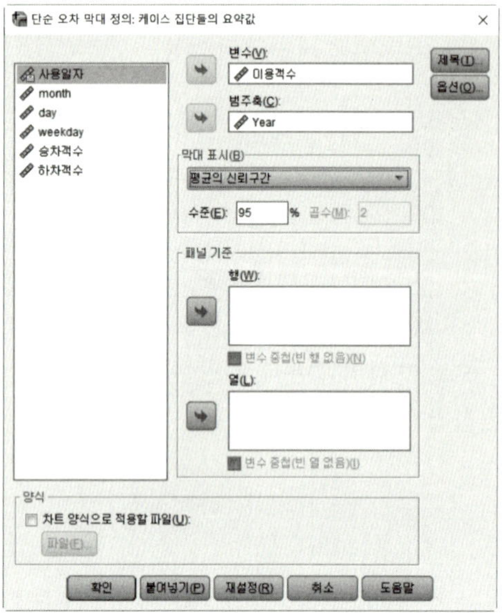

"변수"에 "이용객수"를 선택하고 "범주축"에 "Year"를 선택하고 "확인" 버튼을 누른다.

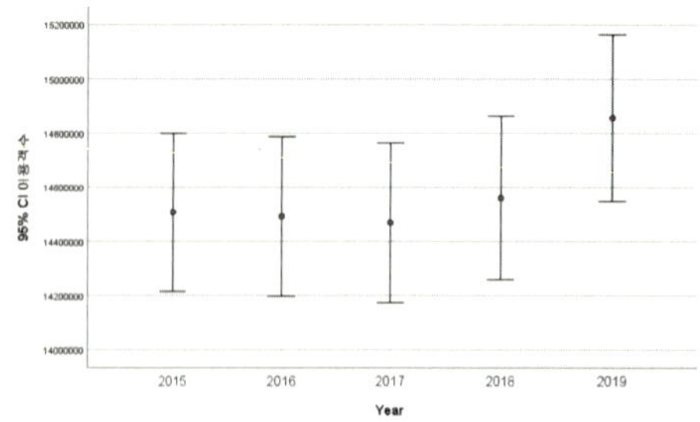

I자 모양의 평균과 평균의 95% 신뢰구간이 표시되는데 지하철 이용객수는 2015~2018년 구간에서는 거의 비슷하다가 2019년에는 큰폭으로 증가되었음을 확인할 수 있다.

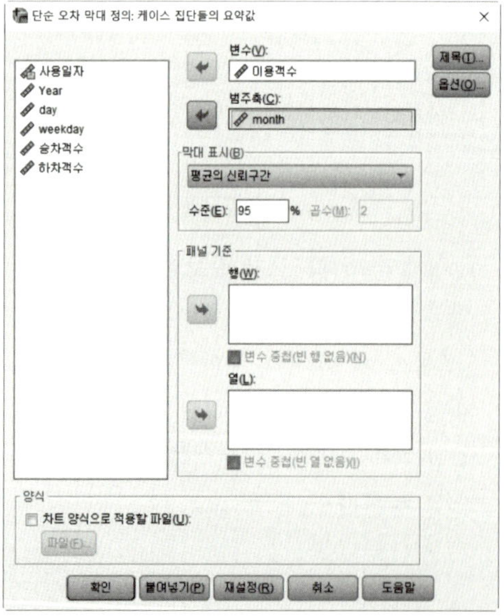

월별로 변화를 확인하기 위하여 "오차막대형 차트를 선택하고 "변수"에 "이용객수"를 선택하고 "범주축"에 "month"를 선택하고 "확인" 버튼을 누른다.

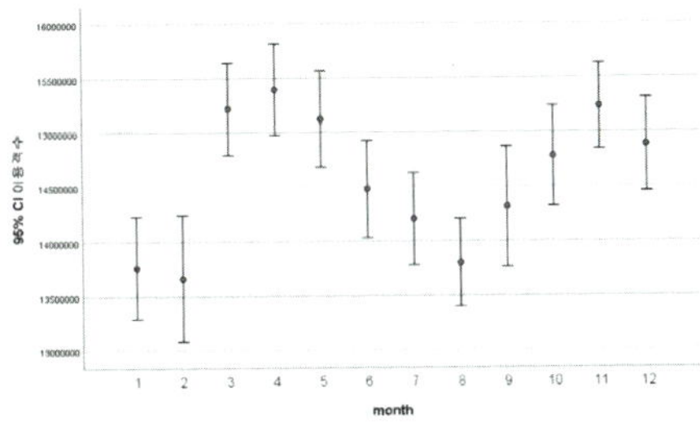

지하철 이용객수는 1월과 2월 그리고 8월에 상대적으로 적고 4월에 가장 많고 11월에도 많은 편이다.

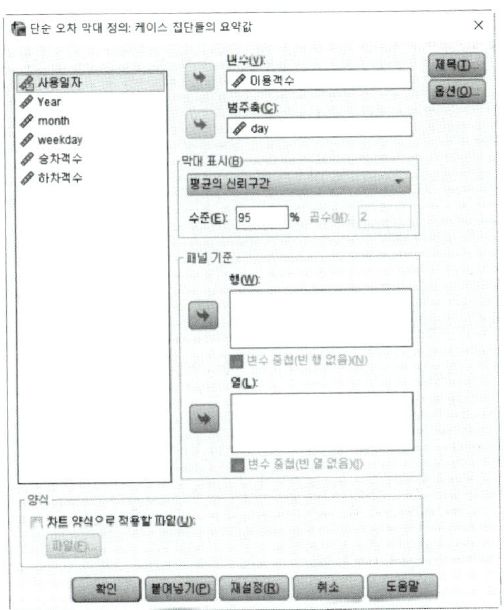

일별로 변화를 확인하기 위하여 "오차막대형 차트를 선택하고 "변수"에 "이용객수"를 선택하고 "범주축"에 "day"를 선택하고 "확인" 버튼을 누른다.

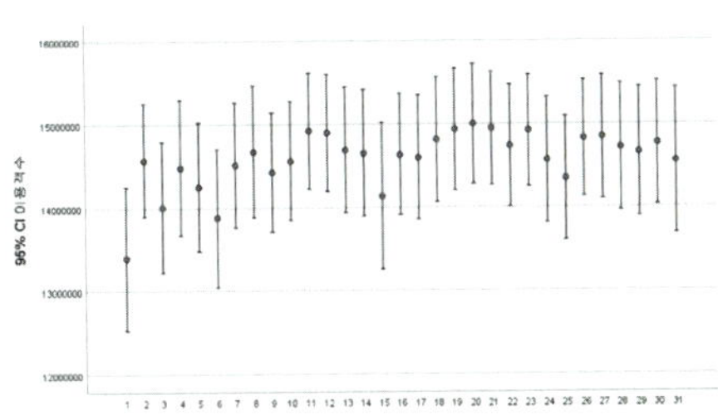

지하철 이용객수는 월초인 1일에 최저를 기록하고 전반적으로 상승하여 일정한 수를 유지하다 6일, 15일, 25일 등에 일시적으로 줄어드는 패턴을 보이고 있다.

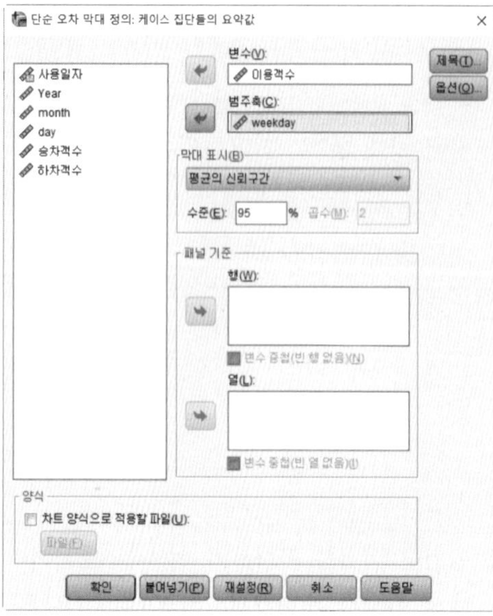

요일별로 변화를 확인하기 위하여 "오차 막대형 차트를 선택하고 "변수"에 "이용객수"를 선택하고 "범주축"에 "weekday"를 선택하고 "확인" 버튼을 누른다.

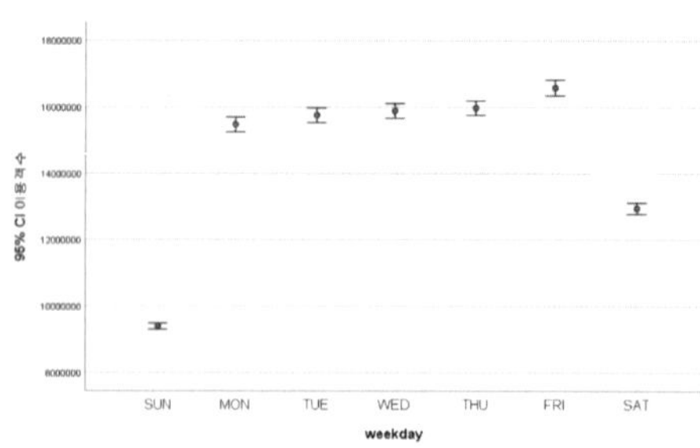

일요일(SUN)에 최저의 이용량을 보이고 월~목에는 이용량이 많아지고 금요일에 최고를 찍고 토요일에는 급격히 떨어지는 패턴을 보인다.

5.2.3.2 군집 모델링을 위한 변수 생성 및 시각화

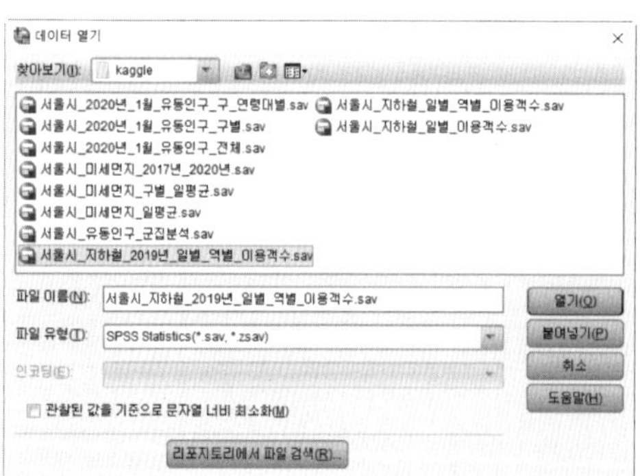

역별로 일일 지하철 이용객수를 파악하기 위해 "파일 → 열기 → 데이터"를 선택하고 "서울시_지하철_일별_역별_이용객수.sav" 파일을 선택하고 "열기" 버튼을 누른다.

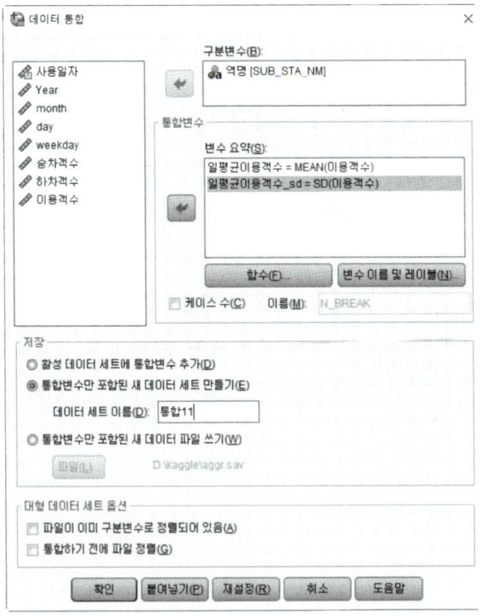

"데이터 → 데이터 통합"을 선택하여 데이터 통합 대화상자를 열고, "구분변수"에 역명을 선택하고 "변수 요약"에 "이용객수"를 선택하고, 함수 버튼을 눌러서 요약 통계량의 "평균"과 "표준편차"를 각각 선택한다. "변수 이름 및 레이블" 버튼을 클릭해서 각 변수의 이름을 "일평균이용객수", "일평균이용객수_sd"로 변경한다.
저장부분에 "통합변수만 포함된 새 데이터 세트 만들기"를 선택하고 "통합11"을 입력하고 "확인" 버튼을 누른다.

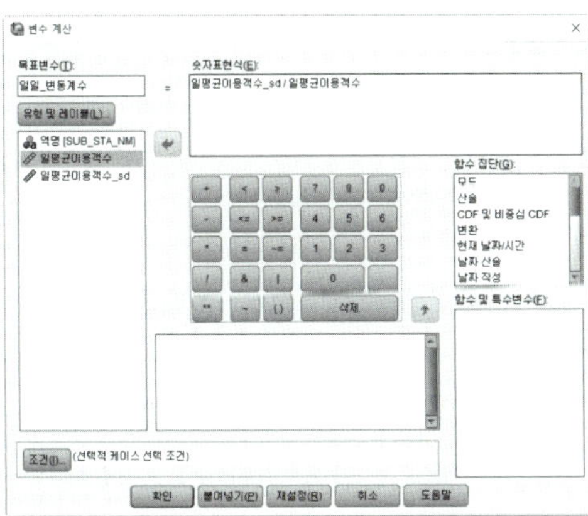

일일_변동계수를 생성하기 위해 "변환 → 변수 계산"을 선택하고 "목표변수"에 "일일 변동계수"라ㄱ 입력하고 "숫지표현식"에 "일평균이용객수_sd/일평균이용객수"를 입력하고 "확인" 버튼을 누른다.

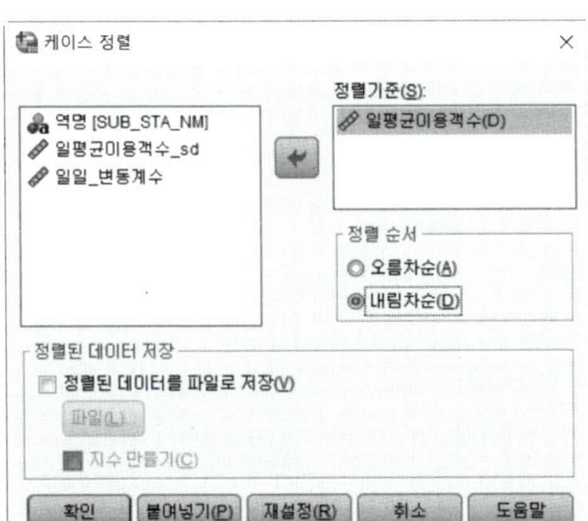

"데이터 → 케이스 정렬"을 선택하고 "정렬기준"에 "일평균이용객수"를 선택하고 "정렬순서"는 "내림차순"으로 변경하고 "확인" 버튼을 누른다.

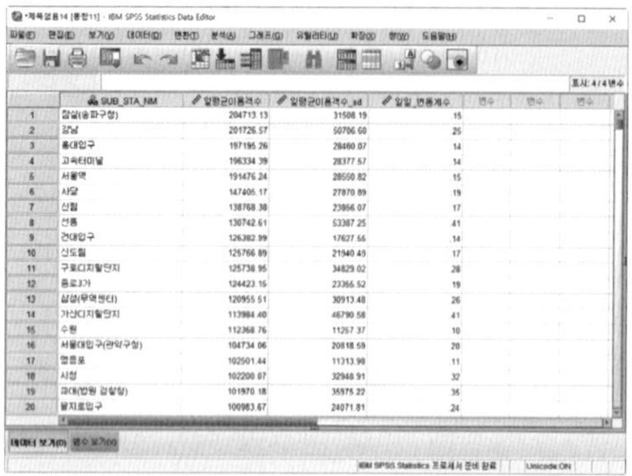

일평균 이용객수가 가장 많은 지하철역은 "잠실(송파구청)역"이고 다음은 "강남역"이다. 지난 수년간 "강남역"이 일평균 이용객수가 가장 많은 역이었으나 2017년 4월 3일에 송파구 신천동에 롯데월드타워가 오픈되면서 인접한 "잠실(송파구청)역"이 일평균 이용객이 가장 많은 역이 되었다. 3위는 "홍대입구역"이고, 4위는 "고속터미널역", 5위는 "서울역"으로 집계되었다.

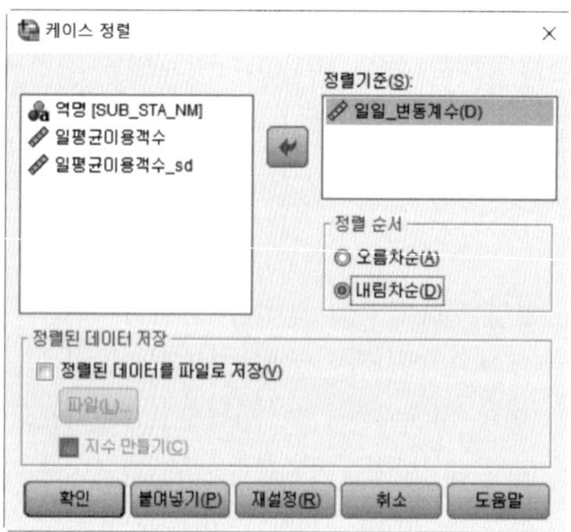

"데이터 → 케이스 정렬"을 선택하고 "정렬기준"에 "일일_변동계수"를 선택하고 "정렬순서"는 "내림차순"으로 변경하고 "확인" 버튼을 누른다.

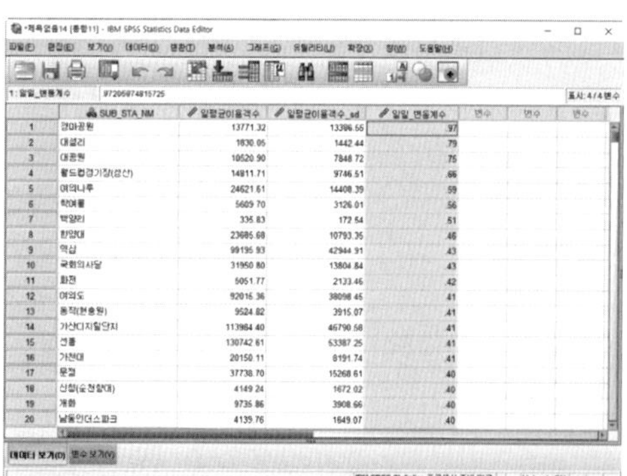

2019년 한해 동안에 일단위로 이용객수의 변동이 가장 심한 역은 "경마공원"역으로 집계되었다. "경마공원역"은 경마 진행 여부에 따라 이용객수의 변동이 심한 지하철역이다. 다음은 "대성리역", "대공원역", "월드컵경기장(성산)역", "여의나루역" 순이다. 대부분의 일일_변동계수가 큰 지하철역은 특정 일자에 축제 및 특별행사가 진행되는 것이 그 이유로 유추된다.

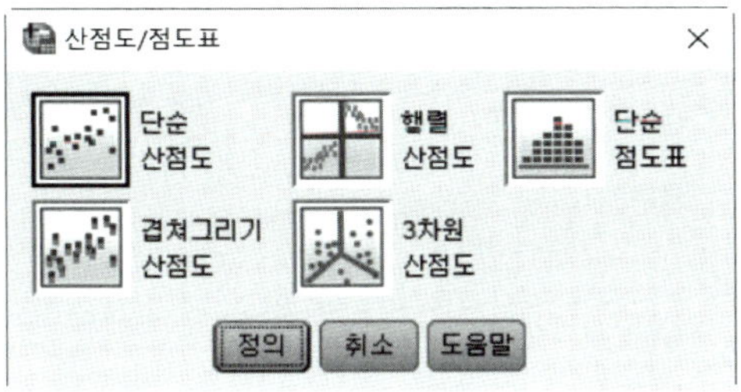

일평균이용객수와 일일_변동계수에 따른 지하철 이용객수의 분포를 확인하기 위해 "그래프 → 레거시 대화상자 → 산점도/점도표"를 선택하고 "단순산점도"를 선택하고 "정의" 버튼을 누른다.

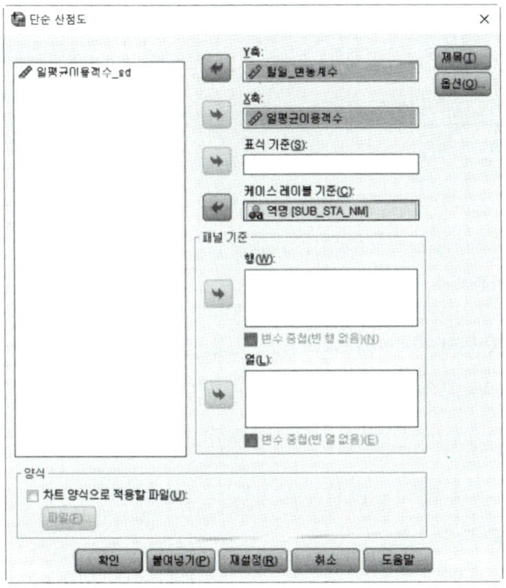

"Y축"에 "일일_변동계수"를, "X축"에 "일평균이용객수"를 선택하고 "케이스 레이블 기준"에 "역명"을 선택하고 "확인" 버튼을 누른다.

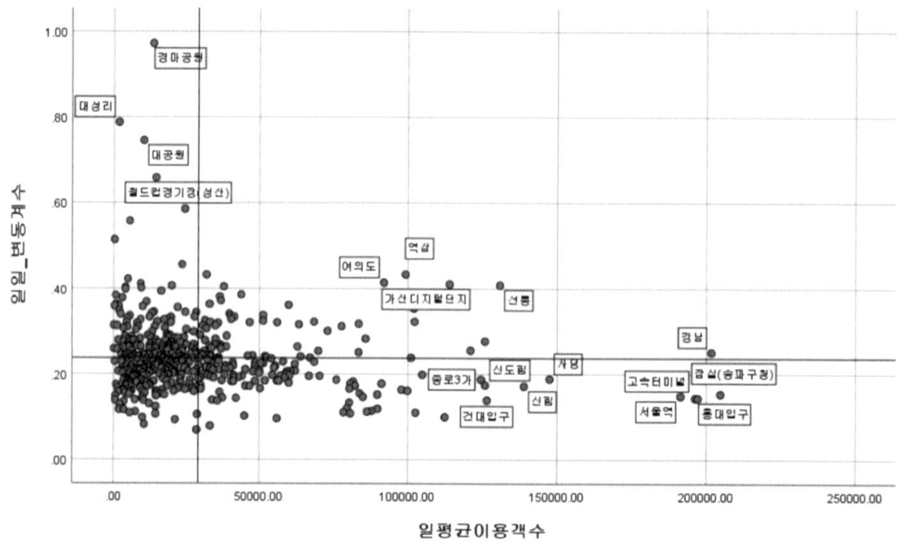

우측하단에 보이는 지하철역인 강남역, 잠실(송파구청)역, 홍대입구역, 고속터미널역, 서울역 등은 일평균이용객수가 많고 일일_변동계수가 상대적으로 낮은 지하철역으로 최고의 상권을 형성하고 있는 역이다. 중간하단쯤에 위치한 사당역, 신림역, 신도림역, 건대입구역, 종로3가역 등은 일평균이용객수가 비교적 많은 편이고 일일_변동계수가 상대적으로 낮은 신흥상권지역이라 할 수 있다.

반면 여의도역, 역삼역, 가산디지탈단지역, 선릉역은 일평균이용객수는 비슷한 규모이지만 일일_변동계수가 비교적 높은 지역이다. 좌측 상단의 경마공원역, 대성리역, 대공원역, 월드컵경기장(성산)역은 상대적으로 일평균이용객수가 적으면서 일일_변동계수가 많이 높은 지역으로 상대적으로 열악한 상권지역이라고 볼 수 있다.

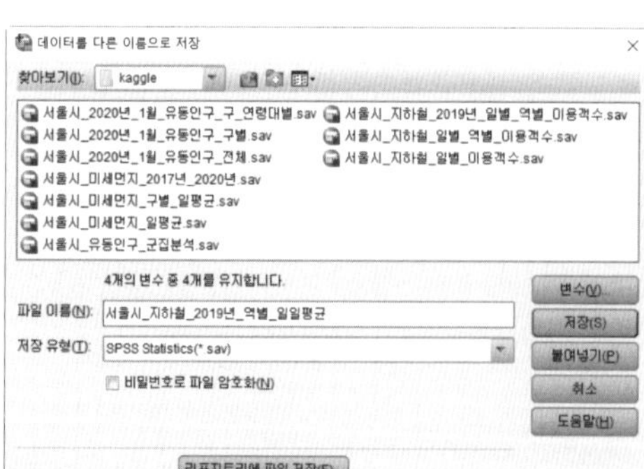

주메뉴에서 "파일 → 저장"을 선택하고 파일이름을 "서울시_지하철_2019년_역별_일일평균"으로 입력하고 "저장" 버튼을 누른다.

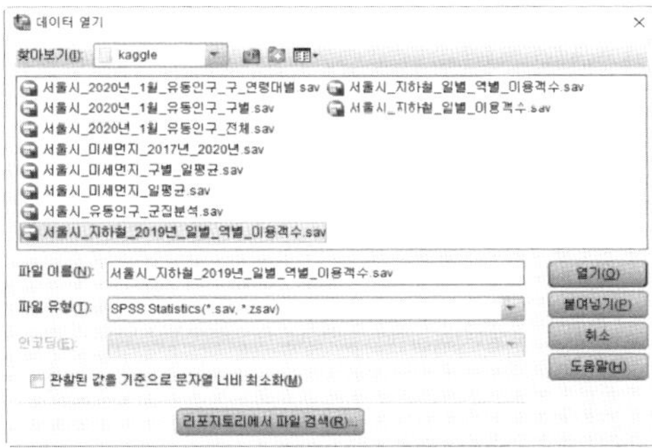

역별로 월별 지하철 이용객수를 파악하기 위해 "파일 → 열기 → 데이터"를 선택하고 "서울시_지하철_2019년_일별_역별_이용객수.sav" 파일을 선택하고 "열기" 버튼을 누른다.

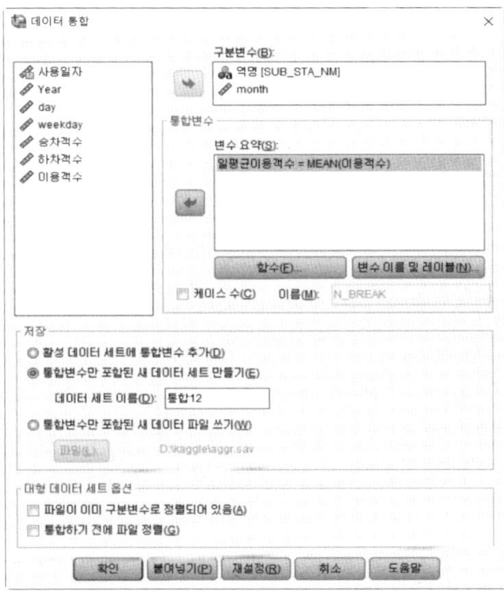

"데이터 → 데이터 통합"을 선택하여 데이터 통합 대화상자를 열고, "구분변수"에 "역명"과 "month"를 선택하고 "변수 요약"에 "이용객수"를 선택하고, 함수 버튼을 눌러서 요약 통계량의 "평균"을 선택한다. "변수 이름 및 레이블" 버튼을 클릭해서 각 변수의 이름을 "일평균이용객수"로 변경한다.

저장부분에 "통합변수만 포함된 새 데이터 세트 만들기"를 선택하고 "통합12"를 입력하고 "확인" 버튼을 누른다.

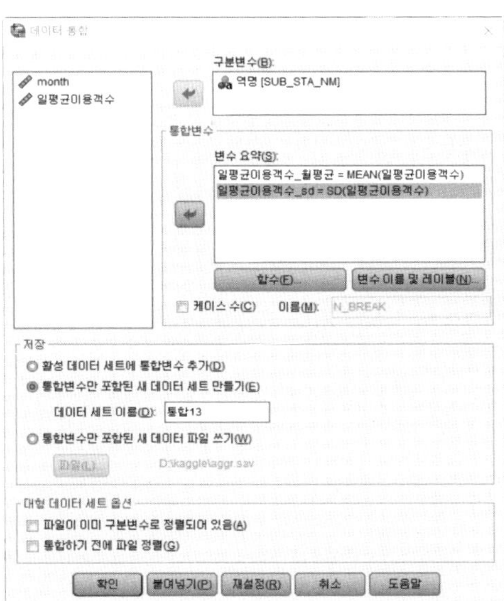

"데이터 → 데이터 통합"을 선택하여 데이터 통합 대화상자를 열고, "구분변수"에 "역명"을 선택하고 "변수 요약"에 "일평균이용객수"를 선택하고, 함수 버튼을 눌러서 요약 통계량의 "평균"과 "표준편차"를 각각 선택한다. "변수 이름 및 레이블" 버튼을 클릭해서 각 변수의 이름을 "일평균이용객수_월평균", "일평균이용객수_sd"로 변경한다.

저장부분에 "통합변수만 포함된 새 데이터 세트 만들기"를 선택하고 "통합13"을 입력하고 "확인" 버튼을 누른다.

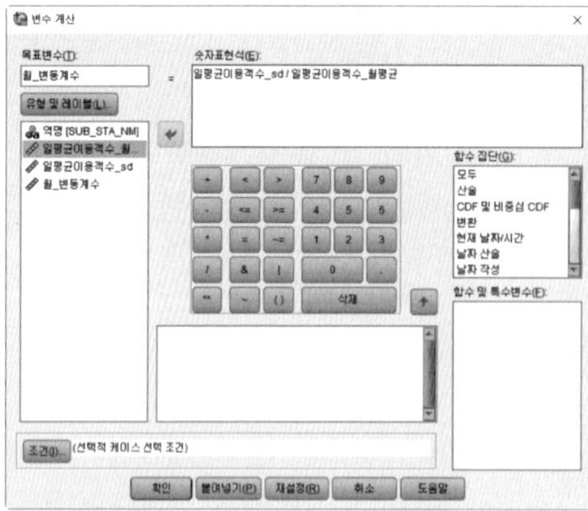

월_변동계수를 생성하기 위해 "변환 → 변수 계산"을 선택하고 "목표변수"에 "월_변동계수"라고 입력하고 "숫자표현식"에 "일평균이용객수_sd/일평균이용객수_월평균"을 입력하고 "확인" 버튼을 누른다.

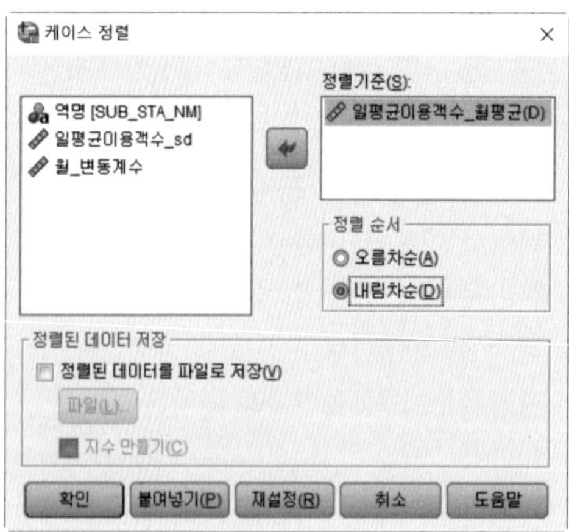

"데이터 → 케이스 정렬"을 선택하고 "정렬기준"에 "일평균이용개수_월평균"을 선택하고 "정렬순서"는 "내림차순"으로 변경하고 "확인" 버튼을 누른다.

은평구도 대표적인 주거지역의 유동인구 패턴을 보이는데, 최대 유동인구는 38만 명이고 최소 유동인구는 27만 명이다.

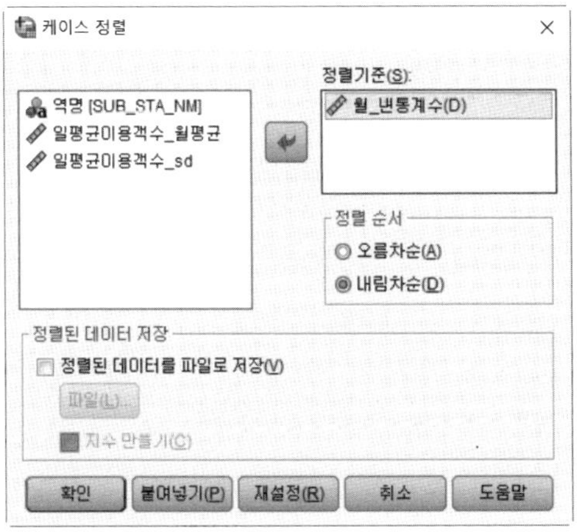

"데이터 → 케이스 정렬"을 선택하고 "정렬기준"에 "월_변동계수"를 선택하고 "정렬순서"는 "내림차순"으로 변경하고 "확인" 버튼을 누른다.

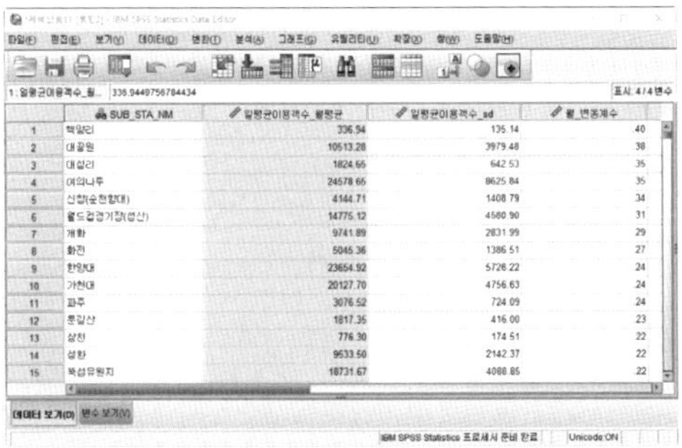

광진구도 대표적인 주거지역의 유동인구 패턴을 보이는데, 최대 유동인구는 30만 명이고 최소 유동인구는 25만 명이다. 휴일에는 상대적으로 유동인구 변화가 심하지 않다.

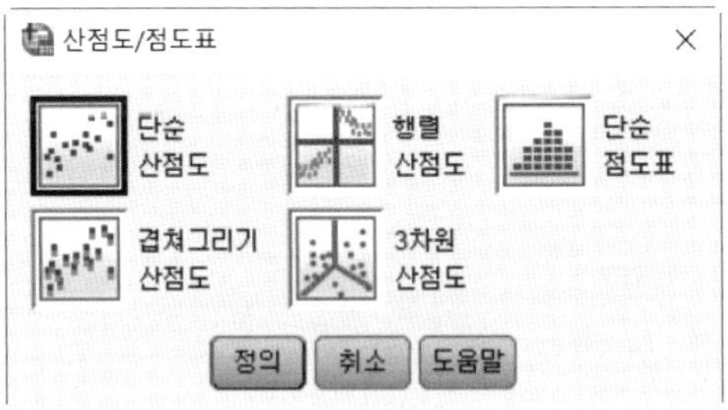

일평균이용객수_월평균과 월_변동계수에 따른 지하철 이용객수의 분포를 확인하기 위해 "그래프 → 레거시 대화상자 → 산점도/점도표"를 선택하고 "단순산점도"를 선택하고 "정의" 버튼을 누른다.

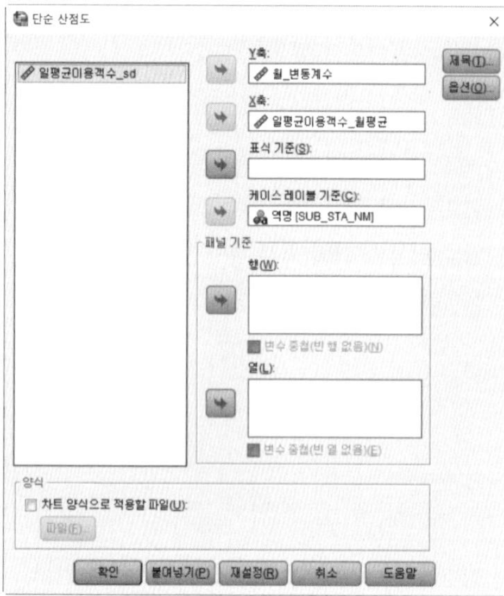

"Y축"에 "월_변동계수"를, "X축"에 "일평균이용객수_월평균"을 선택하고 "케이스 레이블 기준"에 "역명"을 선택하고 "확인" 버튼을 누른다.

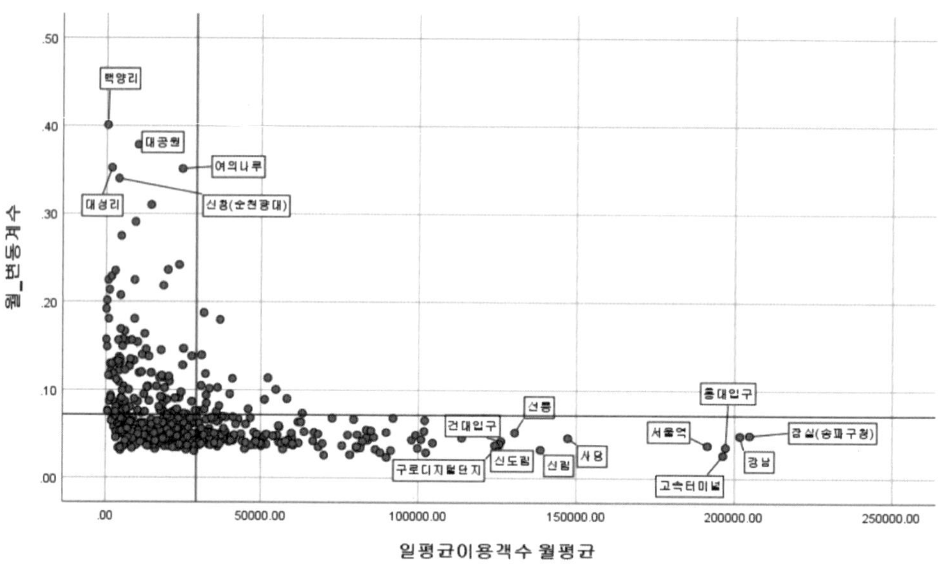

우측하단에 보이는 지하철역인 강남역, 잠실(송파구청)역, 홍대입구역, 고속터미널역, 서울역 등은 일평균이용객수가 많고 월_변동계수가 상대적으로 낮은 지하철역으로 최고의 상권을 형성하고 있는 역이다. 중간하단쯤에 위치한 사당역, 신림역, 신도림역, 건대입구역, 구로디지털단지역 등은 일평균이용객수가 비교적 많은 편이고 일일_변동계수가 상대적으로 낮은 신흥상권지역이라 할 수 있다. 좌측 상단의 백양리역, 대공원역, 여의나루역, 대성리역, 신창(순천향대)역은 상대적으로 일평균이용객수가 적으면서 월_변동계수가 많이 높은 지역으로 상대적으로 열악한 상권지역이라고 볼 수 있다.

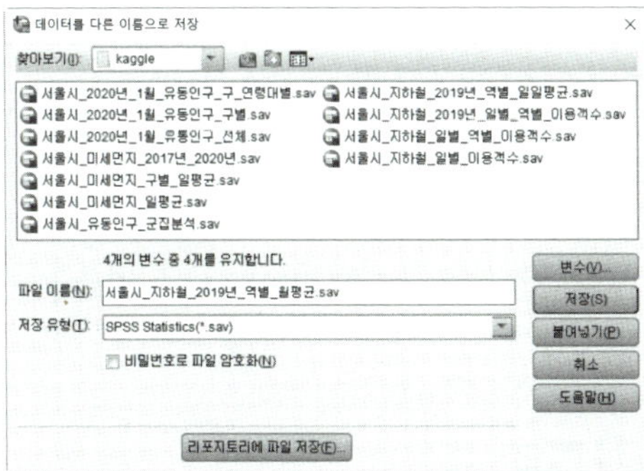

메뉴에서 "파일 → 저장"을 선택하고 파일이름을 "서울시_지하철_2019년_역별_월평균"으로 입력하고 "저장" 버튼을 누른다.

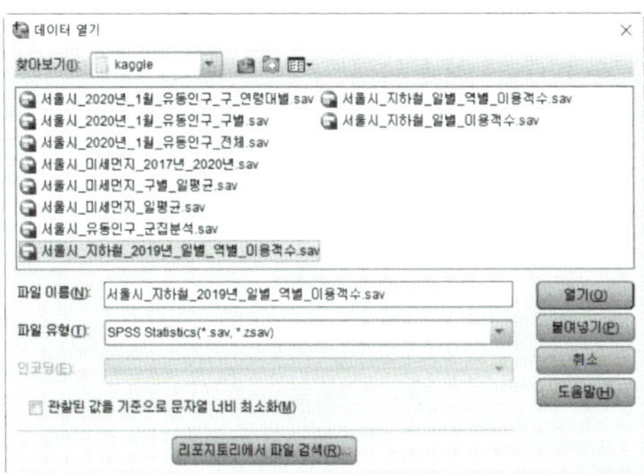

역별로 요일별 지하철 이용객수를 파악하기 위해 "파일 → 열기 → 데이터"를 선택하고 "서울시_지하철_2019년_일별_역별_이용객수.sav" 파일을 선택하고 "열기" 버튼을 누른다.

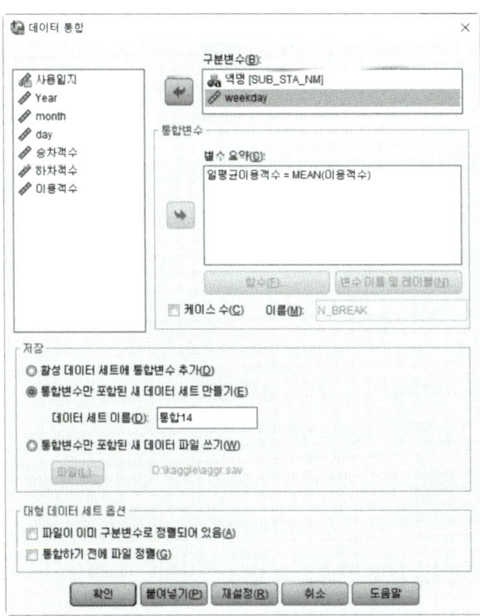

"데이터 → 데이터 통합"을 선택하여 데이터 통합 대화상자를 열고, "구분변수"에 "역명"과 "weekday"를 선택하고 "변수 요약"에 "이용객수"를 선택하고, 함수 버튼을 눌러서 요약 통계량의 "평균"을 선택한다. "변수 이름 및 레이블" 버튼을 클릭해서 각 변수의 이름을 "일평균이용객수"로 변경한다.

저장부분에 "통합변수만 포함된 새 데이터 세트 만들기"를 선택하고 "통합14"를 입력하고 "확인" 버튼을 누른다.

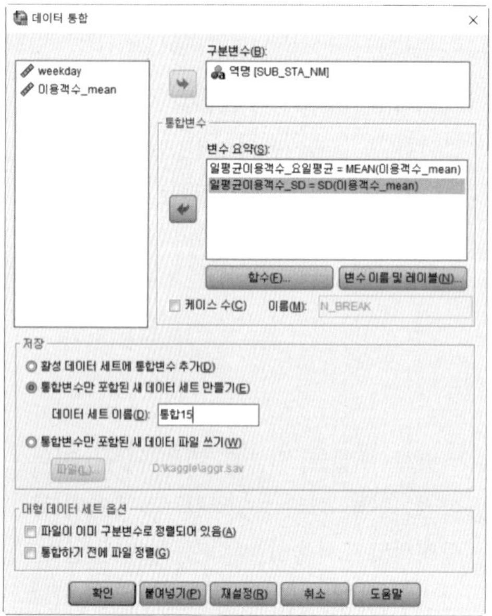

"데이터 → 데이터 통합"을 선택하여 데이터 통합 대화상자를 열고, "구분변수"에 "역명"을 선택하고 "변수 요약"에 "일평균이용객수"를 선택하고, 함수 버튼을 눌러서 요약 통계량의 "평균"과 "표준편차"를 각각 선택한다. "변수 이름 및 레이블" 버튼을 눌러 각 변수의 이름을 "일평균이용객수_요일평균", "일평균이용객수_SD"로 변경한다.
저장부분에 "통합변수만 포함된 새 데이터 세트 만들기"를 선택하고 "통합15"를 입력하고 "확인" 버튼을 누른다.

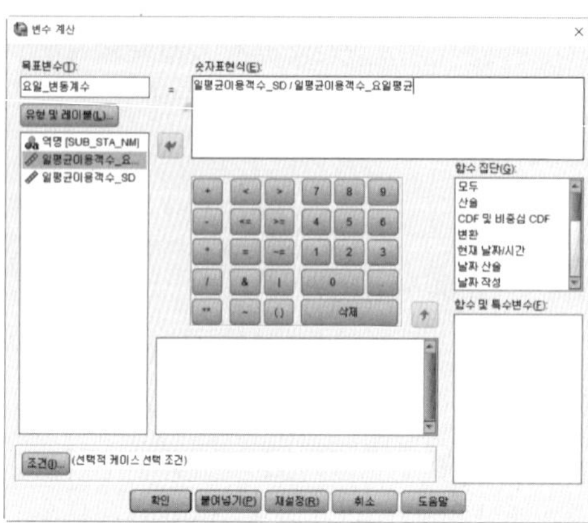

요일_변동계수를 생성하기 위해 "변환 → 변수 계산"을 선택하고 "목표변수"에 "요일_변동계수"라고 입력하고 "숫자표현식"에 "일평균이용객수_sd/일평균이용객수_요일평균"을 입력하고 "확인" 버튼을 누른다.

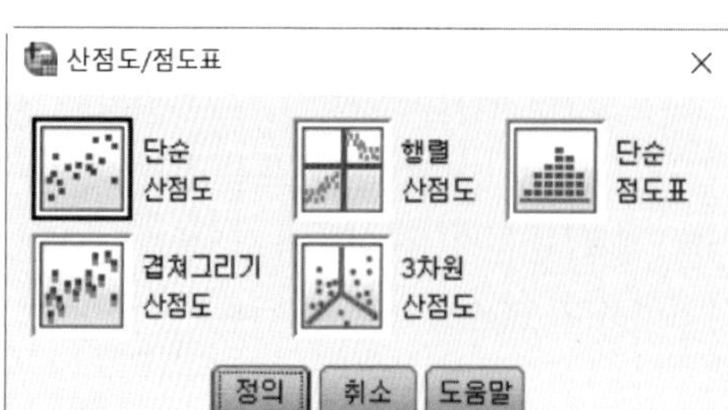

일평균이용객수_요일평균과 요일_변동계수에 따른 지하철 이용객수의 분포를 확인하기 위해 "그래프 → 레거시 대화상자 → 산점도/점도표"를 선택하고 "단순산점도"를 선택하고 "정의" 버튼을 누른다.

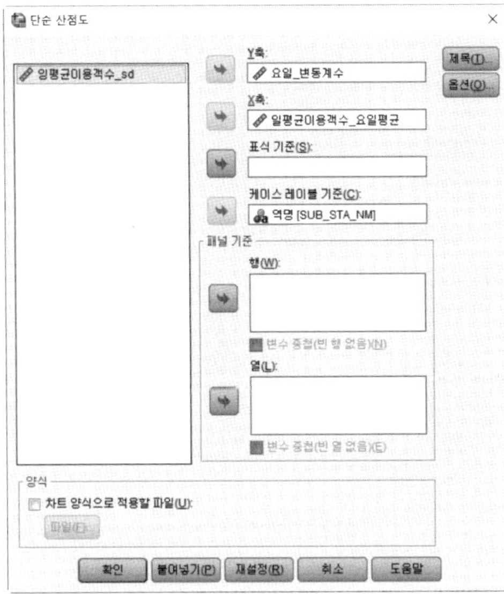

"Y축"에 "요일_변동계수"를, "X축"에 "일평균이용객수_요일평균"을 선택하고 "케이스 레이블 기준"에 "역명"을 선택하고 "확인" 버튼을 누른다.

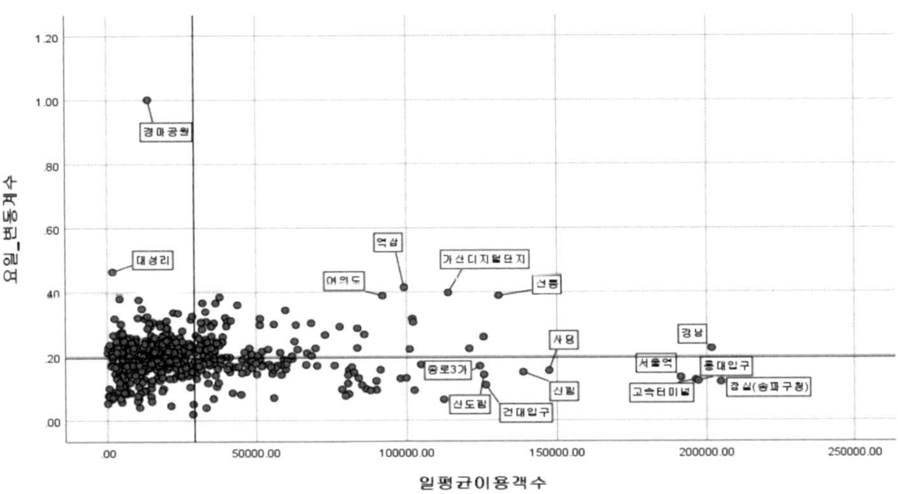

우측하단에 보이는 지하철역인 강남역, 잠실(송파구청)역, 홍대입구역, 고속터미널역, 서울역 등은 일평균이용객수가 많고 요일_변동계수가 상대적으로 낮은 지하철역으로 최고의 상권을 형성하고 있는 역이다. 중간하단쯤에 위치한 사당역, 신림역, 신도림역, 건대입구역, 종로3가역 등은 일평균이용객수가 비교적 많은 편이고 요일_변동계수가 상대적으로 낮은 신흥상권지역이라 할 수 있다. 반면 여의도역, 역삼역, 가산디지탈단지역, 선릉역은 일평균이용객수는 비슷한 규모이지만 일일_변동계수가 비교적 높은 지역이다. 좌측 상단의 경마공원역, 대성리역은 상대적으로 일평균이용객수가 적으면서 요일_변동계수가 많이 높은 지역으로 상대적으로 열악한 상권지역이라고 볼 수 있다.

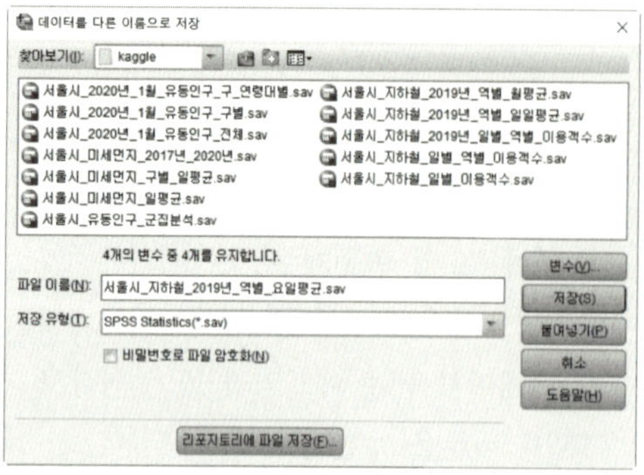

메뉴에서 "파일 → 저장"을 선택하고 파일이름을 "서울시_지하철_2019년_역별_요일평균"으로 입력하고 "저장" 버튼을 누른다.

5.2.4 지하철 탑승객 분석을 위한 군집화 모델링

데이터탐색 및 시각화 과정에서 지하철역별로 일자별, 월별, 요일별 지하철이용객수의 변화에 패턴이 존재함을 확인하였다. 이러한 패턴을 나타내는 변수들을 생성하고, 생성된 변수들을 기반으로 509개 지하철역을 군집화(clustering)해보기로 하자.

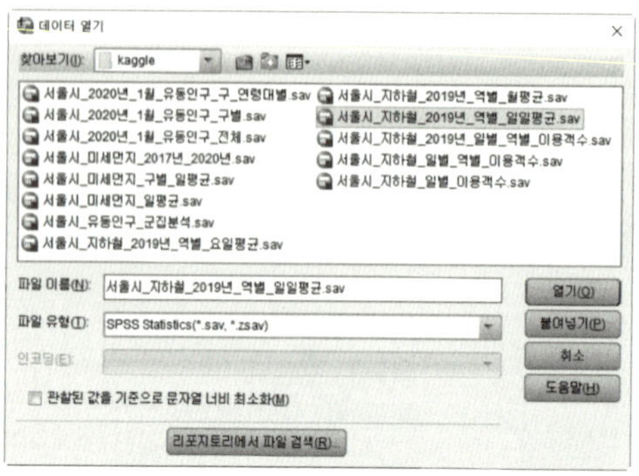

"파일 → 열기 → 데이터"를 선택하고 "서울시_지하철_2019년_역별_일일평균.sav" 파일을 선택하고 "열기" 버튼을 누른다.

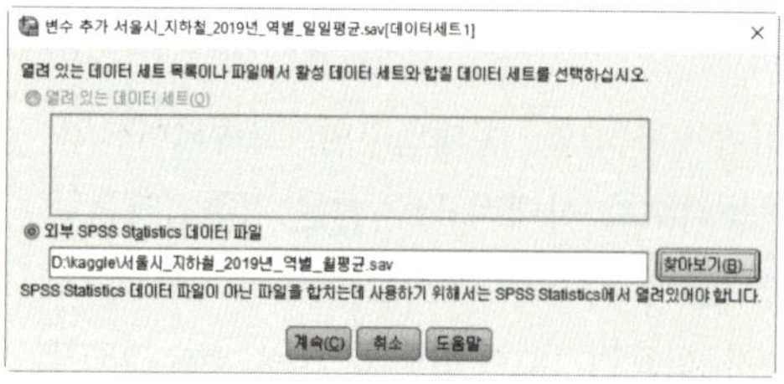

개별적으로 저장된 여러 개 파일을 합쳐서 군집화에 사용될 데이터 파일을 생성하기 위하여 "데이터 → 파일 합치기 → 변수추가"에서 "외부 SPSS Statistics 데이터 파일"을 선택하고 "찾아보기" 버튼을 누른다.

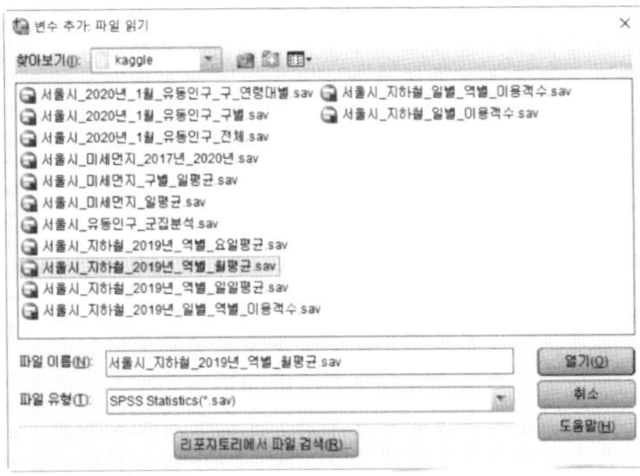

"서울시_지하철_2019_역별_월평균.sav" 파일을 선택하고 "열기" 버튼을 누른다.

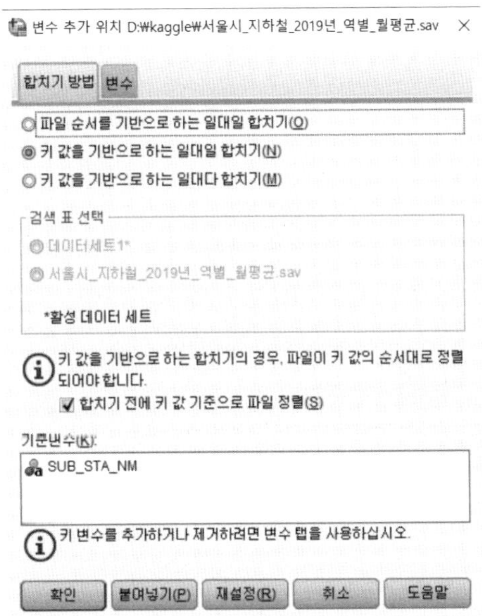

"키 값을 기반으로 하는 일대일 합치기"를 선택하고 "기준변수"에 SUB_STA_NM이 선택되어 있는 것을 확인하고 "확인" 버튼을 누른다.

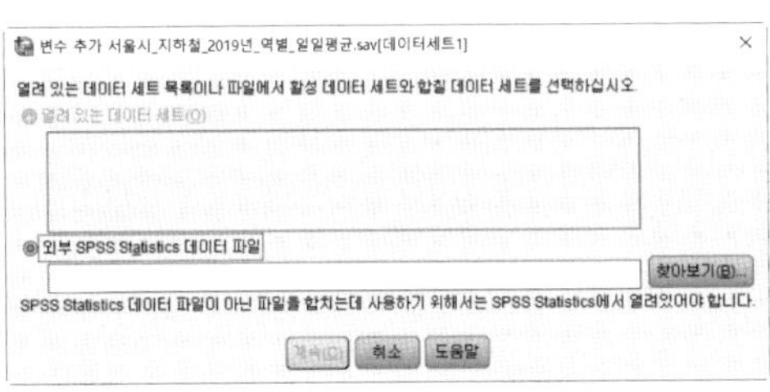

또다른 데이터 파일을 추가하기 위해 "데이터 → 파일 합치기 → 변수추가"에서 "외부 SPSS Statistics 데이터 파일"을 선택하고 "찾아보기" 버튼을 누른다.

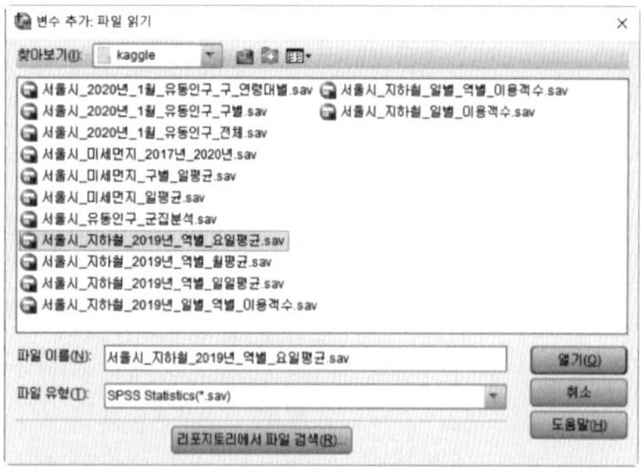

"서울시_지하철_2019_역별_요일평균.sav" 파일을 선택하고 "열기" 버튼을 누른다.

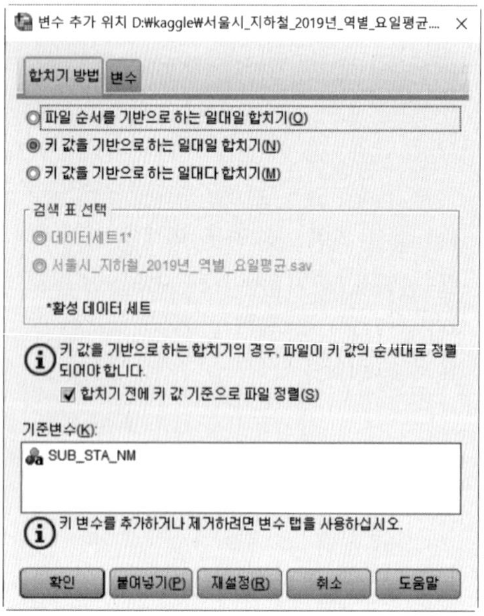

"키 값을 기반으로 하는 일대일 합치기"를 선택하고 "기준변수"에 SUB_STA_NM이 선택되어 있는 것을 확인하고 "확인" 버튼을 누른다.

군집분석에 적용할 최종 데이터 파일이 제대로 생성되었는지를 확인한다.

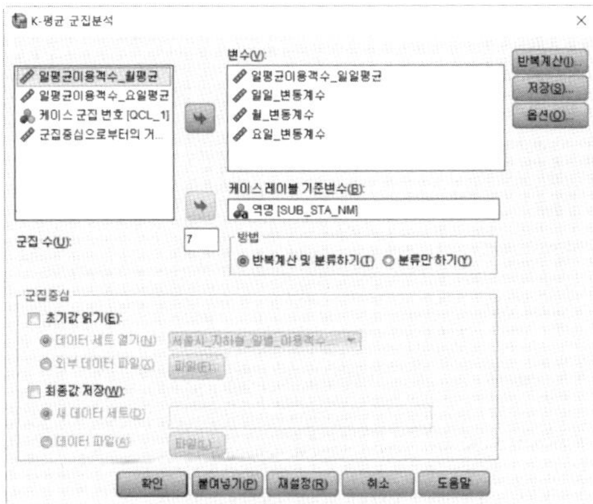

"분석 → 분류분석 → K-평균군집"에서 앞단계에서 생성된 일평균이용객수_일일평균, 일일_변동계수, 월_변동계수, 요일_변동계수등의 변수를 선택하고, "케이스 레이블 기준변수"에는 "역명"을 선택하고, "군집수"는 7을 입력한다.

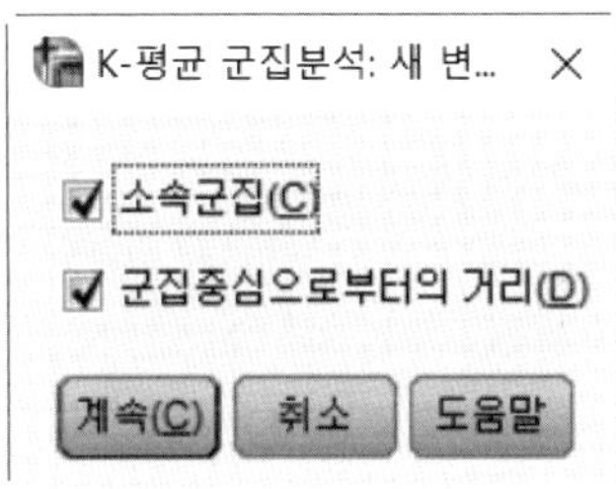

"저장" 버튼을 누르고 "새 변수 저장" 대화상자에서 "소속군집"과 "군집중심으로부터의 거리"를 모두 선택하고 "계속" 버튼을 누른 후 주대화상자에서 "확인" 버튼을 누른다.

각 군집의 케이스 수

군집	1	10.000
	2	30.000
	3	97.000
	4	142.000
	5	48.000
	6	177.000
	7	5.000
유효		509.000
결측		.000

7개의 군집이 형성되었는데, 군집1은 10개 역이, 군집2에는 30개 역이, 군집3에는 97개 역이, 군집4에는 142개 역이, 군집5에는 48개 역이, 군집6에는 177개 역이, 군집7에는 5개 역이 포함되었다.

최종 군집중심

	군집						
	1	2	3	4	5	6	7
일평균이용객수_일일평균	126653.68	88007.36	34381.13	19222.31	56182.83	6761.77	198289.12
일일_변동계수	.23	.21	.24	.25	.23	.24	.17
월_변동계수	.05	.04	.06	.07	.05	.09	.04
요일_변동계수	.21	.18	.21	.21	.20	.18	.14

군집7은 일평균이용객수_일일평균 수치가 가장 높고 일일_변동계수, 월_변동계수, 요일_변동계수가 가장 낮은 안정된 상권을 나타내고 있는 군집이다.

군집1은 군집7 다음으로 일평균이용객수_일일평균 수치가 높고 일일_변동계수와 월_변동계수는 낮은 편이나 요일_변동계수가 높아서 요일에 따라 이용객수의 기복이 큰 특징을 나타내고 있는 군집이다.

군집2과 군집5, 군집3은 일평균이용객수가 각각 8만명 대, 5만명 대, 3만명 대의 중간 정도의 복잡성을 가지고 있는 군집으로 일일변동계수와 요일_변동계수가 비교적 높은 편이고 계절성을 나타내는 월_변동계수는 중간 정도인 군집이다.

군집4와 군집6은 일평균이용객수가 1만명 대와 6천명 대의 상대적으로 한가한 군집으로 일일_변동계수와 월_변동계수, 요일_변동계수가 모두 높은 변동성이 상대적으로 높은 군집이다.

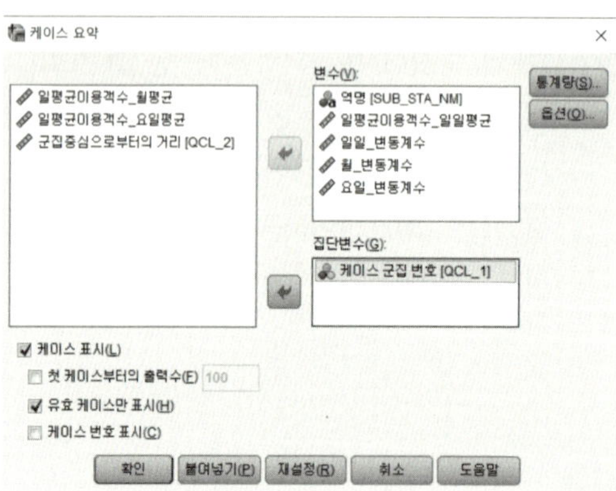

생성된 군집에 어떠한 지하철역이 소속되어 있는지 확인하기 위하여 "분석 → 보고서 → 케이스 요약"을 선택하고 "변수"에 "역명", "일평균이용객수_일일평균", "일일_변동계수", "월_변동계수", "요일_변동계수"를 선택하고 "집단변수"에 "케이스 군집 번호 [QCL_1]"을 선택하고 "첫 케이스부터의 출력수"는 선택을 해지하고 "확인" 버튼을 누른다.

케이스 요약

		역명	일평균이용객수_일일평균	일일_변동계수	월_변동계수	요일_변동계수
1	1	가산디지털단지	113984.40	.41	.05	.40
	2	수원	112368.76	.10	.06	.06
	3	삼성(무역센터)	120955.51	.26	.07	.22
	4	종로3가	124423.15	.19	.04	.17
	5	구로디지털단지	125738.95	.28	.04	.26
	6	신도림	125766.89	.17	.04	.14
	7	건대입구	126382.99	.14	.04	.11
	8	선릉	130742.61	.41	.05	.39
	9	신림	138768.38	.17	.03	.15
	10	사당	147405.17	.19	.05	.15
전체	N	10	10	10	10	10

군집1에는 가산디지털단지역, 수원역, 삼성(무역센터)역, 종로3가역, 구로디지털단지역, 신도림역, 건대입구역, 선릉역, 신림역, 사당역 등의 일자리가 많이 몰려있는 인근의 역들로 파악된다.

케이스 요약

		역명	일평균이용객수_일일평균	일일_변동계수	월_변동계수	요일_변동계수
2	1	광화문(세종문화회관)	72930.69	.30	.07	.27
	2	수유(강북구청)	75999.27	.19	.04	.17
	3	공덕	77781.38	.31	.05	.29
	4	부평	78459.78	.11	.03	.10
	5	영등	79679.12	.12	.07	.08
	6	부천	80454.57	.13	.04	.11
	7	천호(풍납토성)	80516.34	.17	.04	.14
	8	동대문	80774.05	.18	.05	.16
	9	대림(구로구청)	80796.49	.11	.03	.08
	10	연신내	81749.55	.18	.03	.17
	11	왕십리(성동구청)	82407.38	.17	.04	.15
	12	당산	83589.75	.25	.05	.23
	13	양재(서초구청)	83633.34	.32	.05	.29
	14	노량진	83960.81	.15	.04	.13
	15	혜화	85072.96	.15	.05	.11
	16	종각	85941.46	.28	.05	.27
	17	용산	86393.87	.11	.03	.10
	18	청량리(서울시립대입구)	87983.53	.11	.03	.09
	19	동대문역사문화공원	89837.17	.15	.05	.12
	20	강변(동서울터미널)	89856.35	.12	.02	.09

군집2에는 광화문(세종문화회관)역, 수유(강부구청)역, 공덕역, 부평역, 영동역, 부천역, 천호(풍납토성)역, 동대문역, 대림(구로구청)역, 연신내역, 왕십리(성동구청), 당산역, 양재(서초구청)역 등 서울의 교통이 좋은 지역에 위치한 지하철역들이 포함되어 있다.

케이스 요약

		역명	일평균이용객수_일일평균	일일_변동계수	월_변동계수	요일_변동계수
3	1	삼성	34302.52	.19	.07	.17
	2	죽전	33977.91	.21	.07	.18
	3	동인천	33777.53	.14	.04	.12
	4	이수	33682.30	.22	.04	.19
	5	신용산	33571.08	.26	.04	.24
	6	이태원	34815.83	.27	.07	.23
	7	평촌	34879.51	.31	.05	.20
	8	정자	34954.32	.28	.04	.26
	9	신대방삼거리	33307.31	.24	.04	.22
	10	염창	33302.91	.24	.05	.22
	11	병점	33294.19	.19	.10	.14
	12	압구정로데오	35073.23	.24	.05	.21
	13	미아(서울사이버대학)	33203.12	.21	.06	.19
	14	독산	33162.08	.32	.05	.31
	15	인천공항1터미널	33083.50	.08	.05	.04
	16	양사	35338.93	.24	.04	.22
	17	선정릉	32953.82	.36	.05	.34
	18	남구로	32951.02	.27	.04	.25
	19	도봉산	35574.49	.14	.08	.07
	20	을지로4가	35768.48	.32	.06	.30

군집3에는 삼성역, 죽전역, 동인천역, 이수역, 신용산역, 이태원역, 평촌역, 정자역, 신대방삼거리역, 도봉산역, 남구로역, 을지로4가역 등 서울의 비교적 덜 복잡한 지역이나 경기도권의 관문에 해당되는 지역과 경기도권의 핵심지역에 있는 지하철역이 포함되어 있다.

케이스 요약

		역명	일평균이용객수_일일평균	일일_변동계수	월_변동계수	요일_변동계수
4	1	신금호	13233.85	.25	.05	.23
	2	월계	13272.78	.28	.15	.22
	3	선유도	13381.06	.34	.05	.32
	4	백마	13435.52	.26	.06	.24
	5	중미	13557.22	.30	.04	.29
	6	덕정	13557.67	.21	.10	.16
	7	경기광주	13691.38	.21	.05	.19
	8	경마공원	13771.32	.97	.10	1.00
	9	구산	13948.99	.23	.05	.21
	10	신방화	14016.37	.23	.04	.22
	11	가능	14053.27	.18	.05	.16
	12	중앙보훈병원	14125.98	.34	.14	.30
	13	개롱	14170.21	.25	.05	.22
	14	당정	14228.02	.27	.09	.24
	15	방화	14326.47	.22	.04	.20
	16	애오개	14451.32	.31	.05	.29
	17	운서	14666.68	.11	.06	.07
	18	군포	14703.83	.28	.05	.26
	19	금촌	14724.76	.12	.04	.10
	20	양천구청	14765.34	.26	.06	.24

군집4에는 신금호역, 월계역, 선유도역, 백마역, 덕정역, 경기광주역, 중앙보훈병원역, 방화역, 애오개역, 양천구청역 등 서울 외곽과 경기도권의 지하철역들이 포함되어 있다.

케이스 요약

		역명	일평균이용객수_일일평균	일일_변동계수	월_변동계수	요일_변동계수
5	1	남부터미널(예술의전당)	70206.85	.20	.03	.17
	2	압구정	69746.77	.25	.04	.22
	3	신사	68394.58	.23	.04	.20
	4	을지로3가	68337.21	.32	.05	.30
	5	신논현	66959.65	.24	.05	.21
	6	수서	66629.56	.20	.04	.17
	7	송내	63809.30	.24	.05	.22
	8	충무로	63260.59	32	.07	.30
	9	회현(남대문시장)	62782.87	.26	.06	.25
	10	창문	61960.82	.21	.04	.19
	11	역곡	61912.02	.22	.06	.20
	12	야탑	60317.82	.21	.04	.19
	13	창동	60079.20	.20	.04	.17
	14	미아사거리	59872.96	.18	.05	.16
	15	성수	59809.89	.36	.05	.34
	16	까치산	59195.00	.21	.04	.19
	17	낙성대	58931.24	.20	.04	.17
	18	범계	58833.32	.20	.04	.17
	19	회기	58383.15	.19	.09	.14
	20	화곡	57958.70	.23	.04	.21

군집5에는 남부터미널(예술의전당)역, 압구정역, 신사역, 을지로3가역, 신논현역, 수서역, 송내역, 충무로역 등 주거지역과 업무지역을 모두 포함된 지역에 인접한 지하철역들이 포함되어 있다.

케이스 요약

		역명	일평균이용객수_일일평균	일일_변동계수	월_변동계수	요일_변동계수
6	1	수진	11048.37	.16	.05	13
	2	서정리	11061.40	.17	.12	.08
	3	마천	10868.38	.18	.05	16
	4	인천공항2터미널	10796.65	.08	.05	04
	5	솔샘	10774.79	.24	.04	23
	6	중랑	11423.75	.17	.04	15
	7	동산	10672.48	.20	.05	17
	8	상갈	11495.85	.20	.05	18
	9	야당	10583.91	.21	.08	19
	10	연수	10577.78	.14	.05	10
	11	삼전	10571.08	.21	.09	18
	12	개화산	11541.77	.23	.04	22
	13	삼성중앙	11564.40	.37	.06	35
	14	대공원	10520.90	.75	.38	38
	15	소래포구	10519.99	.20	.15	07
	16	삼산체육관	10498.30	.23	.06	18
	17	가좌	10490.76	.21	.06	19
	18	산성	11622.87	.18	.06	.15
	19	북한산보국문	11743.16	.20	.07	16
	20	인천	11770.00	.22	.12	12

군집6에는 수진역, 서정리역, 마천역, 인천공항2터미널역, 솔샘역, 중랑역 등 비교적 서울 외곽의 수도권 역들이 포함되어 있다.

케이스 요약

		역명	일평균이용객수_일일평균	일일_변동계수	월_변동계수	요일_변동계수
7	1	홍대입구	197195.26	.14	.04	.12
	2	고속터미널	196334.39	14	.03	.13
	3	강남	201726.57	25	.05	.22
	4	잠실(송파구청)	204713.13	15	.05	.12
	5	서울역	191476.24	15	.04	.13
전체	N	5	5	5	5	5

군집7에는 서울에서 상권이 가장 발달되어 있는 홍대입구역, 고속터미널역, 강남역, 잠실(송파구청)역, 서울역 등이 포함되어 있다.

5.3. 서울시 대기질 분석

5.3.1 데이터 분석 개요

5.3.1.1 데이터셋 소개

서울특별시가 "서울 열린데이터 광장"을 통해 제공한 서울시 대기질 데이터로, 대한민국 서울의 2017년 1월 1일부터 2020년 12월 31일 기간 동안의 0~23 시간대별로 25개 행정구의 6개의 대기질 수치를 측정한 데이터이다.

(실습 데이터 예제 URL: https://www.kaggle.com/ramontanoeiro/air-quality-seoul)

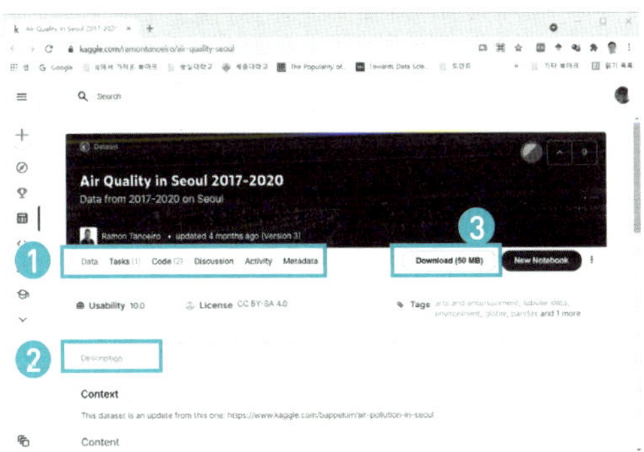

❶ 데이터 페이지 메뉴(왼쪽에서부터):

- Data: 데이터 다운로드 및 정보 파악
- Code: 데이터를 활용하여 분석한 다른 사람들의 게시글을 확인할 수 있다.
- Discussion: 데이터에 대해 추가적으로 필요한 정보나 궁금한 것을 게시할 수 있다.

❷ 데이터 설명: 데이터 제공자 및 기본 목적과 수집 등에 대한 정보를 확인할 수 있으며 게시자에 따라서 확인할 수 있는 정보가 다르다.

❸ 데이터 다운로드: 자세한 정보를 확인하고 다운로드받을 수도 있지만 확인 없이 바로 다운로드받을 수 있다.

[데이터 파일 목록]

파일명	설명	파일크기
Air_Quality_Seoul_2017-2020.csv	2017~2020년 서울 대기질 데이터	47.4MB

[데이터 설명]

변수명	형식	설명
Measurementdate	날짜	2017-01-01 0:00 ~ 2020-12-31 23:00
Stationcode	숫자	서울시 25개 구별 측정소
SO2	숫자	아황산가스 농도, 단위 ppm
NO2	숫자	이산화질소 농도, 단위 ppm
O3	숫자	오존 농도, 단위 ppm
CO	숫자	일산화탄소 농도, 단위 ppm
PM10	숫자	미세먼지 농도, 단위 ㎍/㎥
PM25	숫자	초미세먼지 농도, 단위 ㎍/㎥

5.3.1.2 데이터 분석 목적

황사가 몸에 해롭다는 건 익히 많이 들어 알고 있을 것이다. 반면 미세먼지와 초미세먼지가 황사와 다른 점은 이것은 주로 자동차 매연이나 가정의 난방도구나 공장에서 가스가 연소되면서 발생하는 스모그가 원인이다. 즉 겨울이 되면서 난방기구나 자동차 매연 등 스모그의 원인이 되는 휘발유의 사용이 급증하였다는 데서 문제가 시작되는 것이다.

일반적인 먼지는 공기 중 떠다니는 입자들로, 그 크기가 커서 코털이나 기관지 점막에서 대부분 걸러져 배출이 되므로 인체에 미치는 영향은 상당히 적은 편이다. 건강에 문제가 되는 먼지는 '미세먼지'라 불리는 먼지로, 입자의 지름이 보통 10㎛(마이크로미터) 이하로, 보통 사람 머리털 굵기의 10분의 1 정도여서 일반 먼지처럼 눈으로는 구분할 수 없다. 미세먼지가 문제인 이유는 이 작은 입자들이 사람의 코, 구강 그리고 기관지에서 걸러지지 않고 우리 몸속 깊숙이에 더 잘 축적된다는 것이 문제이다. 그대로 폐에 들어갈 수 있기 때문이다. 특히 2.5㎛ 이하의 초미세먼지는 몸에 더 잘 축적이 되며 폐포를 통과하여 혈액을 통해 전신에까지 퍼져 심혈관계의 원인이 될 수도 있다.

세계보건기구(WHO) 산하 국제암연구소(IARC)는 미세먼지를 1급 발암물질로 지정했다. 미세먼지가 폐암과 밀접한 관련이 있다는 판단을 내린 것이 배경으로 생각되며 실제 지난 8월 유럽 9개국 30만 명의 건강자료와 2,095건의 암환자를 대상으로 분석한 연구 논문을 살펴보면 초미세먼지 농도가 5㎍/㎥ 상승할 때마다 폐암 발생 위험은 18% 증가했다. 또 일반 미세먼지가 10㎍/㎥ 상승할 때마다 폐암 발생 위험은 22% 증가하는 것으로 나타났다. 또한 조기 사망 위험도 커진다. 서유럽 13개국 36만7,000명의 건강 자료를 분석한 결과, '초미세먼지' 농도가 5㎍/㎥ 증가할 때마다 조기사망 확률이 7%씩 증가하였다.

행정구 단위의 데이터를 기반으로 각 행정구의 미세먼지 수치와 초미세먼지 수치가 시간대에 따라 어떻게 달라지는지 또한 요일별로 월별로 어떻게 다른지를 살펴보고, 이러한 미세먼지와 초미세먼지의 특성을 기반으로 시계열 모델링과 신경망 모델링을 통해 예측해보기로 한다.

본 예제데이터의 한계점은 미세먼지와 초미세먼지의 일자별 변화를 설명할 데이터가 없다는 점이다. 일별 기온, 강수량 등의 기상정보와 교통량과 난방용 에너지 소모량등의 정보를 추가로 확보하여 본 예제의 서울 대기질 데이터와 결합하면 미세먼지와 초미세먼지의 일자별 변화의 이유를 설명할 수 있어 보다 다양한 대기질분석이 가능해질 것으로 생각된다.

5.3.2 데이터 전처리

5.3.2.1 데이터 읽어들이기 및 데이터 통합

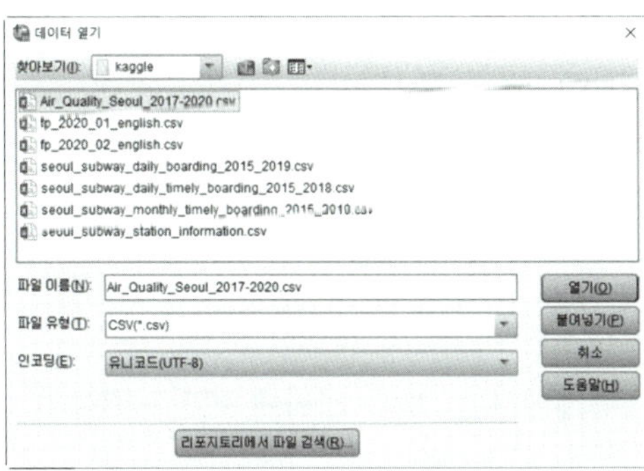

데이터를 읽어들이기 위해 데이터 편집기의 주메뉴에서 "파일 → 열기 → 데이터"를 선택하여 데이터 열기 대화상자를 열어서, 파일유형을 CSV(*.csv)로 변경하고 데이터 파일 "Air_Quality_Seoul_2017-2020.csv"를 선택, 인코딩은 유니코드(UTF-8)를 선택하고 "열기" 버튼을 누른다.

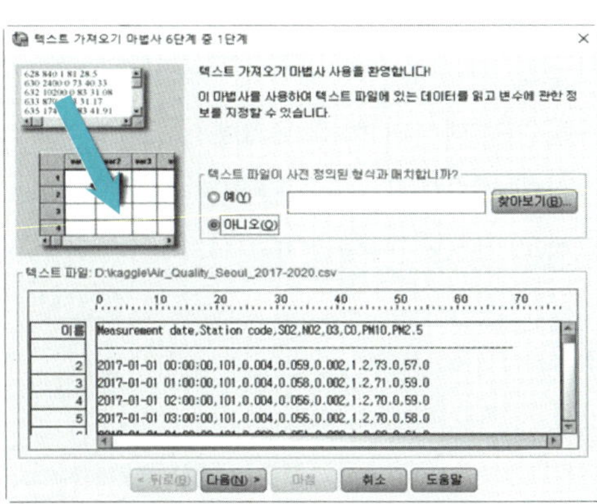

텍스트 가져오기 마법사 6단계 중 1단계가 시행이되는데, 그냥 "다음" 버튼을 누른다.

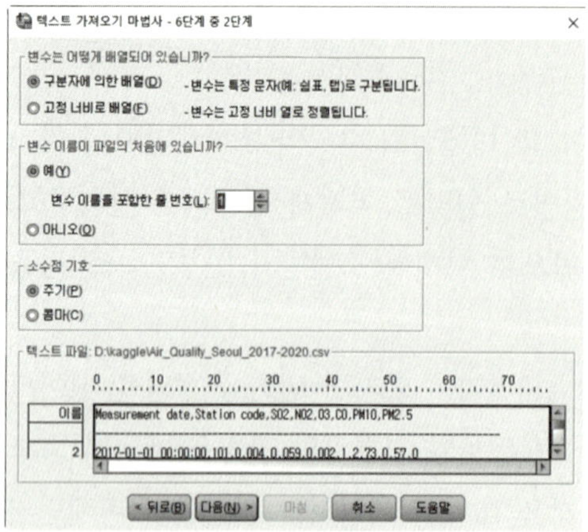

텍스트 가져오기 마법사 6단계 중 2단계에서도 그냥 "다음" 버튼을 누른다.

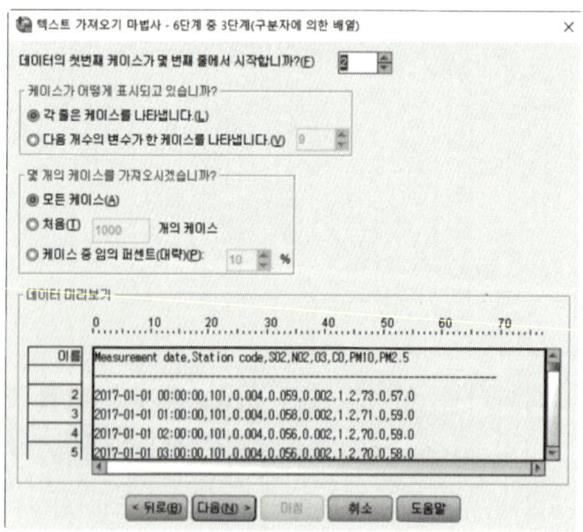

텍스트 가져오기 마법사 6단계 중 3단계에서는 "데이터의 첫 번째 케이스가 몇 번째 줄에서 시작합니까?"에 자동으로 2로 입력되는데, 하단의 데이터 미리보기에 1번째 줄에 변수명이 보이고, 2번째 줄에 데이터값이 있는 것을 확인하고 "다음" 버튼을 누른다.

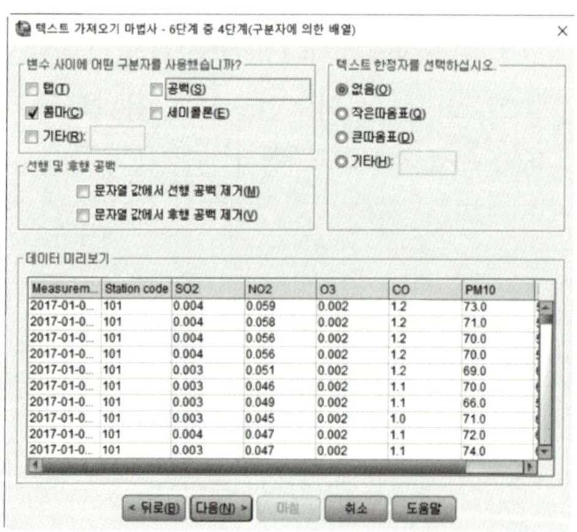

텍스트 가져오기 마법사 6단계 중 4단계에서는 "변수 사이에 어떤 구분자를 사용했습니까?" 항목에서 공백을 해지하여 콤마만 구분자로 사용하도록 선택한다.

하단의 데이터 미리 보기에서 데이터값이 변수별로 잘 구분되었는지 확인하고 "다음" 버튼을 누른다.

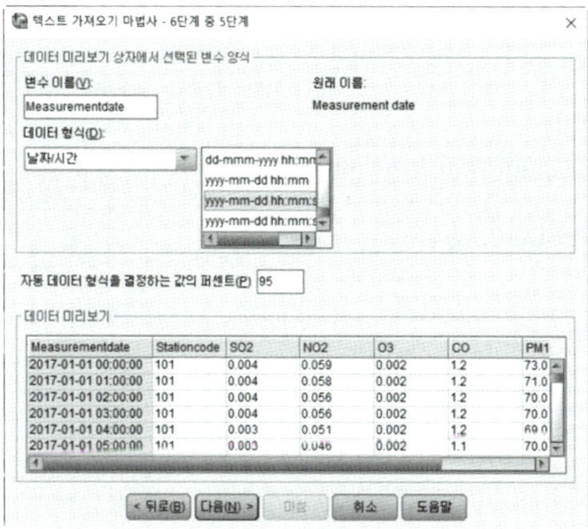

텍스트 가져오기 마법사 6단계 중 5단계에서는 SPSS가 허용되지 않은 변수명과 데이터 형식을 수정하도록 하는 단계로 변수명에 공백문자가 올 수 없기에 공백을 없앤 변수명으로 수정하게 된다. Measurementdate 변수는 "데이터 형식"을 "날짜/시간"으로 지정하고 "yyyy-mm-dd hh:mm:ss"로 지정한다.

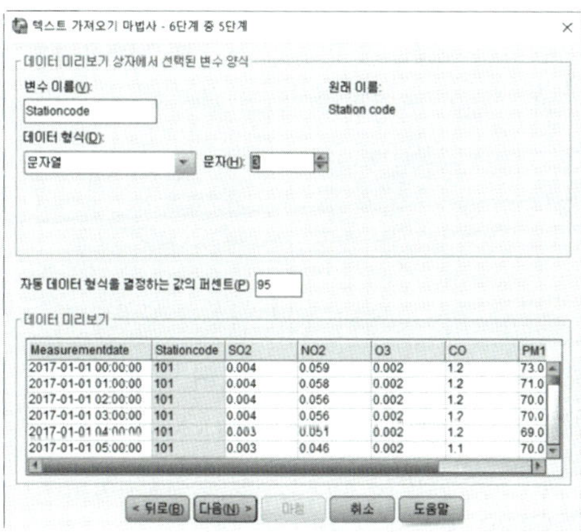

Stationcode는 숫자로 코딩되어 있지만 이는 측정소코드이므로 범주형 변수로 인식시키기 위하여 "데이터 형식"을 "문자열"으로 지정하고 문자자릿수를 "3"으로 지정하고 "다음" 버튼을 누른다.

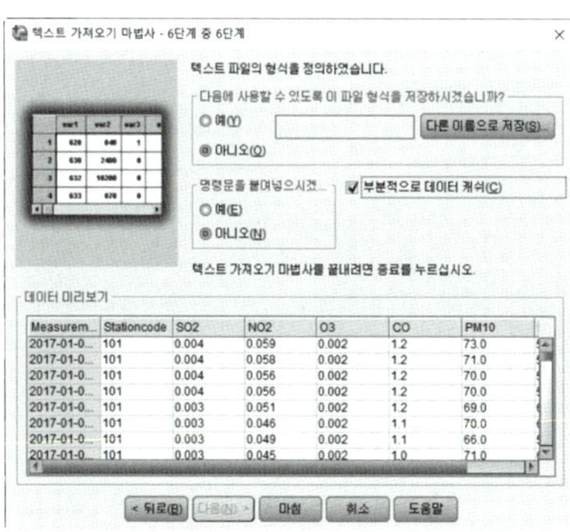

텍스트 가져오기 마법사 6단계 중 6단계에서는 데이터를 바로 읽어들일지 아니면 차후에 읽어들이도록 명령문을 작성할지를 선택하는 단계로 디폴트인 바로 읽어들이기 상태에서 "마침" 버튼을 누른다.

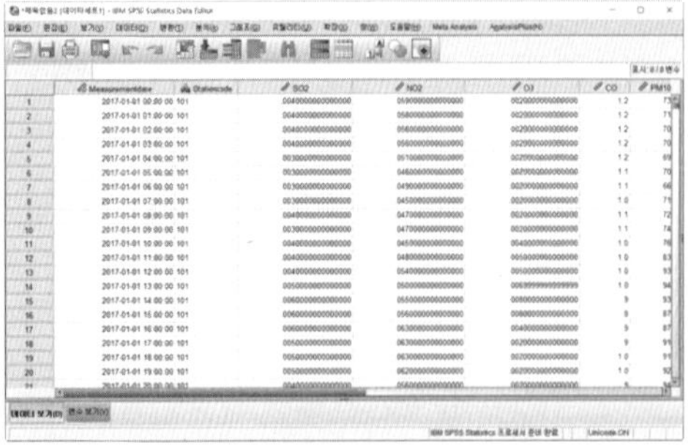

서울 미세먼지 데이터가 잘 읽혀졌음을 확인한다.

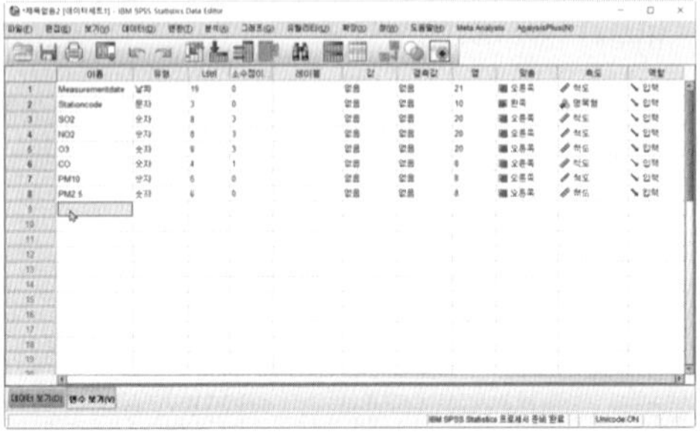

변수 보기 창에서 SO2, NO2, O3 변수의 소수점 이하 자릿수를 2로 변경하고 너비를 8로 변경한다.

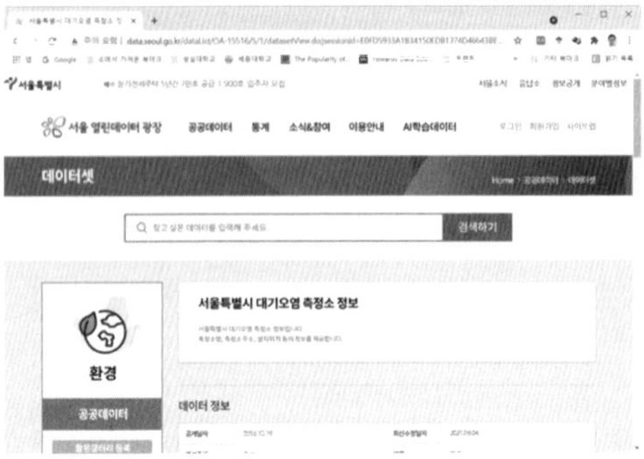

Kaggle의 공개된 미세먼지 데이터에는 측정소코드만 있고 측정소이름이 없으므로 서울 열린데이터 광장의 아래 경로에서 서울특별시 대기오염 측정소 정보를 가져온다.

http://data.seoul.go.kr/dataList/OA-15516/S/1/datasetView.do

그림에서 보는 바와 같이 서울 열린데이터 광장에 올라가 있는 서울특별시 대기오염 측정소 정보에는 측정소코드, 측정소이름, 측정소주소, 표시순서 등의 정보를 가지고 있으므로, “내려받기(csv)” 기능을 이용하여 “서울특별시 대기오염 측정소 정보.csv” 데이터를 다운로드한다.

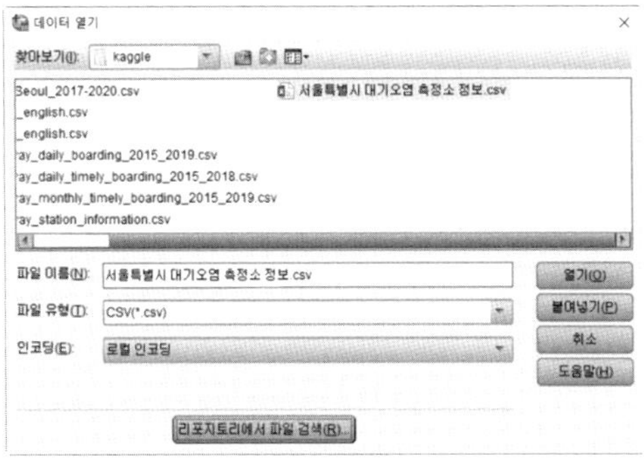

"파일 → 열기 → 데이터"를 통해 "서울특별시 대기오염 측정소 정보.csv"를 읽어들인다.

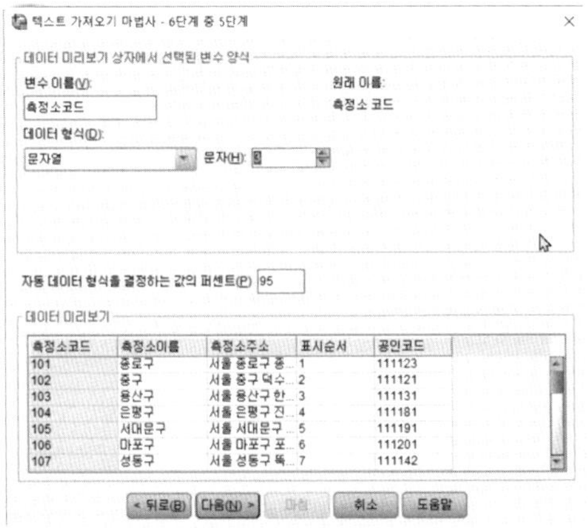

전형적인 CSV 파일이므로 디폴트 설정값으로 다음 버튼만 몇 번 누르면 무난히 읽혀진다.

측정소코드, 측정소이름, 측정소주소, 표시순서, 공인코드 등의 변수명으로 데이터편집창으로 데이터가 읽혀진다.

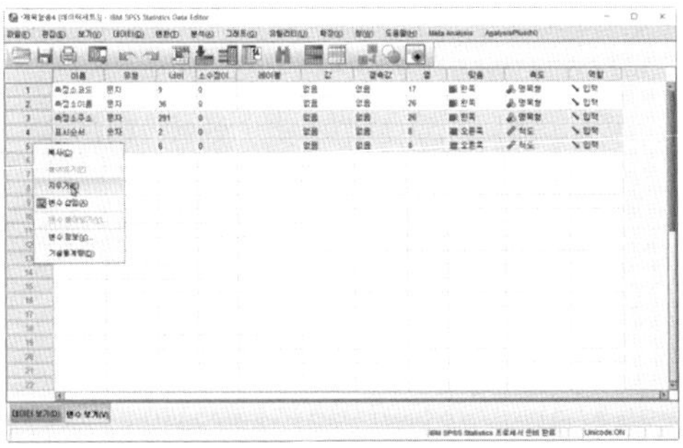

측정소코드, 측정소이름을 제외하고 나머지 변수들은 지우기를 통해 삭제한다.

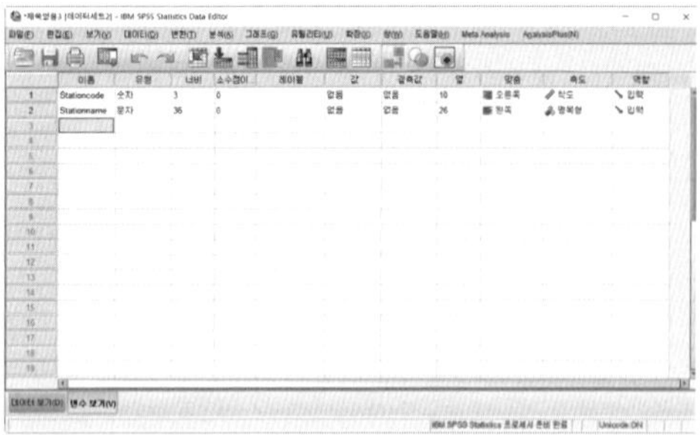

측정소코드 변수명을 "Stationcode"로, 측정소이름 변수명을 "Stationname"로 변경한다.

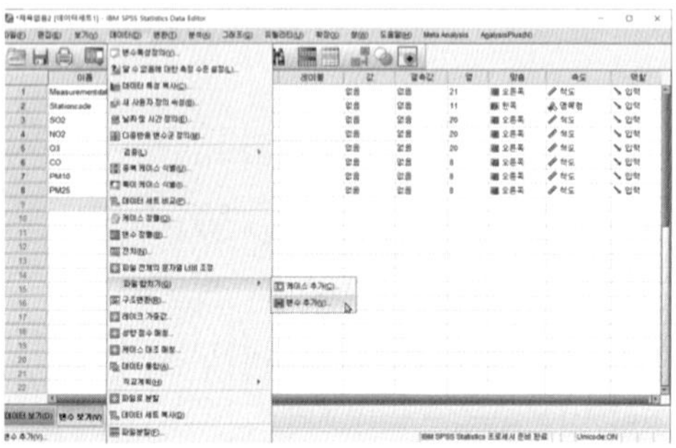

Kaggle에서 읽어들인 미세먼지 데이터 창으로 이동하여 "분석 → 데이터 → 파일합치기 → 변수추가"를 선택한다.

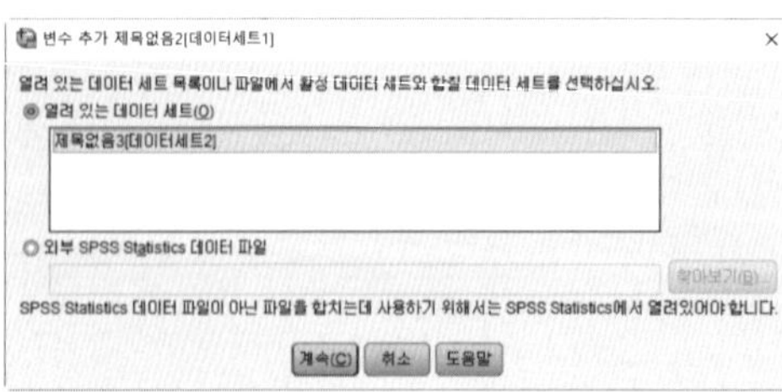

"서울특별시 대기오염 측정소 정보.csv"를 읽어들인 데이터셋을 선택하고 "계속" 버튼을 누른다.

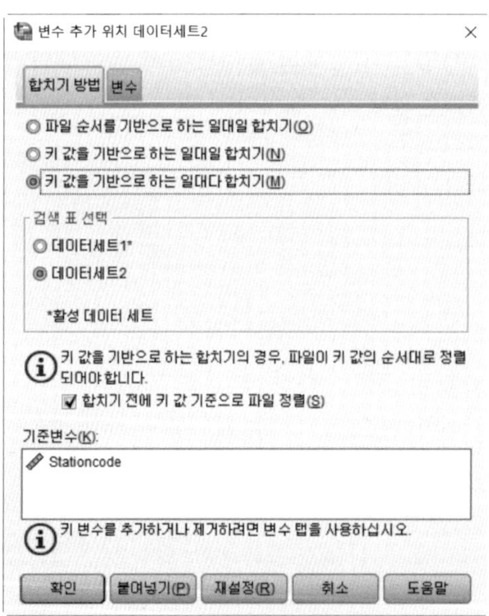

"키 값을 기반으로 하는 일대다 합치기"를 선택하고 "기준변수"에 Stationcode가 선택된 것을 확인하고 "확인" 버튼을 누른다.

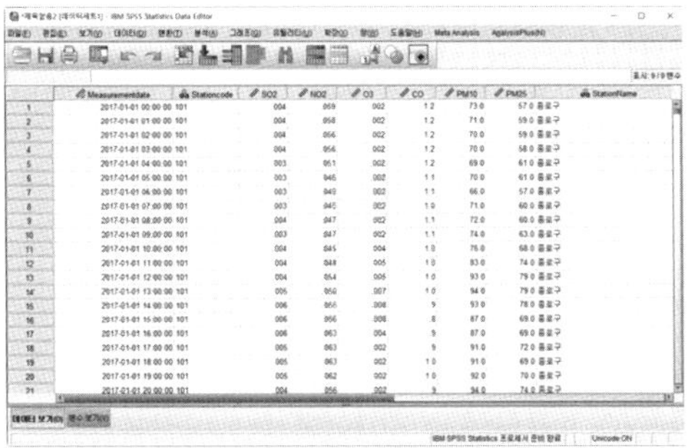

마지막에 Stationname 변수가 추가된 것을 확인할 수 있다.

5.3.2.2 변수 생성 및 정리

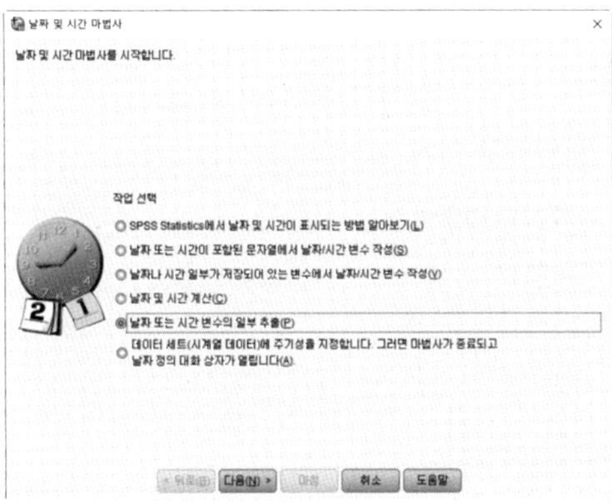

날짜변수로부터 일, 요일 등의 시간변수를 추출하기 위하여 "변환 → 날짜 및 시간 마법사"를 선택하여 "날짜 및 시간 마법사" 대화상자에서 "날짜 또는 시간변수의 일부 추출"을 선택하고 "다음" 버튼을 누른다.

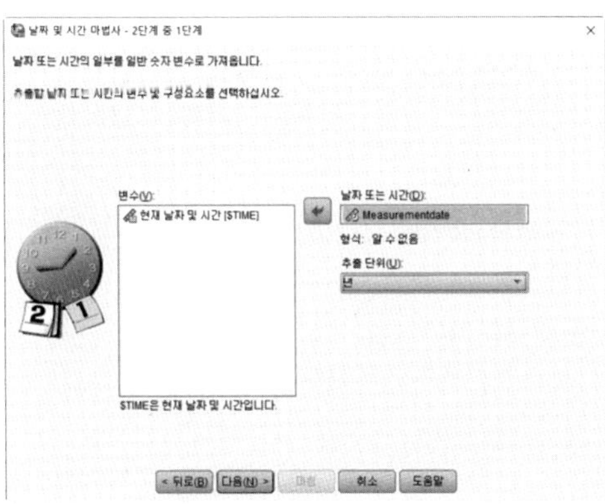

"날짜 또는 시간"에 Measurementdate를 선택하고 "추출단위"를 "년"으로 선택하고 "다음" 버튼을 누른다.

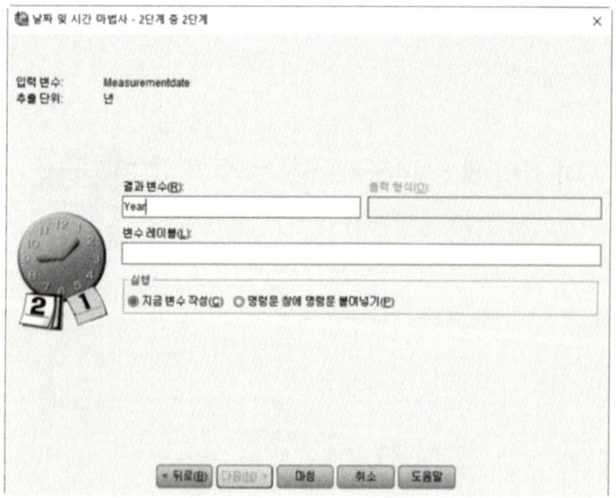

"결과변수"에 "Year"를 입력하고 "마침" 버튼을 누른다.

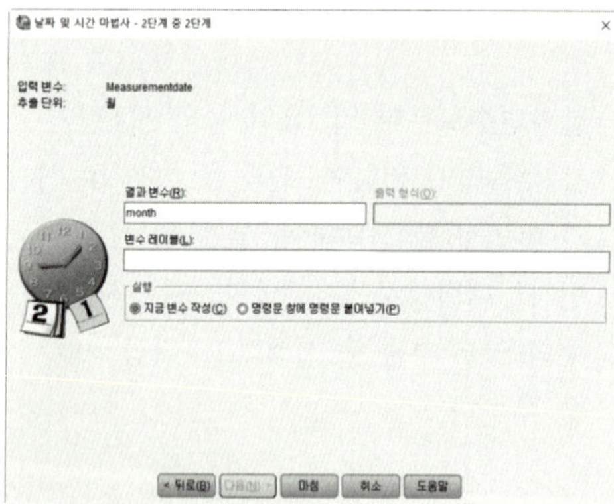

동일한 방법으로 month 날짜변수를 생성한다.

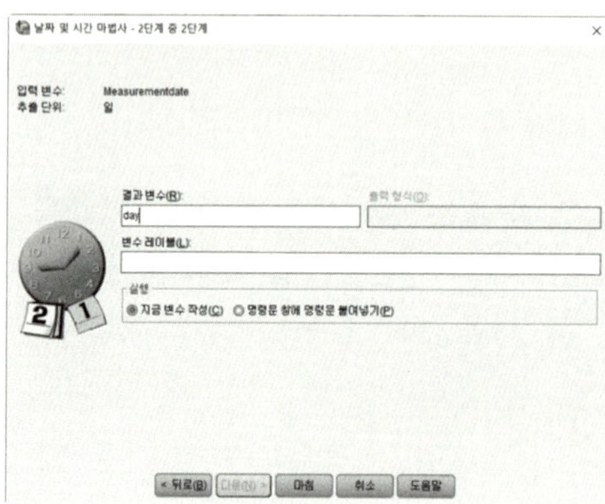

동일한 방법으로 day 날짜변수를 생성한다.

동일한 방법으로 hour 날짜변수를 생성한다.

동일한 방법으로 weekday 날짜변수를 생성한다.

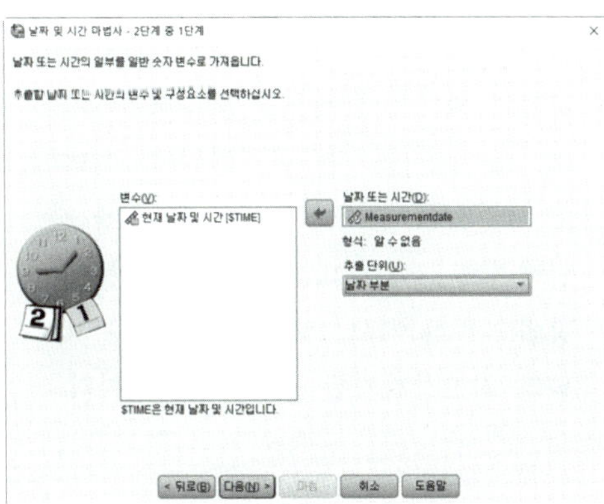

"날짜 또는 시간"에 Measurementdate를 선택하고 "추출단위"를 날짜부분으로 선택하고 "다음" 버튼을 누른다.

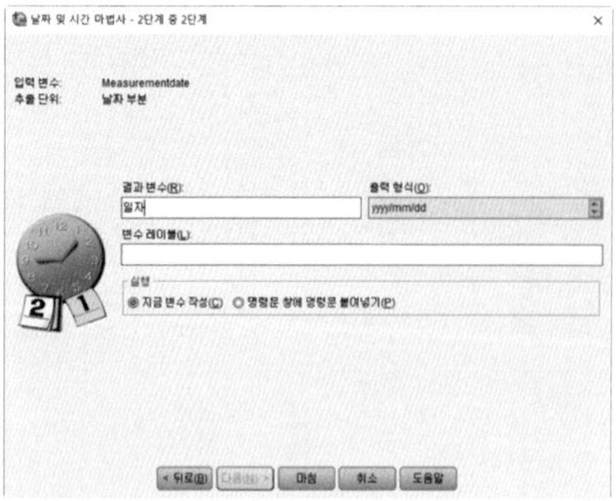

"결과변수"에 "일자"를 입력하고 "마침" 버튼을 누른다.

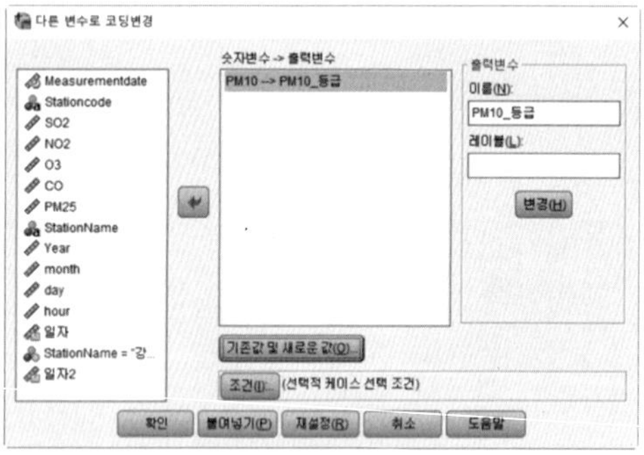

주메뉴에서 "변환 → 다른 변수로 코딩변경"을 선택하고 PM10 변수를 선택하고 "출력변수" "이름"에 "PM10_등급"을 입력하고 "변경" 버튼을 누르고 "기존값 및 새로운 값" 버튼을 누른다.

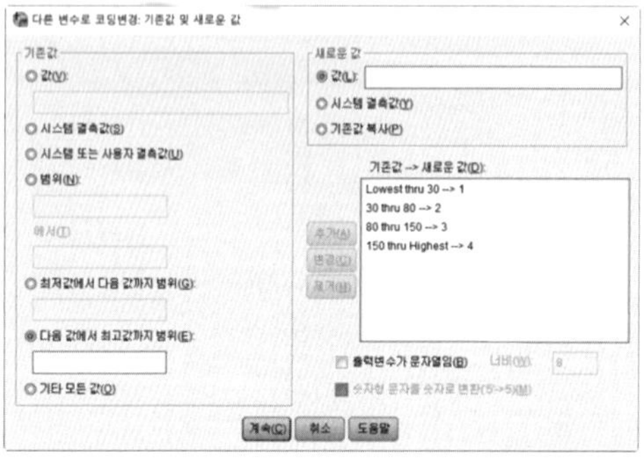

왼쪽의 기존값에서 "최저값에서 다음 값까지 범위"를 선택하고 30을 입력하고 오른쪽 새로운 값에 1을 입력하고 "추가" 버튼을 누른다. 다음은 "범위"를 선택하고 30, 80을 입력하고 새로운 값에 2를 입력하고 "추가" 버튼을 누른다. 동일한 방법으로 80에서 150까지를 3으로, 150부터 최고값까지를 4로 코딩변경한다.

변수 보기 창에서 새로 생성된 PM10_등급의 값 레이블을 1="좋음", 2="보통", 3="나쁨", 4="매우나쁨"으로 부여한다.

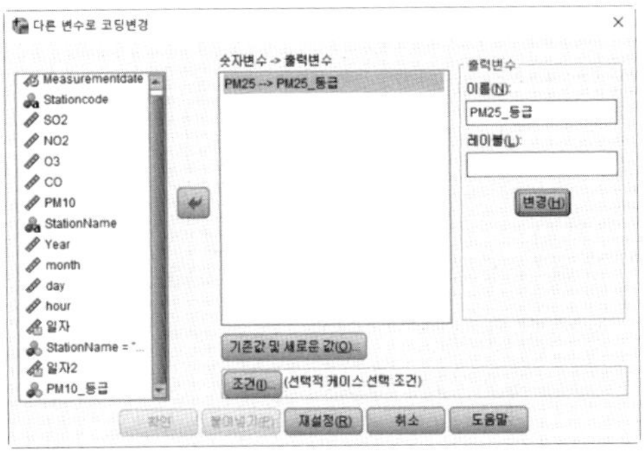

동일한 방법으로 PM25에 대한 코딩을 변경하여 PM25_등급변수에 할당한다.

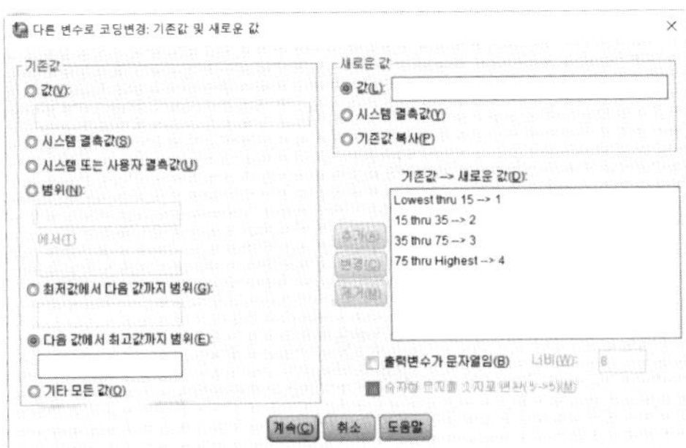

최소값~15 → 1

15~35 → 2

35~75 → 3

75~최대값 → 4

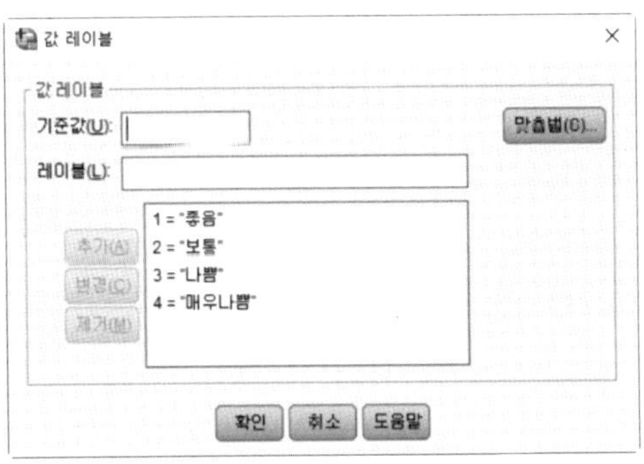

변수 보기 창에서 새로 생성된 PM25_등급의 값 레이블을 1="좋음", 2="보통", 3="나쁨", 4="매우나쁨"으로 부여한다.

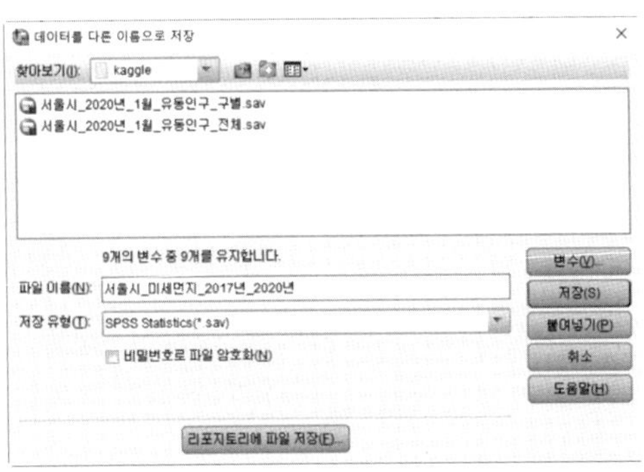

주메뉴에서 "파일 → 저장"을 선택하고 파일이름을 "서울시_미세먼지_2017년_2020년"으로 주고 "저장" 버튼을 누른다.

5.3.2.3 미세먼지 일평균 데이터 파일 생성

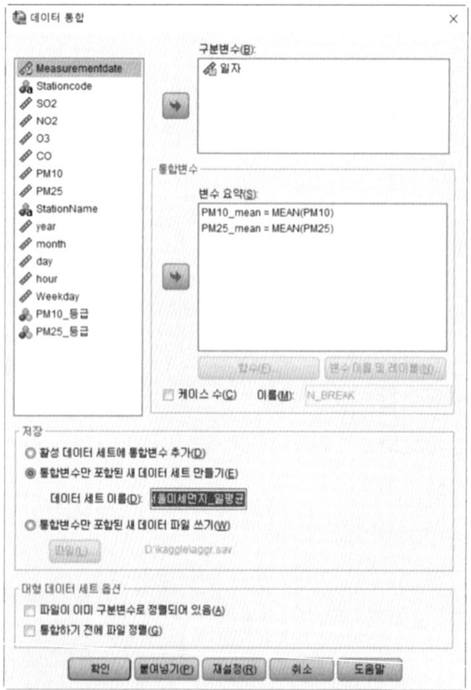

주메뉴에서 “데이터 → 데이터 통합”를 선택하여 데이터 통합 대화상자를 열고, “구분변수”에 일자를 선택하고 “변수 요약”에 PM10, PM25를 선택하고, 함수 버튼을 눌러서 요약 통계량의 “평균”을 선택한다.

저장부분에 “통합변수만 포함된 새 데이터 세트 만들기”를 선택하고 “데이터 세트 이름”을 “서울미세먼지_일평균”을 입력하고 “확인” 버튼을 누른다.

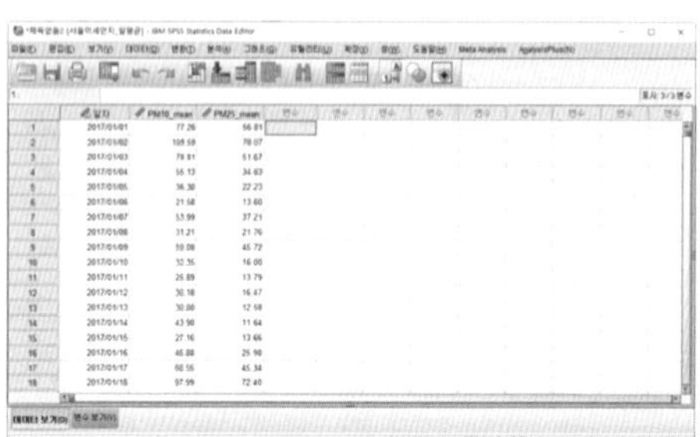

일자별 미세먼지(PM10_) 평균치와 초미세먼지(PM25) 평균치 정보가 생성된 것을 확인할 수 있다.

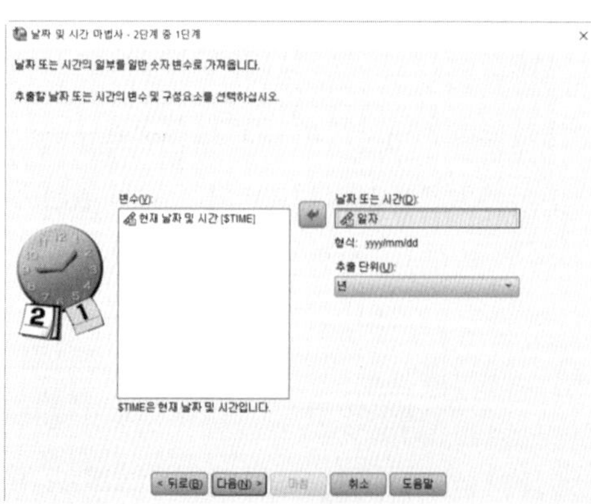

날짜변수로부터 일, 요일 등의 시간변수를 추출하기 위하여 “변환 → 날짜 및 시간 마법사”를 선택하여 “날짜 및 시간 마법사” 대화상자에서 “날짜 또는 시간변수의 일부 추출”을 선택하고 “다음” 버튼을 누르고 “날짜 또는 시간”에 변수 일자를 선택하고 “추출단위”를 “년”으로 선택하고 “다음” 버튼을 누른다.

"결과변수"에 "Year"를 입력하고 "마침" 버튼을 누른다.

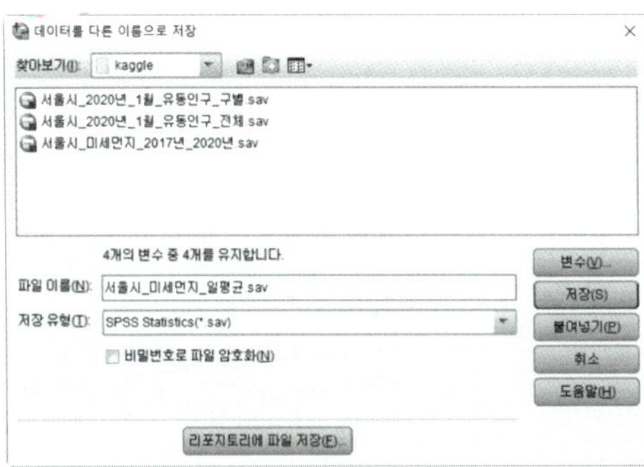

주메뉴에서 "파일 → 저장"을 선택하고 파일이름을 "서울시_미세먼지_일평균"으로 주고 "저장" 버튼을 누른다.

5.3.3 데이터 탐색 및 시각화

"서울시_미세먼지_2017년_2020년.sav" 데이터 파일을 읽어온다.

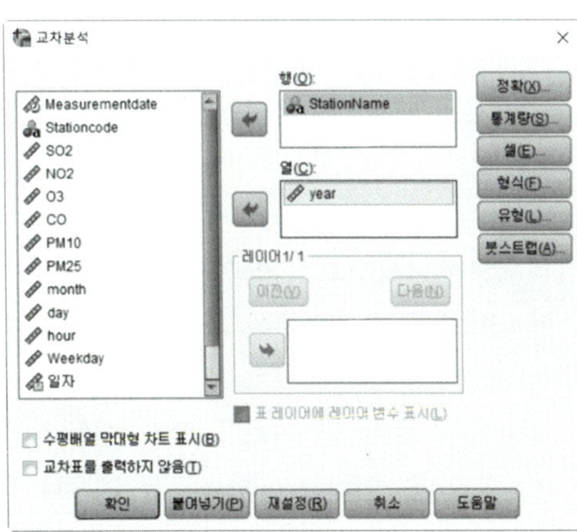

상단 메뉴의 "분석 → 기술통계량 → 교차분석"을 선택하여 대화상자가 열리면 "행"에는 StationName을 선택하고 "열"에는 year를 선택하고 "확인" 버튼을 누른다.

StationName * year 교차표

빈도

		year				
		2017	2018	2019	2020	전체
StationName	강남구	8760	8760	8384	8758	34662
	강동구	8760	8760	8384	8758	34662
	강북구	8760	8760	8372	8758	34650
	강서구	8760	8760	8386	8758	34664
	관악구	8760	8760	8385	8758	34663
	광진구	8760	8760	8374	8758	34652
	구로구	8760	8760	8372	8758	34650
	금천구	8760	8760	8384	8758	34662
	노원구	8760	8760	8385	8758	34663
	도봉구	8760	8760	8372	8758	34650
	동대문구	8760	8760	8384	8758	34662
	동작구	8760	8760	8374	8758	34652
	마포구	8760	8760	8385	8758	34663
	서대문구	8760	8760	8370	8758	34648
	서초구	8760	8760	8385	8758	34663
	성동구	8760	8760	8371	8758	34649
	성북구	8760	8760	8385	8758	34663
	송파구	8760	8760	8385	8758	34663
	양천구	8760	8760	8384	8758	34662
	영등포구	8760	8760	8374	8758	34652
	용산구	8760	8760	8384	8758	34662
	은평구	8760	8760	8376	8758	34654
	종로구	8760	8760	8385	8758	34663
	중구	8760	8760	8385	8756	34661
	중랑구	8760	8760	8386	8758	34664
전체		219000	219000	209511	218948	866459

전체 866,459 케이스 중에 25개 구별로 2017, 2018, 2019, 2020년 케이스수가 교차표로 출력되었다.

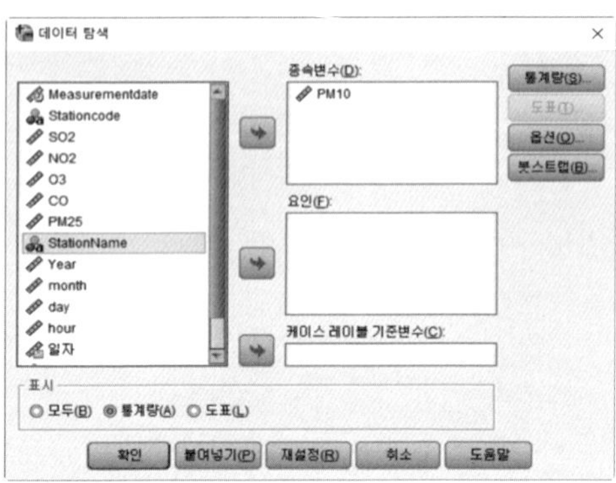

서울의 4년 동안의 일평균 미세먼지를 계산해보기 위해 주메뉴에서 "분석 → 기술통계량 → 데이터 탐색"을 선택하고 열린 대화상자에서 "종속변수"에 PM10 변수를 선택하고 "확인" 버튼을 누른다.

기술통계

			통계량	표준화 오류
PM10	평균		42.38	.071
	평균의 95% 신뢰구간	하한	42.24	
		상한	42.52	
	5% 절사평균		37.54	
	중위수		34.00	
	분산		4428.814	
	표준화 편차		66.549	
	최소값		1	
	최대값		3586	
	범위		3585	
	사분위수 범위		29	
	왜도		25.519	.003
	첨도		935.582	.005

미세먼지(PM10)의 평균치는 42.38로 30~80의 "보통" 범주에 들어간다. 하지만 표준편차(표준화편차)가 66.549로 미세먼지 수치의 일 변화가 매우 심함을 알 수 있다. 최대값은 3586으로 매우나쁨 범주의 시작값인 150의 24배에 달하는 값이다.

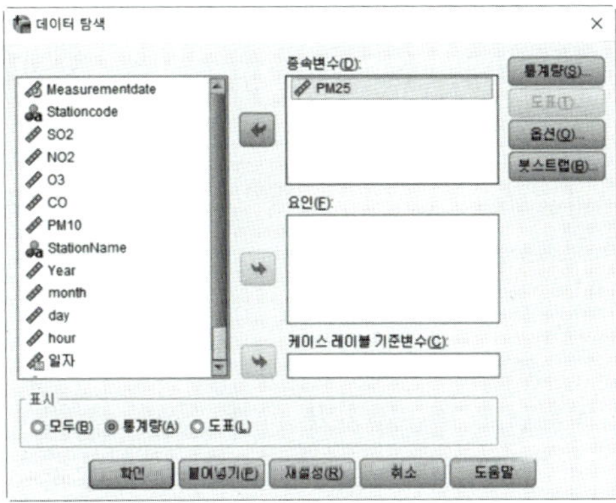

서울의 4년 동안의 일평균 초미세먼지를 계산해보기 위해 주메뉴에서 "분석 → 기술통계량 → 데이터 탐색"을 선택하고 열린 대화상자에서 "종속변수"에 PM25 변수를 선택하고 "확인" 버튼을 누른다.

기술통계

			통계량	표준화 오류
PM25	평균		24.83	.046
	평균의 95% 신뢰구간	하한	24.74	
		상한	24.92	
	5% 절사평균		21.46	
	중위수		19.00	
	분산		1846.421	
	표준화 편차		42.970	
	최소값		1	
	최대값		6256	
	범위		6255	
	사분위수 범위		19	
	왜도		22.772	.003
	첨도		1084.025	.005

초미세먼지(PM25)의 평균치는 24.83으로 15~35의 "보통" 범주에 들어간다. 하지만 표준편차(표준화편차)가 42.970으로 초미세먼지 수치의 일 변화가 매우 심함을 알 수 있다. 최대값은 6256으로 매우나쁨 범주의 시작값인 75의 83배에 달하는 값이다.

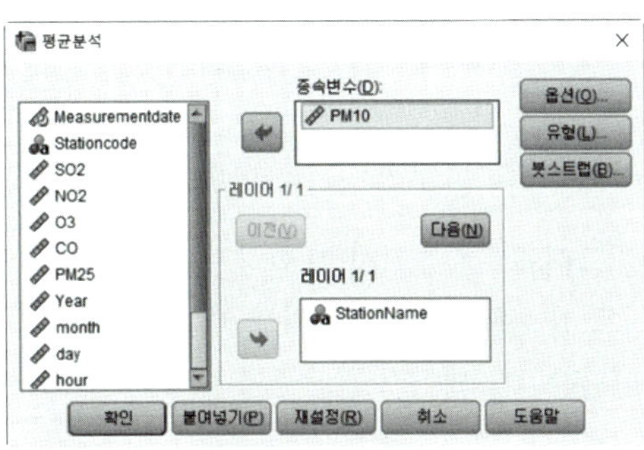

지역별로 미세먼지 평균치를 살펴보기 위하여 주메뉴에서 "분석 → 평균비교 → 평균분석"을 선택하여 열린 대화상자에서 "종속변수"에 PM10을 선택하고 "레이어"에 StationName을 선택하고 "확인" 버튼을 누른다.

PM10

StationName	평균	N	표준편차
강남구	38.29	34662	29.527
강동구	43.42	34662	31.984
강북구	38.99	34650	29.575
강서구	50.95	34664	168.884
관악구	43.97	34663	49.968
광진구	43.61	34652	70.239
구로구	50.86	34650	138.290
금천구	38.80	34662	31.302
노원구	38.93	34663	25.296
도봉구	41.82	34650	62.515
동대문구	37.89	34662	28.640
동작구	41.35	34652	26.099
마포구	44.53	34663	65.867
서대문구	40.97	34648	45.027
서초구	52.04	34663	137.331
성동구	45.93	34649	65.353
성북구	44.62	34663	56.301
송파구	43.68	34663	62.925
양천구	41.77	34662	27.790
영등포구	46.59	34652	57.683
용산구	36.01	34662	24.997
은평구	41.04	34654	43.072
종로구	37.80	34663	27.214
중구	37.50	34661	25.219
중랑구	38.05	34664	28.239
전체	42.38	866459	66.549

미세먼지 평균수치가 가장 높은 3개 지역은 서초구 52.04, 강서구 50.95, 구로구 50.86 순으로 나타났고, 일자리가 가장 많은 강남구는 38.29, 중구는 37.50으로 상대적으로 낮은 수치를 나타내고 있다.

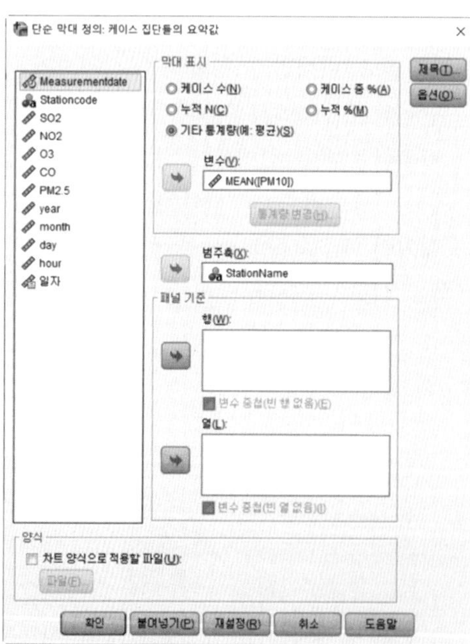

"그래프 → 레거시 대화상자 → 막대차트"를 선택하고, 막대차트 대화상자에서 "단순"과 "케이스 집단들의 요약값"을 선택하고 "정의" 버튼을 누르고, 주대화상자에서 "막대표시"에 PM10을 선택하고 "범주축"에 StationName을 선택하고 "확인" 버튼을 누른다.

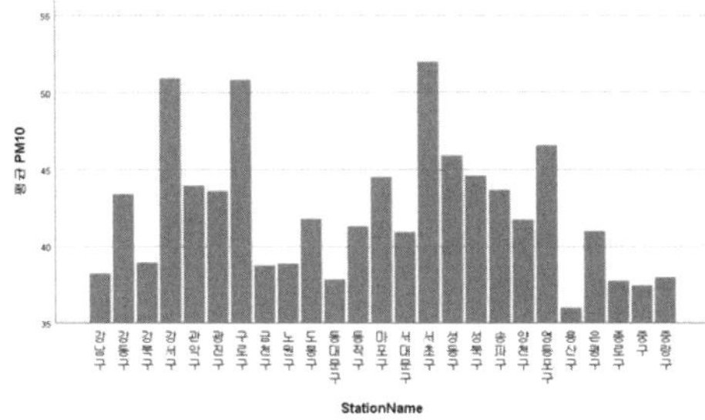

서울의 25개 구의 일평균 미세먼지(PM10) 수치가 막대도표로 나타났다. 앞의 평균분석의 결과와 마찬가지로 서초구, 강서구, 구로구 수치가 높게 나타났다.

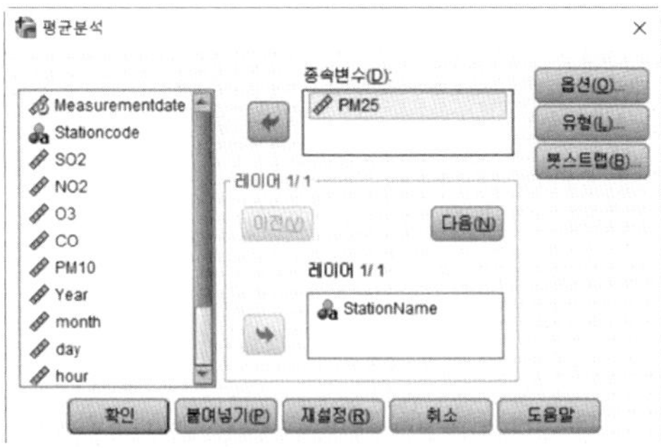

지역별로 초미세먼지 평균치를 살펴보기 위하여 주메뉴에서 "분석 → 평균비교 → 평균분석"을 선택하여 열린 대화상자에서 "종속변수"에 PM25를 선택하고 "레이어"에 StationName을 선택하고 "확인" 버튼을 누른다.

PM25

StationName	평균	N	표준편차
강남구	23.77	34662	23.644
강동구	24.65	34662	22.190
강북구	21.76	34650	18.070
강서구	23.00	34664	17.135
관악구	26.53	34663	42.257
광진구	27.89	34652	71.579
구로구	29.88	34650	82.389
금천구	24.36	34662	24.314
노원구	23.61	34663	17.695
도봉구	25.66	34650	61.868
동대문구	22.58	34662	20.542
동작구	24.00	34652	19.092
마포구	28.38	34663	58.802
서대문구	23.18	34648	33.979
서초구	28.97	34663	78.126
성동구	24.91	34649	43.673
성북구	25.40	34663	57.691
송파구	23.56	34663	35.528
양천구	24.86	34662	19.279
영등포구	28.94	34652	60.814
용산구	22.85	34662	37.988
은평구	24.27	34654	36.948
종로구	22.76	34663	20.274
중구	23.01	34661	17.506
중랑구	21.96	34664	18.341
전체	24.83	866459	42.970

초미세먼지 평균수치가 가장 높은 3개 지역은 구로구 29.88, 서초구 28.97, 영등포구 28.94 순으로 나타났고, 일자리가 가장 많은 강남구는 23.77, 중구는 23.01로 상대적으로 낮은 수치를 나타내고 있다.

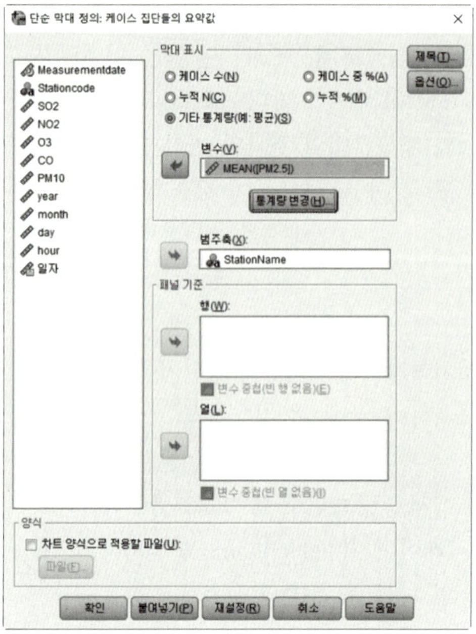

"그래프 → 레거시 대화상자 → 막대차트"를 선택하고, 막대차트 대화상자에서 "단순"과 "케이스 집단들의 요약값"을 선택하고 "정의" 버튼을 누르고, 주대화상자에서 "막대표시"에 PM25를 선택하고 "범주축"에 StationName을 선택하고 "확인" 버튼을 누른다.

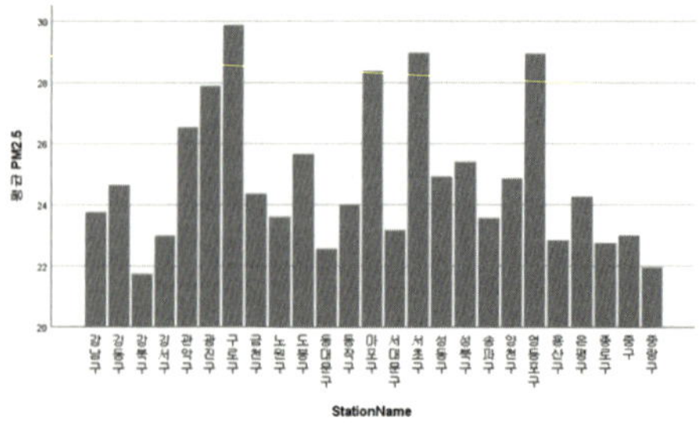

서울의 25개 구의 일평균 초미세먼지(PM25) 수치가 막대도표로 나타났다. 앞의 평균분석의 결과와 마찬가지로 구로구, 서초구, 영등포구 수치가 높게 나타났다.

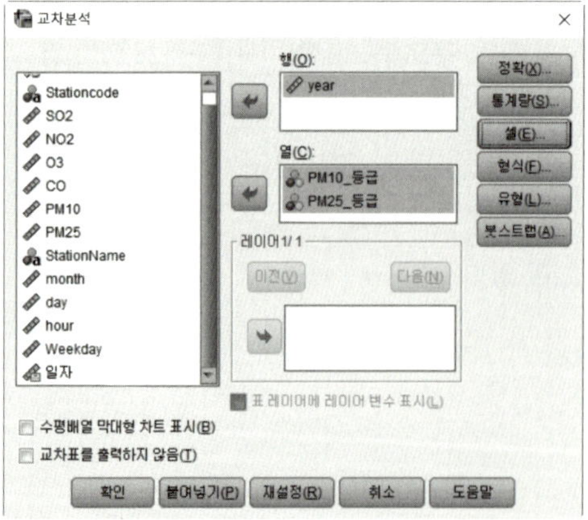

미세먼지등급(PM10_등급)과 초미세먼지등급(PM25_등급)을 연도별로 살펴보기 위하여 "분석 → 기술통계량 → 교차분석"을 선택하여 열린 대화상자에서 "행"에 year를, "열"에 PM10_등급, PM25_등급을 선택하고, "셀" 버튼을 누른다.

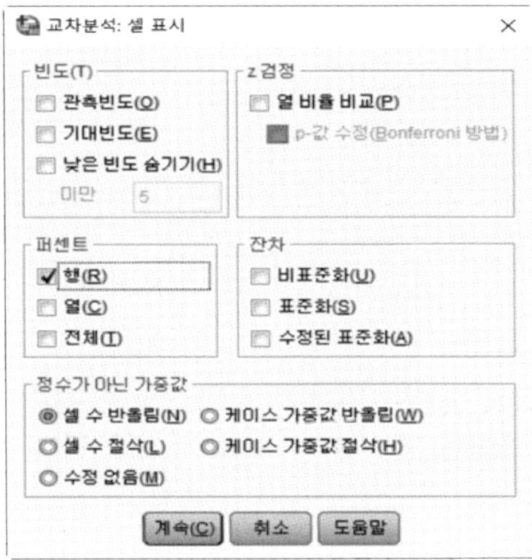

"교차분석: 셀표시" 대화상자에서 "퍼센트" 항목에 "행"을 선택하고 "계속" 버튼을 누르고 주대화상자로 돌아가서 "확인" 버튼을 누른다.

year * PM10_등급 교차표

year 중 %

		PM10_등급				
		좋음	보통	나쁨	매우나쁨	전체
year	2017	35.5%	56.0%	7.7%	0.9%	100.0%
	2018	43.2%	48.7%	7.5%	0.7%	100.0%
	2019	41.8%	48.5%	7.8%	1.8%	100.0%
	2020	47.9%	48.2%	3.5%	0.4%	100.0%
전체		42.1%	50.4%	6.6%	0.9%	100.0%

미세먼지(PM10) 등급을 연도별로 살펴보면 2017년에는 35.5%가 좋음이었으나 2018년에는 43.2%로, 2019년에는 41.8%로 2020년에는 47.9%로 점차 많아졌음을 확인할 수 있다.

year * PM25_등급 교차표

year 중 %

		PM25_등급				
		좋음	보통	나쁨	매우나쁨	전체
year	2017	33.7%	46.3%	18.2%	1.9%	100.0%
	2018	40.8%	41.4%	15.5%	2.4%	100.0%
	2019	35.5%	45.7%	15.0%	3.7%	100.0%
	2020	42.7%	42.8%	13.7%	0.7%	100.0%
전체		38.2%	44.0%	15.6%	2.2%	100.0%

초미세먼지(PM25) 등급을 연도별루 살펴보면 2017년에는 33.7%가 좋음이었으나, 2018년에는 40.8%, 2019년에는 35.5%, 2020년에는 42.7%로 점차 많아졌음을 확인할 수 있다.

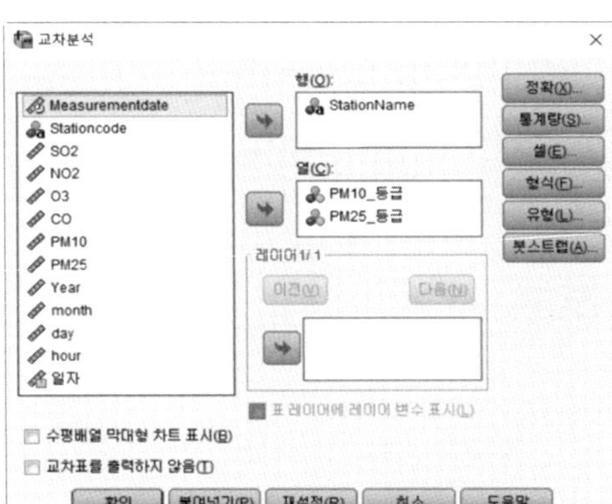

지역별로 미세먼지 등급을 살펴보기 위하여 주메뉴에서 "분석 → 평균비교 → 평균분석"을 선택하여 열린 대화상자에서 "열"에 PM10_등급과 PM25_등급을 선택하고 "행"에 StationName을 선택하고 "확인" 버튼을 누른다.

StationName * PM10_등급 교차표

StationName 중 %

		PM10_등급				
		좋음	보통	나쁨	매우나쁨	전체
StationName	강남구	45.7%	48.1%	5.4%	0.8%	100.0%
	강동구	37.4%	53.4%	8.2%	1.0%	100.0%
	강북구	44.3%	49.0%	6.0%	0.8%	100.0%
	강서구	38.7%	52.3%	7.7%	1.2%	100.0%
	관악구	36.6%	55.5%	6.9%	1.0%	100.0%
	광진구	43.3%	49.7%	5.9%	1.1%	100.0%
	구로구	41.8%	48.9%	7.9%	1.4%	100.0%
	금천구	44.2%	50.1%	5.2%	0.6%	100.0%
	노원구	42.7%	51.4%	5.4%	0.5%	100.0%
	도봉구	46.2%	46.4%	6.3%	1.1%	100.0%
	동대문구	45.6%	47.9%	5.7%	0.8%	100.0%
	동작구	37.8%	55.4%	6.2%	0.6%	100.0%
	마포구	40.5%	51.3%	7.0%	1.3%	100.0%
	서대문구	43.1%	48.6%	7.3%	0.9%	100.0%
	서초구	40.3%	49.4%	8.7%	1.6%	100.0%
	성동구	40.5%	50.0%	8.2%	1.4%	100.0%
	성북구	38.0%	53.9%	7.0%	1.1%	100.0%
	송파구	41.6%	50.5%	6.9%	1.0%	100.0%
	양천구	38.6%	53.7%	6.9%	0.8%	100.0%
	영등포구	36.7%	53.7%	8.5%	1.1%	100.0%
	용산구	48.1%	46.7%	4.8%	0.4%	100.0%
	은평구	43.4%	48.9%	6.7%	1.0%	100.0%
	종로구	46.1%	48.3%	5.1%	0.6%	100.0%
	중구	46.6%	47.5%	5.4%	0.5%	100.0%
	중랑구	44.9%	48.6%	5.8%	0.7%	100.0%
전체		42.1%	50.4%	6.6%	0.9%	100.0%

미세먼지(PM10) 등급으로 살펴볼 때 서초구가 나쁨인 날이 8.7%로 가장 많았으며, 영등포구가 8.5%로 그 다음으로 많았으며, 강동구가 8.2%로 그 뒤를 이었다.

StationName * PM25_등급 교차표

StationName 중 %

		PM25_등급				
		좋음	보통	나쁨	매우나쁨	전체
StationName	강남구	39.5%	42.9%	15.2%	2.4%	100.0%
	강동구	35.8%	45.6%	16.0%	2.5%	100.0%
	강북구	42.5%	42.0%	14.0%	1.5%	100.0%
	강서구	37.4%	45.9%	15.1%	1.6%	100.0%
	관악구	33.9%	45.6%	17.8%	2.7%	100.0%
	광진구	39.7%	42.1%	15.7%	2.5%	100.0%
	구로구	40.2%	40.1%	16.8%	2.9%	100.0%
	금천구	34.8%	47.5%	15.7%	2.0%	100.0%
	노원구	35.6%	46.9%	15.6%	1.9%	100.0%
	도봉구	42.2%	40.6%	15.1%	2.1%	100.0%
	동대문구	39.9%	44.6%	13.4%	2.1%	100.0%
	동작구	36.7%	45.1%	16.0%	2.2%	100.0%
	마포구	33.6%	45.9%	17.6%	2.9%	100.0%
	서대문구	41.0%	41.6%	15.5%	1.9%	100.0%
	서초구	40.8%	40.3%	16.2%	2.7%	100.0%
	성동구	37.7%	43.7%	16.1%	2.5%	100.0%
	성북구	40.4%	42.8%	15.2%	1.7%	100.0%
	송파구	39.1%	44.7%	14.6%	1.7%	100.0%
	양천구	35.1%	44.8%	17.7%	2.4%	100.0%
	영등포구	34.3%	44.5%	18.0%	3.2%	100.0%
	용산구	39.8%	43.6%	14.6%	2.0%	100.0%
	은평구	37.5%	45.3%	15.5%	1.7%	100.0%
	종로구	39.4%	44.9%	14.1%	1.6%	100.0%
	중구	38.6%	44.6%	15.2%	1.6%	100.0%
	중랑구	39.9%	45.2%	13.0%	1.8%	100.0%
전체		38.2%	44.0%	15.6%	2.2%	100.0%

초미세먼지(PM25) 등급으로 살펴볼 때 영등포구가 나쁨인 날이 18.0%로 가장 많았으며, 구로구가 16.8%로 그 다음으로 많았으며, 서초구가 16.2%로 그 뒤를 이었다.

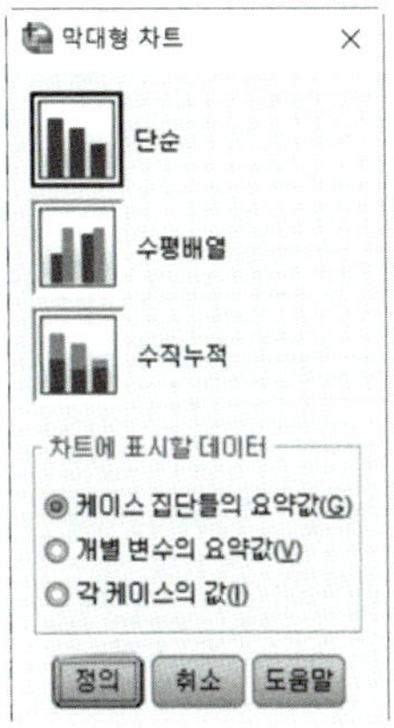

일자별로 미세먼지 수치의 변화를 살펴보기 위하여 "그래프 → 레거지 대화상자 → 막대형차트"를 선택하고, "단순" 유형에 "케이스 집단들의 요약값"을 선택하고 "정의" 버튼을 누른다.

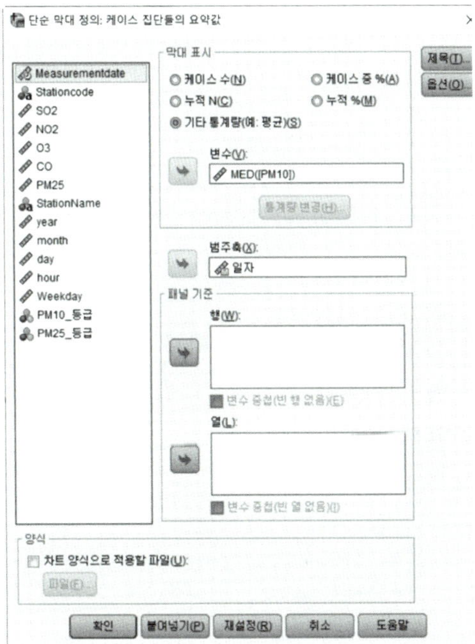

"막대표시"를 "기타 통계량"으로 선택하고 PM10을 변수로 선택하고 범주축에는 일자를 선택하고 "확인" 버튼을 누른다.

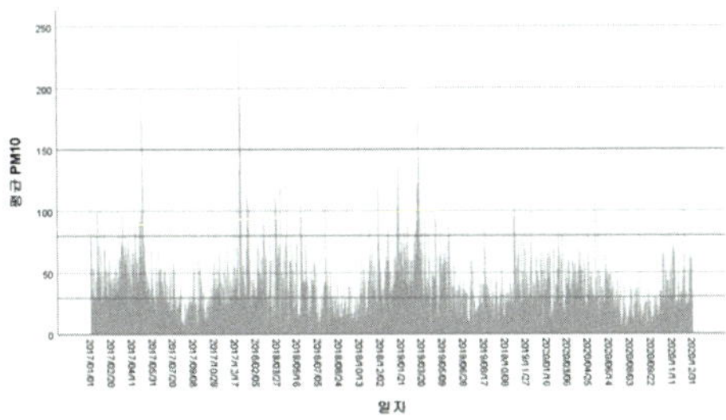

전체적으로 큰 폭의 변화를 보이고 있으며 3~5월과 11~1월에 미세먼지 평균수치가 나빠지는 패턴을 보이고 있다.

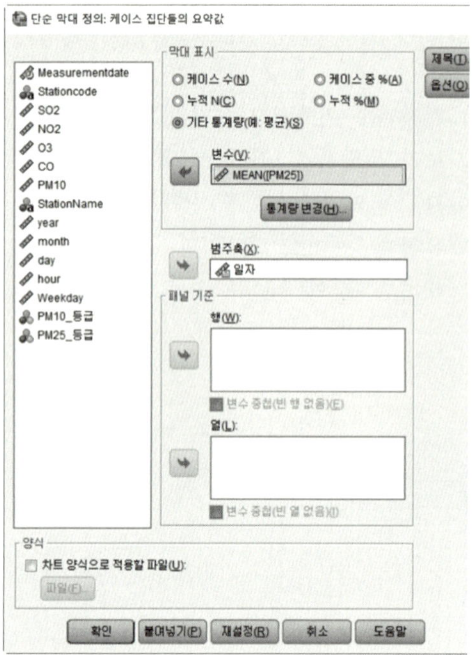

"막대표시"를 "기타 통계량"으로 선택하고 PM25를 변수로 선택하고 범주축에는 일자를 선택하고 "확인" 버튼을 누른다.

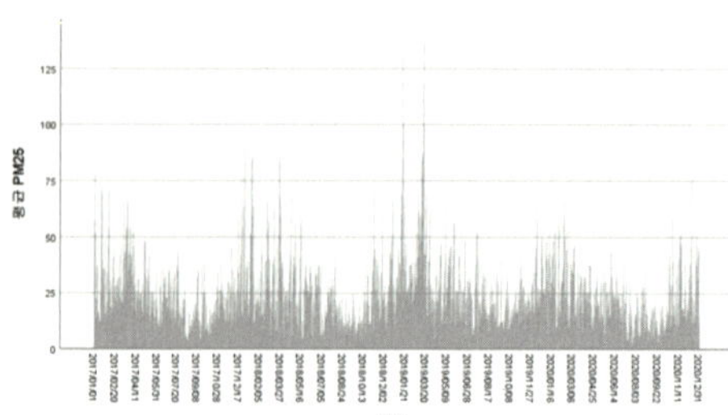

전체적으로 큰 폭의 변화를 보이고 있으며 12~3월에 초미세먼지 평균수치가 나빠지는 패턴을 보이고 있다.

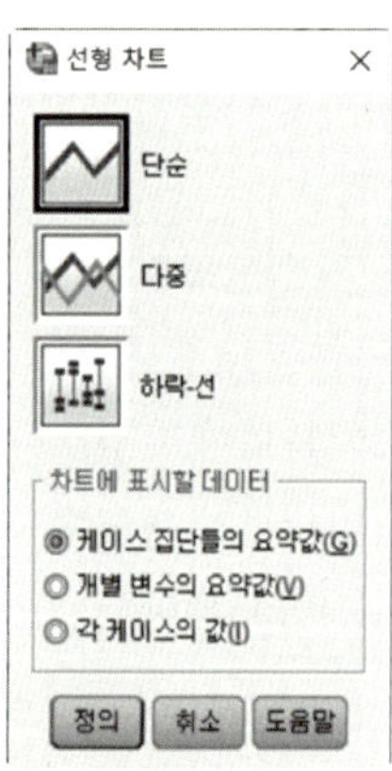

시간대별로 미세먼지 수치의 변화를 살펴보기 위하여 "그래프 → 레거시 대화상자 → 선형 차트"를 선택하고 "단순"과 "케이스 집단들의 요약값"을 선택하고 "정의" 버튼을 누른다.

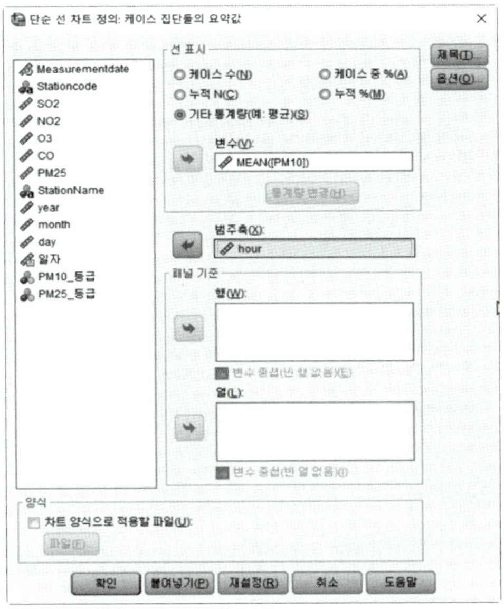

"선표시"를 "기타 통계량"으로 선택하고 PM10을 변수로 선택하고 범주축에는 hour를 선택하고 "확인" 버튼을 누른다.

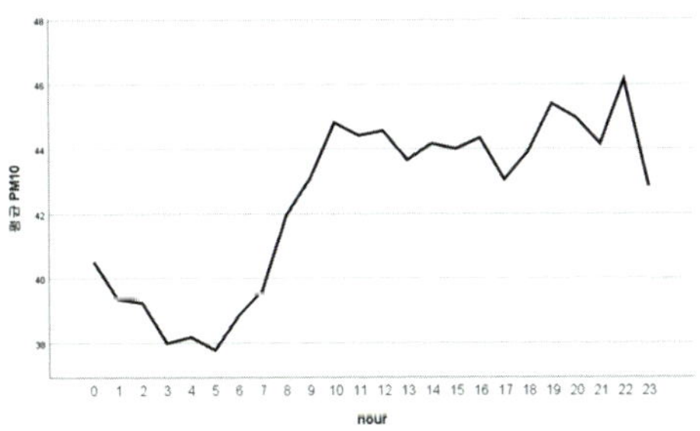

시간대별 미세먼지(PM10) 평균치를 살펴보면 오전 3~5시에 가장 낮고 오후 7~10시에 가장 높다.

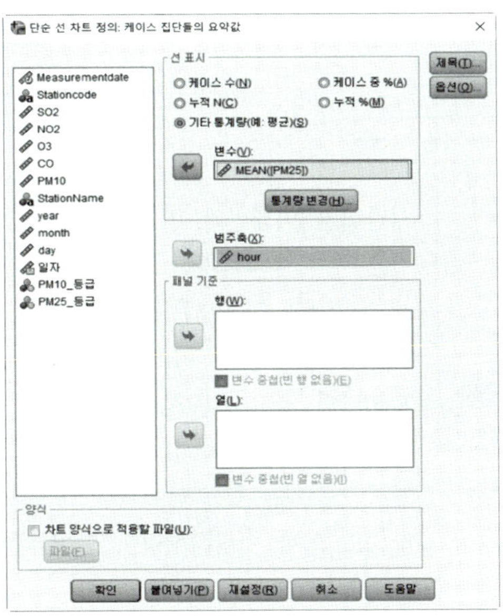

"선표시"를 "기타 통계량"으로 선택하고 PM25를 변수로 선택하고 범주축에는 hour를 선택하고 "확인" 버튼을 누른다.

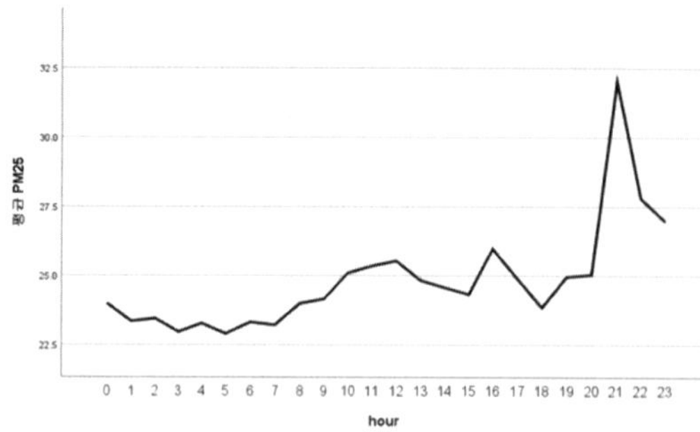

시간대별 초미세먼지(PM25) 평균치를 살펴보면 오전 3~5시에 가장 낮고 오후 9시에 가장 높다.

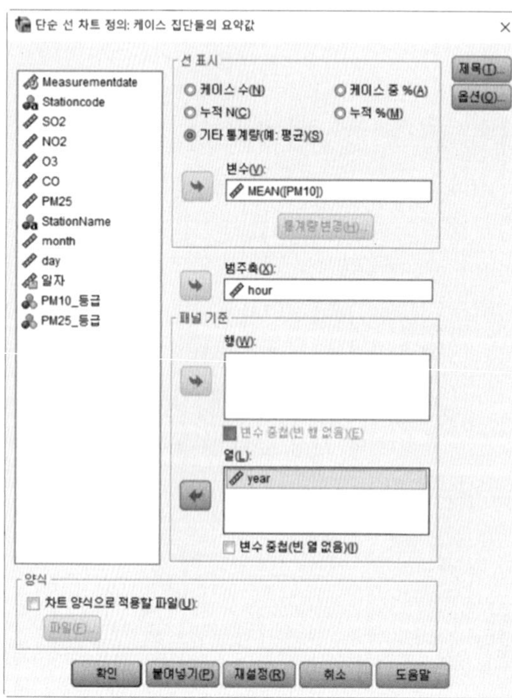

시간대별 미세먼지 수치를 연도별로 비교해보려면, 단순 선차트의 집단들의 요약값 대화상자에서 "선표시"를 "기타 통계량"으로 선택하고 PM10을 변수로 선택하고 범주축에는 hour를 선택하고 패널기준의 열에 year를 선택하고 "확인" 버튼을 누른다.

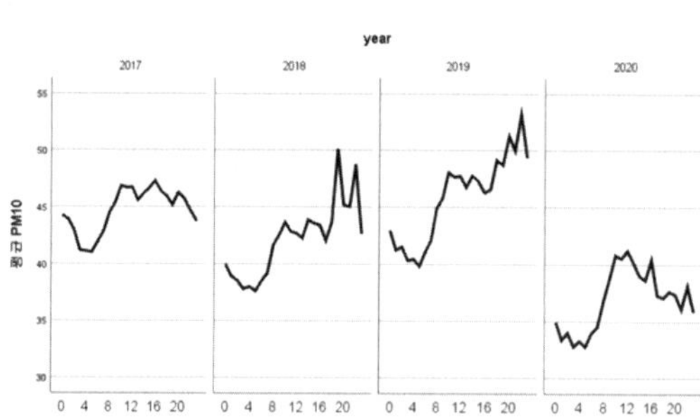

시간대별 미세먼지 평균치 변화패턴은 매우 유사하지만 2017년에 비해 2018년과 2019년은 최저치와 최고치의 차이가 더 커졌다. 하지만 2020년의 최저치와 최고치의 차이는 2017년 패턴과 유사하면서 전체적인 수치는 훨씬 낮아졌다. 코로나19로 인한 차량운행량이 줄어든 효과로 유추된다.

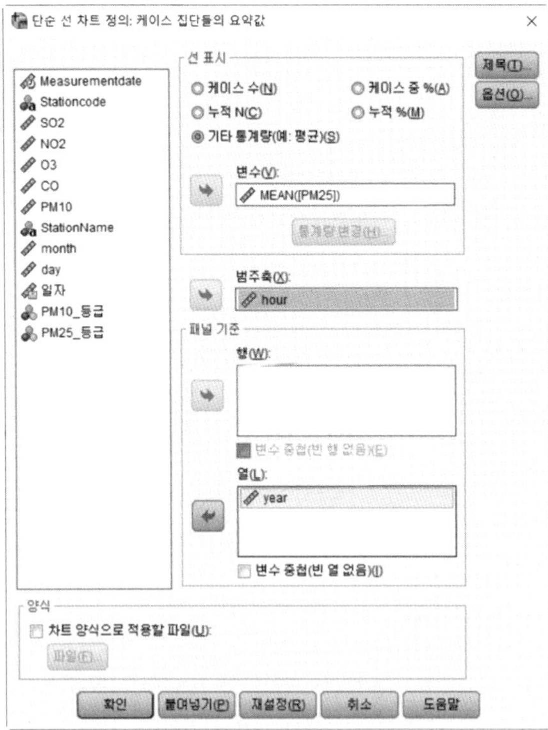

시간대별 초미세먼지 수치를 연도별로 비교해보려면, 단순 선차트의 집단들의 요약값 대화상자에서 "선표시"를 "기타 통계량"으로 선택하고 PM25를 변수로 선택하고 범주축에는 hour를 선택하고 패널기준의 열에 year를 선택하고 "확인" 버튼을 누른다.

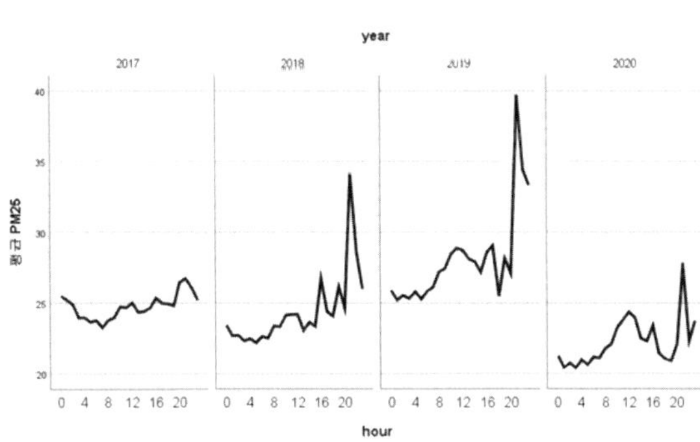

시간대별 초미세먼지 평균치 변화패턴은 매우 유사하지만 2017년에 비해 2018년과 2019년은 최저치와 최고치의 차이가 더 커졌다. 하지만 2020년의 최저치와 최고치의 차이는 다소 줄어든 패턴을 보이면서 전체적인 수치는 2017년보다도 낮아졌다. 코로나19로 인한 차량운행량이 줄어든 효과로 유추된다.

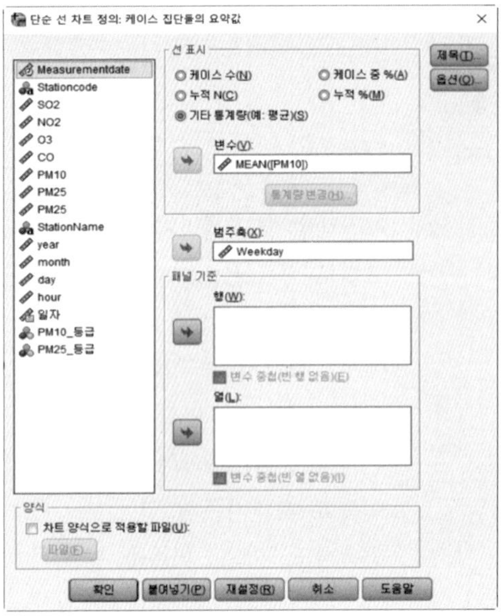

요일별 미세먼지(PM10) 수치를 살펴보려면, 단순 선차트의 집단들의 요약값 대화상자에서 "선표시"를 "기타 통계량"으로 선택하고 PM10을 변수로 선택하고 범주축에는 Weekday를 선택하고 확인 버튼을 누른다.

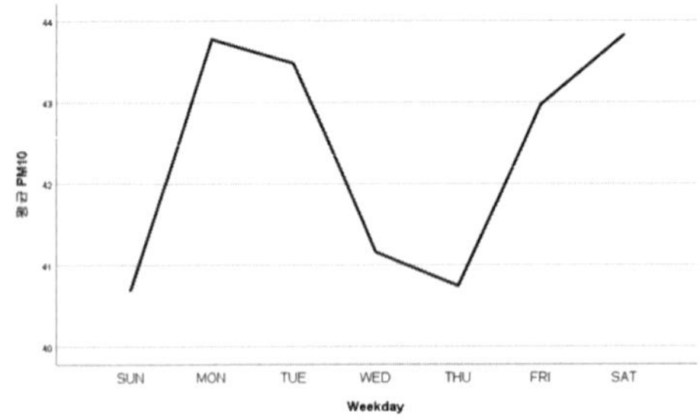

월요일과 토요일의 미세먼지 평균수치가 가장 높으며 화요일과 목요일도 높은 편에 속하며, 일요일과 목요일의 미세먼지 평균수치가 가장 낮다. 이는 차량 교통량과 밀접한 관계가 있을 것으로 추측된다.

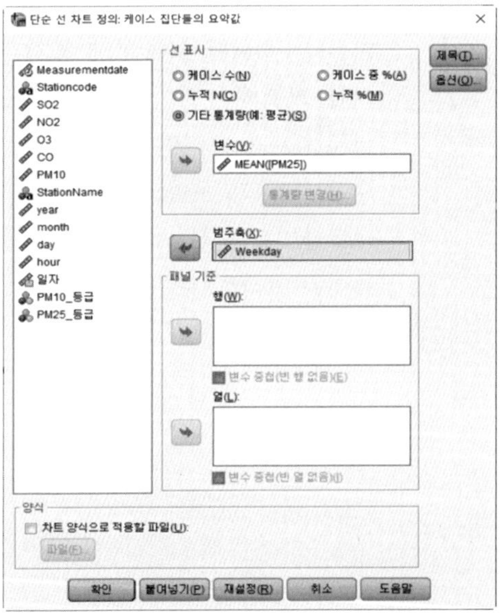

요일별 초미세먼지(PM25) 수치를 살펴보려면, 단순 선차트의 집단들의 요약값 대화상자에서 "선표시"를 "기타 통계량"으로 선택하고 PM25를 변수로 선택하고 범주축에는 Weekday를 선택하고 "확인" 버튼을 누른다.

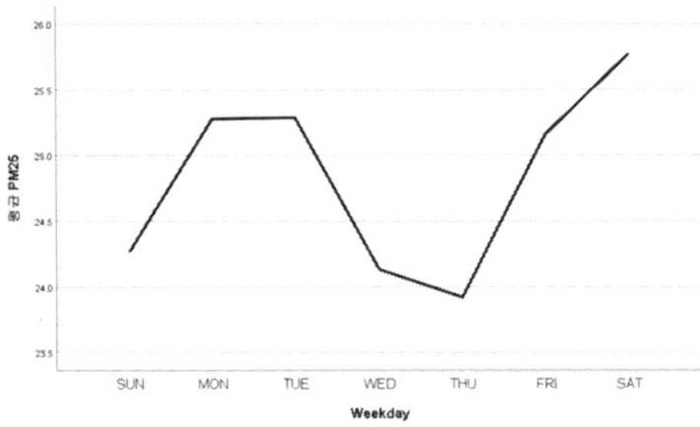

토요일의 초미세먼지 평균수치가 가장 높으며 월요일, 화요일 및 금요일도 높은 편에 속하며, 목요일의 초미세먼지 평균수치가 가장 낮으며, 일요일의 평균수치도 낮은 편이다. 이 역시 차량 교통량과 밀접한 관계가 있을 것으로 추측된다.

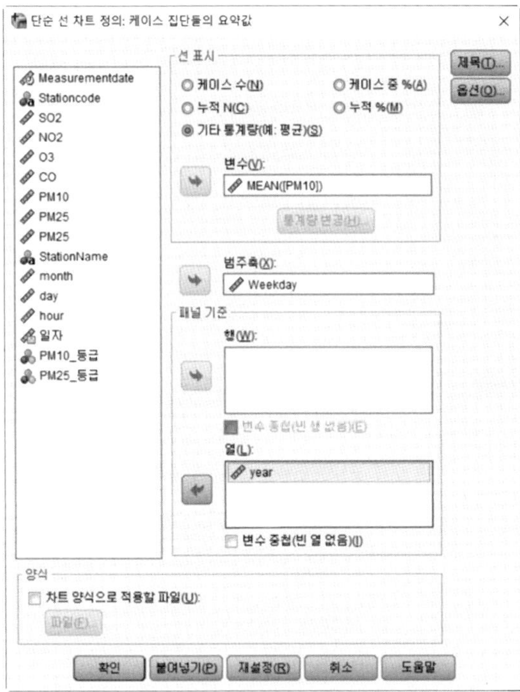

요일별 미세먼지 수치를 연도별로 비교하기 위해, 단순 선차트의 집단들의 요약값 대화상자에서 "선표시"를 "기타 통계량"으로 선택하고 PM10을 변수로 선택하고 범주축에는 Weekday를 선택하고 패널기준의 열에 year를 선택하고 "확인" 버튼을 누른다.

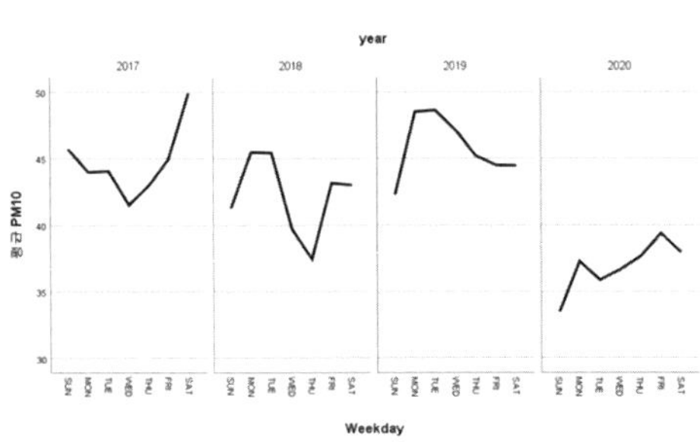

2017년 미세먼지 평균수치는 토요일이 가장 높았으며 수요일이 가장 낮았지만, 2018년과 2019년에는 월요일과 화요일의 평균수치가 가장 높았으며 목요일 수치가 가장 낮았다. 2020년에는 금요일 수치가 더 높게 나타났고 일요일 수치가 가장 낮게 나타났다.

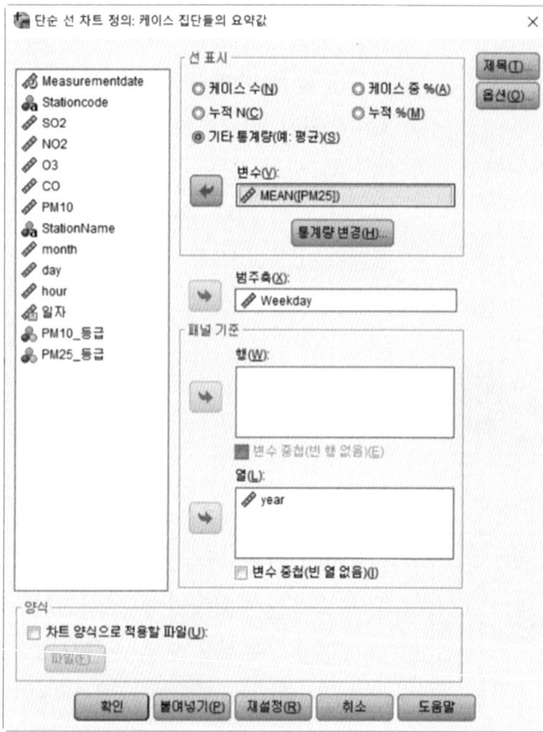

요일별 초미세먼지 수치를 연도별로 비교해보려면, 단순 선차트의 집단들의 요약값 대화상자에서 "선표시"를 "기타 통계량"으로 선택하고 PM25를 변수로 선택하고 범주축에는 Weekday를 선택하고 패널기준의 열에 year를 선택하고 "확인" 버튼을 누른다.

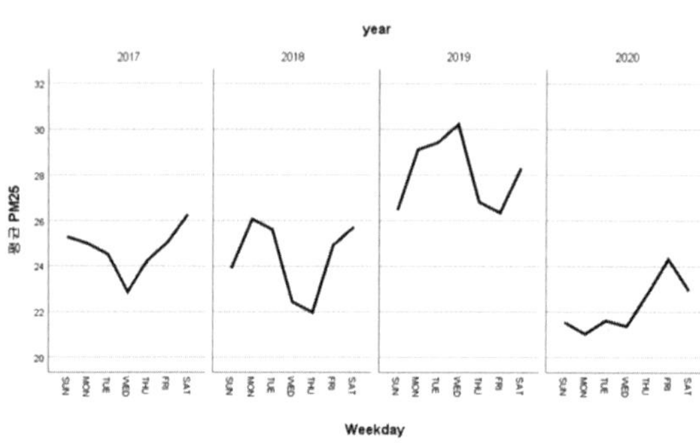

2017년 초미세먼지 평균수치는 토요일이 가장 높았으며 수요일이 가장 낮았지만, 2018년에는 월요일의 평균수치가 가장 높았으며 목요일 수치가 가장 낮았고, 2019년에는 수요일의 평균수치가 가장 높았으며 금요일 수치가 가장 낮았다. 2020년에는 금요일 수치가 더 높게 나타났고 월요일 수치가 가장 낮게 나타났다.

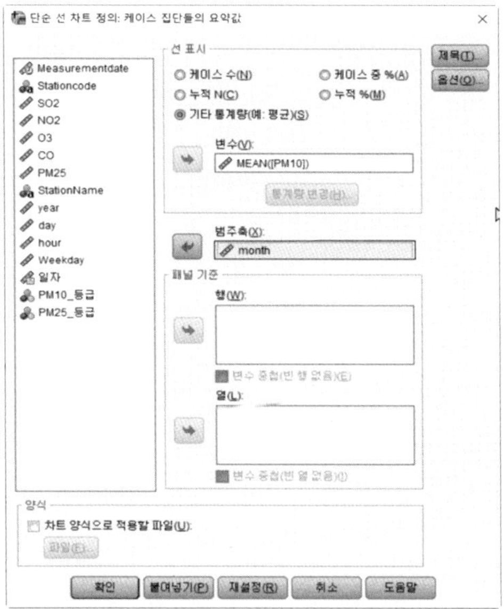

월별 미세먼지(PM10) 수치를 살펴보려면, 단순 선차트의 집단들의 요약값 대화상자에서 "선표시"를 "기타 통계량"으로 선택하고 PM10을 변수로 선택하고 범주축에는 month를 선택하고 "확인" 버튼을 누른다.

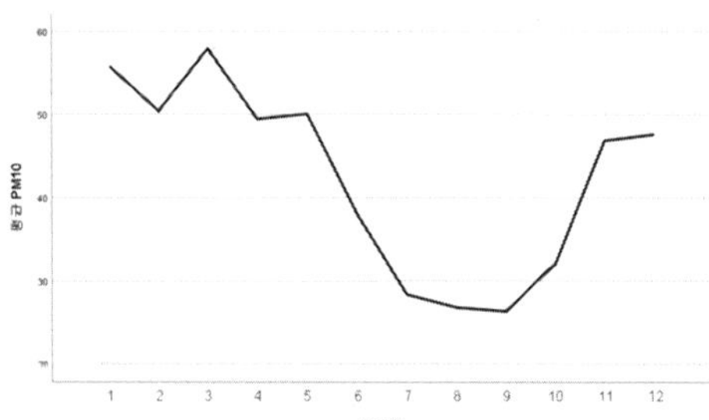

미세먼지 평균수치는 7~9월에 낮게 나타났으며, 1~5월에 높게 나타났다.

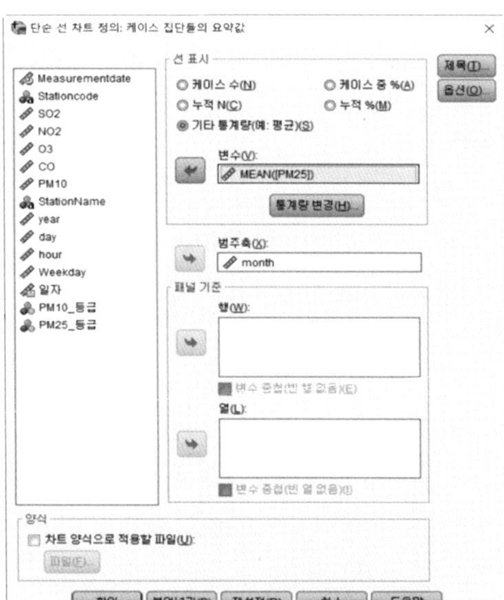

월별 초미세먼지(PM25) 수치를 살펴보려면, 단순 선차트의 집단들의 요약값 대화상자에서 "선표시"를 "기타 통계량"으로 선택하고 PM25를 변수로 선택하고 범주축에는 month를 선택하고 "확인" 버튼을 누른다.

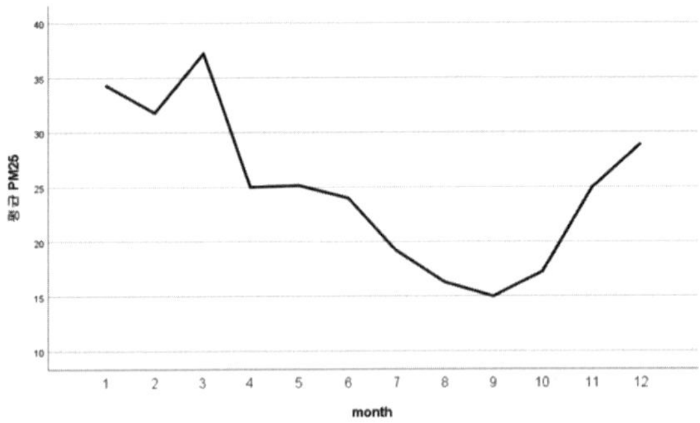

초미세먼지 평균수치는 8~9월에 낮게 나타났으며, 1~3월에 높게 나타났다.

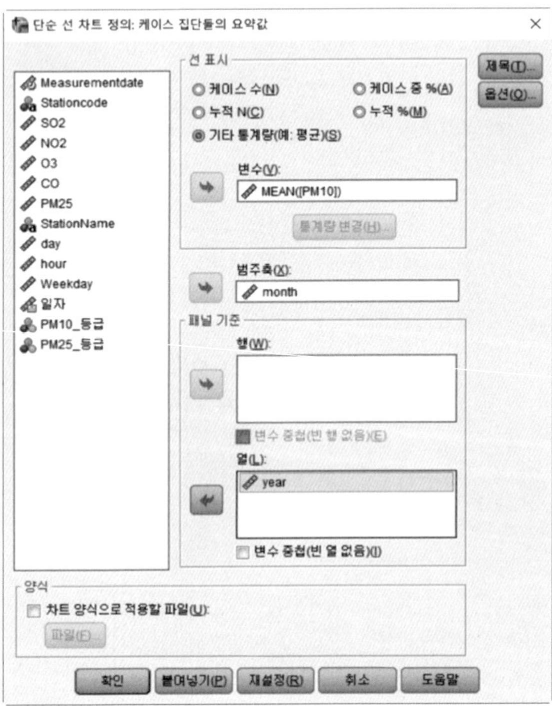

월별 미세먼지 수치를 연도별로 비교해보려면, 단순 선차트의 집단들의 요약값 대화상자에서 "선표시"를 "기타 통계량"으로 선택하고 PM10을 변수로 선택하고 범주축에는 month를 선택하고 패널기준의 열에 year를 선택하고 "확인" 버튼을 누른다.

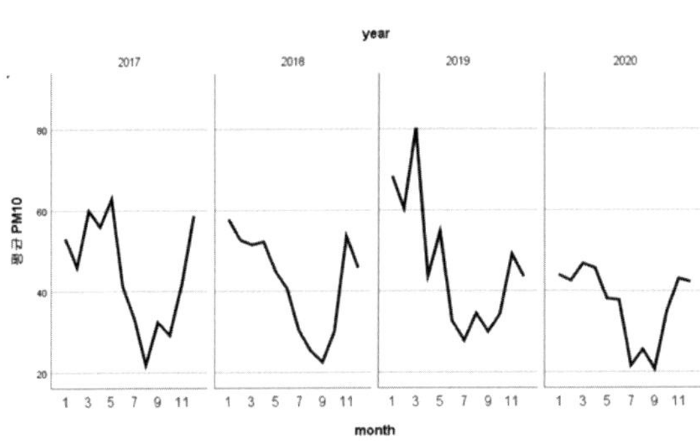

연도별로 비슷한 패턴을 보이고 있어 7~9월의 미세먼지 평균수치가 낮고 12~5월 평균수치가 높은데 2019년 1~3월의 평균수치는 다른 연도보다 월등히 높게 나타났고 2020년 평균수치는 다른 연도에 비해 월등히 낮게 나타났다.

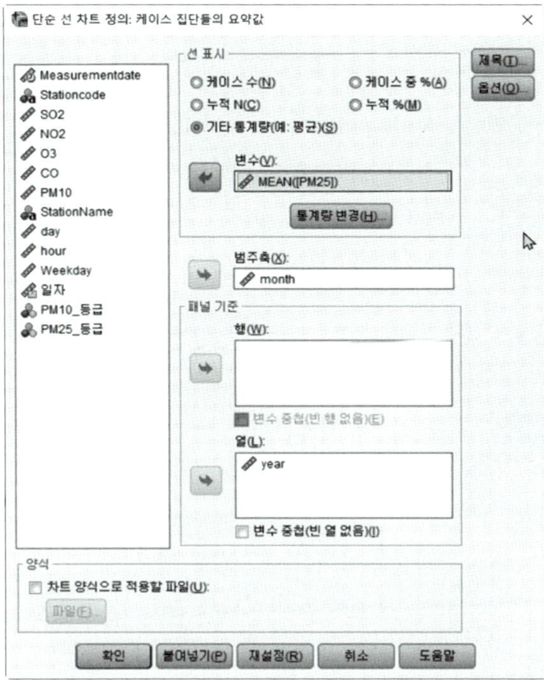

월별 초미세먼지 수치를 연도별로 비교해보려면, 단순 선차트의 집단들의 요약값 대화상자에서 "선표시"를 "기타 통계량"으로 선택하고 PM25를 변수로 선택하고 범주축에는 month를 선택하고 패널기준의 열에 year룰 선택하고 "확인" 버튼을 누른다.

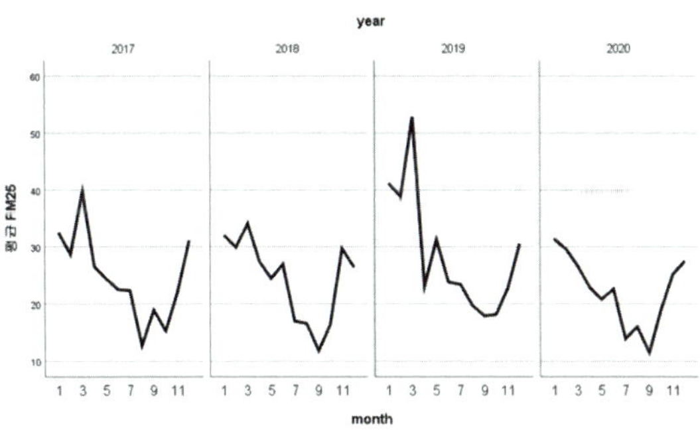

연도별로 비슷한 패턴을 보이고 있어 7~9월의 초미세먼지 평균수치가 낮고 12~5월 평균수치가 높은데 2019년 1~3월의 평균수치는 다른 연도보다 월등히 높게 나타났고 2020년 평균수치는 다른 연도에 비해 비교적 낮게 나타났다.

5.3.4 미세먼지 예측을 위한 모델링

5.3.4.1 시계열 모델링

데이터 탐색 및 시각화 과정에서 시간흐름에 따라 패턴이 반복적으로 나타남을 확인하였다. 이러한 데이터를 시계열(Time Series) 데이터라고 하고, 예측을 위해서는 시계열 모델링을 적용한다. 서울시 일평균 미세먼지 데이터에 시계열 모델링을 적용시켜 보기로 하자.

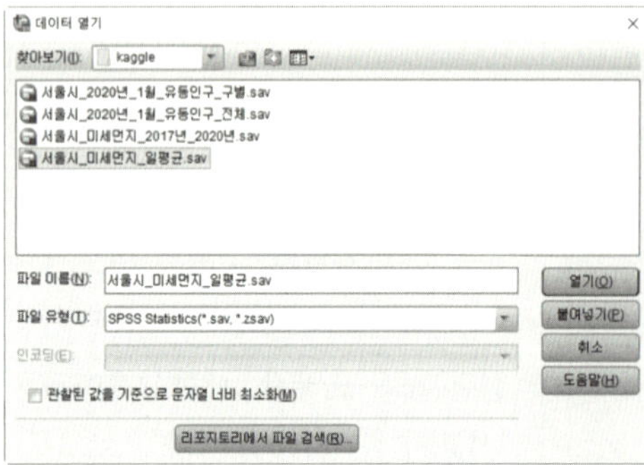

"파일 → 열기 → 데이터"를 선택하여 "서울시_미세먼지_일평균.sav" 파일을 불러온다.

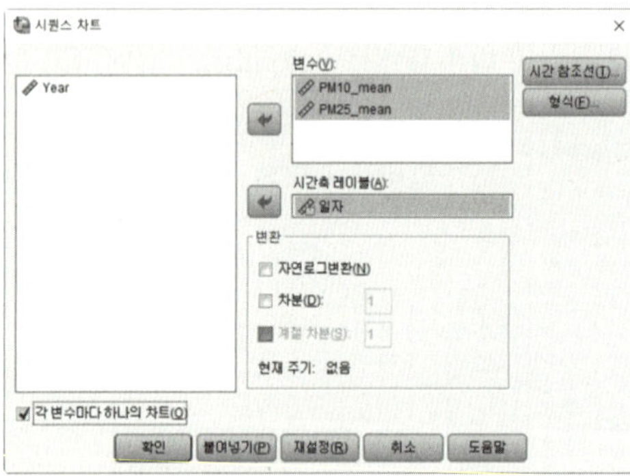

"분석 → 시계열분석 → 시퀀스차트"를 선택하여 열린 대화상자에서 변수에 PM10_mean과 PM25_mean을 선택하고 "시간축 레이블"에 "일자" 변수를 선택하고, "각 변수마다 하나의 차트"를 선택하고 "확인" 버튼을 누른다.

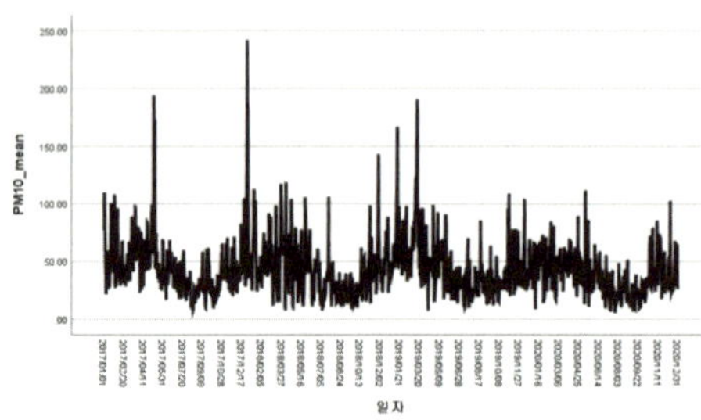

미세먼지 데이터는 시간흐름에 따라 일정하게 반복적인 패턴을 보이는 것을 시퀀스차트를 통해서 확인할 수 있다.

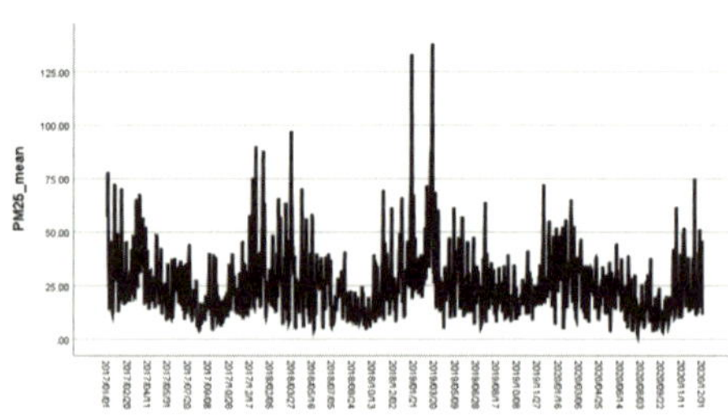

초미세먼지 데이터 역시 시간흐름에 따라 일정하게 반복적인 패턴을 보이는 것을 시퀀스차트를 통해서 확인할 수 있다.

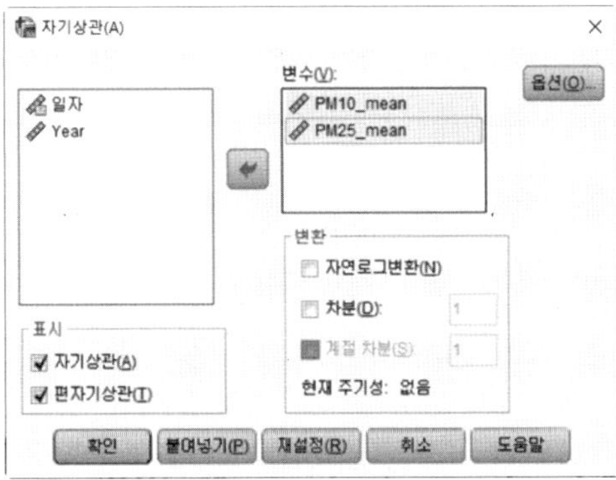

미세먼지 & 초미세먼지 일별 데이터가 전일 혹은 전전일 등 일정한 시차 전의 수치에 영향을 받는지를 확인하기 위하여 자기상관(Auto-Correlation) 계수를 계산해본다. "분석 → 시계열 분석 → 자기상관"을 선택하여 열린 대화상자에서 "변수"에 PM10_mean과 PM25_mean을 선택하고 "표시"에 "자기상관"과 "편자기상관"을 모두 선택하고 "확인" 버튼을 누른다.

자기상관

계열: PM10_mean

시차	자기상관	표준화 오차[a]	Box-Ljung 통계량 값	자유도	유의확률[b]
1	.685	.026	682.158	1	.000
2	.438	.026	961.337	2	.000
3	.333	.026	1123.090	3	.000
4	.266	.026	1226.425	4	.000
5	.245	.026	1313.974	5	.000
6	.249	.026	1404.344	6	.000
7	.263	.026	1505.031	7	.000
8	.257	.026	1601.551	8	.000
9	.242	.026	1687.024	9	.000
10	.212	.026	1752.986	10	.000
11	.203	.026	1813.176	11	.000
12	.199	.026	1871.104	12	.000
13	.195	.026	1926.657	13	.000
14	.207	.026	1989.246	14	.000
15	.232	.026	2068.574	15	.000
16	.252	.026	2161.605	16	.000

a. 가정된 기본 공정은 독립적입니다(백색잡음).

b. 점근 카이제곱 근사값을 기준으로 합니다.

자기상관함수는 k 시차 간의 시계열 데이터 간 상관관계를 나타내는 계수이다. 즉, 특정한 일자의 미세먼지 수치가 며칠 전의 미세먼지 수치까지 영향을 받는가를 판단하는 계수이다. 그림의 자기상관표를 보면 시차 1의 자기상관계수는 0.685, 시차 2의 자기상관계수는 0.438로 시차 1의 자기상관계수가 가장 크고 시차가 커질수록 자기상관계수가 작아지므로 시차가 커질수록 영향력이 줄어든다고 할 수 있다.

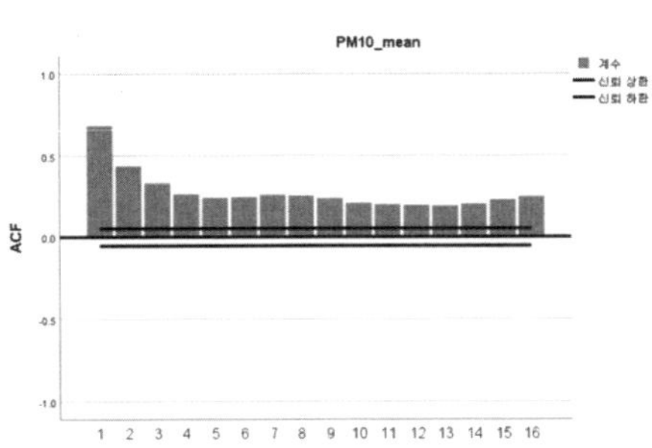

ACF(Auto-Correlation Fuction) 도표를 보면 명확히 앞에서 언급한 자기상관 패턴을 확인할 수 있다.

편자기상관

계열: PM10_mean

시차	편자기상관	표준화 오차
1	.685	.026
2	-.059	.026
3	.106	.026
4	.018	.026
5	.081	.026
6	.069	.026
7	.078	.026
8	.033	.026
9	.035	.026
10	.001	.026
11	.047	.026
12	.023	.026
13	.026	.026
14	.050	.026
15	.067	.026
16	.052	.026

편자기상관계수는 다른 모든 시차항의 영향력을 조정하고 특정 k 시차 간의 자기상관계수를 측정한 계수이다. 즉, 누적되어 미치는 영향력을 배제하고 순수하고 시차 간의 영향력만을 측정한 계수이다. 그림의 편자기상관표를 보면 시차 1에서 큰 값을 보이고 시차 2부터는 상당히 작은 값을 나타내므로 실제적으로 미세먼지 일별 데이터는 전날의 수치에 영향을 받고 있음을 확인할 수 있다.

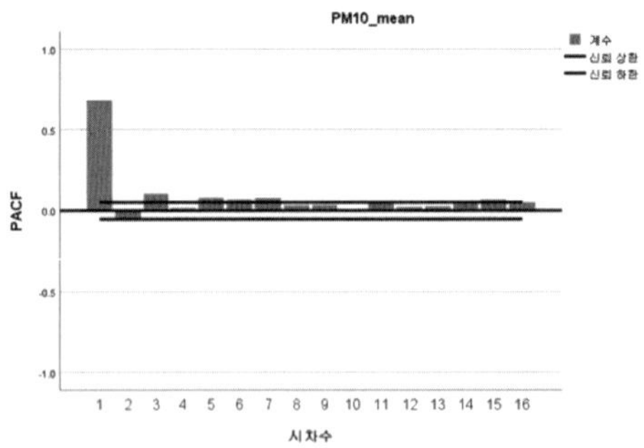

PACF(Partial Auto-Correlation Fuction) 도표를 보면 명확히 앞에서 언급한 편자기상관 패턴을 확인할 수 있다.

자기상관

계열: PM25_mean

시차	자기상관	표준화 오차[a]	Box-Ljung 통계량 값	자유도	유의확률[b]
1	.692	.026	697.264	1	.000
2	.389	.026	917.020	2	.000
3	.272	.026	1024.575	3	.000
4	.238	.026	1106.824	4	.000
5	.220	.026	1177.551	5	.000
6	.216	.026	1245.544	6	.000
7	.225	.026	1319.274	7	.000
8	.221	.026	1390.449	8	.000
9	.202	.026	1449.819	9	.000
10	.187	.026	1500.892	10	.000
11	.189	.026	1553.113	11	.000
12	.191	.026	1606.462	12	.000
13	.193	.026	1661.305	13	.000
14	.201	.026	1720.486	14	.000
15	.215	.026	1788.562	15	.000
16	.213	.026	1855.048	16	.000

a. 가정된 기본 공정은 독립적입니다(백색잡음).

b. 점근 카이제곱 근사값을 기준으로 합니다.

초미세먼지의 자기상관표를 보면 시차 1의 자기상관계수는 0.692, 시차 2의 자기상관계수는 0.389로 시차 1의 자기상관계수가 가장 크고 시차가 커질수록 자기상관계수가 작아지므로 시차가 커질수록 영향력이 줄어든다고 할 수 있다.

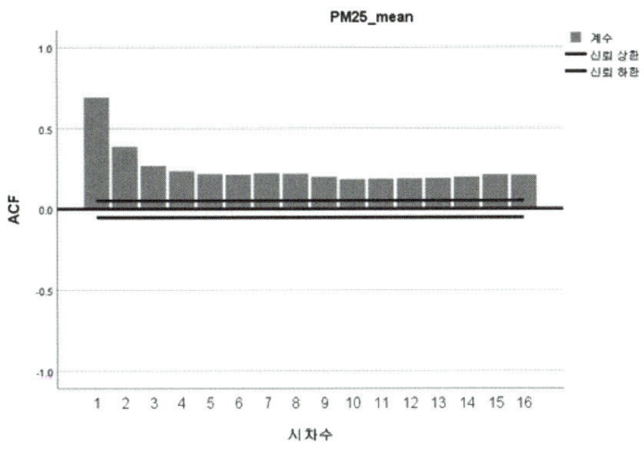

ACF(Auto-Correlation Fuction) 도표를 보면 명확히 앞에서 언급한 자기상관 패턴을 확인할 수 있다.

편자기상관

계열: PM25_mean

시차	편자기상관	표준화 오차
1	.692	.026
2	-.175	.026
3	.152	.026
4	.041	.026
5	.053	.026
6	.063	.026
7	.067	.026
8	.031	.026
9	.025	.026
10	.033	.026
11	.046	.026
12	.028	.026
13	.042	.026
14	.043	.026
15	.055	.026
16	.017	.026

초미세먼지의 편자기상관표를 보면 시차 1에서 큰 값을 보이고 시차 2와 시차 3에서도 다소 유의한 값을 나타내지만 시차 4부터는 유의하지 않음을 알 수 있다.

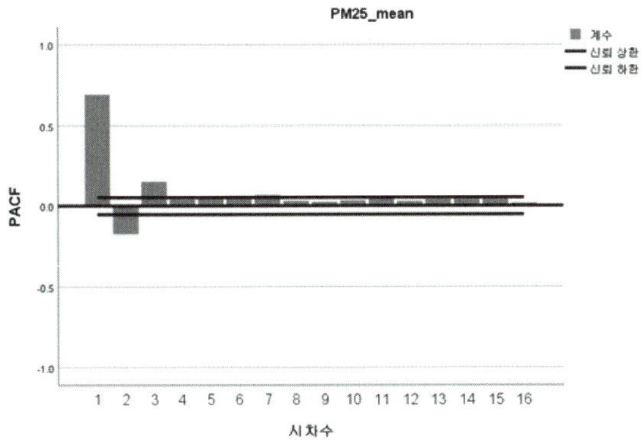

PACF(Partial Auto-Correlation Fuction) 도표를 보면 명확히 앞에서 언급한 편자기상관 패턴을 확인할 수 있다.

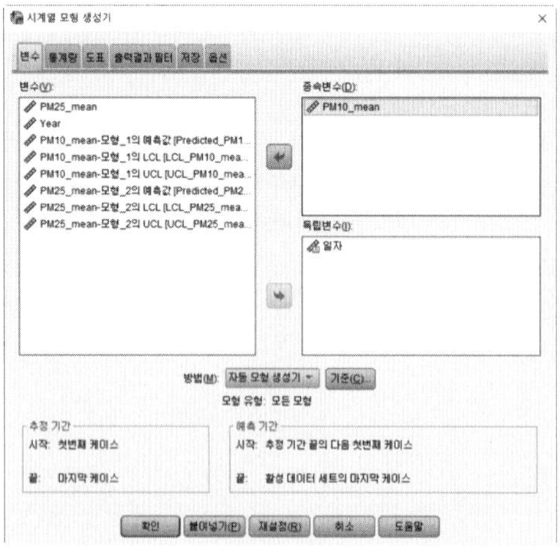

ACF와 PACF는 ARIMA 시계열 모델의 차수인 p, d, q를 정하는데 매우 중요한데, 시계열 모델의 초보자에게는 판단이 쉽지 않으므로 SPSS의 "자동 모형 생성기"를 통해 p, d, q 차수를 정해보자. "분석 → 시계열 분석 → 기존모형 작성"을 선택하여 "시계열 모형 생성기" 대화상자를 열고 "종속변수"에 PM10_mean을 선택하고 "독립변수"에 일자를 선택한다. 모형생성 방법은 디폴트로 "자동 모형 생성기"를 사용하도록 되어 있다.

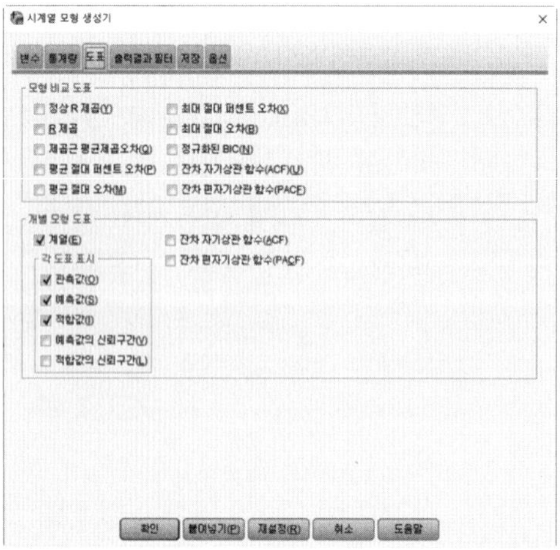

도표 탭으로 이동하여 "개별 모형 도표" 항목의 "각 도표 표시"에 "적합값"을 추가로 표시하도록 선택한다.

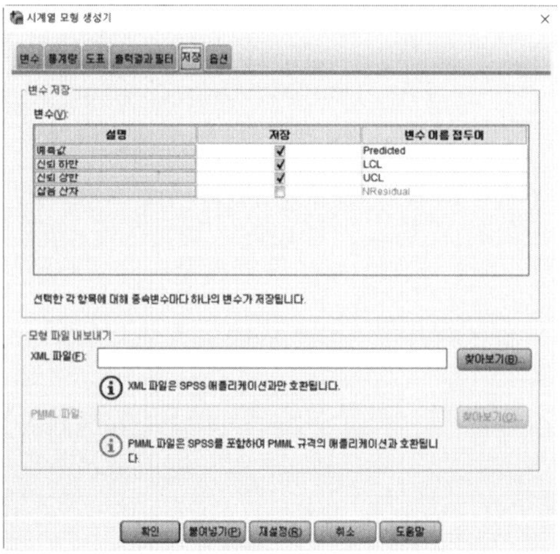

저장 탭에서 "예측값", "신뢰 하한", "신뢰 상한"을 선택하고 "확인" 버튼을 누른다.

모형 설명

			모형 유형
모형 ID	PM10_mean	모형_1	ARIMA(1,0,4)

자동모형 생성기가 p=1, d=0, q=4로 판단하여 ARIMA(1,0,4) 시계열 모형을 생성하였다.

모형 적합

적합 통계량	평균	SE	최소값	최대값	백분위수 5	10	25	50	75	90	95
정상 R-제곱	.506	.	.506	.506	.506	.506	.506	.506	.506	.506	.506
R-제곱	.475	.	.475	.475	.475	.475	.475	.475	.475	.475	.475
제곱근 평균제곱오차(RMSE)	17.416	.	17.416	17.416	17.416	17.416	17.416	17.416	17.416	17.416	17.416
평균 절대 퍼센트 오차(MAPE)	34.628	.	34.628	34.628	34.628	34.628	34.628	34.628	34.628	34.628	34.628
최대 절대 퍼센트 오차(MaxAPE)	417.361	.	417.361	417.361	417.361	417.361	417.361	417.361	417.361	417.361	417.361
평균 절대 오차(MAE)	11.919	.	11.919	11.919	11.919	11.919	11.919	11.919	11.919	11.919	11.919
최대 절대 오차(MaxAE)	150.790	.	150.790	150.790	150.790	150.790	150.790	150.790	150.790	150.790	150.790
정규화된 BIC	5.740	.	5.740	5.740	5.740	5.740	5.740	5.740	5.740	5.740	5.740

모형적합 결과를 살펴보면 정상 R-제곱이 0.506으로 생성된 시계열 모형의 설명력이 50.6%로 꽤 설명력이 있는 모형이 생성되었다.

모형 통계량

모형	예측자 수	모형 적합 통계량: 정상 R-제곱	Ljung-Box Q(18): 통계량	자유도	유의확률	이상값 수
PM10_mean-모형_1	0	.506	24.173	14	.044	0

Ljung-Box Q 통계량이 24.173이고 유의확률이 0.044이므로 이는 유의수준 0.05보다 작은 값이므로 잔차가 독립이라는 귀무가설을 기각하므로 시계열 모형에서 반영되지 않은 패턴이 일부 남아 있음을 알 수 있다. 하지만 유의확률이 서의 0.05에 가까운 값이므로 모형적합을 마쳐도 무방하다.

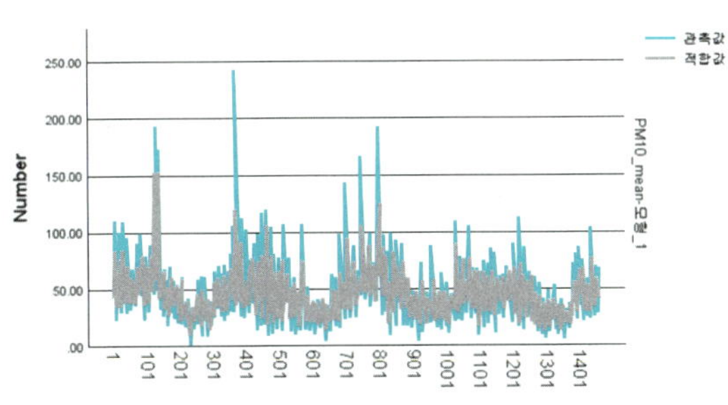

적합된 시계열 도표를 보면 회색 적합값은 시계열 모형에 의해 추정된 값으로 파란색 관측값과 유사하게 나타나고 있음을 확인할 수 있다.

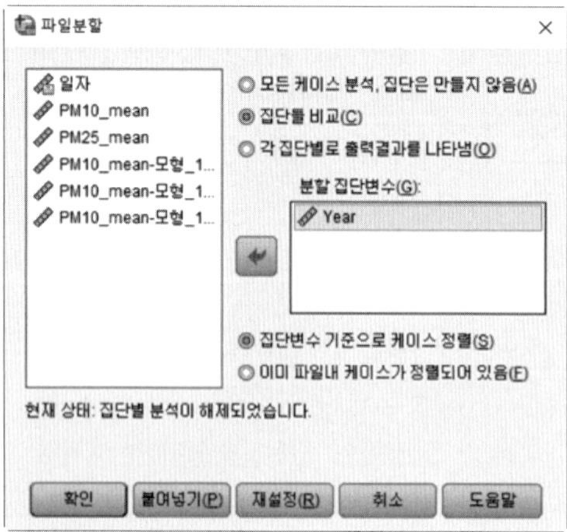

너무 많은 시계열 관측값을 표시한 선도표는 가독력이 떨어지므로 연도별로 분리된 선도표를 출력하고자 "데이터 → 파일분할"을 선택하여 열린 대화상자에 "집단들 비교"를 선택하고 "분할 집단변수"에 Year를 선택하고 "확인" 버튼을 누른다.

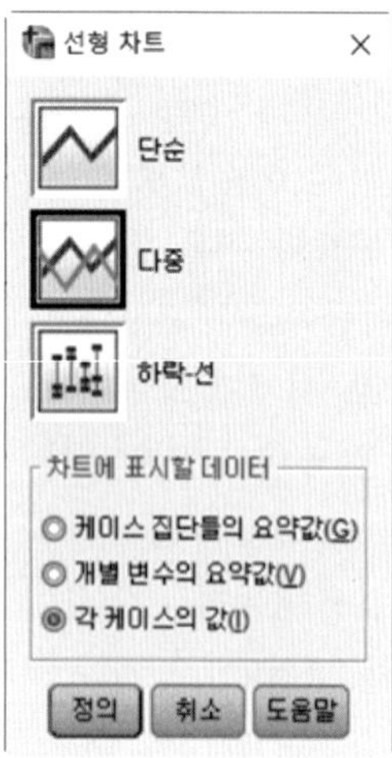

"그래프 → 레거시 대화상자 → 선형차트"를 선택하고 "다중"과 "각 케이스의 값"을 선택하고 "정의" 버튼을 누른다.

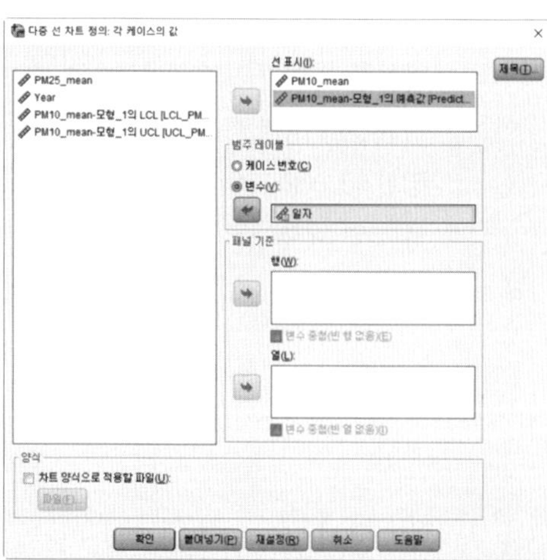

"선표시"에" PM10_mean"과 "PM10_mean-모형_1의 예측값"을 선택하고 "범주 레이블"에 변수를 "일자"로 선택하고 "확인" 버튼을 누른다.

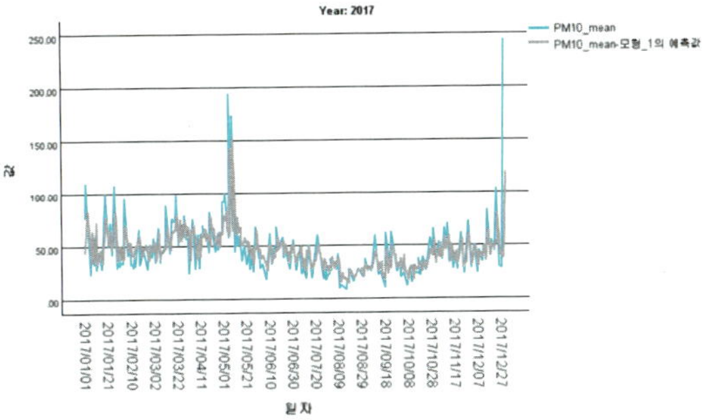

2017년 미세먼지 데이터의 실측값과 모형 예측값이 잘 적합됨을 확인할 수 있다.

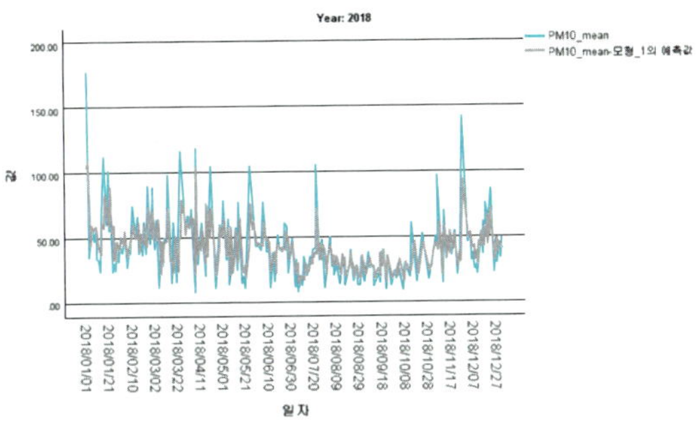

2018년 미세먼지 데이터 역시 실측값과 모형 예측값이 잘 적합됨을 확인할 수 있다.

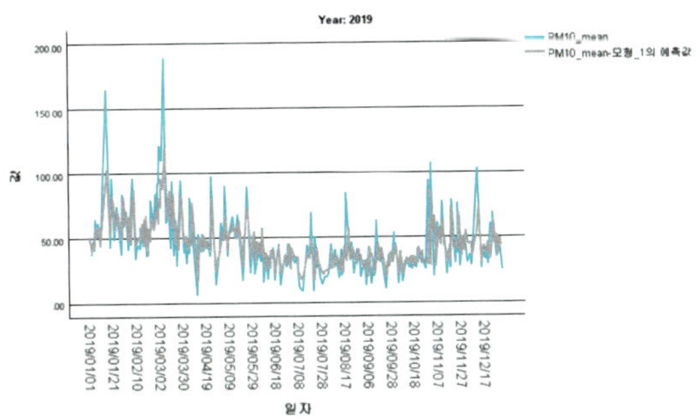

2019년 미세먼지 데이터 역시 실측값과 모형 예측값이 잘 적합됨을 확인할 수 있다.

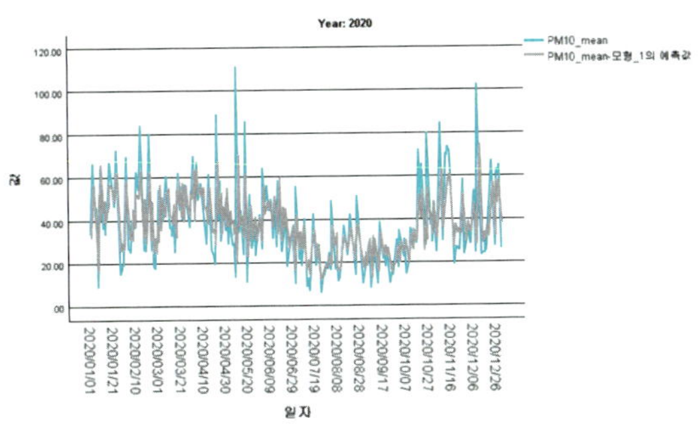

2020년 미세먼지 데이터 역시 실측값과 모형 예측값이 잘 적합됨을 확인할 수 있다.

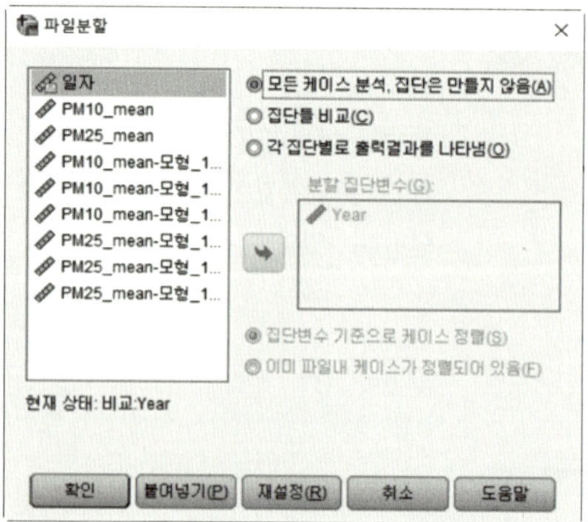

"데이터 → 파일분할"을 선택하여 "모든 케이스 분석, 집단은 만들지 않음"을 선택하고 "확인" 버튼을 누른다.

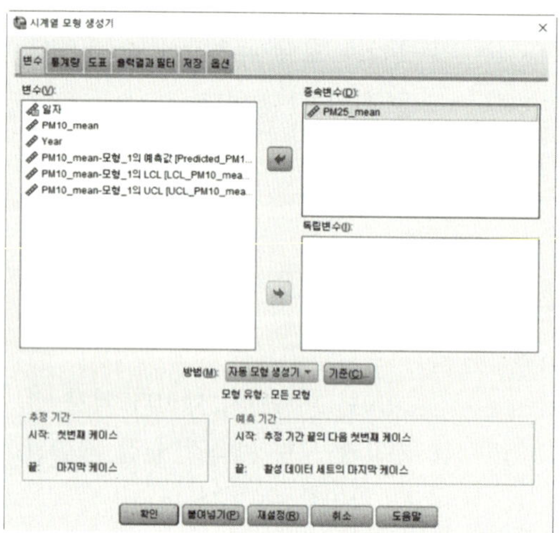

"분석 → 시계열 분석 → 기존모형 작성"을 선택하여 "시계열 모형 생성기" 대화상자를 열고 "종속변수"에 PM25_mean을 선택하고 "독립변수"에 일자를 선택한다. 모형생성 방법은 디폴트로 "자동모형 생성기"를 사용하도록 되어 있다.

모형 설명

			모형 유형
모형 ID	PM25_mean	모형_1	ARIMA(1,0,3)

자동모형 생성기가 p=1, d=0, q=3으로 판단하여 ARIMA(1,0,3) 시계열 모형을 생성하였다.

모형 적합

					백분위수						
적합 통계량	평균	SE	최소값	최대값	5	10	25	50	75	90	95
정상 R-제곱	.488	.	.488	.488	.488	.488	.488	.488	.488	.488	.488
R-제곱	.502	.	.502	.502	.502	.502	.502	.502	.502	.502	.502
제곱근 평균제곱오차(RMSE)	10.643	.	10.643	10.643	10.643	10.643	10.643	10.643	10.643	10.643	10.643
평균 절대 퍼센트 오차(MAPE)	40.346	.	40.346	40.346	40.346	40.346	40.346	40.346	40.346	40.346	40.346
최대 절대 퍼센트 오차(MaxAPE)	487.674	.	487.674	487.674	487.674	487.674	487.674	487.674	487.674	487.674	487.674
평균 절대 오차(MAE)	7.704	.	7.704	7.704	7.704	7.704	7.704	7.704	7.704	7.704	7.704
최대 절대 오차(MaxAE)	77.082	.	77.082	77.082	77.082	77.082	77.082	77.082	77.082	77.082	77.082
정규화된 BIC	4.755	.	4.755	4.755	4.755	4.755	4.755	4.755	4.755	4.755	4.755

모형적합 결과를 살펴보면 정상 R-제곱이 0.488로 생성된 시계열 모형의 설명력이 48.8%로 꽤 설명력이 있는 모형이 생성되었다.

모형 통계량

모형	예측자 수	모형 적합 통계량	Ljung-Box Q(18)			이상값 수
		정상 R-제곱	통계량	자유도	유의확률	
PM25_mean-모형_1	0	.488	18.556	14	.183	0

Ljung-Box Q 통계량이 18.556이고 유의확률이 0.183이므로 이는 유의수준 0.05보다 큰 값이므로 잔차가 독립이라는 귀무가설을 채택한다. 즉, 잔차가 랜덤하다는 것이므로 모든 시계열 패턴을 모형에 잘 반영했음을 의미한다.

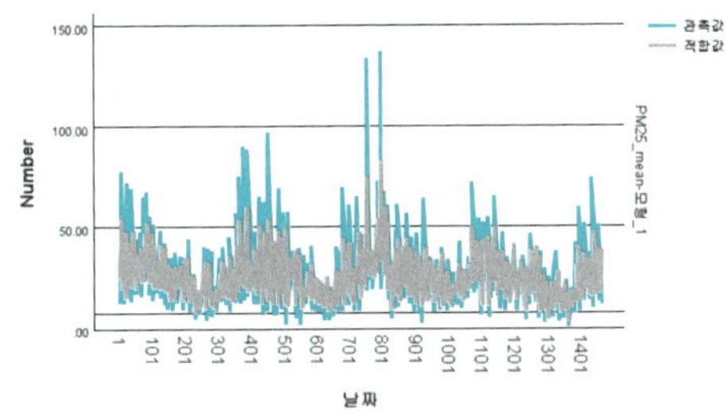

적합된 시계열 도표를 보면 회색 적합값은 시계열 모형에 의해 추정된 값으로 파란색 관측값과 유사하게 나타나고 있음을 확인할 수 있다.

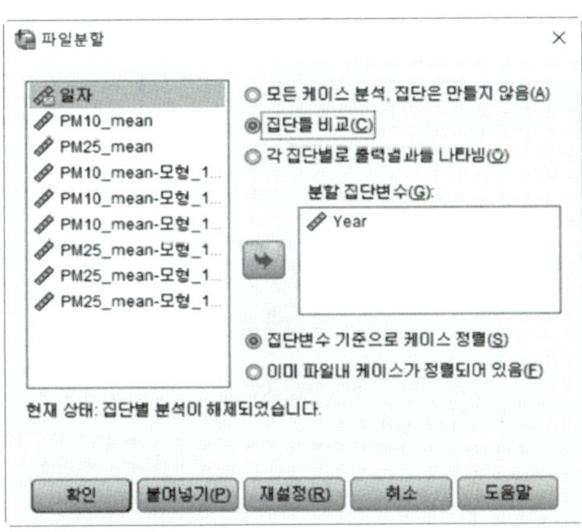

너무 많은 시계열 관측값을 표시한 선도표는 가독력이 떨어지므로 연도별로 분리된 선도표를 출력하고자 "데이터 → 파일분할"을 선택하여 열린 대화상자에 "집단들 비교"를 선택하고 "분할 집단변수"에 Year를 선택하고 확인 버튼을 누른다.

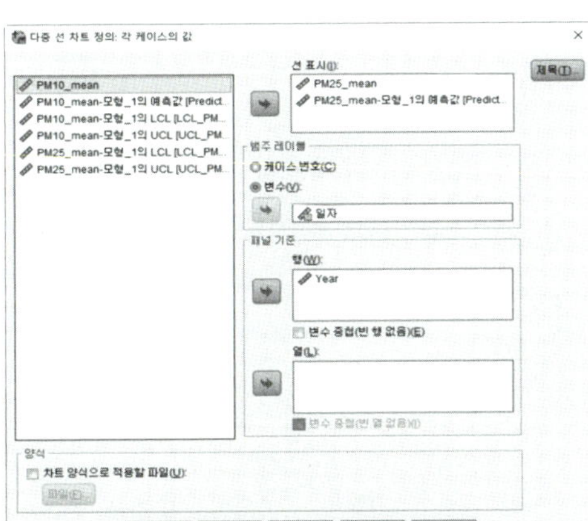

"선표시"에" PM25_mean"과 "PM25_mean-모형_1의 예측값"을 선택하고 "범주 레이블"에 변수를 "일자"로 선택하고 확인 버튼을 누른다.

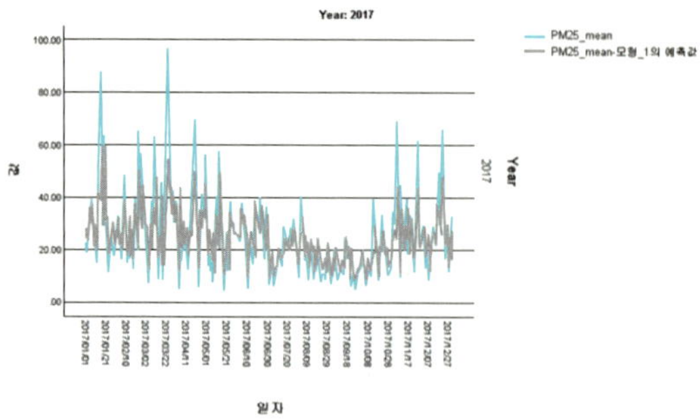

2017년 미세먼지 데이터의 실측값과 모형 예측값이 잘 적합됨을 확인할 수 있다.

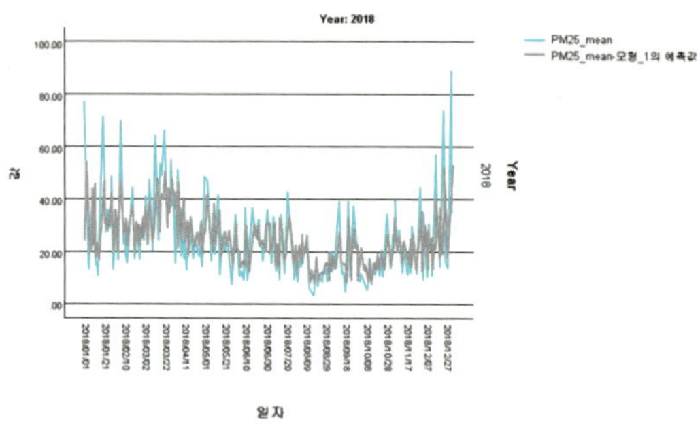

2018년 미세먼지 데이터 역시 실측값과 모형 예측값이 잘 적합됨을 확인할 수 있다.

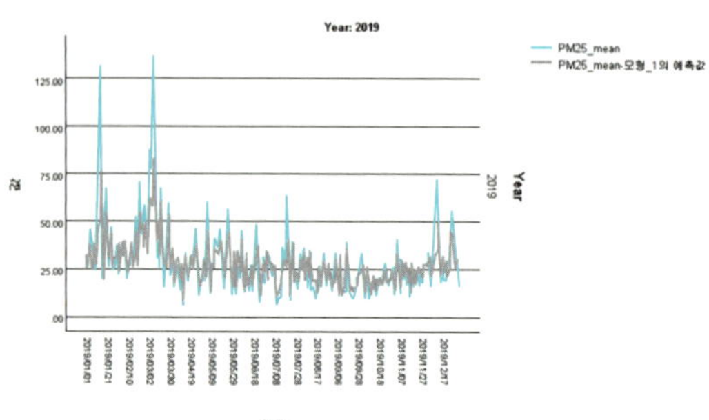

2019년 미세먼지 데이터 역시 실측값과 모형 예측값이 잘 적합됨을 확인할 수 있다.

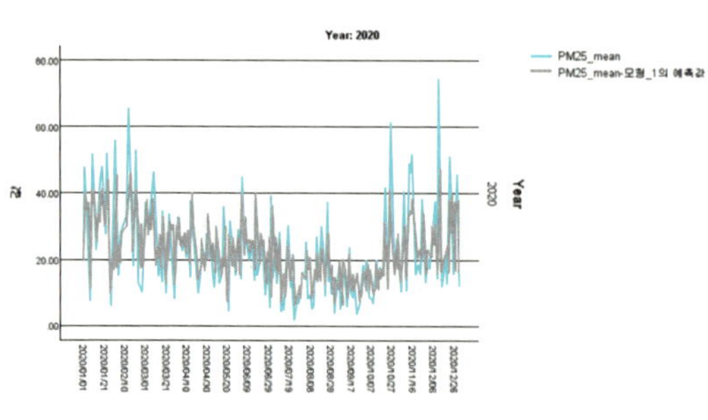

2020년 미세먼지 데이터 역시 실측값과 모형 예측값이 잘 적합됨을 확인할 수 있다.

5.3.4.2 신경망 모델링

데이터 탐색 및 시각화 과정에서 행정구별로 시간대에 따라 미세먼지 변화에 패턴이 존재함을 확인하였는데 신경망 모델링을 적용하여 특정월, 특정일, 특정요일, 특정 시간대의 특정행정구의 미세먼지 수치를 예측해보기로 하자.

먼저 "서울시_미세먼지_2017년_2020년.sav" 데이터 파일을 읽어온다.

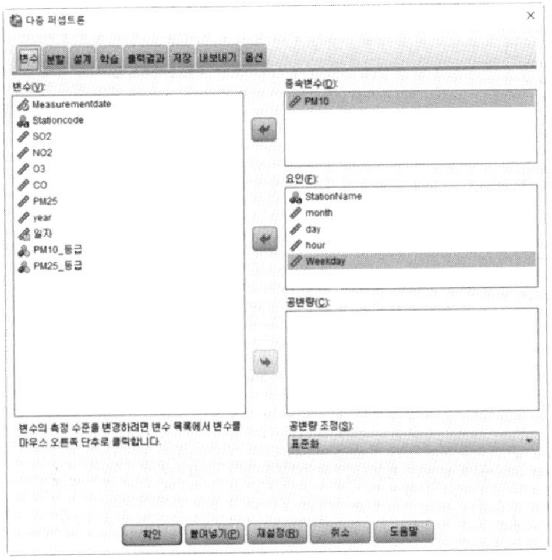

"분석 → 신경망 → 다층 퍼셉트론"을 선택하여 다층 퍼셉트론 대화상자를 열어서 "종속변수"에 PM10 변수를 선택하고, "요인"에 StationName, month, day, hour, Weekday를 선택한다.

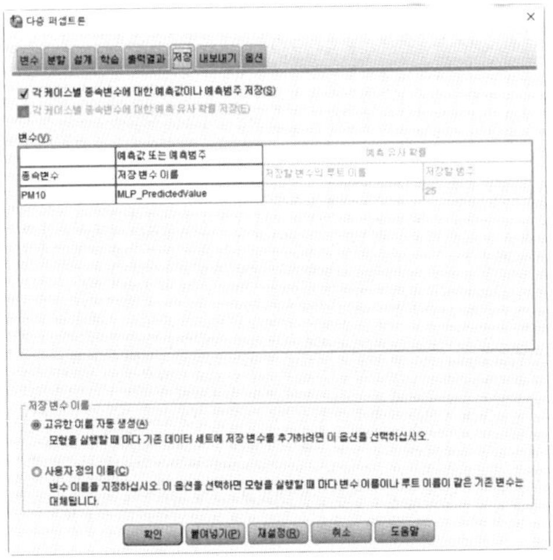

저장 탭에서 "각 케이스별 종속변수에 대한 예측값이나 예측범주 저장"을 선택한다.

케이스 처리 요약

		N	퍼센트
표본	학습	607301	70.1%
	검정	259158	29.9%
유효		866459	100.0%
제외됨		0	
전체		866459	

출력결과를 살펴보면, 전체데이터 866,459건 중에 학습용 데이터로 607,301건이, 검정용 데이터로 259,158건이 사용되었음을 알 수 있다.

망 정보

입력층	요인	1	StationName
		2	month
		3	day
		4	hour
		5	Weekday
	노드 수[a]		99
은닉층	은닉층 수		1
	은닉층 1에서 노드의 수[a]		10
	활성화 함수		쌍곡 탄젠트
출력층	종속변수	1	PM10
	노드 수		1
	척도 종속 조정 방법		표준화
	활성화 함수		항등
	오차 함수		제곱합

a. 편향 단위 제외

생성된 신경망의 은닉층 수는 1개이고 은닉층 1의 노드의 수는 10개이고 은닉층활성화 함수로 쌍곡선 탄젠트 함수가 사용되었고 출력층 활성화 함수는 항등함수가 사용되었다.

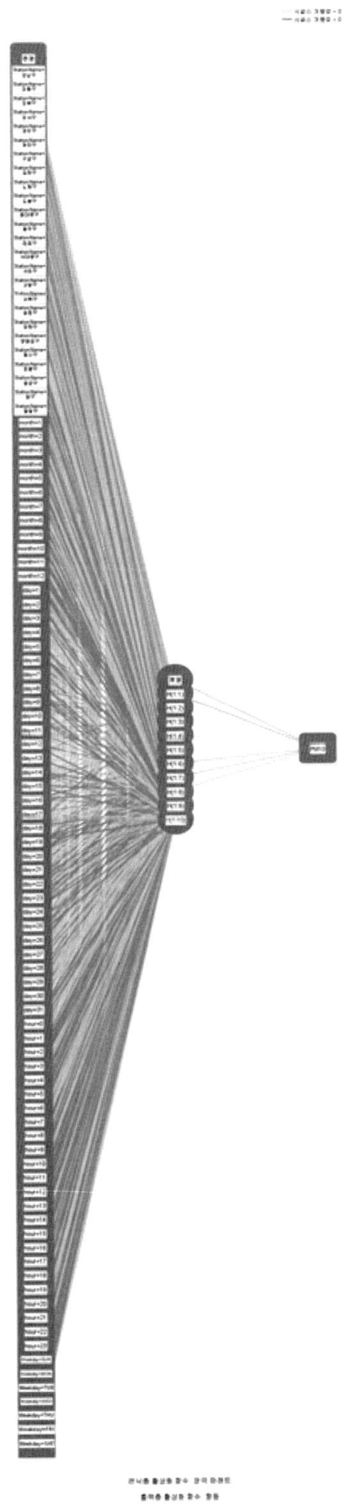

생성된 신경망의 구조는 왼쪽 그림과 같은데, 신경망은 망의 구조를 해석하기가 곤란하고 단지 신호처리 체계로만 이해할 수 있다.

모형 요약

학습	오차제곱합	294059.310
	상대 오차	.968
	사용된 정지규칙	학습 오류 기준 (.0001)의 상대 변경이 수행되었습니다.
	학습 시간	0:01:03.20
검정	오차제곱합	137750.084
	상대 오차	.970

종속변수: PM10

신경망 모델링 결과 미세먼지의 상대오차가 학습용 데이터인 경우 0.968이고 검정용 데이터의 경우에도 0.970으로 생성된 신경망 모델링이 매우 안정적이다.

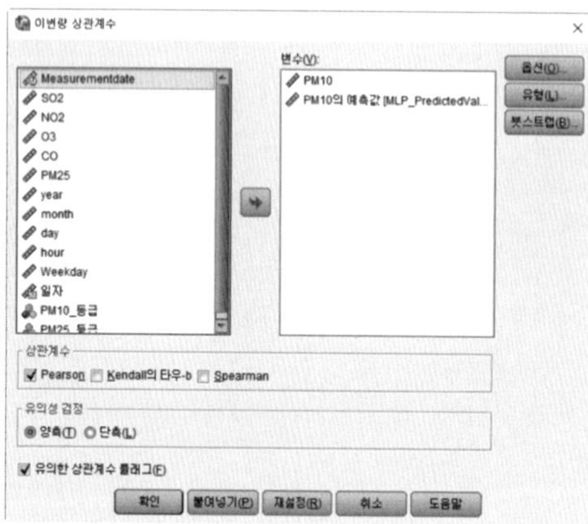

미세먼지 실측값과 예측값의 상관계수를 출력하기 위해 "분석 → 상관분석 → 이변량 상관"을 선택하여 Peason 상관계수를 계산하였다.

상관관계

		PM10	PM10의 예측값
PM10	Pearson 상관	1	.176**
	유의확률 (양측)		.000
	N	866459	866459
PM10의 예측값	Pearson 상관	.176**	1
	유의확률 (양측)	.000	
	N	866459	866459

**. 상관관계가 0.01 수준에서 유의합니다(양측).

Peason 상관계수가 0.176으로 실측값과 예측값 사이에 유의한 상관관계가 있으나, 시계열 모델링에 비해서는 정확도가 떨어짐을 알 수 있다.

Chapter 6

Kaggle 데이터를 활용한 이상탐지

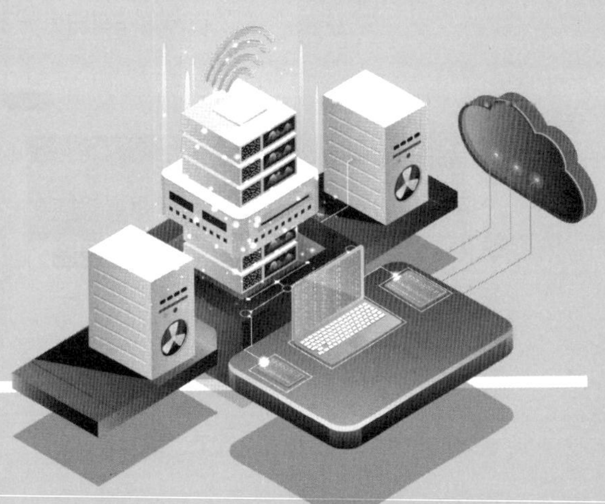

6.1 의료보험 이상탐지

6.1.1 데이터 분석 개요

6.1.1.1 데이터 개요

의료보험 이상탐지 실습에 사용하는 데이터는 Kaggle dataset에서 다운로드하여 진행한다.

(실습 예제 데이터 URL: https://www.kaggle.com/tamilsel/healthcare-providers-data)

해당 페이지를 확인하면 "Healthcare Providers Data For Anomaly Detection"이라는 제목을 확인할 수 있다. 실습을 위한 데이터의 다운로드는 우측 상단에 "Download 23MB" 버튼을 누르면 다운로드받을 수 있다. 다운로드 시 zip파일로 다운로드되므로 실습을 위해서 해당 파일의 압축을 풀고 "Healthcare Providers.csv" 파일을 실습할 폴더(예: "C:\kaggle data")에 이동시켜 실습 데이터를 준비한다.

Kaggle 페이지의 기본사항은 아래 "실습 예제 데이터 페이지", "실습 예제 데이터 설명"을 참고한다.

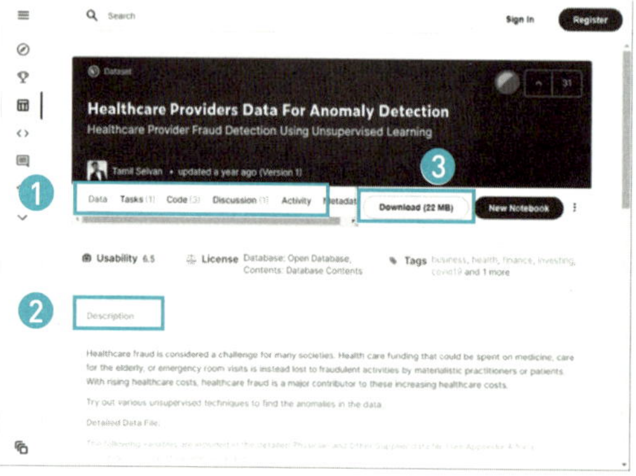

① 데이터 페이지 메뉴(왼쪽에서부터):
- Data: 데이터 다운로드 및 정보를 파악할 수 있다.
- Code: 데이터를 활용하여 분석한 다른 사람들의 게시글을 확인할 수 있다.
- Discussion: 데이터에 대해 추가적으로 필요한 정보나 궁금한 것을 게시할 수 있다.

② 데이터 설명: 데이터 제공자 및 기본 목적과 수집 등에 대한 정보를 확인할 수 있다(게시자에 따라서 상이함).

③ 데이터 다운로드: 분석에 필요한 데이터를 다운로드받을 수 있다.

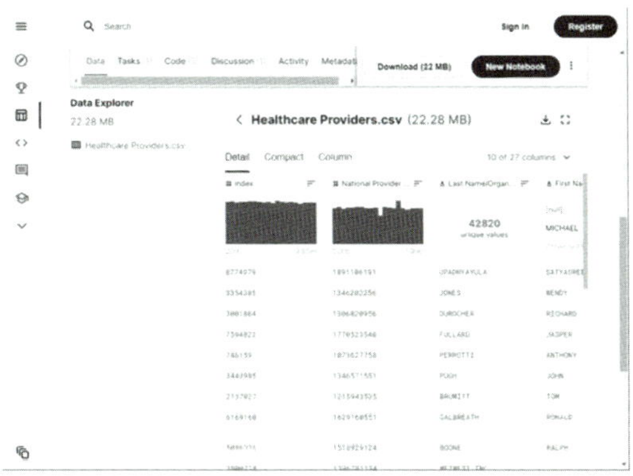

[데이터 탐색]

- Detail: "Healthcare Providers.csv" dataset의 각각의 변수에 대한 값, 요약 정보를 확인할 수 있다.
- Compact: dataset의 각각의 변수에 대한 값을 확인할 수 있다.
- Column: dataset의 각각의 변수에 대한 요약 정보 및 기초 탐색적 분석 결과를 확인할 수 있다.

Healthcare Providers Data For Anomaly Detection는 의료보험 청구 데이터로 청구자(개인, 기관)를 기준으로 청구자 정보, 청구 항목, 청구 금액 등 총 27개의 데이터가 정의되어 있다. 자세한 내용은 "Healthcare Providers Data For Anomaly Detection 변수" 표를 참고한다.

변수 이름	변수 상세
index	데이터 색인 정보
National Provider Identifier	국가 공급자 식별자
Last Name/Organization Name of the Provider	공급자의 성 또는 조직 이름
First Name of the Provider	공급자의 이름(Entity Type of the Provider O: 조직은 공백)
Middle Initial of the Provider	공급자의 중간 이니셜(Entity Type of the Provider O: 조직은 공백)
Credentials of the Provider	공급자 자격 증명(Entity Type of the Provider O: 조직은 공백)
Gender of the Provider	공급자 성별(Entity Type of the Provider O: 조직은 공백)
Entity Type of the Provider	공급자 구분(I: 개인, O: 조직)
Street Address 1 of the Provider	공급자 주소1(주소 첫 번째 줄)
Street Address 2 of the Provider	공급자 주소2(주소 두 번째 줄)
City of the Provider	공급자 도시
Zip Code of the Provider	공급자 우편번호
State Code of the Provider	공급자 주 코드(US 외 국가는 ZZ)
Country Code of the Provider	공급자 국가 코드

Provider Type	공급자 유형
Medicare Participation Indicator	메디케어 할당 금액 수락 여부
Place of Service	서비스 장소(F: 시설 O: 일반 사무실)
HCPCS Code	HCPCS 코드
HCPCS Description	HCPCS 설명
HCPCS Drug Indicator	HCPCS 약물 지표 해당 여부(Y/N)
Number of Services	제공 서비스 수
Number of Medicare Beneficiaries	메디케어 수혜자 수
Number of Distinct Medicare Beneficiary/Per Day Services	1일 서비스당 고유한 메디케어 수혜자 수
Average Medicare Allowed Amount	서비스에 대한 평균 메디케어 허용 금액
Average Submitted Charge Amount	제출된 평균 청구금액
Average Medicare Payment Amount	평균 메디케어 지급 금액
Average Medicare Standardized Amount	표준화된 평균 매디케어 지급 금액

6.1.1.2 데이터 분석 목적 및 절차

이상치는 관측을 통해서 얻은 데이터의 범위를 넘어서는 크거나 작은 값을 의미한다. 이를 의료보험 관점에서 보면 일반적인 보험 청구의 범위를 넘어서는 매우 크거나 작은 값을 이상치로 볼 수 있다.

의료보험에서 이상치를 찾는 것은 실제 의료행위를 하지 않고 보험을 청구하거나 혹은 의료행위는 했지만 과잉진료를 통해 보험금을 지속적으로 많이 청구하는 등의 부정행위 등을 찾는데 전수조사가 금전적·시간적 제약으로 어렵기 때문에 일반적인 범위를 넘어서는 이상치 중심으로 부정수급에 대한 조사를 시작할 수 있다.

이처럼 의료보험의 이상치를 데이터마이닝의 기법을 통해 찾게 된다면 전수조사를 했을 때의 금전적·시간적 제약으로 인한 한계와 샘플링 조사로 부정수급을 적발할 가능성이 낮아지는 부분을 일부 해소하는 데 활용할 수 있다.

본장의 구성은 Kaggle로부터 다운로드받은 데이터를 가져와 데이터 타입 확인, 결측치 및 사용 데이터를 확인하는 데이터 전처리 후 명목형 변수, 수치형 변수 형태에 맞춰 기초통계분석을 실시하여 데이터에 탐색을 한다. 그 후 특이 케이스를 식별하고 이상치를 평가하여 시각화하는 순서로 진행한다.

표 6-1 의료보험 이상탐지 분석 단계

데이터 전처리
데이터 가져오기 데이터 타입 확인 결측치 및 사용 데이터 확인

↓

데이터 탐색
명목형 변수 기초통계분석 수치형 변수 기초통계분석

↓

특이 케이스 식별

↓

이상치 결과 평가(시각화)

6.1.2 데이터 전처리

6.1.2.1 데이터 가져오기

데이터 가져오기는 다양한 포맷의 데이터를 SPSS에서 분석하기 적합한 형태로 변환하여 가져올 수 있도록 기능을 제공한다. 6.1절에서 다운로드받은 Kaggle data를 SPSS에서 분석할 수 있는 형태로 변환하여 가져온다. 실습은 아래 그림을 참고하면서 순차적으로 진행한다.

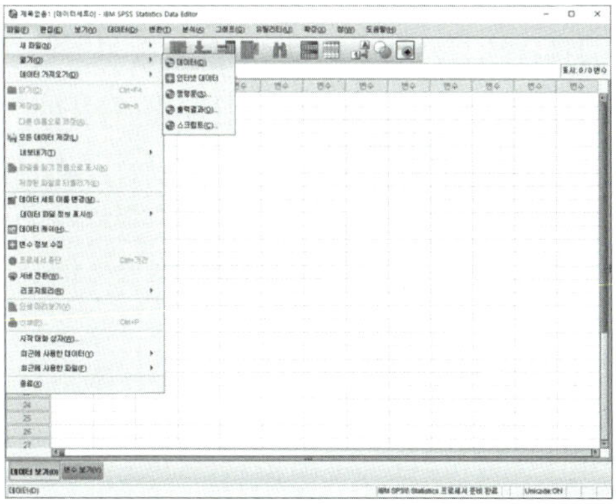

[데이터 열기 메뉴 접근]
Kaggle data를 SPSS에서 불러오기 위해서 상단 메뉴에서 "파일 → 열기 → 데이터"를 순차적으로 누른다.

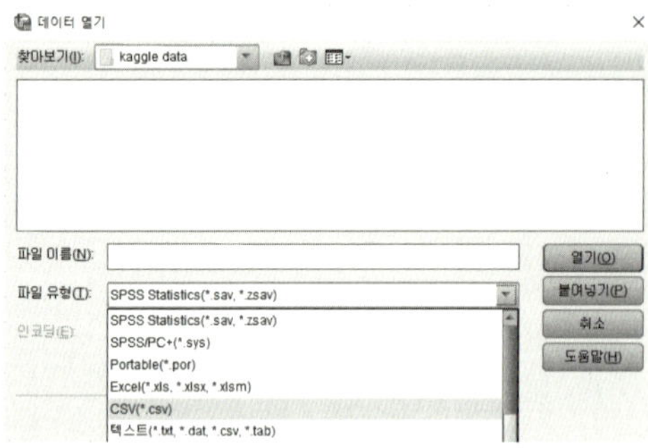

[데이터 열기 – 파일 유형 CSV 확장자 선택]
데이터 열기 메뉴를 선택하면 "데이터 열기" 창이 나타난다. Kaggle에서 다운로드받은 파일을 열기 위해서 파일 유형을 "CSV(*.csv)"로 선택한다.

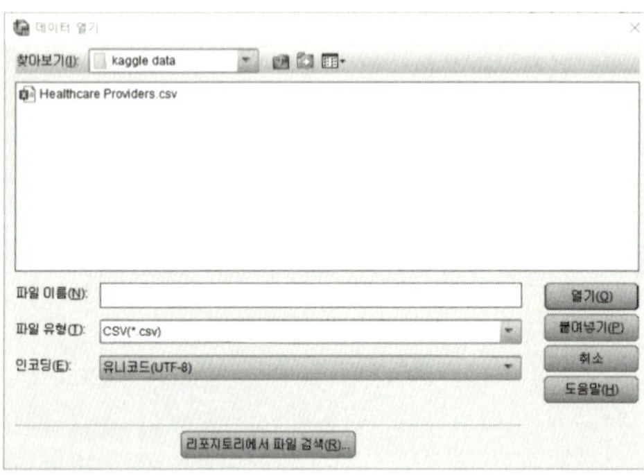

[데이터 열기: CSV 확장자 선택 후 화면]
파일 유형을 선택하면 캐글에서 다운로드받은 "Healthcare Providers.csv"이 나타난다. 해당 파일을 선택하고 "열기" 버튼을 누른다.

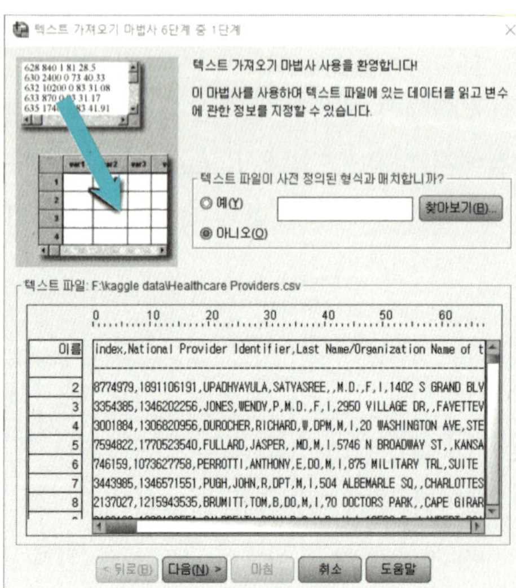

SPSS에서는 "데이터 열기"를 실행하면 "텍스트 가져오기 마법사"가 자동으로 활성화된다. 선택한 텍스트 파일에 있는 데이터를 읽고 변수에 관한 정보를 저장한다.

[텍스트 가져오기 마법사 6단계 중 1단계]
변경사항이 없으므로 기본값을 사용한다. "다음" 버튼을 누른다.

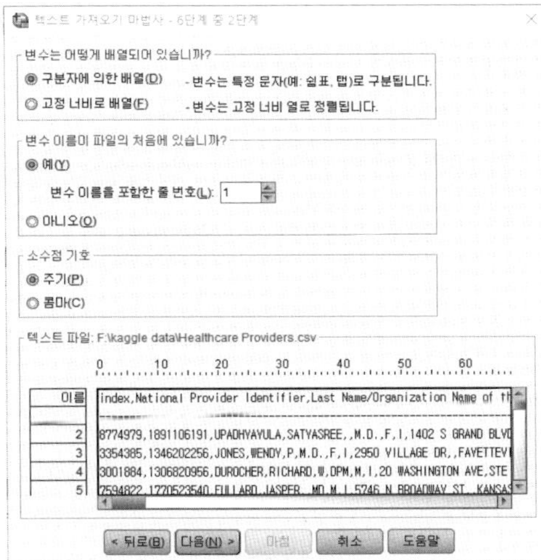

[텍스트 가져오기 마법사 6단계 중 2단계]
첫 번째 행에 변수 이름이 있으므로 "변수 이름이 파일의 처음에 있습니까?" 항목에서 "예"를 선택한다.
나머지는 변경사항이 없으므로 기본값을 사용한다.
"다음" 버튼을 누른다.

[텍스트 가져오기 마법사 6단계 중 3단계]
변경사항이 없으므로 기본값을 사용한다.
"다음" 버튼을 누른다.

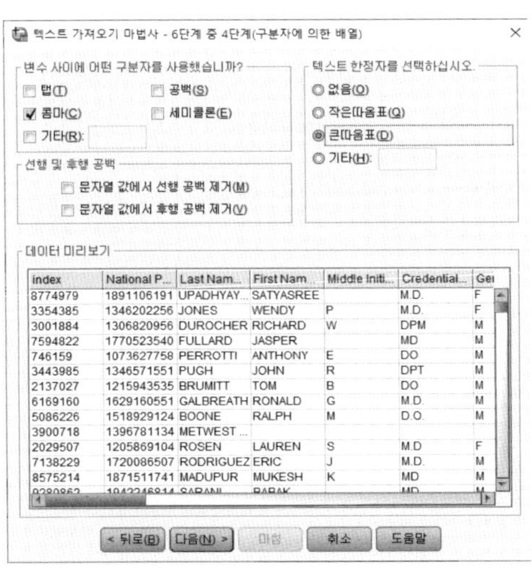

[텍스트 가져오기 마법사 6단계 중 4단계]
변수 사이 구분자를 콤마를 사용하므로 "변수 사이에 어떤 구분자를 사용했습니까?" 항목에서 "콤마"를 선택한다.
텍스트를 구분하는 한정자가 있으므로 "텍스트 한정자를 선택하십시오." 항목에서 "큰따옴표"를 선택한다.
"다음" 버튼을 누른다.

[텍스트 마법사 경고창]
변수명에 공백이 있어서 자동으로 공백을 제거하면서 경고창이 나타나면 "확인" 버튼을 누른다.

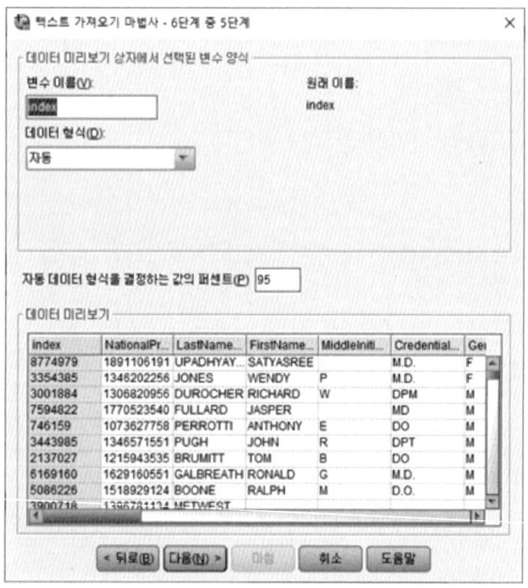

[텍스트 가져오기 마법사 6단계 중 5단계]
변경사항이 없으므로 기본값을 사용한다(데이터 형식은 "자동"으로 선택하지만 데이터를 열고 난 이후에도 변경이 가능하다).
"다음" 버튼을 누른다.

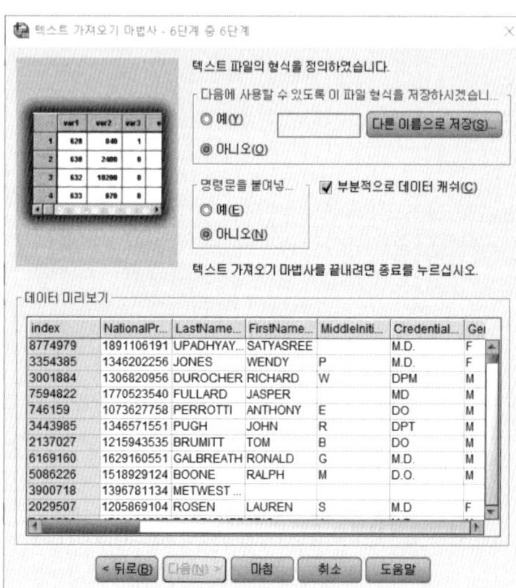

[텍스트 가져오기 마법사 6단계 중 6단계]
변경사항이 없으므로 기본값을 사용한다.
"마침" 버튼을 누른다.

6.1.2.2 데이터 타입 확인 및 변경

데이터 타입 확인은 데이터 가져오기 결과 데이터를 확인하는 과정이다. 데이터 가져오기에서 데이터에 대한 사전 지식이 있을 경우 미리 데이터 타입을 설정하는 전처리 작업의 방식도 있지만 이처럼 데이터를 가져오기 한 후에 결과를 확인하고 후처리하는 방식을 사용할 수도 있다. 분석을 위해서는 모든 과정이 필요하며 본장에서는 "index", "National Provider Identifier", "Zip Code of the Provider" 값이 숫자로 되어 있지만 실제 의미하는 것은 코드값이기 때문에 문자로 변경한다. 실습은 아래 그림을 참고하면서 순차적으로 진행한다.

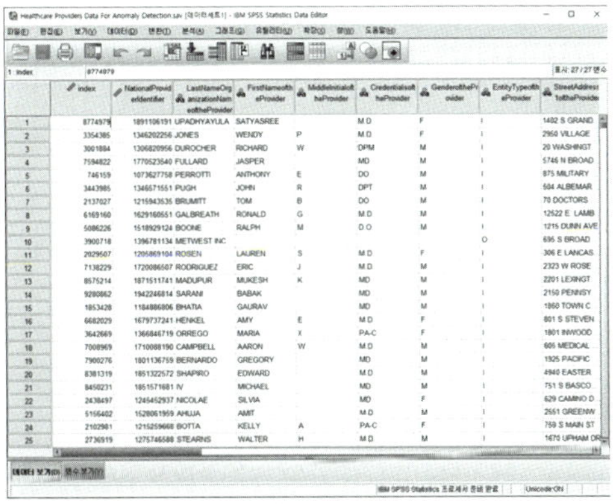

[데이터 보기]
SPSS로 가져온 Kaggle 데이터값을 좌측 하단에 "데이터 보기" 탭에서 확인할 수 있다.

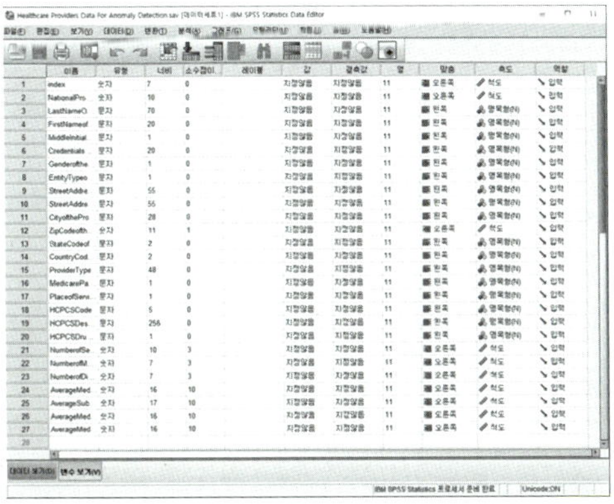

[변수 보기]
데이터 타입 확인 및 수정은 좌측 하단에 "변수 보기" 탭에서 할 수 있다.

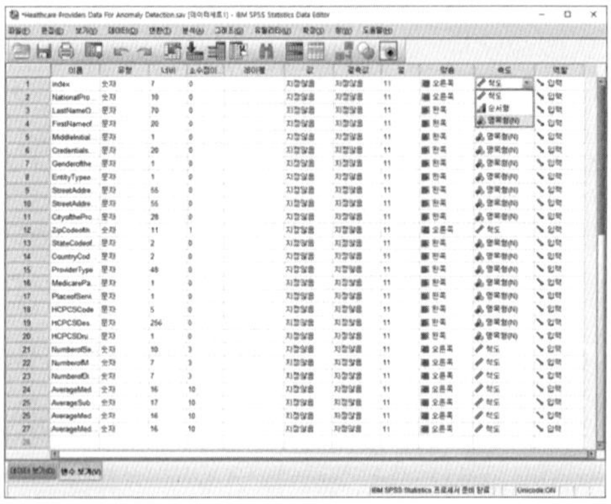

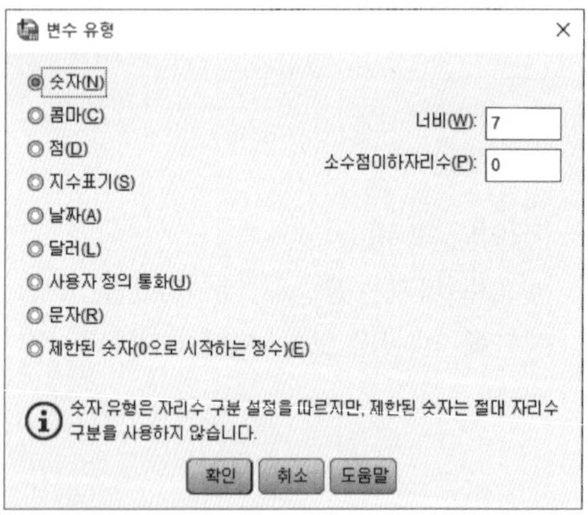

[변수 유형 변경]
변수 중 “index”, “National Provider Identifier”, “Zip Code of the Provider”의 값은 숫자로 되어 있지만 실제로 의미하는 것은 코드값이기 때문에 유형을 “숫자”에서 “문자”로 변경하고 “확인” 버튼을 누른다.

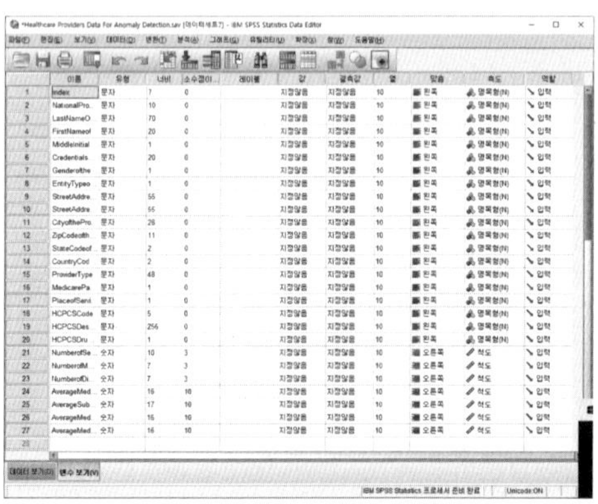

[변수 타입 변경 결과: 변수 보기]

6.1.2.3 결측치 처리 및 사용 데이터 확인

결측치 및 사용 데이터 확인은 데이터를 분석하는 과정에서 불필요한 결측치 또는 필요 없는 데이터를 확인하고 제거하는 단계이다. 본장에서 실습을 위해 전체 의료 서비스 중 "HCPCS Description" 변수에서 "Ambulance service, advanced life support, emergency transport, level 1(als 1 - emergency)", "Ambulance service, basic life support, emergency transport (bls-emergency)" 값에 해당하는 앰뷸런스 의료 서비스를 대상으로 분석한다. 분석 대상 외 케이스는 필요 없으므로 모두 제거한다.

탐색적 분석 단세부터는 보험 청구자 고유 정보에 해당하는 식별자 정보(index, National Provider Identifier), 이름 정보(Last Name/Organization Name of the Provider ,First Name of the Provider ,Middle Initial of the Provider), 성별 정보(Gender of the Provider), 개인/조직 식별 정보(Credentials of the Provider), 주소 정보(Street Address 1 of the Provider, Street Address 2 of the Provider, City of the Provider, Zip Code of the Provider, State Code of the Provider, Country Code of the Provider)를 분석에서 제외한다. 실습은 아래 그림을 참고하면서 순차적으로 진행한다.

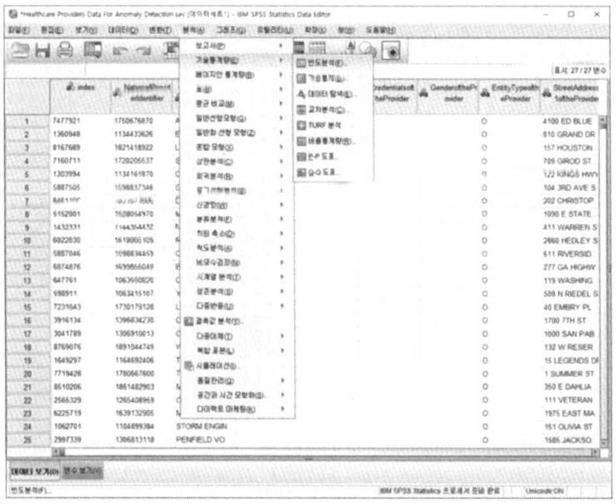

[빈도 분석 메뉴]
데이터의 결측치를 확인하기 위해서 상단 메뉴에서 "분석 → 기술통계량 → 빈도분석"을 순차적으로 누른다.

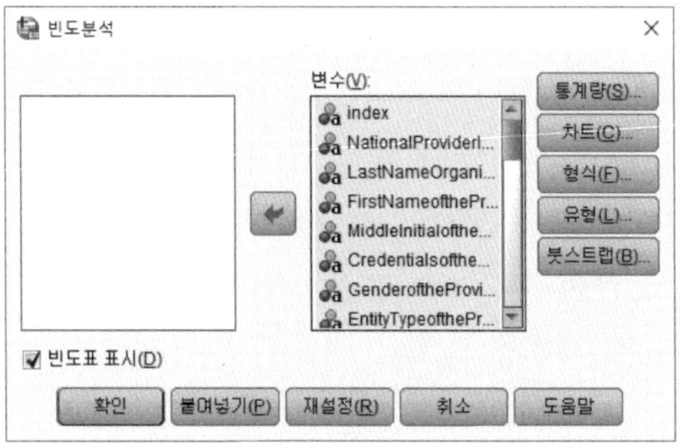

[결측값 빈도분석: 변수]
모든 변수의 결측값을 확인해야 하므로 모두 오른쪽의 "변수"로 선택한다.
통계량을 설정하기 위해서 "통계량" 버튼을 누른다.

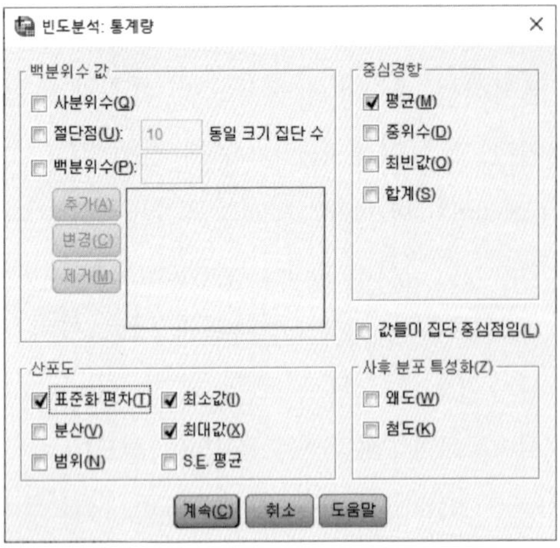

[결측값 빈도분석: 통계량]
수치형 변수를 확인하기 위해서 중심경향에 "평균", 산포도에 "표준화 편차", "최소값", "최대값"을 선택한다.
설정이 완료되었으므로 "계속" 버튼을 누른다.

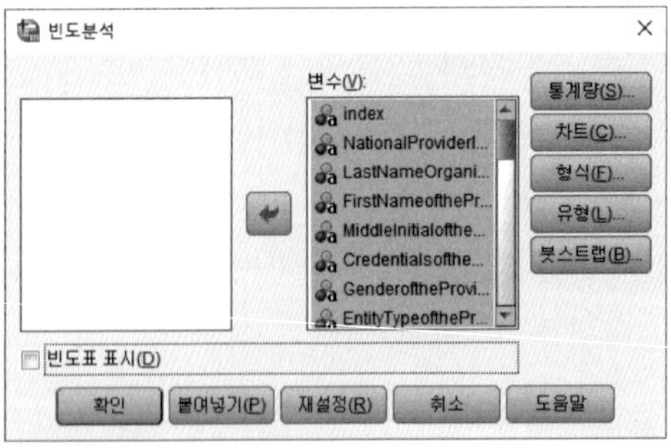

[결측값 빈도분석: 설정]
결측치만 우선 확인하기 위해서 "빈도표"는 체크 해제한다(모든 출력을 해제했다는 경고창이 뜨면 "확인" 버튼을 누른다).
빈도분석 설정이 완료되었으므로 "확인" 버튼을 누른다.

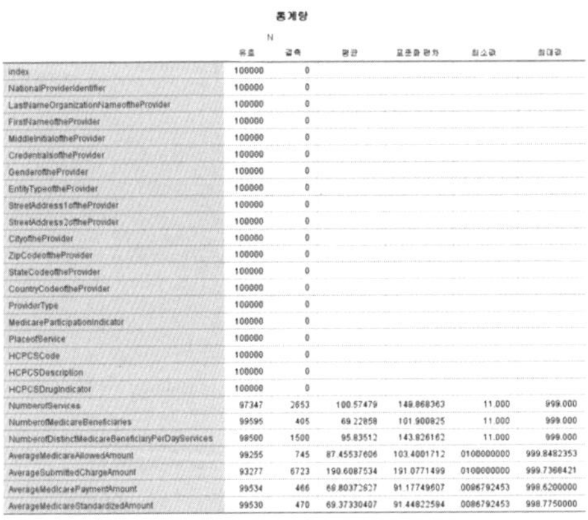

통계량

	N		평균	표준화 편차	최소값	최대값
	유효	결측				
index	100000	0				
NationalProviderIdentifier	100000	0				
LastNameOrganizationNameoftheProvider	100000	0				
FirstNameoftheProvider	100000	0				
MiddleInitialoftheProvider	100000	0				
CredentialsoftheProvider	100000	0				
GenderoftheProvider	100000	0				
EntityTypeoftheProvider	100000	0				
StreetAddress1oftheProvider	100000	0				
StreetAddress2oftheProvider	100000	0				
CityoftheProvider	100000	0				
ZipCodeoftheProvider	100000	0				
StateCodeoftheProvider	100000	0				
CountryCodeoftheProvider	100000	0				
ProviderType	100000	0				
MedicareParticipationIndicator	100000	0				
PlaceofService	100000	0				
HCPCSCode	100000	0				
HCPCSDescription	100000	0				
HCPCSDrugIndicator	100000	0				
NumberofServices	97347	2653	100.57479	149.868363	11.000	999.000
NumberofMedicareBeneficiaries	99595	405	69.22858	101.900825	11.000	999.000
NumberofDistinctMedicareBeneficiaryPerDayServices	98500	1500	95.83512	143.826162	11.000	999.000
AverageMedicareAllowedAmount	99255	745	87.45537606	103.4001712	0100000000	999.8482353
AverageSubmittedChargeAmount	93277	6723	190.6087534	191.0771499	0100000000	999.7368421
AverageMedicarePaymentAmount	99534	466	68.80372627	91.17749607	0086792453	998.6200000
AverageMedicareStandardizedAmount	99530	470	69.37330407	91.44822594	0086792453	998.7750000

[결측값 빈도분석 통계량]
빈도분석 실행 후 통계량 결과에서 "Number of Services", "Number of Medicare Beneficiaries", "Number of Distinct Medicare Beneficiary/Per Day Services", "Average Medicare Allowed Amount", "Average Submitted Charge Amount", "Average Medicare Payment Amount", "Average Medicare Standardized Amount"에 결측치가 있는 것으로 나타났다.

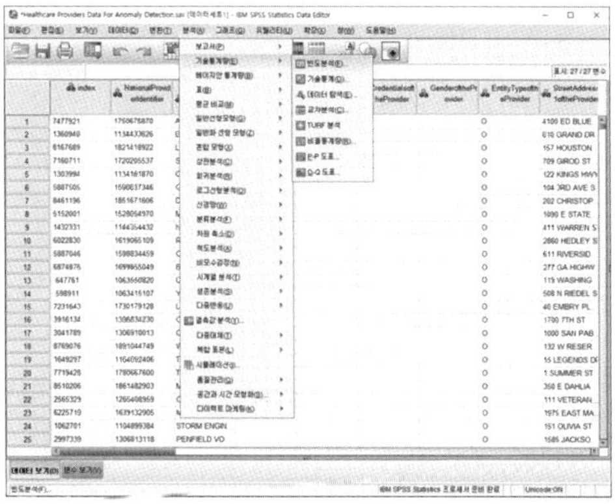

[데이터 분석 대상 선정 빈도분석 메뉴]
데이터의 분석 대상을 선정하기 위해서 "분석 → 기술통계량 → 빈도분석"을 순차적으로 누른다.

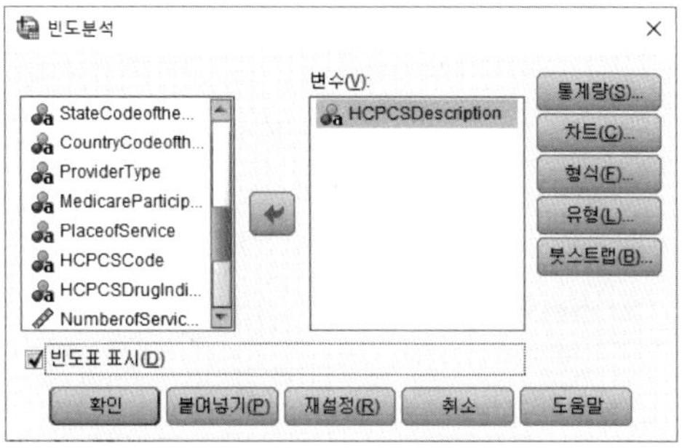

[분석 대상 선정 빈도분석: 변수]
어떤 의료 서비스가 있는지 확인하기 위해서 "HCPCS Description" 변수를 오른쪽에 "변수"로 선택하고, "확인" 버튼을 누른다.

HCPCSDescription

		빈도	퍼센트	유효 퍼센트
유효	전체	100000	100.0	100.0
	Established patient office or other outpatient visit, typically 15 minutes	4578	4.6	4.6
	Established patient office or other outpatient, visit typically 25 minutes	4401	4.4	4.4
	Subsequent hospital inpatient care, typically 25 minutes per day	1851	1.9	1.9
	New patient office or other outpatient visit, typically 30 minutes	1846	1.8	1.8
	New patient office or other outpatient visit, typically 45 minutes	1743	1.7	1.7
	Administration of influenza virus vaccine	1444	1.4	1.4
	Established patient office or other outpatient visit, typically 10 minutes	1344	1.3	1.3
	Initial hospital inpatient care, typically 70 minutes per day	1297	1.3	1.3
	Subsequent hospital inpatient care, typically 35 minutes per day	1231	1.2	1.2
	Established patient office or other outpatient, visit typically 40 minutes	1226	1.2	1.2
	Initial hospital inpatient care, typically 50 minutes per day	1200	1.2	1.2
	Vaccine for influenza for injection into muscle	1108	1.1	1.1
	Insertion of needle into vein for collection of blood sample	1008	1.0	1.0
	Administration of pneumococcal vaccine	901	.9	.9
	Routine EKG using at least 12 leads including interpretation and report	855	.9	.9
	Annual wellness visit, includes a personalized prevention plan of service (pps), subsequent visit	776	.8	.8
	Injection beneath the skin or into muscle for therapy, diagnosis, or prevention	732	.7	.7
	X-ray of chest, 2 views, front and side	716	.7	.7
	Vaccine for influenza for administration into muscle, 0.5 ml dosage	702	.7	.7
	Subsequent hospital inpatient care, typically 15 minutes per day	693	.7	.7
	New patient office or other outpatient visit, typically 60 minutes	647	.6	.6
	Pneumococcal vaccine for injection into muscle	645	.6	.6
	Routine electrocardiogram (EKG) using at least 12 leads with interpretation and report	630	.6	.6

[분석 대상 선정 빈도분석표]
빈도분석 실행 후 "HCPCS Description" 빈노표 확인 결과 많은 종류의 의료 서비스가 있는 것으로 나타났다. 이 중에서 "Ambulance service, advanced life support, emergency transport, level 1 (als 1 - emergency)", "Ambulance service, basic life support, emergency transport (bls-emergency)" 두 가지를 대상으로 이상치를 탐지해본다.

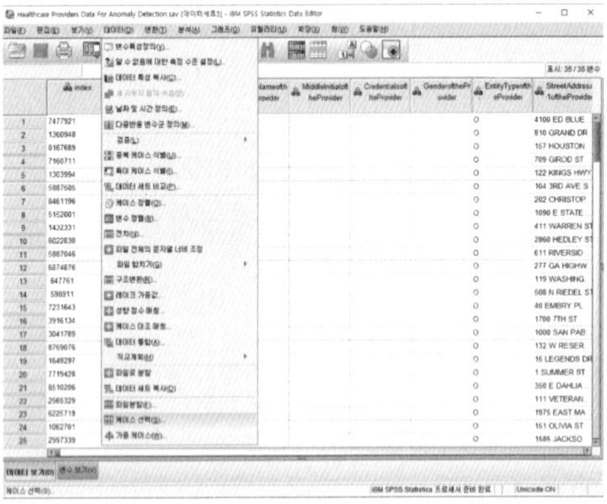

[케이스 선택 메뉴]

“HCPCS Description” 변수값 중 “Ambulance service, advanced life support, emergency transport, level 1 (als 1 - emergency)”, “Ambulance service, basic life support, emergency transport (bls-emergency)”를 선택하기 위해서 “분석 → 기술통계량 → 빈도분석”을 순차적으로 누른다.

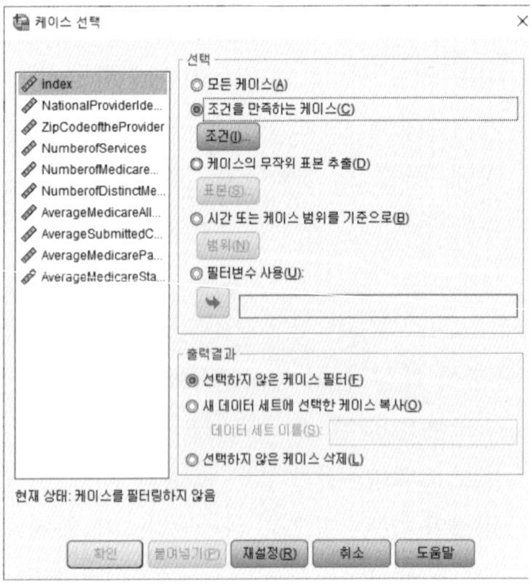

[케이스 선택: 선택]

“HCPCS Description” 변수 값 중 “Ambulance service, advanced life support, emergency transport, level 1 (als 1 - emergency)”, “Ambulance service, basic life support, emergency transport (bls-emergency)”만 선택하기 위해서 “선택” 항목에서 “조건을 만족하는 케이스”를 선택한 후 “조건” 버튼을 누른다.

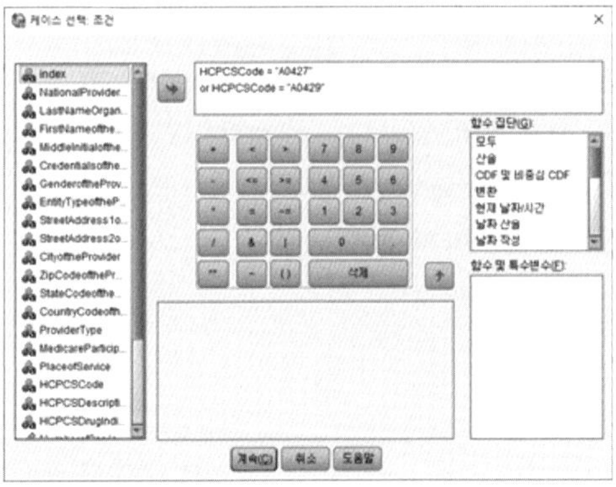

[케이스 선택: 조건]

“선택하지 않은 케이스 삭제”를 위해서 입력창에 HCPCSCode='A0427' or HCPCSCode='A0429'라는 수식을 입력하고, “계속” 버튼을 누른다.

[케이스 선택: 출력결과]

"HCPCS Description" 변수값 중 "Ambulance service, advanced life support, emergency transport, level 1 (als 1 - emergency)", "Ambulance service, basic life support, emergency transport (bls-emergency)"만 선택했으므로 출력결과에서 "선택하지 않은 케이스 삭제"를 선택하고, "확인" 버튼을 누른다.

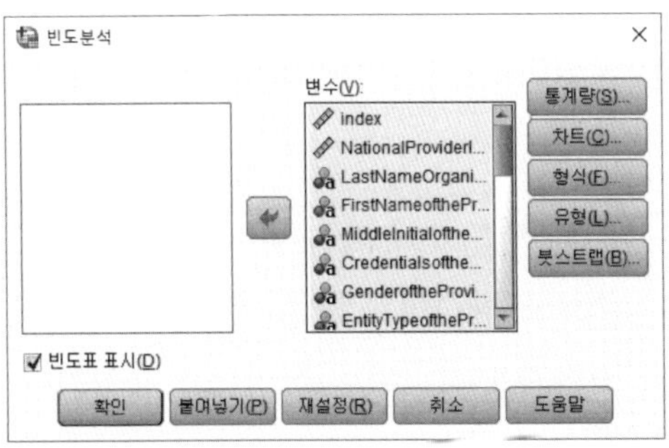

[최종 분석 대상 빈도분석: 변수 선택]

(빈도분석 메뉴 경로 생략)

"Ambulance service, advanced life support, emergency transport, level 1 (als 1 - emergency)", "Ambulance service, basic life support, emergency transport (bls emergency)" 케이스만 제대로 남았는지 확인하기 위해서 "빈도분석"에서 모든 변수를 선택한다.

통계량을 설정하기 위해서 "통계량" 버튼을 누른다(상세 아래 최종 분석 대상 빈도분석: 통계량 설정 참조).

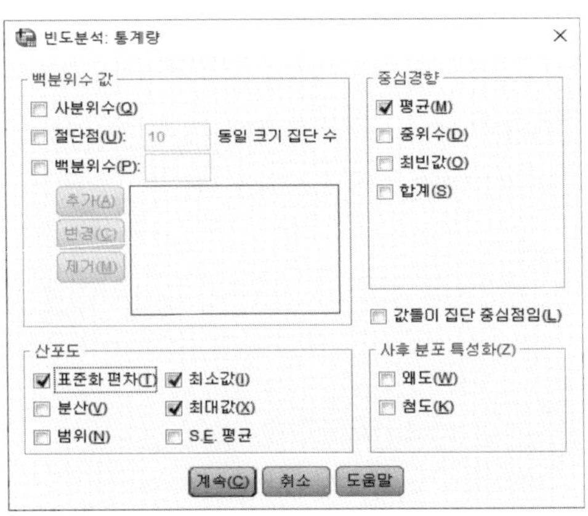

[최종 분석 대상 빈도분석: 통계량 설정]

수치형 변수를 확인하기 위해서 중심경향에 "평균", 산포도에 "표준화 편차", "최소값", "최대값"을 선택한다.

설정이 완료되었으므로 "계속" 버튼을 누른다.

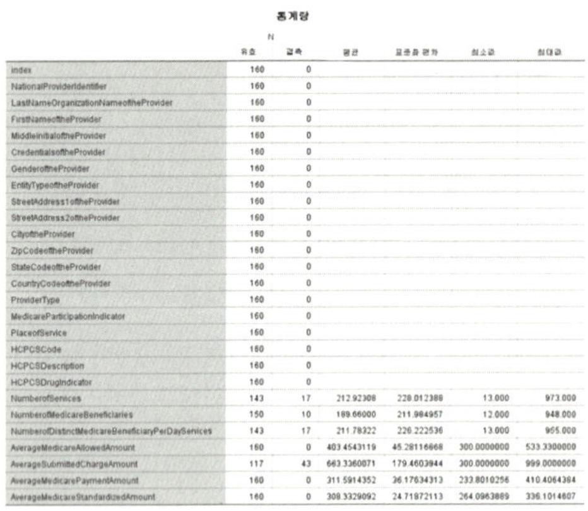

통계량

	N 유효	N 결측	평균	표준화 편차	최소값	최대값
index	160	0				
NationalProviderIdentifier	160	0				
LastNameOrganizationNameoftheProvider	160	0				
FirstNameoftheProvider	160	0				
MiddleInitialoftheProvider	160	0				
CredentialsoftheProvider	160	0				
GenderoftheProvider	160	0				
EntityTypeoftheProvider	160	0				
StreetAddress1oftheProvider	160	0				
StreetAddress2oftheProvider	160	0				
CityoftheProvider	160	0				
ZipCodeoftheProvider	160	0				
StateCodeoftheProvider	160	0				
CountryCodeoftheProvider	160	0				
ProviderType	160	0				
MedicareParticipationIndicator	160	0				
PlaceofService	160	0				
HCPCSCode	160	0				
HCPCSDescription	160	0				
HCPCSDrugIndicator	160	0				
NumberofServices	143	17	212.92308	228.012388	13.000	973.000
NumberofMedicareBeneficiaries	150	10	189.66000	211.984957	12.000	948.000
NumberofDistinctMedicareBeneficiaryPerDayServices	143	17	211.78322	226.222536	13.000	965.000
AverageMedicareAllowedAmount	160	0	403.4543119	45.28116668	300.0000000	533.3300000
AverageSubmittedChargeAmount	117	43	663.3360071	179.4603944	300.0000000	999.0000000
AverageMedicarePaymentAmount	160	0	311.5914352	36.17634313	233.8010256	410.4064384
AverageMedicareStandardizedAmount	160	0	308.3329092	24.71872113	264.0963889	336.1014607

[최종 분석 대상 빈도분석: 통계량 결과]
빈도분석 실행 후 통계량 결과에서 "Number of Services", "Number of Medicare Beneficiaries", "Number of Distinct Medicare Beneficiary/Per Day Services", "Average Submitted Charge Amount"에 결측치가 있는 것으로 나타난다. 본 분석의 목적은 이상 탐지이므로 별도로 삭제하지는 않는다.

6.1.3 데이터 탐색

6.1.3.1 범주형 변수 기초통계분석

범주형 변수 기초통계분석은 주로 범주형 변수의 빈도를 통해 빈도가 매우 작은 값이 없는지 확인하는 단계이다. 이상치 분석은 주로 일반적이지 않은 케이스를 식별하는 것이기 때문에 전체 케이스 중에서 빈도가 지나치게 낮다면 이상치일 가능성이 높다. 실습은 아래 그림을 참고하면서 순차적으로 진행한다.

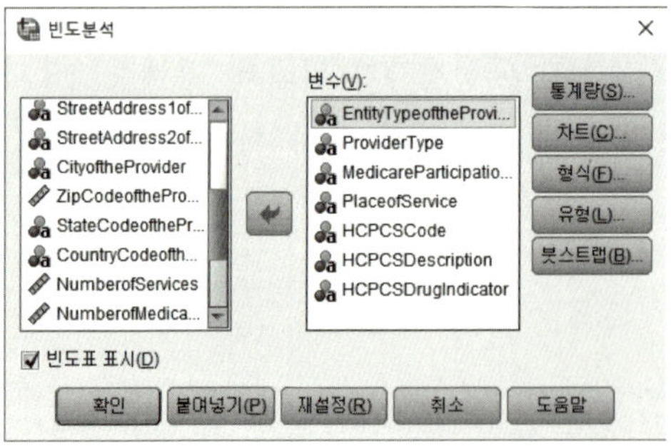

[주요 범주형 변수 빈도분석]
주요 범주형 변수의 빈도를 확인하기 위해서 "Entity Type of the Provider", "Provider Type", "Medicare Participation Indicator", "Place of Service", "HCPCS Code", "HCPCS Description", "HCPCS Drug Indicator" 오른쪽에 "변수"로 선택하고, "확인" 버튼을 누른다.

EntityTypeoftheProvider

		빈도	퍼센트	유효 퍼센트	누적 퍼센트
유효	O	160	100.0	100.0	100.0

[주요 범주형 변수 빈도분석]
빈도분석 실행 후 Entity Type of the Provider 빈도표 확인 결과 "O" 1개 값만 있는 것으로 나타났다.

ProviderType

		빈도	퍼센트	유효 퍼센트	누적 퍼센트
유효	Ambulance Service Provider	160	100.0	100.0	100.0

[Provider Type 빈도표 확인 결과]
빈도분석 실행 후 Provider Type 빈도표 확인 결과 "Ambulance Service Provider" 1개 값만 있는 것으로 나타났다.

MedicareParticipationIndicator

		빈도	퍼센트	유효 퍼센트	누적 퍼센트
유효	Y	160	100.0	100.0	100.0

[Medicare Participation Indicator 빈도표 확인 결과]
빈도분석 실행 후 MedicareParticipation Indicator 빈도표 확인 결과 "Y" 1개 값만 있는 것으로 나타났다.

PlaceofService

		빈도	퍼센트	유효 퍼센트	누적 퍼센트
유효	F	160	100.0	100.0	100.0

[Place of Service 빈도표 확인 결과]
빈도분석 실행 후 PlaceofService 빈도표 확인 결과 "F" 1개 값만 있는 것으로 나타났다.

HCPCSCode

		빈도	퍼센트	유효 퍼센트	누적 퍼센트
유효	A0427	85	53.1	53.1	53.1
	A0429	75	46.9	46.9	100.0
	전체	160	100.0	100.0	

[HCPCS Code 빈도표 확인 결과]
빈도분석 실행 후 HCPCSCode 빈도표 확인 결과 "A0427", "A0429" 2개 값이 있는 것으로 나타났다.

HCPCSDescription

		빈도	퍼센트	유효 퍼센트	누적 퍼센트
유효	Ambulance service, advanced life support, emergency transport, level 1 (als 1 - emergency)	85	53.1	53.1	53.1
	Ambulance service, basic life support, emergency transport (bls-emergency)	75	46.9	46.9	100.0
	전체	160	100.0	100.0	

[HCPCSD description 빈도표 확인 결과]

빈도분석 실행 후 HCPCSD escription 빈도표 확인 결과 "Ambulance service, advanced life support, emergency transport, level 1 (als 1 - emergency)", "Ambulance service, basic life support, emergency transport (bls-emergency)" 2개 값이 있는 것으로 나타났다.

HCPCSDrugIndicator

		빈도	퍼센트	유효 퍼센트	누적 퍼센트
유효	N	160	100.0	100.0	100.0

[HCPCSD rug Indicator 빈도표 확인 결과]

빈도분석 실행 후 HCPCSD rug Indicator 빈도표 확인 결과 "N" 1개 값만 있는 것으로 나타났다.

6.1.3.2 수치형 변수 기초통계분석

수치형 변수 기초통계분석은 주로 수치형 변수의 기초통계량을 통해 기본적인 분포를 확인하는 단계이다. 이상치 분석은 주로 일반적이지 않은 케이스를 식별하는 것이기 때문에 최대값, 최소값이 평균 대비 너무 크거나 작은 케이스는 이상치일 가능성이 높다. 실습은 아래 그림을 참고하면서 순차적으로 진행한다.

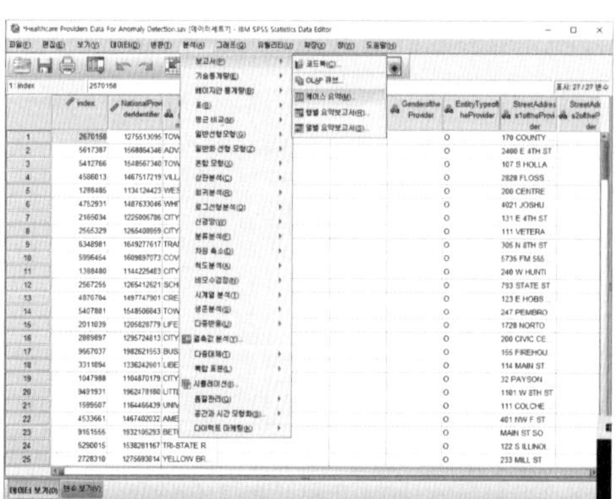

[케이스별 데이터 요약 메뉴]

케이스별로 계산한 데이터를 요약하여 확인하기 위해서 상단 메뉴에서 "분석 → 케이스 요약"을 순차적으로 누른다.

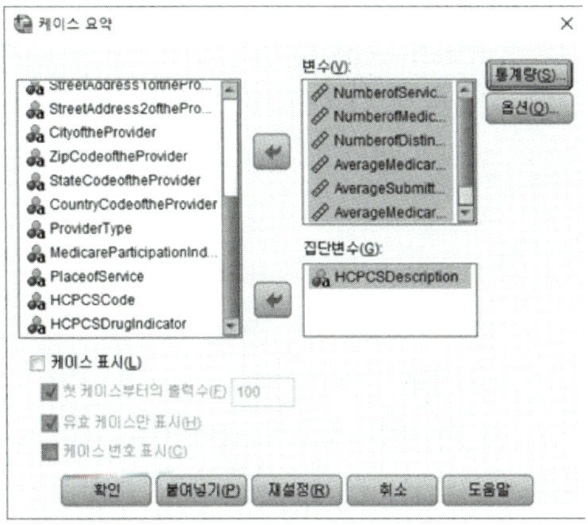

[케이스 요약: 변수]
"HCPCSDescription" 집단별 변수 케이스를 요약하기 위해서 앞에서 계산한 "Number of Services", "Number of Medicare Beneficiaries", "Number of Distinct Medicare Beneficiary/Per Day Services", "Average Medicare Allowed Amount", "Average Submitted Charge Amount", "Average Medicare Payment Amount", "Average Medicare Standardized Amount" 오른쪽에 "변수"로 선택한다.
"HCPCSDescription"를 오른쪽에 "집단변수"로 선택한다.
케이스별 값을 확인하지 않으므로 "케이스 표시" 체크는 해제한다.
요약에 필요한 통계량을 선택하기 위해서 "통계량" 버튼을 누른다(상세 아래 요약보고서: 통계량 참조).

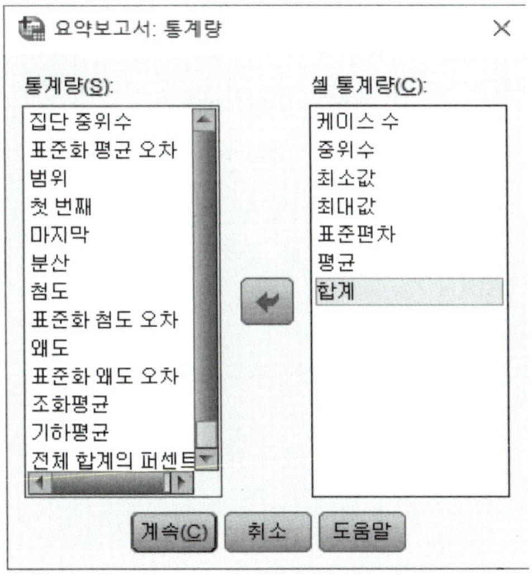

[요약보고서: 통계량]
집단별 케이스의 통계량를 구하기 위해서 통계량의 "케이스수", "중위수", "최소값", "최대값", "표준편차", "평균", "합계"를 오른쪽에 "셀 통계량"으로 선택한다.
"계속" 버튼을 누른다.

케이스 요약

HCPCSDescription		NumberofServices	NumberofMedicareBeneficiaries	NumberofDistinctMedicareBeneficiaryPerDayServices	AverageMedicareAllowedAmount	AverageSubmittedChargeAmount	AverageMedicarePaymentAmount	AverageMedicareStandardizedAmount
Ambulance service, advanced life support, emergency transport, level 1 (als 1 - emergency)	N	72	77	72	85	54	85	85
	중위수	131.00000	119.00000	130.50000	417.5714356	750.0000000	324.4348148	332.6855002
	최소값	13.000	13.000	13.000	384.8285788	400.0000000	290.1976389	313.4770833
	최대값	973.000	948.000	955.000	533.3300000	987.7757009	410.4064384	336.1014607
	표준편차	243.124206	234.559750	241.540025	34.59461666	156.0330596	27.39869936	4.506004174
	평균	231.97222	217.55844	230.77778	433.0966292	724.7598105	334.9587899	331.0214216
	합계	16702.000	16752.000	16616.000	36813.21348	39137.02976	28471.49714	28136.82084
Ambulance service, basic life support, emergency transport (bls-emergency)	N	71	73	71	75	63	75	75
	중위수	124.00000	101.00000	124.00000	365.0600000	575.0000000	280.7666667	283.9693182
	최소값	13.000	12.000	13.000	300.0000000	300.0000000	233.8010256	264.0963989
	최대값	936.000	802.000	932.000	484.3300000	999.0000000	378.0426714	289.9946154
	표준편차	211.563667	182.238056	209.506554	28.89831929	182.5968053	24.93683200	5.328813736
	평균	193.60563	160.23288	192.52113	369.8596855	610.6870327	285.1084333	282.6192619
	합계	13746.000	11697.000	13669.000	27739.47641	38473.28306	21383.13250	21196.44464
전체	N	143	150	143	160	117	160	160
	중위수	126.00000	105.50000	124.00000	406.0700000	650.0000000	313.0416398	322.4793424
	최소값	13.000	12.000	13.000	300.0000000	300.0000000	233.8010256	264.0963989
	최대값	973.000	948.000	955.000	533.3300000	999.0000000	410.4064384	336.1014607
	표준편차	228.012388	211.984957	226.222536	45.28116668	179.4603944	36.17634313	24.71872113
	평균	212.92308	189.66000	211.78322	403.4543119	663.3360071	311.5914352	308.3329092
	합계	30448.000	28449.000	30285.000	64552.68990	77610.31283	49854.62984	49333.26548

[케이스 요약 결과]

케이스 요약 실행 후 "HCPCSDescription" 집단별 변수의 통계량이 계산되어 나오는 것을 확인할 수 있다.

모든 평균값이 "Ambulance service, advanced life support, emergency transport, level 1 (als 1 - emergency)"가 더 높은 것으로 나타난다.

6.1.4 특이 케이스 식별

특이 케이스 식별은 각각의 변수의 특성이 비슷한 케이스를 1차로 비지도 학습으로 군집화하고 2차로 각각의 군집 내에서 일반적인 케이스 대비 많이 크거나 낮은 값을 이상치로 선정하는 방법이다. 해당 분석에서는 빈도분석에서 단일 값으로 이루어진 변수는 이상치를 선정하는데 사용될 수 없으므로 분석에서 모두 제외한다. 실습은 아래 그림을 참고하면서 순차적으로 진행한다.

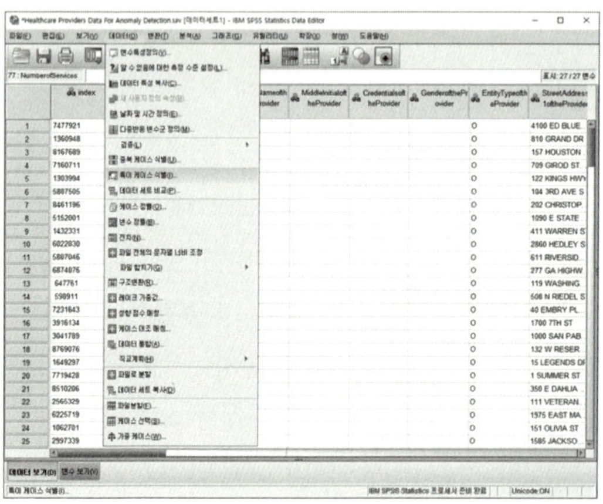

[특이 케이스 식별 메뉴]

특이 케이스 식별을 실행하기 위해서 상단 메뉴에서 "데이터 → 특이 케이스 식별"을 순차적으로 누른다.

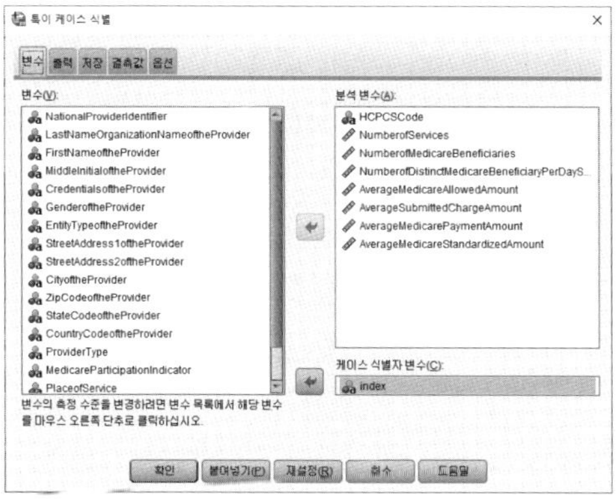

[특이 케이스 식별: 변수]
분석 변수를 선택하기 위해서 "변수" 탭으로 이동한다.
"HCPCSCode", "Number of Services", "Number of Medicare Beneficiaries", "Number of Distinct Medicare Beneficiary /Per Day Services", "Average Medicare Allowed Amount", "Average Submitted Charge Amount", "Average Medicare Payment Amount", "Average Medicare Standardized Amount"을 오른쪽에 "분석 변수"로 선택한다.
"Index"는 오른쪽에 "케이스 식별자 변수"로 선택한다.
"출력" 탭으로 이동한다.

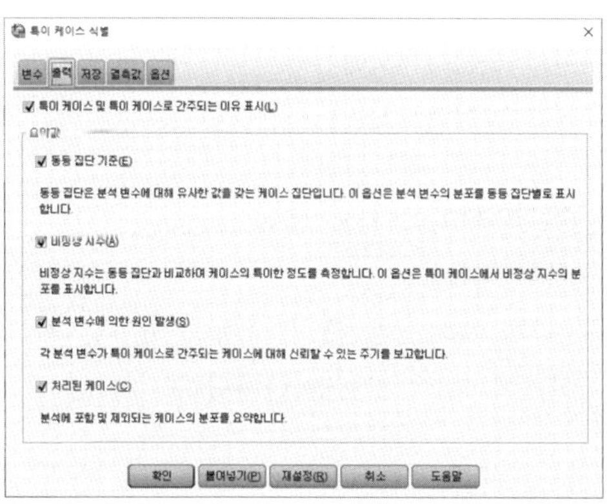

[특이 케이스 식별: 출력 결과]
요약값을 상세하게 출력하기 위해서 "동등 집단 기준", "비정산 지수", "분석 변수에 의한 원인 발생", "처리된 케이스"를 체크한다.
출력결과 설정이 완료되었으므로 "저장" 탭으로 이동한다.

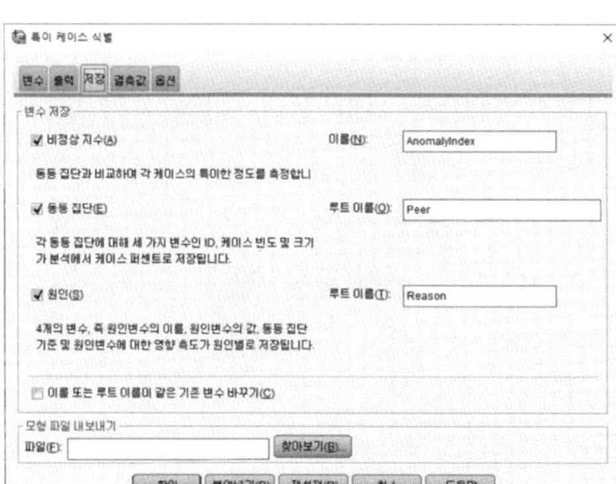

[특이 케이스 식별: 저장]
결과값을 활용하여 추가적인 분석을 위해서 "비정산 지수", "동등 집단", "원인"을 선택한다.
저장 설정이 완료되었으므로 "결측값" 탭으로 이동한다.

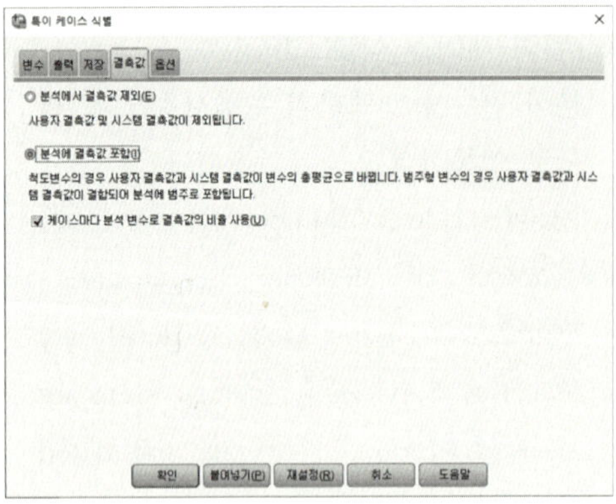

[특이 케이스 식별: 결측값]
분석변수 중 "Number of Services", "Number of Medicare Beneficiaries", "Number of Distinct Medicare Beneficiary /Per Day Services", "Average Submitted Charge Amount"에 결측값이 있으므로 "분석에 결측값 포함"을 선택한다.
결측값 설정이 완료되었으므로 "확인" 버튼을 눌러서 특이 케이스를 식별한다.

케이스 처리 요약

		N	결합된 %	전체 중 %
동등 ID	1	51	31.9%	31.9%
	2	41	25.6%	25.6%
	3	68	42.5%	42.5%
결합된		160	100.0%	100.0%
전체(T)		160		100.0%

[특이 케이스 식별 결과: 케이스 처리 요약]
160개 케이스가 총 3개의 동등 집단으로 분리된 것으로 나타났다.

비정상 케이스 지수 목록

케이스	index	비정상 지수
1	7477921	2.797
2	1360948	2.272
3	8167689	2.263
4	7160711	2.223

[특이 케이스 식별 결과: 비정상 케이스 지수 목록]
160개 케이스가 중 총 4개의 비정상 케이스가 있는 것으로 나타났다.

비정상 케이스 동등 ID 목록

케이스	index	동등 ID	동등 크기	동등 크기 퍼센트
1	7477921	3	68	42.5%
2	1360948	1	51	31.9%
3	8167689	1	51	31.9%
4	7160711	3	68	42.5%

[특이 케이스 식별 결과: 비정상 케이스 동등 ID 목록]
4개의 비정상 케이스 중 '7477924', '7160711'은 3번 동등 집단, '1360948', '8167689'는 1번 동등 집단으로 나타났다.

비정상 케이스 원인 목록

원인: 1

케이스	index	원인변수	변수 영향	변수값	변수 노름
1	7477921	**결측 비율**	.822	.500	.033
2	1360948	AverageMedicareAllowedAmount	.347	533.3300000	437.6327513
3	8167689	NumberofServices	.270	340.000	102.58824
4	7160711	NumberofDistinctMedicareBeneficiaryPerDayServices	.234	460.000	148.43480

[특이 케이스 식별 결과: 비정상 케이스 원인 목록]
각각의 케이스는 동등 집단 내에서 "결측 비율", "Average Medicare Allowed Amount", "NumberofServices", "Number of Distinct Medicare Beneficiary/Per Day Services"의 패턴이 비정상적이어서 분류되었나.

척도변수 노름

		동등 ID 1	2	3	결합됨
NumberofServices	평균(M)	102.58824	456.24015	148.96833	212.92308
	표준화 편차	69.050757	264.583989	123.240709	215.478554
NumberofMedicareBeneficiaries	평균(M)	83.27451	450.29951	112.29882	189.66000
	표준화 편차	53.726745	237.022501	89.339624	205.210517
NumberofDistinctMedicareBeneficiaryPerDayServices	평균(M)	102.25490	453.09142	148.43480	211.78322
	표준화 편차	69.006041	262.116134	122.698255	213.787090
AverageMedicareAllowedAmount	평균(M)	437.6327513	420.8374100	367.3394967	403.4543119
	표준화 편차	38.46570273	32.16583976	27.31473857	45.28116668
AverageSubmittedChargeAmount	평균(M)	706.0391092	694.4805641	612.5303446	663.3360071
	표준화 편차	116.4323545	154.8749202	163.4667471	153.2847854
AverageMedicarePaymentAmount	평균(M)	339.0606676	324.6672319	283.1055747	311.5914352
	표준화 편차	30.26488544	25.52571046	23.03674587	36.17634313
AverageMedicareStandardizedAmount	평균(M)	331.6375040	322.0394959	282.5901976	308.3329092
	표준화 편차	4.502129239	18.48498145	5.472374198	24.71872113
결측 비율	평균(M)	.044	.155	.033	.068
	표준화 편차	.060	.172	.085	.120

[특이 케이스 식별 결과: 척도변수 노름]
동등 ID별 각각의 척도변수의 평균과 표준화 편차를 확인할 수 있다.

범주형 변수 노름

		동등 ID 1	2	3	결합됨
HCPCSCode	가장 널리 사용되는 범주	A0427	A0427	A0429	A0427
	구매빈도	51	34	68	85
	퍼센트	100.0%	82.9%	100.0%	53.1%

[특이 케이스 식별 결과: 범주형 변수 노름]
동등 ID별 각각의 범주형 변수의 빈도를 확인할 수 있다. "A0427"은 동등 ID 1,2로 분류되고, "A0429"는 모두 동등 ID 3으로 분류된 것으로 나타난다.

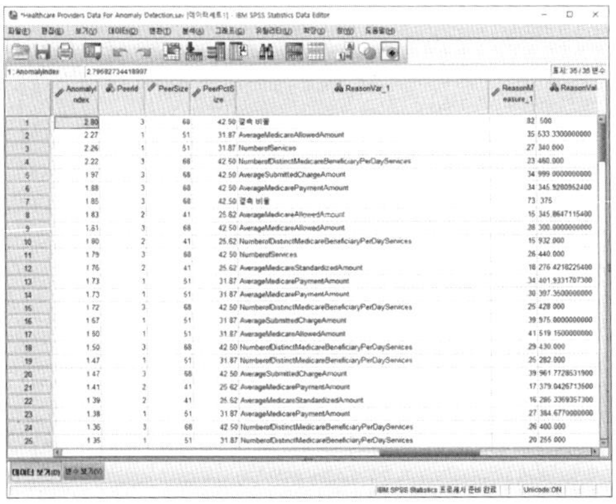

[특이 케이스 식별: 결과 저장]
특이 케이스 식별 실행 결과 각각의 변수가 모두 생성된 것을 볼 수 있다.

6.1.5 이상치 결과 평가

이전 절에서 특이 케이스 식별을 해서 최종적으로 3개의 군집으로 나누어지고 2개의 군집에서 각각 2개의 케이스가 식별되었다. 비정상 지수 2.0을 기준으로 Cutoff 했을 때 총 4개의 이상치가 식별이 된 것이므로 비정상 지수의 Cutoff 기준을 낮추면 비정상 케이스는 더욱 늘어날 수 있다.

본절에서는 1차 클러스터링 결과를 Boxplot을 통해 각 클러스터들의 변수별 분포의 차이를 시각적으로 점검하고 각각의 군집이 어떻게 나누어졌는지 확인한다. 2차 비정상 지수 계산의 결과는 클러스터별로 "Number of Services", "Number of Distinct Medicare Beneficiary/Per Day Services", "Average Medicare Allowed Amount" 3가지 원인변수 간의 산점도 행렬을 통해 비정상 케이스가 얼마나 중심에서 멀리 떨어져 있는지 시각적으로 확인한다. 실습은 아래 그림을 참고하면서 순차적으로 진행한다.

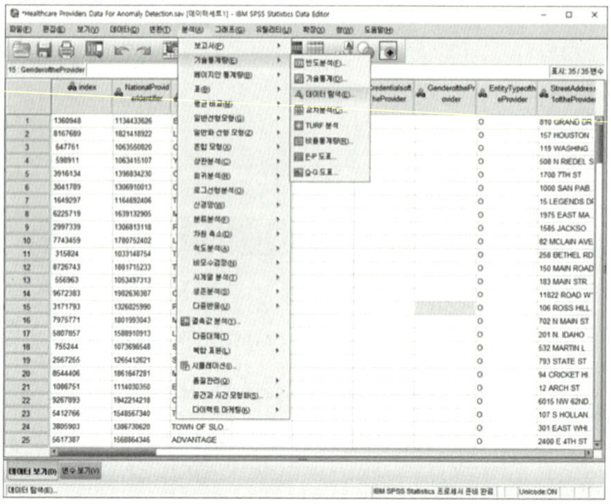

[데이터 탐색 메뉴]
동등 ID별로 척도변수의 값을 Boxplot으로 시각화하기 위해서 "분석 → 기술통계량 → 데이터 탐색"을 순차적으로 누른다.

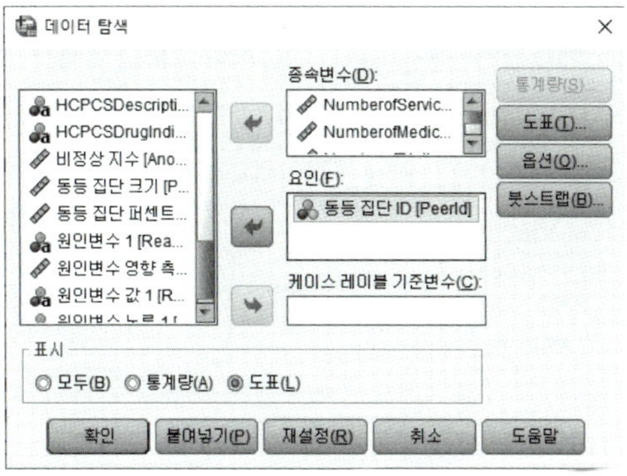

[데이터 탐색: 변수]

"Number of Services", "Number of Medicare Beneficiaries", "Number of Distinct Medicare Beneficiary/Per Day Services", "Average Medicare Allowed Amount", "Average Submitted Charge Amount", "Average Medicare Payment Amount", "Average Medicare Standardized Amount"을 오른쪽의 "종속변수"로 선택한다.

"PeerId"를 오른쪽의 "요인"으로 선택한다.

통계량은 "척도변수 노름에서 이미 구했으므로 "도표"를 선택한다.

데이터 탐색 설정이 완료되었으므로 "확인" 버튼을 누른다.

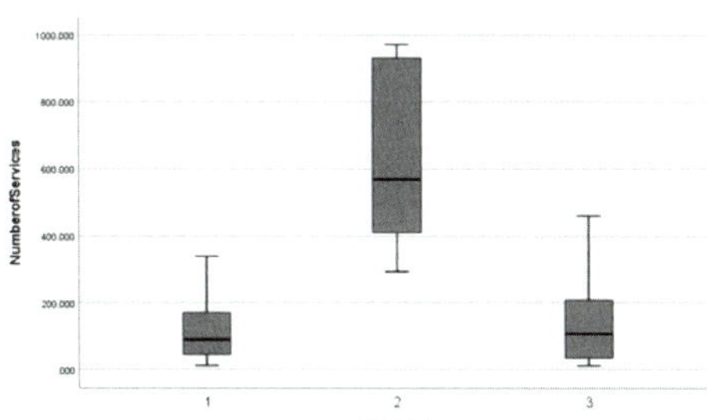

[Boxplot 생성 결과: Number of Services]

동등 집단 2의 "Number of Services"가 다른 동등 집단들보다 많은 것으로 나타났다.

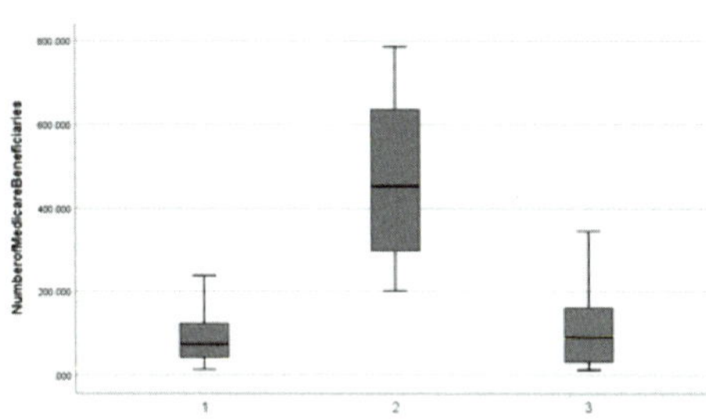

[Boxplot 생성 결과: umber of Medicare Beneficiaries]

동등 집단 2의 "Number of Medicare Beneficiaries"가 다른 동등 집단들보다 많은 것으로 나타났다.

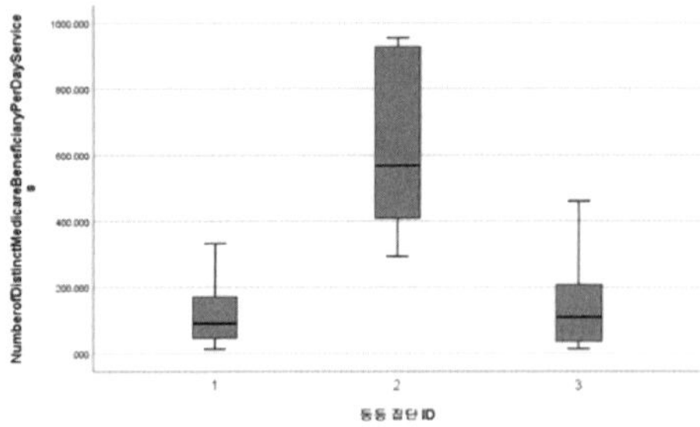

[Boxplot 생성 결과: Number of Distinct Medicare Beneficiary/Per Day Services]
동등 집단 2의 "Number of Distinct Medicare Beneficiary/Per Day Services"가 다른 동등 집단들보다 많은 것으로 나타났다.

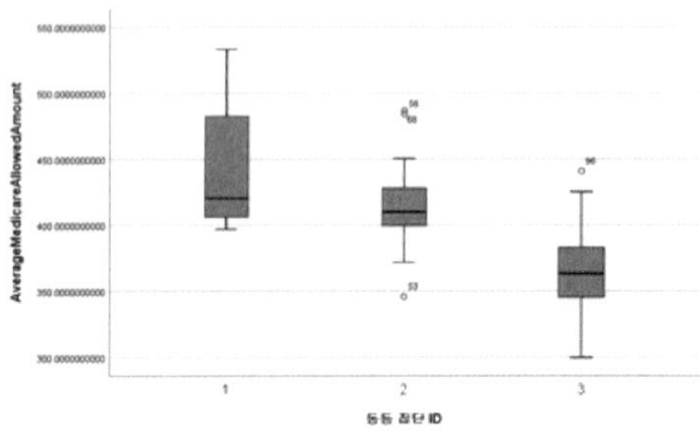

[Boxplot 생성 결과: Average Medicare Allowed Amount]
동등 집단 1의 "Average Medicare Allowed Amount"가 다른 동등 집단들보다 많은 것으로 나타났다.

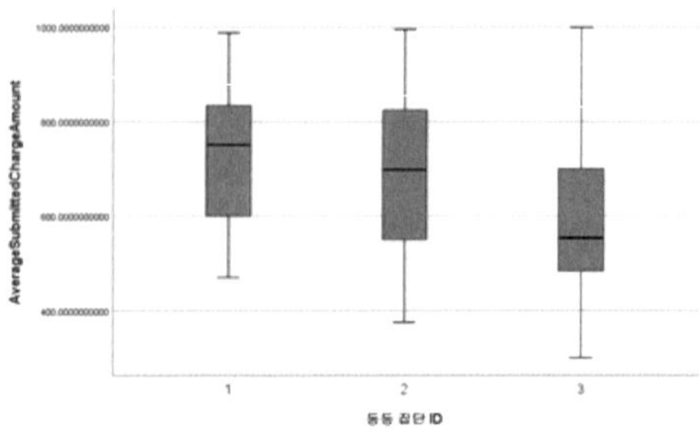

[Boxplot 생성 결과: Average Submitted Charge Amount]
동등 집단 1의 "Average Submitted Charge Amount"가 다른 동등 집단들보다 많은 것으로 나타났다.

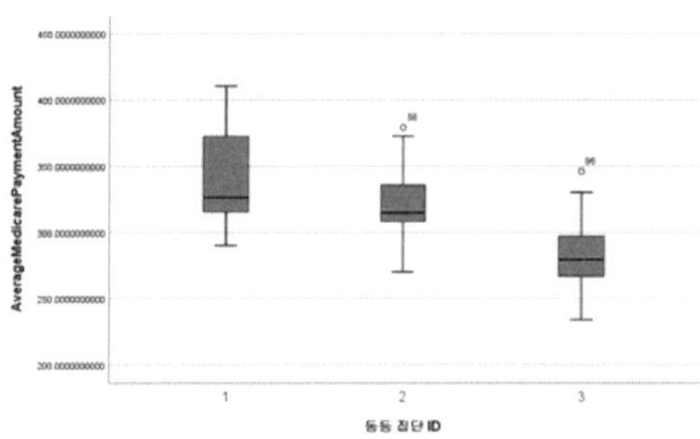

[Boxplot 생성 결과: Average Medicare Payment Amount]
동등 집단 1의 "Average Medicare Payment Amount"가 다른 동등 집단들보다 많은 것으로 나타났다.

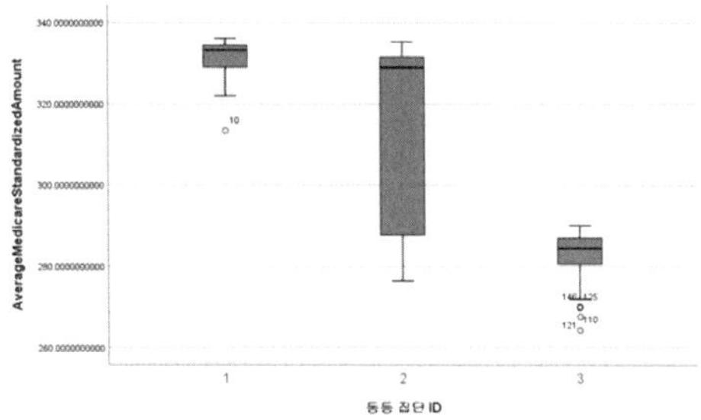

[Boxplot 생성 결과: Average Medicare Standardized Amount]
동등 집단 1의 “Average Medicare Standardized Amount”가 다른 동등 집단들보다 많은 것으로 나타났다.

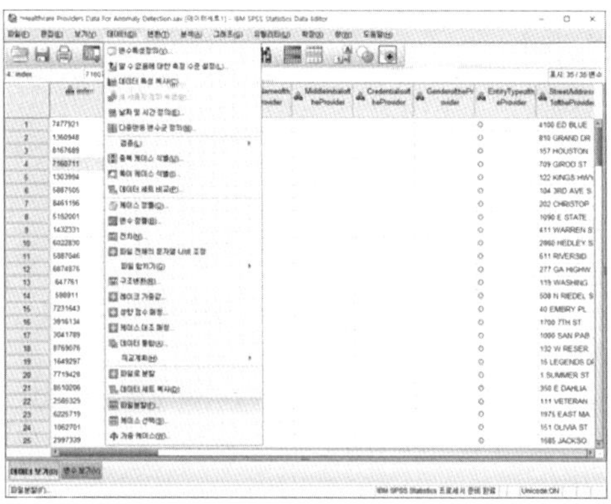

[파일분할 메뉴]
동등 ID별로 산점도를 생성하기 위해서 “데이터 → 파일분할”을 순차적으로 누른다.
파일분할은 매번 분석을 실행할 때마다 분할된 케이스별로 결과를 산출한다.

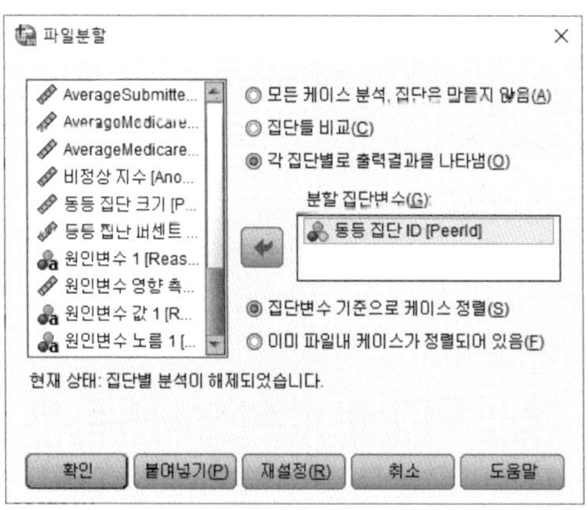

[파일분할: 설정]
각 집단별로 출력 결과를 보기 위해서 “각 집단별로 출력 결과를 나타냄”을 선택한다.
“PeerId”를 오른쪽에 “분할 집단변수”로 선택한다.
파일분할 설정이 완료되었으므로 “확인” 버튼을 누른다.

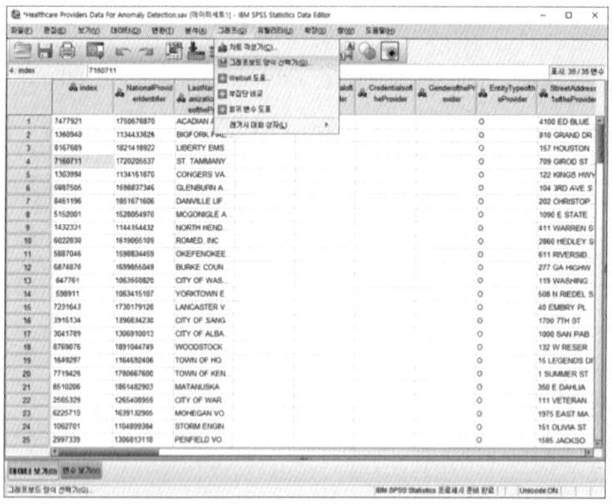

[그래프보드 양식 선택기 메뉴]
각각의 비정상 케이스 원인변수를 동등 ID별 산점도로 시각화하기 위해서 "그래프 → 그래프보드 양식 선택기"를 순차적으로 누른다.

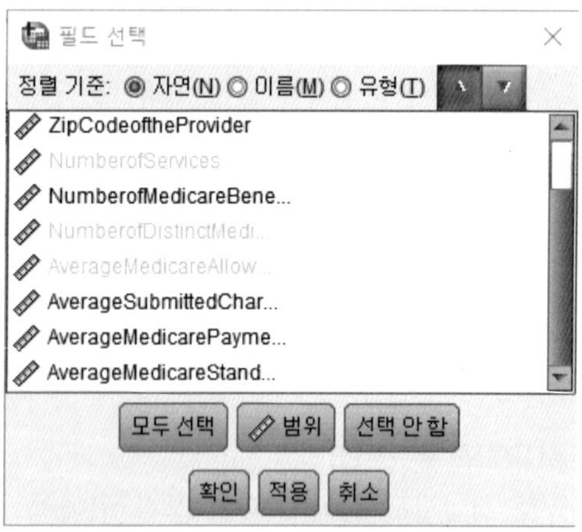

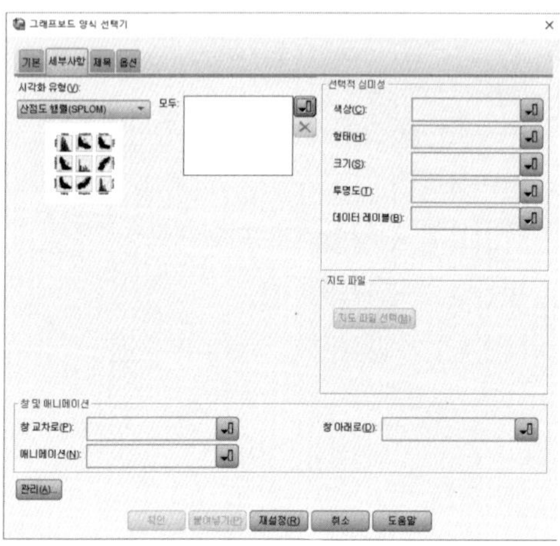

[그래프보드 양식 선택기: 시각화 유형]
"세부사항" 탭으로 이동한다.
시각화 유형은 "산점도 행렬(SPLOM)"을 선택한다.
"모두" 옆에 화살표 버튼을 눌러서 "필드 선택"에서 "Number of Services", "Number of Distinct Medicare Beneficiary/Per Day Services", "Average Medicare Allowed Amount"를 각각 선택하고 "적용" 버튼을 누른다.
필드 선택이 완료되었으므로 "확인" 버튼을 누른다.

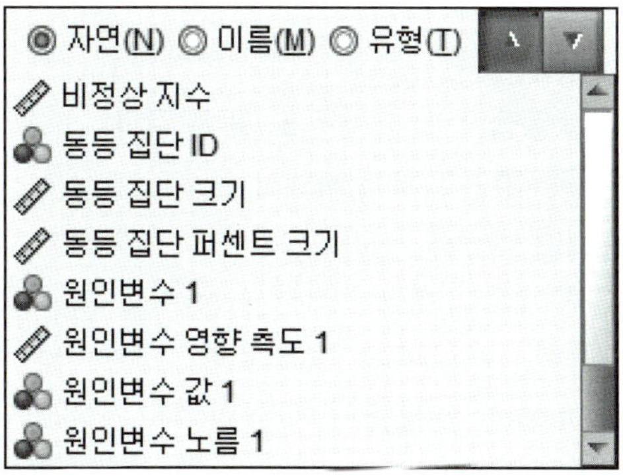

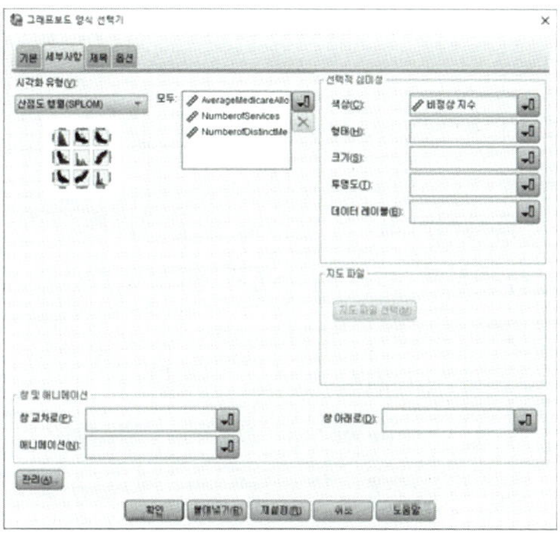

[그래프보드 양식 선택기: 선택적 심미성]
선택적 심미성에서 "색상" 옆에 화살표 버튼을 눌러서 "비정상 지수"를 선택한다.
그래프보드 양식 선택기 설정이 완료되었으므로 "확인" 버튼을 눌러서 산점도 행렬을 생성한다.

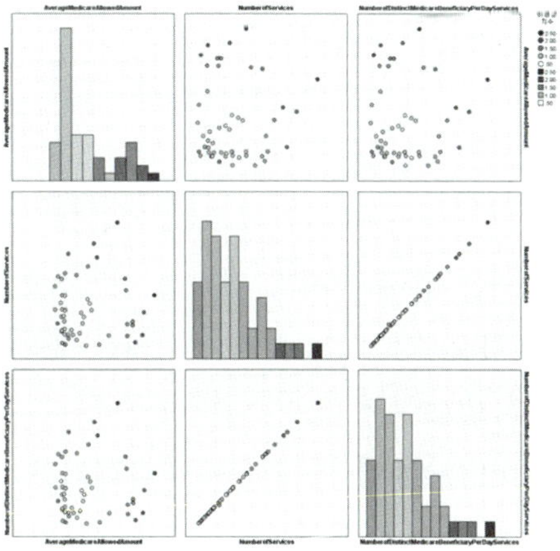

[동등집단 ID 1 산점도 행렬 결과]
동등집단 ID 1 결과에서 분포의 가장자리에 갈수록 "비정상 지수"가 높아지면서 색깔이 진한 것으로 나타난다. 특히 "Number of Services"가 높은 곳에서 이상치 지수가 높은 것으로 나타난다.

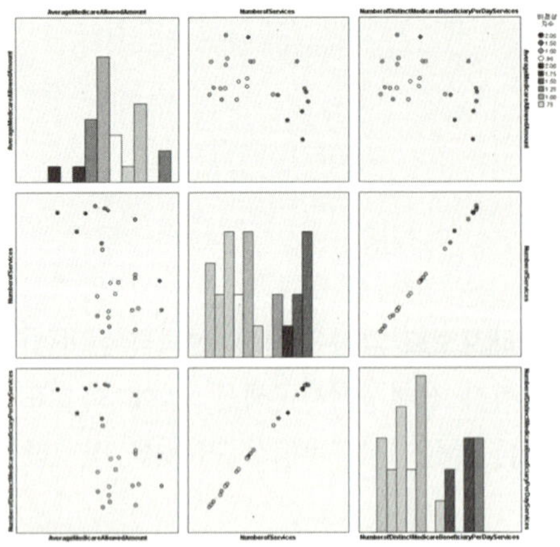

[동등집단 ID 2 산점도 행렬 결과]
동등집단 ID 2 결과에서 분포의 가장자리에 갈수록 "비정상 지수"가 높아지면서 색깔이 진한 것으로 나타난다.
특히, "Average Medicare Allowed Amount"가 낮은 곳에서 이상치 지수가 높은 것으로 나타난다.

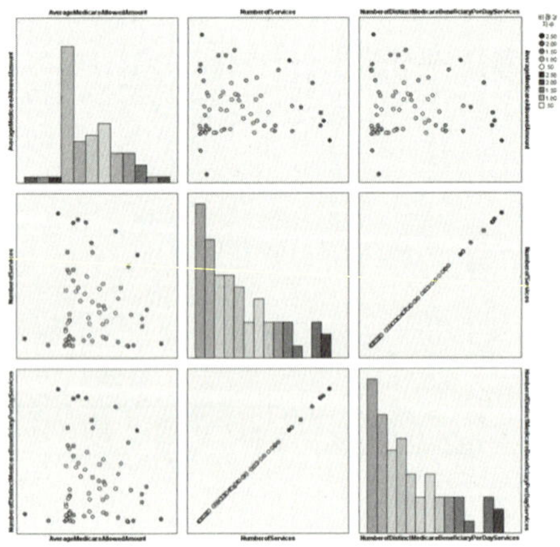

[동등집단 ID 3 산점도 행렬 결과]
동등집단 ID 3 결과에서 분포의 가장자리에 갈수록 "비정상 지수"가 높아지면서 색깔이 진한 것으로 나타난다.
특히, "Number of Distinct Medicare Beneficiary/Per Day Services"가 높은 곳에서 이상치 지수가 높은 것으로 나타난다.

6.1.6 분석 결과 활용

의료보험 이상탐지를 위해서 특이 케이스 식별을 통해 계산된 결과를 시각적으로 확인해보았다. 특이 케이스 식별의 경우 비지도 학습이기 때문에 결과에 대한 해석을 위해서는 해당 분야의 전문적 지식이 요구될 수 있을 것이다.

분석 결과 활용의 관점에서 의료보험 청구 데이터는 매우 방대한 양의 데이터를 분석해야 하는 어려움과 전문적 지식을 활용해야 하는 이중적인 어려움이 존재하는 것이 특징이다. 이러한 측면에서 의료보험 이상탐지 분석은 비슷한 케이스를 군집하고 해당 군집에서 멀리 떨어진 케이스를 이상치로 식별하여 식별된 케이스부터 부정 수급에 대한 전문 인력의 연구 및 조사를 시작할 수 있도록 가이드로 수립하는데 활용이 가능할 것이다.

6.2. 신용카드 부정거래 탐지

6.2.1 데이터 분석 개요

6.2.1.1 데이터 개요

Credit Card Transaction Fraud Detection Dataset은 2019년 1월 1일부터 2020년 12월 31일까지 1,852,392건의 카드 거래 내역 데이터로(train data set: 1,296,674건, test data set: 555,718건) 아래와 같이 총 22개의 변수 Column을 가지고 있다. 이번 실습에서는 1,296,674건의 test data set만을 이용하였다.

(실습 데이터 예제 URL: https://www.kaggle.com/kartik2112/fraud-detection)

■ 데이터 파악하기

Kaggle의 데이터 설명을 통해 확인하였을 때 아래 표와 같으며, 가맹점 이름은 "Merchant"뿐만 아니라 고객 정보인 "First", "Last", "DoB", "JoB", 고객의 거주 "City", "Street"의 경우에 수백 개의 고유값(Unique Value)을 가지고 있어 분석이 어려울 것으로 판단하여 삭제하는 것을 고려하였다.

변수	설명	고유값
trans_date_trans_time	거래 시간, date	
Cc_num	고객 코드, numeric	
Merchant	가맹점 이름, text	693
Category	가맹점 구분, text	14
Amt	카드 거래 금액, numeric	
First	고객 이름, text	고객별 상이
Last	고객 성, text	고객별 상이
Gender	고객 성별, text(F, M)	2
Street	고객 거주 거리, text	983
City	고객 거주 도시, text	894
State	고객 거주 주, text	50
Zip	고객 zip 코드, numeric	
Lat	고객 거주 경도, numeric	
Long	고객 거주 위도, numeric	

city_pop	고객 거주 도시 인구수, numeric	
Job	고객 직업, text	494
Dob	고객 생년월일, date	고객별 상이
trans_num	거래 코드, text	
unix_time	거래 시간의 unix time, numeric	
merch_lat	가맹점 위도, numeric	
merch_long	가맹점 경도, numeric	
is_fraud	부정 사용 여부, numeric(0-no, 1-yes)	

6.2.1.2 데이터 분석 목적 및 절차

■ 데이터 분석 목적

신용카드의 부정 사용은 분실, 도난, 공갈 등 타인의 카드를 함부로 사용하는 경우로 범죄에 해당할 뿐만 아니라 카드 소지자의 만족을 떨어트릴 수 있기에 카드사의 입장에서도 부정 사용을 탐지하여 피해를 방지하는 것이 중요하다.

하지만 많은 정상적 사용 가운데 부정 사용 내역을 탐지해야 하는 어려움이 존재하며 본 실습에서는 카드 사용자의 정보와 카드 사용지에 대한 정보 중심으로 데이터가 구성되어 무수히 많은 범주로 쪼개진 데이터들이 존재해 예측력을 떨어트릴 수 있을 뿐만 아니라 분석의 효율성을 떨어트릴 수 있다고 판단하여 제공되고 있는 변수를 기준으로 새로운 변수를 생성하여 분석하여 부정 사용을 예측할 수 있는 변수를 탐지하고자 하였다.

마지막으로 정상적 거래 내역 속 극소수로 존재하고 있는 부정 사용 예측에 대한 평가를 위해 정확도가 아닌 민감도, 특이도의 개념을 사용하여 예측 모델을 평가하고자 하였으며 훈련용과 검증용 데이터를 70%와 30%로 분리한 모델과 50%, 50%로 분리하여 모델을 구축하여 데이터 샘플링에 대한 이슈를 검증하였다.

■ 분석 절차

우선적으로 변수에 대해서 살펴봄으로써 분석의 방향을 살펴보았다. Kaggle에서 제공되고 있는 데이터의 변수는 고유값이 100개 이상인 것들이 존재하여 사용에 어려움이 있다고 판단하여 삭제가 필요하다고 판단하였다.

또한 분석자 나름의 부정 사용을 예측을 위한 나름의 가설을 만들고 제공된 변수 중 수치화된 변수들에 대한 계산을 통해 새로운 변수를 생성하여 통계적으로 검증하는 과정을 진행하였다. 이에 사용자의 거주지와 카드 사용지의 거리, 직전 사용과 해당 사용 시간 차이, 직전 사용지와 해당 사용지의 거리 차이 등을 엑셀을 활용하여 변수를 생성하였다.

생성된 변수는 빈도분석, 기술통계, 시각화를 통해 데이터 탐색을 진행하였으며 통계적인 검증을 위해 종속변수와 독립변수의 형태를 고려하여 독립 t검정, 교차분석, 상관분석을 통해 종속변수인 부정 사용 여부와의 독립변수의 연관성을 파악하였다.

이후 로지스틱 회귀분석을 통해 부정 사용을 감지하기 위한 변수를 검증하였으며 마지막으로 부정 사용 탐지를 위해 로지스틱 회귀, 의사결정나무, 신경망 예측 모델을 구축하고자 하였다, 이때 종속변수인 부정 사용 여부는 극소수 존재하기 때문에 정확도가 아닌 민감도, 특이도를 사용하여 예측 모델의 성능을 평가하고자 하였으며 데이터 샘플링에 대해 검점하고자 70%, 30% 훈련용과 검증용 데이터 분할뿐만 아니라 50%, 50%의 비율로 분할하여 예측 성능을 분석하였다.

6.2.2 부정 사용 탐지를 위한 파생변수 생성

6.2.2.1 거주지와 사용지와의 거리 차이 변수

거주지와 카드 사용지가 멀 경우 부정 사용을 의심할 수 있을 것으로 판단한다. 이를 확인하기 위하여 사용자의 거주지의 위도, 경도를 의미하는 lat, long 변수와 상점의 위도, 경도를 의미하는 merch_lat, merch_long을 이용하여 추출하여 엑셀로 옮겨 변수를 계산하였다.

	A	B	C	D	E
1	V1	lat	long	merch_lat	merch_long
599991	599989	31.7706	-84.7936	31.24505	-85.2075
599992	599990	27.9551	-82.2966	28.07854	-81.5273
599993	599991	42.5164	-82.9832	43.24948	-82.255
599994	599992	42.377	-83.0796	43.34681	-82.8598
599995	599993	36.7154	-89.6287	36.52008	-90.242
599996	599994	43.5835	-70.3457	44.5278	-70.7897
599997	599995	20.0827	-155.488	19.30506	-155.351
599998	599996	33.8396	-96.3648	33.73967	-96.6416
599999	599997	41.0592	-73.7395	40.11857	-73.8761
600000	599998	43.2064	-90.9405	43.79021	-90.8718
600001	599999	30.1382	-81.7742	30.89989	-82.6362

엑셀을 이용하여 변수 계산 후 추출하고 Key 값인 V1, lat, long, merch_lat, merch_long을 엑셀로 복사한다.
이때 엑셀 최대 허용 행보다 데이터의 행이 더 길기 때문에 본 실습에서는 V1을 기준으로 599999까지와 그 이후의 데이터셋을 2개로 분리하여 추출한다.

	A	B	C	D	E	F
1	V1	lat	long	merch_lat	merch_lor	differ_km
2	0	36.0788	-81.1781	36.01129	-82.0483	78.68562
3	1	48.8878	-118.211	49.15905	-118.186	30.24602
4	2	42.1808	-112.262	43.1507	-112.154	108.3273
5	3	46.2306	-112.114	47.03433	-112.561	95.78041
6	4	38.4207	-79.4629	38.675	-78.6325	77.64363
7	5	40.375	-75.2045	40.65338	-76.1527	86.0189
8	6	37.9931	-100.989	37.1627	-100.153	118.2521
9	7	38.8432	-78.6003	38.94809	-78.5403	12.78122
10	8	40.3359	-79.6607	40.35181	-79.9581	25.2988
11	9	36.522	-87.349	37.1792	-87.4854	74.16073

사용자의 거주지와 사용한 가게의 위도, 경도 차이를 계산하고자 블로그 페이지를 참고하였다.
(https://lovestudycom.tistory.com/71)
거리는 직선의 개념이지만 경도와 위도는 원형의 개념이기에 지국 원 둘레를 기준으로 각에 따라 거리로 환산하여 거리를 구할 수 있다. 식은 다음과 같다.
= ACOS(COS(RADIANS(90－위도1))×COS(RADIANS(90－위도2))＋SIN(RADIANS(90－위도1))×SIN(RADIANS(90－위도2))×COS(RADIANS(경도1－경도2))×6378.137

lat	long	merch_lat	merch_long	differ_km
36.0788	-81.1781	36.011293	-82.048315	78.68562

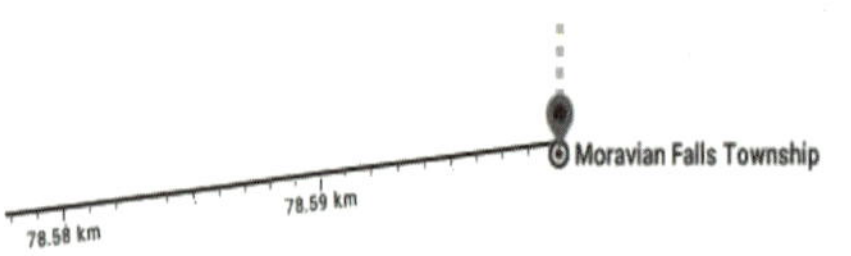

Google Map을 이용하여 실제 산출거리를 검증한다.
사용자 거주지(36.0788, －81.1781)와 카드 사용지(36.011293, －82.048315)를 측정하여 약 78.6km로 계산된 거리와 유사한 것을 확인한다.

	V1	lat	long	merch_lat	merch_long	differ_km
1	0	36.0788000000000	-81.1781000000000	36.0112930000000	-82.0483150000000	78.68561602333420
2	1	48.8878000000000	-118.2105000000000	49.1590469999990	-118.1864620000000	30.24602037463317
3	2	42.1808000000000	-112.2620000000000	43.1507040000000	-112.1544810000000	108.3272985362417
4	3	46.2306000000000	-112.1138000000000	47.0343310000000	-112.5610710000000	95.78040738223980
5	4	38.4207000000000	-79.4629000000000	38.6749990000000	-78.6324590000000	77.64362519540286
6	5	40.3750000000000	-75.2045000000000	40.6533820000000	-76.1526670000000	86.01889598252211
7	6	37.9931000000000	-100.9893000000000	37.1627049999990	-100.1533700000000	118.2520971472586

계산된 변수는 엑셀로 저장하여 SPSS에서 오픈한 후 sav 확장자로 저장한다.
두 데이터셋을 동일한 과정으로 저장 후 두 개의 데이터셋의 sav 파일을 생성한다.

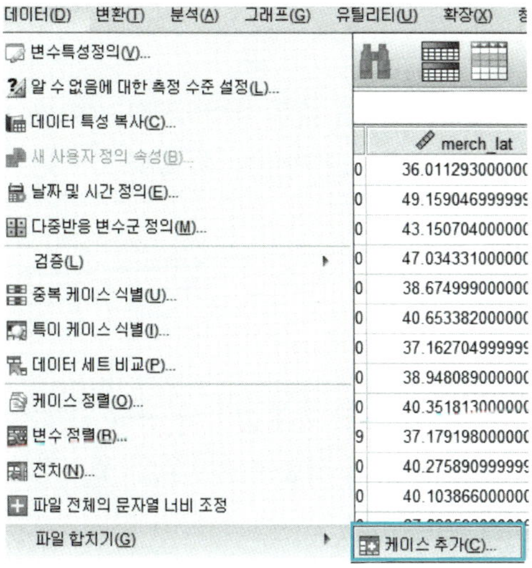

계산된 변수는 엑셀로 저장하여 SPSS에서 오픈한 후 sav 확장자로 저장한다. 두 데이터셋을 동일한 과정으로 저장한 후 두 개의 데이터셋의 sav 파일을 생성한다.

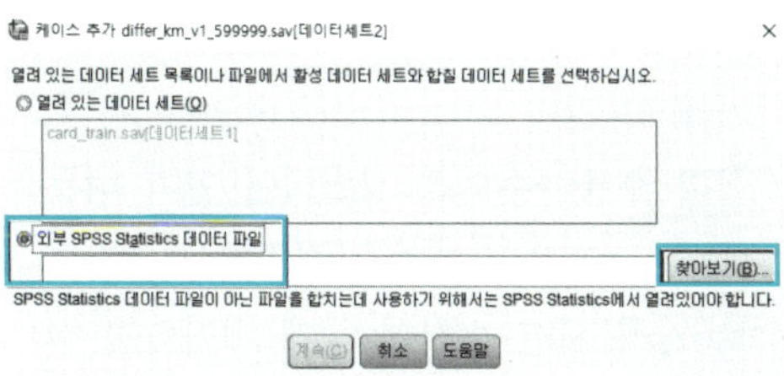

외부 SPSS 데이터 파일을 선택하고, "찾아보기" 버튼을 누른다.

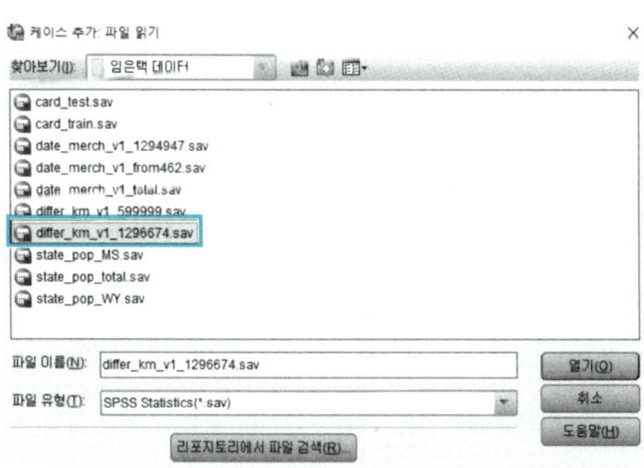

합치고자 하는 데이터셋을 선택한다.

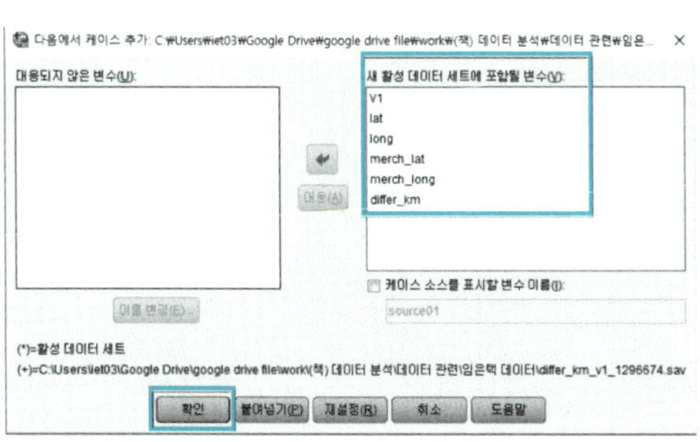

같은 열을 가지고 있는 두 개의 데이터셋이기에 모든 변수가 포함되어 있는 것을 확인할 수 있다.
바로 "확인" 버튼을 누른다.

599995	599994	43.5835000000000	-70.3457000000000	44.527797000000000	-70.789668999999990	110.956565373488640
599996	599995	20.0827000000000	-155.4880000000000	19.305060000000000	-155.351046000000000	87.748426965749330
599997	599996	33.8396000000000	-96.3648000000000	33.739672000000000	-96.641565000000000	27.917135711583270
599998	599997	41.0592000000000	-73.7395000000000	40.118565999999900	-73.876072000000000	105.345405921036890
599999	599998	43.2064000000000	-90.9405000000000	43.790212000000000	-90.871795000000000	65.226023649113770
600000	599999	30.1382000000000	-81.7742000000000	30.899885000000000	-82.636236000000000	118.418733608284820
600001	600000	44.3346000000000	-73.0980000000000	44.003924000000000	-73.764065000000000	64.679953739359860
600002	600001	41.2153000000000	-90.9879000000000	41.407918000000000	-90.574570000000000	40.671936916227710
600003	600002	45.4963000000000	-89.7273000000000	45.698703000000000	-90.188125000000000	42.379211416154270
600004	600003	33.4783000000000	-90.5142000000000	33.553712000000000	-91.169000000000000	61.349328281360310
600005	600004	37.6395000000000	-97.1714000000000	38.018335000000000	-97.128073000000000	42.343433018912540
600006	600005	44.6437000000000	-90.1031000000000	45.472418000000000	-90.932187000000000	112.962827625281340
600007	600006	42.8546000000000	-75.6605000000000	43.843988000000000	-75.993617000000000	113.390902437717740
600008	600007	30.1886000000000	-103.2214000000000	30.089110000000000	-103.005754000000000	23.529763114341446
600009	600008	30.1382000000000	-81.7742000000000	29.142545000000000	-81.075402000000000	129.828937102053660
600010	600009	38.2586000000000	-78.4074000000000	37.504083000000000	-78.777640000000000	90.071674155405100
600011	600010	33.6751000000000	-98.6576000000000	33.105665000000000	-98.406413000000000	67.551801854171190
600012	600011	30.4066000000000	-91.1468000000000	29.846878000000000	-91.783536000000000	87.410965629622700
600013	600012	40.6153000000000	-79.4545000000000	40.734350000000000	-79.620696999999990	19.300626795489710

599999 데이터 다음 데이터셋의 케이스가 결합된 것을 확인할 수 있다.

6.2.2.2 최근 카드 사용 시간 차이 변수

사용자별 기존의 카드 거래 내역과의 비교를 위한 변수를 생성한다. 고객의 직전 카드 거래 사용 시간 차이, 직전 사용지와 해당 시점의 카드 사용 사용지와의 위·경도 차이에 따른 직선거리를 변수로 생성하는 것이 목적이다.

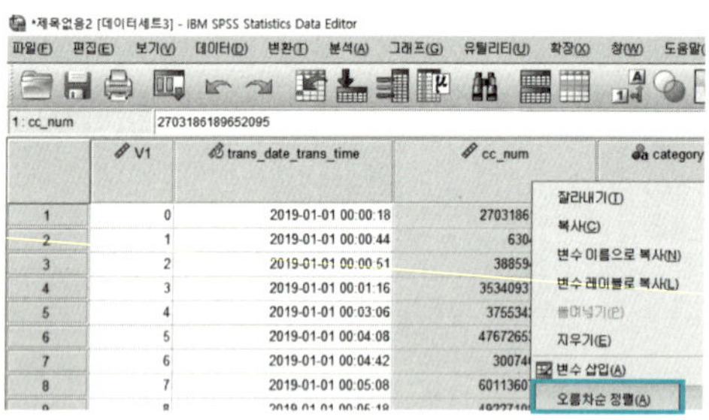

거래 시간인 "trans_date_trans_time"은 이미 오름차순으로 정렬되어 있기 때문에 cc_num을 오름차순 정렬하여 고객별로 거래 시간 순서에 맞게 데이터를 정렬한다.

	A	B	C	D	E
1	V1	trans_date_trans_	cc_num	merch_lat	merch_long
2	1017	2019-01-01 12:47	60416207185	43.974711	-109.741904
3	2724	2019-01-02 8:44	60416207185	42.018766	-109.044172
4	2726	2019-01-02 8:47	60416207185	42.961335	-109.157564
5	2882	2019-01-02 12:38	60416207185	42.228227	-108.747683
6	2907	2019-01-02 13:10	60416207185	43.321745	-108.091143
7	4135	2019-01-03 13:56	60416207185	43.477317	-109.467136
8	4337	2019-01-03 17:05	60416207185	42.871477	-109.160268
9	5467	2019-01-04 13:59	60416207185	43.332599	-108.318444
10	6027	2019-01-04 21:17	60416207185	43.598123	-108.977767
11	6273	2019-01-05 0:42	60416207185	42.314401	-108.55452
12	7473	2019-01-05 21:34	60416207185	43.13197	-108.913431

엑셀로 모든 데이터를 가져올 수 없기 때문에 "cc_num"="3512365128314610"인 고객까지 "v1"(key값 역할), "trans_date_trans_time", "cc_num", "merch_lat", "merch_long"를 복사한다.

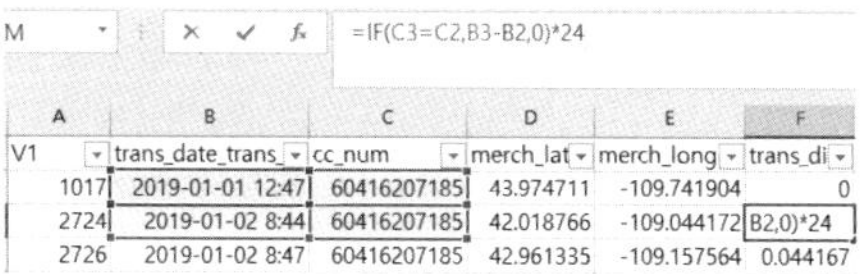

=if("해당 거래 내역의 cc_num"="직전 행의 cc_num", "해당 거래 내역 시간"-"직전 행의 거래 시간", 0)
만약 해당 거래 내역에서의 고객 코드가 직전 행의 고객 코드와 일치한다면(같은 고객이라면), 해당 거래 시간에서 직전 거래 시간의 차이를 구하고, 만약 같은 고객이 아니라면 0값 대입(데이터상 해당 고객의 최초 거래 내역)

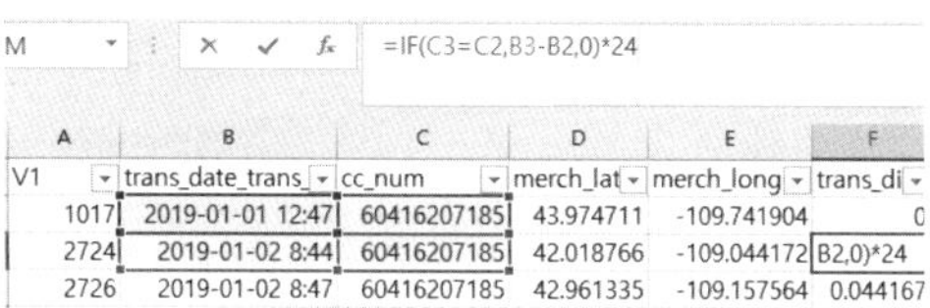

고객 거래 내역 간의 시간 차이 변수
=if("해당 거래 내역의 cc_num"="직전 행의 cc_num", "해당 거래 내역 시간"-"직전 행의 거래 시간", 0)×24
만약 해당 거래 내역에서의 고객 코드가 직전 행의 고객 코드와 일치한다면(같은 고객이라면), 해당 거래 시간에서 직전 거래 시간의 차이를 구하고 만약 같은 고객이 아니라면 0값 대입(데이터상 해당 고객의 최초 거래 내역)한다.
24를 곱함으로써 시간 단위로 확인 가능하다(24를 안한다면 numberic 형태의 시간).

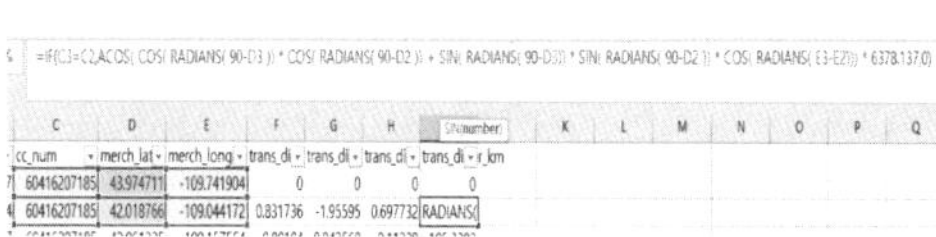

고객 거래 내역 간의 사용지 직선거리 차이
=IF(C3=C2,ACOS(COS(RADIANS(90−D3))×COS(RADIANS(90−D2))+SIN(RADIANS (90−D3))×SIN(RADIANS(90−D2))×COS(RADIANS(E3−E2)))×6378.137,0)
if 함수를 이용하여 해당 고객의 거래내역 간의 차이만 구할 수 있도록 설정한다.

위 생성된 변수는 별도로 SPSS에 로딩하여 파일을 생성한 후 케이스 결합을 통해 하나로 합치기한다.

6.2.2.3 사용자의 평균 결제 금액과의 차액 변수

사용자가 평균적으로 사용하는 카드 거래 금액과의 차이가 크다면 부정 사용으로 의심할 수 있을 것으로 판단하여 고객별로 평균적인 카드 사용 금액을 구하고 해당 거래 내역에서의 사용 금액과의 차이를 구한 변수를 생성한다.

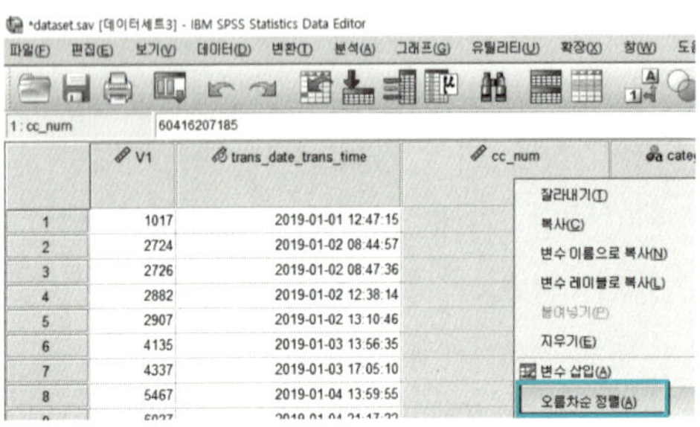

고객별로 분리하여 엑셀로 가져와야 하기 때문에 "cc_num" 오름차순을 통해 정렬하여 "cc_num" 기준으로 데이터를 분리하여 엑셀로 복사한다.

V1(key값 역할), "cc_num", "amt" 복사

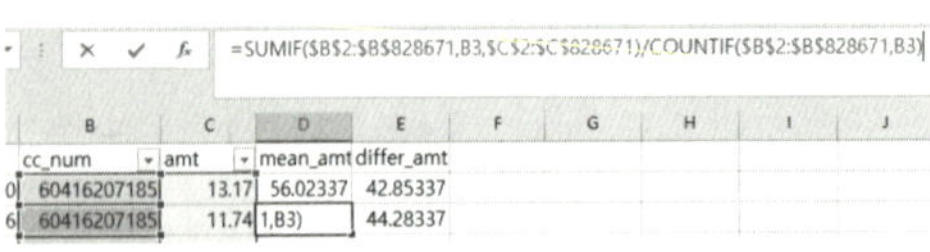

고객별, 평균 카드 사용 내역 변수
=sumif("고객 코드" 전체, 해당 고객 코드, "amt" 전체)/countif("고객 코드 전체", 해당 고객 코드)
sumif 함수를 이용하여 "고객 코드" 전체에서 해당 고객 코드와 일치하는 코드들의 합을 구하고 이를 countif 함수를 이용하여 고객 코드의 빈도(거래 횟수)로 나누어 1회의 거래에 평균적인 사용 금액을 계산한다.

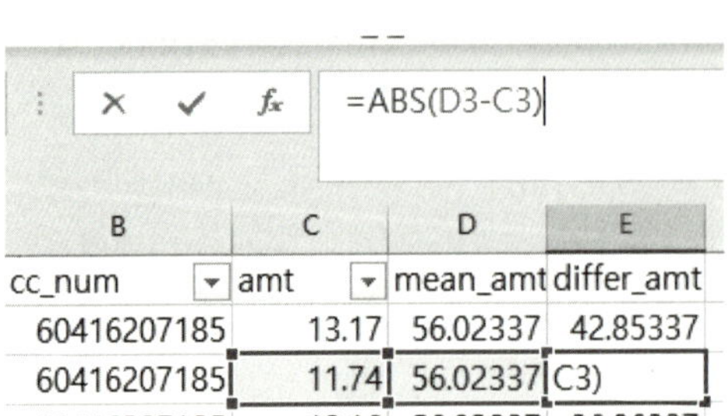

평균 사용 금액과 해당 거래 내역 사용 금액 차액 구하기
=ABS("평균 사용 금액"−"해당 사용 금액")

같은 방법으로 두 개로 분리되었던 데이터에서 새로운 변수를 만들고 SPSS 파일로 저장한 후, 하나의 데이터셋으로 케이스를 결합한다.

6.2.2.4 state 인구와 인구 대비 부정 사용 비율 변수

State 전체 인구를 산출하기 위해서 city, state, city_pop 변수를 vlookup과 sumif 함수를 이용하여 산출한다.

606180	1281638	University	MS	4198
606181	1281789	University	MS	4198
606182	1282000	University	MS	4198
606183	1282111	University	MS	4198
606184	1282131	University	MS	4198
606185	1282715	University	MS	4198
606186	1284143	University	MS	4198
606187	1285130	University	MS	4198
606188	1285395	University	MS	4198
606189	1287912	University	MS	4198
606190	1288488	University	MS	4198
606191	1291550	University	MS	4198
606192	1291576	University	MS	4198
606193	1292300	University	MS	4198
606194	1292423	University	MS	4198
606195	1294414	University	MS	4198

엑셀을 이용하여 변수를 계산한 후 추출한다.

key 값인 V1, city, state, city_pop을 엑셀로 복사한다.

이때 엑셀 최대 허용 행보다 데이터의 행이 더 길기 때문에 본 실습에서는 state를 중심으로 나열한 후 MS state까지와 그 이후의 데이터셋 2개로 분리하여 추출한다.

	A	B	C
1	city_unique	state	citypop
2	Huslia	AK	277
3	Kaktovik	AK	239
4	Wales	AK	145
5	Bay Minette	AL	19090
6	Bessemer	AL	71463
7	Birmingham	AL	493806
8	Brantley	AL	2566
9	Cleveland	AL	3996

엑셀의 2시트에서 별도로 변수를 계산한다.

city 이름의 중복을 제거하기 위해 unique 함수를 사용한다.

=unique(Sheet1!$B$2:$B$606195)

state를 추출하기 위해 vlookup 함수를 이용한다.

=VLOOKUP(A2,Sheet1!$B$1:$D$606195,2,FALSE)

city_pop 추출을 위해 vlookup 함수를 이용한다.

=VLOOKUP(A2,Sheet1!$B$1:$D$606195,3,FALSE)

	F	G
1	**state**	**state_pop**
2	AK	661
3	AL	1476502
4	AR	93254
5	AZ	1813183
6	CA	7475144
7	CO	1688261
8	CT	13551
9	DC	601723
10	DE	18799
11	FL	3691834
12	GA	324367
13	HI	6368
14	IA	258459
15	ID	92421
16	IL	325223
17	IN	1129799
18	KS	589868
19	KY	883950
20	LA	804804
21	MA	195370
22	MD	333754
23	ME	69668
24	MI	1310983
25	MN	1835989
26	MO	1780535
27	MS	335807

엑셀의 2시트에서 별도로 변수를 계산한다.

state 이름의 중복을 제거하기 위해 unique 함수를 사용한다.

=UNIQUE($B$2:$B$428)

state별로 statet_pop 추출을 위해 sumif 함수를 이용한다.

=SUMIF($B$1:$B$428,F2,$C$1:$C$428)

	A	B	C	D	E
1	V1	city	state	city_pop	state_pop
2	2820	Huslia	AK	277	661
3	4983	Huslia	AK	277	661
4	5028	Huslia	AK	277	661
5	6440	Huslia	AK	277	661
6	6970	Huslia	AK	277	661
7	8155	Huslia	AK	277	661
8	8357	Huslia	AK	277	661
9	9048	Huslia	AK	277	661
10	12367	Huslia	AK	277	661
11	14105	Huslia	AK	277	661

엑셀 2시트에서 추출했던 state_pop을 변수로 추가하기 위해 vlookup 함수를 이용한다.

=VLOOKUP(C2,Sheet2!$F$1:$G$27,2,FALSE)

동일한 방법으로 state MT~WY까지의 데이터의 state_pop도 추출한다.

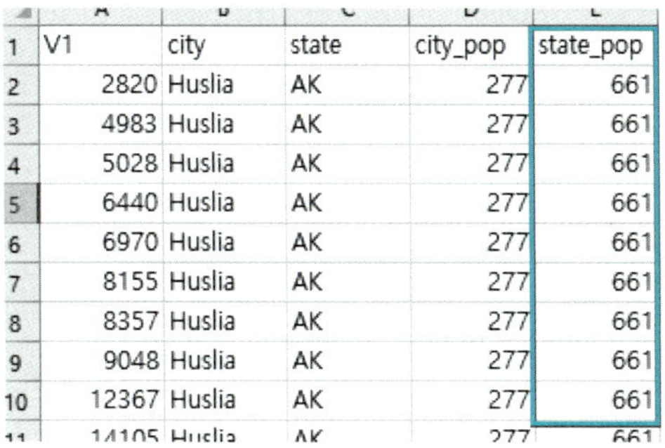

	V1	city	state	city_pop	state_pop
2	2820	Huslia	AK	277	661
3	4983	Huslia	AK	277	661
4	5028	Huslia	AK	277	661
5	6440	Huslia	AK	277	661
6	6970	Huslia	AK	277	661
7	8155	Huslia	AK	277	661
8	8357	Huslia	AK	277	661
9	9048	Huslia	AK	277	661
10	12367	Huslia	AK	277	661

엑셀 2시트에서 추출했던 state_pop을 변수로 추가하기 위해 vlookup 함수를 이용한다.

=VLOOKUP(C2,Sheet2!$F$1:$G$27,2,FALSE)

동일한 방법으로 state MT~WY까지의 데이터의 state_pop도 추출한다.

	V1	city	state	city_pop	state_pop
1	2020	Huslia	AK	277	661
2	4983	Huslia	AK	277	661
3	5028	Huslia	AK	277	661
4	6440	Huslia	AK	277	661
5	6970	Huslia	AK	277	661
6	8155	Huslia	AK	277	661
7	8357	Huslia	AK	277	661
8	9048	Huslia	AK	277	661
9	12367	Huslia	AK	277	661
10	14105	Huslia	AK	277	661
11	15784	Huslia	AK	277	661
12	16234	Huslia	AK	277	661

저장한 엑셀 파일은 SPSS에 로딩한 후 저장하여 sav 확장자 형태의 파일로 저장한다.

케이스 결합을 통해 2개의 데이터셋을 하나로 만들어주는 작업을 실시한다.

6.2.2.5 데이터 병합

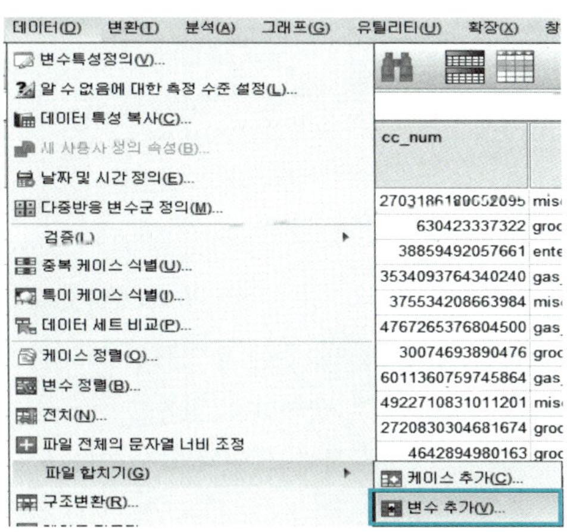

엑셀에서 자업 후 SPSS로 저장한 데이터 파일을 파나의 파일로 합치는 작업을 실시한다.

"데이터 → 파일 합치기 → 변수 추가"를 누른다.

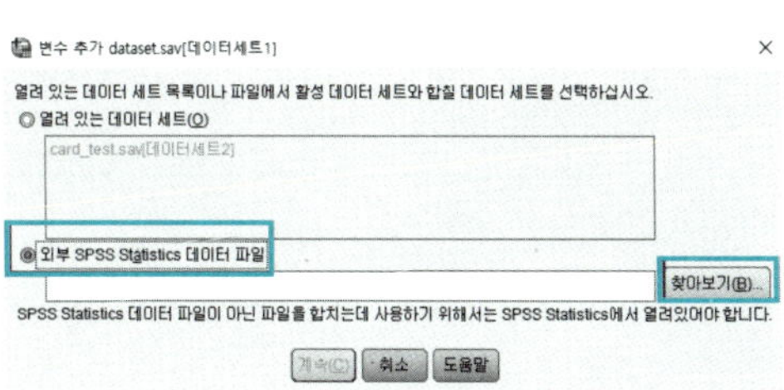

외부 SPSS 데이터 파일을 선택하고, "찾아보기" 버튼을 누른다.

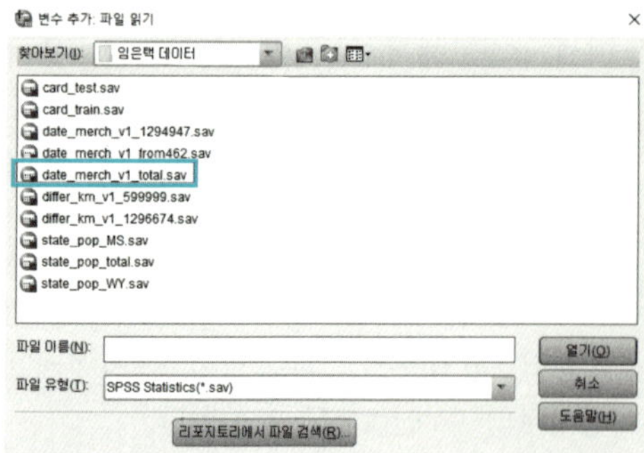

추가하고자 하는 데이터셋을 선택한다. 실습 예시에서는 고객별 최근 거래와의 시간, 거리 차이를 계산한 데이터셋을 선택한다.

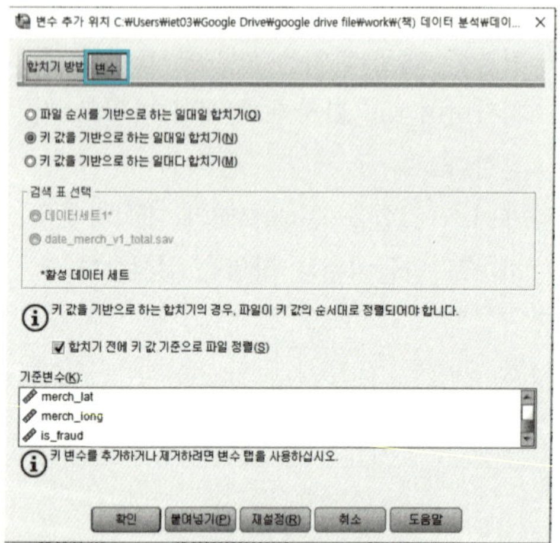

변수를 선택한다.

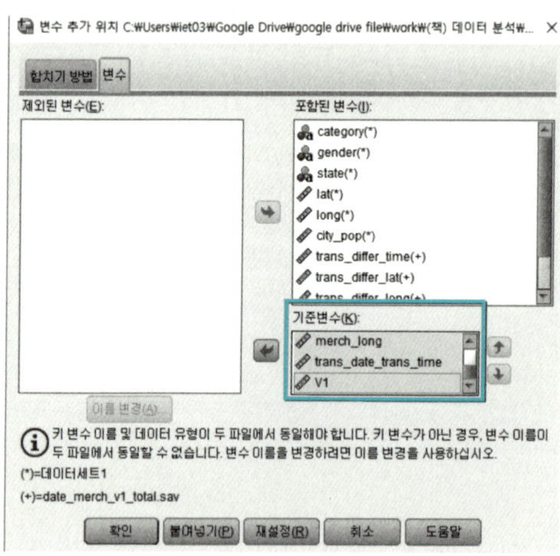

기준변수는 선택한 데이터셋(추가하고자 하는 데이터셋)에 있는 데이터셋으로 실습에서는 거래 순서를 의미하는 “V1”을 key 값으로 사용하고 이외의 변수는 사용하지 않는다.

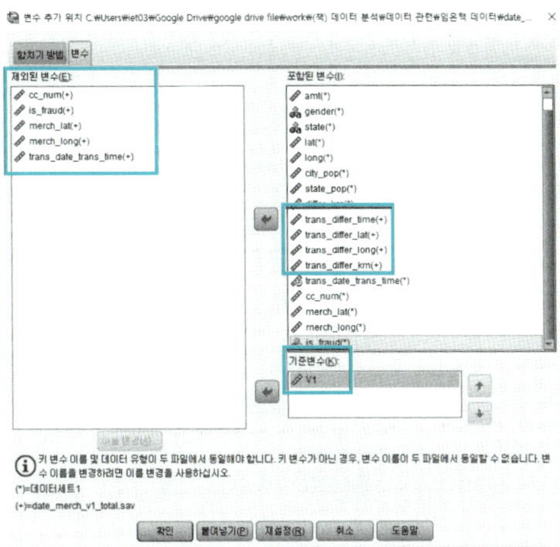

"V1"을 기준변수로 삼는다.
이미 데이터셋에 있어 추가 또는 key 값의 역할을 하지 않을 변수이다(제외된 변수).

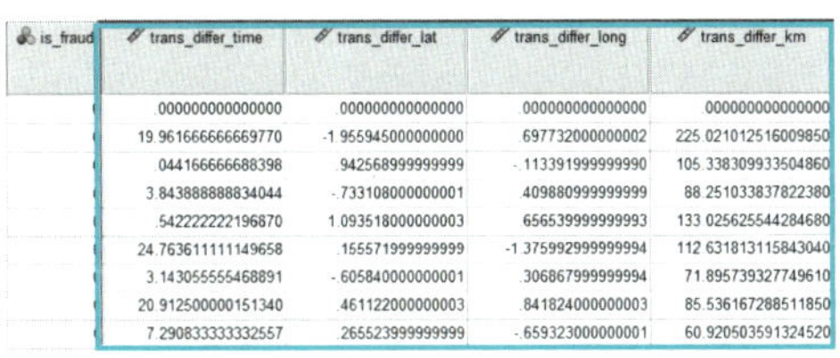

is_fraud	trans_differ_time	trans_differ_lat	trans_differ_long	trans_differ_km
	.000000000000000	.000000000000000	.000000000000000	.000000000000000
	19.961666666669770	-1.955945000000000	.697732000000002	225.021012516009850
	.044166666688398	.942568999999999	-.113391999999990	105.338309933504860
	3.843888888834044	-.733108000000001	.409880999999999	88.251033837822380
	.542222222196870	1.093518000000003	.656539999999993	133.025625544284680
	24.763611111149658	.155571999999999	-1.375992999999994	112.631813115843040
	3.143055555468891	-.605840000000001	.306867999999994	71.895739327749610
	20.912500000151340	.461122000000003	.841824000000003	85.536167288511850
	7.290833333332557	.265523999999999	-.659323000000001	60.920503591324520

"is_fraud"에 변수가 추가된 것을 확인할 수 있다.
이와 같은 방법으로 엑셀을 이용하여 만든 변수를 모두 결합한다.

6.2.2.6 State 인구수 대비 부정 사용 비율 변수

총 데이터 1,296,675건의 데이터 중 7,506건(0.6%)의 부정 사용 건이 존재하기 때문에 어떠한 주에서 부정 사용이 많이 이루어지고 있는지를 파악하는 것이 어려운 상황이었다.

이에 주의 인구 대비 부정 거래 건수의 비율을 이용한 시각화를 통해서 어떠한 주에서 인구 대비 많은 부정 사용이 이루어지고 있는지 파악한다.

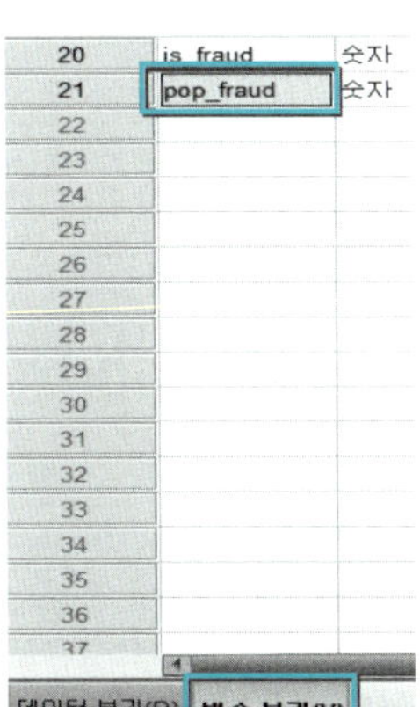

왼편 하단의 변수 보기를 클릭한다.
"is_fraud" 뒤에 비어 있는 셀을 클릭한 후 "pop_fraud"를 입력하여 새로운 변수 생성한다.

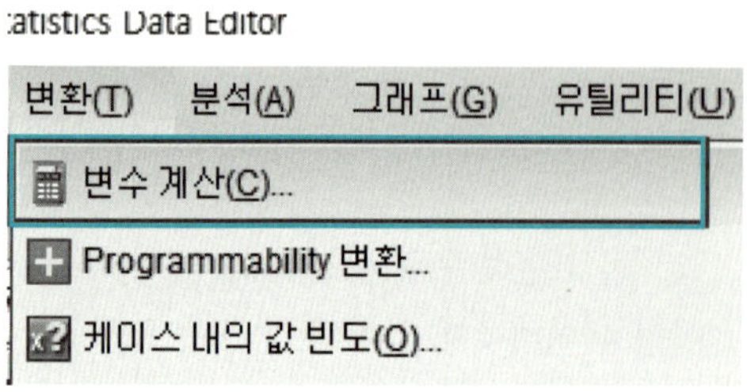

고객이 거주하고 있는 주의 인구 대비 부정 사용 건의 비율을 생성하기 위해서 엑셀을 이용하여 생성했던 부정 여부를 "state_pop"으로 나누고자 하였다.
이는 SPSS의 변수 계산 기능을 이용한다. "변환 → 변수 계산"을 차례로 누른다.

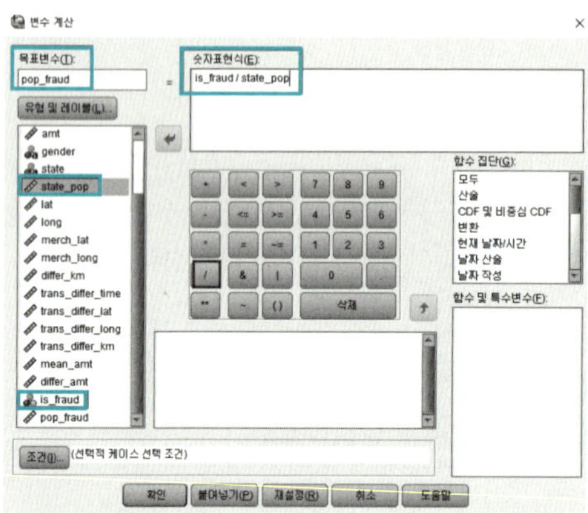

목표변수는 계산된 변수를 대입할 변수 pop_fraud를 입력한다.
is_fraud/state_pop를 입력하여 is_fraud가 0(부정 사용 ×)일 경우 0, is_fraud가 1(부정 사용 ○)일 경우 1/인구를 통해 state별로 합산할 경우 인구 대비 부정 사용 건수를 파악하고자 하였다.

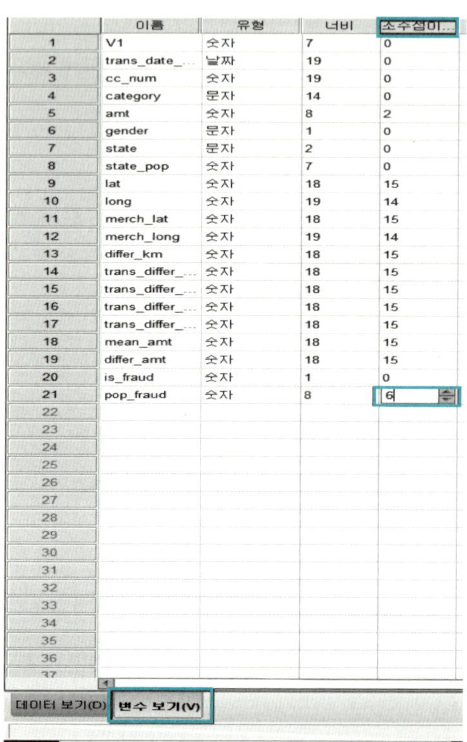

왼편 하단의 변수 보기를 선택한다.
생성한 pop_fraud의 소수점 넓이를 6까지 늘린다.

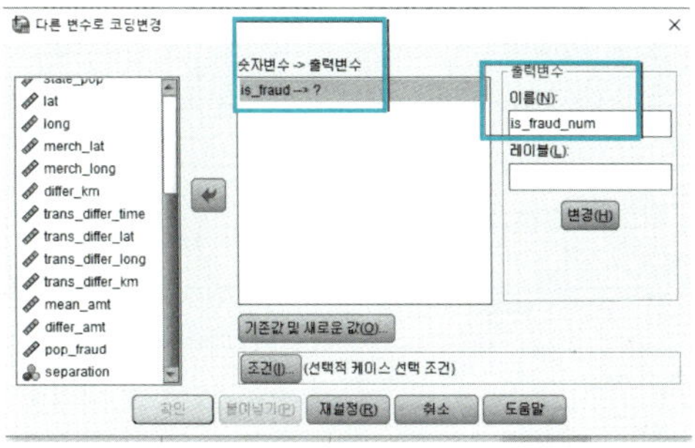

"is_fraud"의 수치형 데이터를 만들기 위해서 "변환 → 다른 변수로 코딩변경" is_fraud → is_fraud_num으로 변경한 후 0 → 0, 1 → 1로 그대로 만들어준다.

왼편 하단의 데이터 보기를 누르고, 생성된 "is_fraud_num"의 명목형을 척도로 변경한다.

6.2.2.7 사용하지 않을 변수 제거

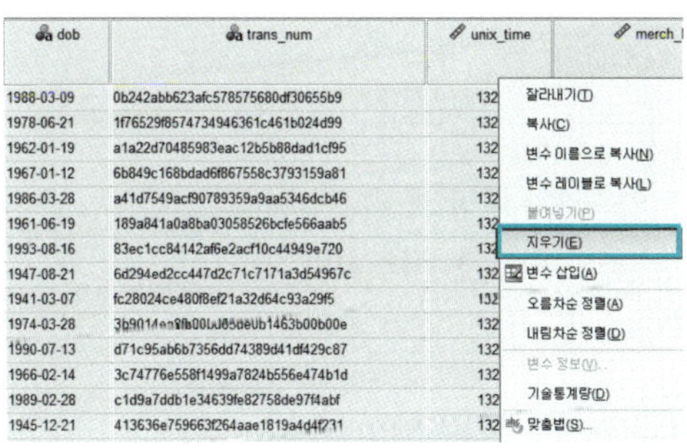

이 중 고객의 이름과 성(First, Last)은 고객의 생년월일, 거래 내역 코드, 거래 시간을 의미하는 unix_time는 가드 부정 사용과의 관계에서 의미를 찾기 힘들 것으로 판단하여 삭제한다.

실제 데이터 분석에 있어 카드 부정 사용 감지를 위해 사용될 수 있는 데이터 중 가맹점 이름은 유일값이 많은 변수인 가맹점 이름(Merchant, 693개), 거리 이름(Street, 983개), zip 코드, 사용자 직업은 삭제한다.

■ 최종 변수

변수	설명
V1	데이터 순서
trans_date_trans_time	거래 시간, date
cc_num	고객 코드, numeric
Category	가맹점 구분, text
Amt	카드 거래 금액, numeric
Gender	고객 성별, text(F, M)
State	고객 거주 주, text
Lat	고객 거주 경도, numeric
Long	고객 거주 위도, numeric
merch_lat	가맹점 위도, numeric
merch_long	가맹점 경도, numeric
is_fraud	부정 사용 여부, numeric(0-no, 1-yes)
state_pop	사용자 거주지 주의 인구(주 별 City 인구 합산)
differ_km	사용자 거주지와 카드 사용지 거리 차이 (거주지와 사용지 위 · 경도의 직선거리)
trans_differ_time	사용자의 직전 카드 사용과의 시간 차이 (고객 코드별 최근 기록과의 차이 계산)
trans_differ_lat	직전 카드 사용지와 최근 사용지 위도 차이
trans_differ_long	직전 카드 사용지와 최근 사용지 경도 차이
trans_differ_km	직전 카드 사용지와 최근 사용지 km단위 거리 차이
Spop_fraud	부정 사용 여부/주별 인구
mean_amt	사용자 카드 사용 내역의 평균 금액
differ_amt	사용자 카드 사용 평균 금액과 카드 사용 금액 차이

6.2.3 데이터 탐색

6.2.3.1 기초통계분석

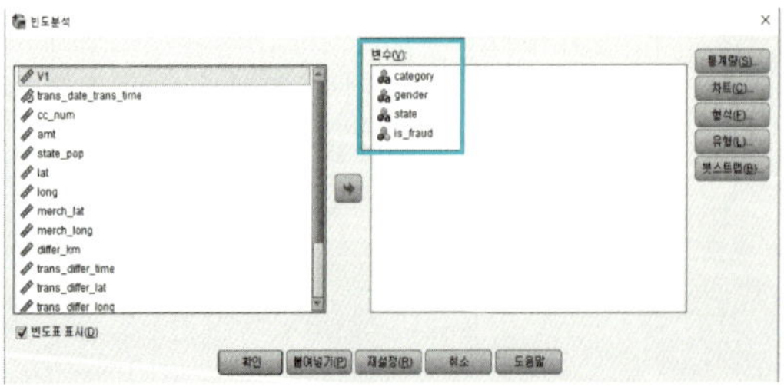

명목형 변수인 "category", "gender", "state", "is_fraud"의 빈도분석을 실시한다.

빈도

통계량

		category	gender	state	is_fraud
N	유효	1296675	1296675	1296675	1296675
	결측	0	0	0	0

빈도분석 결과 결측값은 없다.

category

		빈도	퍼센트	유효 퍼센트	누적 퍼센트
유효	entertainment	94014	7.3	7.3	7.3
	food_dining	91461	7.1	7.1	14.3
	gas_transport	131659	10.2	10.2	24.5
	grocery_net	45452	3.5	3.5	28.0
	grocery_pos	123638	9.5	9.5	37.5
	health_fitness	85879	6.6	6.6	44.1
	home	123115	9.5	9.5	53.6
	kids_pets	113035	8.7	8.7	62.3
	misc_net	63287	4.9	4.9	67.2
	misc_pos	79655	6.1	6.1	73.4
	personal_care	90758	7.0	7.0	80.4
	shopping_net	97543	7.5	7.5	87.9
	shopping_pos	116672	9.0	9.0	96.9
	travel	40507	3.1	3.1	100.0
	전체	1296675	100.0	100.0	

거래 내역의 카테고리의 빈도를 파악해본 결과 "gas_transport", "grocery_pos", "home", "kids_pets", "shopping_pos"의 순서로 많이 거래되었다. 가장 적은 거래 유형은 "travel"이었다. 이 밖에도 "gender", "state"에 대한 빈도분석을 실시한다.

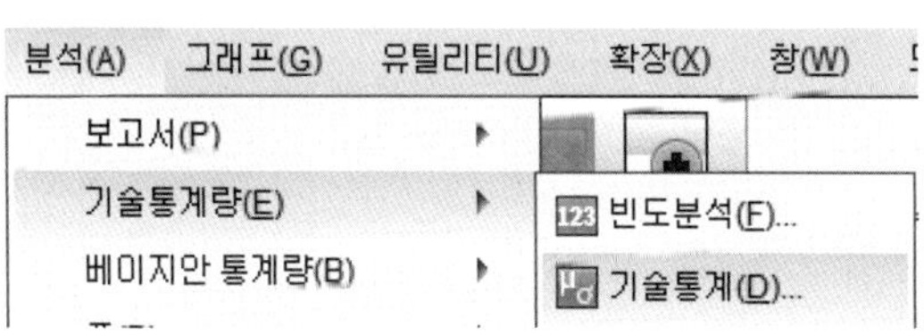

연속형 변수의 평균, 분산 등을 분석하기 위해서 기술통계분석을 실시한다.
빈도분석에서 옵션을 통해서 분석할 수도 있지만 수의 범위가 넓고 빈도분석의 경우 빈도표를 작성하기 때문에 기술통계를 이용한다.
"분석 → 기술통계량 → 기술통계"를 차례로 누른다.

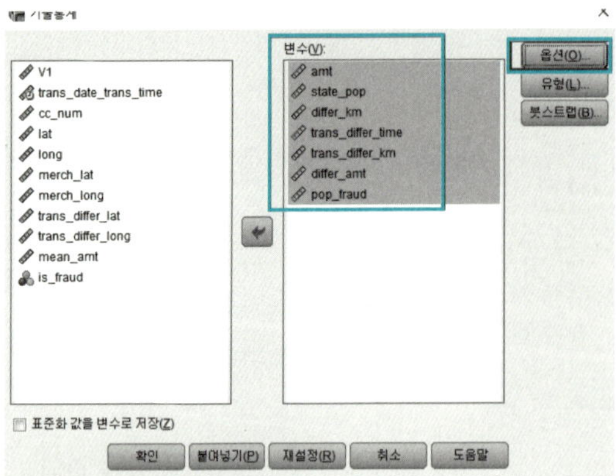

연속형 변수 중 분석에 활용할 변수인 "amt", "state_pop", "differ_km", "trans_differ_time", "trans_differ_km", "differ_amt", "pop_fraud"를 선택한다. 어떠한 기술통계를 실시할지 "옵션" 버튼을 누른다.

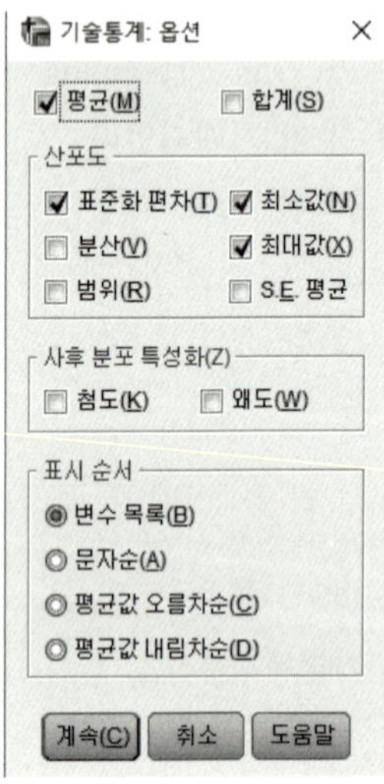

평균, 표준편차, 최소값, 최대값 등을 선택하여 표시한다.

기술통계량

	N	최소값	최대값	평균	표준편차
amt	1296675	1.00	28948.90	70.3510	160.31604
state_pop	1296675	661	8221698	2166776.17	2575552.966
differ_km	1296675	.0222795137	152.2875797	76.19991669	29.14955224
trans_differ_time	1296675	.0000000000	8037.913333	115.9132743	250.6050477
trans_differ_km	1296675	.0000000000	286.3125480	103.6318510	50.51672342
differ_amt	1296675	.0000979912	28873.76060	56.64523898	148.9630154
pop_fraud	1296675	.000000	.001513	.00000008	.000008206
유효 N(목록별)	1296675				

최소값, 최대값, 평균, 표준편차를 표시한다.

6.2.3.2 시각화

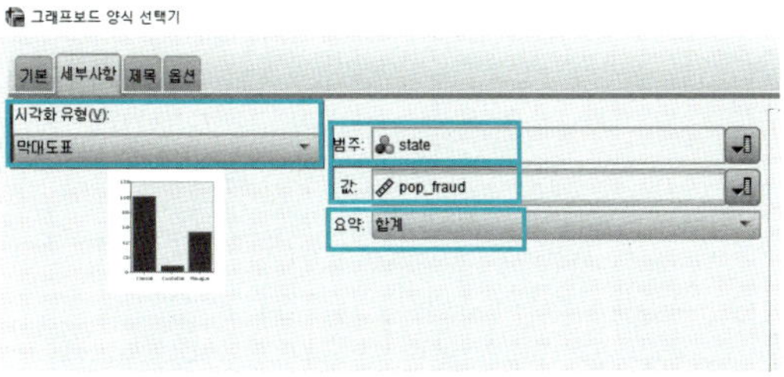

주에 따른 부정 사용 비율을 시각화한다.
[1목표] 인구 대비 부정 사용이 많은 주시각화

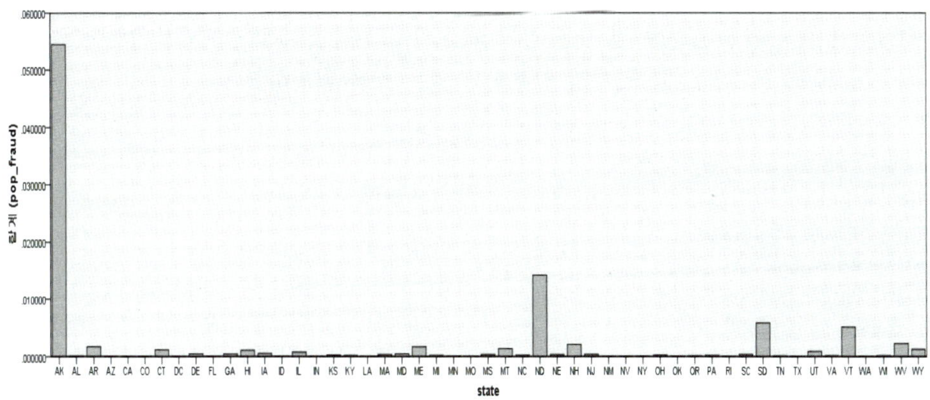

AK의 경우 빈도분석에서는 2,120건의 거래가 있었으며 전체 거래내역 중 0.2%에 해당한다. 하지만 state 인구 대비 약 5.4%의 부정 사용 건수로 인구수 대비 가장 높은 부정 사용 건수를 보여주었다.
ND는 전체 거래 내역의 1.1%에 해당하는 14,786건의 거래 내역이 있었지만 state 인구 대비 약 1.8%의 부정 사용 건수를 보여주며 다른 state에 비해서 높은 것을 확인할 수 있었다.

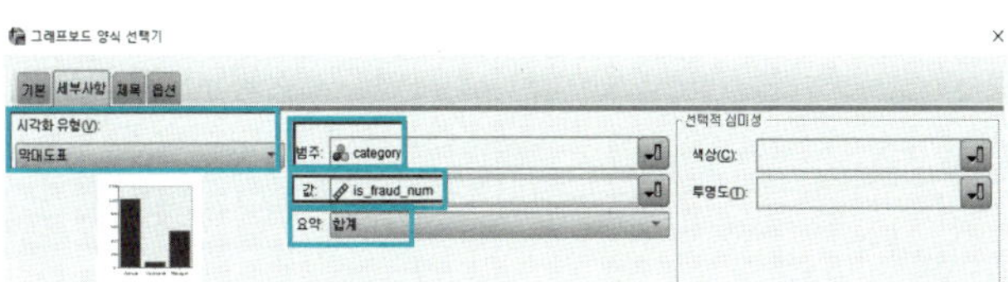

[2목표] 부정 사용이 많은 category 시각화

- 시각화 유형: 막대도표
- 범주: category
- 값: is_fraud_num
- 요약: 합계

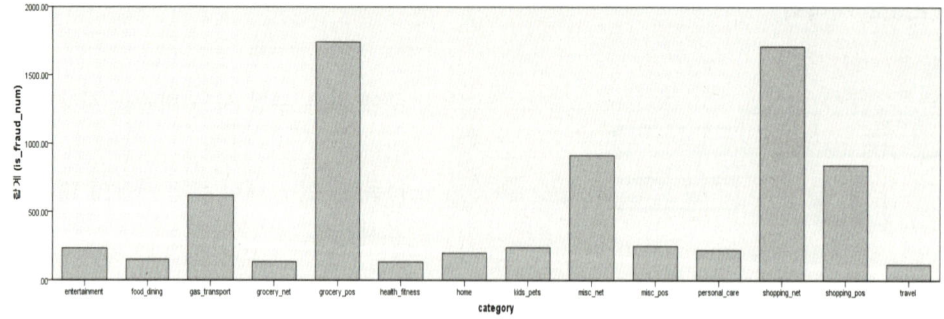

시각화한 결과 가장 많은 부정 사용 건을 보인 카테고리는 grocery_pos, shopping_net, misc_net으로 온라인을 통해 부정 사용되고 있는 것을 확인하였다.

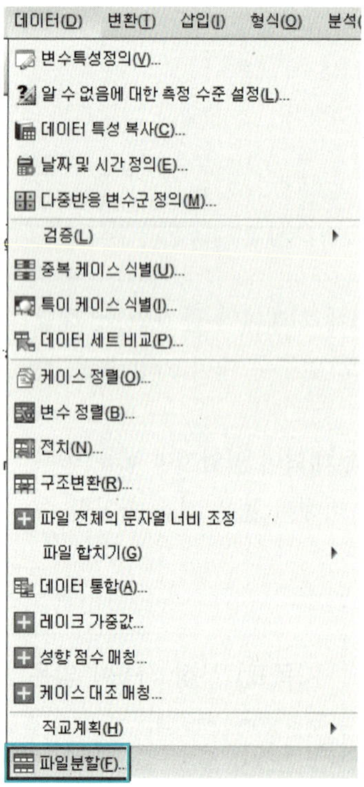

부정 사용 여부에 따른 카테고리별 평균 금액과 사용 금액의 차이를 시각화하였다.

부정 사용에 대한 데이터가 0.6%로 비교적 분석이 어려워 케이스를 분리하여 시각화를 실시하였다.

"데이터 → 파일분할"을 누른다.

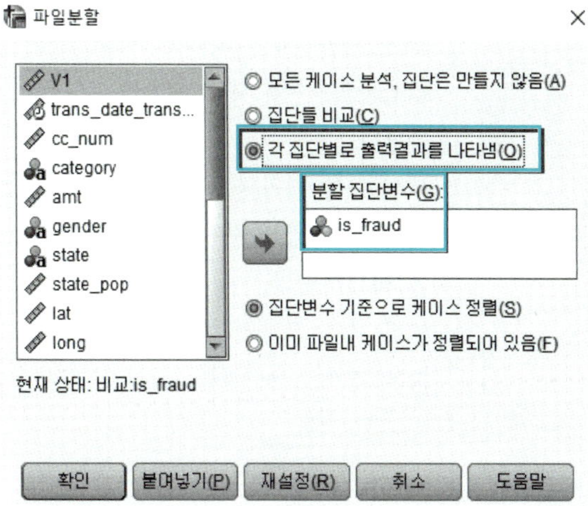

각 집단별로 출력 결과를 나타낸다.

분할 집단변수로 is_fraud를 선택한다.

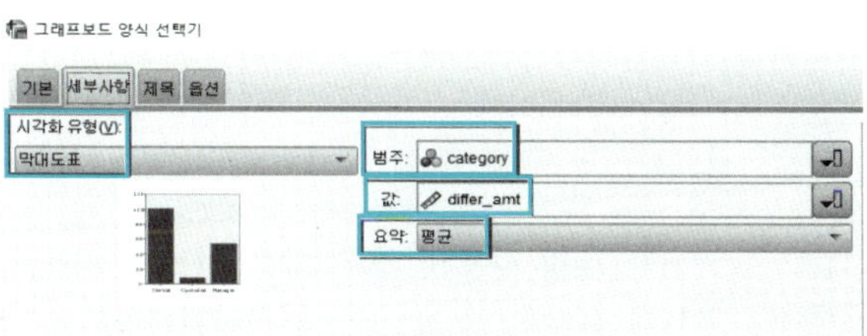

- 시각화 유형: 막대 도표
- 범주: category
- 값: differ_amt
- 요약: 평균

[부정 사용 건이 아닌 경우의 평균 금액과 사용 금액의 차이]

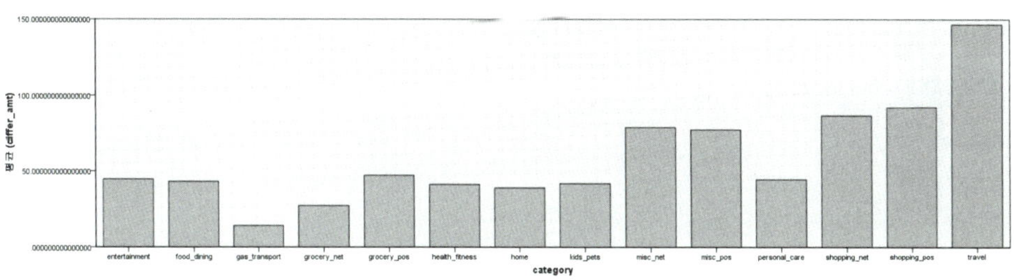

[부정 사용건의 경우 평균 금액과 사용 금액의 차이]

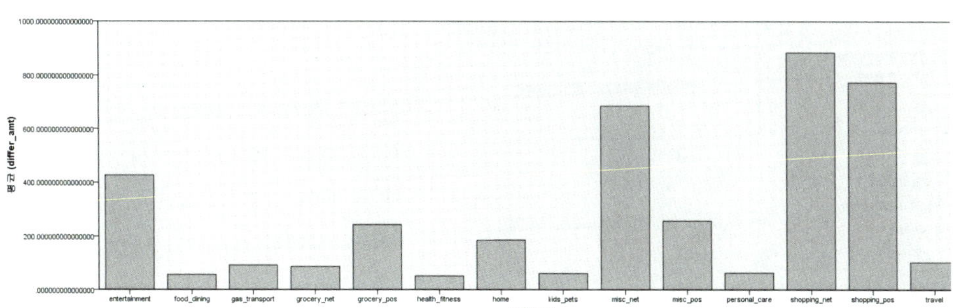

부정 사용이 아닌 경우 travel에서 가장 큰 금액 차이를 보였으나 부정 사용의 경우 shopping_net&pos에서 가장 큰 차이를 보이고 있다.

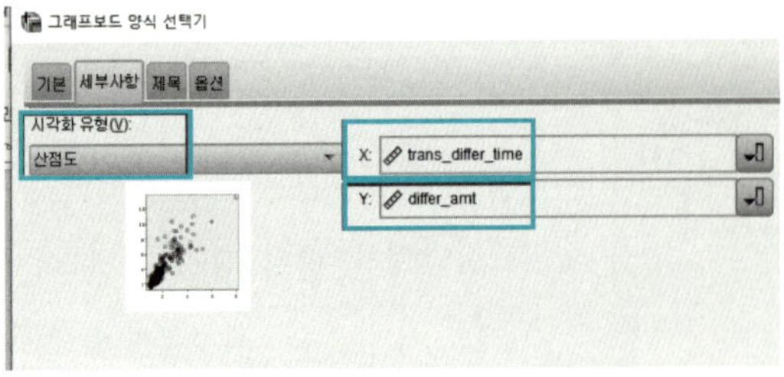

최근 사용 시간 차이와 평균 사용 금액과의 사용 차액 관계를 시각화하였다.
부정 사용 결과가 최근의 거래 내역에 비해서 짧은 시간대에 사용된 것을 확인하였다.
부정 사용 건과의 차이가 크게 나지 않는 것으로 보인다.

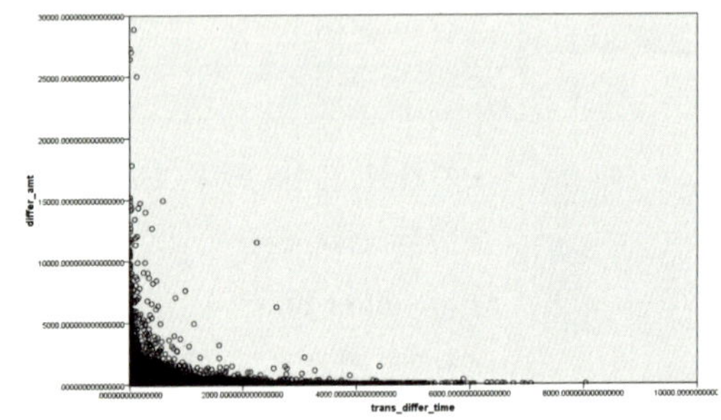

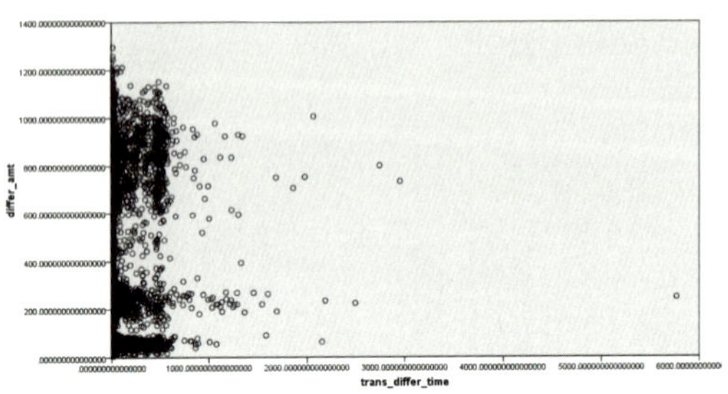

부정 사용의 경우 짧은 시간에 비용 차이가 크게 나타나고 있는 것을 확인할 수 있었다.

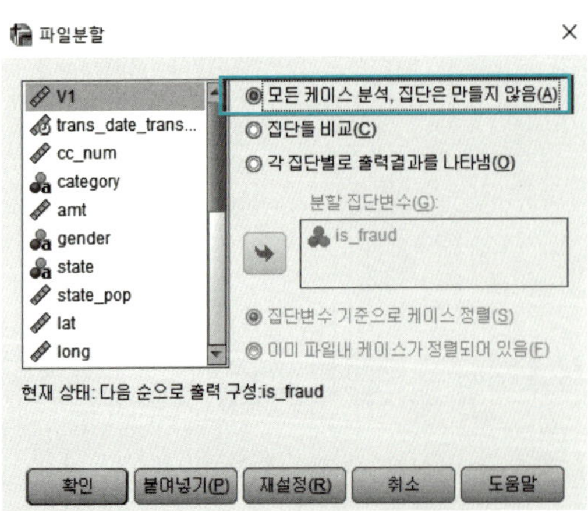

케이스별로 시각화를 더 이상 하지 않을 때는 “데이터 → 파일분할 → 모든 케이스 분석, 집단은 만들지 않음”을 선택한다.

6.2.4 종속변수와의 관계 분석

6.2.4.1 부정 사용 여부에 따른 집단별 평균 차이 t검정

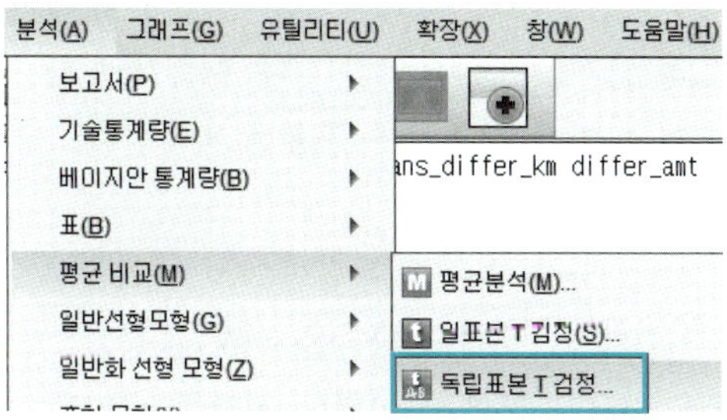

부정 사용 여부에 따른 연속형 변수의 평균적 차이 유의도를 살펴봄으로써 종속변수와 연속형 독립변수의 관계를 파악한다.

집단통계량

	is_fraud	N	평균	표준화 편차	표준오차 평균
amt	0	1289169	67.6671	154.00797	.13564
	1	7506	531.3201	390.56007	4.50800
state_pop	0	1289169	2166737.84	2575808.397	2268.604
	1	7506	2173358.50	2531459.889	29219.096
differ_km	0	1289169	76.19902092	29.15167118	.0256748863
	1	7506	76.35376787	28.78481120	.3322454982
trans_differ_time	0	1289169	116.1352339	250.8883460	.2209660547
	1	7506	77.79130795	192.2106321	2.218569953
trans_differ_km	0	1289169	103.6366318	50.51641363	.0444915549
	1	7506	102.8107439	50.56656619	.5836589951
differ_amt	0	1289169	54.23166331	143.4965813	.1263824085
	1	7506	471.1812005	352.0613738	4.063629452

0(부정 사용 ×)과 1(부정 사용 ○)별로 연속형 변수인 amt, state_pop, differ_km, trans_differ_time, trans_differ_km, differ_amt의 평균을 살펴볼 수 있다.

		등문산 유의도	t값	유의확률	평균 차이	표준오차 차이
amt	등분산 가정 X	0.000	-102.805	0.000	-463.653	4.510
state_pop	등분산 가정 O	0.146	-0.222	0.824	-6620.657	29814.464
differ_km	등분산 가정 O	0.113	-0.459	0.647	-0.155	0.337
trans_differ_time	등분산 가정 X	0.000	17.198	0.000	38.344	2.230
trans_differ_km	등분산 가정 O	0.868	1.412	0.158	0.826	0.585
differ_amt	등분산 가정 O	0.000	-102.556	0.000	-416.950	4.066

amt의 경우 부정 사용 건수가 부정 사용이 아닌 경우보다 463.653만큼 더 많은 사용금액이 있으며, state_pop 또한 인구가 더 많은 지역에서 이루어지고 있었으며 시간 차이는 평균적으로 38.344시간 짧았다.

6.2.4.2 교차분석

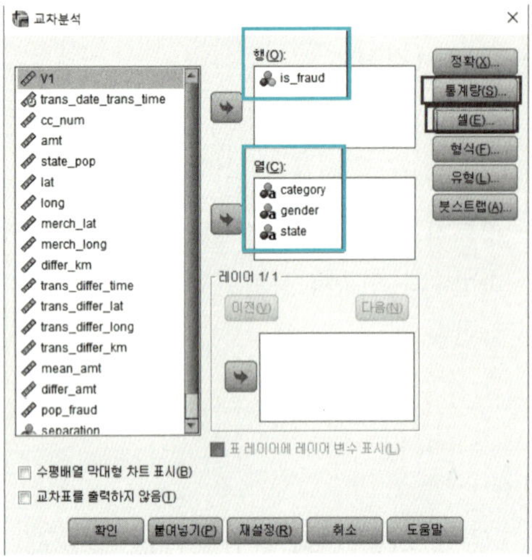

종속변수인 is_fraud와 범주형 변수 사이의 관계를 기대빈도와 실제 관측치의 차이 사이를 분석하여 관계를 파악한다.

- 행: is_fraud
- 열: 다른 범주형 독립변수
- 통계량: 유의도 파악을 위한 설정
- 셀: 빈도표에서 어떠한 정보를 나타낼 것인가를 설정

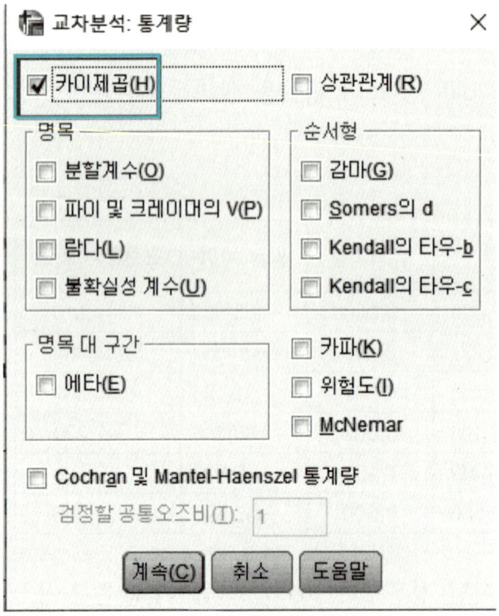

관계의 유의도를 살펴보기 위해서 카이제곱을 선택한다.

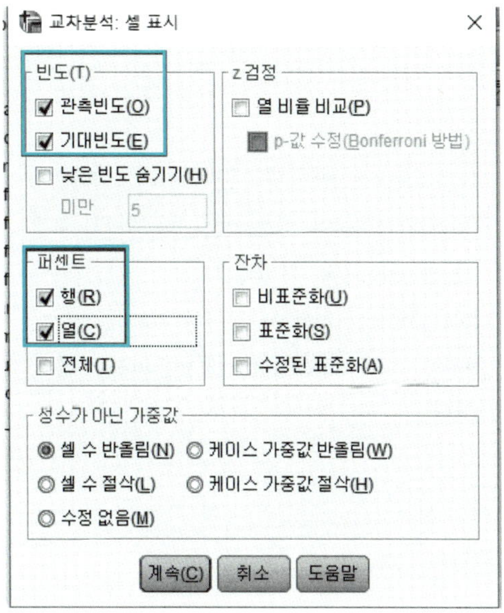

빈도에서 관측빈도(실제 빈도)와 기대빈도(확률에 따른 예상 빈도)를 선택하고, 퍼센트에서 "행", "열"을 체크하여 관측빈도와 기대빈도의 퍼센트를 결과표에 표시한다.

교차분석

			category														
			entertainment	food_dining	gas_transport	grocery_net	grocery_pos	health_fitness	home	kids_pets	misc_net	misc_pos	personal_care	shopping_net	shopping_pos	travel	전체
is_fraud	0	빈도	93781	91310	131041	45318	121895	85746	122917	112796	62372	79405	90538	95830	115829	40391	1289169
		기대빈도	93469.8	90931.6	130896.9	45188.9	122922.3	85381.9	122402.3	112380.7	62920.7	79193.9	90232.6	96978.4	115996.6	40272.5	1289169.0
		is_fraud 중 %	7.3%	7.1%	10.2%	3.5%	9.5%	6.7%	9.5%	8.7%	4.8%	6.2%	7.0%	7.4%	9.0%	3.1%	100.0%
		category 중 %	99.8%	99.8%	99.5%	99.7%	98.6%	99.8%	99.8%	99.8%	98.6%	99.7%	99.8%	98.2%	99.3%	99.7%	99.4%
	1	빈도	233	151	618	134	1743	133	198	239	915	250	220	1713	843	116	7506
		기대빈도	544.2	529.4	762.1	263.1	715.7	497.1	712.7	654.3	366.3	461.1	525.4	564.6	675.4	234.5	7506.0
		is_fraud 중 %	3.1%	2.0%	8.2%	1.8%	23.2%	1.8%	2.6%	3.2%	12.2%	3.3%	2.9%	22.8%	11.2%	1.3%	100.0%
		category 중 %	0.2%	0.2%	0.5%	0.3%	1.4%	0.2%	0.2%	0.2%	1.4%	0.3%	0.2%	1.8%	0.7%	0.3%	0.6%
전체		빈도	94014	91461	131659	45452	123638	85879	123115	113035	63287	79655	90758	97543	116672	40507	1296675
		기대빈도	94014.0	91461.0	131659.0	45452.0	123638.0	85879.0	123115.0	113035.0	63287.0	79655.0	90758.0	97543.0	116672.0	40507.0	1296675.0
		is_fraud 중 %	7.3%	7.1%	10.2%	3.5%	9.5%	6.6%	9.5%	8.7%	4.9%	6.1%	7.0%	7.5%	9.0%	3.1%	100.0%
		category 중 %	100.0%	100.0%	100.0%	100.0%	100.0%	100.0%	100.0%	100.0%	100.0%	100.0%	100.0%	100.0%	100.0%	100.0%	100.0%

카이제곱 검정

	값	자유도	근사 유의확률 (양측검정)
Pearson 카이제곱	6486.003[a]	13	.000
우도비	5585.845	13	.000
유효 케이스 수	1296675		

a. 0 셀 (0.0%)은(는) 5보다 작은 기대 빈도를 가지는 셀입니다. 최소 기대빈도는 234.48입니다.

15개의 카테고리에 대하여 is_fraud와 교차분석한 결과 유의미한 결과를 보였다.

6.2.4.3 상관분석

이번 실습에서의 종속변수는 부정 사용 유무에 따른 fraud로 범주형 변수이다. 하지만 state 인구 수 대비 부정 사용 비율을 의미하는 pop_fraud를 파생변수로 생성했기 때문에 주별 인구 대비 부정 사용 비율과 다른 연속형 변수 사이의 선형적 상관관계가 있는지 검증하고자 하였다.

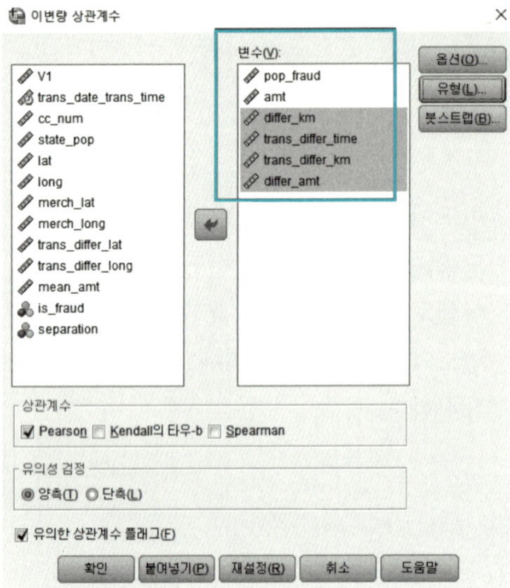

is_fraud는 범주형 변수이기 때문에 fraud와 연관이 있는 pop_frad와의 관계를 살펴보고자 하였다.

pop_fraud, amt, differ_km, trans_differ_time, trans_differ_km, differ_amt를 선택한다.

		pop_fraud	amt	differ_km	trans_differ_time	trans_differ_km	differ_amt
pop_fraud	Pearson 상관	1	.028**	-.003**	-.002*	-.003**	.025**
	유의확률 (양측)		.000	.001	.019	.000	.000
	N	1296675	1296675	1296675	1296675	1296675	1296675
amt	Pearson 상관	.028**	1	-.001	-.001	-.001	.940**
	유의확률 (양측)	.000		.217	.183	.257	.000
	N	1296675	1296675	1296675	1296675	1296675	1296675
differ_km	Pearson 상관	-.003**	.001	1	.000	.333**	.000
	유의확률 (양측)	.001	.217		.867	.000	.971
	N	1296675	1296675	1296675	1296675	1296675	1296675
trans_differ_time	Pearson 상관	-.002*	-.001	.000	1	.000	-.004**
	유의확률 (양측)	.019	.183	.867		.863	.000
	N	1296675	1296675	1296675	1296675	1296675	1296675
trans_differ_km	Pearson 상관	-.003**	-.001	.333**	.000	1	-.001
	유의확률 (양측)	.000	.257	.000	.863		.245
	N	1296675	1296675	1296675	1296675	1296675	1296675
differ_amt	Pearson 상관	.025**	.940**	.000	-.004**	-.001	1
	유의확률 (양측)	.000	.000	.971	.000	.245	
	N	1296675	1296675	1296675	1296675	1296675	1296675

pop_fraud를 중심으로 보았을 때, 모든 변수가 연관관계가 있었으며 이 중 금액과 관련된 amt와 differ_amt가 가장 큰 상관관계가 있었다.

6.2.4.4 로지스틱 회귀분석을 통한 부정 사용 감시 변수 추출

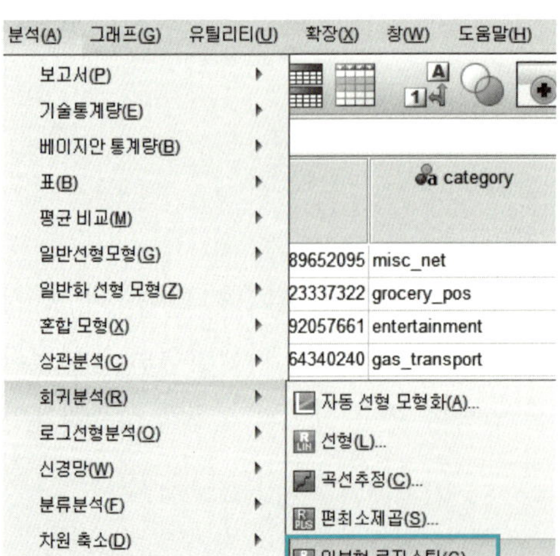

부정 사용 여부를 의미하는 범주형 형태의 연속변수인 is_fraud에 영향을 줄 수 있는 변수를 로지스틱 회귀분석을 통해 밝혀 어떠한 요인을 감시해야 하는지를 파악한다.

"분석 → 회귀분석 → 이분형 로지스틱"을 차례로 누른다.

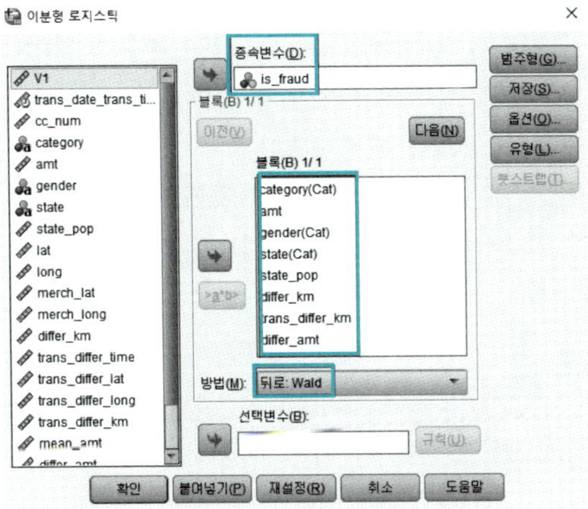

- 종속변수: is_fraud
- 독립변수: category, amt, gender 등 독립변수 선택
- 방법: 후진

다 넣고 영향이 없는 변수를 삭제한다.

케이스 처리 요약

가중되지 않은 케이스[a]		N	퍼센트
선택 케이스	분석에 포함	1296675	100.0
	결측 케이스	0	.0
	전체	1296675	100.0
비선택 케이스		0	.0
전체		1296675	100.0

a. 가중값을 사용하는 경우에는 전체 케이스 수의 분류표를 참조하십시오.

1,296,675개의 데이터가 분석되었다.

방정식에 없는 변수

			점수	자유도	유의확률
2 단계[a]	변수	differ_km	.886	1	.347
	전체 통계량		.886	1	.347
3 단계[b]	변수	differ_km	.434	1	.510
		trans_differ_km	.489	1	.484
	전체 통계량		1.378	2	.502

a. 변수가 2:differ_km 단계에서 제거되었습니다.
b. 변수가 3:trans_differ_km 단계에서 제거되었습니다.

후진 방법으로 1단계에서는 모든 변수가 사용되고 2단계에서는 differ_km이 삭제되었다.
3단계에서는 trans_differ_km이 삭제되었다.
이는 인터넷 형태로 거래되는 건들이 부정 사용에서 많이 사용된 이유로 거리는 중요하지 않은 변수로 인식되고 있다고 판단되었다.

3단계	B	유의확률
category		0.000
category(1~11)	6.013 (평균값)	0.000 (평균값)
amt	0.009	0.000
gender(1)	-0.252	0.000
state		0.000
state(1~50)	0.603 (평균값)	0.360 (평균값)
differ_amt	-0.006	0.000
상수항	-11.997	0.000

category, state의 경우 변수가 많아 출력의 어려움이 있어 평균으로 결과를 제시하였다.
state의 경우 일부 특정 state의 여부가 is_fraud를 분류하는데 유의미하지 않았지만 state 변수 자체는 유의미한 결과가 있었다.
도출된 영향을 줄 수 있는 변수를 고려하여 카드 부정 사용을 감시할 필요가 있었다.

6.2.5 카드 부정 사용 예측 모델

6.2.5.1 데이터 분할

본 실습에서는 모델 훈련용, 검증용 데이터의 비율을 70:30의 비율로 실시하였다. 70:30 비율 이외에도 표본의 구성비를 같은 비율이 50:50으로 추출하는 균형표본추출뿐만 아니라 75:25 등이 존재하며 기존의 연구에서는 데이터 특성으로 인해 예측 성과의 영향을 줄이기 위해 다양한 비율로 샘플링을 실시하여 모델을 점검한다.

본 실습에서는 70:30, 50:50의 비율로 데이터 샘플링을 나눠 로지스틱 회귀, 의사결정나무, 신경망 모델을 비교하여 예측 모델을 비교하고자 하였다.

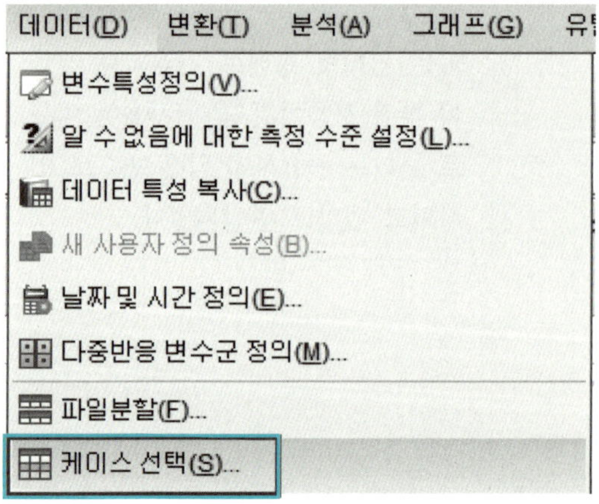

훈련용(70%), 검증용(30%)의 데이터 분리를 위해서 "데이터 → 케이스 선택"을 누른다.

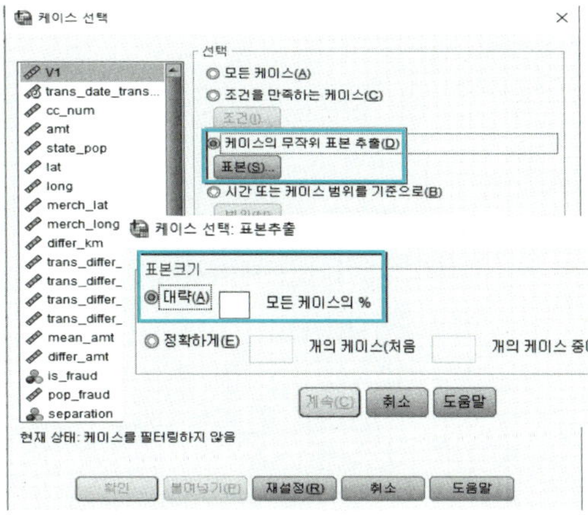

"케이스의 무작위 표본 추출"을 선택하고 "표본"을 클릭한다. 표본크기는 "대략" 선택, "70"을 입력한다(50:50 비율에서는 50을 입력).

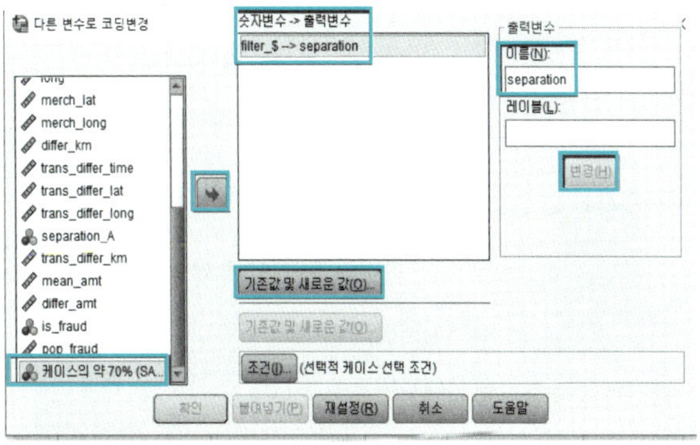

"케이스의 70%"를 선택하고 화살표 클릭하여 변수를 설정한다. 출력변수 이름을 입력한다. 실습에서는 "separation"을 입력한다(50 비율에서는 separation_50). "변경" 버튼을 누르고 "기존값 및 새로운 값"을 선택한다.

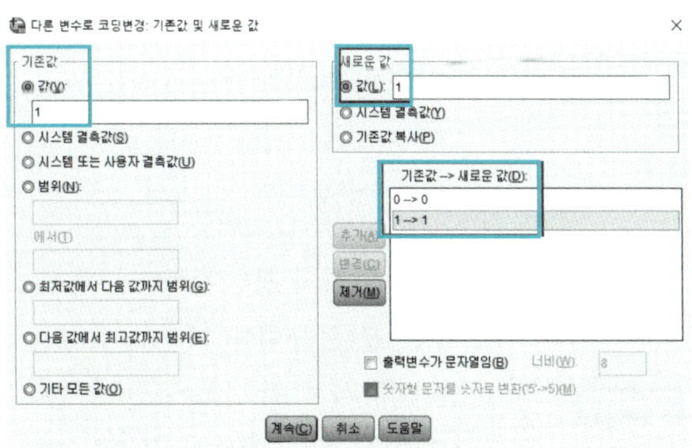

값은 그대로 유지하면서 변경한다.

- 기존값: 0, 1 그대로
- 새로운 값 0 → 0, 1 → 1
- 변경을 확인한다.

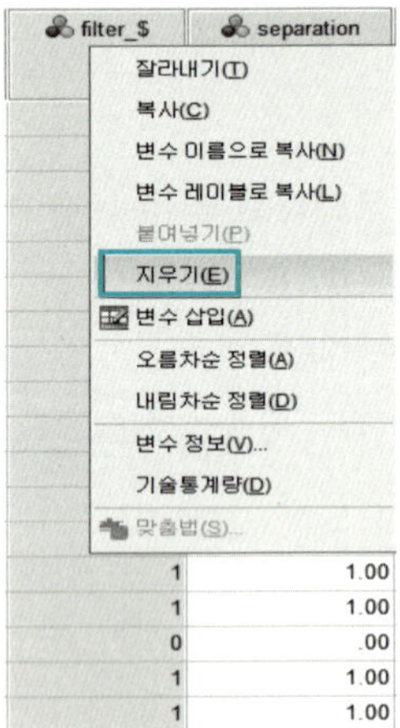

무작위로 추출했던 변수 filter_$는 30%의 데이터를 제외시키기 때문에 지우기한다.

6.2.5.2 로지스틱 회귀 예측 모델

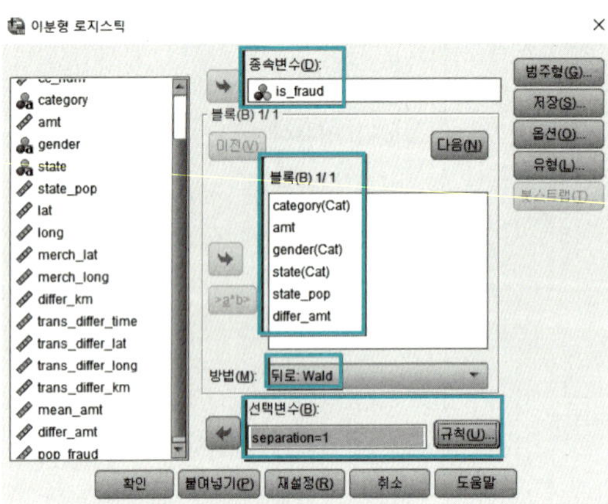

로지스틱 회귀분석에서 제외되었던 differ_km, trans_differ_km를 제외하고 separation을 추가하여 훈련용 데이터와 검증용 데이터를 구별하여 분석을 실시한다(50:50 샘플링에서는 separation_50).

분류표[a]

관측됨			예측: 선택 케이스[b] is_fraud 0	1	분류정확 %	예측: 비선택 케이스[c] is_fraud 0	1	분류정확 %
1 단계	is_fraud	0	901190	411	100.0	387417	151	100.0
		1	5099	168	3.2	2163	76	3.4
	전체 퍼센트				99.4			99.4

a. 절단값은 .500입니다.
b. 선택 케이스 separation EQ 1
c. 비선택 케이스 separation NE 1

훈련용 데이터의 경우 정확도가 99.4%로 좋은 분류 능력을 보이고 있지만 사실 부정 사용 건수 5,267건 중 168개만이 정확하게 분류되고 있다(3.2%). 카드 부정 사용은 본래 0.6%의 비율로 소수의 부정 사용 건을 탐지하는 것에 의미가 있기 때문에 전체적인 분류 정확도 99.4%보다 3.2%의 낮은 특이도를 보이고 있기 때문에 매우 안 좋은 성능을 확인하였다.

분류표[a]

관측됨			예측 선택 케이스[b] is_fraud 0	1	분류정확 %	비선택 케이스[c] is_fraud 0	1	분류정확 %
1 단계	is_fraud	0	643598	290	100.0	645051	230	100.0
		1	3630	122	3.3	3630	124	3.3
	전체 퍼센트				99.4			99.4
2 단계	is_fraud	0	643600	288	100.0	645053	228	100.0
		1	3630	122	3.3	3630	124	3.3
	전체 퍼센트				99.4			99.4
3 단계	is_fraud	0	643600	288	100.0	645053	228	100.0
		1	3631	121	3.2	3631	123	3.3
	전체 퍼센트				99.4			99.4

50:50의 비율에서는 3.3%의 특이도를 보이고 있으며 70:30의 비율과 비교하여 근소하게 성능이 더 좋았다.

6.2.5.3 의사결정나무 예측 모델

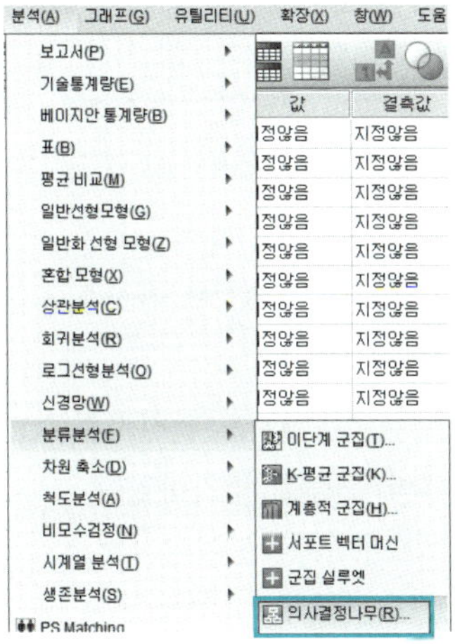

인간의 판단과 비슷한 'if and then'과 같은 방식으로 분류하는 의사결정나무를 통해 부정 사용 탐지에 대한 규칙과 예측을 실시하였다.
"분석 → 분류분석 → 의사결정나무"를 누른다.

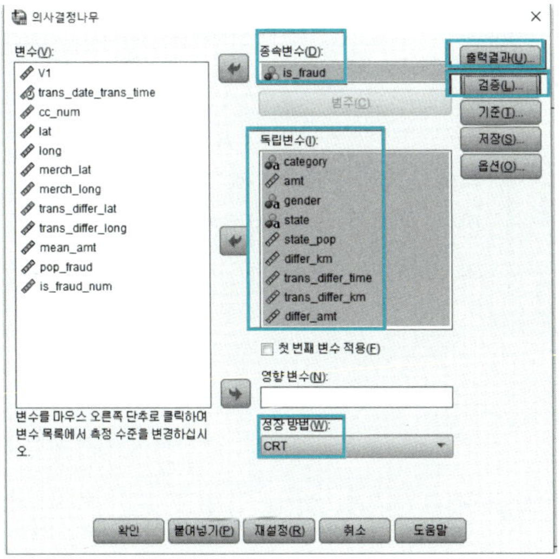

종속변수: is_fraud
독립변수: 회귀분석과 동일한 독립변수
성장방법: CRT
출력결과: 어떠한 결과를 도출할지 설정(통계량, 도표에서 독립변수 중요도 선택)
검증: 모델의 훈련과 검증 설정
(분할표본검증 → 변수사용 → separation)
(50:50 샘플링에서는 separation_50)

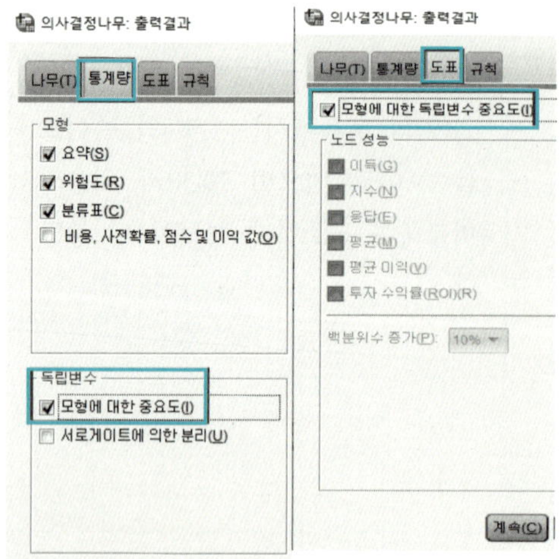

• 통계량 → 모형에 대한 중요도 체크: 독립변수의 수치화된 중요도 파악 가능
• 도표 → 모형에 대한 독립변수 중요도: 독립변수의 시각화된 중요도 파악 가능

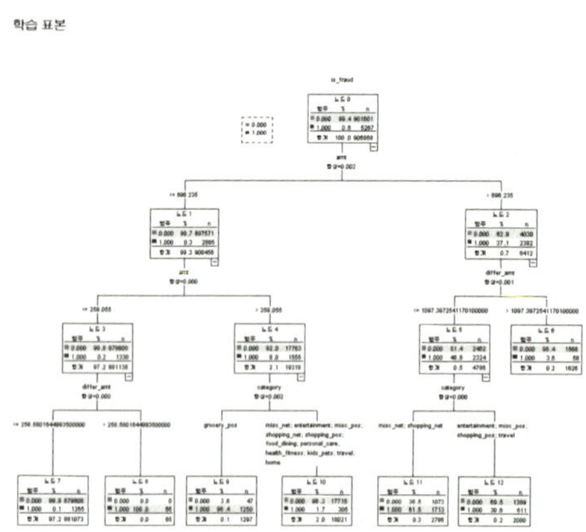

의사결정나무의 분류 규칙: 첫 규칙으로 amt가 사용되었다.
훈련용 모델은 검증용에서도 마찬가지로 사용되어 모델의 성능을 평가하였다.

분류

보기	관측	예측 0	예측 1	예측 정확도 퍼센트
학습	0	900481	1120	99.9%
	1	2239	3028	57.5%
	전체 퍼센트	99.5%	0.5%	99.6%
검정	0	387060	508	99.9%
	1	981	1258	56.2%
	전체 퍼센트	99.5%	0.5%	99.6%

성장방법: CRT
종속변수: is_fraud

회귀분석에 비해 전체적인 분류 정확도뿐만 아니라 부정 사용에 해서도 57.5%의 특이도를 보였다.

보기	관측	예측 0	예측 1	정확도 퍼센트
학습	0	643085	803	99.9%
	1	1633	2119	56.5%
	전체 퍼센트	99.5%	0.5%	99.6%
검정	0	644457	824	99.9%
	1	1679	2075	55.3%
	전체 퍼센트	99.6%	0.4%	99.6%

성장방법: CRT
종속변수: is_fraud

50:50 샘플링 모델에서는 56.5%로 70:30의 데이터 샘플링과 유사한 특이도를 보였다.

독립변수 중요도

독립변수	중요도	정규화 중요도
category	.003	100.0%
amt	.003	99.5%
differ_amt	.003	97.6%
trans_differ_time	6.025E-5	2.2%
trans_differ_km	3.989E-5	1.4%
differ_km	2.706E-6	0.1%
state_pop	9.240E-8	0.0%

성장방법: CRT
종속변수: is_fraud

category, amt, differ_amt가 가장 중요한 변수로 도출되었으며 이 세 변수를 제외한 변수는 사실상 예측에 큰 기여를 하지 못한 것을 확인할 수 있다.

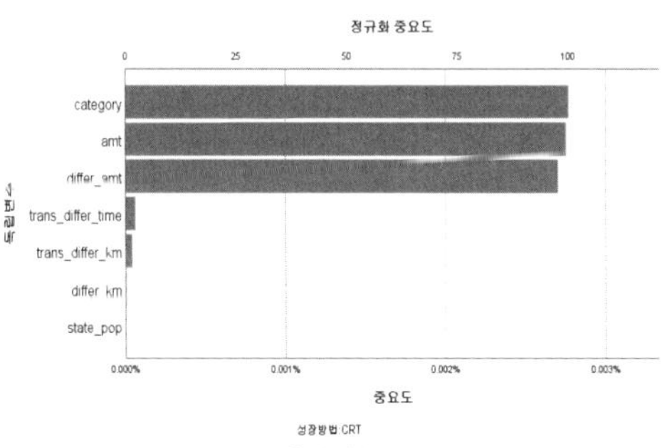

변수 중요도 시각화 결과

6.2.5.4 신경망 예측 모델

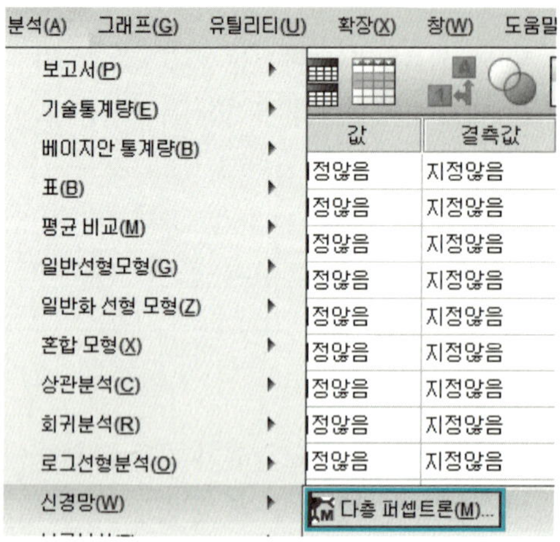

신경망 모델을 이용한 예측 모델 생성을 위해서 "분석 → 신경망 → 다층 퍼셉트론"을 누른다.

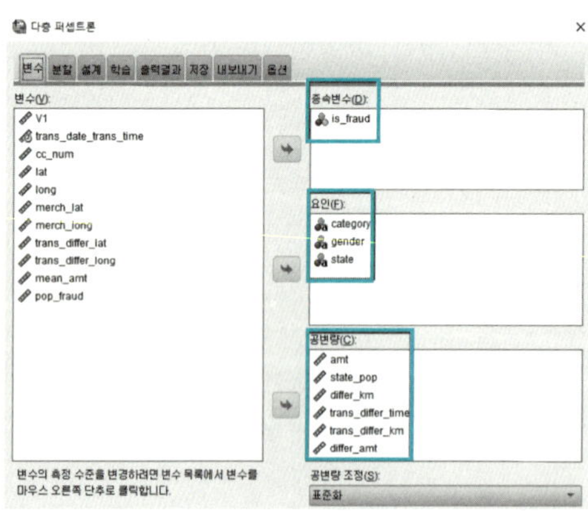

- 종속변수: is_fraud
- 요인: 범주형 독립변수 선택
- 공변량: 연속형 독립변수 선택

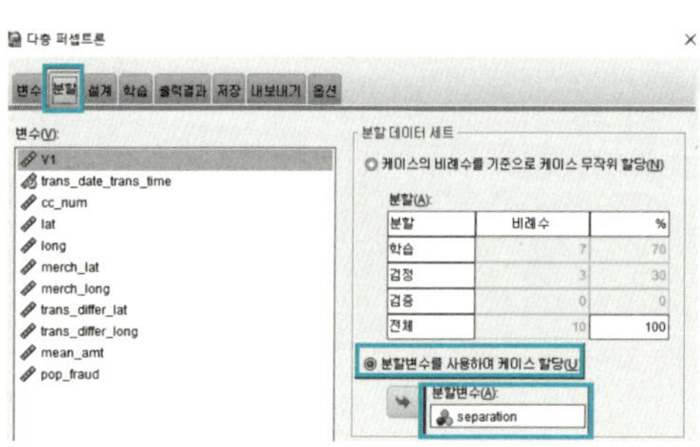

학습과 검증 데이터를 분기하기 위한 기준을 설정한다.
"분할변수를 사용하여 케이스 할당"을 선택하고 분할변수 → separation을 누른다(50:50 샘플링에서는 separation_50).

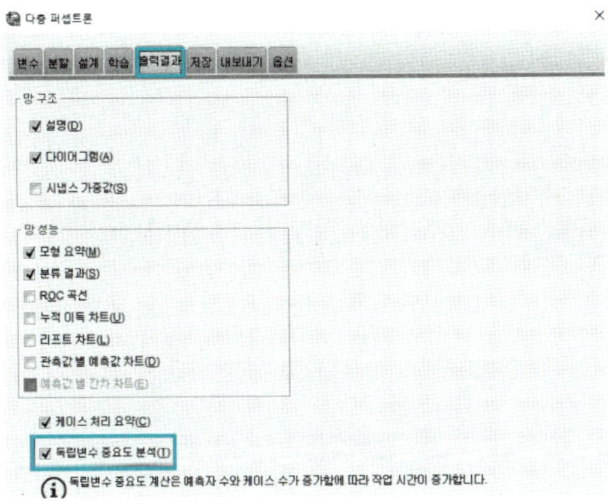

출력 결과에서 중요한 독립변수를 도출하기 위해서 "독립변수 중요도 분석"을 클릭하여 선택한다.

케이스 처리 요약(O)

		N	퍼센트
보기	학습	906868	69.9%
	검정	389807	30.1%
유효		1296675	100.0%
제외됨		0	
전체(T)		1296675	

학습과 검증에 사용된 케이스 요약: 본 실습에서는 906,868건이 훈련용으로, 389,807건이 검증용 데이터로 사용되었다.

망 정보

입력층	요인	1	category
		2	gcnder
		3	state
	공변량	1	amt
		2	state_pop
		3	differ_km
		4	trans_differ_time
		5	trans_differ_km
		6	differ_amt
	노드 수[a]		73
	공변량 조정 방법		표준화
은닉층	은닉층 수		1
	은닉층 1에서 노드의 수[a]		10
	활성화 함수		쌍곡 탄젠트
출력층	종속변수	1	is_fraud
	노드 수		2
	활성화 함수		소프트맥스
	오차 함수		교차-엔트로피

a. 편향 단위 제외

망 정보로 카테고리, state의 여부가 독립변수로 포함되기 때문에 입력층(독립변수)의 노드가 73개인 것을 확인할 수 있다.

모형 요약

학습	교차 엔트로피 오차	11906.813
	부정확 예측 퍼센트	0.4%
	사용된 정지규칙	기간의 최대 수(100)가 초과되었습니다.
	학습 시간	0:07:28.37
검정	교차 엔트로피 오차	5306.565
	부정확 예측 퍼센트	0.4%

종속변수: is_fraud

학습에는 총 7분 28초가 소요되었다.

분류

		예측		
보기	관측빈도(B)	0	1	정확도 퍼센트
학습	0	900908	693	99.9%
	1	2985	2282	43.3%
	전체 퍼센트	99.7%	0.3%	99.6%
검정	0	387231	337	99.9%
	1	1317	922	41.2%
	전체 퍼센트	99.7%	0.3%	99.6%

종속변수: is_fraud

분류 정확도가 99.6%로 회귀모델보다 좋은 성능이며 의사결정나무와 같은 성능을 보이지만 부정 사용을 제대로 분류하는 특이도는 의사결정나무보다 떨어졌다.

분류

		예측		
보기	관측빈도(B)	0	1	정확도 퍼센트
학습	0	644334	1030	99.8%
	1	1171	2594	68.9%
	전체 퍼센트	99.4%	0.6%	99.7%
검정	0	642676	1129	99.8%
	1	1210	2531	67.7%
	전체 퍼센트	99.4%	0.6%	99.6%

종속변수: is_fraud

70:30 샘플링에 비해 50:50 샘플링의 경우 특이도가 20%가량 상승하며 성능에 차이가 존재하였다.
비록 성능은 더 향상된 결과이지만 신경망이 데이터 샘플링에 있어 성능의 차이가 크게 존재한다는 것을 확인하였다.

독립변수 중요도

	중요도	정규화 중요도
category	.163	38.5%
gender	.017	4.0%
state	.081	19.3%
amt	.196	46.3%
state_pop	.028	6.6%
differ_km	.017	4.1%
trans_differ_time	.048	11.4%
trans_differ_km	.027	6.4%
differ_amt	.422	100.0%

사용금액을 의미하는 amt가 가장 중요한 변수이며 그 다음으로는 사용 카테고리가 중요하다는 결과가 도출되었다.

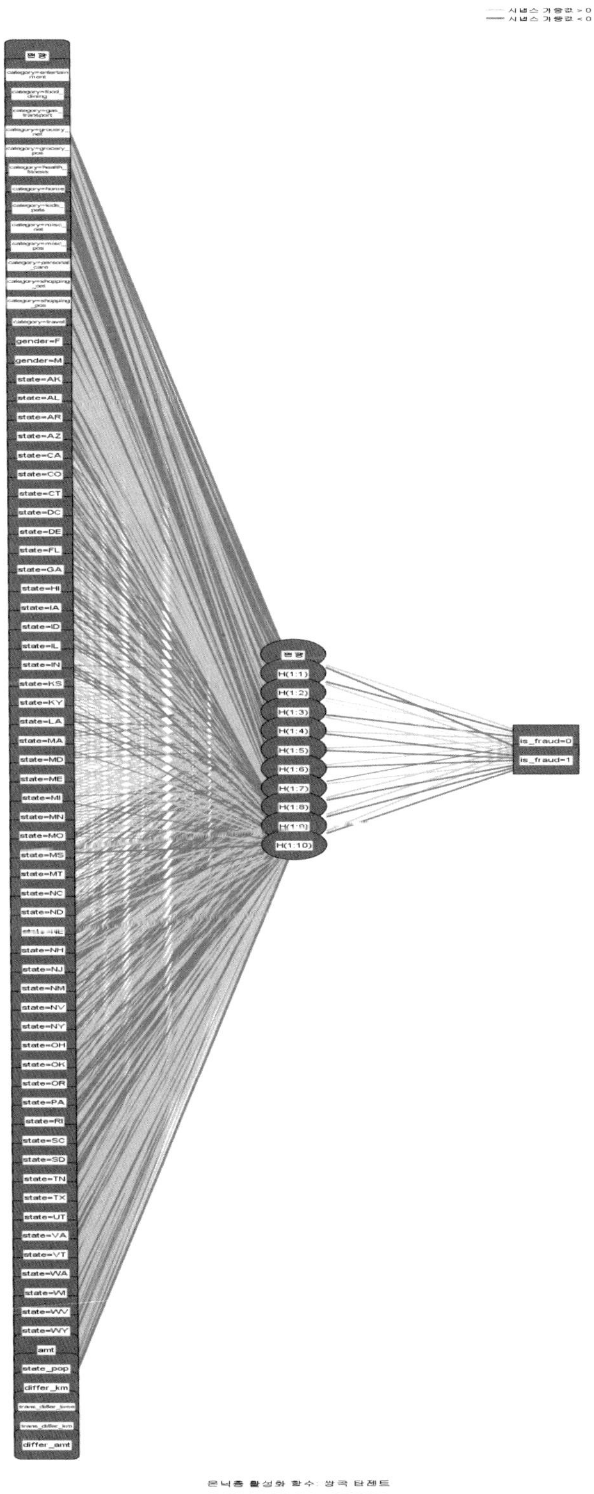

시냅스 가중치 > 0
시냅스 가중치 < 0
gender=F
gender=M
state=AK
state=AL
state=AR
state=AZ
state=CA
state=CO
state=CT
state=DC
state=DE
state=FL
state=GA
state=HI
state=IA
state=ID
state=IL
state=IN
state=KS
state=KY
state=LA
state=MA
state=MD
state=ME
state=MI
state=MN
state=MO
state=MS
state=MT
state=NC
state=ND
state=NH
state=NJ
state=NM
state=NV
state=NY
state=OH
state=OK
state=OR
state=PA
state=RI
state=SC
state=SD
state=TN
state=TX
state=UT
state=VA
state=VT
state=WA
state=WI
state=WV
state=WY
amt
state_pop
differ_km
differ_amt
H(1:1)
H(1:2)
H(1:3)
H(1:4)
H(1:5)
H(1:6)
H(1:7)
H(1:8)
H(1:10)
is_fraud=0
is_fraud=1
은닉층 활성화 함수: 쌍곡 탄젠트
출력층 활성화 함수: 소프트맥스

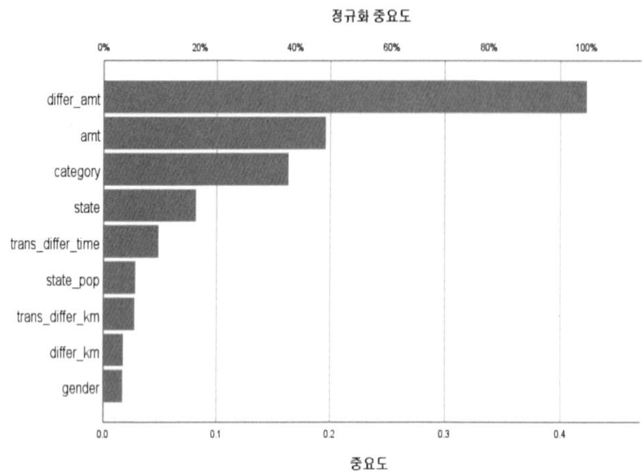

변수 중요도 시각화 결과: differ_amt, amt, category 순으로 중요한 변수인 것을 확인할 수 있었다.

| 저자 약력 |

김광용

[학력]
조지아주립대학 경영학박사 MIS 전공(1995)

[경력]
메타버스 감성혁신포럼 의장(2021~현재)
숭실대학교 경영학부 교수, SNS마케팅 연구소장(1996~현재)
한국 IT서비스학회 회장, 한국 글로벌경영학회 회장(2014~2016, 2020)

[수상]
옥조근정훈장(2021)
Marquis Who's Who in the World, Albert Nelson Lifetime Achiever(Data Analysis 분야)(2017)
Top 100 Educators in the World(세계 100대 교육자) 영국 국제인명센터 IBC 등재(2015)

[연구실적]
빅데이터분석분야 국내외 저널 약 150여 편 논문발간

정성원

[학력]
숭실대학교 일반대학원 IT정책경영학과 공학박사(2019.8)
중앙대학교 일반대학원 통계학과 경제학석사(1990.2)

[경력]
㈜데이타솔루션 빅데이터 러닝센터 총괄상무(1990.7~현재)

[연구실적]
대학도서관 시범평가 정량지표 점수 산출 방식 및 만족도 조사 추진 방법에 대한 통계적 검토(2020)
데이터 활용역량 진단 및 평가 - 개인 자가진단 모델을 중심으로(2020)
벡터공간모델을 활용한 상품추천 알고리즘에 관한 실증연구(2019)
데이터과학자의 이직의도에 미치는 요인에 관한 연구(2019)
Measuring Similarity of Travel Blog Documents(2019)

이성택

[학력]
숭실대학교 공학박사 IT서비스경영 전공(2018)

[경력]
용인대학교 AI학부 교수(2020~현재) / 교수학습지원센터장(2022~현재)
(사)한국융합보안학회 이사(2020~현재)
(사)글로벌경영학회 이사(2019~2020)
기업 · 기술가치평가사(2018~현재)

이재모

[학력]
숭실대학교 경영학박사 MIS 전공(2018)

[경력]
와이더플래닛 팀장(2021~2022)
롯데멤버스 매니저(2020~2021)
지티씨솔루션 책임(2018~2019)
티몬 매니저(2016~2017)

임은택

[학력]
숭실대학교 일반대학원 경영학과 MIS 전공 석사(2019.2)

[경력]
SNS마케팅연구소 연구원(2019.2~현재)

[연구실적]
The Detection of Brand Identity and Image Using Semantic Network Analysis(2022)
(기상청) 기상융합서비스 정책 및 운영체제 개선을 위한 비즈니스모델 조사 · 분석(2021)
The Effects of Product's Visual Preview and Customer Review on Sale Performance in Mobile Commerce(2021)
The Effects of Product's Visual Preview on Customer Attention and Sales Using Convolution Neural Networks(2021)
A Study on the Factors Affecting Usage Intention of Digital Twin Technology in Product Design(2019)

SPSS, R, Python을 활용한
Kaggle 데이터 전략 실무 연습

2022년 4월 10일 1판 1쇄 인쇄
2022년 4월 15일 1판 1쇄 발행

저　자 | 김광용 · 정성원 · 이성택 · 이재모 · 임은택
발행인 | 이수영
발행처 | 도서출판 청람
서울시 마포구 독막로 288(대흥동, 세양상가 109호)
전　화 | 02)3272-2601~2
팩　스 | 02)3272-2603
E-mail | crbooks@daum.net
홈페이지 | http://www.crbooks.co.kr
등　록 | 2000년 8월 26일 제6-0509호

ISBN 978-89-5972-875-6 93000　　[정가 28,000원]